IDEAL STATE of EDUCATION

/上册/

教育的理想状态

·对教育高质量发展的追寻·

汤贞敏 著

广东人民出版社

·广州·

图书在版编目（CIP）数据

教育的理想状态：对教育高质量发展的追寻．上册／汤贞敏著．—广州：广东人民出版社，2023.8
ISBN 978-7-218-16710-7

Ⅰ．①教… Ⅱ．①汤… Ⅲ．①教育质量—研究 Ⅳ．①G40-058.1

中国国家版本馆CIP数据核字（2023）第112584号

JIAOYU DE LIXIANG ZHUANGTAI: DUI JIAOYU GAOZHILIANG FAZHAN DE ZHUIXUN (SHANGCE)
教育的理想状态：对教育高质量发展的追寻（上册）
汤贞敏 著　　　　　　　　　　　　　　　　版权所有　翻印必究

出 版 人：肖风华

责任编辑：王庆芳　方楚君
责任技编：吴彦斌　周星奎
装帧设计：张贤良　李　利

出版发行：广东人民出版社
地　　址：广州市越秀区大沙头四马路10号（邮政编码：510199）
电　　话：（020）85716809（总编室）
传　　真：（020）83289585
网　　址：http://www.gdpph.com
印　　刷：广东鹏腾宇文化创新有限公司
开　　本：787mm×1092mm　1/16
印　　张：24　　　字　　数：423千
版　　次：2023年8月第1版
印　　次：2023年8月第1次印刷
定　　价：128.00元（上、下册）

如发现印装质量问题，影响阅读，请与出版社（020-85716849）联系调换。
售书热线：（020）85716863

序
PREFACE

教育科学研究，包括基础教育教学研究，是教育事业的重要组成部分，在加强学科专业建设、推进课程改革、促进教学资源开发、指导教学实践、助力教师发展、引领学生成长成才、普及先进教育理念和正确教育方法、服务教育决策和教育管理中居于重要地位，对教育改革发展及人才培养具有重要支撑、驱动和引领作用。2010年7月，中共中央、国务院印发《国家中长期教育改革和发展规划纲要（2010—2020年）》，要求"加强教育宏观政策和发展战略研究，提高教育决策科学化水平。鼓励和支持教育科研人员坚持理论联系实际，深入探索中国特色社会主义教育规律，研究和回答教育改革发展重大理论和现实问题，促进教育事业科学发展"。同年9月，中共广东省委、广东省人民政府印发《广东省中长期教育改革和发展规划纲要（2010—2020年）》，要求"加强教育体制机制改革和教育发展的科学研究。整合资源，壮大力量，加强教育改革和发展的战略研究、政策研究和应用研究，加强教育理论和实践创新，提高教育决策、管理和教育教学改革的科学化水平"。党的十八大以来，习近平总书记站在确保中国共产党长期执政和国家长治久安、实现中华民族伟大复兴中国梦的战略高度，谋划和部署教育事业的改革和发展，鲜明地提出建设教育强国是中华民族伟大复兴的基础工程，教育是国之大计、党之大计，要坚持党对教育事业的全面领导、把立德树人作为教育的根本任务、优先发展教育事业、把握社会主义办学方向、扎根中国大地办教育、以人民为中心发展教育、深化教育改革创新、把服务中华民族伟大复兴作为教育的重要使命、把教师队伍建设作为基础工作，着力构建德智体美劳全面培养的教育体系和高水平人才培养体系，建设高质量教育体系。习近平总书记关于教育的重要论述，涵盖新时代我国教育改革发展的根本保证、根本任务、发展战略、发展方向、发展道路、根本宗旨、根本动力、时代使命、依靠力量等重大问题，既为包括教育科研在内的整个教育事业改革发展及人才培养提供了根本遵循，又迫切需要教育科研围绕中心、服务大局，探索规律、破解难题、引领创新，更好更快建设具有中国特色、世界水平的教育科学理论体系、实践体系、评价体系、话语体系，为深化教育领域综合改革、提高教育质量、推进教育现代化、建设教育强国、办好人民满意的教育提供强有力的专业支持、智力支撑和知识贡献。

为贯彻落实党中央、国务院和省委、省政府的重要决策部署，广东省机构编制委员会于2011年5月印发广东省教育研究院机构编制方案，成立广东省教育研究院，确定其主要任务为：开展全省教育改革和发展的战略研究、政策研究，为省委、省政府相关决策提供咨询服务；追踪和分析教育重点、热点和难点问题，为促进教育决策科学化提供智力支持；协助省教育厅制订全省基础教育、职业教育、高等教育、民办教育发展规划，参与制订教育评估政策、开展教育质量监测；承担全省基础教育、职业教育的课程研究、教材编写、教学改革实验工作；承担国家级、省部级重大教育科研项目研究等。概括地说，就是围绕全省教育中心工作，以服务教育决策、创新教育理论、指导教育实践、引导教育舆论为基本任务，加强教育战略研究、政策研究、理论研究、实践研究，为省委、省政府及省教育厅相关决策提供重要智力支持，为各级各类学校提高教育质量和办学水平提供重要专业指导，服务于增强全省教育综合实力、区域竞争力和国际影响力。本著作者汤贞敏同志，于当年8月从广东省教育厅发展规划处处长职位上被提拔为广东省教育研究院院长，2013年4月起任广东省教育研究院党委书记、院长，2019年4月起兼任广东省高等教育学会常务副会长，2020年8月后任广东省教育研究院副厅级干部并继续兼任广东省高等教育学会常务副会长。在广东省教育厅党组直接领导下，汤贞敏同志一直与同事们深入贯彻落实党中央、国务院和省委、省政府的重要决策部署，特别是深入学习研究、贯彻落实习近平总书记关于教育的重要论述，全方位、立体式开展工作，致力于开创教育科研事业新局面，使广东省教育研究院取得一系列或具有较高显示度或潜隐待发的成绩，快速地在全国形成较强影响力。

汤贞敏同志在与同事们推进广东省教育研究院建设、发展、创新，带动全省教育科研及基础教育教研水平提升的同时，一直坚持思考和研究教育改革发展及人才培养的战略问题、政策问题、理论问题、实践问题，从助力教育布局、规模、结构、质量、特色、效益协调发展，助推深化教育领域综合改革、提升教育公平程度、发展学生核心素养、建设高质量教育体系上表达自己对有关问题的看法和主张，还负责具体主持一系列教育发展规划编制工作，其实质就是在探索和追求教育的理想状态，体现贯彻落实习近平总书记关于教育的重要论述以及党中央、国务院和省委、省政府的发展战略，表达经济社会转型发展、高质量发展和人民日益增长的美好生活需要对优质教育的期盼，反映各级各类学校遵循教育规律、塑造特色品牌、提高内涵发展水平的诉求与实践。《教育的理想状态——对教育高质量发展的追寻（上、下册）》，可谓汤贞敏同志这10多年来思考和研究教育改革发展及人才培养问题的成果集，既从一个侧面反映着汤贞敏同志对有关问题的看法、主张和追求，也从一个侧面反映了他与同事们所开展的部分工作。其中，上册是他公开发表过的教育科研论文或文章，涉及发挥教育在国家富强民族振兴人民幸福中的战略作用、提升基础教育内涵发展水平、彰显高等教育贯彻国家及区域发展战略的功能价值、推进教育治理体系和治理能力现代化、以高水平教育科研体系支撑教育优质发展等；下册是他为建立健全新时代教育科研及教学研究体系、发展素质教育、助力教育高质量发展而发表的演讲，以及为有关教育专著撰写的序言与后记，涉及注重谋划教育改革发展重大问题、建立健全新时代教育科研体系、聚力打造中国南方教育学术高地、着力发展素质教育、努力推进基础教育优质发展、不断提升中小学生语文核心素养、重视提高学前教育和特殊教育质量、协力开展职业教育标准研制和职业素养教育、加快推进高等教育现代化、切实加强民办教育研究能力建设、持续推动粤港澳台教育合作发展、高度重视教育理论与实践研究成果表达等。本著内容涵盖范围广，集宏观、中观、微观教育问题研究于一体，见证了党和国家对教育改革发展及人才培养的高度重视，反映了广东省教育研究院的职能职责和建设发展阶段，体现了汤贞敏同志的成长经历、思维特征、研究方向和表达习惯，具有学术价值、实践价值、史料价值，可供教育改革发展及人才培养的战略研究者、政策研究者、理论研究者、实践研究者参考，以期大家更好地凝聚智慧力量，共同探索和追求教育的理想状态，加强教育科学研究与实践，繁荣中国特色社会主义教育理论体系、实践体系、评价体系、话语体系，发展中国特色、世界水平现代教育，建设教育强国、强省和人力资源强国、强省，办好人民满意的教育。

我曾分管的领域当中有广东省教育厅发展规划处、广东省教育研究院，汤贞敏同志在其中任主要负责人。我退出领导岗位后，任广东省高等教育学会会长，汤贞敏同志兼任常务副会长，协助我开展各项工作。我对汤贞敏同志的为人、为事、为学是比较了解的，他请我为本著写几句话，我欣然同意，并推荐大家一读。

是为序。

魏中林

2023年7月13日

于广州南国花园*

---

* 本序作者：魏中林，广东省教育厅原党组副书记、副厅长（正厅级），广东省高等教育学会会长，暨南大学文学院教授。

目 录
CONTENTS

第一章　论发挥教育在国家富强民族振兴人民幸福中的战略作用 / 1

充分彰显教育在加快转型升级、建设幸福广东中的战略作用 / 2

努力办好人民满意的教育 / 7

促进教育与经济社会深度融合　推动粤东西北地区跨越式发展 / 11

担当起教育在传承、繁荣和发展中国文化中的战略使命 / 15

以建设教育强省和人力资源强省张扬广东经济新优势 / 21

借鉴英国先进经验　建立现代职业教育标准体系
　　——英国职业教育考察报告 / 28

我国教育规划的基本特性及"十三五"教育规划的制订 / 36

教育宏观政策的制订与实施：实践反思与建议
　　——以广东省为例 / 47

新生代农民工继续教育政策内容体系分析 / 56

加快把广东教育现代化水平提升到全国前列 / 66

广东加快推进教育现代化的新征程与新作为 / 69

建设广东高素质专业化创新型教师队伍 / 76

中国式现代化与广东教育行动谈 / 84

以教育强国托举中华民族伟大复兴 / 95

第二章 论提升基础教育内涵发展水平 / 99

促进文化传承创新更好融入中小学教育 / 100

让文学与中小学生成长相伴而行 / 105

培育基础教育教学优秀成果 加大实践转化力度 / 108

中小学教师教育教学的问题意识与研究态度 / 114

打造特色学校 服务学生全面而有个性发展
——以广东中小学特色学校创建为例 / 126

深化改革 提高义务教育质量 / 136

推进基础教育集团化办学 提升优质教育引领力
——广东省基础教育集团化办学研究报告 / 139

第三章 论彰显高等教育贯彻国家及区域发展战略的功能价值 / 149

广东省本科学校结构、布局与区域经济社会发展的关系研究 / 150

广东国际化人才培养的态势与应对策略研究 / 168

新时代须构建新师范教育 / 179

创新驱动粤港澳大湾区发展的若干思考 / 183

略论创新驱动粤港澳大湾区发展中的高校作为 / 190

发挥高校在粤港澳大湾区建设中的战略支撑作用 / 197

研究型大学融入粤港澳大湾区国际科创中心建设的环境、重点与保障 / 200

应用型大学服务区域经济社会发展的举措与路径
——以广东为例 / 205

应用型本科院校建设的理想标准与现实进路 / 216

建设高质量高等教育体系：时代背景、内涵指向与实现策略 / 227

公共服务动机对师范生乡村从教意愿的影响分析 / 239

第四章 论推进教育治理体系和治理能力现代化 / 253

在健全社会保障制度中完善基本公共教育服务制度 / 254

教育治理现代化须坚持法治与改革发展同行 / 257

推进第三方教育评估健康有序发展的思考与探索 / 260

第五章 论以高水平教育科研体系支撑教育优质发展 / 269

遵循规律　提高基础教育教学研究水平 / 270

建设国内一流新型教育智库体系 / 275

加快提升助推广东教育现代化的能力和水平 / 279

用马克思主义中国化最新成果指导教育科研 / 285

数字化转型与教研创新发展
　　——基于广东的实践探索 / 288

扛起教育科研责任　勇担新型智库使命 / 296

新时代基础教育教研体系建设研究
　　——基于广东基础教育教研现状 / 300

基础教育教师教研：机理及其优化 / 311

以高质量教育科研助力实施科教兴国战略 / 324

附　录 / 331

让语文教育拥有诗的境界　让每个孩子的诗心美丽绽放 / 332

成长与发展：民办教育评估事业的新思考 / 336

放开异地高考应当循序渐进 / 342

好教育就是让每个孩子都健康成长成才 / 348

祝福母校华南师范大学80华诞 / 352

结缘惜缘,《华南师大报》/ 353

母校高州市第二中学建立110周年感言 / 355

推动湾区教育协同创新发展　支撑打造国际一流湾区和世界级城市群 / 358

教育哲学与教育问题的深度对话
　　——《中国教育问题的哲学解析》评介 / 362

不忘初心　执着创新
　　——读《中国教育问题的哲学解析》有感 / 368

后　记 / 373

第一章

论发挥教育在国家富强民族振兴人民幸福中的战略作用

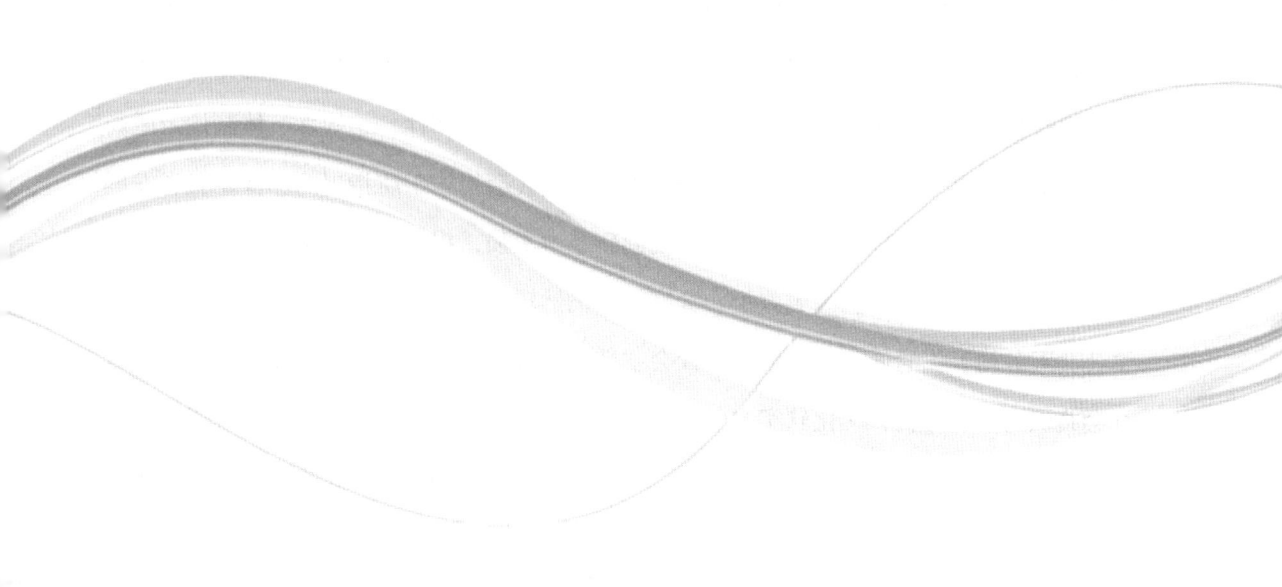

充分彰显教育在加快转型升级、建设幸福广东中的战略作用[*]

省的第十一次党代会坚持社会主义市场经济的改革方向，把握加快转型升级、建设幸福广东的总体要求，为我省切实当好推动科学发展、促进社会和谐排头兵，率先全面建成小康社会、率先基本实现社会主义现代化，指明了正确的方向与路径。教育在经济社会发展和现代化建设中具有基础性、先导性、全局性战略地位，也是最大的民生工程，在实现省党代会提出的总体要求中应当充分发挥战略作用。

一、加快转型升级、建设幸福广东，确立了广东教育改革发展的历史方位

省的第十次党代会以来的五年，我省始终把握科学发展主题和加快转变经济发展方式主线，综合实力实现新跨越，经济社会发展步入科学发展轨道，改革开放的形象在国内外得到进一步提升，在当好推动科学发展、促进社会和谐排头兵方面迈出了坚实步伐。同时我们也深刻认识到，制约我省经济社会发展的长期性、结构性、体制性矛盾尚未得到根本解决。正如汪洋书记在省的第十一次党代会报告中所指出的那样，我省发展方式总体粗放，资源环境约束趋紧，科技创新能力不强，提高发展质量和核心竞争力问题日益紧迫；城乡差距、区域差距、贫富差距仍然较大，发展普惠型民生福利，实现基本公共服务均等化的任务更加繁重；社会主义核心价值体系和主流文化建设滞后，凝聚社会共识面临新考验，文化软实力亟待增强；面临国际经济格局深刻调整的挑战，增强开放条件下的经济安全和国际竞争力，全面提升开放型经济发展水平问题更加凸显，等等。面对全面的结构性变化的省情新特征，必须主动加快变革，推动发展理念、发

---

* 本文作者汤贞敏、黄崴、李文郁、钟守权、黄志红，原发表于2012年第6期《广东教育》（综合版）（广东教育杂志社主办），收入本书时标题稍加修改；第二部分的部分内容和第三部分以"'创强争先建高地'彰显教育战略地位"为题，发表于2012年6月17日《南方日报》第A11版。

展模式、体制机制创新，全面提高在驾驭复杂局面中推动科学发展、促进社会和谐的能力。

在推动广东科学发展的具体实践中，改革开放是动力，转型升级是路径，幸福广东是目的，管党治党是保证。有机把握好这四个方面，就抓住了当前省情变化对我们工作要求的关键点和落实省党代会提出的总体要求、推动广东科学发展的"纲"，就要积极实施扩大内需战略、创新驱动战略、人才强省战略、区域协调发展战略、绿色发展战略、和谐共享战略，使转型升级取得显著成效、社会软实力显著增强、民生福祉显著改善、法治水平显著提升、科学发展的体制机制日益完善、党的执政能力全面加强，努力建设提升中国国际竞争力的主力省、探索科学发展模式的试验区、发展中国特色社会主义的先行地。

未来五年，我省经济建设、政治建设、文化建设、社会建设以及生态文明建设将迈上新台阶，朝着率先全面建成小康社会、率先基本实现社会主义现代化的目标奋勇前进，充分凸显了提高人民群众素质、培养创新人才的重要性和紧迫性。作为在经济社会发展和现代化建设中具有基础性、先导性、全局性战略地位的教育，省的第十一次党代会提出的一系列新思想、新理念、新战略、新任务、新举措，为其改革和发展确立了新的历史方位，须以邓小平理论和"三个代表"重要思想为指导，深入贯彻落实科学发展观，完善中国特色社会主义现代教育体系，实现教育事业全面协调可持续发展，为加快转型升级、建设幸福广东提供强大的人才保证、智力支持和科技支撑，办好人民满意的教育。

二、"创强争先建高地"，是教育在加快转型升级、建设幸福广东中发挥战略作用的总抓手

优先发展教育是党和国家长期坚持的一项重大方针。省的第十一次党代会高屋建瓴地提出：深化教育改革，促进教育公平，创建教育强省，争当教育现代化先进区，打造南方教育高地，走出一条具有广东特色的教育发展路子。这完全符合省情新特征在教育上的要求，与省委、省政府颁发的《广东省中长期教育改革和发展规划纲要（2010—

2020年）》完全衔接。省党代会的战略决策，可以扼要概括为"创强争先建高地"，是新阶段确保教育在加快转型升级、建设幸福广东中发挥战略作用的总抓手。

教育具有培养人才、创新科技、引领文化、服务社会的功能。珠江三角洲乃至全广东、环渤海地区和长江三角洲地区，是我国经济社会发展的三大高地，未来将继续成为我国经济社会发展的三大引擎。环渤海、长三角也被公认为我国两大教育高地，其教育发挥着促进经济社会发展的重要作用。如果广东无法实现教育和人力资本积累的赶超，在我国教育版图上占有重要一席，则这一经济社会发展引擎必会后劲乏力，难以实现当好推动科学发展、促进社会和谐排头兵的重大使命，也将难以实现加快转型升级、建设幸福广东的总体要求。为当前计，为长远谋，省党代会提出"创强争先建高地"，是着眼于提高我省经济社会综合实力和国际竞争力作出的重要战略决策，也是基于产业结构调整和经济发展方式转变，清醒认识我省教育与先进省市的差距，以及我省教育现有基础、特色和优势而作出的科学判断。实施这一战略决策，对于加快我省教育科学发展进程和人力资本积累速度，加快转型升级，保持强大的经济竞争优势，创造全省人民更加幸福的生活，具有决定性意义。

三、在加快转型升级、建设幸福广东中，率先突破"创强争先建高地"的重点领域和关键环节

"创强争先建高地"是一项艰巨的系统工程，必须切实树立正确政绩观和科学发展理念，切实把深化改革作为教育发展的强大动力、把促进公平作为基本教育政策、把提高质量作为教育发展的核心任务，转变教育发展方式，推进基本公共教育服务均等化，充分调动一切积极性、主动性和创造性，力求在重点领域和关键环节上尽快取得重大突破。

——切实落实教育优先发展的战略地位。做到经济社会发展规划优先安排教育发展、财政资金优先保障教育投入、公共资源优先满足教育和人力资源开发需要，并尽快形成科学规范的制度，包括建立健全与此相匹配的教育工作领导体制、决策机制和责任制，把"创强争先建高地"列入各级党政领导班子和主要领导干部实绩考核内容。

——切实分区规划、分类推进。从各大区域教育发展差异大的实际出发，粤东西北欠发达地区以教育创强为第一阶段目标，到2015年左右，所有镇、县（市、区）、市成为教育强镇、强县（市、区）、强市；珠三角发达地区深化教育体制机制改革，加快教育国际化进程，争创教育现代化先进区、先进市；到2020年，建成粤港澳以紧密合作、融合发展为特征的我国南方教育高地，在全省高校实施高等教育创新强校工程。

——切实推进教育体制综合改革。以促进公平和提高质量为重点，以培养体制改革为核心，深化办学体制、管理体制和保障机制改革，进一步转变政府管理方式，加快推进基础教育均衡协调发展，加快推进职业教育发展壮大，加快推进高等教育内涵式发展，加快推进基于科学理念的教育评价体系建立，加快推进现代学校制度建设。

——切实转变人才培养模式。强化人才第一资源的理念，把育人为本作为教育工作的根本要求，遵循人的认知成长规律、教育教学规律和经济社会发展规律，系统设计各级各类教育培养方案，提升学校、社区、家庭联动育人效果，发挥行业企业作用，培养学生的社会责任感、创新精神和实践能力，促进学生健康成才。

——切实建设高素质专业化教师队伍。把教师资源作为教育第一资源，着力培养学前教育、特殊教育、职业教育教师，大力培养引进高等学校高层次创新人才，建立比较宽松的编制管理制度，确保教师工资福利待遇正常增长，提升教师职业道德素质和业务水平，构建完整的教师专业成长体系，为提高教育教学质量和办学水平提供保证。

——切实促进区域和国际教育交流合作。树立世界眼光，着重推进珠三角地区知名大学与港澳台、先进国家知名大学合作办学，着力推进珠三角地区与环珠三角地区、泛珠三角地区、有关国家的教育交流与合作，在各级各类学生中开展国际意识和国际交往教育，推动全方位、宽领域优质教育资源共建共享，构建教育开放合作新格局，提高教育国际化水平。

——切实健全教育财政投入保障机制。实施财政性教育经费投入问责制，落实教育经费投入"三个增长"。同时，拓宽教育经费来源渠道，建立学费正常调整机制，足额征收、全额用好教育费附加和地方教育附加，充分调动社会力量办学的积极性，支持非义务教育校办产业发展，促进金融与教育结合。

——切实加强教育科学研究。高度重视统筹全省教育研究资源，壮大研究力量，建设国内一流、国外有影响的教育研究机构，加强教育改革和发展的理论研究、战略研究、政策研究和应用研究，加强教育理论和实践创新，提高教育决策、教育管理和教育教学改革的科学化水平，打造我国南方先进教育思想理论形成与实践高地。

努力办好人民满意的教育*

党的十八大描绘了全面建成小康社会、共同创造中国人民和中华民族更加幸福美好的未来的宏伟蓝图。深刻领会党的十八大精神，充分认识教育在全面建成小康社会和全面深化改革开放中的战略地位和作用，努力办好人民满意的教育，对于全面贯彻落实党的十八大精神具有重大而深远的意义。

一、明确教育的战略地位和历史使命

党的十八大报告指出，中国特色社会主义道路是实现我国社会主义现代化的必由之路，是创造人民美好生活的必由之路；要继续推动科学发展、促进社会和谐，继续改善人民生活、增进人民福祉，创设经济建设、政治建设、文化建设、社会建设、生态文明建设"五位一体"总布局；明确到2020年全面建成小康社会的宏伟目标，并提出了加快完善社会主义市场经济体制和加快转变经济发展方式、推进政治体制改革、推进社会主义文化强国建设、在改善民生和创新管理中加强社会建设、大力推进生态文明建设等战略任务。报告是我们党带领全国各族人民沿着中国特色社会主义道路继续前进、为全面建成小康社会而奋斗的政治宣言和行动纲领。

党的十八大报告将"全民受教育程度和创新人才培养水平明显提高，进入人才强国和人力资源强国行列，教育现代化基本实现"作为全面建成小康社会的重要目标任务，把发展教育放在加强社会建设的头等地位，列于"学有所教、劳有所得、病有所医、老有所养、住有所居"的首要位置，充分体现了我们党坚持以人为本、执政为民的理念，充分体现了我们党对教育事业高度重视、优先发展的坚定决心。教育是民族振兴和社会

---

* 本文作者汤贞敏、钟守权、肖建忠，原发表于2012年第12期《广东教育》（综合版）（广东教育杂志社主办），后将其主要观点内容以"打造我国南方先进教育高地"为题，发表于2013年1月19日《南方日报》第A09版。

进步的基石,这是党的十八大报告对教育战略地位的高度概括,更是党的十八大赋予教育的历史使命。这一战略定位与使命的确认,要求教育必须与党和国家的战略布局相衔接,与全面建成小康社会和全面深化改革开放的战略目标任务相呼应,与人民群众接受良好教育的强烈期盼相协调,做到优先发展、科学发展。

二、充分理解努力办好人民满意的教育的内涵

党的十八大报告以"努力办好人民满意的教育"为教育改革发展方面的点题之笔,充分彰显了发展依靠人民、发展为了人民、发展成果由人民共享的民本思想,与报告通篇贯穿的以人为本的理念一脉相承。这一思想贯穿于教育的战略地位和教育改革发展的主题、目标、任务的各方面全过程。

——人民满意的教育是优先发展的教育。坚持优先发展教育是基于教育战略地位的必然抉择。党的十四大以来,历次党代会都强调把教育摆在优先发展的战略地位,这既表明了党的教育工作方针和战略决策的一致性,又体现了党的坚强意志和人民意愿。这要求全党全社会都要增强优先发展教育的自觉性和坚定性,在体制机制改革和资源投入上加以落实。

——人民满意的教育是为社会主义现代化服务、为人民服务的教育。这是教育改革发展的根本目的,是教育不懈追求的价值标准。这要求教育彻底摆脱应试教育的束缚和功利导向,回归教育原本的功能和价值,把立德树人作为教育的根本任务,把促进人的全面发展、适应社会需要作为衡量教育质量的根本标准。

——人民满意的教育是以人为本的素质教育。坚持以人为本、全面实施素质教育是教育改革发展的战略主题。这要求深化教育领域综合改革,遵循教育规律,着力提高教育质量;面向全体学生、促进学生全面发展,培养学生的社会责任感、创新精神和实践能力。

——人民满意的教育是公平、优质的教育。这要求坚持教育的公益性和普惠性,合理配置教育资源,完善各级教育资助政策体系。要办好学前教育、均衡发展九年义务教育、基本普及高中阶段教育、加快发展现代职业教育、推动高等教育内涵式发展,鼓励

支持民办教育发展，从而实现更高水平的普及教育，形成惠及全民的公平教育，提供更加丰富的优质教育，构建体系完备的终身教育，健全充满活力的教育体制。

——人民满意的教育是拥有一支爱岗敬业的高素质专业化教师队伍的教育。教师队伍的质量水平是决定教育质量水平的根本性因素。这要求提高教师的师德水平和业务能力，增强教师教书育人的荣誉感和责任感，这是人民群众对接受良好教育的殷切期待，也是党和国家对提高教育质量的重要要求。

三、推动广东率先基本实现教育现代化

近年来，广东把回归本质、遵循规律、科学发展、努力办好人民满意的教育作为教育改革发展的思想基础，使教育主动与人民群众的期盼交汇，积极与经济社会发展相融，努力提升人民群众幸福感和经济社会创新力，成效显著。贯彻落实党的十八大精神，要与贯彻落实省第十一次党代会的战略决策结合起来，以努力办好人民满意的教育为宗旨，遵循规律、科学发展，在全国率先基本实现教育现代化，打造我国南方教育高地。

一要落实教育优先发展战略地位。切实做到经济社会发展规划优先安排教育发展、财政资金优先保障教育投入、公共资源优先满足教育和人力资源开发需要，并切实形成科学规范的制度，把优先发展教育的要求进一步落实到各级党政领导班子和领导干部实绩的考核体系之中。

二要深化教育领域综合改革。把人民群众最关心的教育公平、教育评价等问题作为教育改革的切入点，深化办学体制、培养体制、管理体制和保障机制改革，大力转变政府管理方式，全面落实学校办学自主权，加快建立科学的教育评价体系和现代学校制度；把引进国内外优质教育资源作为教育改革的驱动力，学习借鉴国际上先进的教育理念、教育内容、教育方法和管理方式，在继续大力改善办学硬条件的同时，加快推进教育内涵式发展。

三要全面实施素质教育。教育科学发展的本质就是坚持以人为本，遵循人的认知成长规律、教育教学规律、经济社会发展规律，全面实施素质教育。遵循人的认知成长

规律，就要承认受教育者个体的禀赋、成长环境等具有多样性，注重因材施教、因时施教、因地施教；遵循教育教学规律，就要充分发挥教育本身的地位、功能和作用，实现教育教学各要素有机结合与协调，确保教与学的方式符合科学要求；遵循经济社会发展规律，就要既使教育充分吸纳经济社会发展的最新成果，增强教育内容方法与经济社会互动衔接，又使教育改革发展的成果有利于推动和引领经济社会前行。只有坚持以人为本、全面实施素质教育，才能达成立德树人的根本要求，才能促进学生愉快学习、快乐成长，为学生终身幸福和建设创新型国家创新型广东奠基。

四要大力促进教育公平。要更合理地配置教育资源，完善义务教育均衡发展机制，使教育资源更多地向农村、边远、贫困、少数民族地区倾斜，加快缩小城乡区域教育差距；健全各级教育资助政策体系，更加积极地扶持弱势群体，切实解决进城务工人员等特殊群体子女就学问题，确保每个公民享有接受良好教育的权利。

五要统筹推动教育科学发展。坚持统筹兼顾，在欠发达地区推进创建教育强镇、教育强县（市、区）、教育强市工作；在发达地区推进争当教育现代化先进区（市、县）、先进市工作；在高校推进以协同创新为引领、全面提高高等教育质量工作，建设高等教育强省；重点引进国际高水平大学来粤合作办学，提高教育国际化水平；实施强师工程，建设结构合理、充满活力的高素质专业化教师队伍。

六要着力提升教育研究水平。凝聚全省教育研究力量，以努力办好人民满意的教育为宗旨，以服务教育决策、创新教育理论、指导教育实践为任务，以教育理论研究、教育战略研究、教育政策研究、教育实践研究为主要领域，不断丰富和发展广东特色、广东风格、广东气派的教育研究成果，为提高广东教育综合实力、区域竞争力和国际影响力服务，努力打造我国南方先进教育思想理论形成与实践高地。

促进教育与经济社会深度融合　推动粤东西北地区跨越式发展*

振兴粤东西北地区，实现区域协调发展，已成为确保实现"三个定位、两个率先"的战略抉择。经济社会发展的决定性因素是人，有什么样的教育水平和人口素质，就有什么样的经济社会发展面貌。落实省委、省政府的战略部署，实现粤东西北地区跨越式发展，必须充分发挥教育的基础性、先导性、全局性战略作用，促进教育与粤东西北地区经济社会深度融合发展，培养造就适应粤东西北地区经济转型升级、社会和谐进步要求的数以千万计的高素质劳动者、数以百万计的高素质专业化人才和一大批拔尖创新人才，使人力资本数量和质量在短时期内尽快提升，为粤东西北地区跨越式发展提供强大的人才、智力和科技支撑。

一、解放思想，找准促进粤东西北地区教育跨越式发展的着力点

坚持解放思想、敢闯敢试，破除一切阻碍教育优先发展、科学发展的思想观念和体制机制障碍，走出一条具有粤东西北地区特色的教育发展路子。一要牢固树立发展教育是各级党委、政府主体责任的意识。确立教育在经济社会发展中的战略地位，把确保教育优先发展、科学发展列为粤东西北地区经济社会发展的重大战略举措，并提供充分制度保障和充足资源条件，包括建立与教育优先发展战略地位相匹配的党委、政府教育工作领导体制和责任制。二要把全面推进教育"创强争先建高地"作为粤东西北地区教育跨越式发展的总抓手。针对城乡区域教育发展水平差异大的状况，加强政府统筹，促进城乡区域教育决策和管理科学化水平、教育基础设施设备保障水平、教育信息化国际化水平和教育教学质量与水平，满足经济社会发展和人民群众对教育的新期盼。针对教育适龄总人口呈下降趋势且教育人口结构性差异加大的状况，加快推进教育资源集约

---

* 本文作者汤贞敏、耿景海，原发表于2013年第9期《广东教育》（综合版）（广东教育杂志社主办），其主体内容以"丰富发展粤东西北优质教育资源"为题，发表于2013年9月1日《南方日报》第A07版。

化发展，推动学前教育科学化规范化发展，推动义务教育均衡优质标准化发展，推动高中阶段教育优质化多样化特色化发展，推动高等教育协同创新内涵式发展，推动终身教育全民化发展。针对人才培养水平不够高的状况，回归教育本质，遵循教育规律，建立科学的教育评价体系，转变教育发展方式，调整学校编制标准，打造数量充足、结构优化、充满活力的高素质职业化校长队伍和高素质专业化教师队伍。三要确立简政放权、扩大学校办学自主权的改革方向。深化教育领域综合改革，转变政府管理方式，各级政府全面履行教育财政投入责任，并通过全面落实学校办学自主权、建设现代学校制度、改善教育发展环境等措施，充分激发各级各类学校改革发展的积极性、主动性和创造性。

二、建立政策体系，推动教育与粤东西北地区经济社会融合发展

经济社会繁荣为教育科学发展提供坚强保障，教育兴旺为经济社会持续发展提供强劲动力。综观国际国内竞争趋势，必须建立政策体系，将教育与地方经济社会尤其是实体经济和生产性服务业结合起来，实现融合发展，切实增强经济社会发展核心竞争力。要加快建立教育统筹管理体系，在优化基础教育布局结构并提升其现代化水平的同时，着力促进高等教育、职业教育在学科建设、专业设置、培养模式、科研创新等方面充分契合地方实体经济和生产性服务业发展需要，最大程度地保证高等教育、职业教育有足够大的培养规模，使教育成为加快转变经济发展方式、提高人的素质和自主创新能力的"发动机"与"助推器"。要加快建立教育与地方经济社会融合发展绩效评价制度，推动政府部门之间、学校与行业企业之间加强沟通协调，为深化教育综合改革、推动教育科学发展充分集聚经济社会资源，为促进实体经济和生产性服务业加快发展充分发挥教育综合作用，特别是要建立和完善高等教育、职业教育与行业企业密切联系、融合发展的体制机制，拓展和深化产学研合作和工学结合，提升教育贡献力和产业竞争力。

三、推进高等教育地方化发展，助力粤东西北区域中心城市建设

胡春华书记2013年1月16日在听取有关专题工作情况汇报后指出，"在改革中要采

取有力措施加快地级区域中心城市建设。地级城市不大不强是粤东西北地区区域经济发展缓慢的一个非常重要的原因""如果地级城市不加快发展，要改变粤东西北地区的面貌，几乎是不可能的"。高等学校对于中心城市引进高端人才、集聚高端科技要素、发展高端产业、培养高素质人才、提升城市品位、扩大区域影响力具有举足轻重的作用。粤东西北地区在实施中心城市扩容提质战略中，要高度重视高等教育地方化发展，充分发挥高等学校培养人才、创新科技、服务社会、传承创新文化的功能，特别要努力建设好若干所高水平地方大学和骨干高等职业技术学院，实现高等教育为区域经济社会发展服务的目的。要巩固提升区域性高等教育基地的地位。湛江、汕头、韶关是粤西、粤东、粤北中心城市，也应是区域性高等教育基地，要大力支持所在地高等学校的建设和发展，逐步形成具有一定规模和水平的高等教育园区。其他有条件的地级市也要注重高等教育布局，为提升城市核心竞争力、促进产业发展提供重要的人才、智力和科技支持。

四、加大粤东西北地区教育经费投入，提高教育资金使用效益

教育投入是支撑一个国家、一个区域长远发展的基础性、战略性投资，是教育事业发展的物质基础，是公共财政的重要职能，必将加倍回报于经济社会发展和人民福祉提升。这是纵观国内外发展得出的深刻启示。要树立战略眼光和坚定意志，不管经济发展处于顺境还是逆境，也不管是经济发达地区还是不发达地区，都要保证教育的刚性投入，坚决依法依规依策落实教育各项支出，使之与教育规模需求相协调相适应，"到2020年各级财政教育拨款占财政总支出比例达到25%以上"，充分保障教育优先发展、科学发展。要优化教育经费投入结构，改变只满足于维持性投入而发展性投入比例偏低的状况，使增量经费更多地用于教育发展，在教育用地征地、人才引进、教师培养、教育现代化装备、教育信息化、教育国际化上舍得花钱，实现以改善硬件为主转到丰富发展优质教育资源和提升内涵发展水平上来。要充分运用经济杠杆和财政投入，破除束缚人才工作的一切障碍，充分发挥各级各类学校特别是高等学校高层次人才蓄水池的作用，以优厚的人才待遇、丰富的人才载体、良好的人才环境加强人才引进，从根本上保

证师资队伍数量和质量适应提高教育教学质量和科研创新水平的需要。要改善教育经费筹措方式，完善多元化教育经费投入体系，在充分发挥公共财政职能、充分履行财政职责的基础上，借助金融工具，充分调动社会力量、境外资本投入教育的积极性和主动性。需要强调的是，支持发展壮大民办教育，是丰富发展粤东西北地区优质教育资源的一条重要途径。各级政府应以战略眼光和宽广胸怀创新一切与民办教育发展相关的政策，如借鉴先进地区和发达国家发展民办教育的做法，对办学声誉良好的民办学校赠予或行政划拨土地；给予民办学校教师与公办学校教师同等法律地位的事业编制；由政府出资为民办学校教师购买补充养老保险，以保证退休民办教师与退休公办教师待遇基本相当；在上述基础上，采取政府购买服务等方法，并规范民办学校收费标准，切实减轻人民群众就读民办学校的家庭经济负担。

五、加强教育研究，为粤东西北地区教育改革发展提供智力支持

没有教育科学研究，就没有科学的教育。粤东西北地区要高度重视建立健全教育研究机构和教育研究队伍，为开展教育研究提供充足的财政资源，使教育研究机构充分发挥服务教育决策、创新教育理论、指导教育实践、引导教育舆论的职能。教育研究机构要切实加强教育战略研究、政策研究、理论研究和实践研究，为各级党委、政府教育科学决策提供智力支持，为提高教育管理科学化水平贡献智慧，为各级各类学校提高教育教学质量和办学水平提供科学指导，为社会各界和千家万户树立先进教育理念和掌握科学教育方法提供正确指引。

担当起教育在传承、繁荣和发展中国文化中的战略使命*

文化是根，是魂，是凝聚力，是竞争力，是持续力。当今时代，世界多极化、经济全球化深入发展，各种思想文化交流、交融、交锋日益频繁，文化实力越来越成为民族凝聚力和创造力的重要源泉，越来越成为综合国力的重要标志，越来越成为经济社会发展的重要支撑。在当下国际激烈竞争中，维护国家文化安全的任务十分艰巨，增强国家文化实力的要求十分紧迫，提升中国文化国际影响力的使命十分神圣。弘扬中华优秀传统文化，推动中国传统文化现代化，使社会主义核心价值体系深入人心，整体提升国民现代文明素质，建设社会主义文化强国和人力资源强国，教育责无旁贷。从这个意义上说，教育不仅仅是民生，更是国计，关乎中华民族伟大复兴。

一、教育在促进文化生成、繁荣、创新与人的发展中的意义

《辞源》解释"文化"为"文治"加"教化"之意，《易经》则说"观乎人义，以化成天下"。这些经典释义将"人""文"与"教"内在连接起来，不仅表明教育本身是一种文化符号，而且清楚地说明教育是文化生成的肥沃土壤、文化传播的主要途径、文化繁荣的当然基础、文化创新的必然依靠和人自由而全面发展的重要推动力。如今，不少有识之士提出教育要回归本质，遵循人的发展规律、教育教学规律和经济社会发展规律，意在将教育与人、经济社会、文化深度融合，其实质是对教育与文化价值的追寻，这既是一个教育课题，又是一个文化课题。

首先，人的发展是教育的直接目的，也是文化沉淀、作用的对象。瑞士著名的哲学家、心理学家荣格认为，一切文化都沉淀为人格。教育是文化传承与人的发展相联系的

---

* 本文原系作者在"教育与中国未来30人论坛"2014年会上发表的演讲，后发表于2014年第6期《广东教育》（综合版）（广东教育杂志社主办）、2014年第2期《高教发展与规划》（内部资料）（广东外语外贸大学编），引言和第一、二部分被2014年第10期《基础教育论坛》（辽宁北方教育报刊出版有限公司主办）选刊，收入本书时个别地方稍有斟酌。

桥梁和纽带，要使人类优秀文化作用于人，就要依据人的身心发展规律和特点，将先进文明、优秀文化循序渐进地融入人的健全人格形成过程，使之能够站在"巨人"的肩膀上全面而有个性地健康成长成才。

其次，遵循教育教学规律，实质上是对文化影响受教育者的内容、过程、方式的科学探索。这不仅要求教育者对文化怀有认同、温情和敬意，而且要求教育者能将人的发展与文化传统、社会变革有机统一起来，在此过程中持续合成新的思想文化，自觉地把保证受教育者享有自由创新的空间、开发受教育者全面而有个性地发展的潜能作为自己不懈追求的崇高使命。

最后，经济社会是文化的母体，教育是文化生成、繁荣、创新的助推器。一些学者认为，"赚钱的最终目的不是为了衣食，而是为了荣誉、安全、自由、幸福，这些都是文化命题""经济行为只要延伸到较远的目标，就一定会碰到文化""一个社会不管发达和不发达，表面上看起来是经济形态，实际上都是文化心态"，等等。经济社会作为文化母体的意蕴不言而喻，教育只有面向经济社会、融入经济社会，回应经济社会发展需求，才能彰显其推动经济发展、社会进步的价值和作用，进而更好地助推生成、繁荣、创新适应经济社会发展需要的先进文化、特色文化、包容文化。

二、弘扬中华优秀传统文化、繁荣发展中国特色社会主义文化、促进人的现代化是中国教育的战略使命

文化是民族的血脉，是人民的精神家园。中华文明源远流长、博大精深，是中华民族生生不息、发展壮大的强大精神力量。经过数千年的积淀，中国传统文化凝练出心忧天下、天下为公的公义向标；天下兴亡、匹夫有责的家国情怀；崇德弘毅、厚德载物的人文取向；仁爱共济、立己达人的博大胸怀；正心笃志、宁静致远的人格追求，以及以爱国主义为核心的团结统一、爱好和平、勤劳勇敢、自强不息的民族精神。中华优秀传统文化的生命光辉，展示了宽广的包容之力、厚重的承载之力和连绵不绝的新生之力。这是中国传统文化的特殊标志，也是整个人类文明孜孜以求的理想梦园。中国特色社会主义文化是打上中华优秀传统烙印的文化，是与时俱进、不断创新的文化，是追求民族

振兴、国家富强、人民幸福的文化,是接驳世界、影响世界的文化。传承和弘扬中华优秀传统文化,增进中国文化自信和自尊,创新、繁荣、发展中国特色社会主义文化,促进全体国民现代化,是全党全社会的重大责任,更是中国教育的战略使命。

中国教育自古以来就自觉承担着文化传承、凝练和发展的使命,承载着国民人格教化、培育和完善的责任。作为中国文化符号的孔子,他的伟大不仅在于创立了主导中国人精神的儒家学说,而且在于他将教育与文化、经济、社会联系起来,将人才培养与社会实践、文化创造相融合。今天,中国教育依然是中华优秀传统文化传承、创新的旗手和主力军,是新时代中国人格发展、完善的擘画者和引航员,义不容辞地要担当起弘扬中华优秀传统文化、培育民族精神、锻造国民现代人格的战略使命。

首先,中国教育要在各级各类学校建立中华优秀传统文化传承体系,广泛深入开展中华优秀传统文化普及活动,致力于增强国民认同感、自豪感和责任感。要着力打造大中小学中华优秀传统文化课程教材教学体系,弘扬中国传统教育智慧、策略与方法,根据学生的认知特点,逐步地有机地渗透、融汇中华优秀传统文化,充分开发利用中国物质文化遗产、非物质文化遗产和自然遗产,使之成为学生接受中华优秀传统文化熏陶和洗礼的重要资源,从而更好地引导全体学生弘扬真善美、摒弃假恶丑,认同中华民族大家庭,为作为中华民族大家庭一分子感到自豪,增强实现中华民族伟大复兴的使命感和责任感。

其次,中国教育要担当中国传统文化现代化的使命,为之注入新时代的血液,培养中国现代公民,致力于强化国民的历史渊源感、前进方向感和根本归属感。中国传统文化生成于传统农业文明,曾经创造了无与伦比的辉煌,但我们对中国文化的信心既要建立在对中华优秀传统文化的认同、传承与弘扬上,也要建立在与现代生活世界相联系、与现代经济社会相融合上。面对席卷而来的工业化、城镇化、信息化、国际化等现代化浪潮,全盘继承、固守中国传统文化显然不合时宜,也不符合中国文化海纳百川、自新求变的本质特征,更不契合新时期中国人的精神追求,无益于强化国民正确的历史渊源感、前进方向感和根本归属感。一个民族文化发展过程是扬弃的过程,是与时代发展相契合的过程,更是不断推陈出新的过程。这一过程必须基于对民族文化的自知、自信和自尊,如钱穆在《国史大纲》序言中所说,要"从传统文化演进中汲取民族复兴和国家变革的精神力量"。树有根、水有源，中华优秀传统文化是中国文化现代化的活水源头；时时新、日日新，新时代文明成就是中国文化发展自新的灵动血液。有根有源、与时俱进的文化才是充满生机活力的文化，才是值得国民信赖和坚守的精神家园。中国教育对此要有清醒的认识、坚定的担当和科学的方略。

最后，中国教育必须担当以文化提升国家软实力、营造社会和谐、增强人民幸福的使命，升华中国人的全球意识、国际责任和文明素质。有生命力的文化必定是有利于人的健康成长成才、充分发挥人的聪明才智的文化，必定是能促进和谐融洽、和衷共济的文化，必定是能推动民族振兴、国家富强、人民幸福的文化。深化教育领域综合改革、推动教育科学发展，其中的一个崇高而神圣的使命是通过教育，更好地融合中华优秀传统文化与社会主义核心价值体系和世界先进文明成果，繁荣发展中国特色社会主义文化；更好地培养植根民族文化和面向现代化、面向世界、面向未来的公民，提高全民族素质；更好地为提升全体中国人的全球意识、国际责任和文明素质奠基，打造人力资源强国。这是推动中国文化走向世界、影响世界，为实现中华民族伟大复兴创造充分条件的必由之路。

三、充分发挥广东教育在传承和创新中国文化中的排头兵、先行者、试验田的作用

岭南文化在中华民族文化中有其独特的鲜明个性，务实开放、兼容并包、敢为人先是其主要特色。岭南文化的这些特色使广东成为近代以来中国政治、经济、社会、文化、教育变革的排头兵和先行者，成为中国传统人格现代化的试验田。在中国近现代反殖民侵略、反封建统治的可歌可泣的历史进程中，虎门销烟、三元里抗英、太平天国运动、康梁变法、辛亥革命、广州起义，直至中国当代的改革开放，无一不是岭南文化与社会变革、进步、发展相结合的产物。当下，"厚于德、诚于信、敏于行"成为新时期广东人的精神标签，成为践行习近平总书记2012年12月视察广东时提出的"三个定位、两个率先"（发展中国特色社会主义的排头兵、深化改革开放的先行地、推动科学发展的试验田，率先全面建成小康社会、率先基本实现社会主义现代化）目标的文化支撑，

成为滋养广东全面深化改革的文化沃土。

基于岭南文化的鲜明个性，广东明确地以建设教育强省、争当教育现代化先进区、打造南方教育高地为旗帜，致力于实现义务教育均衡化、学前教育到高等教育普及化、终身教育全民化、教育服务多元化、教育合作国际化，聚焦教育公平、教育质量和均衡发展、内涵发展，以及统筹协调发展、创新发展、开放发展等教育热点难点问题，聚焦社会主义核心价值体系和中华优秀传统文化教育，聚焦回归教育本质和人的成长成才规律，聚焦教育与经济社会发展互动融合，付出了艰巨努力。其中，推进广东高等教育改革发展，始终坚持正确的政治方向和办学方向，把着力培养社会主义合格建设者和可靠接班人作为高校一切工作的出发点和落脚点；始终坚持科学的人才培养质量观，牢牢抓住提高质量这个生命线，创新高校人才培养机制，紧扣提高人才培养质量这一关键环节，切实落实人才培养工作中心地位，优化资源配置，把人才培养质量作为衡量办学水平的最主要标准；始终坚持加强学科建设和科研创新，深入实施南粤重点学科提升计划，分层次、有侧重地建设一批高水平学科、学科集群和新兴学科；始终坚持办出特色争创一流，各高校明确自身发展定位和目标，组织实施"创新强校工程"，加快高水平大学建设步伐，大力推进示范性应用型本科学校和示范性高职院校建设，加快推进教育现代化。这当中的"方向""人才""质量""创新"等是广东高等学校体现培养人才、创新科技、服务社会、传承创新文化功能的关键词，也是广东各级各类教育改革发展的着力点。我们就是要按这样的方向路径去丰富发展岭南文化特质，把握广东教育改革发展的重点、热点和难点问题，不断提升广东教育改革发展科学化水平。

新世纪以来广东教育改革发展的历程特别是目前教育"创强争先建高地"的态势，体现了岭南文化敢为人先的鲜明个性；聚焦教育公平、质量、均衡发展、内涵发展，体现了岭南文化的务实取向；注重社会主义核心价值体系和中华优秀传统文化教育，展现了岭南文化的厚重底蕴；强调教育的开放性、国际化，展现了岭南文化开放合作、兼容并包的博大胸怀。我相信，广东教育改革发展植根于中国文化、得益于岭南文化，只要持续营造崇文重教和尊重劳动、尊重知识、尊重人才、尊重创造的良好环境和浓厚氛围，落实教育优先发展战略地位，破除陈旧思想观念和落后体制机制束缚，坚持以人为本，遵循规律，深化办学模式和培养模式改革，建立教育开放合作新格局，就一定会在推进文化传承与创新、国民素质拓展与提升中大有作为且大可作为，就一定能在建设教育强省、人力资源强省、文化强省和率先基本实现教育现代化进程中，为繁荣发展中国特色社会主义文化和建设教育强国、科技强国、人才强国、文化强国发挥排头兵、先行者和试验田的作用。

处于这样伟大的时代，从事这样伟大的实践，整个教育系统、每个教育机构、任一教育工作者都使命光荣、责任重大，需要身体力行、孜孜以求、不断拓展、奋力前行！

以建设教育强省和人力资源强省张扬广东经济新优势*

中国东部，群雄并起。2013年度各省（市）经济指标排行榜上，广东、江苏、山东、浙江经济总量居全国前四位，分别达到6.22万亿元、5.92万亿元、5.5万亿元、3.76万亿元。特别是江苏，其经济总量于2012年、2013年连续两年与广东仅差3000亿元，广东第一经济大省地位受到严峻挑战。

这种状况的深层次原因和应对之策，都是需要我们深思和回答的。

一、当前面临的形势：追兵变标兵？

2012年，粤、苏、鲁经济总量都超过了5万亿元。目前，山东无论是经济总量、财政收入规模还是人均GDP都还落后于广东，但不容轻视；江苏不但经济总量与广东相差不大，而且人均GDP、财政收入已远超广东；浙江经济总量离广东还有较大距离，但其人均GDP、财政收入也早已领先于广东。

由此可见，苏、鲁、浙都有可能由追兵变为标兵，而追兵中离广东最近的是江苏。2005年以后，江苏人均GDP开始超越广东；近年来两省人均GDP差距更加扩大，2013年粤为58500元、苏为74607元，苏比粤多16107元。可以说，目前粤、苏经济发展差距已发生实质性变化，广东必须从战略上找准根源和对策以确保优势地位。

二、原因分析：别人比我们强在哪？

表面上看，广东许多经济指标被苏、鲁、浙渐渐赶超的原因很多。经过研究分析，我们认为深层次原因在于广东从传统经济向知识经济转型过程中，教育、科技、人才基

---

* 本文作者汤贞敏、耿景海，原以"广东经济优势渐失的深层次原因"为题，发表于2014年第3期《广东经济》（广东省人民政府发展研究中心主办），收入本书时个别地方稍有斟酌。

础薄弱且发展水平提升较慢导致了经济增长后劲乏力，而苏、鲁、浙的教育、科技、人力资本实力雄厚，加上政策引导有力，使这一优势在经济转型过程中得到充分发挥，对其转变经济增长方式、调整经济结构产生了重要的推动作用。

（一）粤、苏、鲁、浙教育发展情况对比

1. 教育普及水平比较。从普及基础教育来看，浙、苏分别于2005年、2008年率先基本普及学前到高中15年教育，广东2012年才实现这一目标。从高等教育大众化进程来看，2002—2012年，苏、鲁、浙高等教育毛入学率分别从20%、15%、15%提高到了47.1%、29%、49.5%，广东则是从15.3%提高到28.2%。从衡量高等教育质量水平的重要指标来看，截至2013年，粤、苏、鲁、浙分别有"985工程"大学2所、2所、2所、1所，分别有"211工程"大学4所、11所、3所、1所，分别有一级学科国家重点学科5个、28个、4个、14个，分别有二级学科国家重点学科43个、60个、20个、23个。江苏高等教育质量水平特别是高水平大学、重点学科明显多于广东。作为同是副省级区域中心城市，江苏的苏州、山东的青岛、浙江的宁波的高校数及类型层次结构都比广东的深圳强得多。2002年以后，苏、浙高等教育毛入学率快速提升，而粤、鲁相对缓慢，但鲁也比粤快。对比苏、鲁、浙的发展轨迹可知，2002年以来正是其经济腾飞的时期，经济总量和人均GDP节节攀升，与其15年基础教育普及和高等教育毛入学率提升呈正向关系。

2. 教师队伍实力比较。截至2012年，粤、苏、鲁、浙高校专任教师数量分别为87402人、106023人、96058人、54154人，广东比江苏少了18621人，比山东少了8656人；按总人口比例算，广东实质上也比浙江少了17346人。高校教师属于高素质、高智力、高科技人才，这么明显的差距，进一步证实了广东高层次人才少于苏、鲁、浙的事实。

2012年粤、苏、鲁、浙小学生师比分别为18.69、16.74、16.41、19.32，初中生师比分别为16.18、10.81、12.54、12.56，普通高中生师比分别为15.93、12.43、14.28、13.58，普通高校生师比分别为18.82、15.45、17.08、17.05。从小学到初中到普通高中再到高校，广东生师比几乎是最高的，反映了广东全系列教师资源严重不足。

3. 教育投入比较。广东普通高中、普通初中、普通小学生均公共财政预算教育经费支出均低于苏、鲁、浙。例如，2012年苏、鲁、浙普通初中生均公共财政预算教育经费支出分别为12479.57元、9308.07元、11500.02元，而广东仅为6116.61元，高中和小学情况基本类似，与最高的相比，差值约一倍。

广东高等教育背负着既要扩大办学规模又要提高内涵发展水平的双重压力，财政对重点学科、重点人才、重点平台、重点科研项目的投入远无法与苏、浙相比，鲁的投入力度也快速增强。就全国而言，广东教育经费投入仅居中等水平。

（二）苏、鲁、浙人力资源优势明显

就业人员受高等教育比例是评价一个国家和地区教育和人力资源水平的重要指标，被认为与经济社会可持续发展息息相关。从就业人员受教育程度看，高中、专科、本科、研究生比例，2012年广东分别为23.9%、7.8%、4.1%、0.25%，江苏分别为20.2%、9.2%、5.8%、0.45%，山东分别为19.2%、9.0%、5.2%、0.42%，浙江分别为16.5%、9.4%、7.7%、0.60%。数据显示，广东就业人员高中毕业比例占有优势，但高等教育比例明显偏低。这也表明，广东就业人员中有相当部分接受高中教育后就进入了劳动力市场，而苏、鲁、浙就业人员中有相当部分接受高中教育后继续接受高等教育，之后才进入劳动力市场。

在高端人才方面，苏、浙优势尤其明显。截至2013年，粤、苏、鲁、浙分别有院士41位、136位、39位、31位。1999—2013年14年间，粤、苏、鲁、浙分别拥有"长江学者"85位、203位、57位、106位，高端人才和后起之秀大量流入苏、浙。

（三）苏、鲁、浙高层次人才队伍建设举措有力

粤与苏、鲁、浙基础就业人口素质基本相当，但在高层次人才上差距很大，这与人才队伍建设政策和举措有关。江苏1999—2007年接连出台16项人才队伍建设政策，各地级以上市也出台系列引才计划，对其人才总量、人才结构、人才创新活动产生了显著效果。2010年，浙江启动海外高层次人才引进计划，拟5年内引进1万名优秀海外创业创新人才和10万人次外籍专家，各市也相继出台招才计划。2010年，山东实施引进海外高层

次人才"万人计划",济南、济宁等相继出台引才工程或引才计划。

三、解决方案:我们采取什么对策?

经济社会发展的决定性因素是人。有什么样的教育水平和人口素质,就有什么样的经济社会发展面貌。多年来国内外经济竞争的经验表明,人力资本快速积累是经济迅速增长的重要推动力量,每一次成功的经济追赶必有人力资本的先行追赶,人力资本追赶是经济追赶的先导。

面对严峻现实,广东要巩固扩大提高经济优势,不断增强经济竞争力,必须加快实现从教育大省向教育强省、由人口大省向人力资源强省转变,核心是充分发挥教育在经济社会发展中的基础性、先导性、全局性战略作用,培养造就适应转变经济发展方式、推动产业转型升级的数以几千万计的高素质劳动者、数以几百万计的技术技能型人才和应用型专门人才,以及一大批拔尖创新人才,使人力资本数量和质量尽快提升,形成强大的人才、智力、科技优势。舍此,别无他途。

(一)坚持解放思想,找准广东教育跨越式发展的着力点

坚持解放思想、敢闯敢试,坚决破除一切阻碍教育优先发展、科学发展的思想观念和体制机制,走出一条具有广东特色的教育发展路子。

一要牢固树立优先发展教育是各级党委、政府主体责任的意识。着力落实教育在经济社会发展中的战略地位,把确保教育优先发展、科学发展列为省及各市、县(市、区)经济社会发展的重大战略举措,特别要创新建立与教育优先发展战略地位相匹配的教育工作领导体制和问责制,营造浓厚的崇文重教氛围。

二要把全面推进教育"创强争先建高地"作为全省及各地教育跨越式发展的总抓手。针对城乡区域教育发展水平差异大的状况,加强省级政府统筹,完善各级党政领导班子和主要领导干部政绩考核制度,回归教育本质,遵循教育规律,转变教育发展方式,建立科学的教育评价体系,促进教育决策和管理科学化水平、教育布局结构调整优化水平、教育基础设施设备保障水平、教育信息化国际化水平、教育人才队伍培养配置

及专业化水平、教育教学质量与办学水平符合经济社会发展和人民群众的新期盼。

(二) 健全政策体系，推动教育与地方经济社会融合发展

经济社会进步为教育科学发展提供坚强保障，教育兴旺发达为经济社会持续发展提供强劲动力，应推进教育与地方经济社会尤其是实体经济和生产性服务业融合发展。一要加快建立以省及地级以上市为主的教育统筹管理体系，在优化基础教育布局结构并提升其现代化水平的同时，着力促进高等教育、职业教育充分契合地方实体经济和生产性服务业发展需要，最大限度地保证高等教育、职业教育有足够大的培养规模，使教育成为加快转变经济发展方式、提高人的素质和自主创新能力的"发动机"与"助推器"。二要加快建立教育与地方经济社会融合发展绩效评价制度，形成地方性法规和政府规章体系，着重推动普通高校、职业院校与行业企业互为依托，拓展和深化产教融合、校企合作，为深化教育领域综合改革、推动教育科学发展充分集聚经济社会资源，为促进实体经济和生产性服务业发展充分发挥教育综合作用。

(三) 推进高等教育，助力中心城市扩大区域影响力

高等学校对于中心城市培养引进高素质人才、集聚高端科技要素、发展高端产业、扩大区域影响力具有举足轻重的作用。

省及各地级以上市在实施中心城市扩容提质战略中，一要高度重视高等教育地方化发展，充分发挥高校培养引进人才、创新科技、服务社会、传承创新文化的功能，特别要努力建设若干所高水平地方大学和骨干高等职业学院，实现高等教育全面服务区域经济社会发展的目的。

二要完善大学城（园区）规划和功能定位。广州大学城要拓展发展规划空间，同时着力强化产学研合作联盟，注重协同创新、内涵发展，成为全国一流、国际知名的大学园区和产学研合作重要基地。深圳大学城要切实调整优化布局结构，着力举办实体性高等教育，高起点建设或合作举办若干所与深圳战略定位相匹配的本科学校。珠海大学园区要着力推动独立学院独立设置，在大学园区或横琴新区新建或合作举办若干所与产业发展战略相适应、在国内较具创新意义的高水平大学，并大力提高产学研聚合度。要把

各大学城（园区）及其周边建设成为高水平科技产业区和优质生活服务区，推动高校全面融入区域创新体系。

三要巩固提升区域性高等教育基地的地位。湛江、汕头市是粤西、粤东区域性中心城市，也是区域性高等教育基地，要大力支持所在高校建设和发展，并促进带动自身或周边城市高起点新建或合作举办若干所较有填补空白意义的高校。其他有条件的地级市也要注重高等教育布局，为提升城市核心竞争力、促进产业发展提供重要支撑。

（四）加大经费投入，提高教育资金使用效益

教育投入是支撑国家、区域长远发展的基础性、战略性投资，是教育事业发展的物质基础，是公共财政的重要职能，必将加倍回报于经济社会发展和人民福祉提升。这是纵观国内外发展得出的深刻启示。

一要树立战略眼光和坚定意志，不管经济发展处于顺境还是逆境，都要保证全面履行教育财政刚性投入责任，坚决依法依规依策落实教育各项支出，使之与教育规模和水平提升需求相适应，"到2020年各级财政教育拨款占财政总支出比例达到25%以上"，充分保障教育优先发展、科学发展。

二要优化教育经费投入结构，改变只满足于维持性投入而发展性投入比例偏低的状况，使增量经费更多地用于教育发展，实现以改善硬件为主转到丰富发展优质教育资源和提升内涵发展水平为主上来，保证师资队伍数量和质量，适应提高教育教学质量、科研创新水平和办学实力的需要。

三要改善教育经费筹措方式，在充分发挥公共财政职能、充分履行财政职责的基础上，充分调动社会力量、境外资本投入教育的积极性和主动性，同时丰富发展教育经费激励性集约式使用方式。

（五）制定法规政策，鼓励支持民办教育和国际教育

以战略眼光和宽广胸怀制定和调整优化一切与民办教育发展相关的法规和政策，鼓励支持民营资本和外资以多种方式兴办教育，促进民办教育教学质量和办学水平不断提升。设立教育国际化专项资金，吸引国际优秀人才，学习借鉴国际先进教育理念，引进

国际先进课程教材和培养模式，开展高水平中外合作办学，扩大来粤留学生规模，培养本省学生乃至全民的国际化思维，造就一大批理解多元文化、具有国际视野、熟悉国际规则、能够参与国际竞争与合作的人才。

（六）加强教育研究，为教育改革发展提供智力支持

没有教育科学研究，就没有科学的教育。各级党委、政府应高度重视教育研究机构、教育研究队伍建设和教育研究财政资源保障，使教育研究机构充分发挥服务教育决策、创新教育理论、指导教育实践、引导教育舆论的职能。要丰富发展全省教育研究联盟，开展大范围教育研究协作，切实加强教育战略研究、政策研究、理论研究和实践研究，努力打造中国南方先进教育思想理论形成与实践高地，为各级党委、政府提升教育决策和管理科学化水平提供咨询，为各级各类学校提高教育教学质量和办学水平提供科学指导，为社会各界和千家万户树立先进教育理念并掌握科学教育方法提供正确指引。

借鉴英国先进经验　建立现代职业教育标准体系*
——英国职业教育考察报告

为推进广东中英职业教育交流合作，落实广东省与英国在现代学徒制等职业教育领域的交流合作协议，应英国文化协会邀请，广东职业教育代表团一行5人，于2015年10月10日—14日出访英国。代表团访问了英国现代学徒制管理机构、大型企业人力资源培训部门、国有铁路培训机构等单位，与英国职业教育专家、行业协会及企业代表、颁证机构专家座谈交流，并就与英国在现代学徒制、职业教育标准、职业资格证书等领域研究与实验的合作较深入地交流探讨。

一、英国职业教育基本情况

英国现代职业教育起步于20世纪70年代。在政府和社会教育机构推动下，形成了被国际职业教育界推崇的现代职业教育体系，其中的国家职业认证制和现代学徒制已经成为我国现代职业教育改革发展中被广泛借鉴的成功经验。总的来说，英国现代职业教育体系有三个主要特征：一是完善的法律保障体系；二是高效实用的现代学徒制教育体系；三是规范的国家职业资格认证体系。

（一）建立完善的职业教育法律保障体系

英国经历了100多年漫长的职业教育立法过程，到20世纪90年代，形成了完备的职业教育法律体系。首先，从职业教育法律体系内部结构看，既有综合性的法律如《技术教育》，又有规范职业教育某一领域或环节的具体性法律如《职业交换法》《产业训练

---

* 本文作者汤贞敏、李海东、陈爽、毛永天、谢红，原以"深化中英交流合作　建立完善保障体系——来自广东职业教育代表团赴英国考察的报告"为题，发表于2015年第11期《广东教育》（职教版）（广东教育杂志社主办）。

法》等，还有相关性的法律规定如《地方税收法》中对职业教育经费的规定。其次，从调整职业教育法律关系角度看，既有调整职业教育内部关系的法律，又有调整职业教育外部关系的法律如《就业与训练法》对职业教育与劳动力市场关系作了有效协调。最后，从职业教育法律效用角度看，既有侧重于职业指导的法律，又有侧重于就业与职业培训的法律，如《产业训练法》对职业培训的设施设备等作了明确规定。此外，还有侧重于征收职业教育基金的法规，如《地方税收法》允许各地方政府从税收中提成用于发展职业教育。

在与英国职业教育机构相关人员和专家交流中，我们体会到法律意识已深深融入英国职业教育的每一方面和各环节。瑞尔现代学徒制管理公司的CEO黛比·珊得丽（Debbie Shandley）向我们介绍情况时，首先介绍的是政府关于现代学徒制的相关法律法规，她强调自己的企业是严格按照英国政府颁布的法律法规开展现代学徒制培养的，而且只有获得政府授权才能正常开展业务。公司每年都要接受政府检查，如果不合格政府就会收回授权证书且会被罚款。在现代学徒制运行过程中，公司必须严格遵守相关法律法规，政府设计有严格的内部监控和外部审查制度，以确保每一环节的规范性、合法性。

（二）建立高效实用的现代学徒制教育体系

现代学徒制教育体系是英国现代职业教育的核心，主要是为16—18岁的青年提供一种边学习、边工作，既获得职业资格等级证书，又获得一定工作报酬的学习方式。学员们可以进入当地的职业教育公共服务机构网站，检索提供现代学徒制学习岗位的企业目录，并根据自己的情况向企业提出学徒申请。企业通过笔试、面试等程序接受学徒申请后，与学员签订为期18—24个月的学徒合同，并为学员设计符合个人能力发展的学习计划，同时要求学员在当地选择一家职业教育中心学习相应的基础理论。学员在学完所有课程后可以通过国家职业技能鉴定委员会的考试获得职业资格证书。获得证书的学员可以直接就业，也可以通过考试招生重新回到普通高校完成学位教育。这一学习方式为年轻人提供了多样化的学习选择，是一种基于能力培养和就业导向的职业教育方式。

据瑞尔公司的黛比女士介绍，英国政府大力发展现代学徒制，希望企业长时间支持现代学徒制。2015年，英国政府现代学徒制项目规模将拓展到75000人，未来英国政府现代学徒制的发展目标是每年规模超过200000人。为了达到该目标，政府将在每年投入超过2.5亿英镑的财政支持。英国十分重视与其他国家分享特别是在中国推广现代学徒制的经验做法。目前，瑞尔公司已与上海、柳州开展现代学徒制合作，其中，上海现代流通学校借鉴英国现代学徒制模式培养的第一批20名现代学徒已接受瑞尔公司的指导和评估，即将获得英国职业资格认证。瑞尔公司培训师亚历克斯（Alex）告诉我们，现代学徒制的关键有两个方面：一是要按照标准来实施；二是要进行严格的质量监测，通过内部和外部的质量掌控，尽可能发现实施中存在的问题，并有针对性地提出整改方案。公司安排他到上海、广西负责现代学徒制合作项目，将在中国居住两年。对于能与中国同行分享现代学徒制的做法和经验，亚历克斯非常期待。

（三）建立规范的国家职业资格认证体系

英国建立了规范的职业资格证书制度NVQ（National Vocational Qualifications）。其特点是：以国家职业标准为导向，以职业能力为基础，以工作现场和实际工作表现为考核依据，以证书质量为生命。NVQ包括了所有职业，涵盖了中等职业教育、高等职业教育、本科、硕士等各学历层次。NVQ有5个级别，考核过程是将每个等级按工作职能、工作任务和技术水平高低分成若干个考核单元和考核要素，并将这些考核单元和考核要素列入考核任务书中，全部实行标准化。学员要获得哪一个技术等级，需要考核哪些单元，要完成哪些工作任务，都列在每个等级NVQ的考核任务书中。英国实行严格的就业准入制度，只有获得NVQ证书的学员才能持证上岗就业。

在英国，现代学徒制学员必须获得NVQ的2—4级证书。例如，我们所访问的豪登斯（Howdens）厨具制造有限公司，要求学徒必须取得NVQ的2级证书才能就业，而国家铁路培训中心则要求学徒必须取得NVQ的4级证书方能就业。证书的等级是根据就业岗位对知识、能力、素质要求的复杂程度而确定的。

英国现代学徒制专业课程和资格证书培训体系非常完善，一般是按照规定的标准以及相关的质量保证体系来开展教学和管理的。亚历克斯告诉我们，瑞尔公司设有专门的督导机构，配备专职人员从事教学和培训督导工作，每年对教师的工作情况按标准至少进行两次检查,并外请独立的质量评估机构来校抽查学员的考核任务书,若发现培养质量达不到标准,就会要求立刻停止课程教学并整改,如果公司培养的学员不能达到标准、不能顺利通过外部监测,就会面临每年400万英镑的巨额罚款。

二、英国职业教育带给我们的启发和思考

此次出访,我们是有备而去的,在出发前,收集整理了英国职业教育发展情况和广东与英国职业教育交流合作的相关资料,但去到后仍有"百闻不如一见"的感觉。在包括去回程不到5天的时间里,我们与英国职业教育培训机构、行业企业的专家、学生深度接触,得到了意想不到的收获,深受启发。

(一)英国职业教育充分体现以人为本的理念

英国职业教育高度关注人的全面发展,重视学习者的个性需求。他们认为,不管是读大学还是接受职业教育,都是学生个人的选择,应该得到充分尊重。教育机构仅仅是根据学生的选择为其提供适合的教育机会。例如,瑞尔公司非常重视学徒知情权,建立了专门的网站,详细发布学徒岗位的相关资料。当学生有意申请时,他们会多次通过电话访谈了解学生意向,解答学生疑问,沟通交流信息,为学生提供丰富的信息资源。在学习过程中,他们开发网站资源,确保学徒能获得丰富的学习资料,并且能通过电脑、手机登录等方式上传学习成果或与导师交流,实现远程在线学习、辅导和评价。

在考察交流中我们看到,英国职业教育学习环境并不非常完美,甚至有些简陋。我们到访的瑞尔公司也仅有两层小楼,办公场所和培训场所布置得非常紧凑。他们的职业教育学习培训环境高度贴近工作岗位,例如豪登斯厨具制造有限公司没有专门的培训大楼,而是在工作场所之中插入若干学习室和讨论室,确保学生能在"做中学"、在"学中做"。英国国家铁路培训中心则位于铁轨编组旁边,不时有火车隆隆驶过,非常具有现场感,其培训场所也仅仅是两层的简易屋宇,外观并不起眼,但内部的装饰和设备非常贴近教学,植入了最新的铁路通信、控制和电气设备等教学设施设备。这样的教育教学环境设计,体现了以学习者为中心的理念,让人感到职业氛围非常浓厚。

(二)"质量第一、标准先行"是英国职业教育重要特征

在英国,一切都有严格的标准,质量永远摆在第一位。当地的司机告诉我们,英国道路维修往往历时很长,短短一段道路维修时间可能超过2年,这在国内是不可想象的。但英国人修的道路质量非常可靠,可以保证使用很长时间都不出问题,实际上效益非常高。在道路维修施工现场我们看到,筑路车辆摆放、工棚安置、标识展示井井有条,工人的防护设备也非常齐全,这种质量至上的精神非常值得学习。修路如此,职业教育亦是如此。在瑞尔公司,无论是CEO黛比,还是培训师亚历克斯,给我们讲得最多的就是制度、标准、质量掌控和监督,强调公司现代学徒制运行是完全按照国家相关制度规定和标准的,需要接受内部和外部的质量监测。他们有600多个现代学徒制教学点,执行的都是统一的标准。在他们看来,只有严格按照标准组织教学,并对教学质量进行内部和外部监控,才能确保学徒培养质量,才对得起政府和行业企业。

(三)政府在英国职业教育中发挥重要作用

英国职业教育及现代学徒制之所以有如此大的发展动力和发展空间,与政府的顶层设计、制度建立、资金投入和过程监控密切相关。为了帮助青年人实现从学校到工作的平稳过渡,改善熟练工的市场供给状况,英国政府制订了完善的现代学徒法律法规、制度和实施计划,建立了科学的管理架构,并给予大量的资金支持。政府还通过将学徒培训与国家职业资格制度结合起来,使学徒培训的质量评价有了可靠的依据。虽然我们这次没有安排访问政府部门,但无论是在培训机构,还是在行业企业,交流过程中我们都听到英国同行多次提到政府对现代学徒制的政策、制度和监控,使我们深深感受到政府在推行现代学徒制中所起的重要作用。在豪登斯厨具制造有限公司,我们了解到,学徒的培训费用是政府资助的,企业只需支付学徒工资即可。黛比告诉我们,政府支付给学徒的培养费用是瑞尔现代学徒制管理公司的主要经费来源;亚历克斯强调,政府所制定的制度、标准、规范必须严格遵守,否则公司会面临高额罚款。

在交流中我们发现,英国政府用实际行动表现对职业教育特别是现代学徒制的支持,一是通过资金支持确保现代学徒制参与各方利益最大化;二是通过制度设计确保现

代学徒制的运转科学、务实、高效；三是通过建立第三方监测评价机制确保现代学徒制培养质量；四是通过建立国家职业资格标准使职业教育与行业企业岗位有效对接。这非常值得我们学习借鉴。

三、对我省发展现代职业教育的建议

英国现代职业教育的成功做法和先进经验，主要体现在先进的职业教育理念、完善的职业教育体系和制度法律设计、统一的职业教育标准和行业企业的深度参与。对此，建议我省从四个方面学习借鉴英国职业教育的成功做法和先进经验。

（一）加快推进现代学徒制试点工作

现代学徒制是传统学徒培训与现代学校教育相结合、行业企业与职业院校合作实施的现代职业教育制度。其鲜明的特征是校企联合双元育人和学生双重身份，学员既是学校的学生，又是企业的员工。英国通过大力推行现代学徒制，确保了职业教育与产业沟通对接，获得了现代产业发展所需的技术技能人才，其经验得到了全世界的认可。我省是经济大省和职业教育大省，产业转型升级对现代职业教育提出新的要求，作为推进产教融合、深化校企合作的重要举措，现代学徒制已成为现阶段职业教育改革发展的重点领域和关键环节。为此，建议学习借鉴英国经验，全面总结试点工作经验，明确政府在发展现代学徒制中的主导地位，从资金投入、政策扶持、制度设计等方面入手，推动职业院校与行业企业深度合作，共同推进现代学徒制发展，为深入实施创新驱动发展战略，促进产业转型升级提供更多更好的技术技能人才支撑。

（二）充分发挥行业企业在职业教育改革发展中的作用

在英国现代学徒制职业教育模式中，行业协会和企业是技术技能人才培养的重要力量，政府投入经费，行业企业负责技能培训，包括负责组织师资、场地和设备，第三方颁证机构经政府授权承担制定培养标准、监督培养过程、组织考试、发放证书等职能。

从我省目前的情况看，政府和职业院校承担了职业教育的大部分职能，行业协会和企业参与度严重不足，这已成为制约职业教育健康发展和培养真正意义上的技术技能人才的瓶颈问题。为此，建议通过制定相关政策、法规和制度，明确行业企业在职业教育改革发展及技术技能人才培养中的责任，支持和鼓励行业协会及各类企业参与职业教育改革发展及人才培养。由政府教育主管部门牵头，组织行业协会、企业和职业院校共同制定本行业的技术技能人才培养标准、评价方式等一系列标准和规范，从制度的层面规范三方在职业教育改革发展及人才培养中的责权利，充分体现行业企业的主体作用特别是在现代学徒制运行中的重要作用。

（三）加快建立职业教育标准规范体系

英国建立了科学完善的职业教育标准，规范了技术技能人才培养的内容、过程、规格，确定了人才评价标准。

我省在创建现代职业教育综合改革试点省中要注重建立系统完整的职业教育师资标准、专业教学标准、课程标准、人才培养标准、人才评价标准、质量监控标准等，制定不同层次、不同类型职业院校设置标准，基于相关标准加强设施设备建设、师资队伍建设、专业课程建设、教材建设和教学质量监控，实现技术技能人才培养标准化、规范化和职业教育与产业深度对接。

当前要着重解决技术技能人才评价标准问题，倒逼其他标准建立和实施。建议尽快建立适应我省现代产业发展要求的职业教育等级证书制度，首先在条件成熟的专业试点，由政府授权教育研究机构和行业协会，联合企业和职业院校共同制定各专业职业教育等级标准，对职业院校毕业生进行考核并发放职业资格等级证书，行业企业依据等级证书接纳毕业生在合适的工种、合适的岗位就业。

（四）切实加强职业教育师资队伍建设

英国高度重视职业教育师资队伍建设，特别重视学徒导师培养培训。根据现代学徒制发展需要，建立了由工程师、技师组成的高素质培训师队伍，并通过相关制度和条例规范了企业培训师的任职要求，职业学校的师资也由颇具实践经验的"双师型"专任教师组成，从而有效地保证了职业教育教学质量。鉴于此，建议学习借鉴英国经验，探索建立职业教育师资评价标准，重点建立现代学徒制导师认证标准和导师持证上岗制度。为此，一要加强广东技术师范学院和华南师范大学、岭南师范学院等的职业教育学院建设，在职业教育师资培养上充分体现职业院校技术技能人才培养对师资的要求；二要充分落实行业企业人才兼任职业教育教师的政策，总结经验，建立完善培训师制度；三要完善职业教育师资评价体系和培训制度，从整体上提升职业教育教师的专业能力和业务水平，全面打造专兼结合的高素质"双师型"教学团队。

为了达致上述建议，我们还应进一步加强与英国在职业教育改革发展及技术技能人才培养上的交流合作，落实各相关协议，拓展交流合作领域，深化交流合作内容，提升交流合作水平。英方对此也有强烈愿望。

我国教育规划的基本特性及"十三五"教育规划的制订[*]

一般认为,具有现代意义的教育规划始于20世纪二三十年代苏联实施的五年计划。二战后,以国际教育规划研究所(International Institute for Educational Planning, IIEP)的成立和经济合作与发展组织(OECD)为地中海国家制定的教育规划等事件为标志,教育规划的理论、模型、技术、方法等在西方先进国家迅速得到重视,其后不少规划项目因没有达到预期目的而饱受质疑。直至20世纪80年代末90年代初,随着政策科学等学科的兴起及对自身定位的科学认识,教育规划重新得到重视并得以进一步发展。我国教育规划的研究和实践在此背景下起步。一方面,我国教育规划在基础理论、指导理念、技术方法等方面借鉴了大量西方理论和实践经验;另一方面,我国教育规划紧密结合本国历史文化、政治体制、经济社会发展水平、人民群众意愿等国情,很快显现出具有自身特征的基本特性及发展趋势。

一、我国教育规划的基本特性

作为重要教育政策工具的教育规划,具有其自身的特性,而且某些特性会随着经济社会的发展而得到不断强化。

第一,教育规划的前瞻性。现代管理学之父彼得·德鲁克(Peter F. Drucker)认为,战略规划是为未来作现在的决策。[1] 教育规划需要对未来一定时期内的教育改革发展及人才培养进行预判并确定目标,提出原则、思路、任务和举措办法,用以指导教育改革发展和各级各类学校的进步与提升。因此,教育规划需要通过对现有条件、外部环境、教育自身发展态势等多方面相关因素作全面研究分析,特别是要把握未来一定时期世界、国家和区域经济社会以及科技文化发展趋势,从而预测教育在一定周期内所应

---

[*] 本文原发表于2016年第3期全国中文核心期刊《中国教育学刊》(中国教育学会主办)。

有的状态和可能达到的目标以及达到目标需要的条件。

第二，教育规划的系统性。教育规划的系统性可以从三个方面理解。一是教育规划必须充分回应执政者的主张和经济社会发展的战略需求，作为子系统要适应、助力经济社会大系统。二是教育规划需要对教育事业发展及人才培养作整体设计，重大教育战略规划更是要涵盖学前教育、义务教育、普通高中教育、职业教育、高等教育和学习型社会建设，以及教育与经济社会发展的互动融合。三是任何教育规划都要考虑与其他教育政策工具之间的统筹协调，包括与上位的教育政策及教育规划、与前期的教育政策及教育规划的衔接和协调。由于教育规划所依附的教育环境和外部社会环境包括经济发展、人口变化、科技进步、社会文化等各种复杂因素不易掌控，加上教育发展有着内在逻辑及规律，与政治、经济、人口、文化、科技等相互影响和相互作用，不断改变着教育自身及经济社会发展环境，因而教育规划的系统性必然蕴含着复杂性。

第三，教育规划的选择性。任何教育规划都不可能价值中立。教育规划实质上是进行多种价值选择的过程，包括指导思想与目的、利益分配与权力运作、经费划拨与资源配置、教育权利保护与教育救济、教育公平与教育效率、教育规模结构与教育质量特色、教育速度与教育效益水平等，也包括执政者的教育主张、教育家的教育理念和人民群众的教育诉求，都需要从多个维度、多个角度反复权衡利弊和实现的可能性。编制教育规划实质上是一种具有强烈价值选择性的活动。

第四，教育规划的公益性。教育是现代国家的社会公共事务，其存在的合法性基础是满足社会各界、各阶层及各种背景家庭的教育利益。特别是在我国，教育是最大的民生工程，受教育群体数量庞大，教育优质化、多样化、特色化资源还相对不足，教育规划必须以解决公共教育问题、满足公共教育利益为重要出发点，充分听取并反映广大人民群众的合理诉求，以学有所教、学有所成、学有所用为追求，全面解决好"有学上""上好学""好上学"的问题，努力办好人民满意的教育。

第五，教育规划的目的性。政策工具存在的理由就是为了实现政策目标。编制教育规划的根本目的是解决教育问题，实现教育价值诉求，推进教育改革发展及人才培养，更好地适应和促进经济社会发展。我国教育规划相当长时期内仍需着力解决的问题，包括教育投入与资源配置问题、教育公平与效率问题、教育均衡协调发展问题、教育规模结构与质量特色问题、立德树人与素质教育问题、师资队伍建设问题、信息技术与教育教学和教育管理深度融合问题、教育国际化问题、教育与经济社会发展互动融合问题等。教育规划以问题为导向，以改革为动力，以发展为目的，必然会推动和引领教育问题不断解决。

唯有立足教育规划的前瞻性，把握教育规划的系统性和复杂性，明确教育规划的目的性和公益性，理解教育规划的选择性，坚持问题导向和改革动力，才能确保教育规划编制达到理想或比较理想的状态，确保教育规划科学可行，为实现预期目的奠定坚实基础。

二、我国教育规划的发展趋势

从20世纪80年代末90年代初至今，在学习借鉴西方先进教育规划理论和实践经验的基础上，我国教育规划不断探索前行，整体发展呈现出新的趋势。

（一）对教育规划自身定位与功能的认识和理解不断加深

在经济体制转型和社会变化发展的过程中，教育规划研究者、决策者和实践者对教育规划自身定位与功能认识的科学理性程度不断提高。一是在2010年的国家教育规划纲要中，教育的地位和作用被确立为百年大计，教育为本；教育是民族振兴、社会进步的基石，是提高国民素质、促进人的全面发展的根本途径，寄托着亿万家庭对美好生活的期盼。而各级党委、政府对教育地位作用的这种认识和理解是逐步提升的，对为教育地位和作用更好实现的教育规划的认识和理解也是逐步深入的。20世纪80年代末以前，我国教育改革发展"规划"主要是国民经济和社会事业发展计划中的一项概括性内容，几乎没有独立的或是专门的教育改革发展规划。20世纪90年代至21世纪初，国家教育事业发展一直采用的是"五年计划"的表达，"十一五"之后才正式使用"规划"这一概念，一字之差反映了我国在从计划经济向社会主义市场经济重大转变的背景下，对教育与经济社会、教育规划与教育事业改革发展之间关系认识的深化，更具有战略性、前瞻性、科学性。二是将人的发展放在了教育规划中更突出、更重要的位置。20世纪90年代后期以来的各个教育改革发展规划（计划）或重大决定越来越重视人的发展，始终围绕"培养什么人，怎样培养人"这个重大问题不断探索前行，从过去长期强调人的社会功能转向重视人自身的发展与重视人的社会功能并重。三是现代教育理念更好地融入教育规划之中。21世纪以来，教育公平观、终身教育观、教育质量观、个性发展观、正确成才观、科学人才观等现代国际教育理念鲜明地融入我国教育规划之中，这些理念成为各级各类教育规划文本的高频用词并被广泛认可和接受。

（二）更加注重教育自身发展基础及与经济社会发展紧密互动

从系统论观点看，教育具有开放性、兼容性，与政治、经济、文化、科技等存在着各种关联并相互发生作用。国际教育规划研究所第一任所长菲利普·H.库姆斯（Philip H. Coombs）认为："教育规划应该与更广泛的经济和社会发展规划相融合。"[2]事实上，我国教育规划确实越来越重视教育自身的改革发展基础和外部经济社会环境，充分关注经济社会环境要素与教育环境结构，以及两者变迁对教育规划本身的影响。一方面，教育规划重视全面掌握经济社会发展状况。教育改革发展从经济社会发展获得物质基础、技术条件及能量要素，经济社会发展水平决定着教育改革发展的物质基础及外部环境，包括政治体制、经济发展状况、城镇化进程、产业结构调整优化、高新技术条件、社会文化等都影响或制约着教育改革发展及人才培养。同时，人口数量及人力资源状况也成为教育规划必须研究分析的重点。另一方面，教育规划重视全面掌握教育自身改革发展的基础。在编制教育规划过程中，我们须清醒认识教育改革发展所处历史方位，包括成绩与经验、困难与问题、面临的机遇与挑战，以及未来经济社会发展对教育提供人才、智力、科技、文化服务的要求。只有做好这两大方面的研究论证，才能理性确定各级各类教育发展的规模、结构、速度、质量、效益和条件要求以及所需的改革举措。

（三）政府与智库以多种方式为科学编制教育规划而互动合作

作为政策工具，教育规划体现的是党和国家及地方党委、政府，以及各级各类学校、教育学术团体的意志。长期以来，我国教育规划（计划）的制定多为单一党委、政府主导模式，党委、政府职能部门承担着教育规划的研究者、编制者、决策者、执行者等多重角色，容易出现价值偏好、认识局限等自身难以克服的因素。自21世纪以来呼吁提高决策科学化、民主化、合法化水平及加强新型智库建设的形势下，我国教育规划编制的主体不再为单一的党委、政府职能部门，专业学术机构及专家团队参与成为流行趋势，其中教育研究机构和有关高校成为重要参与力量。各级政府及教育行政部门在教育规划编制过程中，通过软科学采购、招标，以及项目合作、直接委托等不同方式与高校、科研机构合作，有效提高了教育规划的民主化程度和科学化水平。

（四）利益相关者特别是弱势群体的诉求得到更好体现

联合国教科文组织认为，有效的教育规划必须遵循民主的原则，专家团队在国家的授权下承担教育规划的专业责任，但同时应允许公众对教育规划的目的界定、目标选择和建议措施发表意见。[3]随着经济发展、社会进步，教育对经济社会发展和家庭及公民的重要性越来越凸显，教育不仅能改变个人命运，而且能够有效消除弱势群体的代际贫困问题，这已成为世界各国政府的普遍共识。因此，在教育规划编制过程中，各级政府及教育行政部门更加重视行业协会、利益团体、公众的参与，这些组织或群体在不同阶段、以不同方式、不同程度参与规划编制工作，较好地反映了各方教育诉求，包括如非户籍常住人口子女平等接受教育问题、城市与农村乡镇教育差距问题、农村地区和边远山区师资流失问题等经常出现在我国教育规划主体内容中。同时，大范围的调研、大量的座谈、正式公布前的广泛征求意见等也成为我国教育规划编制的必经程序，从而使教育公平、教育救济在我国教育规划编制中得到较好的体现和落实。

（五）多学科发展基础上的基本理论、模式及技术方法得到综合运用

随着西方公共管理、政策科学、人力资源等相关学科理论的发展和我国实践体会的增强，我国教育规划在理论基础、技术方法上不断超越传统单一的经验判断模式。

在理论基础方面，作为一门交叉、边缘学科，教育规划自身的进步受益于其他多门相关学科的发展，因此其理论基础也具有多学科性及综合性。教育部发展规划司提出，制订教育规划应遵循的基本理论包括可持续发展理论、满足需求理论、协调发展理论、适度超前理论、资源配置优化理论、基础优先理论等。[4]上海理工大学朱佳生教授等

人提出制订教育规划的基本理论有教育生态系统理论、教育区域非均衡发展理论、教育资源优化配置理论，以及广为流行的人力资本理论。[5] 在操作模式方面，政策科学的兴盛发展为教育规划编制提供了多种不同的模式，包括完全理性模式、有限理性模式、渐进模式、综合模式、混合扫描模式、系统决策模式等。不同模式有不同的视角、侧重及特点，其中在我国影响较大的有完全理性模式、有限理性模式、系统决策模式等。完全理性模式沿用的是实证社会科学逻辑，强调客观、科学、技术、理性，强调理性的定量分析；有限理性模式遵循"满意决策"准则，综合考虑了信息的不完备性、环境的复杂性等因素，比较符合实际；系统决策模式，其重要贡献就是以系统的视角对组织内外部环境和自身条件作全面、系统的研究分析和判断，代表了系统的观点和系统分析的方法。技术方法是国内外对教育规划研究的重点之一，在我国影响较大、较有代表性的技术方法有人力需求法、成本收益法、社会需求法等。除此之外，常规的文献法、调查法、比较法、数据分析法等也被大量运用。

（六）决策支持系统得到更多重视及强调

一直以来，教育规划存在确定发展目标和将目标转换成现实相并存的难题，而目标能否转换成现实很大程度上依赖于支持系统，支持系统越充分则目标实现的可能性越大。近年，全球公共教育体制范式的一个重要转向就是分权，教育分权运动在我国主要体现在中央向地方分权、政府及教育行政部门向学校分权。由于体制原因，对于与教育改革发展密切相关的财政权、人事权，教育行政部门事实上拥有较少的话语权。因此，我国教育规划编制必须得到党委、政府及其各职能部门、社会各界的充分理解和支持。一是构建信息决策支持系统。教育生存所依赖的社会本身就是一个复杂系统，信息数据的不全面性、不稳定性、非线性会加大对教育体系自身所处环境判断及未来预测的难度，必须树立大数据观念，通过构建各类数据信息平台，充分挖掘、掌握、利用信息数据，从而提高教育改革发展目标设定的准确性、教育决策的科学性和教育规划落实的有效性。二是强化经费投入保障。我国教育投入总量呈快速增长态势，但生均教育经费绝对值仍远低于OECD国家，在分级办学及"分级管理、以县为主"的基础教育管理体制下，要促使中央与地方政府更合理地匹配事权与财权，促使各级政府切实加大教育投入,并拓宽教育投融资渠道,这是实现教育规划目标必不可少的重要物质基础,否则会严重制约教育规划落实。三是争取人力资源支持。不同的教育主体有不同的利益诉求,由于参与者众多、权力分散,要让教育规划及其实施体现教育本质、尊重科学、遵循规律实为不易。实际上,作为开放系统的教育非常需要多方面认同和支持,包括政府、媒体、企业、社区、学校等,特别是作为教育系统内的教育管理工作者、校长和教师的主体参与支持必不可少,因而党委、政府要切实加强教育行政部门的具体统筹权,高度重视校长、教师队伍建设和财政投入,切实促进相关职能部门和社会各界高度尊重教育行政部门的判断、需求和决策,以期更好、更快、更全面地达到规划目标。四是构建督导及监测评估支持系统。教育规划由制订、执行、评价、调整等系列活动组成。在实践中,规划执行同规划文本出现偏差的现象非常普遍,必须依靠建立评估监测体系、健全督导工作机制等方式来保证规划目标充分实现。

三、"十三五"教育规划的制订与实施

综上所述,我国教育规划经历多年发展后取得了长足进步,但总体上看,无论是理论研究还是实践探索仍处于发展阶段,包括理论研究及技术方法多为向西方借鉴学习,缺乏具国际影响力的本土理论及技术方法;重视解决眼前教育现实问题,较为轻视教育长远改革发展之需;重视教育规划的咨询、决策,忽视执行、监测、评估等环节。对此,笔者认为,"十三五"教育规划的制订与实施需要重点关注和解决三个方面的问题。

(一)注重突出规划的引领和指导作用

教育改革发展及人才培养需要解决的问题千头万绪、复杂多变,对什么是主要矛盾和矛盾的主要方面以及如何处理这些矛盾,社会各界认识不一、看法不同。规划是较长时间集体智慧的结晶,因而是教育改革发展及人才培养的"指南针",能够很好地起到对教育改革发展及人才培养的引领和指导作用。

首先,需突出规划对教育改革发展及人才培养的方向引领。从一般意义上说,在我

国四次重大战略性教育规划（决定）中，1985年提出的主攻方向是改革教育体制；1993年把"基本普及义务教育、基本扫除青壮年文盲"作为工作重点之一；1999年提出"深化教育改革，全面推进素质教育"；2010年确定"到2020年，基本实现教育现代化，基本形成学习型社会，进入人力资源强国行列"。这四次重大战略性教育规划清晰地确立了我国教育改革发展不同时期的主要目标任务，明确了完成目标任务需要坚持的原则、路径与条件保障等，凝聚了各级党委政府及教育行政部门、学校以及社会各界力量，很好地引领了我国不同时期的教育改革发展及人才培养。"十三五"教育规划应当强化这样的引领作用，明确社会各界及教育利益相关者的努力方向，从而统一认识，协调行动，最大限度地保障教育改革发展及人才培养目标顺利实现。

其次，需突出规划对教育改革发展及人才培养的理念指导。教育改革发展及人才培养模式创新必须以理念的突破和更新为先导。没有先进的教育理念，教育的目标必定是片面的，教育的行为必然是短期的，教育的发展必将是被动的。教育理念能够使具体的教育行为具有一种超越自身、跨越现实的功能，产生持续性发展的内在动力。[6]教育理念有两种状况，应然的教育理念是"美好的"，实然的教育理念则反映了时代的特征。教育理念面向教育实践，并随着时代前行不断发展。从宏观层面看，从20世纪80年代的"教育要面向现代化，面向世界，面向未来"，到培养"有理想、有道德、有文化、有纪律"的"四有"新人，再到20世纪90年代的"素质教育"，进入21世纪后的"促进学生全面而有个性地成长成才""立德树人"；从中观层面看，有合作教育理念、学习型组织理念、校本管理理念、教师专业化理念、多元智能理念等；从微观的教学理念看，有建构主义学习理念、最近发展区理念等。好的教育规划总是注重先进教育理念对教育改革发展及人才培养的指导，反映社会、时代以及教育本身改革发展的需求。"十三五"教育规划应当注重梳理分析上述教育理念，研究吸收近年来形成的新的先进理念，着力把党的十八届五中全会确定的创新、协调、绿色、开放、共享发展理念有机融入教育改革发展及人才培养之中。

（二）注重规划的定量与定性相结合

教育是一门综合性、复杂性科学，受到经济社会环境的多种变量影响，教育规划的制订与实施更显复杂性，而"可测量""可评价"成为衡量教育规划科学性的重要标准。我国教育规划还具有传统性特征，科学化程度不够高，在教育规划制订过程中要注重定量分析，注重具体量化指标及量化要求，以增强规划的科学性及可测性。20世纪60年代后西方国家发展了多种科学统计方法应用于规划，特别是在人口、劳动力需求、未来对财政的需求等方面广泛应用数据统计模型。2010年由欧盟峰会通过的"欧洲2020战略"就包含"到2020年，欧洲的辍学率由目前的15%下降至10%，30—34岁人口中完成高等教育的比例由目前的31%提高至40%"等系列量化目标。结构化预测提供了多种定量模型，包括成本收益分析法、社会需求法、人力资源需求法等已广泛应用于教育规划，多学科的发展为教育规划的制订提供了量化的多种可能及方法。

与此同时，教育是关于人的复杂活动，人的心理总是隐藏在深处，总是与人的情感、态度、价值观相连，也总与外界环境影响相关，因而教育问题本质是非量化、非技术的。除教育质量提升短期难以见效、难以量化外，教育变革所带来的成效也往往呈滞后性，以强调技术、理性的定量分析为基础的理性主义往往容易陷入数据崇拜，同时又往往处于迷茫状态。我国学者研究认为，理性主义忽视了个人的意愿，忽视了无法量化的事物，将教育规划视为一个抽象的、逻辑的、十分强调理性程序的过程。[7]在追求数量指标的同时把握质量提升是教育规划的难点。一般来说，数量的目标更容易接受，规模速度往往短期内容易达到，但"十三五"期间，教育要实现从注重规模扩张的外延式发展转向以提高质量和优化结构为核心的内涵式发展，将会面临许多尖锐挑战。如何在定量分析基础上科学规划，达到提升教育质量这一根本目标，是"十三五"教育规划需要着力关注和解决的重点与难点。鉴于单一模型或技术方法不可避免地存在缺陷，教育规划的制订需更多地采取多元策略，坚持定量与定性相结合，根据实际需要综合运用相关理论、模型和技术方法，以期更好体现以人为本、尊重科学、遵循规律。

（三）注重发挥规划的协调与控制功能

教育改革发展及人才培养目标的实现，在依靠各方理性自觉行动的同时，还需依靠强制保障。我国教育规模庞大，办学主体多元，在管理重心下移、实行校本管理趋势下，需推进教育治理体系与治理能力现代化，充分发挥规划对教育改革发展及人才培养的协调与控制功能，深化政府职能转变，更好发挥地方及学校办学育人的积极性、主动性和创造性。

首先，注重发挥规划协调资源配置的功能。从"有学上"到"上好学""好上学"，从教育资源不足到优质教育资源满足不了人民群众需求，实质反映的都是社会及个人对教育日益增长的需求与教育资源供给能力不足之间的矛盾。作为公共政策，教育规划具有协调教育公共资源配置的功能，需要科学认识和处理包括合理将教育资源配置到不同地区、不同类别教育的问题，各级各类教育的布局结构问题，高校学科和专业结构调整优化问题，不同学校主体之间教育资源配置问题等。"十三五"教育规划既要注重解决教育资源配置不合理的问题，又要着力解决教育资源未能最大程度发挥效能的问题，从而实现有效协调不同地区、不同类别教育事业科学发展。其次，注重发挥规划的控制功能。在分级管理、自主办学的背景下，地方政府、学校等利益相关者存在局部利益，导致出现不符合教育发展规律或影响学生身心健康发展的做法。国家教育规划纲要明确提出"不得以升学率对地区和学校进行排名，不得下达升学指标""不得增加课时和提高难度"等负面清单，"十三五"教育规划应当对类似问题进行控制，与引领、指导功能一起发挥作用，从而有效达到教育的根本目的。

概括而言，"十三五"时期，我国经济社会发展的环境、条件、目标、任务、要求都将发生更深刻的变化，认识新常态、适应新常态、引领新常态，在充分学习借鉴国际科学理论和先进经验的同时，准确把握我国教育改革发展及人才培养的新阶段、新特征、新要求，建立符合我国实际的教育规划理论体系、技术方法及实践模式，探索走出一条符合我国国情、教情的教育改革发展及人才培养的科学道路，是我国教育规划研究者、决策者、实践者共同面临的挑战。

参考文献

[1] 彼得·德鲁克. 管理的实践[M]. 齐若兰, 译. 北京: 机械工业出版社, 2009: 70.

[2] 菲利普·H. 库姆斯, 玛琳·伍德豪尔, 奥利弗·贝特朗. 教育规划基础[M]. 丁笑炳, 等, 译. 上海: 上海教育出版社, 2009: 27.

[3] 滕珺. 价值理性与工具理性的抉择: 联合国教科文组织教育政策的话语演变[J]. 教育研究, 2011（5）: 92-101.

[4] 教育部发展规划司. 教育规划理论与实践[M]. 北京：中国大百科全书出版社, 2006：17-20.

[5] 朱佳生, 殷革兰. 教育规划几个基本理论的探讨[J]. 辽宁高等教育研究, 1999(3)：35-38.

[6] 韩延明. 理念、教育理念及大学理念探析[J]. 教育研究, 2003(9)：50-56.

[7] 高书国. 教育战略规划：复杂—简单理论[M]. 北京：教育科学出版社, 2009：58.

教育宏观政策的制订与实施：实践反思与建议[*]

——以广东省为例

对于一个幅员辽阔、区域发展差异明显的大国而言，教育政策特别是宏观政策的制订与实施极其重要，因为它是教育改革发展及人才培养方向、目标、任务、举措、路径、方法的设计与转化，在某种意义上决定了全国及各区域能否从实际出发，遵循教育规律，培养输送合格人才，办好人民满意的教育。鉴此，仅结合广东多年来教育宏观政策制订实施情况，思考和探讨有关问题，以期更好地提高教育宏观政策制订实施的科学化水平。

一、广东教育宏观政策制订实施的总体考量

广东是全国第一人口大省、经济大省和教育大省，省内珠江三角洲地区和粤东西北地区经济社会及教育发展很不均衡，教育现代化面临规模既要适度扩张而质量又要持续提升的双重压力。省委、省政府及教育行政部门在制订实施教育宏观政策时始终坚持立足全局、问题导向、系统设计、上下联动，使教育政策有效推动教育事业改革和发展。

（一）立足全局是教育宏观政策制订实施的根本遵循

不谋全局者，不足以谋一域。教育作为经济社会的重要子系统，在经济社会发展中具有基础性、先导性、全局性战略地位。因此，教育宏观政策制订实施必须具有大局意识、全局眼光，从而更好地整体布局、综合施策，顺利实现教育改革发展的目标任务。

20世纪90年代中期以来，广东省委、省政府始终把教育发展纳入经济社会发展整

---

[*] 本文原发表于2016年第5期《现代教育论丛》（广东省教育科学研究所主办），后发表于2017年第1期《广东调研》（内部资料）（中共广东省委政策研究室编），收入本书时个别地方稍有斟酌。

体战略，根据不同历史时期经济社会发展中心工作，先后提出一系列推进教育改革发展的新思路、新部署、新举措。1994年11月，省委、省政府召开全省教育工作会议，提出把建设教育强省作为基本实现社会主义现代化的重要目标。1998年5月，广东省第八次党代会提出实施"科教兴粤"战略。2004年7月，省委、省政府召开全省科技教育人才大会，明确提出率先基本实现社会主义现代化的前提条件是率先基本实现教育现代化和科学技术现代化。2008年6月，省委十届三次全会提出坚持优先发展教育，打造人力资源强省，增强软实力，必须以深化教育改革和提高人的教育水平为重点。2010年9月，省委、省政府召开全省教育工作会议，制定中长期教育改革发展规划纲要，提出"打造南方教育高地"战略目标。2012年5月，省第十一次党代会作出"创建教育强省，争当教育现代化先进区，打造南方教育高地"（简称"教育'创强争先建高地'"）总体部署。这一系列重大决策充分彰显了省委、省政府从经济社会发展和现代化建设全局出发，努力办人民满意教育的决心。这样的实践也表明，经济社会发展必须充分重视教育的战略地位并充分发挥教育的功能作用，而不同时期的教育宏观政策必须紧紧围绕经济社会发展战略需求，遵循规律，确保有效解决不同时期的教育重大问题。

（二）问题导向是教育宏观政策制订实施的逻辑起点

出台教育政策，目的是解决教育改革发展面临的困难问题，保障教育改革发展的目标任务顺利实现。从这个意义上说，任何教育政策都是特定条件下教育问题的产物，它必然具有针对性和时效性。反过来说，正因为要解决不断出现的教育问题，才需要制订实施相对应的教育政策。因此，制订实施教育政策必须以问题为导向，这样出台的教育政策才有实质意义。

回顾广东教育改革发展历程不难看出，教育宏观政策的制订实施始终以解决问题为导向。为创建教育强省，从1994年起，广东采取从局部到整体逐个突破的策略，着力改善义务教育办学条件，1996年在全国率先实现"两基"目标。随后积极巩固提升"普九"成果，谋划推进义务教育均衡发展。2004年8月，省委、省政府出台《广东省教育现代化建设纲要（2004—2020）》，首次提出促进城乡义务教育均衡发展目标。按照轻重缓急、由点到面的原则，先后实施教师住房建设、中小学危房改造、老区山区薄弱学校改造、中小学布局调整等一系列工程，分阶段破解城乡义务教育发展难题。在义务教育普及水平得到巩固提高的基础上，2007年5月，省第十次党代会作出"加快普及高中阶段教育"重大决策，于2011年提前实现基本普及高中阶段教育的目标。2008年6月，省委十届三次全会提出资源配置向农村地区倾斜、向薄弱学校倾斜等支持政策，大力推进义务教育均衡发展，促进教育公平。为推进职业教育改革发展，2006年8月，省委、省政府召开全省职业技术教育工作会议，作出大力发展职业技术教育的决定；2015年1月再次召开全省职业教育工作会议，出台《广东省人民政府关于创建现代职业教育综合改革试点省的意见》，全面部署现代职业教育体系建设。经过多年努力，广东高等教育发展经历了从规模扩张为主到整体提升质量水平的阶段。省委、省政府于2003年1月决定全面启动广州大学城建设，到2004年9月，中山大学、华南理工大学等10所高校进驻广州大学城。同时，鼓励推进深圳、珠海、佛山、东莞等市大学园区建设，为高等教育大众化水平提升提供了强有力的支撑。2014年以来，着力推动高水平大学、高水平理工科大学及一流学科、一流高等职业学院建设，为打造南方教育高地、适应全面实施创新驱动发展战略奠定坚实基础。

（三）系统设计是教育宏观政策制订实施的重要原则

推进教育改革发展，既要综观整个中国特色社会主义教育体系各领域、各方面、各环节，又要把握教育与经济社会发展的关系和教育内部各主体的关系，是个庞大而复杂的系统工程。因此，制订实施教育宏观政策，必须坚持系统性、整体性、协调性。

近年来，广东旗帜鲜明且坚强有力地推进教育"创强争先建高地"，这是统筹基础教育、职业教育、高等教育、终身教育改革发展的总体战略，也是统筹珠三角地区和粤东西北地区教育因地制宜、协调发展的系统战略。而教育"创强争先建高地"得以顺利推进，也正是得益于将以往多头的碎片化的工作方式调整为系统设计、统筹推进的工作思路，仅举一例：将教育"创强"的重头戏——义务教育均衡发展工作全面纳入统筹规划和部署，明确推进义务教育均衡发展的目标、任务、路径、方法、时间表和线路图，形成了规范、科学的政策措施与行动体系。在总体思路上，将义务教育标准化学校建设和推进县域义务教育均衡发展纳入教育"创强争先"工作体系，明确义务教育标准化学校建设是教育"创强争先"的基础;县域义务教育均衡发展是教育"创强争先"的前提;提高教育教学质量和办学水平是教育"创强争先"的目的和关键。在路径设计上,明确提出义务教育学校标准化建设、义务教育均衡发展、教育"创强""争先"这样依次递进、前后相继的工作逻辑。在工作重点上,强调落实政府责任,加大教育投入;着力优化学校布局,推进义务教育标准化学校建设;均衡配置教育资源,促进城乡义务教育一体化;坚持兜底原则,补齐短板,加强薄弱环节。在考评方式上,制定《广东省县域义务教育均衡发展督导评估实施办法和评估方案》,并将义务教育发展基本均衡县(市、区)督导评估有关指标纳入教育"创强争先"督导评估指标之中,具体规定通过义务教育发展基本均衡县(市、区)省级督导评估是教育强县(市、区)、强市的申报条件和必达指标,同时也规定义务教育发展基本均衡县(市、区)和教育强县(市、区)可以实行"两评合一"。

(四)上下联动是教育宏观政策顺利制订实施的重要保证

国家教育宏观政策制订实施,必须充分把握国家经济社会发展战略需求和全国及各区域教育改革发展实情;区域教育宏观政策制订实施,必须与国家教育宏观政策衔接并充分符合本区域经济社会发展决策部署和教育改革发展需要。这是教育政策制订实施的一条宝贵经验。在省内,教育宏观政策能够有效落实,各级党委、政府高度重视是关键。首先是省委、省政府主要领导高度重视教育工作,落实教育优先发展战略地位,推动经济社会发展规划优先安排教育发展,财政资金优先保障教育投入,公共资源优先满足教育和人力资源开发需要。其次是各地级以上市和县(市、区)党委、政府及其相关职能部门充分发挥积极性、主动性和创造性,凝聚社会各界特别是教育系统的力量。如此,才能不断突破教育改革发展一道又一道难关。

2003年,广东在全国率先实施县级党政主要领导干部基础教育工作实绩考核制度。2007年,广东又将考核对象由县(市、区)党政主要领导干部扩大到地级以上市和所有县级行政区划单位党政正职和分管教育工作的副职领导,建立起公告和奖惩制度。这一制度在落实党委领导责任和政府主体责任,促进各级党政领导重视教育改革发展上发挥了重要作用。2011年开始,广东探索建立以"三个统筹"为核心的基础教育省级政府统筹落实机制。一是实行工作统筹。通过建立省—地级以上市—县（市、区）政府一级抓一级、层层抓落实的"纵向统筹"机制和省—地级以上市—县（市、区）各级建立有关职能部门协调联动的"横向统筹"机制，从分散多头布置工作转为整体系统推进工作，更好形成工作合力。二是实行资金统筹。通过"全面规划、整体推进，总体考评、综合奖补"的办法，把各级财政教育投入、各项教育专项资金和社会各界支持教育的资金统筹起来，从"碎片化"分散投入转为"整体化"集中投入，确保提高资金使用效益。三是实行考核统筹。省委、省政府清理合并考核检查评比项目，把教育"创强争先"督导验收列为对地级以上市、县（市、区）、镇（街）政府考核检查评比项目之一，统一建立奖惩考核办法，统一制定考核指标体系，统一组织督导评估，从分散多头考核转为集中统一评估，推动各项目标任务最大程度地按要求实现。

二、广东教育宏观政策制订实施面临的主要问题和改进的基本思路

（一）面临的主要问题

目前，教育领域综合改革已步入深水区，面临的形势和困难问题比改革初期更为复杂。与经济社会发展需求相比，与国际国内教育发展先进水平相比，广东教育宏观政策制订实施需要着力解决若干深层次结构性矛盾和问题。

一是提高教育公平底线和推进教育优质均衡发展问题。教育公平是社会公平的起点，经济社会发展不断推高教育公平标准。联合国教科文组织等在2015年发布全球教育《仁川宣言》和《教育2030行动框架》，特别强调教育公平要从注重机会公平转向注重质量公平，即有质量的教育机会公平和教育成就公平。高质量教育公平的实现，有赖于深入推进教育优质均衡发展。当前广东虽然成为全国第6个整体通过县域义务教育均衡发展督导评估认定的省份，但从市域层面看，粤东西北地区与珠江三角洲地区教育发展水平还存在明显差距，整个基础教育还需在经费投入、师资队伍专业化发展、教育教学质量和办学水平提升等方面持续发力、奋力追赶，以实现区域内更高水平、更具内涵的公平和均衡。

二是教育规模庞大和质量水平提高问题。广东是全国人口第一大省，2015年各级各类教育在校生合计达到2284万人，居全国前列。仅从广东小学一年级学生从2009年的127万人增长到2015年的166万人，年均增长近10万人，就可见广东基础教育规模仍处于高位区间。随着"二孩"政策深入实施，教育总体规模还将持续推高，这对教育布局、教育资源配置、教育质量提升、因材施教、给每个孩子适切的教育带来新的挑战。高等教育同样面临规模扩大与质量水平提升的双重压力。2015年高等教育毛入学率、每万人口（常住）普通高校本专科在校生数仍低于全国平均水平。在保持规模增长的同时，广东要着力推进高水平大学、高水平理工科大学及一流学科以及一流高等职业学院建设，可谓任重而道远。

三是高等教育结构优化和区域融合发展问题。高等教育结构直接影响人才结构和产业优化升级。广东高等教育结构问题主要包括：本科学校占高校总数比例偏低、研究型和教学研究型高校偏少、优质教育资源短缺、学科专业结构与经济社会发展需求尚有较大差距、理工科在校生占比长期低于全国平均水平等，需要以更大气魄、更强投入、更实举措加以解决。同时，高校自主创新和服务地方经济社会发展能力，以及科技成果转化及产业化水平都有待着力提高，需更大力、更切实推进政、产、学、研深度融合与协同发展。

（二）改进的基本思路

面向2020年，广东将继续以深化省级政府教育统筹改革为动力，以教育"创强争先建高地"为目标，以教育规划制订实施为引领，准确把握改革方向、步骤和节奏，聚焦重点领域和关键环节，破解制约教育科学发展的体制机制障碍，走优质化、多样化、国际化、信息化、现代化"五化一体"的广东特色教育发展之路。为此，应着重、着力从两方面加强教育改革发展战略布局研究：一是全省基本实现教育现代化主要目标、重点任务和关键举措办法研究；二是提升粤东西北地区以质量为核心的教育内涵发展水平研究，切实服务教育决策、指导教育实践。

三、提升教育宏观政策制订实施科学化水平的建议

（一）在指导思想上，要始终坚持促进全体学生健康成长成才的初心，以科学理念引领教育宏观政策制订实施

促进全体学生健康成长成才，是教育改革发展的初心，是制订实施教育宏观政策的根本出发点和落脚点。只有始终秉持这一初心，才能自觉制订切合时宜、切实可行、切实有效的教育宏观政策，更好避免或压制无用、无效的政策出台。要通过少而精、管用而有效的教育宏观政策及具体政策的制订实施，进一步切实合理配置教育资源，扩大优质教育资源覆盖面，提升义务教育城乡一体化发展水平，显著缩小城乡、区域、校际教育发展差距；切实改善进城务工人员随迁子女、家庭经济困难学生、留守与残障儿童、学习困难学生受教育状况；切实推进各级各类教育全面协调可持续发展和学习型社会建设，保障不同人群公平受教育权利。

同时，要突出科学理念对教育宏观政策的引领。教育宏观政策的科学制订实施，必须以理念的突破和更新为先导。没有科学理念引领，教育的目标必定是片面的，教育的行为必然是短期的，教育的发展必将是被动的。科学理念能够使教育行为具有一种超越自身、跨越现实的功能，产生持续性发展的内在动力。好的教育政策总是注重科学理念对教育改革发展及人才培养的指导，反映社会、时代以及教育本身改革发展的需要，体现法治思维和法治方式，尊重科学、遵循规律，充分彰显人文关怀。教育宏观政策应当注重梳理分析和研究吸收近年来形成的新的先进理念，着力以党的十八届五中全会确定的创新、协调、绿色、开放、共享的发展理念引领教育改革发展及人才培养政策的制订与实施。

（二）在基本方法上，要切实把握教育的规律和特点，注重教育宏观政策制订实施的定量与定性相结合

教育是一门综合性、复杂性科学，受到经济社会环境多种变量影响，教育政策尤其是宏观政策的制订实施同样也是具有很强的综合性、复杂性的，而"可测量""可评

价"成为衡量教育政策、教育规划科学性的重要标准。但我国教育宏观政策还具有传统性特征，科学化程度不够高。这就要求教育宏观政策在制订实施过程中要注重定量分析，注重具体量化指标和量化要求，增强其科学性和可测性。事实上，结构化预测提供了多种定量模型，如成本收益分析法、社会需求法、人力资源需求法等已广泛应用于教育宏观政策，多学科的发展也让教育宏观政策的制订与实施有了量化的多种可能。对此，我们应该增强信心。

当然，教育是关于人的复杂活动，总是与人的情感、态度、价值观相关联，也总与外界环境影响相关，因而教育问题本质是非量化、非技术的，仅仅强调技术、定量分析为基础的理性主义往往容易使人陷入数据崇拜，处于迷茫状态。如何在定量分析基础上制订教育政策，推动教育实现从注重规模扩张的外延式发展转向以提高质量和优化结构为核心的内涵式发展，是教育宏观政策面临的难点，也是教育宏观政策需要着力解决的重点。鉴于单一模型或技术方法不可避免地存在缺陷，教育宏观政策的制订实施需更多地采取多元策略，坚持定量与定性相结合，根据实际需要综合运用相关理论、模型和技术方法，更好体现以人为本、尊重科学、遵循规律。

（三）在制订实施全过程，要更加体现科学和民主，切实加强教育宏观政策制订实施的风险评估和绩效考核

许多科学的理念、规划、政策缺乏一以贯之的系统性谋划、协调性推进、有效性落实，这是长期存在的问题，需加快推进教育治理体系和治理能力现代化，充分体现法治思维和法治方式，充分体现科学和民主精神，以可操作的法律法规明确规定各级党委、政府及其职能部门和各级各类学校、各行各业的职责边界，以充分调动和发挥地方各级各方面及学校办学育人的积极性、主动性和创造性。要着力深化教育管理体制改革，进一步研究落实省级党委、政府更多教育法规及宏观政策的制定权、实施权，坚决改变忽视区域发展差异性和各级党委、政府及其职能部门权责边界性的做法，充分尊重各省份教育改革发展的成功做法和先进经验，充分激发各省份深化教育领域综合改革、推进教育科学发展的内驱力。各省份对所辖地级以上市、县（市、区）和高校也应如此。为此，要建立健全各级、各方面责任清单体系。

同时，高度重视教育政策制订实施的风险评估和绩效考核。这在过去未受到应有的注重，可能导致个别教育政策与经济社会发展要求不适应、不匹配，个别教育宏观政策与具体政策不衔接、不协调，教育政策总是变动不居甚至互相"打架"的情况也可能存在。这样的政策，执行效果肯定是要打折扣甚至是有害于科学育人的。究其原因，在于对政策制订实施缺乏风险评估和合法性审查。教育的对象是人，人的培养质量与教育政策的优劣息息相关，是要直接作用于社会和民族的，正如良法是善治的前提，优秀人才培养也需要好的教育政策来保障。否则，造成重大失误，经过多少年也不一定纠正得了。为此，教育政策尤其是宏观政策的制订实施，要建立健全公开透明的决策机制，让不同的利益相关者都能表达利益诉求，决策前的调查研究、科学咨询和论证必须充分；要建立健全政策制订风险评估机制，着重审视政策是否符合建设富强、民主、文明、和谐的社会主义现代化国家根本要求，是否适应人民群众日益增长的优质化、多样化、特色化教育需求，是否有助于促进各级各类教育全面协调可持续发展，是否做到以人为本、尊重科学、遵循规律而保证全体学生健康成长成才；要注重完善政策实施绩效考核制度，切实开展政策实施过程的中期评估和终结性评估，通过中期评估及时发现存在的问题、调整目标任务、充实举措办法，通过终结性评估全面权衡实施效果、总结经验教训以为下一阶段教育改革发展政策的制订实施提供借鉴。

新生代农民工继续教育政策内容体系分析*

新生代农民工是伴随着我国社会现代化进程成长起来的新一类劳动群体，他们的生存与发展正成为国家推进工业化和城镇化战略目标实现的重要影响因素。政府关于农民工的治理理念不断发生着变革，农民工再教育、再培训问题逐渐成为社会公共事务的重要内容，政府更为重视相关政策制定，以此保障新生代农民工能接受到充分和适合的继续教育，提升自我发展和融入社会能力，推动和谐社会建设。从1980年教育部发布《关于印发〈全国农民教育座谈会纪要〉的通知》开始，国家和各级地方政府陆续出台了一批关于农民工教育的政策文件，特别是进入21世纪后，部委以上文件多达数十份，其中不乏包括国家级专门针对农民工培训的政策文件，如2010年出台的《国务院办公厅关于进一步做好农民工培训工作的指导意见》。[1]综观新生代农民工继续教育现状，不难发现仍然存在着一些发展困境，如经费投入不足、新生代农民工参与积极性缺乏、教育培训质量偏低、继续教育实效性不高等。这些困境的最终解决依赖于政府根据新形势来重新明确政策设计理念，调整新生代农民工继续教育政策内容体系，提高政策实施的权威性、有效性和灵活性。

一、新生代农民工继续教育政策内容体系的设计理念

（一）问题导向

任何一种公共政策存在的根由都是基于社会现实问题的解决。作为政治系统的一种输出，公共政策的所有涵义和功用就在于及时有效地解决社会公共问题，"问题"构成了公共政策的存在根由和逻辑起点。[2]一项政策内容体系的理想状态就是覆盖指向

---

* 本文作者吴结、汤贞敏，原发表于2016年第16期全国中文核心期刊《中国成人教育》（中国成人教育协会、山东省教育厅、山东成人教育协会主办），系全国教育科学"十二五"规划2014年度教育部重点课题"社会治理创新中新生代农民工学习权及其保障机制研究：以发达地区为例"（课题批准号：DKA140211）成果之一。

领域所有需要解决的问题。新生代农民工继续教育政策属于公共政策的范畴，其内容体系设计必须首先遵循"问题导向"设计理念。其一是觉察问题。政府应认知到新生代农民工继续教育的重要性，并进而觉察到新生代农民工继续教育不能满足经济社会发展需求，觉察到新生代农民工在接受继续教育中和继续教育机构在参与过程中所遇到的困难，觉察到现有政策所存在的盲点或薄弱点。觉察的途径包括政府日常社会管理的自我体察、政府或受政府委托组织的调研、学术团体研究成果的参照、用人单位的公益诉求等。其二是界定问题。政府政策分析研究部门依照实际需求和一定的价值取向，对所觉察的问题进行认定，归纳出能上升为政策内容的问题。其三是陈述问题。主要是陈述新生代农民工继续教育政策问题的产生事实根据、涉及利益范围、所要达到的解决目标等。与基础教育、高等教育等公共教育政策不同的是，新生代农民工继续教育政策内容体系设计在遵循"问题导向"时存在两种特殊情况。一是新生代农民工群体受制于社会地位、认知能力、知识水平等因素，很难全面、深入地去察觉自身接受继续教育的问题，难以提出解决这些问题的公益诉求，或者所提出的公益诉求难以引起政策制订者的重视，处于被屏蔽和失声的状态，由此更加强调来自政府机构、社会团体等的察觉。二是新生代农民工既是社会自然个体，又是经济社会发展的产物（劳动者），政府在界定其继续教育问题时采用何种价值取向至关重要。

（二）合法权威

所谓教育政策的合法性，是指教育政策的价值选择符合某些普遍性的规则、规范，如法律、社会价值观、意识形态、传统典范乃至社会习惯等，并在社会范围内被承认、接受和遵守。[3]教育政策的合法性实质上就是其内容要同时符合内在尺度和外在尺度。新生代农民工继续教育政策内容体系必须能够全面反映出政府关于农民工治理的愿景，有助于政府在该领域工作绩效目标的实现，不同层级政府都予以认同并赋予其合法性、权威性。各类新生代农民工聘用单位是政策的实际支持者和贯彻方，它们会从是否有利于自身经济利益和社会利益的角度来对政策内容作出价值判断，他们的认可和遵守赋予了政策内容的合法性。新生代农民工可以说是政策的最直接受益方，他们对政策内容的积极或消极态度同样能反映合法性的是与否。此外，新生代农民工继续教育政策通过对社会弱势群体权益的有效保护，有助于社会公平目标的实现，符合现代社会发展价值取向，从而可以获得外界社会广泛认可和支持，表明政策内容具有正当性、公正性和有益性。新生代农民工继续教育政策内容设计只有满足和符合利益相关方的价值诉求，体现出较为宽泛的社会正义性，才能获得合法性和权威性。这样的继续教育政策内容体系有三种设计思路：自上而下、自下而上、上下结合。前两种都存在一个共性问题，即上与下或政策制订者与政策实践者的脱节，这容易造成政策内容出现缺漏、偏颇、无效等情况，削弱政策内容的合法性和权威性。为此，新生代农民工继续教育政策内容体系设计最好采取"上下结合"的思路，政府保证政策内容的方向性、规范性、权威性，新生代农民工、行业企业、社会团体等广泛参与政策内容设计过程，以此保证政策内容的合理性和被认同性。

（三）价值协调

教育政策面对的不是纯粹的客观事实或者自然现象，而是现象背后的利益关系、价值冲突和价值选择，所以在教育政策内容设计时"价值中立"是不存在的，教育政策应该在各种利益矛盾中找到一个平衡点，使教育利益分配达到帕累托最优点。[4]功利性价值取向抑或非功利性价值取向一直是教育政策内容设计时所面临的两难选择。功利性价值取向以满足经济利益、政治利益为核心，非功利性价值取向则以推动教育事业发展和实现人的全面发展为核心。当前主流观点认为，教育政策应当通过价值协调，在功利性价值目标与非功利性价值目标之间达成平衡。在快速发展的经济形势下，新生代农民工继续教育容易被赋予各种功利性的发展价值目标，而新生代农民工个体发展的内在价值往往被忽略。新生代农民工继续教育政策内容体系设计的基础性工作是做好价值协调，价值协调理念应该贯穿在政策制定、实施、评价等整个过程，既要满足经济社会发展需求，又要满足新生代农民工个体自我发展及个人幸福生活目标实现需求，同时还要符合继续教育运行规律，推动新生代农民工继续教育科学发展。

（四）整合协同

如上所述，新生代农民工继续教育政策内容体系设计是一个利益权衡或博弈的过程，如果各利益相关方无法达成一致，政策内容很难确定，就算形成政策文本，也难以取得满意的实践效果。整合协同理念的贯彻，就是要在政策内容设计上建立种种"伙伴关系"，整合资源，汇集智慧。"伙伴关系"体现在三个方面：一是在教育、人力资源和社会保障、民政、财政、税收等部门之间建立合作机制，共同进行政策问题调研、政策文本起草、内容论证等，以提高政策制定参与部门的耦合度；二是政府行政部门与社会机构如高等学校、社会职业培训机构、行业企业等建立合作机制；三是政府政策制定部门与新生代农民工团体建立沟通机制，吸纳新生代农民工参与政策内容设计过程。"伙伴关系"可以最直接了解新生代农民工的学习需求、学习条件、学习障碍等因素，从而提高政策内容设计的针对性、科学性、可行性，还可以规范政策内容的实施机制，明确各政府行政部门的职责分工，以利于减少政策内容在实施过程中所遇到的阻力。

（五）弱势补偿

新生代农民工大多学习基础薄弱，经济条件差，缺乏必要的继续教育资源，包括学习场所、学习工具、学习资金、学习资源等，在学习和个人发展上处于不利地位，客观上属于教育利益受损者或教育弱势群体。体现社会的文明进步的标尺就是正视差别并对弱势进行补偿。[5]政府作为社会利益或社会资源的主导性调配者，其政策制定的目的之一就是要从社会公平的角度，对弱势群体实现教育资源分配倾斜，消除新生代农民工在接受继续教育中所面临的社会排斥，通过合理补偿来尽可能减少新生代农民工继续教育权益的损失。因此，新生代农民工继续教育政策内容必须包含两方面元素：（1）体现对新生代农民工教育利益受损事实的正面认识，以及体现对改变这一不公平事实重要意义的深刻认识；（2）规定有具体的、合理的、操作性强的补偿性政策措施内容，以及可直接转化为对弱势群体"优先扶持"的政策手段。

二、新生代农民工继续教育政策内容体系的基本构成

（一）目标性内容

OECD国家普遍重视通过制定完善的政策来推动成人继续教育发展。表1列举了

OECD 5个代表国家的成人继续教育政策实施目标,从中可归纳出三个特点:一是在目标性内容设计上都采取了社会发展目标与个人发展目标相结合的理念,同时关注成年人的就业和生活;二是在继续教育对象目标上覆盖所有成年人;三是为成年人提供各级各类继续教育内容。根据功利性价值取向与非功利性价值取向相协调的理念,我国新生代农民工继续教育政策内容制定与实施的最终目标可以确定为两个:一是提升新生代农民工个人综合素质,要求明确新生代农民工社会主体地位,将继续教育与其个人生活和事业发展紧密结合在一起;二是促进经济发展和社会和谐进步,要求重视新生代农民工职业技术技能提升,推动新生代农民工融入城市社会。新生代农民工继续教育政策目标性内容可具体阐述为:(1)覆盖全部有教育需求的新生代农民工,充分满足他们终身学习的权益;(2)提升新生代农民工职业技能,服务国家或区域经济社会发展需求;(3)提升新生代农民工综合文化素质,推进新生代农民工市民化;(4)丰富继续教育内容,为新生代农民工终身学习搭建"立交桥"。

表1 OECD 5个代表国家成人继续教育政策实施目标概览[6]

国家	实施理念	功利性目标内容	非功利性目标内容
英国	社会目标与个人目标相结合	为处于工作年龄的成人提供雇佣所需的各项技能;为处于知识经济时代的人员提供具有创新精神的高层次技能	为成年人提供享受生活的知识技能;通过教育与培训的交叉,提升教学与学习的标准
加拿大	社会目标与个人目标相结合	培育高级技工;注重培训雇佣和未雇佣的劳动力	通过成人教育提升文化素养
丹麦	社会目标与个人目标相结合	为成人提供职业和个人资格认证;提供充分的、适当的成人教育和持续培训,全面覆盖成人范围;加强先前学习(Prior Learning)资格的认定,不仅包括正规教育系统的能力要求,也涵盖实践中的能力要求	为成人提供具有强烈的吸引力的各项学习政策,从而让更多的人参与到成人教育体系中去
西班牙	社会目标与个人目标相结合	努力开发推动职业发展的学习系统;基于职业技能的培训成为政策关注焦点;关注职业资格认证体系	努力开发推动个体发展的学习系统;各州把成人学习作为一个无差异的成人目标体系
瑞士	社会目标与个人目标相结合	为成人提供各个层面的教育;帮助成人获取或提升专业资格和技能,从而参与社会、文化、政治、经济等领域的生活;在职业培训中,着力关注劳动力市场需求	通过学习、工作来获取文化资源,从而建立教育权、职业培训权和自我发展权

（二）工具性内容

任何一项政策目标内容的实现，都必须以工具性内容为载体以合理分配资源，调动各利益相关主体参与政策实施的积极性。新生代农民工继续教育政策工具性内容设计基于两个落脚点："供给引导"和"需求激励"。"供给引导"在于通过推动各级政府加大投入，或引导社会办学机构进入，建设更多的继续教育机构，购置更多的教育培训设备，聘用更多的教育培训师资，提高新生代农民工继续教育服务供给量。"需求激励"则在于通过灵活多样的政策工具，激励新生代农民工参与各级各类继续教育培训，同时也在一定程度上激励用人单位支持新生代农民工参与继续教育。"供给引导"强调政府的直接介入，即政府直接主导资源分配，这在社会公共事务的发展初期确实能起到较大的推动作用，但由于没有与需求建立起紧密的联结，资源分配效益往往不高，此外还受制于政府的财政投入实力和投入意愿，很容易出现发展的波动起伏。"需求激励"强调政府间接调控，在不提高资源总供给量前提下提高资源分配后的使用效益。很多发达国家社会公共事务政策工具性内容设计经历了从以"供给引导"为主到以"需求激励"为主或"供给引导"与"需求激励"并行的过程。新生代农民工继续教育在我国还是一项新兴的社会公共事务，今后一段时期其政策工具性内容设计可以采取以"供给引导"为主和以"需求激励"为辅的思路，具体内容可以包括：（1）构建政府、企业、教育培训机构和农民工共同承担以及社会力量捐助的多元化投入机制；（2）鼓励在高等学校、企业、培训机构、社区等分别建设一批新生代农民工教育培训基地；（3）推进普通高校之间、职业教育与普通高等教育之间、学历继续教育各种类型（网络教育、函授教育、夜大学、自学考试）之间、学历教育与非学历培训之间建立衔接与沟通，增加新生代农民工终身学习机会，丰富发展新生代农民工终身学习资源；（4）完善新生代农民工继续教育财政补贴政策，扩大新生代农民工补贴对象范围，实施新生代农民工专项教育补贴，明确补贴项目和补贴标准；（5）建立健全与就业准入、工作考核、岗位聘用、职业注册等制度相衔接的新生代农民工继续教育激励机制。

（三）评价性内容

评价性内容主要功能是判断新生代农民工继续教育政策实施目标达成程度或是否偏

离原定目标,科学规范新生代农民工继续教育活动过程,充分保障新生代农民工继续教育活动质量和实际成效,并最终决定政策是否要继续、修正或终止。从一定角度来看,"评价性内容"也属于"工具性内容",在保证"供给投入"成效之外,还能提高社会各界以及新生代农民工的满意度、信任度。新生代农民工继续教育政策评价性内容可以包括:(1)制定新生代农民工继续教育服务机构建设标准,推行准入与退出机制;(2)实施新生代农民工继续教育服务机构的过程监管,督促其建立继续教育质量保障体系;(3)各级教育行政部门将新生代农民工继续教育纳入教育督导范围,建立常规的监督检查工作机制;(4)建立多样化、多元化的监管机制,以及新生代农民工评价和反馈机制,支持社会组织等第三方开展新生代农民工继续教育工作状况评价和监测活动。

三、新生代农民工继续教育政策内容体系的调整趋向

(一)政策内容主流化

新生代农民工继续教育政策制定和实施的目标,就是要展示新生代农民工继续教育对于经济社会发展的重要性并保障这一重要性能够得到实际体现,使新生代农民工继续教育真正成为社会主流教育活动之一。然而到目前为止,新生代农民工继续教育政策尚处于"非主流"地位,表现出分散性、依附性、随意性。新生代农民工教育政策的制定和实施由于涉及教育、民政、人力资源和社会保障等多个政府部门,其内容与相关政府部门的政策内容体系关联性较弱,很难纳入各个政府部门政策内容体系的主流部分,在政策执行过程中很容易造成政府部门行政缺位,政策内容权威性受到削弱。新生代农民工教育政策内容通常被包含在政府解决农民工问题、推动社会治理现代化等政策文件中,或者作为职业教育政策的补充内容,较少有专门的新生代农民工继续教育政策文件。随着终身教育体系建设的推进和现代社会治理的创新,新生代农民工继续教育的重要性将更为突显,成为终身教育体系不可或缺的组成部分,也成为政府提升社会治理水平的突破口之一,将促进新生代农民工继续教育政策内容体系从支离破碎向一体化转

变，相关政策无论在纵向还是横向上都将逐步衔接起来，其连贯性和协调性特点将日益呈现。[7]

(二) 政策内容科学化

科学化是公共政策的核心要求，在很大程度上决定着公共政策的实际效果。[8]公共政策科学化的基本标准之一就是其文本内容必须符合客观实际，遵循客观规律。根据这一标准要求，新生代农民工继续教育政策内容科学化主要体现在四个方面，即政策内容来源的科学性、政策内容的针对性、政策内容的前瞻性、政策内容的代价元素。政策内容来源的科学性一方面强调政策制定者必须具备科学的决策理念，全面掌握新生代农民工继续教育的现状、问题、趋势；另一方面强调政策内容设计的开放性，广泛吸纳新生代农民工、行业企业用人单位等参与设计过程。政策内容的针对性所要解决的是精准定位、精确瞄准，以实现政策内容和新生代农民工继续教育中的重点问题、难点问题以及与各利益主体相关问题之间的较高契合度。只有这样才能保证政策内容的有效。政策内容的前瞻性要求对影响新生代农民工继续教育发展的主观因素和客观因素、显性因素和隐性因素、短期因素和中长期因素等进行综合性预测，在此基础上制定预防性、发展性的政策内容。政策内容的代价元素就是要充分预先考虑政策内容实施所要面临的风险，判定、规避和摒弃非必要的、不合理的代价，科学选定目标内容幅度、工具性内容类型等，从而最大限度地减少非必要的、不合理代价的付出，最终低代价地实现新生代农民工继续教育发展的目标。[9]最后，还要重视互联网、云计算、大数据等现代信息技术工具在实现新生代农民工继续教育政策内容科学化中的巨大作用。

(三) 政策内容人本化

和谐社会建设目标的提出，标志着我国经济社会发展进入一个全新阶段，对社会公平正义的追求被放置在前所未有的高度。当前，我国公共政策制定的当务之急是要转变很长一段时期内所遵循的"效率优先，兼顾公平"理念，重新审视"公平与效率"的关系。新生代农民工继续教育本质上是一项公益性事务，其政策的出发点就在于关注新生代农民工的继续教育需求，帮助他们实现个人幸福生活目标。首先要求新生代农民工继续教育政策的目标性内容应该淡化经济性色彩和政府治理绩效色彩，强化人文关怀，突出对新生代农民工个人全面发展目标实现的保障。其次在政策工具性内容选择上，充分考虑新生代农民工的综合条件，根据新生代农民工的知识基础、经济条件、交通情况、作息规律、兴趣爱好等，多做一些人性化的政策规定。最后是调整对政策内容实施成效的评价标准，避免一边倒地采用经济性标准。可以把新生代农民工幸福感、新生代农民工满意度、新生代农民工终身学习观念是否增强、新生代农民工公民素质是否提高、新生代农民工精神生活质量和环境生活质量是否改善、新生代农民工所工作生活社区是否和谐稳定等因素融入评价指标体系中。

（四）政策内容刚性化

新生代农民工继续教育政策是政府在该领域公共决策意志的体现，代表了广大新生代农民工的公共利益诉求，因而决定了其必须得到切实有效的执行，即具有刚性。然而，在现有的新生代农民工继续教育政策实施过程中，出现很多"非刚性"现象。如政策要求相关政府部门协同配合，但新生代农民工继续教育办学主导权分散在多个政府部门，由于部门利益等因素造成相互抵消，甚至会出现部门之间在继续教育项目上相互屏蔽，造成整个新生代农民工继续教育体系四分五裂；部分地方政府没有真正认识到新生代农民工继续教育的重要意义，组织参与不到位，也没有建立起对本区域新生代农民工继续教育情况的监控机制；部分行业企业或其他用人单位，不能获取政策规定的政府财政补贴，以用于补助其在新生代农民工继续教育方面的投入，等等。为此，新生代农民工继续教育政策内容刚性化必然是一个重要调整趋势，重点是强化三个方面：一是明确相关政府部门在推进新生代农民工继续教育中的职责与分工。二是明确高等学校、职业院校、行业企业、培训机构、社区教育机构等新生代农民工继续教育实施机构的责权利，特别是要保障他们的合法权益。三是明确目标性内容实现的数量化要求、程序性要求和考核性要求，加强督导评估，建立新生代农民工继续教育情况社会公布制度。

参考文献

［1］张浩.社会平等视角下农民工教育政策的调整［J］.现代教育管理，2014（1）：67-70.

［2］陈庆云. 公共政策的概念［EB/OL］.（2004-07-09）［2023-05-24］. http://jpkc.ec.nu.edu.cn/ggzcgl/shoukejiaoan/gong.

［3］刘复兴. 教育政策价值分析的三维模式［J］. 教育研究，2002（4）：15-19.

［4］孟卫青. 教育政策分析：价值、内容与过程［J］. 现代教育论丛，2008（5）：38-41.

［5］刘欣. 教育政策应进一步加强对弱势群体的补偿［J］. 华中师范大学学报（人文社会科学版），2008（6）：115-120.

［6］欧阳忠明，肖玉梅. 全球成人教育政策的现实图景与实践走向［J］. 现代远程教育研究，2013（1）：56-62.

［7］欧阳忠明，王燕子. 成人教育政策的实践图景与走向素描——基于多国的比较［J］. 职业技术教育，2012（25）：78-84.

［8］刘丽霞. 提高公共政策科学化水平［EB/OL］.（2013-03-29）［2023-05-24］. http://opinion.people.com.cn/n/2013/0329/c1003-20959116.html.

［9］吴结. 高等教育发展代价的合理性研究［J］. 高教发展与评估，2012（4）：12-17.

加快把广东教育现代化水平提升到全国前列[*]

习近平总书记在参加十三届全国人大一次会议广东代表团审议时，要求广东实现"四个走在全国前列"，强调"发展是第一要务，人才是第一资源，创新是第一动力"，令人感触极为深刻。教育科研系统贯彻落实总书记重要讲话精神，应当以全国教育发达省份、世界教育先进国家为参照，为加快把广东教育现代化水平提升到全国前列提供强大的智力支持。

一、充分认识广东教育现代化的阶段性特征和主要问题

广东要实现"四个走在全国前列"，必须牢牢抓住教育这一最基础环节，加快教育现代化，充分焕发教育培养人才、创新科技、服务社会、传承创新文化的功能。经过多年的努力奋斗，广东各级各类教育正同时面临规模变动、结构优化、质量提升、特色彰显、效益扩大多重任务。教育科研系统助推广东教育现代化，首先要充分认识到：广东正处于从教育适应经济社会发展向教育助推经济社会发展过渡、从教育管理向教育治理转型时期，需要谋划部署一批实质性改革举措以促进教育功能充分发挥；人民群众参与教育治理的愿望越来越强烈，优化教育治理结构势在必行，同时教育公平理想与城乡、区域、校际、群体教育差异的现实矛盾仍较突出，亟需加快基本公共教育服务均等化进程；以互联网为代表的信息技术日新月异，教育受新技术新载体影响越来越深刻，推进信息技术与教育教学、教育科研、教育管理深度融合日益迫切；教育理念、教育制度、教育内容、教育方式、教育者和受教育者、教育评价、教育科研等教育资源跨国跨地区流动成为常态，要充分把握教育国际交流合作主动权。

同时，要着力解决加快教育现代化面临的突出问题。一是学前教育"入园难""入

---

[*] 本文原发表于2018年5月12日《南方日报》第02版。

园贵"在较长时间内仍将成为社会热点问题，如何合理扩增和布局普惠性幼儿园、全面改善幼儿园教师待遇、化解新一轮"入园难"、解决顽固性"入园贵"等需要抓紧应对。二是城乡、区域、校际间义务教育发展水平仍然相差明显，城镇学校"大班额"现象日益突出，教师结构性缺编问题尚未从根本上得到解决。三是中职—高职—应用型本科—专业硕士、博士学位教育人才培养通道仍比较狭窄，各层级专业教学标准和课程标准体系需要着力建立健全，普通本科高校对转型发展仍缺乏系统思考和有力举措。四是高等教育分类分层发展的政策框架亟需形成，高校重大科研创新成果不多且转化与产业化率偏低，人才培养质量和国际化水平不够高，服务创新驱动发展和经济转型升级的能力偏弱。五是教育信息化建设进展不平衡，精准有效的教育资源平台和教育管理平台欠缺，数字化教育研发推广任重而道远。六是特殊群体如异地务工人员随迁子女、残疾学生、留守儿童要享受公平而有质量的教育，仍需各级政府不懈努力。

二、着力化解教育主要矛盾是助推教育现代化的主攻方向

必须充分认识到，目前教育的主要矛盾已转化为人民日益增长的优质教育需要和不平衡不充分的发展之间的矛盾。要把教育现代化放在党和国家确立的教育战略定位上加以审视，放在科教兴粤、人才强省、创新驱动发展、乡村振兴、区域协调发展、可持续发展、军民融合发展的大格局中加以考察，不断增强教育现代化的研判与战略谋划能力，主动适应"一带一路"和广东自贸试验区、科技产业创新中心、粤港澳大湾区建设以及粤东西北振兴发展需要。

发展是第一要务。加快提升教育现代化水平，要切实把握教育主要矛盾的主要方面，加快研究提出当前和今后一个时期的硬招实招，包括：扎实开展学前教育普惠健康发展研究，扩大幼儿园、中小学优质学位规模；扎实开展乡镇、农村中小学教育教学支援工程，提升乡镇、农村中小学课程实施水平、教学质量和办学能力；扎实开展义务教育优质均衡发展研究，推动城乡义务教育一体化发展，推进普通高中优质多样特色发展，解决中小学生课外负担过重问题；扎实开展职业教育提升发展研究，促进职业教育与产业融合发展和校企合作，推进职业教育"校企精准对接、精准育人"；扎实开展职

业教育、高等教育与区域发展定位、产业转型升级相匹配相融合研究，以及高等教育"冲一流、补短板、强特色"研究，提升职业教育、高等教育服务经济社会发展能力；扎实开展"新师范"建设研究，深化教师队伍建设改革，提高教师队伍整体素质和专业化水平；扎实开展以教育信息化带动教育现代化研究，开发数字教育资源，推进信息技术与教育教学、教育科研、教育管理深度融合；扎实开展教育国际化研究，把握世界教育现代化前沿，分享广东教育现代化成果，提升全方位、各领域、各层次教育国际化水平；扎实开展促进民办教育规范特色发展研究，推动民办教育转型发展和水平提升；扎实开展社会教育和继续教育规范发展研究，满足人民群众优质化、个性化教育需求；扎实开展政府履行教育职责评价研究，推动教育治理体系和治理能力现代化。

创新是第一动力。要深入开展深化教育领域综合改革研究，助力深化办学体制、管理体制、培养体制、保障机制改革和考试招生制度、教师队伍建设、现代学校制度建设改革，以及学科、专业、课程、教材、教学、评价改革，破除一切落后思想观念和不合时宜体制机制束缚，为加快教育现代化提供持久强劲的动力。

人才是第一资源。要为教育科研机构选强配优人才资源，尊重劳动、尊重知识、尊重人才、尊重创造，保障人才队伍更好地为党委、政府及教育行政部门决策和治理服务，为各级各类学校改革发展服务，为教师专业发展和学生成长成才服务，为改革开放和经济社会发展服务，着力解决决策咨询和实践指导"不到位""不解渴"难题。

助推教育现代化，应当"不忘初心、牢记使命"，坚持以人为本、发展素质教育这个教育改革发展战略主题，着力研究提高学生服务国家服务人民的社会责任感、勇于探索的创新精神和善于解决问题的实践能力。要着力激发学生发展核心素养，从"人文底蕴、科学精神""学会学习、健康生活""责任担当、实践创新"来夯实学生文化基础、促进学生自主发展、激励学生参与社会，以"全面发展的人"适应社会需要，以关键能力支撑终身发展，并且努力为学生健康成长成才创造良好条件。

广东加快推进教育现代化的新征程与新作为[*]

党中央、国务院印发《中国教育现代化2035》《加快推进教育现代化实施方案（2018—2022年）》后，广东省委、省政府贯彻推进新时代中国特色社会主义伟业这一重大战略部署，出台《广东省教育现代化2035》《广东省加快推进教育现代化实施方案（2019—2022年）》，充分表明广东已面向2035踏上加快推进教育现代化、建设教育强省新征程，必将在贯彻党和国家战略部署，落实习近平总书记对广东重要讲话、指示批示精神中充分展示新作为。

一、充分认识广东加快推进教育现代化的新形势

面对世界百年未有之大变局和中华民族伟大复兴之全局，广东在新时代开创中国特色社会主义事业新局面被寄予厚望。习近平总书记要求广东做到在深化改革开放、推动高质量发展、提高发展平衡性和协调性、全面加强党的领导和党的建设上走在全国前列，当好向世界展示我国改革开放成就的重要窗口和国际社会观察我国改革开放的重要窗口。在总书记亲自谋划、亲自部署、亲自推动下，党中央、国务院在2019年先后印发《粤港澳大湾区发展规划纲要》《关于支持深圳建设中国特色社会主义先行示范区的意见》，要求加快打造国际一流湾区、建设世界级城市群，探索全面建设社会主义现代化强国新路径，为全面深化改革、推动形成全面开放新格局、实现高质量发展积累经验、提供示范。教育作为国之大计、党之大计，面临前所未有的新机遇和新挑战。

改革开放特别是党的十八大以来，广东省委、省政府高度重视教育，把确保教育优先发展作为各项事业发展的重要先手棋，紧扣全省经济社会发展主题主线布局教育现

---

[*] 本文作者汤贞敏、蔡炜，原以"面向2035：广东加快推进教育现代化的新征程与新作为"为题，发表于2020年第5期《广东教育》（综合版）（广东教育杂志社主办），是对《广东省教育现代化2035》《广东省加快推进教育现代化实施方案（2019—2022年）》的解读。

代化工作，推动教育"争先进、当标兵、建高地"，保障教育系统为经济社会转型发展培养输送大批高素质创新型人才、应用型人才、技术技能型人才。据初步统计，2019年广东有各级各类学校（幼儿园）超3.6万所，在校（园）生超2500万人，学前教育毛入园率达111.57%，高中阶段教育毛入学率达96.7%，高等教育毛入学率达48.8%，较好满足人民群众教育需求和经济社会转型发展需要。但是，与总书记关于"四个走在全国前列"、当好"两个重要窗口"要求相比，与人民群众日益增长的优质教育需求相比，与全省经济社会发展战略部署相比，广东推进教育现代化比以往任何时候都更加重要、更加迫切，不少矛盾、困难问题亟待破解，如珠三角地区与粤东西北地区之间、城乡之间、学校之间教育发展不平衡不充分的矛盾相当突出，成为加快推进全省教育现代化的最大掣肘；教师专业化水平整体不够高，成为制约教育内涵发展、质量提高的关键问题；教育管理、投入、评价等体制机制总体活力不够充足，成为阻碍教育优先发展、科学发展、高质量发展的主要因素；教育发展的开放性、行业企业的参与性仍然偏低，与经济社会协同发展、互为支撑的格局尚未健全；教育智库建设总体滞后，教科研力量配置明显不足，教科研体系不够完善，未能有力引领和支撑教育现代化。

二、深刻把握广东加快推进教育现代化的新使命

（一）为党育人、为国育才

广东加快推进教育现代化，必须充分认识"培养什么人、怎样培养人、为谁培养人"始终是教育工作的根本问题，把培养一代又一代拥护中国共产党领导和我国社会主义制度、立志为中国特色社会主义奋斗终身的有用人才作为方向和目标，把落实立德树人根本任务融入思想道德教育、文化知识教育、社会实践教育各环节，贯穿基础教育、职业教育、高等教育各领域，坚持教育为人民服务、为中国共产党治国理政服务、为巩固和发展中国特色社会主义制度服务、为改革开放和社会主义现代化建设服务，全面实现为党育人、为国育才，建成理念先进、制度科学、优质公平、人民满意的中国特色世界一流教育体系。

(二) 构建德智体美劳全面发展的培养体系

广东加快推进教育现代化，必须充分发挥教育的功能作用，以树人为核心，以立德为根本，建立健全促进学生德智体美劳全面发展的课程、教材、教学、评价体系。构建家庭、学校、社会相协同的全员、全程、全方位育人新格局，引导学生铸就理想信念、厚植爱国情怀、掌握丰富知识、锤炼强健体魄、培养高尚情操、增强综合素质。坚持因材施教，努力为每个学生提供适合的教育，使学生思想道德品质、科学文化素质、身心健康水平不断提升，葆有好奇心、想象力和创造力，实现全面发展与个性发展相统一。

(三) 增强教育现代化对经济社会转型发展的引领力和支撑力

广东加快推进教育现代化，必须把教育同国家及区域经济社会转型发展紧密结合起来，完善教育布局结构、人才培养结构，深化产教融合、产学研结合、校企合作，提升科研创新支撑能力，为产业转型升级和社会文明进步服务；在构建人类命运共同体的宏大视野下，着力服务"一带一路"国际合作，推进粤港澳大湾区教育合作发展，培养植根中国大地和面向现代化、面向世界、面向未来的高素质国民，为民族振兴、国家富强、人民幸福蓄势聚能。

三、全力落实广东加快推进教育现代化的新任务

(一) 用习近平新时代中国特色社会主义思想统领教育现代化全局

习近平新时代中国特色社会主义思想和习近平总书记关于教育的重要论述是加快推进教育现代化的根本遵循。要以此为统领，部署教育现代化各项工作，深化教育综合改革，推动教育优先发展、科学发展、高质量发展。以习近平新时代中国特色社会主义思想武装教育系统，落实大中小学全课程育人，培育一批涵盖不同学校、不同学段、不同学科、不同学习者特点的精品课程和示范课堂、示范活动；切实开展中华优秀传统文化

教育、革命文化教育、社会主义先进文化教育；深入推进马克思主义理论研究与建设工程，把马克思主义中国化最新成果及时融入课程、教材、教学，引导学生增强"四个意识"、坚定"四个自信"、做到"两个维护"。

（二）发展广东特色优质教育

实现人的现代化是教育现代化的重要目标。要把促进学生健康成长成才作为教育现代化的根本出发点和落脚点，将德育摆在首位，将社会主义核心价值观循序渐进地融入学生培养各方面、全过程，教育引导每个学习者形成正确的世界观、人生观、价值观，具备坚定的理想、执着的信念、优良的品德、丰富的知识、过硬的本领、健康的体魄。以人才培养质量为核心细化落实各级各类教育质量标准，建构有广东特色、中国底蕴、全球视野的国家、地方、学校课程教材教学体系，牢固确立基于学生核心素养的教育教学理念，创新以正确价值观念、必备品格和关键能力为导向的教育教学方式方法，建立健全有利于创新人才脱颖而出的选拔培养机制。

（三）推进教育高质量普及

各级各类教育高质量发展是教育现代化应有之义。要推动学前教育普及普惠发展，构建覆盖城乡、布局合理、科学保教、以普惠性资源为主的学前教育公共服务体系。提升义务教育优质均衡发展水平，健全义务教育城乡一体化发展机制。鼓励普通高中多样化有特色发展，探索普通高中与高校协同育人，推动普通高中和中职教育协调发展。提高高等教育普及程度，补齐粤东西北地区高等教育发展短板。推进民办教育规范发展与品牌提升，调动社会力量兴办教育积极性。

（四）提高基本公共教育服务均等化水平

教育公平是教育现代化的内在要求。要始终坚持以人为本，紧紧围绕建设教育强省和人力资源强省，加快形成覆盖全民的公共教育服务体系，促进全体人民享受公共教育服务机会均等、结果平等，建立起更加开放、更好质量、更高水平的现代国民教育体系。要充分考虑弱势群体和农村适龄人口，完善统一的基本公共教育服务制度，推进义务教育学区制、集团化办学，开展义务教育优质均衡发展督导评估认定；建立健全家庭经济困难学生精准化追踪认定和资助机制；推进特殊教育优质融合发展，加大普惠性教育政策和工程项目对特殊教育支持力度，同时为受认知障碍、心理障碍等影响而又非残疾的学习困难学生提供必要援助。

（五）构建服务全民的终身学习体系

全民学习、终身学习是教育现代化的重要特征。要完善人才成长"立交桥"，推动各级各类教育纵向衔接、横向贯通，学历教育和非学历教育、职前教育和职后培训、线上学习和线下学习相互融合，学校教育、社会教育、家庭教育密切配合。健全终身学习服务体系，建立跨部门、跨行业全民学习、终身学习制度建设工作机制和专业化支持体系。通过制度科学设计、资源配置优化和信息技术运用，为每个人在人生不同时期的学习提供优质开放的资源、公平丰富的机会、便捷灵活的方式、绿色友好的环境，让学习成为人们一种自觉的生活方式和良好的行为习惯，建成满足人民群众多层次多样化学习需求的学习型社会。

（六）增强教育支撑创新驱动发展能力

支撑创新驱动发展是教育现代化的重要价值。要加强一流高等教育体系建设，深入推进高等教育"冲一流、补短板、强特色"计划，在不同类型、不同层次高校中大力推进一流学科专业建设，提升人才培养质量。完善职业教育制度标准，深化职业教育产教融合、校企合作，构建产业人才培养培训新体系。构建适应"一核一带一区"区域发展新格局的教育布局，培育提升广州科技教育文化中心功能，支持深圳教育体制改革先行先试，丰富珠三角地区高端教育服务供给，带动粤东西北地区扩大优质教育资源覆盖面。加强高校创新体系建设，与粤港澳大湾区国际科技创新中心建设相融合，支持省重点实验室、工程（技术）中心争创国家级科研创新平台，建立重大科技基础设施和人才智力共享激励机制，构建高校、科研院所、行业企业产学研深度结合的全链条、网络化、开放式协同创新联盟，促进科学技术成果转化。推进哲学社会科学协同创新，建设"岭南教育文库"，打造"理论粤军""学术强省"。

（七）建设高素质专业化创新型教师队伍

教师队伍是教育现代化的第一资源。要大力加强师德师风建设，将思想政治教育摆在教师培养培训工作首位。严格规范教师队伍管理，盘活用好机构编制资源，加大教职员编制统筹配置与调整优化力度。完善教师资格体系和教师准入、招聘、评价制度。着力实施教师教育振兴行动计划，深化广东"新师范"建设。全面提升教师综合素质，加强教育科研及教学研究人才队伍建设，建立教师、教研员分层分类培训体系，开展全员师资精准培训，有效发挥教学名师示范带动作用。提高教师政治地位、社会地位、职业地位，健全激励与约束考核机制，强化教师国家使命和公共教育服务职责。补齐薄弱地区教师短板，将教师编制、职称评聘、优质教师教育资源等向粤东西北地区倾斜。

（八）推进教育信息化创新发展

信息技术是引领教育现代化的重要力量。要围绕打造学习型广东，建设以人工智能、信息技术、数据挖掘为媒介的现代公共教育服务平台，构成全景式、智能化、数字化、个性化智慧学习图景。培育"互联网＋"教育新形态，拓展优化全省数字教育资源公共服务体系，加快优质数字教育资源共建共享，推进信息技术与教育教学、教育科研、教育服务、教育管理深度融合。构建信息化教育治理模式，完善教育数据标准规范，推进教育数据分级分层管理，提高教育治理效能。探索教育智联网络安全体系，营造安全的信息化环境。

（九）提升教育开放合作水平

对外开放和国际化是教育现代化的重要标志。要推动粤港澳大湾区教育合作发展，支持港澳高校到大湾区内地合作办学，共建优势学科、实验室和研究中心；支持职业教育实训基地交流合作；探索资历框架对接模式；支持各级各类教育联盟建设和发展；加强教师教育合作；建设港澳子弟学校（儿童班），推动更多中小学（幼儿园）缔结姊妹校（园）；加强中小学STEM教育、财经素养教育、研学旅行等交流发展。深化与"一带一路"沿线国家、地区及友好城市交流合作，推进国际优质教育资源、经验与广东教育融合创新；深度参与教育国际交流合作，引进国际知名大学合作办学，完善来粤留学服务支持体系，携手港澳打造辐射东南亚、面向全球的国际教育示范区，增强广东教育的国际影响力。

（十）推动教育治理体系和治理能力现代化

教育治理体系和治理能力现代化是教育现代化的重要支撑。要全面落实依法治教、依法治校，健全教育治理政策法规体系，理顺教育领域各主体的权利义务关系，完善教育法律法规实施和监管机制，提高教育法治化水平。深化教育领域"放管服"改革，提升政府教育治理效能。加强教育督导及教育质量监测评估，推进教育督导结果公开与转化应用，提高教育督导权威性实效性。完善学校依法治理、自主发展、自我约束的内部治理结构，推动社会有序参与办学活动。打造高水平新型教育智库，统筹推进教育科研及教学研究机构和学校教研组织，以及教育类学会（协会）建设，充分发挥服务教育决策、创新教育理论、指导教育实践、引导教育舆论的作用。

建设广东高素质专业化创新型教师队伍[*]

百年大计，教育为本；教育大计，教师为本。贯彻省委、省政府印发的《广东省教育现代化2035》《广东省加快推进教育现代化实施方案（2019—2022年）》，实现教育现代化，落实立德树人根本任务，培养德智体美劳全面发展的社会主义建设者和接班人，办好人民满意的教育，须把深化教师队伍建设改革作为基础工程，努力打造规模宏大的高素质专业化创新型教师队伍。

一、面向2035建设高素质专业化创新型教师队伍的主要挑战

广东从2012年起大力实施"强师工程"，经过不懈努力，教师队伍建设取得显著成绩，成为教育"创强、争先、建高地"和"争先进、当标兵、建高地"的坚强保障。展望2035，要以更长远战略眼光审视推进教育现代化的目标任务，精准研判建设高素质专业化创新型教师队伍的主要挑战。

（一）教师队伍结构性失衡依然存在

这主要体现在基础教育阶段，"二孩"政策、进城务工人员随迁子女使城市生源激增，城区学位紧张，教师数量不足、缺编较大，需要临时聘请教师开齐课程；部分地区农村教师整体上超编，城镇教师缺编；乡村教师有些学科超编、有些学科空编，村小、教学点难以配齐所有学科教师；小学教师整体超编，初中、高中教师缺编；学前教育真正合资格教师尚未得到充分有效补充，教师持证上岗率偏低。

---

[*] 本文作者席梅红、汤贞敏，原以"面向2035：建设广东高素质专业化创新型教师队伍"为题，发表于2020年第9期《广东教育》（综合版）（广东教育杂志社主办）。本文系2018年广东省哲学社会科学规划项目"广东省乡村教师队伍建设政策支持体系研究"（项目编号：GD18CJY12）的阶段性成果，也是对《广东省教育现代化2035》《广东省加快推进教育现代化实施方案（2019—2022年）》有关内容的解读。

（二）优质教师资源配置不够合理

高层次人才建设项目多居于高校、城市学校、发达地区，学校办学水平越高，则高层次人才和优秀教师如名校长、名教师、名班主任等越为集中，粤东西北地区、乡村学校、薄弱学校所占比例明显偏低。在整体布局上，粤东西北地区高素质、高水平教师群体规模明显偏小，向珠三角地区流动趋势难以逆转。在城乡配置上，城镇学校高素质、高水平教师相对集中，优秀教师向农村学校、薄弱学校流动困难。乡村教师老龄化趋势严重，有些学校师资长期得不到更新，甚至长达十年未进新教师，教师队伍缺乏生机活力。

（三）教师专业素质需要持续提升

师资队伍人文素养、科技素养、专业创新能力、国际视野等与科技革命和产业变革要求相比、与实现教育现代化要求相比、与培养担当民族复兴大任的时代新人要求相比，还有不小差距，需要持续地不间断地提升。目前具有专科学历的小学教师还有相当一部分，粤东西北地区中学教师具有硕士研究生学历的比例很低；教师专业发展动力不足，校长教育管理能力和课程领导力不够强；相当大部分校长、教师需要加强移动互联网技术、数据挖掘技术、人工智能技术培训，以期促进学科教学、学生学习、课程资源开发、教育质量和学业水平监测、教育管理与新一代信息技术深度融合。地市、县（市、区）教研力量不够强，对中小学、幼儿园教研工作指导不到位，中小学教师教研、科研能力较弱。职业教育"双师型"教师队伍仍需扩大。杰出教育专家缺乏，教育领军人才短缺，高层次人才需要不断补充。

（四）教师培养和专业发展路径需要进一步拓宽

师范教育体系有所削弱，教师培养与实际需求存在一定差距，使真正所需的教师未能得到及时补充；教师吸引力仍有待增强，优秀高中毕业生报读师范的意愿不够强烈。教师专业发展支持体系未能有效满足一线教师的实际需求，高端教师培训项目的授课专家和课程安排比较单一，内容聚焦于学科而拓展性知识、技术、能力难以涉及；教研机构、中小学高级专业技术岗位设置比例偏低，在一定程度上制约着教师专业发展的积极性和主动性。

二、面向2035建设高素质专业化创新型教师队伍的重点任务

《广东省教育现代化2035》《广东省加快推进教育现代化实施方案（2019—2022年）》都从战略高度强调深化教师队伍建设改革的极端重要性，将此作为一项重大政治任务和推动教育科学发展、高质量发展重大工程来抓，创设重点任务，努力建设有理想信念、有道德情操、有扎实学识、有仁爱之心的高素质专业化创新型教师队伍。

（一）健全师德师风建设长效机制，加强教师思想政治建设

要牢固确立党管人才、党管教师队伍建设原则，创新教师思想政治教育机制，坚持教书和育人相统一、言传和身教相统一、潜心问道和关注社会相统一、学术自由和学术规范相统一，增强教师教书育人责任感和使命感，引导教师成为践行社会主义核心价值观的示范标兵。将思想政治教育摆在教师培养培训工作首位，创新教师政治理论学习方式，引导教师全面学习贯彻习近平总书记关于教育的重要论述。建强教师党支部，增强教师党支部的教育管理监督、组织宣传、服务师生的战斗堡垒作用和教师党员的先锋模范作用，引领全体教师解决好"培养什么人、怎样培养人、为谁培养人"根本问题，落实立德树人根本任务。推进师德师风建设常态化、长效化，突出全员、全方位、全过程师德养成；加强教师诚信体系建设，注重学术道德和学术规范；坚持新时代教师职业行为十项准则，将师德第一标准体现在教师资格认定、考核、聘任（聘用）和定期注册、职称评审、职务晋升、年度考核、评优奖先等工作中。

（二）全面提升教师地位，让教师有荣誉感获得感幸福感

要切实提高教师的政治地位，明确教师的特别价值，凸显教师职业的公共属性，确立公办教师作为国家公职人员特殊的法律地位，保障民办学校教师与公办学校教师同等法律地位。切实提高教师的社会地位，完善教师表彰体系，加大对长期坚守教育教学

工作岗位且贡献突出的教师的表彰力度；鼓励社会团体、企事业单位、民间组织开展尊师重教活动。切实提高教师的职业地位，使教育投入更多向教师倾斜，建立教师工资福利待遇增长长效机制，落实中小学教师平均工资收入水平不低于或高于当地公务员平均工资收入水平；完善教师绩效工资内部分配制度，向班主任和为转化学生、发展学生作出重要贡献的教师倾斜；鼓励高校、职业院校通过发放住房补贴或购买、租赁商品房方式，解决人才住房问题；深化高校、职业院校教师绩效工资制度改革，向关键岗位、拔尖人才、学科领军人才和优秀创新团队倾斜；鼓励教师和教育科研人员通过技术创新、科技开发、教材研发、成果转让、决策咨询、发表成果等方式获得更多成果性收入。

（三）着力振兴教师教育，从源头破解教师培养瓶颈

要按照国内领先的要求建设具有引领示范作用的一流师范大学和一流教师教育学科，按照高水平师范院校建设标准和师范专业办学标准建设一批教师教育示范基地，加强教师教育学科专业建设，形成教师教育学科专业品牌。强化师范生实践能力培养，注重"三字一话"、识谱视唱等基本功训练，注重引入基础教育国家课程方案和课程标准到师范院校各相关专业教学、教研。以国家教师教育创新实验区、省教师教育联盟等为平台，建立政府、高校、中小学、幼儿园协同培养体系，充分组织师范生实习实训。教育硕士、教育博士授予单位及授权点向师范院校、省级教育研究机构倾斜，增强教育硕士和教育博士战略性、政策性、实践性研究要求。探索师范院校与职业院校、综合性大学、理工科院校合作培养职业教育师资模式。扩大有教育硕士授权点的高校与省内师范类院校联合培养教育硕士规模，探索本科和教育硕士有机衔接。建立教师教育师资招聘绿色通道，吸收优秀中小学（幼儿园）教师、教研员担任学科课程与教学论教师；建立教师教育师资共同体，实施高校教师与中小学（幼儿园）教师、高校教师与企业人员双向交流机制。

（四）实施精准研训，全力提升全员师资素质

要加强校长、教师培训需求诊断，建立分类分层培训课程体系，落实五年一周期全员培训制度。加大对乡村、山区和边远地区教师培训力度，加强紧缺学科教师、学科富

余教师转学科教学能力和信息技术应用能力培训。落实中小学（幼儿园）校（园）长任职资格培训和持证上岗制度，健全职业院校校长、专业教师行业企业实践制度，加强高校校长、教师到国内外知名高校和科研院所访学进修力度。实施教研员队伍专项培训，提升教育科学研究能力、教学实践指导能力、教研引领能力、课程开发能力、教学评价能力。推进"互联网＋教师教育"，建设连接教育行政部门、教育科研机构、师范院校和中小学（幼儿园）的教师培养与培训云平台，建立省级教师教育教学资源库和教师教育在线精品课程。健全教师培训质量保障体系，加强教师培训过程监控和绩效考核。

（五）营造促进教育家脱颖而出的生态环境，建设高水平教育科研人才队伍

要鼓励校长和教师敢于创新、勇于探索，加强名教师、名校长、名班主任工作室建设，深入实施中小学"百千万人才培养工程"，充分发挥示范引领、辐射带动作用。加强高层次人才队伍建设，深入实施"广东特支计划"教学名师、"珠江学者岗位计划"等人才培养工程。支持"岭南教育文库"研究出版工程，培育优秀教学、教研成果，形成风格鲜明、理念先进、实践扎实的岭南教育、教学理论派系。完善教育科研人才队伍建设机制，增强地市、县（市、区）教研机构对中小学、幼儿园教研工作指导能力，健全教学视导机制，改进常规教研活动机制，创新教研实践样态，构建信息化教研新方式，提升教研协作力度，充分履行服务教育决策、创新教育理论、指导教育实践、引导教育舆论的职能。建立充分调动教育科研人才发挥聪明才智的动态薪酬分配机制，改革创新研究成果使用和收益分配办法。

（六）深化师资队伍管理体制机制改革，全面激发队伍活力

要深入实施"县管校聘"，探索中小学校长职级制改革，在事业编制总量内统筹考虑、合理核定、动态设置教职工编制，盘活事业编制存量，优化编制结构，向乡村小规模学校倾斜，补齐配优国家规定的必修课程特别是紧缺学科教师，推进区域、城乡师资合理配置。按照国家和省有关规定统一招聘、统筹调配、科学管理临聘教师，确保临聘教师与在编在岗教师同工同酬。建立职业院校教师与企业工程技术人员、高技能人才和师范院校教师与中小学、幼儿园教师互聘机制，扩大互聘规模。深化学校人事制度改

革，建立专业技术岗位动态调整机制，实行校（园）长任期目标制管理，完善绩效收入分配办法。扩大高校选人用人自主权，健全人才引育政策和配套服务体系，面向全球引进高层次人才。

三、面向2035建设高素质专业化创新型教师队伍的关键路径

展望2035，建设高素质专业化创新型教师队伍，要找准关键路径，走出广东特色教师队伍建设改革路子，为加快推进教育现代化奠定雄厚基础。

（一）全面强化教师教书育人功能，培养担当民族复兴大任的时代新人

要切实加强和创新教师的理想信念教育，不断提升教师内涵修养和教书育人能力，引领教师全面贯彻习近平总书记关于教育的重要论述，牢牢把握立德树人根本任务，将促进学生健康成长成才作为教育的根本出发点和落脚点，将社会主义核心价值观融入教书育人各方面、全过程和所有环节，加强中华优秀传统文化、革命文化、社会主义先进文化教育，引导学生形成正确的世界观、人生观、价值观，增强新一代社会主义建设者和接班人对推进中华民族伟大复兴的认同，立志做担当民族复兴大任的时代新人。提高教师的政治站位，树立坚定的职业信念，以人格魅力和学识魅力教育感染学生，做学生健康成长成才的指导者和引路人。引导教师树立正确的职业发展观，积极应对未来学生发展需要和教学内容、方式方法变革，自觉更新知识，开展深度学习，探索专业创新，对学生学习和创新发展起到榜样示范和引领带动作用。

（二）拓宽教师专业发展路径，为加快教育现代化提供强大动力

要切实推进省、地市、县级中小学教师发展中心建设，形成省、地市、县、校四级联动的教师专业发展支持体系。重视职业院校、普通高校教师发展中心建设。加强教师专业发展政策引领，充分利用大数据分析技术开展教师专业成长需求、过程与结果的诊断、追踪与评价，进行动态的数据收集、数据可视化与精准化、数据之间的自动适配与关联分析，重构教师专业发展课程建设和项目设计。充分发挥教师专业成长的自主性，

引导教师自主规划专业发展进程和路径。健全教师专业发展保障体系，建立各级教师、教研员培训专家库，整合优质教师培训资源，充分发挥高校、教育科研机构引领作用。深入开展教师教学能力大赛，推进校长职级制和"特级校长"评选工作，激发师资队伍动力与活力。提高中小学、教研机构专业技术高级岗位比例，理顺教师职称评审、岗位聘任等专业提升路径，促进教师实现职业理想。扩大教师国内外交流合作途径，创设教师把握国内外教育改革发展前沿的环境。实施教师约束与退出机制，保护和发展教师工作的积极性、主动性、创造性。

（三）依法依规保障教师职业尊严，形成全社会尊师重教良好风尚

要全面落实山区和乡村教师生活补助政策，鼓励有条件的地区提高山区和乡村教师生活补助标准，职称评聘、表彰奖励向山区和乡村教师倾斜。建立高福利激励政策，使山区和乡村教师工资待遇水平明显超过城市教师，激发优秀校长、教师向山区和乡村学校流动，使校长、教师更愿意留守山区和乡村长期办学从教。开展教师身心健康关爱行动，完善教师医疗、养老等社会保障政策，建立"教师救助基金"。增强教育管理部门和校长的服务意识，开展形式多样的教育对话，及时了解教师工作、学习、生活存在的困难问题并及时帮助解决。加强尊师教育，强调教师尊严不可侵犯，健全教师维权通道。保护教师的职业权益，赋予教师适当的惩戒权，让教师在教学行为准则约束下具有相对的教学行为自由，重树知识分子的傲气风骨。帮助教师重建在学生心中的教育威信和道德声望，成为学生信赖和崇拜的良师益友。

（四）全面畅通教师补充路径，形成优秀人才争相从教的良好局面

要不断增强教师教育的优越性和吸引力，深入实施公费定向师范生培养政策，创新师范院校招生制度，利用提前批次录取、"二次选拔"方式遴选有志于教书育人的优秀高中毕业生根据考试成绩积极报读师范类院校并自觉自愿选择做教师。拓宽优秀非师范生从教的便捷通道，吸引更多有意愿从事教师职业的优秀人才进入教师队伍。充分发挥"县管校聘"的统筹协调作用，将学科富余教师流转到更需要的工作岗位上。建立完备的区域教师需求供给体系，聚力办好地方师范院校，通过广东"新师范"政策调整，

扩大面向粤东西北地区培养教师规模,加快补充亟需的学前教育、特殊教育、体育、音乐、美术、心理健康教育、劳动教育、思想政治理论课教师及小学全科教师。鼓励高校增设特殊教育专业,加强特殊教育专业、课程、教材体系建设,提升特殊教育教师培养数量和质量。

中国式现代化与广东教育行动谈*

党的二十大报告向世界宣言：新时代新征程中国共产党的使命任务是"以中国式现代化全面推进中华民族伟大复兴"，"全面建成社会主义现代化强国，总的战略安排是分两步走：从2020年到2035年基本实现社会主义现代化；从2035年到本世纪中叶把我国建成富强民主文明和谐美丽的社会主义现代化强国"，其中，到2035年"建成教育强国、科技强国、人才强国、文化强国、体育强国、健康中国，国家文化软实力显著增强"。报告还明确指出，"高质量发展是全面建设社会主义现代化国家的首要任务""教育、科技、人才是全面建设社会主义现代化国家的基础性、战略性支撑"。广东全面深入学习贯彻党的二十大精神，要求深刻领悟党的二十大提出的新思想新论断、作出的新部署新要求，更好地把握广东教育现代化的机遇挑战、使命任务和行动策略，把党的二十大的决策部署落实到全面建设社会主义现代化的广东实践的各领域各方面全过程。

一、中国式现代化与广东教育的机遇挑战

机遇挑战内含发展基础、战略利好和弱项短板、矛盾障碍，需要我们深刻领悟党的二十大关于国内外形势的战略性分析研判，增强信心、常怀忧患，密切联系经济社会发展特别是教育改革发展实际，切实做好破解加快推进教育现代化面临的各种矛盾障碍、困难问题的充分准备。

（一）面对中华民族伟大复兴战略全局和世界百年未有之大变局，广东在全面建设社会主义现代化国家新征程中被寄予厚望

早在2018年3月，习近平总书记就要求广东做到在深化改革开放、推动高质量发

---

* 本文原发表于2023年第1期《教育导刊》（广州市教育研究院主办）。

展、提高发展平衡性和协调性、全面加强党的领导和党的建设上走在全国前列，当好向世界展示我国改革开放成就的重要窗口和国际社会观察我国改革开放的重要窗口。在总书记亲自谋划、部署、推动下，党中央、国务院于2019年2月、7月先后印发《粤港澳大湾区发展规划纲要》《关于支持深圳建设中国特色社会主义先行示范区的意见》，要求在粤港澳打造国际一流湾区、建设世界级城市群，探索全面建设社会主义现代化国家新路径，为全面深化改革、推动形成全面开放新格局、实现高质量发展而积累经验、提供示范。2021年9月，党中央、国务院印发《横琴粤澳深度合作区建设总体方案》《全面深化前海深港现代服务业合作区改革开放方案》；2022年6月，国务院印发《广州南沙深化面向世界的粤港澳全面合作总体方案》，进一步丰富和充实推进粤港澳大湾区建设的目标任务和举措办法。广东省委、省政府和各地市党委、政府这几年也一直在推动构建"一核一带一区"区域发展格局。

在"十四五"开局前的2020年10月，习近平总书记又要求广东努力在全面建设社会主义现代化国家新征程中走在全国前列、创造新的辉煌。教育发展的外部环境和内部条件发生重大而深刻的变化，教育承担着更为重要而紧迫的使命任务。

从国内看，我国发展面临新的战略机遇，中华民族伟大复兴战略全局呼唤教育充分发挥国之大计、党之大计作用。"双区"建设和横琴粤澳深度合作区建设、前海深港现代服务业合作区改革开放、南沙面向世界的粤港澳全面合作等多重国家战略和先行先试政策在广东叠加，全省深入构建"一核一带一区"区域发展格局，都亟待坚强有力的教育、科技、人才支撑。

从国际看，世界百年未有之大变局加速演进，国际经济、政治、科技、文化、安全等格局发生深刻调整，世纪疫情影响深远，逆全球化思潮抬头，单边主义、保护主义明显上升。新一轮科技革命和产业变革正在重构全球创新版图、重塑全球经济结构，全球教育、科技、人才竞争更为激烈。美国等一些西方国家或势力对我国打贸易战、科技战、"抹黑"战……企图遏制中华民族伟大复兴进程。教育履行使命任务显得更为重要、更加迫切，必须充分体现出基础性、全局性、先导性作用。

（二）改革开放特别是党的十八大以来，广东教育改革发展取得显著成就

广东省委、省政府高度重视教育，把确保教育优先发展作为各项事业发展的重要先手棋，紧扣经济社会发展主题主线布局教育现代化工作，保障教育系统为经济社会转型发展高质量发展培养输送大批高素质创新型人才、应用型人才、技术技能型人才。

据统计，2021年广东有各级各类学校（幼儿园）37467所、在校（园）生2774万人，学前教育毛入园率为104.14%、小学净入学率为100%、初中毛入学率为109.52%、高中阶段教育毛入学率达97.71%、高等教育毛入学率达57.65%，教育普及、教育质量有了新跃升，教育改革、教育开放取得新进展，教育保障、教育基础得到新夯实，在培养人才、创新科技、服务社会、传承文化、国际交流合作上作出了一系列重大贡献，较好满足了人民群众教育需求和经济社会发展需要。

（三）广东推进教育现代化比以往任何时候都更需重视、更为紧迫，不少矛盾、困难问题亟待破解

与中国式现代化特征、本质要求和目标相比，与习近平总书记关于广东在全面建设社会主义现代化国家新征程中走在全国前列、创造新的辉煌的要求相比，与全省经济社会发展战略部署和人民群众日益增长的优质教育需求相比，广东教育的短板弱项还相当多，主要表现在：教育资源配置与新型城镇化进程不够协调，优质教育资源总量不足，沿海经济带和北部生态发展区与珠三角核心区之间、城乡之间、学校之间教育发展水平差距明显，沿海经济带、北部生态发展区优质学位明显欠缺，珠三角核心区基础教育公办学位供给依然比较紧张，成为加快推进全省教育现代化的最大掣肘；教师队伍结构和整体素质未能适应教育高质量发展要求，珠三角核心区教师编制不足，沿海经济带、北部生态发展区教师素质整体偏低，教师专业发展支持体系有待健全，成为制约教育内涵发展、质量提高的关键难题；教育管理、投入、评价等体制机制总体活力还不够充足，教育保障水平在用地规划、资金投入、智力支持等方面有待提高，教育治理体系和治理能力现代化任重道远，成为阻碍教育高质量发展的主要因素；基础教育质量亟待提升，

高等教育、职业教育内在结构需要深入调整优化，职普融通、产教融合、科教融汇的体制机制有待建立健全，教育发展的开放性、科研院所和行业企业的参与性仍然偏低，与经济社会协同发展、互为支撑的格局尚未巩固；科学教育理念和正确教育方法尚未在全社会普及，促进学生全面而有个性发展的育人模式、教学方式有待推行，学生社会责任感、创新精神、实践能力培养和身心素质提高需要加强；教育智库建设总体滞后，教育科研体系不够完善，教育科研力量配置不足，教育科研经费投入欠缺，未能在教育改革发展中有力地发挥基础性、先导性作用。

面对新时代新征程、新任务新要求，广东当抢抓机遇、超前布局，以更高的历史站位、更宽的国际视野、更长的战略眼光、更实的举措办法，来深化教育领域综合改革、建设高质量教育体系、推进教育现代化、打造教育强省，并将战略部署、总体设计转化为细化实化具体化的系列行动方案，精心实施，使教育不断朝着更高质量、更有效率、更加公平、更可持续的方向前进。

二、中国式现代化与广东教育的使命任务

使命任务内含发展特征、本质要求、目标任务和原则遵循，需要我们深刻理解党的二十大对全面建设社会主义现代化国家作出的战略部署，把握中华民族伟大复兴战略全局、展望世界百年未有之大变局，充分展现教育的地位作用。

（一）坚定落实为党育人、为国育才

首要的是深刻认识"培养什么人、怎样培养人、为谁培养人是教育的根本问题"，把培养一代又一代拥护中国共产党领导和社会主义制度、立志为把国家建设成为社会主义现代化强国而奋斗终身的有用人才作为方向和目标，把落实立德树人根本任务融入思想道德教育、文化知识教育、社会实践教育各环节，贯穿基础教育、职业教育、高等教育各领域。要坚持教育为人民服务、为中国共产党治国理政服务、为巩固和发展中国特色社会主义制度服务、为改革开放和社会主义现代化建设服务，建成理念先进、制度科学、优质公平、人民满意的中国特色世界一流教育体系，培养德智体美劳全面发展的社

会主义建设者和接班人。

（二）科学构建受教育者德智体美劳全面培养的教育体系

充分发挥教育的功能作用，以立德为根本，以树人为核心，建立健全促进受教育者德智体美劳全面发展的课程、教材、教学、评价体系。同时，构建家庭、学校、社会相协同的全员、全程、全方位育人新格局，教育引导学生铸就理想信念、厚植爱国情怀、掌握丰富知识、锤炼强健体魄、培养高尚情操、增强综合素质。还要建立健全纵向衔接、横向贯通的教育体系，推行因材施教，努力为每个学生提供适合的教育，使学生思想道德品质、科学文化素质、身心健康水平不断提升，葆有好奇心、想象力和创造力，实现全面发展与个性发展相统一，努力成为担当民族复兴大任的时代新人。

（三）不断增强高质量教育体系对全面建设社会主义现代化的广东实践的适应性、支撑度和引领力

加快建成制度更加完备、结构更加优化、保障更加全面、服务更加高效的高质量教育体系，推动基础教育高质量发展、职业教育争创世界一流、高等教育内涵水平大幅跃升、教师专业素质能力显著增强、人才培养水平和教育服务贡献能力持续提高，实现全省教育综合实力、整体竞争力、国际影响力达到国内先进水平，粤港澳大湾区国际教育示范区建设取得重大进展。要把建设高质量教育体系同国家及区域经济社会高质量发展要求紧密结合起来，完善教育布局结构、学科专业结构、人才培养结构，深化产学研结合、普职融通、产教融合、科教融汇，助推高水平科技自立自强，为建设现代化经济体系、形成新发展格局、提升社会文明水平提供强有力支撑。要在推动构建人类命运共同体的宏大视野下，深化粤港澳大湾区教育合作发展，加强国际人文交流合作，促进世界和平与发展，培养植根中国大地和面向现代化、面向世界、面向未来的高素质国民，为民族振兴、国家富强、人民幸福蓄势聚能。

三、中国式现代化与广东教育的行动策略

行动策略内含发展任务、举措办法和手段途径,需要我们深刻把握党的二十大关于用新的伟大奋斗创造新的伟业的号召,牢记空谈误国、实干兴邦,凝心聚力深化教育领域综合改革、推进教育现代化、建设教育强省。

(一)切实用习近平新时代中国特色社会主义思想统领教育现代化全局

深入学习贯彻习近平新时代中国特色社会主义思想和习近平总书记关于教育的重要论述,加强党对教育工作的全面领导,坚持社会主义办学方向,坚持以人民为中心发展教育,坚持教育优先发展、科技自立自强、人才引领驱动,深入实施科教兴粤战略、人才强省战略、创新驱动发展战略、区域协调发展战略、乡村振兴战略。全面贯彻党的教育方针,落实大中小学全课程育人,推进大中小思想政治教育一体化建设,健全学校家庭社会协同育人机制,以社会主义核心价值观铸魂育人,发展素质教育,促进学生综合素质全面提升。坚持开展中华优秀传统文化、革命文化、社会主义先进文化教育和党史、新中国史、改革开放史、社会主义发展史教育,推进文化自信自强。深入实施马克思主义理论研究和建设工程,加强哲学社会科学人才队伍建设,加快构建中国特色哲学社会科学学科体系、学术体系、话语体系,增强实现中华民族伟大复兴的精神力量。

(二)全力加快各级各类教育高质量发展

切实推进教育规模、结构、质量、特色、效益协调发展和"一核一带一区"教育协调发展,大力推动基础教育高质量发展,深入推进职业教育"双高"建设,不断提升高等教育内涵发展水平。把促进学生健康成长成才作为教育高质量发展的根本出发点和落脚点,将社会主义核心价值观循序渐进地融入学生培养各方面、全过程,教育引导学生形成正确的世界观、人生观、价值观,具备坚定的理想、执着的信念、优良的品德、丰富的知识、过硬的本领、健康的体魄,实现全面发展。要以提高人才培养质量为核心细化落实各级各类教育质量标准,构建有广东特色、中国底蕴、全球视野的国家、地方、

学校课程教材教学体系，牢固确立基于学生发展核心素养的教育教学理念，创新以正确价值观念、必备品格和关键能力为导向的教育教学方式，健全有利于创新人才脱颖而出的选拔培养机制，全面提高人才自主培养质量。坚持以人为本、尊重科学、遵循规律，统筹职业教育、高等教育、继续教育协同创新，推进职普融通、产教融合、科教融汇，优化职业教育类型定位，培养造就一批大师、战略科学家、一流科技领军人才和创新团队，以及大批青年科技人才、卓越工程师、大国工匠、高技能人才，为加快建设世界重要人才中心和创新高地奠基。

（三）扎实推进教育公平和教育高质量普及

首先，强化学前教育、特殊教育普惠发展，构建覆盖城乡、布局合理、以普惠性资源为主的学前教育、特殊教育公共服务体系。其次，加快义务教育优质均衡发展和城乡一体化，优化区域教育资源配置，坚持高中阶段学校多样化发展，推动普通高中和中职教育协调发展，探索普通高中与高校协同育人。再次，继续提高高等教育普及程度，补齐沿海经济带和北部生态发展区高等教育发展短板。最后，引导规范民办教育发展，调动社会力量兴办教育积极性，促进民办学校规范达标和品牌提升。

（四）持续提高基本公共教育服务均等化水平

始终坚持以人民为中心发展教育，紧紧围绕建设教育强省和人力资源强省，加快形成覆盖全民的公共教育服务体系，促进全体人民享受公共教育服务机会均等、结果平等，建立起更加开放、更好质量、更高水平的现代国民教育体系。要充分考虑弱势群体和农村适龄人口，完善统一的基本公共教育服务制度，推进义务教育学区制、集团化办学，开展义务教育优质均衡发展和城乡一体化督导评估认定。完善覆盖全学段学生资助体系，建立健全家庭经济困难学生精准化追踪认定和资助机制。切实推进特殊教育优质融合发展，加大普惠性教育政策和工程项目对特殊教育的支持力度，同时为受认知障碍、心理障碍等影响而又非身体残疾的学习困难学生提供有效援助。

(五)积极建设全民终身学习的学习型社会、学习型广东

完善人才成长"立交桥",推进学历教育和非学历教育、职前教育和职后培训、线上学习和线下学习相互融合,家庭教育、学校教育、社会教育密切配合,让学习成为人们一种自觉的生活方式和良好的行为习惯。要健全全民终身学习服务体系,建立跨部门、跨行业全民终身学习制度建设工作机制和专业化支持体系,促进新兴技术与教育教学及其管理深度融合以实现人人皆学、处处能学、时时可学,为每个人在人生不同时期的学习提供优质开放的资源、公平丰富的机会、便捷灵活的方式、绿色友好的环境,满足人民群众多层次多样化学习需求。

(六)持续增强教育支撑社会主义现代化建设能力

首先,加快构建适应"一核一带一区"区域发展格局的教育布局,培育提升广州科技教育文化中心功能,支持深圳教育体制改革先行先试,丰富珠三角核心区优质教育服务供给,带动沿海经济带、北部生态发展区扩大优质教育资源覆盖面。其次,继续探索建立健全职业教育办学标准、专业标准、课程教学标准、专兼职教师标准,深化职普融通、产教融合、校企合作,构建产业人才培养培训新体系。再次,加强一流高等教育体系建设,深入实施高等教育"冲一流、补短板、强特色"提升计划,在不同类型、不同层次高校中大力推进一流学科、一流专业建设,提升内涵发展水平。坚持面向世界科技前沿、经济主战场、国家重大需求、人民生命健康,加强基础学科、新兴学科、交叉学科建设,加强基础研究和应用基础研究,实行鼓励自由探索和有组织科研相结合,加快建设中国特色、世界一流大学和优势学科,为集聚和培养拔尖创新人才、培育和开发原创性引领性科学技术打下坚实基础。推动高校创新体系建设与粤港澳大湾区国际科技创新中心和区域性国家综合科学中心建设相融合,支持省重点实验室、工程(技术)中心争创国家级科研创新平台,建立重大科技基础设施和人才智力共享激励机制,构建高校、科研院所、行业企业产学研深度结合的全链条、网络化、开放式协同创新联盟,推动创新链、产业链、资金链、人才链深度融合,致力于打赢关键核心技术攻坚战,为加快实现高水平科技自立自强作出广东贡献。最后,充分发挥高校学科齐全、人才荟萃、

智力集聚优势，深入建设高校新型智库，推进哲学社会科学协同创新，学习研究宣传贯彻马克思主义中国化时代化成果，为党和国家事业兴旺发达谋，为广东担当党和国家赋予的使命任务计，为满足南粤大地人民日益增长的美好生活需要虑，打造"理论粤军""学术强省"，不断产出广东特色、广东风格、广东气派的哲学社会科学创新成果。

（七）大力建设高素质专业化创新型教育人才队伍

把教育人才队伍建设作为推进教育现代化的基础性、支撑性工作，加强和改进师德师风建设，将思想政治教育摆在教育人才培养培训工作首位，扎根中国大地、拓展国际视野，提升教育人才队伍综合素质和业务能力。深入实施教师教育振兴行动计划，深化广东"新师范"建设，健全教师教育学位体系，促进"新师范"与基础教育、职业教育、高等教育、继续教育改革发展最新要求全方位对接。深化教师管理体制机制改革，完善教师资格体系和教师准入、招聘、评价制度，盘活用好机构编制资源，加大教职员编制统筹配置与调整优化力度。倾力补齐薄弱地区教师短板，优质教师教育资源、教师职称评聘等向沿海经济带、北部生态发展区倾斜。全面加强教育管理队伍、教育科研队伍、教育服务保障队伍建设，建立健全分层分类全员精准培训体系，与教师队伍一道，合力深化教育领域综合改革、提升教育质量、推进教育现代化、建设教育强省。坚持尊重劳动、尊重知识、尊重人才、尊重创造，实施更加积极、更加开放、更加有效的人才政策，协力提高教育人才特别是教师和教育科研人员的政治地位、社会地位、职业地位，健全激励与约束考核机制，强化教育人才国家使命和公共教育服务职责，弘扬尊师重教社会风尚。

（八）加快推进教育数字化

围绕打造学习型社会、学习型广东，建设以人工智能、虚拟仿真技术、数据挖掘为主要媒介的现代公共教育服务平台，构成全景式、智能化、数字化、个性化智慧学习图景。培育"互联网＋"教育新形态，拓展优化全省数字教育资源公共服务体系，加快优质数字教育资源共建共享，推进信息技术与教育教学、教育科研、教育服务、教育管理深度融合。构建数字化教育治理模式，完善教育数据标准规范，推进教育数据分级分层管理，提高教育治理效能。探索构建教育智联网络安全体系，营造安全、高效的教育数字化环境。

（九）不断提升教育开放合作水平

要深化珠三角核心区对口沿海经济带和北部生态发展区、城镇对口乡村、强校对口弱校，开展各级各类教育帮扶。深化粤港澳大湾区教育合作发展，加强教育行政人员、教育科研人员、教师交流合作；支持港澳高校到大湾区内地合作办学，共建优势学科、实验室和研究中心；支持职业教育实习实训基地交流合作；探索资历框架对接模式；推动更多粤港澳中小学（幼儿园）缔结姊妹校（园），加强中小学中华优秀传统文化教育、STEM教育、财经素养教育、研学实践、劳动教育等交流发展；支持各类教育联盟建设发展。深化与"一带一路"沿线国家、地区及友好城市交流合作，推进国际优质教育资源、经验与广东教育融合创新；深度参与教育国际交流合作，努力参与国际重要教育议题研究和教育规则制定；携手港澳打造辐射东南亚、面向全球的国际教育示范区，增强广东教育国际影响力、竞争力。

（十）加快推动教育治理体系和治理能力现代化

深入推进依法治教、依法治校，健全教育治理政策法规体系，进一步理顺教育领域各主体的权利义务关系，完善教育法律法规实施与监管机制，提高教育法治化水平。深化教育领域"放管服"改革，提升政府教育治理效能；深化学校章程建设，落实学校办学自主权、完善内部治理结构，推动社会有序参与办学活动。深化新时代教育评价改革，加强教育督导及教育质量监测、水平评估，推进教育督导及教育质量监测、水平评估结果公开与转化应用，提高教育督导的权威性、实效性和教育质量监测、水平评估的诊断性、改进性功能，促进人才培养水平和教育效益提升。统筹推进各级各类教育科研及教学研究机构和学校教研组织，以及教育类学会（协会）建设，配强配齐配优教育科研力量，加强经费投入，打造高水平新型教育智库体系，协同加强教育战略研究、政策研究、理论研究、实践研究，充分发挥服务教育决策、创新教育理论、指导教育实践、引导教育舆论的功能作用。

最近，广东省政府及省教育厅开展"学习贯彻党的二十大精神，加快建设高质量教育体系"专题调研，要求加快建设高质量教育体系"四大主体"（公平普惠、优质均衡的基础教育体系，纵向贯通、横向融通的职业教育体系，内涵发展、世界一流的高等教育体系，服务全民、广泛深入的终身教育体系），着力夯实高质量教育体系"四个支撑"（完善德智体美劳全面发展的育人体系，建设高素质专业化创新型教师队伍，推动教育重点领域和关键环节改革创新，推进教育数字化），切实强化高质量教育体系"三项保障"（坚持和加强党对教育工作的全面领导，坚定不移落实教育优先发展战略，确保教育系统安全稳定）。这是广东全面贯彻落实党的二十大关于"实施科教兴国战略，强化现代化建设人才支撑"重大部署的关键行动，是全面贯彻落实习近平总书记赋予广东的使命任务和加快建设高质量教育体系的应有之举，是全面贯彻落实《中国教育现代化2035》《广东省教育现代化2035》《广东省教育发展"十四五"规划》的重要推力。有理由相信，广东的教育行动，将在为教育补短板、强弱项、固底板、扬优势上下更大功夫，将会有力牵引和驱动教育领域综合改革、教育质量提升、教育现代化和教育强省建设，使教育、科技、人才在全面推进中国式现代化中充分发挥基础性、战略性支撑作用。

参考文献

习近平. 高举中国特色社会主义伟大旗帜　为全面建设社会主义现代化国家而团结奋斗——在中国共产党第二十次全国代表大会上的报告［M］. 北京：人民出版社，2022.

以教育强国托举中华民族伟大复兴[*]

教育具有培养人才、创新科技、传承文化、服务社会、国际交流合作的功能，是民族振兴、社会进步的重要基石，是提高国民综合素质、促进人的全面发展的根本途径，对深入增强中华民族创新创造活力、全面建设富强民主文明和谐美丽的社会主义现代化国家具有决定性意义。习近平总书记在5月29日主持中共中央政治局第五次集体学习时强调，"教育兴则国家兴，教育强则国家强。建设教育强国，是全面建成社会主义现代化强国的战略先导，是实现高水平科技自立自强的重要支撑，是促进全体人民共同富裕的有效途径，是以中国式现代化全面推进中华民族伟大复兴的基础工程""要以教育之力厚植人民幸福之本，以教育之强夯实国家富强之基，为全面推进中华民族伟大复兴提供有力支撑"。这一重大战略判断和贯彻指向，与总书记在党的十八大以来关于教育的重要论述一脉相承，与教育的功能作用和教育的发展规律高度契合，充分表明推进教育事业改革发展、建设教育强国在总书记和党中央治国理政中极其重要的地位。其中，总书记在党的十九大报告中指出，"建设教育强国是中华民族伟大复兴的基础工程"；在2018年9月10日召开的全国教育大会上，强调"教育是国之大计、党之大计"，要不断使教育同党和国家事业发展要求相适应、同人民群众期待相契合、同我国综合国力和国际地位相匹配，切实把优先发展教育事业作为推动党和国家各项事业发展的重要先手棋；在党的二十大报告中，强调"教育、科技、人才是全面建设社会主义现代化国家的基础性、战略性支撑"，必须深入实施科教兴国战略、人才强国战略、创新驱动发展战略，到2035年建成教育强国、科技强国、人才强国。总书记和党中央的战略思维、战略决断，一言以蔽之，就是全党全社会都要把建设教育强国放到中华民族伟大复兴的历史进程和世界百年未有之大变局中去理解、谋划和落实，奋力以教育强国托举中华民族伟大复兴。

以教育强国托举中华民族伟大复兴，须切实坚定建设教育强国正确方向。目前，我国已建成世界上规模最大的教育体系，教育现代化发展总体水平跨入世界中上国家行

---

[*] 本文原发表于2023年第14期《南方》杂志（中共广东省委主办）。

列。面向新时代新征程建设教育强国，我们更有底气更有信心走中国特色社会主义教育发展道路，更要清醒更要深入把握我们要建设的教育强国是中国特色社会主义教育强国，始终立足中国式现代化和中华民族伟大复兴审视教育、放眼世界发展态势和国际力量深刻调整考察教育，以服务中华民族伟大复兴为重要使命，以支撑中国式现代化为核心功能，全面贯彻党的教育方针，紧扣培养什么人、怎样培养人、为谁培养人这个根本问题，坚持党对教育事业的全面领导，坚守为党育人、为国育才，落实立德树人根本任务，培养一代又一代德智体美劳全面发展的社会主义建设者和接班人，造就一代又一代在社会主义现代化建设和推进中华民族伟大复兴中堪当大任的栋梁之才，确保党的事业和社会主义现代化强国建设后继有人。

在以中国式现代化全面推进中华民族伟大复兴中，要坚持用习近平新时代中国特色社会主义思想铸魂育人，切实加强社会主义核心价值观教育，将其贯穿基础教育、职业教育、高等教育、继续教育各领域，融入思想道德教育、文化知识教育、社会实践教育各环节，推进课程思政和思政课程建设，提高网络育人能力，有效引导学生树立理想信念，矢志奉献国家和人民，立志为推进中华民族伟大复兴而竭尽聪明才智。

以教育强国托举中华民族伟大复兴，须切实攻克建设教育强国重点领域关键问题。新时代新征程教育工作的主题主线是实现高质量发展，核心是建成高质量教育体系。这是建设社会主义现代化强国和实现中华民族伟大复兴的基础性保障，涵盖基础教育、职业教育、高等教育、继续教育，包括学校教育与校外教育、正规教育与非正规教育、家庭教育与社会教育、线上教育与线下教育，要求各级各类教育机构在教育理念、教育体制机制、教育制度和标准规范、教育人才队伍、教育内容和方式方法、职普融通、产教融合、科教融汇、教育开放和国际交流合作、教育基础设施设备和技术手段、教育治理体系和治理能力等方面都追求优质、实现优质，为推动我国成为教育强国、科技强国、人才强国创造充分条件。

目前和今后一个时期，最为关键的是要加快扭转教育功利化倾向，着力夯实基础教育的基础，推进学前教育更加普及普惠安全优质发展，推动义务教育优质均衡发展和城乡一体化，推进高中阶段学校优质特色多样化发展，减轻学生过重的课业负担，筑牢学生的知识基础，激发学生崇尚科学、探索未知的兴趣，培养学生追求身心健康、承担社会责任、勇于探索创新、积极实践锻炼的意志品质；充分发挥高等教育龙头作用，推进高等教育分类发展、分层定位，着力建设中国特色、世界一流大学和优势学科，注重基础学科、新兴学科、交叉学科建设，瞄准世界科技前沿和国家重大战略需求推进高校基础研究和应用基础研究，不断提升原始创新能力和拔尖创新人才培养水平，还要扎实推进高水平专业学位教育、应用型本科、职业教育本科、职业教育专科建设，优化职业教育类型定位，培养高素质应用型、技术技能型人才；加快推进教育、科技、人才作为科教兴国战略三位一体内在一致性、相互支撑性的充分实现，在教育体系中科学设计和加强科学教育、工程教育，统筹职业教育、高等教育、继续教育协同创新，深化职普融通、产教融合、科教融汇，加快拔尖创新人才自主培养，不断造就更多大师、战略科学家、一流科技领军人才、卓越工程师、大国工匠、能工巧匠，为解决我国关键核心技术和推进经济社会高质量发展提供强大的教育、人才支撑；深入推进全民终身学习的学习型社会、学习型大国建设和教育数字化，创新继续教育，促进人人皆学、处处能学、时时可学，不断提高国民受教育程度，全面提升民族综合素质，充分开发国民智慧资源，促进人的全面发展和社会全面进步。

以教育强国托举中华民族伟大复兴，须切实以改革开放作为建设教育强国根本动力。建设教育强国，涉及思想观念问题、体制机制问题、法律制度问题、标准规范问题、体系结构问题、办学模式问题、育人方式问题、技术手段问题、资源保障问题等，要坚持系统观、历史观、实践观，坚持以人为本、尊重科学、遵循规律，以统筹破除一切制约教育高质量发展、建设教育强国的思想观念束缚和体制机制障碍为关键，深化改革开放，全面提高教育治理体系和治理能力现代化水平。当前和今后一个时期，要着重把"尊重劳动、尊重知识、尊重人才、尊重创造"实化细化具体化，把"实施更加积极、更加开放、更加有效的人才政策"体系化法制化规范化，充分调动和发挥教育系统人才参与建设教育强国的积极性、主动性和创造性，同时在全社会树立科学的人才观、成才观、用才观、分配观、教育观，形成健康有序的教育环境和生态。

要把促进教育公平融入到深化教育领域综合改革的各方面各环节，完善援助体系，努力让每个受教育者享有公平而有质量的教育；持之以恒推进新时代教育评价改革，构建多元主体参与、符合我国实际、具有世界水平的教育评价体系，充分发挥教育评价科学、专业、权威的指挥棒作用；加强教材建设和管理，用心按规律开发培根铸魂、启智增慧的精品教材，循序渐进增强课程教材创新性、开放性知识技能含量；迭代升级教育数字化战略行动，为个性化学习、终身学习、扩大优质教育资源覆盖面和教育教学、教育科研、教育服务、教育保障、教育治理现代化提供有效高效支撑。要提升教育开放战略，扩大各级各类教育相互开放，扩大教育与科研院所、行业企业、社区相互开放；加快健全高水平教育对外开放战略策略和政策设计，扩大教育向世界开放，推进粤港澳大湾区国际教育示范区建设，创新"留学中国"品牌建设，积极参与重大国际教育议题研究、国际教育规则制定和国际教育治理，积极借鉴世界先进国家教育改革发展和人才培养的成功经验做法，积极开展国际人文交流合作，有效利用世界一流教育资源和创新要素，增强我国教育的国际影响力和话语权，努力使我国成为具有强大影响力的世界重要教育中心。

以教育强国托举中华民族伟大复兴，须切实为建设教育强国提供强有力保障。建设教育强国是长期的浩大的系统工程，是全党全社会的共同任务。要坚持和加强党对教育工作的全面领导，完善党委统一领导、党政齐抓共管、部门各负其责的教育领导体制，切实贯彻教育优先发展战略，在组织领导、发展规划、资源保障、经费投入上保证教育优先发展，刚性落实各级财政教育投入责任，健全扩大社会力量投入教育发展长效机制。

要以教育强校、教育强镇、教育强县、教育强市、教育强省支撑和体现教育强国建设，推动跨区域、跨领域、跨学校教育协同创新发展，不断汇聚有助于推进教育高质量发展、建设教育强国的人才资源、科技资源、财政资源、智力资源、产业资源、政策资源，不断优化教育资源布局，持续扩大优质教育资源覆盖面，奋力缩小区域间、学校间教育发展水平差距。从科学、专业、本质、规律出发，以保障加快建成教育强国为追求，进一步切实做好教育法律、行政法规、地方性法规和其他相关规章制度、标准规范的"立、改、废、释"工作，推动构建有利于促进教育高质量发展和教育强国建设的法治体系和法治环境。加强教育管理干部队伍、教书育人队伍、教育科研队伍、教育服务保障队伍建设改革，以高素质专业化创新型为要求，尤其要把深化教师队伍建设改革作为推进教育高质量发展、建设教育强国最重要的基础工作来抓，健全中国特色教师教育体系，全面提高教师政治地位、社会地位、职业地位，大力培养造就师德高尚、业务精湛、结构合理、充满活力的教师队伍，引领广大教师坚定理想信念、陶冶道德情操、涵养扎实学识、勤修仁爱之心、潜心教书育人。还要着力健全学校积极主导、家庭主动尽责、社会有效支持的协同育人长效机制，切实推动学校、家庭、社会相向而行，齐心协力办好教育强国事业。

第二章

论提升基础教育内涵发展水平

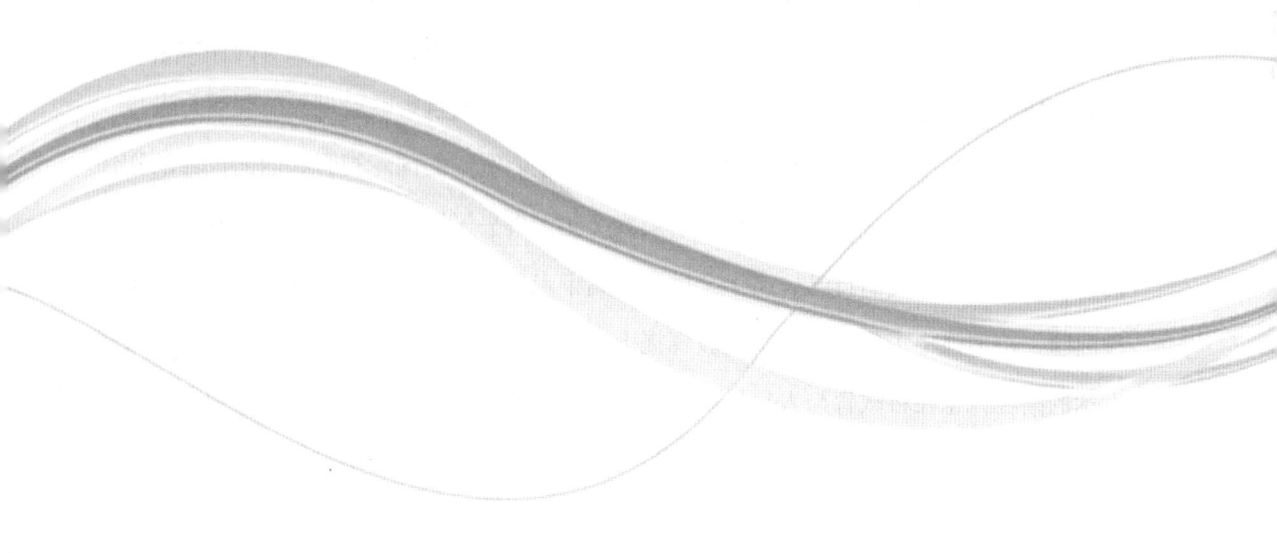

促进文化传承创新更好融入中小学教育[*]

习近平总书记在2014年教师节前夕到北京师范大学看望教师时说:"我很不赞成把古代经典诗词和散文从课本中去掉,'去中国化'是很悲哀的。应该把这些经典嵌在学生脑子里,成为中华民族文化的基因。"教育部2014年3月印发《完善中华优秀传统文化教育指导纲要》,明确要求把中华优秀传统文化教育系统融入课程和教材体系,增强中华优秀传统文化教育的多元支撑,分学段有序推进中华优秀传统文化教育。贯彻落实习近平总书记重要讲话精神和教育部印发的指导纲要,富有重大现实意义和深远战略意义。

文化具有"文治""教化"功能,《易经》所说的"观乎人文,以化成天下",正是其功能的诠释。很显然,将"人""文"与"教"内在连接起来,它清楚地说明教育本身也是一种文化符号和崇高的文化事业,是文化生成的肥沃土壤、文化传播的主要途径、文化繁荣的当然基础、文化创新的必然依靠和人自由而全面发展的重要推动力。中华文明是人类古文明中唯一一脉相承、生生不息,且与日俱新、繁荣发展的伟大文明,其博大精深的文化,不仅滋养着一代又一代中华子孙,而且影响着世界的文明与进步。在全面深化改革、提高开放水平的当下,培育孩子们宽阔的国际视野和面向世界的胸怀是必要的,但如果在这个过程中忘却了民族文化,失去了民族精神,那么,我们的孩子们也就丢失了属于我们自己、属于全世界更属于未来的优秀文明与文化。面对多年来种种问题,将加强中华优秀传统文化教育提上重要议事日程,提高到关乎民族、国家兴旺发达的高度,意在将教育与人、经济社会、文化深度融合,其实质是对教育与文化价值的追寻,这既是一个重大教育课题,又是一个文化战略课题。特别是促进文化传承创新更好融入中小学教育,尤其要充分考虑中小学教育的特性、目的和任务,循规律、讲科学、有步骤地把文化传承创新渗透到学生人格与道德成长、社会性发展和科学文化知识

---

[*] 本文原发表于2015年第4期《广东教育》(综合版)(广东教育杂志社主办)和2015年第4期《广东调研》(内部资料)(中共广东省委政策研究室编)。

学习中去，不能把文化传承创新简单地理解为即兴而起、随性而作地读一首诗词、跳一支民族舞蹈、唱一曲民族歌谣、写一幅书法等，这种粘贴式的、简单肤浅的所谓文化传承创新不是教育应有的科学审慎、严肃认真的态度。要达成促进文化传承创新更好融入中小学教育的目的，必须做到统筹规划、科学设计，系统实施、有机融合，多元参与、讲求实效。

一、统筹规划、科学设计

瑞士著名哲学家、心理学家荣格认为，一切文化都沉淀为人格。促进文化传承创新更好融入中小学教育，其实质是要将优秀文化、先进文明循序渐进地渗透到学生健全人格的形成过程，依据学生的身心发展规律和认知特点，遵循教育教学规律，使学生能够站在"巨人"的肩膀上全面而有个性地健康成长成才。

曾经有一段时间，书法进课堂、京剧进课堂、经典古籍进课堂、乡土文化进课堂等呼声"声声入耳"，这从多方面反映了不少有识之士对我国传统文化的情怀和热忱。但是不是一定要分别开设书法课、京剧课、经典课、乡土文化课呢？现有中小学课程已经挤得满满当当，课时从哪儿来呢？因此，统筹规划，做好文化传承创新的顶层设计十分重要。这个统筹规划必须审慎甄别中国传统文化的现代育人价值，不能良莠不分地全盘照搬；必须充分考虑中小学生的身心发展规律和认知特点，不能随心所欲、不讲内容选择、不区分方式方法地强加给不同学段的学生；必须整体谋划中小学各门课程、各项活动之间的整合策略，不能今天说这个重要加一门，明天说那个重要又加一门，头痛医头、脚痛医脚不是科学的态度。而这种不科学的态度，只会让学校和教师无所适从，只会让学生过重的课业负担无法释放，只会让学生家长增添苦恼。具体来讲，要科学设计，做到文化传承创新与国家、地方和校本课程的系统实施相结合，与中小学各项专题教育活动相结合，与社区文化资源整合利用相结合，与学生自发的社团活动相结合，有节奏、可持续、相融合、自然流畅地进行文化传承创新，让文化传承创新在学生形成健全人格、全面有个性地健康成长成才过程中不断注入正能量。

二、系统实施、有机融合

中国教育承担着弘扬中华优秀传统文化、培育民族精神、锻造国民现代人格的战略使命。促进文化传承创新更好融入中小学教育，需要科学探索文化影响中小学生的机理，建立健全适应中小学生的文化传承创新体系，根据他们的身心发展规律和认知特点，充分开发利用中国物质文化遗产、非物质文化遗产和自然遗产，建设中华优秀传统文化教育基地，使之成为中小学生接受中华优秀传统文化熏陶和洗礼的重要资源；需要为文化传承注入新时代的血液，努力培养中国现代公民，致力于培育中小学生的历史渊源感、根本归属感和前进方向感；需要更好融合中华优秀传统文化、社会主义核心价值观和世界先进文明成果，为培养植根民族文化和面向现代化、面向世界、面向未来的公民奠基，着力提升全体国民的全球意识、国际责任和文明素质。

就中小学而言，文化传承创新主要通过课程教学、专项教育、实践体验等途径来实施。在学校课程教学中实施文化传承创新，主要包括在国家德育课程中实施中华优秀传统美德教育，在语文、历史、地理、艺术等课程中渗透包括经典诗词和散文在内的中华优秀传统文化教育，在相关地方课程、校本课程中开展区域性优秀传统文化教育，着力形成中华优秀传统文化课程教学大格局；专项教育活动主要是充分利用春节、元宵节、清明节、端午节、中秋节等民族节日和元旦、"三八""五一""六一""七一""八一""十一"等重要纪念日、普世节日，面向全体学生，通过各种渠道、各种方式开展文化传承创新活动，营造中华优秀传统文化教育大氛围；实践体验主要是充分发挥国家级、省级、市级爱国主义教育基地，以及各类博物馆、档案馆、纪念馆、地方史志馆、校史馆、展览馆、革命圣地、烈士陵园的教育功能，结合学生的学习生活经验，以各种方式引导中小学生领略祖国历史文化、民俗风情、秀丽山川，追溯中国社会发展史、革命战争史、共产党奋斗史、改革开放史，感受革命英烈、哲人先贤、中国共产党为了祖国繁荣发展、民族独立、国家统一、人民幸福所作的重要贡献，表达作为中国现代公民为实现中华民族伟大复兴应有的觉悟、责任和贡献，建设中华优秀传统文化教育大园地。而所有的实施途径，都应讲求功能有机互补、内容合理分布、方式各有不同，形成相向而行的育人合力。

三、多元参与、讲求实效

促进文化传承创新更好融入中小学教育，不只是中小学校本身的责任，而是需要社会各界、千家万户、各级各类学校对优秀文化怀有认同、温情和敬意，需要所有教育者将人的发展与优秀传统文化教育、社会变革有机统一起来，在此过程中持续合成新的思想文化，自觉地把保证受教育者享有自由创新的空间、开发受教育者全面而有个性发展的潜能作为自己不懈追求的崇高使命。在中小学进行文化传承创新，既需要各级党委、政府的规划、组织、投入，又需要中小学各学科教师结合课程教学有机开展相关教育，也需要经验丰富的社会文化人士积极参与，还需要发挥学生传承、创新和发展中华优秀传统文化的积极性、主动性，形成多元参与、实践感悟、自省内化的文化传承创新格局。特别需要提出的是，品格端正、经验丰富、学有专长的社会文化人士的支持和参与十分重要，如身怀绝技的传统艺人、非物质文化遗产传授者、人文社科工作者、社会贤达等，他们都是文化传承创新的重要人才资源，应当充分发挥他们的育人作用。同时，学生的实践体验活动至关重要，应有组织、系统性地建设社会育人大课堂，净化社会文化环境，为让青少年学生积极参与其中、耳濡目染丰富多彩健康向上的文化因子创造充分条件，营造知书达礼、好学上进的书香氛围，通过多样的文化传承创新平台引导学生理解、领悟中外优秀文化，加强尊老护幼、助残扶弱、诚信友善、爱国敬业等美德教育。

文化是根、是魂，是凝聚力、是竞争力、是持续力。我们的国家要屹立于世界优秀民族之林，就不仅要成为经济、技术强国，更要成为文化、精神强国。广东要建设教育强省、人力资源强省和经济强省、文化强省，必须将促进文化传承创新更好融入中小学教育纳入其中。这不仅要引导青少年学生在学习中华优秀文化艺术、参与丰富多彩的文化艺术活动过程中提高人文素养、艺术修养、审美水平，还要培养他们热爱家乡、热爱祖国的感情，增强民族自信心和自豪感，更要教育和引导他们在这个现代化、多元化的时代保持清醒的自我意识和独特的民族品性，增强民族责任感，为构建中华民族共有精神家园奠定基础，为实现民族振兴、国家富强、人民幸福蓄积动力。这是弘扬中华优秀传统文化、推动中国传统文化现代化的奠基之作，是促进社会主义核心价值观融入血脉、整体提升国民现代文明素质的必然之举，是充分发挥教育功能、建设社会主义文化强国和人力资源强国的伟大工程。为此，要科学、系统地规划布局，全面、有机地组织实施，协同、创新地落实任务，坚持不懈，久久为功。只有这样，才能更好地贯彻落实习近平总书记的重要讲话精神和教育部的部署，走出一条充盈着民族文化、时代精神、全球意识的文化传承创新成功之路，从而真正实现教育承担的文化传承、创新、发展的使命和国民人格教化、培育、完善的责任。

让文学与中小学生成长相伴而行[*]

曹丕在《典论·论文》中说:"盖文章,经国之大业,不朽之盛事。"[1]从文学的功能来看,关心和重视中小学生文学教育与文学创作,让文学与中小学生成长相伴而行,可以为处于最重要可塑期的中小学生健康发展发挥独特作用。研究表明,全世界中小学都以优秀的文学作品为范本,对中小学生进行人文的、情感的、历史的、哲理的熏陶和教育。如法国、英国、美国、日本等国家认为文学教育是人生成长最好的基础性工作,他们的教材,文学内容的比重占60%—80%。例如,美国通过文学教育,彰显着美国人的自尊,标榜着美国的声音,凸显着自己的渴求,张扬着民族个性。通过教育和熏陶,中小学师生自然而然地以身为美国人而充满自信心和自豪感。我们应该站在世界母语教育的制高点,借鉴世界各国文学教育的经验,有效加强和改善中小学生的文学教育,使素质教育理念细化、实化、具体化,促进全面实施素质教育的举措和方式更加丰富多彩。其重要目的,是以正确的世界观、人生观、价值观和文学观引导中小学生热爱文学和文化,帮助中小学生提高文学素养和审美水平,增强中小学生的民族自信心、自豪感和实现中华民族伟大复兴的自觉性和坚定性。

古今中外许多教育大家十分重视文学的作用。如孔子说:"兴于诗,立于礼,成于乐。"这把诗对于激发人的思想情感的作用置于极其重要的地位。《论语·述而》提及:"子以四教:文,行,忠,信。"[2]其中,"文"被孔子作为首要的一项,主张用历代文献和文学形式培养弟子们的高雅情操、思维方法和工作能力。杜威说:"艺术比道德更具有道德性。"[3]梁启超提出:"欲新一国之民,不可不先新一国之小说。"[4]这说的都是文学艺术的力量及作用。一百多年来,我国传统的语文教育也基本是文学教育,1903年订立的语文学科就叫"中国文学科";1919年新文化运动,强调文学为人生。一百多年的语文有一半以上的课文是文学作品。全世界的有识之士都认

---

[*] 本文原发表于2015年第7期《中小学教材教学》(人民教育出版社主办)。

为，文学在中小学生情感激发与想象力发展上具有独特优势，可以培养学生的灵气，激发学生的悟性、创造性和审美能力，引导学生以审美的心态和眼光去发现和创造生活的美，去丰富人生体验。

中小学生的健康成长成才和长远和谐发展是需要文学的。如上所说，中小学生正处于人生最重要的可塑期，通过文学教育和文学创作，他们可以了解大千世界，获得宝贵的人生智慧，找到一个通向人类精神家园的路径。当今经济社会的发展，需要的人才不但要具备基本的技术技能，而且要具有健康的人格和较高的审美能力，要体现出公民层面、社会层面、国家层面的价值观。但健康人格、较高审美能力和正确价值观不可能在政治口号和道德说教中真正形成，因为尚未成年的中小学生难以准确把握社会中复杂事物的本质，常常会出现精神世界与现实世界的认知落差，而优秀的文学作品是作家生活经验、人生智慧和文学才能的结晶，体现了作者对事物、人生、社会的理解和表达，艺术性地隐含了人生、道德、教育的大道理，特别是富含教育意义的文学作品具有丰富的、自然而然的教育内容，更接近中小学生的身心发展需求，阅读它、赏析它，能够给中小学生带来心灵的震撼和精神的满足。中小学生创作文学作品，用手中的笔和文学语言表达自己的心声与喜怒忧乐，能够彰显他们对真善美的向往和追求以及对假恶丑的憎恨和唾弃，更好形成立志、修身、博学、报国的情怀和崇尚科学、坚守真理、维护法度、追求文明的责任感。

我们更要清醒认识的是市场经济发展及其对人的异化造成的新问题，如实用主义、实利关注和急功近利甚嚣尘上，教育系统中出现轻忽生命、情感扭曲、行为失范、造谣告密、唯利是图的情况，这些都是需要用文学来洗涤和引导的。"文章千古事，得失寸心知。"如果中小学生的心灵能够经常浸润于文学的意境，思想经常与作家对话，进而将文学作品所包含的情感、人文、历史、地理、哲理等与自己的学习生活联系起来，与自己所认识的经济社会发展环境联系起来，与自己的人生向往和追求联系起来，阅读文学作品、赏析文学作品、理解文学作品、创作文学作品的过程就必然成为中小学生健康人格、审美能力和正确价值观形成的过程，必然可以更好地促进中小学生树立心忧天下、天下为公的公义向标，天下兴亡、匹夫有责的家国情怀，崇德弘毅、厚德载物的人文取向，仁爱共济、立己达人的博大胸怀，正心笃志、宁静致远的人格追求。

我们应该顺应中小学生的身心发展与经济社会发展对提高国民素质、培养合格人才的要求，凸显文学的作用。毫无疑义，关心和重视中小学生文学教育与文学创作，深化语文学科的课程、教材、教学、评价改革，丰富发展校园文化，让文学与中小学生成长相伴而行，这于全体中小学生、于国家、于民族、于人类来说都是非常有意义的。拉伯雷的《巨人传》、卢梭的《爱弥儿》在很大程度上是关于人、人性和人的创造力，以及追求自由、平等、博爱的哲学思考与教育论文；鲁迅的文学底色、平民立场、学者深度、环球视野、中国气派，他那哀痛者与幸福者的深刻体味，尤有震撼性。所有中小学、千家万户和社会各界都充分认识文学的重要性，用实际行动，通过各种形式，让母语长河中的明月、寒梅、翠竹、松柏、杨柳、桃花、长城、黄河、长江、鲲鹏、龙等典型意象与全体中小学生相伴永远，引导全体学生充分感受文学的丰富与深厚，领略古今中外文学大师的风采，在文学教育和文学赏析中不断呈现崭新的人生境界，在人类优秀文化精神家园中安身立命、成长成才，必定能够为实现国家富强、民族振兴、人民幸福作出重要贡献。

参考文献

［1］郭绍虞. 中国历代文论选：第1册［M］. 上海：上海古籍出版社，1979：159.

［2］杨伯峻. 论语译注［M］. 北京：古籍出版社，1958：78.

［3］杜威. 艺术即经验［M］. 高建平，译. 北京：商务印书馆，2005：386.

［4］梁启超. 论小说与群治之关系［J］. 新小说，1902（1）：1-8.

培育基础教育教学优秀成果　加大实践转化力度[*]

开展教学成果奖励活动,是国家实施科教兴国战略和人才强国战略的重要举措,是我省坚持优先发展教育、建设人力资源强省的重要体现。

我省自1997年12月颁布首届普通教育教学成果奖以来,历经8届,累计评出433项获奖成果。这些获奖成果集中展现了广大基础教育工作者贯彻党的教育方针,重视教育教学改革发展及其研究,加强学科带头人和骨干教师队伍建设所取得的显著成就,代表了我省基础教育教学改革发展及其研究的最高水平。

2014年初,教育部启动第一届基础教育国家级教学成果奖评选,这是对基础教育教学的地位和作用认识的重大转变或者说是应有的回归,对深化基础教育教学改革发展、提高基础教育教学研究科学化水平来说,无疑是注入了强劲的动力。我省获得首届基础教育国家级教学成果奖31项,综合排名全国第五位,充分表明获奖的集体和个人既是我省基础教育领域国家级教学成果奖的"拓荒者",也是激励未来我省基础教育国家级教学成果奖培育和组织申报的"示范者"。与全国其他省份相比,应该说我省基础教育教学成果较为显著,综合实力较强。但我们未有项目获得特等奖和一等奖,高水平获奖成果与江苏、北京、浙江、上海等省(市)相比存在较大差距。这说明我省基础教育教学成果还有很大的提升空间,需要扎实努力,久久为功。

一、在现有基础上,进一步做好我省基础教育国家级、省级教学成果奖的培育和宣传推广工作,需要把握好基本要求

(一)甘于奉献,立足落实立德树人根本任务

人们常说:"教师是太阳底下最崇高的职业。"教师职业之所以获得如此高的社

---

[*] 本文原以"问题导向　勇于创新　培育基础教育教学优秀成果"为题,发表于2015年第7期《广东教育》(综合版)(广东教育杂志社主办),收入本书时个别地方稍有斟酌。

会评价，根本原因在于教师将自己的聪明才智、高尚品格默默奉献于教育事业，为民族为国家为人民培养合格人才。教育教学工作，是一项对学生心灵塑造、精神培养、道德熏陶、智慧开发、能力增长的伟大工程，根本出发点和落脚点是培养人的真、善、美，是培养学生的社会责任感、创新精神和实践能力，促进学生全面而有个性地健康成长成才。教育领域的所有改革，教学领域的所有探索，学校的所有研究与实践，都必须牢牢坚持立德树人这个根本任务。而优秀教学成果的打造，浮躁不得，必须甘于长期奉献，必须紧扣以人为本、全面实施素质教育这个教育改革发展的战略主题，坚持育人为本、德育为先、能力为重、全面发展，从理论创新与实践探索相结合上不懈努力。

（二）高瞻远瞩，立足紧跟教育教学改革发展前沿

教育活动既是社会系统运行的重要驱动力量，同时也受社会系统变革的影响。教育教学活动的内容、形式、方法等，从来都不是一成不变的。随着经济社会发展，尤其是对人的本质和成长成才规律认识的加深，教育思想、教育目标、教育内容、教学思维、教学方法、教学手段等也在不断更新和变化。我们的教育教学改革发展及其研究活动，要善于审时度势，把握前沿性问题，追踪和研究省内外、国内外教育教学改革发展的最新状态、最新问题、最新理念、最新模式。具体到基础教育学校教学改革发展工作和教学成果奖的培育与打造，一定要在这样认识的基础上，紧紧把握国家关于基础教育改革发展的决策部署，紧紧聚焦我省教育"创强争先建高地"这个宏伟目标，充分理解基础教育国家级教学成果奖励的目的、标准、规范，以此为引导，贯彻落实有教无类、因材施教、终身学习、人人成才的理念，注重教育教学优质化、多样化、特色化改革发展，着力建立多样化、个性化、创新型培养模式，既有理论建树，又有体制机制创新，还有影响广泛而深远的实践模型。

（三）脚踏实地，立足把握教育教学改革发展现实问题

教育教学活动的根本宗旨是促进人全面而有个性地健康成长成才。一切教育教学研究的逻辑基点是教育教学过程中的现实问题。没有问题的教育教学研究，不解决现实教育教学问题的研究，是没有任何价值和意义的。因此，教学成果的探索和积累，要充分

建立在现实问题基础上。

素质教育实施多年，步步深入，硕果累累。但是，我们不能不看到，一些"老大难"问题一直没有得到彻底、有效的解决，这有待我们深入研究和探索。比如中小学生课业"减负"问题、"择校热"问题、课程教材改革问题、综合素质培养和评价问题、教育公平与因材施教问题、教育教学活动拓展与学校及教师责任问题，等等。不能因为是"老大难"问题，我们就躲之避之、置之不理，而应是越困难就越要去寻求解决之道，这样就越能显示我们所从事工作的重要意义和重要价值。基础教育工作者对中小学教育教学中存在的问题更有切肤之痛，在开展教育教学改革发展及其研究和教学成果奖的培育与打造中，应迎难而上，以改革为方向，以问题为导向，系统性谋划，用我们的勇气和智慧、用团队的力量去寻求破解有关难题之道，为党和国家分忧，为全面深入推进素质教育助力，为孩子发展和家庭向上造福。这是我们的责任、使命，也是我们的光荣。

（四）勇于开拓，立足追求教育教学成果原创性

创新是国家繁荣、民族昌盛的核心动力，是人类社会进步的源泉。完善知识创新体系，建设创新型国家及创新型区域，基础在教育创新及人才培养模式创新。基础教育工作者理应把改革创新精神贯彻到教育教学工作的各方面各环节，加大教育理念、课程设置、教材内容、教学方式、评价办法等的改革创新力度，着重培养学生的社会责任感、创新精神和实践能力。

教育教学研究与实践，贵在创新。我们的责任是尊重科学、遵循规律，注重独创性、开拓性，研究新问题，提出新思路，创造新方法，发表新观点，产生新成效……不可老生常谈、了无新意，导致"虚假研究""虚假成果"，造成研究资源浪费。我省处于改革开放前沿，有着良好的创新传统和创新品格。基础教育教学活动和优秀教学成果培育要与此相匹配。为此，我们要着重突出原创性，敢于挑战全国及全省共同面对而又难以解决的问题，善于发现别人未发现的问题，勇于提出别人未提出或不敢提出的新观点、新路径、新方法，形成具创新性、科学性和可复制、可推广的优秀成果。

二、推进基础教育教学成果奖培育、打造、宣传、推广，需要各级教育行政部门、教研机构和所有幼教机构、中小学、有关高校协同创新

（一）提高认识、承担责任

国家《教学成果奖励条例》规定：国家教学成果奖和国家科技成果奖一样，同为国家级奖励。《广东省教学成果奖励办法》也明确规定：教学成果奖与自然科学奖、科技进步奖同等对待。因此，获得教学成果奖是一份沉甸甸的荣誉，表明获奖的优秀教学成果在理论和实践上是科学可行的，是得到政府高度认可的。开展基础教育教学成果奖评选活动，对尊重劳动、尊重知识、尊重教师、尊重创造，充分调动和发挥基础教育工作者的积极性、主动性、创造性，推进基础教育教学改革发展、为广大学生全面而有个性地健康成长成才奠基具有战略性意义和影响。因此，各有关方面都要更加重视培育和宣传推广优秀教学成果，努力做好教学成果奖有关工作，积极主动承担起应有的责任。

（二）虚心学习、后来居上

在首届基础教育国家级教学成果奖评审中，我省有31个项目获奖，算是取得了不错的成绩，但与我们作为人口大省、教育大省、经济大省的地位并不匹配。我省要迎头赶上，应该虚心学习先进省（市）的经验，认清自己与其的差距及落后的原因。省内各市相比，广州、深圳处于遥遥领先的地位；其他市，也有做得很好的如佛山市、东莞市等，也有成绩一般的，还有落后的甚至根本就不重视的。这需要深刻反思本地区本单位这几年基础教育教学改革发展及其研究工作，切实端正态度、认清差距、学习先进、奋勇争先。

（三）加强培育、勇创辉煌

一项优秀的教学成果最终能够脱颖而出，往往离不开来自各方面的关心和帮助，往往需要相当长时间的理论创新和实践探索。教师、教研员在研究探索的全过程，需要教育行政部门从多个方面、以多种形式提供强有力的支持；作为教研部门和学校，要为教

师、教研员培育优秀教学成果营造宽松的环境，提出正确的方向指引，组织协同创新；作为教师、教研员，既要把握教育教学改革发展的正确方向和基本路径方法，又要尊重科学、遵循规律，耐得住长时间的煎熬，敬业、乐业、专业，使成果富有科学性、专业性、创新性、示范性。这需要制定教育科研及优秀教学成果培育中长期规划及年度工作计划，切实在教育科研及教学成果的培育、"孵化"、申报等方面下足功夫。

（四）注重推广、扩大效益

我省开展教学成果奖评审以来所积累的430多项优秀成果，涉及教学理论、教学管理、教学内容、教学方法、教学手段和课程改革、教材建设、教学实施、教学评价等方面，充分反映了基础教育教学规律，具有独创性、新颖性、实用性，对提高教学水平和教育质量，对实现教育培养目标，具有显著推动作用。对于历届获奖成果，我们绝不应该束之高阁，而应加大宣传推广力度，充分发挥它们的示范、辐射、带动、引领作用，最大限度地扩大其推进基础教育教学改革发展、促进全体学生健康成长成才的良好效益。比如由广东高等教育出版社出版发行的《创新教育理论　引领教育实践——广东省2014年基础教育国家级教学成果奖暨广东省第八届普通教育教学成果奖集萃》这本书，是近年来我省优秀教学成果之集大成者，很值得宣传推广，充分发挥其作用。

（五）志存高远、脚踏实地

培育、孵化优秀教学成果，应该有更广的视野、更深的思考、更长的眼光、更大的志向，将其上升到深化课程、教材、教学、评价改革和全面推进素质教育、提升教育教学质量、为少年儿童健康成长成才奠基的高度。党的十八大和十八届三中全会一再提出"深化教育领域综合改革""把立德树人作为教育的根本任务"，这已经成为党和国家的坚强意志，被置于前所未有的战略高度。我们应该志存高远，同时脚踏实地地做深化教育领域综合改革、立德树人的弄潮儿、排头兵和领头羊，自觉地将个人的教育理想、学术旨趣、发展方向与国家教育改革发展的要求融合在一起，将个人的聪明才智与团队的协同创新结合起来，在尊重科学、遵循规律的基础上，创造性地开展教育教学理论创新和实践探索。只有这样，才能更好形成科学的、具创新性的、经得起实践和历史检验的、有广泛而深远影响的优秀成果。

只要再接再厉,认真扎实地做好国家级和省级教学成果奖的培育、申报、评审、交流、推广等各项工作,全力开展教育科研和教育教学改革发展及其研究工作,就能为推进教育"创强争先建高地"和形成更多广东特色、广东风格、广东气派的基础教育教学成果作出新的更大的贡献。

中小学教师教育教学的问题意识与研究态度 *

教师实现有效课堂教学、提升教育教学质量水平，除了要遵循一般的教育原理、教学原则并合理安排教育教学内容，还要强化问题意识，培养科学解决问题的研究态度。可以说，教师具有教育教学的强烈问题意识和积极研究态度，是有效实现教书育人目的的必要前提。

一、中小学教师教育教学的问题意识

问题能帮助新思想、新办法诞生，意识到问题的存在是思维的起点。中小学教师在教育教学中要意识到问题的存在，就必须有敏锐的问题意识。

（一）何谓问题意识

问题意识，就是能自觉地、主动地意识到问题的一种能力，是主体在认识活动中通过对认识对象的深刻洞察、怀疑、批判，产生认知冲突，经过深入思考后仍困惑不解时，出现强烈的探索真实问题或想做出发现式创新的心理状态。这种心理状态驱使主体不断地积极思维，直至问题解决。[1]从教育教学的角度说，就是教师在教育教学观察和思考中，主动意识到制约引领学生成长、启迪学生智慧的问题存在，并产生困惑、焦虑、探究的心理状态。这种心理状态驱使教师积极思索、提出并解决教育教学问题。

（二）中小学教师具有教育教学问题意识的必要性

教师在教育教学中具有问题意识，是促进自身专业成长、履行职责使命、保证学生健康成长成才的重要基础。

---

* 本文原发表于2016年第7期全国中文核心期刊《课程·教材·教法》（人民教育出版社主办）。

1. 问题意识是教师实施有效教育教学的起点。问题意识促进教育教学改进和创新。我们常说要解决片面应试教育问题,这首先就要有强烈的问题意识,多侧面、多角度、全方位地研究分析问题到底出在哪里,形成发现问题、分析问题、解决问题的策略和过程。教育教学活动是复杂的创造性活动,蕴含着各种各样的矛盾和问题,包括目前仍有部分学校既漠视教师生命价值存在又不尊重学生生命价值成长;强调知识机械传递而轻视非智力素质培育;强调考试评价标准的唯一性而扼制学生求异思维和创新精神发展;教育教学的方式方法陈旧,教育教学本质和价值难以显现;等等。这些矛盾和问题影响着教育教学创新和质量水平提升,如果教师不能清醒意识到,实施有效教育教学就无从谈起。

2. 问题意识是促进教师教育教学研究的内在动力。我们经常鼓励教师做"教育家型教师",而教师要像教育家一样开展研究,在教育教学上不断探索前行,就一定要有强烈的问题意识。教师能够提出新问题或从新角度思考旧问题,验证解决问题的各种可能性,都需要不断探索和创新。教师提不出真正的教育教学问题,就不会有真正的教育教学思考和研究。任何教育教学问题只有被意识到并被提出来,才可能成为教师的研究对象并促使教师设法解决。

3. 问题意识是教师专业自主发展的提速器。有了强烈的问题意识,教师就会主动地对教育教学策略和过程加以理性反思,发现存在的矛盾与困惑、缺点与不足及其原因,掌握学习提高和发展进步的努力方向。教师由问题引导对教育观念、教学设计、教学行为、教学过程和教学结果的反思,可以不断认识自我、发展自我、超越自我。这是一个实现自身生命价值和促进专业自主成长的过程。这样的教师将能更好、更全面地履行职责。

(三) 中小学教师教育教学问题意识缺失的原因分析

教育教学的问题无时无处不在,但问题意识不是人人都有。在中小学教师中,"约57%的教师对教育教学问题的认识是不具体的,能提出具体教育教学问题的教师只占31%左右,约12%的教师认识不到教育教学问题的存在"[2]。这表明,中小学教师普遍存在教育教学问题意识缺失的现象。究其原因,主要有以下四点。

1．传统教育缺乏问题意识培养。学生从小学到高校，接受的几乎是机械灌输式教育，所学的是"真理"式知识，是在"没有问题"的过程中获得的，要做的就是机械记忆、理解、接受这些知识。这种传统教育有利于节省时间、提高效率，但它极大地扼杀了问题意识培育，学生们不敢也不会质疑，不敢也不会批判，不敢也不会创新和超越。这样培养出来的教师，自然不善于意识到问题的存在，不善于提出和解决问题。

2．形成问题意识的相关理论和方法准备不足。在工作中，教师大都忙于知识传授、课堂调控、学生思想教育等工作，除了一些校内教学交流，很难有更多机会去参加高层次的学习或培训，难以提高教育教学理论水平。随着工作年限增加，他们虽然积累了大量实践经验，但是教育智慧不一定提升。由于缺乏理论指导和专业引领，缺乏思维路径和方法启发，教师即便感觉到有问题也难以真正把握，难以提升对问题的敏感性和自觉性。

3．教育教学环境缺乏形成问题意识的氛围。教师的教育教学生活是忙碌而烦琐的。为了排名，为了升学率，教师在日复一日、年复一年的传统教育教学生活中，已习惯了程序化的教育教学设计。在这样的环境中，教师很容易忽视问题或者说难以发现问题，只关注眼前、本班和本学科的排名，以及与自己教学相关的事。过度的教育期待和教育竞争，片面追求分数和升学率，以及"应试教育"的功利性，让教师丧失了思考的习惯，助长了倦怠情绪，制约着问题意识的养成。

4．反省思维未成为习惯。教师会经常遇到各种各样问题，需要及时解决，但部分教师往往是为解决问题而解决问题，忘掉反思产生问题的各种原因，因而对问题的理解不能拓展深化，相同或相似的问题总是反复出现，久而久之就成了"老大难"问题。假如一个教师有较长时间的教育教学经历，但如果仅满足于经验获得而不对经验加以理性反思，那么他对问题的解决也只不过是早期经验的重复，只是停留在问题解决的原初状态，不可能有什么改进和提高。单纯地解决问题或者是为解决问题而解决问题，教师对教育教学问题多侧面、多角度、全方位深入思考和探究彻底解决问题的兴趣与热情必然会受到抑制。

（四）中小学教师教育教学问题意识的培养

无论是从教书育人水平和教育教学质量提高，还是从专业成长来看，教师要具有强烈的问题意识是需要培养才可实现的。

1. 提高对教育教学问题的敏感度。教师问题意识的形成和发展有一个过程。只有理解教育教学问题的客观存在性，并且能够充分体会解决教育教学问题的重要性，教师的教育教学问题意识才能很好地产生和发展。为此，教师要充分认识开展教育教学的意义和价值，养成在教育教学情境中思考的习惯，提高对教育教学问题的敏感度，遇到问题及时固定并有效提取。

2. 加强教育教学反思能力训练。教师的专业成长离不开反思，要形成问题意识，就必须加强反思训练。美国心理学家波斯纳提出教师成长的公式：成长＝经验＋反思。在日常教育教学中，教师的反思可以贯穿教育教学全过程，可以对教育目标反思，对课堂教学模式反思，对提高课堂教学效果反思，对师生关系反思；可以是课前反思、课中反思和课后反思，不断反思教育教学的成败得失，总结经验教训。教师通过"实践—反思—改进—理论提升—实践"的循环，形成敏锐的问题意识，必将促进教育教学能力和水平不断提高和教书育人目的更好实现。

3. 提升教育教学理论与实践科学化水平。教师要意识到、解决好教育教学复杂多样的问题，就必须有丰富的专业知识、科学的方法论、符合时代要求的教育观念等基本素养。为此，教师要不断加强学习，既向同事学习，也向专家学者学习，学习教育教学实践经验、教育科学理论及研究方法如教育研究方法论、教育统计学、教育测量学、教育评价学等；积极参加基础教育课程、教材、教学、评价体系建设研究。这有助于提升问题意识和解决问题的理论与实践科学化水平。

4. 积极参与教育教学研究活动。教育教学研究与鲜活生动、丰富多彩的教育教学问题紧密相连，是教师不断发现问题和提出问题，又不断解决问题和验证问题的循环过程。教师应积极参与教育教学研究，开展教育教学创新试验，不断探索或发现教育教学隐藏的问题及其原因，从转变教育观念、创新教学方法、优化课堂教学，到教学重点难点的把握、教育教学细节的处理、学生的心理调适等，都可纳入这个范畴。好的问题意识就像一棵持续生长的树，新鲜问题层出不穷，化解问题的方式方法丰富多样，问题意识弱化的现象将不复存在。

二、中小学教师教育教学的研究态度

研究态度是教师对教育教学研究活动的一种有选择的准备状态及心理倾向，表现为教师对教育教学研究活动的看法和认识程度。为了有效履行职责，中小学教师应该对教育教学活动持积极的研究态度。

（一）实施有效教育教学要求教师具备积极的研究态度

一个人的职业态度决定其职业行为。一些教师认为，教育科学研究是高校教师、专门教育研究人员的事，自己工作繁忙，根本没有时间和精力从事教育教学研究。这样的态度必然决定教师对教育教学活动过程不会积极思考，不会有质疑的习惯，也难以发现有值得怀疑的地方。苏霍姆林斯基曾说："如果你想让教师的劳动能够给教师带来乐趣，使天天上课不至于变成一种单调乏味的义务，那你就应当引导每一位教师走上从事研究这条幸福的道路上来。"[3]确实，教育教学的许多问题既不是一次性也不是终结性能解决的，需要教师以研究者的身份，沉浸于教育教学情境，从而走向善于发现问题，更好深化对相关问题的认识，更好使相关问题得到克服或解决。

（二）影响中小学教师参与教育教学研究的因素分析

教师能否以研究者的态度投入教育教学中，受相关因素影响。

1. 教师教育教学工作负荷重。现在中小学教师普遍存在工作负荷过重的现象，会议多、培训多、检查评比多而自主时间不够，大多数教师身体与心理存在不同程度的问题。在工作时间内，教师除了备课、上课、批改作业、调解学生矛盾、关注学生安全、对学生进行思想品德教育，还要指导学生社团活动，准备各种公开课，应付上级布置的各种检查评估等，读书、查资料、做研究只能安排在业余时间，而教师还要照顾家庭、老人、小孩，因而在研究上确实有无分身之术的感叹。

2. 教师对教育教学研究的认识存有误区。[4]在教育教学中，部分教师认为自己的任务就是传递知识，与教育教学研究在时间、精力上会存在冲突，做研究就是变相地增加负担。一提起"研究"二字，有些教师将之与宏观理论建构和抽象思维联系起来，认为研究是非常个人化的事，其过程既不需要组织帮助也不需要和同事合作。事实上，没有任何人天生就会做研究，而是在不断学习和积累中进入研究角色，除了充分发挥个人的力量，还需要团队合作。认识不到这些，教师就会对研究缺乏信心和勇气。

3. 教师参与教育教学研究的基本素养有待提高。部分教师没有经过教育教学研究训练，研究素养不高。这主要表现为对教育教学缺乏探究精神，没有形成查根究底的态度；理论知识储备不足，往往只掌握自己教育教学所涉及的学科知识，缺乏相应的教育基本理论知识、教育科研专门知识和其他跨学科知识；教育科研经验欠缺，不会或不善于选择研究课题，不会或不善于收集处理各种资料信息，不能或不敢创新表达，等等。

（三）中小学教师从事教育教学研究具有充分可能性

中小学教师处于教育教学研究的最佳位置，拥有极好的机会和条件，为做好教育教学研究工作提供了充分可能性。

1. 教师是最佳的教育教学研究者。中小学教师是教育教学活动的设计者和实施者，与别的研究者在基础教育教学研究方面相比，处于相当有利的地位。因为教师对自己的教育教学行为反思、改进和提高具有绝对优势，提出的应对策略更为贴切。由教师对自己的工作进行研究并改进提高，是比较适宜的方式，其他研究者因缺乏对实际教育教学情境的参与，对问题的真相缺乏深入细致的了解和思考，提出来的策略或建议往往难以直指问题要害。

2. 教师是教育教学研究对象的发起者。教师的教育教学活动场所是学校、课堂，所遇到的问题往往是在教育教学情境中发生的问题，而解决问题的策略方法往往受特定情境激发，体现的是教师在特殊情境中的应激能力。同时，在验证教育教学智慧的过程中，教师是理想的研究者，因为教师本来就置身于教育教学中，有什么问题、该研究什么问题、能否解决问题，教师最有发言权，这使教师的研究具备获取第一手材料的优越条件，也使教师的研究更具针对性、可行性。

3. "教研相长"助力教师提升研究角色。认为"研究将挤占教育教学时间"的观点是一种错误的假设。因为这种假设将教育教学与研究视为截然独立的两项活动,且遵循一种简单的加法规则:教师的工作时间=教学时间+研究时间。[5]其实,教师所开展的研究是一种特定情境的"研究",研究的目的不是为教育教学增加额外负担,而是希望用"质性敬业"代替"量性敬业",在有限的时间内取得最佳的教育教学效果。在研究中开展教育教学、在教育教学中开展研究,刚开始可能比较费力,但一旦步入常态,就能实现"教研相长",促进教育教学与研究融合。这些年教育教学水平提高快的教师,他们的教育教学工作都是与研究同时并进的或是交叉相融的。

(四)提升中小学教师教育教学研究态度的路径方法

作为中小学教师,在教育教学情境中保持积极的研究态度,是充分履行职责使命的必然要求。

1. 转变教育教学研究观念,变"要我研究"为"我要研究"。从现状看,多数教师对研究望而生畏,一时还难以适应做研究型教师的角色转变。改变这种状况,需要增强教师对教育教学研究重要性的认识。各中小学要引导全体教师牢固树立科研兴教、科研兴校的观念,充分认识到教师是教育教学研究的主体,不是单纯传道授业解惑的"教书匠";只有积极开展研究,才能更好地发挥传道授业解惑的作用。为此,教师要端正态度,把教育教学研究视为工作有机组成部分,像重视教育教学那样重视研究,使教育教学与研究共生共荣,加快向研究型教师转变。

2. 对教育教学持质疑批判态度,成为思维活跃的研究主体。学贵有疑,"疑"是一切创造的基础。教师应学会批判地质疑自己和他人的教育教学实践。质疑,要求教师凡事都要问一个"为什么",探究事物本质。"不经过沉思的生活不是好的生活",教育教学过程的关键不在于授受知识,而在于质疑并引导学生成为思想活跃的人。德国著名教育家第斯多惠说:"思想懒惰的人往往靠别人为他自己去思考和研究问题,而一个思想活跃的人却终身都在孜孜不倦地独立思考,独立研究问题。"[6]思维活跃能使教师摆脱精神外在枷锁,在复杂的社会背景中冷静地思考政治、经济等的改革发展对教育教学产生的影响,将自己置于对话所展示的生活场景之中,按照人的成长成才规律、教育教学规律和经济社会发展规律去领悟教书育人和教育教学问题。教师不断质疑和批判，必将使自己成为一个思维活跃的研究者。

3. 形成主动捕捉教育教学问题的意识，让研究成为工作和生活方式。许多教师辛辛苦苦、勤勤恳恳一辈子，直到退休可能还只停留在教育教学经验积累阶段，未能将这些宝贵经验上升为教育教学理论及智慧。这是很可惜的。应当认识到，教育教学的过程就是学习研究的过程，教师要主动捕捉教育教学问题，将教育教学研究变成工作和生活方式之一。以研究方式对待自己的事业，必将产生超越生命的冲动，就会坚持将教育教学与研究有效融合在一起，从而实现主动发现问题，深入分析问题根源以及其中的各种关系，寻找有效解决问题的路径方法。如此坚持，必能不断拓展专业成长空间，在教育教学理论上有所建树。

4. 以研究者的心态沉浸教育教学情境，做"学思结合""知行合一"的研究型教师。真正合格的教师会以研究者的心态进入教育教学情境，并以研究者的眼光审视和分析教育教学，把理论与实践有机结合起来，通过研究提升自我、彰显自我。事实上，教师工作是一项开拓性很强的工作，教育教学研究可以使教师的思维活跃于本学科、本专业前沿。在全面推进素质教育和"互联网＋"的时代，学生会较早触及一些较深层次的经济社会问题和学科专业知识。这要求教师能根据学生发展需求，引导学生夯实知识基础，学会综合运用各学科知识认识问题、分析问题、解决问题，保持科学探究兴趣。教师勇于发现问题，敢于思考和创新，善于掌握日常教育教学过程中一切有价值的信息资源，运用科学方法对其进行全面、深刻的剖析，从理论高度抽象概括，用以指导和改进教育教学活动。这本身也是激励学生培养社会责任感、创新精神和实践能力的重要因素。

三、中小学教师教育教学的问题意识与研究态度应围绕服务教育教学质量和水平提升

中小学教师耕耘在教育教学一线，需要以强烈的问题意识不断探究存在的问题，并以积极的研究态度将问题转化为可研究的真问题且真研究问题，为改善或创新教育教

学、提升教育教学质量水平、实现教书育人目的提供坚实支持。

（一）利用敏锐的问题意识捕捉教育教学问题

教育教学问题能够激发教师的好奇心，促进教师对教育真谛不懈追寻。那么，教师如何利用问题意识捕捉教育教学问题呢？

1. 在教育教学困境中发现问题。教育教学过程易受各种复杂因素影响，教师可能会遇到各种难题，如果无法应对或应对不当，就会使预设的教育教学目标与实际效果之间产生落差甚至无法实现。这要求教师在复杂多变的信息中善于发现问题，并把已掌握的解决问题的规则、方法等加以整理和组合，且敢于改进和创新，采取有利于解决问题的方式方法，而不能不加分析地直接套用已有的经验做法或照抄照搬别人的经验做法。

2. 在教育教学情境中洞察问题。教师工作生活于教育教学的具体情境中，是在特定情境中不断发现教育问题、总结教育经验、发展教育智慧的。教育教学情境是教育教学问题的原发地，教师在具体的教育教学情境中怎样运用教育智慧或生成新的智慧，对教育教学情境如何深入分析，都有可能产生大量有待研究解决的问题。在变动不居的教育教学情境中，教师应该对所遇到的困难或困惑有较强的洞察力，结合自己的感受和体会，综合运用相关方式方法、审时度势、恰当合理地研究解决。

3. 在教育教学活动基本要素中追踪问题。从构成教育教学活动的基本要素看，教育教学的过程与问题并存。教师是发展中的生命个体，自身素质的储备是有限的，不可能达到完美或完善。学生作为教师教育教学的实施对象，由于成长的家庭环境不同、自然禀赋各异、性格特征有别，社会环境对学生的影响有积极的也有消极的，影响过程又是动态变化、难以控制的，难免会通过具体教育教学问题显现出来。相对稳定的教育教学内容与经济社会及文化、科技等的快速发展可能不相适应，这也是形成教育教学问题的可能原因。所有这些，都要求教师坚持追踪研究，用教育教学智慧、经验、情感、人格引导学生健康成长成才。

（二）以积极的研究态度将教育教学问题升华为研究真问题且真研究问题

教师只依靠问题意识发现教育教学问题是不够的，还要以积极的研究态度将问题变成有研究意义和价值的真问题，同时真正研究怎样更好地解决问题，以助力教育教学的创新和教育质量水平提升。

1. 从宏观层面开展教育教学整体性研究。教育教学活动是一个整体，教师对问题开展研究需要从宏观层面把握，不能仅仅关注无关联的、分散的、局部的问题，也不能面面俱到去关注所有问题，而应该从自我研究旨趣出发，根据自我需求合理选择应当关注的重点、难点问题，并从宏观层面拓展问题，综合研究分析作为开放系统的教育教学问题的内在结构，并对结构之间的关系进行研究，使真问题研究在整体范围内开展。如此坚持，点、面结合，就能不断发展自己的研究领域，形成研究专长。

2. 从系统层面开展教育教学多样化研究。教育教学是复杂开放的系统，教师对教育教学问题的探究可以从系统层面以发现的原初问题为指引，沿着上行、下行两个方向拓展新的研究问题，或者从不同侧面、角度对原初问题的发生发展及内在原因予以追踪，通过各种联系发展形成新的问题，逐步拓展问题研究的广度和深度，将对问题的研究彻底盘活。如此从系统层面开展多样化研究，能够逐步深入问题的本质，凸显教育教学的深层意蕴，启发教师发现适合自己研究的真问题，避免盲目开展研究的现象。

3. 从立体层面开展教育教学精致化研究。教师研究问题是不断认识、分析、解决问题和丰富教育教学智慧的过程。在这一过程中，教师可以原初问题为中心层层扩展，通过寻找解决原初问题的最佳路径对问题加以剖析，延伸出不同层面的新的问题。于是，真问题的研究空间会变得越来越广阔，步步深入，越分越细，相互联系越来越紧密，解决问题的路径越来越多样，从而形成一个以原初问题为主干、新拓展问题为枝叶的树状的问题研究立体结构图，实现对教育教学真问题的精致化研究。如此，教师不仅能够摆脱无问题研究的困惑，而且能够很好地全面、系统、彻底地解决一些"老大难"问题或是老生常谈的问题。

（三）自觉以研究者身份展开教育教学问题研究

教师以研究者身份围绕服务教育教学质量和水平提升展开研究，方式方法各种各样，较通常的有五种。第一是行动研究。这主要是教师对自身教育教学反思和探究，分行动前、行动中和行动后三种情形，包括对行动目标、过程、结果的反思和探究。在此过程中，教师不断调整优化教育教学方案，总结经验，梳理问题，改进行为，努力提升教育教学智慧，由问题的旁观者转变为问题的研究者和解决者，逐步成长为研究型教师。第二是培育研究。这是对中小学教师（包括学校）的典型教育经验进行发掘、建模、检验和推广的研究，研究主体是中小学教师群体。[7]其目的是通过对教师群体教育教学经验的研究，促进教师群体形成自觉的研究态度，鼓励广大教师积极参与教育教学研究。这种研究提倡群体合作，凝聚研究力量，汇聚集体智慧，建构可供推广使用的教育教学经验模式，助力教师队伍集体成长。第三是教育日记。苏霍姆林斯基"建议每一位教师都来写教育日记。教育日记并不是对它提出某些格式要求的官方文献，而是一种个人的随笔记录，在日常工作中就可以记。这些记录是思考和创造的源泉"。[3]教师通过教育日记随时记录感觉或发现的教育教学问题，经常翻阅、反思和感悟，有助于总结形成解决问题的优秀范式。这也是为整体而系统地研究解决问题、提高教育教学质量水平积累素材。第四是案例研究。这是对教育教学现实中某一复杂而具体的现象作深入研究，并找出解决问题的关键节点。[8]中小学拥有丰富的教育教学案例素材，包含不同的问题或困境。教师可以根据不同情况与遭遇，选择自己感兴趣的典型案例，用不同的方法对其深入透彻分析，辅之以思想和感情，加上理解和阐释，反映问题实质，总结经验教训，以更好地研究解决教育教学中的棘手问题，增强解决实际问题的能力，有效促进专业成长。第五是叙事研究。这是通过研究对象的叙事来描述其个人工作生活中的重要事件，并将其以故事的形式展现出来，其中蕴含着叙事者个人的实践经验及其实施情形。[9]叙事研究所叙之事是教师在日常生活、课堂教学中亲历的故事，是曾经发生或正在发生的事件。叙事研究素材相当丰富，可以说教育教学活动范围有多广阔，叙事研究对象就有多丰富。教师可以通过将一则教育教学故事讲透彻、说清楚，反映一种问题，衬托一种观念，呈现一种方法，表达一种情感，展现一种抱负，阐明一种哲理。

参考文献

[1] 房寿高,吴星. 到底什么是问题意识[J]. 上海教育科研,2006（1）：24-25.

[2] 曾拓,申继亮. 中学教师的教学问题意识的初步研究[J]. 教育科学研究,2003（6）：29-32.

[3] 苏霍姆林斯基. 给教师的建议[M]. 杜殿坤,译. 北京：教育科学出版社,1984：494,123.

［4］原霞. 研究型教师及其培养再认识［J］. 内蒙古师范大学学报（教育科学版），2015（8）：77-80.

［5］冯宇红. 论研究型教师［J］. 成人教育，2005（8）：14-16.

［6］第斯多惠. 德国教师培养指南［M］. 袁一安，译. 北京：人民教育出版社，2001：37-38.

［7］熊川武，李方安. 论教育中的培育研究［J］. 大学教育科学，2006（4）：58-60.

［8］鲍超，崔文菊，蔡勇强. 谈案例研究中的规范化问题——兼评《王小刚为什么不上学了？——一位辍学生的个案调查》［J］. 上海教育科研，2012（7）：44-47.

［9］徐冰鸥. 叙事研究方法述要［J］. 教育理论与实践，2005（8）：28-30.

打造特色学校　服务学生全面而有个性发展 *

——以广东中小学特色学校创建为例

办出学校特色，以特色求强势、以强势创品牌、以品牌促发展，既是学校自身发展的需要，也是经济社会发展对人才需求多样化的必然要求，更是深化教育体制改革的题中之义。1993年，《中国教育改革和发展纲要》提出："中小学要由'应试教育'转向全面提高国民素质的轨道，面向全体学生，全面提高学生的思想道德、文化科学、劳动技能和身体心理素质，促进学生生动活泼地发展，办出各自的特色。"2010年，《国家中长期教育改革和发展规划纲要（2010—2020年）》要求："树立以提高质量为核心的教育发展观，注重教育内涵发展，鼓励学校办出特色、办出水平，出名师，育英才。"特色是衡量一所学校发展水平的重要标志，也是一所学校的魅力所在。[1]根据实施广东省哲学社会科学规划项目——"特色课程视域下普通高中特色发展的理论与个案研究"的需要，为探索广东中小学特色学校创建的策略与路径，总结成功经验，发现典型案例，引领中小学特色学校创建实践，广东省教育研究院2016年开展"广东省中小学特色学校创建"优秀方案征集活动，共收到389份申报方案。本文通过分析其中的198份优秀方案，概述当前广东省中小学特色学校发展现状，发现存在的问题，提出发展建议，以期对加强中小学特色学校创建有所启示。

一、对中小学特色学校的认识和理解

（一）何谓特色学校

关于特色学校的概念，众说纷纭。王承（1994）认为，特色学校，是指在全面贯

---

* 本文作者汤贞敏、詹春青，原以"用特色彰显每一所学校——以广东中小学特色学校创建为例"为题，发表于2017年第1期《广东教育》（综合版）（广东教育杂志社主办），收入本书时个别地方稍有斟酌。本文系广东省哲学社会科学"十二五"规划2014年度项目"特色课程视域下普通高中特色发展的理论与个案研究"（项目批准号：GD14CJY03）的成果之一。

彻国家的教育方针，面向全体学生，全面提高教育教学质量的前提下，充分发挥本校的优势，选准突破口，以点带面，不懈努力，逐步形成自己学校的独特风格。[2]杨育华（2011）认为，特色学校是在遵照教育方针、教育规律的前提下，在创造了教育核心价值的基础上，根据社会对人多元发展需求，在追求教育附加值的过程中，形成了综合的、优质的、影响深远的特色的学校。[3]从这两位学者对特色学校概念界定来看，前者的落脚点是"独特的风格"，后者的落脚点是"学校"。我们认为，特色学校不仅要形成个性的办学风格，而且要产出优秀的办学成果，产生良好的育人效应。因此，我们认为中小学特色学校的基本内涵主要体现在四个方面：一是学校具有先进的办学理念、切实可行的育人目标、优良的办学传统和丰厚的文化底蕴；二是在学校发展理念、学校文化、课程教学、学生活动与发展指导、师资队伍建设与教育科研等方面形成特色，取得系列科学成果；三是学校特色创建在学校发展规划和年度工作计划中有充分体现，相关特色创建工作覆盖面广，师生普遍参与并获得良好发展；四是学校特色创建遵循一定的路径，明确本校的特色定位，逐步形成有别于其他学校或者优于其他学校的独特、优质、高效且相对稳定的办学风格、发展方式、育人模式。

（二）学校特色与特色学校的关系

关于学校特色与特色学校，有不少学者对两者进行了比较，并指出其异同之处。陈振响（2012）等认为，学校特色是初级阶段，特色学校是高级状态；学校特色是较低层次的概念，特色学校是较高层次的概念，是学校特色的整体提升和系统整合。[4]我们认为，学校特色和特色学校两者的关系体现在两个方面。一方面，学校特色和特色学校是发展与稳定的关系。特色学校建设一般要经过学校特色的孕育、变革、生发、形成体系、相对稳定的过程。学校先是在发展中逐渐形成个别或局部优势即学校特色，这是学校创办特色的发展阶段；随后，学校不断拓展和深化这种优势，渗透到办学育人各方面、各环节和全过程，产生整体效应，形成特有的发展模式，成为特色学校，处于稳定的阶段。另一方面，学校特色和特色学校是局部与整体的关系。学校特色是指在几个项目或方面有特长、优势，是形成特色学校的基础，而特色学校则是学校特色的发展和升华，是学校整体特色风貌的形成。

二、中小学特色学校创建的基本现状

广东中小学特色学校创建，在全面贯彻党的教育方针、落实立德树人根本任务的引领下，以全面推进素质教育为依归，以先进独特的办学理念为灵魂，以高效创新的课堂教学为基础，以丰富多样的课程为支撑，以业务精良、素质过硬的教师队伍为保障，致力于促进全体学生全面而有个性地健康发展。

（一）整体布局、统筹规划，以特色学校创建推动学校全面而有个性地发展

通过申报方案可以看出，特色学校创建大致分为两大类型，分别是全面发展型和单项发展型。全面发展型，指学校从整体办学的高度，对特色学校的创建理念、发展思路、发展模式等方面做好顶层设计，在办学理念、办学传统、学校文化、课程建设、教学管理、德育模式、师资建设等方面全面规划、协同发展。全面发展型学校特色发展路径是自上而下的顶层设计、系统打造，基本路线和步骤是"特色定位—顶层设计—全面施工"。此类学校办学风格独特，培养目标明确，在办学理念、发展规划、人才培养机制上都有独特的思路和明确的措施，全方位、成体系打造学校特色。如深圳市龙华新区玉龙学校，在"生活为源，发展为本"的办学理念引领下，设定"学会生活""学会审美""学会创造"的教育目标，创设高雅的校园育人环境，开发成体系的"新生活教育"校本课程，举办丰富多彩的学生社团活动，立足生活办教育，让教育源于生活、回归生活，形成鲜明的"新生活教育"学校文化，为培养具有现代生活素养、宽广国际视野的新时代"君子"奠定坚实的基础。单项发展型，指学校结合地方文化资源或学校独特的办学优势，将特色集中在局部领域挖掘提炼，打造单一或少数特色项目，形成学校特色。在此次申报的创建方案中，全面发展型的特色学校占66.67%，这一类型的学校主要分布在广州、佛山南海区、珠海高栏港经济区等地；单项发展型的学校占33.33%。

（二）项目凝练、以点带面，以特色项目辐射引领特色学校建设

如前所述，此次申报方案有三分之一的学校在特色上为单项发展型学校。该类学校根据本校某方面优势或充分挖掘地方和学校文化资源，在体育或艺术等方面找准单一项

目加以建设，因势利导，深入挖掘，不断升华，形成自己的特色。从申报方案来看，大部分学校的特色项目是在办学理念的引领下，对已有的学校历史和文化传统深入挖掘，有计划地围绕创建目标，采取有力举措，形成比较持久、稳定的学校文化特征。如佛山市顺德区容桂城西小学，通过开展少儿水乡画特色学校建设活动，成为广东省少儿国画特色教育与创作实验基地和中国传统文化教育研究实验基地。从特色项目的类型看，22.73%的学校选择科技类（含航模、天文、创客、互联网＋等），19.70%的学校选择体育类（含足球、武术、象棋等），18.18%的学校选择艺术类（含美术、京剧、脸谱、传媒等）。当然，还有其他类型，如人文（含德育、名人故事、社团活动等）、音乐（声乐、器乐等）、学科教学（含语文阅读、语文写作等），以及传统文化（含书法、绘画、陶瓷等）。这类学校的特色建设正处在从特色项目到学校特色再到特色学校的发展过程中。

从统计数据看，特色项目最多的是科技类，大部分分布在珠三角地区的学校，集中表现为根据当今经济社会及科技发展趋势，借助科技手段辅助教育教学发展。如深圳市大鹏中心小学、东莞市塘厦第一小学、佛山市南海区罗村高级中学等开展创客教育，打造以创客为特色品牌的校园；深圳市龙岗区凤凰山小学、河源市第二中学、佛山市南海区大沥镇盐步中心小学、深圳南山区松坪学校等以智慧教育为特色，引领学校教育教学与信息技术融合发展。

（三）课程承载、形成体系，将特色学校建设落到实处

课程既是学校教育教学活动的基本依据，也是学校一切教育教学活动的基本内容。同时，课程也是学生个性发展的载体，是学校特色发展的试金石。上海市、浙江省、辽宁省、广州市中小学特色建设都把课程和教学作为其中一个非常重要的指标，以评定学校的特色发展程度。综观此次全省的申报方案，大部分学校基本能够在国家、地方和校本三级课程的管理、开发和实施中，把硬件、师资和积淀的文化与课程资源进行整合，形成校本特色课程体系。如深圳市罗湖外围语学校的学本课堂，在原有外语特色课程的基础上，加强传媒艺术和人文素养校本课程建设，构建完整的课程体系，通过循序渐进、逐步推进的方式实现将学本课堂的理念转化为以学生为本、学

习为本、学法为本，让课堂活起来、让学生动起来的教学实践，实现从教师中心鼓动课堂向学生中心探索课堂转型。又如佛山市南海区南海实验小学在"宽"教育理念下，有机整合国家课程、地方课程和校本课程，构建"以生为本，宽基础、多层次"的宽教育课程体系，为学生的全面发展、个性发展创造宽广的课程平台，推进学校课程体系特色化与精品化发展。再如佛山市南海区华南师范大学附属小学恒大南海学校，以儒家"君子文化"为课程设计的出发点，构建君子与自身、君子与自然、君子与社会三个维度的校本课程，从这三大维度出发，根据课程目标与内容，全面对国家课程、地方课程、校本课程进行整合，划分为五大领域，分别是君子人格课程、智慧课程、健体课程、艺术课程和环境课程。

（四）丰富内涵、提升品质，巩固和传承学校办学成果

学校文化是学校在长期的办学实践过程中，在一定的经济社会文化背景和意识形态影响下所积淀下来的，为绝大多数教职工、学生所认同和遵循的精神品格与文化观念，是一所学校本质的、个性的精神风貌的集中体现，是打造学校特色、创建特色学校的关键，是学校特色发展的灵魂。只有加强建设学校文化，才能更好地提升学校特色的内涵品质，更好地巩固和传承学校特色成果。从此次申报方案来看，大部分学校的文化建设基本可以归纳为四个方面：一是学校精神文化，如佛山市南海区民乐小学，开展"寻找黄飞鸿足迹"课题研究，在校本课程建设中引进黄飞鸿狮艺武术，逐渐提炼出校园"飞鸿精神"——梦想、坚毅、仁爱。二是学校物质文化，如珠海市高栏港经济区金洲小学，利用海岛资源，建设海洋文化特色学校。三是学校行为文化，如深圳市宝安区坪洲小学，依托深圳这块改革开放的热土，开拓创新，提出并践行"开放式教育"，塑造教育品牌。四是学校形象文化，如广州市第三中学在办学理念引领下，开发各种蕴含"弘爱教育"意义的学校文化标识，如校徽蕴含着"用爱心捧起国家的未来"之义；又如，蕴含和外显学校办学理念和"弘爱教育"特色的景观：四合院——"爱之根"（拥有152年历史的原圣心中学教学楼）、明德楼——"爱之源"（满足学生个性需求的体艺教学楼）、时间长廊——"爱之境"、格言碑文——"爱之文"（激励学生成长）。

三、中小学特色学校创建存在的主要问题

尽管全省大部分地区、学校能够结合自身实际，找准定位，努力打造学校特色和特色学校，但是也有部分地区、学校存在一些突出问题。

（一）对特色学校的内涵理解不一致，缺乏系统和深度，在特色发展认识上存在局限性

本次特色学校创建方案征集，为全省首次，目的是促进学校发展的整体构思、统筹规划、逐个突破，实现自上而下与自下而上相结合，使特色建设由部分到整体、由局部到全局，全面提升特色建设的内涵、层次、水平。从申报的方案来看，有三分之二的方案从办学理念到文化标识到课程创新再到教学改革有整体设计，但是也有近三分之一的学校对特色学校的内涵理解仅停留在传统的艺术、体育等个别特色项目的优势打造上，还有的学校仅仅把打造特长生学校作为特色学校创建的唯一路径。事实上，特长生如外语特长生、体育特长生、艺术特长生培养更多地注重知识层面或技能层面的发展，而特色学校更多的是着重于学校文化和精神层面的发展，对学校办学的影响是全方位、全过程的。[5]这反映了学校对特色发展的认识仍然存在局限性。

（二）缺乏顶层设计，政策指引不到位，学校特色发展出现短期化和功利化现象

国家和省中长期教育改革发展规划纲要都对普通高中明确提出优质化、多样化、特色化发展要求："促进办学体制多样化"，"推进培养模式多样化"，"鼓励普通高中办出特色"，"探索综合高中发展模式"。但目前国家及省尚未提出明确的指导意见、实施细则及建设指引。同时，全省缺乏中小学特色学校申报机制，学校在特色建设经费投入、人员编制、教育资源开发利用等方面缺乏政策支撑。从申报的方案来看，有个别地市或区域如广州市、深圳市、珠海市、江门市、佛山市南海区等已经开展特色学校评选活动，学校特色建设理念较为先进，底子比较厚实，具有可持续发展的前景。但从全省总体来看，更多的学校只是在自己的"一亩三分地"上独自探索，有部分学校的特色项目建设有短期化和功利化倾向，一定程度上存在为特色而特色、为做强而强做的现象。

(三)教育发展不均衡,区域差异性较大,学校特色发展水平悬殊

从申报方案的分布及质量来评判,不难发现,全省中小学特色发展呈现明显的不均衡现象。一是区域分布不均衡。全省申报方案的地级以上市共15个,有6个地市没有申报,申报方案的地市主要集中在珠三角地区,佛山市(含顺德区)、深圳市、广州市居前三。二是学校类别和学段分布不均衡。申报学校大部分集中在小学阶段,其次是初中,再次是高中。这与小学的升学压力相对较小,初中和高中升学压力逐渐增强等学校内部和社会外部影响因素有一定的关联,但与教育改革发展趋势和转变教育发展方式的要求有一定的相悖性。三是申报方案质量参差不齐。大部分申报方案能做到整齐、规范,尤其是获得一等奖的申报方案逻辑梳理清晰、成果呈现丰富、亮点突出、创新点明显,没有获奖的申报方案质量确实一般。获一等奖的学校大部分来自珠三角地区,而粤东西北地区的学校则相对较少。

上述这种情况,与全省教育发展不均衡、区域差异性较大的现状相一致,与部分学校尚未转变办学理念、教育行为相关联。事实上,个性是学校与生俱来的内在属性。就像每一个学生都是个性的独立体,每一所学校也都有发展的潜能,都是潜在的特色学校。一般来说,不存在办不出特色的学校,只存在没有办出特色的学校,学校之间只是特色发展的程度不同而已。之所以有些学校特色办学成效不大,可能与学校领导班子的精神风貌、办学理念、办学行为有关,可能是没有找到特色发展的定位和突破口,可能是缺少特色建设的信念和信心,或者还有其他客观原因。事实上,仅就特色发展而言,每所学校都有发展的潜能和空间,都可大有作为。

四、中小学特色学校创建的策略与路径方法

(一)明确特色定位、找准突破口,形成学校独特的办学风格

当下,大多数学校在努力寻找外在环境条件与内在自身情况相符合、相匹配的特色发展定位。一般而言,学校先把一个或若干个特色项目确定为特色发展的切入点,努力加以建设,最终使其拓展为代表整所学校特色发展的典型特征,并形成整所学校独特的

办学风格。

纵观全省特色学校创建优秀案例，基本上围绕五个方面进行特色打造：一是以独特的办学思想和理念引领学校特色发展。办学思想和理念作为学校观念文化系统的核心，在学校特色发展中占据着指导思想和发展方向引领的地位，获奖的方案普遍体现出独特的办学思想和理念所发挥的重要作用。二是建设素质优良的师资队伍。师资队伍是建设特色学校的支柱，应把学校正确的办学思想和理念内化为每个教师的自觉行为，形成共同的教育价值观，达成共同的行动目标。三是把课程与教学作为学校特色发展的重要抓手和主阵地，创新课程教学目标、内容、过程和方法，从根本上转变教师教的行为与学生学的行为，以人为本、尊重科学、遵循规律。四是开展特色校本教研。学校特色发展既需要实践探索，也需要科学教育理论指引，更需要理论与实践相融合，做到学思结合、知行合一。五是丰富发展校园文化，建设现代学校制度，保证学校教育、家庭教育、社区教育相向而行，实现教书育人、管理育人、环境育人、服务育人，挖掘学生潜能、展示学生个性、激发学生兴趣，为学生终身幸福奠基。

总之，中小学特色学校创建应当立足校情，通过拓展已有优势或突破现有困境等方式选择恰当的、适合本校特色发展的着力点、突破口，在学校整体发展规划中谋划建设，拓展深化特色项目。在此基础上，创新发展模式，形成更独特、更优质、更向上且相对稳定的办学风格和发展模式。

（二）完善顶层设计、加强政策指引，把握学校特色发展的动态特征

推进中小学特色学校创建，涉及校内外许多因素，需要系统审视，用系统论的方法对涉及推进中小学特色学校创建目标任务的各个方面、各个环节、各个要素加以统筹规划，形成政策和方案指引。这是国内外推进中小学特色学校创建的重要思路和宝贵经验。如，英国制定了一系列学校特色发展的政策措施，以保障学校特色发展有序进行。1994年，英国制定特色学校计划（Specialist School Programme，SSP）；1997年，英国发布教育白皮书《追求卓越的学校教育》，将特色学校计划置于"学校教育现代化策略"的中心；2001年，英国教育标准局发布《特色学校：发展的评价》（*Specialist School: An evaluation of progress*）[6]；2010年，英国颁布新的《特色学校指南》[7]。由此可见，

英国从政府层面为特色学校创建与评估、特色学校之间交流与合作提供了政策保障和建设细则指引。从国内外的学校特色发展实践来看，实现学校特色发展，避免学校在特色发展中出现短视和功利行为，尤其需要政府对所有学校特色发展进行宏观规划，包括在区域结构布局、资源配置、考核评估等方面发挥主导作用。[8]教育行政部门应该从系统和全局出发，制定相应的特色学校创建政策指引和评估细则，对中小学特色发展的目标、阶段、类型、评价等进行统筹考虑并明确界定，合理调控和分配资源，优化育人环境，提升教育质量。

做好顶层设计和政策指引，首先，要明确学校特色发展的阶段性、过程性。特色发展是一个渐进和持续发展的动态过程，这个过程一般需要经历"特色项目——学校特色——特色学校"三个发展阶段。其次，教育行政部门要根据特色发展阶段，确定相应的特色项目并构建整体发展平台，引导中小学根据自身发展情况找准定位，做好自主规划。最后，教育行政部门要组织专家对学校特色发展定位和发展规划进行评议，确定学校特色发展的定位和阶段，并指出不足、提出改进意见，促进学校特色发展持续下去。

（三）转变发展方式、缩小区域差异，促进中小学优质均衡发展

粤东西北地区的中小学特色建设主动性和成效较为落后。为了加强粤东西北地区的中小学特色建设，教育行政部门应该建立导向机制和帮扶机制，有针对性地指导和帮助落后地区中小学转变发展方式，推进学校特色发展。首先，要促进落后地区中小学校长更新办学理念，提高其对学校特色办学意义的认识。没有特色就没有吸引力和竞争力。办出学校特色并非为了追求名义上的特色，而是源于现实与长远需要。彰显特色，是时代变革的呼唤，是办学规律的体现，是学校突显个性、持续向上的需要。校长是学校改革发展的核心和灵魂，一位好校长就是一所好学校。校长要秉承文脉、解放思想、实事求是、与时俱进、凝心聚力、凝神聚气，形成符合以人为本、尊重科学、遵循规律要求的办学理念并长期实践。其次，要促进落后地区中小学转变管理方式。国家和省中长期教育改革发展规划纲要都要求建设现代学校制度。为推进学校特色发展，学校要健全特色管理制度，调动家长、校友和社会各界有效参与，汇集各方资源，形成政府、学校、家庭、社区等多方协同共治、开放共享的学校特色管理体系。最后，要促进落后地区中

小学加强校长、教师培训和交流，尤其要提高校长课程领导力和教师设计、开发、实施课程的能力，提高课程教学水平，使课程充分反映区域及学校的历史文化传统、经济社会发展需求、学生健康成长成才需要，使学校的特色优势有强力支撑并得到充分彰显。

参考文献

［1］赵锋，徐倩. 每一所学校都是潜在的特色学校——专访上海市甘泉外国语中学校长刘国华［J］. 上海教育，2014（9）：37-39.

［2］王承. 特色学校管窥［J］. 中国教育学刊，1994（5）：55-57.

［3］杨育华. 普通高中特色发展研究——基于湖南省株洲市普通高中特色发展的分析与思考［D］. 湖南：湖南师范大学，2011.

［4］程振响，季春梅. 特色学校创建的理论与实践［M］. 北京：高等教育出版社，2012.

［5］傅国亮. 每一所学校都是潜在的特色学校——关于特色学校的七点认识［J］. 人民教育，2009（Z1）：20-22.

［6］张羽寰，孟伟，李玲. 从"特色学校"到"自由学校"——英国多路径改进薄弱学校政策述评［J］. 上海教育科研，2012（6）：31-34.

［7］潘发勤. 英国《为儿童和学习者的五年战略》概要［J］. 全球教育展望，2004（9）：59.

［8］陈丽，柴纯青等. 普通高中特色建设：谋划与实施［M］. 北京：北京师范大学出版社，2014.

深化改革　提高义务教育质量[*]

近日，中共中央、国务院出台《关于深化教育教学改革全面提高义务教育质量的意见》（以下简称《意见》），聚焦义务教育热点、难点问题，以全面提高义务教育质量为指向，以深化教育教学改革为动力，从六大方面提出26点意见，具有重大现实意义和深远历史意义。义务教育质量事关亿万少年儿童健康成长，事关国家发展，事关民族未来。加快推进教育现代化，建设教育强国，办好人民满意的教育，必须切实提高义务教育质量，更好发挥义务教育在实现中华民族伟大复兴中国梦中的奠基作用。

党的十八大以来，广东持续深化教育教学改革，义务教育事业发展各项部署有力推进，义务教育质量不断提升。全省121个县（市、区）全部通过全国义务教育发展基本均衡县的督导评估认定，义务教育基本均衡发展目标已经实现；遵循学生身心发展规律和教育规律，将发展素质教育融入教育"争先进、当标兵、建高地"之中，奋力走好广东特色义务教育发展路子。

同时需要清醒认识的是，面向新时代，广东义务教育改革发展仍存在不少突出问题，如学校德智体美劳"五育并举"的教育体系还不够健全；区域、城乡、校际间优质义务教育发展不平衡、不充分，与人民群众日益增长的优质学位需求之间的矛盾还相当突出；学生课业负担重、片面追求升学率等问题依然广泛存在；教师队伍的精神风貌、教育教学理念和能力等专业素养还有待全面提高；等等。解决这些问题，推动义务教育高质量发展，必须全面贯彻落实《意见》所提出的各项要求。

习近平总书记指出，"教育是国之大计、党之大计""为党育人的初心不能忘、为国育才的立场不能改"。这既表明了教育极其重要的地位作用，又彰显了我们党办教育、兴教育的初心和使命。《意见》通篇贯彻了习近平总书记关于教育的重要论述，我们必须充分领会其科学内涵和精髓要义、基本观点和精神实质，紧紧围绕"培养什么

---

[*] 本文作者汤贞敏、余奇，原发表于2019年7月22日《南方日报》第A10版；后又以汤贞敏名义发表于2019年10月《华师在线》（内部资料）（华南师范大学网络教育学院编），收入本书时个别地方稍有斟酌。

人、如何培养人、为谁培养人"这一根本问题，做到"六把握"，不断深化改革，推动广东义务教育朝着更加公平、更有质量、更具特色的方向不断前进。

把握根本任务：落实立德树人。立德树人，要着力在坚定理想信念、厚植爱国主义情怀、加强品德修养、增长知识见识、培养奋斗精神、增强综合素质上下功夫。实施新时代立德树人工程，要遵循规律、突出实效，推动习近平新时代中国特色社会主义思想进教材进课堂进头脑。树立健康第一的教育理念，开齐开足体育课，强化体育锻炼，让学生在体育锻炼中享受乐趣、增强体质、健全人格、锤炼意志。增强美育熏陶，坚持以美育人、以文化人，提高学生审美和人文素养。加强劳动教育，引导学生从小崇尚劳动、尊重劳动、积极劳动，长大后辛勤劳动、诚实劳动、创造性劳动。

把握主攻方向：提升欠发达地区特别是乡镇、农村学校教育质量和办学水平。治贫先治愚，扶贫必扶智。应以保障义务教育为核心，做好教育扶贫工作。针对粤东西北地区乡镇、农村义务教育优质资源普遍匮乏，薄弱学校及小规模学校（教学点）办学水平不高的状况，要着力调整优化教育资源结构布局，健全激励与约束机制，全面提高校长队伍和教师队伍素质能力，不断完善城乡学校对口支教制度，加快补齐粤东西北地区乡镇、农村学校教育短板，提高发展平衡性和协调性，实现城乡义务教育一体化发展。

把握关键保障：培养"四有"好老师。建设有理想信念、有道德情操、有扎实学识、有仁爱之心的高素质专业化教师队伍，要把师德师风作为评价教师队伍素质的第一标准，健全师德师风建设长效机制；实施教师教育振兴行动计划，提高教师教育教学理念和能力；落实教师编制，依法保障教师权益和待遇，使更多教育投入向教师倾斜，让广大教师安心从教、热心从教。全社会要弘扬尊师重教的社会风尚，努力提高教师的政治地位、社会地位、职业地位，让广大教师享有应有的社会声望。

把握基本方法：强化教育教学研究。充分发挥教研支撑作用，理顺教研管理体制，完善省、市、县、校教研体系，建立专兼职结合的教研队伍，配齐所有学科专职教研员，健全教研员准入、退出、考核激励和专业发展机制。完善区域教研、校本教研、网络教研、综合教研制度，激发全体教师投入教研创新。积极探索完善义务教育国家课程、地方课程、校本课程体系。提升智育水平，增强校长实施素质教育能力，改进教师教学方式和学生学习方式，注重启发式、互动式、探究式教学，引导学生主动思考、积极提问、自主探究。促进信息技术与教育教学和教研深度融合。

把握历史机遇：深化粤港澳大湾区教育合作。扩大粤港澳缔结姊妹学校覆盖面，扩大粤港澳大湾区师生交流规模，深化粤港澳在STEM教育、财经素养教育、研学旅行、体育艺术展演等方面的交流合作。充分利用粤港澳大湾区中小学校长论坛、粤港澳大湾区教师联合会等平台，加强办学治校、教书育人、教育质量监测交流与合作，提升义务教育交流合作水平。

把握突破口切入点：解决百姓关切、社会关注的教育热点难点问题。全面践行以人民为中心发展教育的思想，加强教学管理，严格按照课程标准开展教学，提高课堂教学效率和质量，合理设计学生作业内容与时间，对中小学校外教育培训机构实施负面清单制度和联合监管机制，深入治理中小学生课外负担重问题。鼓励多校协同、区域组团、同学段联盟、跨学段联合等办学模式，以小学、初中为主体，组建纵向贯通、横向连通的学区与集团，统筹设计小学入学、初中招生办法，规范民办中小学招生行为，切实化解择校难题。坚持党的全面领导，落实部门职责，重视家庭教育，强化考核督导，营造义务教育持续协调发展良好生态。

推进基础教育集团化办学　提升优质教育引领力[*]

——广东省基础教育集团化办学研究报告

20世纪90年代以来，随着经济社会发展转型和民办教育快速发展，民办教育集团这种新的办学模式逐渐孕育成长。在推动教育公平、提高教育质量的政策导向和人民群众对优质教育迫切需求下，基础教育集团自2010年以来逐步兴起，成为促进基础教育优质均衡发展的重要举措。2016年，国务院印发的《关于统筹推进县域内城乡义务教育一体化改革发展的若干意见》明确提出"实施学区化集团化办学"。2017年，中央办公厅、国务院办公厅印发的《关于深化教育体制机制改革的意见》明确提出"探索集团化办学，采取委托管理、强校带弱校、学校联盟、九年一贯制等灵活多样的办学形式"。

在全国各地积极探索基础教育集团化办学的同时，广东多地也积极探索多形式、多样态、多机制的基础教育集团化办学改革方案，开展丰富多样、异彩纷呈的基础教育集团化办学实践。为统筹深化基础教育集团化办学改革，优化基础教育集团化办学模式，广东省教育厅等四部门于2020年联合出台《关于推进中小学幼儿园集团化办学的指导意见》，明确统筹推进区域集团化办学和跨区域集团化办学，实现优质教育资源利用效益最大化，到2022年在全省培育创建不少于100个优质基础教育集团。

探索推进基础教育集团化办学，目的是实现优质基础教育资源共建共享，以名校为核心由多所不同学校组合成教育共同体，更好实现教育公平和教育高质量发展。作为一种新生的办学模式改革，广东的基础教育集团化办学整体现状如何？有哪些值得总结的经验及值得学习推广的案例？有哪些需要反思和改进的地方？带着这些问题，广东省教育研究院成立专题项目组对省内外的基础教育集团化办学现状、成效、经验与问题作了比较全面的梳理和总结，以期更好地为广东深入推进基础教育集团化办学、促进基础教

---

[*] 本文作者汤贞敏、黄志红、朱利霞、余奇、牟博宸、万小羽，2020年初开始研究，原以"推进基础教育集团化办学　促进基础教育高质量发展——广东省基础教育集团化办学研究报告"为题，载于《广东教育改革发展研究报告（2021）》，由广东高等教育出版社于2021年11月出版。

育高质量发展提供参考和借鉴。

一、基本情况

（一）有关省市基础教育集团化办学基本情况

——北京。目前北京共有158个教育集团、410余所集团学校，25%的中小学已加入集团，共建共享集团优质教育资源。除了名校牵头组建的教育集团，北京还推行在地域内共享优质教育资源的学区制，目前有130个学区覆盖1000余所学校。北京通过集团办学使得教育形式更灵活，突破传统的小学6年和初中、高中各3年的"6＋3＋3"模式，在某阶段表现非常突出的学生可以按"5＋3＋4""6＋2＋4"等模式进行一体化培养，满足不同学生的多样成长和发展需求。

——上海。上海集团化办学，主要有集团化、学区化两种形态。目前上海共有集团140个，覆盖720所学校；学区55个，覆盖416所学校。集团化办学形态主要是在同一区内或跨区组建办学联合体，通过一所或几所强校领头，带动发展相对薄弱的学校或新建的学校快速提升。学校间有强弱之分，地理位置有可能相隔甚远，通过加强师资流动、共享优质课程等，使集团内相对薄弱的学校和新建的学校可以加快拥有优质教育资源，从而拥有较快发展成优质学校的可能。"学区化"办学形态主要是按照地理位置相对就近原则，联合距离相邻的几所相同或不同学段的学校一起发展。学校间没有强弱之分，通过共享师资培育、共建优秀课程和学校之间、学校与社区之间协同创新，不断生成新的优质教育资源。在推进集团化办学策略方面，上海以区为单位，着力创建紧密型学区、集团，通过促进组织更紧密、师资安排更紧密、教科研更紧密、评价更紧密，激发每个学区和集团合作共进的创新活力，实现管理、师资、课程、文化等互通互融，提高每一所学校的办学效益，整体提升基础教育优质均衡发展水平。

——浙江杭州。杭州推广集团化办学比较早，市政府在2004年9月就推进集团化办学，其中上城区到2012年已建立23个教育集团，全区优质义务教育覆盖率达到80%。到2019年，杭州市已成立51个教育集团，有191所中小学实施"名校集团化"战略，城区的义务教育阶段优质学校达到80%。

——湖北。湖北近年来积极推进基础教育集团化办学，其中武汉市至2019年共计成立"名校集团"12个；荆州市建立名校教育集团主要采取两种模式：一种是对口帮扶，一种是刚性联盟。

（二）广东各地教育集团化办学基本情况

据不完全统计，截至2020年，广东共有基础教育集团288个，除了省属教育集团2个（华南师范大学附中教育集团、省实教育集团）、高校附设教育集团2个（广东第二师范学院实验教育集团、广东外语外贸大学教育集团），其他教育集团主要分布在广州、深圳、珠海、汕头、佛山、韶关、梅州、惠州、东莞、中山、江门、湛江、茂名、肇庆、清远、潮州、揭阳等17个地级以上市。以下对省实教育集团和广州、深圳、佛山、惠州、东莞、肇庆等市的教育集团略作阐述。

——省实教育集团。省实教育集团以广东实验中学为核心校创建成立，2004年开始启动集团化办学并创办第一所分校——广东实验中学附属天河学校。目前，省实教育集团已经形成"1+9"的小学格局：1所核心校、9所分校。各分校中，有5所民小校、4所公办校；有独立的初中学校、高中学校，也有6年制完全中学，还有12年贯制学校。省实教育集团属于紧密型模式，通过派出管理团队，输出管理模式、学校文化、办学经验、精品课程、特色活动，共同培养师资队伍，共同开展教育教学研究和教育教学改革，完成从"合"到"融"的升级。省实教育集团充分利用核心校优质教育资源，推广核心校成功办学经验，同时，尊重各分校已有基础、地域特色、校本文化和发展道路，突显广东实验中学教育集团的整体性优势，形成在国内具有引领性、创新性和示范性的基础教育集团化发展模式。

——广州。2017年12月，广州市成立广雅、执信中学、广州二中、广州实验首批4个市属基础教育集团；2018年5月，成立第二批市属基础教育集团，包括广铁一中、广州六中、广大附中教育集团；2019年4月，成立第三批市属基础教育集团，包括广州外国语学校教育集团、广州协和教育集团、广州幼师学前教育集团。至此，全市共有10个市属基础教育集团，约10%的中小学生被纳入集团，每个区至少有1个市属集团在当地办学，实现市属优质教育资源集团化办学全覆盖。同时，广州各区也以区属龙头学校为核心或区政府牵手省、市级名校的形式，纷纷成立区一级教育集团。到2020年，全市共有86个基础教育集团，市属优质教育资源实现全市11区全覆盖。

——深圳。早在2003年，广东省首个以公办学校为主体、多形式多层次办学且具有法人资格的教育集团——深圳市蛇口育才教育集团就已成立，开国内公办名校集团化办学先河。此后，各办学集团相继崛起，截至2020年10月，深圳市共有各类基础教育集团31个，其中包括26个中小学教育集团和5个幼教集团。

——佛山。佛山市于2016年提出通过"名校牵头、集约办学，整体联动、共同提升"办学模式，达到"理念共享、资源共享、方法共享、利益共享、共生共长、共同发展"。佛山尚未对集团化办学出台规范性文件，各区甚至各镇街在实践中有学区、片、共同体、联盟等不同办学形式的探索。目前有共同体9个，教育联盟1个，教育集团37个。

——惠州。2017年，惠州市印发《惠州市统筹推进县域内城乡义务教育一体化改革发展实施方案》，启动基础教育集团化办学。2018年，成立首个紧密型教育集团——惠州一中教育集团。目前，惠州市共建成18个教育集团，覆盖中小学80所，占全市中小学数的9.63%。其中有9个以强带弱（"名校或强校＋弱校"）集团、6个以强带弱兼以公带民（强校＋弱校＋民办）集团、2个以城带乡（城校＋乡校）集团、1个以老带新（老校＋新校）集团。

——东莞。2018年5月，东莞市印发《东莞市推进中小学校集团化办学实施方案》，采取"名校＋分校""名校＋新校""名校＋弱校""名校＋民校"等形式，统筹推进园区、镇（街道）开展跨区域集团化办学，探索集团内教师岗位、编制和行政职数灵活使用机制，建立集团绩效评价和激励机制，实现办学机制创新和学生培养模式创新，快速扩充优质教育资源，满足老百姓在家门口享受优质教育的需求。同时，东莞市财政设立1.2亿元专项资金，园区、镇（街道）相应设立配套资金，支持集团化办学工作。2018年6月，首批6个教育集团包括东莞中学教育集团、松山湖中心小学教育集团等举行签约仪式。目前，全市共组建40个教育集团，教育集团覆盖28个园区、镇街，覆盖率85%。东莞市中小学集团化办学推动了教育集团成员学校办学水平整体提升，促进了干部教师交流成长，推动了优质教育资源共建共享，激发了学校办学活力，各集团内成员学校主动发展，形成"校校精彩、活力四射"的局面，薄弱学校和新办学校质量快速提升，"家门口的好学校"越来越多，逐渐形成集团化办学"东莞模式"。

——肇庆。肇庆市通过学校自主组合、行政主导组合等多种模式，积极探索集团化办学与学区化协同办学，在市域内形成了"一校多区"、名校带弱校合作办学、教育联盟、"中心校＋分教点"四种基本模式。目前已经形成肇庆中学教育集团、肇庆鼎新教育联盟、肇庆市第十六小学教育集团、肇庆市奥威斯教育集团等10个教育集团。

二、办学形式、管理及运行模式

（一）办学形式

从全国及广东情况来看，基础教育集团化办学模式大致可以概括为三类。一是名校加薄弱学校。以传统的优质学校、名校为龙头，将区域内部分薄弱学校转为龙头校的分校区，完全交由其管理，达到以优补差、以优带潜的目的。二是名校加新建学校。通过新建学校与品牌学校深度融合，借助品牌学校成熟的教育教学资源，借助教师交流培训、课程资源共享、学生联合培养、质量统一监控等方式，推动新建学校跨越发展。三是名校加民办学校。通过名校与民办学校之间的合作，运用名校品牌效应、科学管理和优良师资，帮助民办学校提升办学水平和教育质量，同时促进办学体制改革，吸引更多社会资金进入教育领域。

上述三种集团化办学模式的共同特点，是通过组织重构和资源重组，输出名校的办学理念、管理方式、优秀文化和优良师资，带动薄弱学校、新建学校或民办学校共同发展，在较短时期内提高办学水平和社会声誉。

（二）管理及运行模式

制度设计、权力划分、资源共享是基础教育集团治理方式的三个基本维度。从这三个维度来划分，基础教育集团管理体制机制主要有三种类型。一是紧密型。集团内一个法人主体、一套领导班子,集团内人、财、物、事由龙头学校统筹调配、统一管理,实行"条块并举、一体管理"模式,在发展方向、办学特色、办学目标、课程设置等方面,由集团统一规划、分步实施;人事、财务、校产、教学活动等,由集团一体化管理,明确各板块及各校区管理责任,条块结合、齐抓共管。二是托管型。将成员学校委托给龙头学校管理,集团内各学校法人不变,同时存在多个独立法人。集团内学校以契约为纽带,根据成员学校需求和协议明确各方责、权、利。龙头学校向成员学校委派管理团队和骨干教师团队,就成员学校协议托管的事项进行管理,通过输出品牌、管理、资源等整体提升成员学校办学水平。三是复合型。根据办学需要,结合学校自身教育资源发展状况,采取灵活组建形式,教育集团内部同时存在紧密型、托管型等多种形式统称为复合型合作关系。如有的集团内各分校区保持现有行政隶属关系不变,核心校委派执行校长;集团内各成员学校保留现有法人资格,独立行使法人权利;分校区和成员校均加挂集团校区或成员校牌子。有的集团在保持学校法人管理独立性的基础上,成立由核心校校长任理事长,分校区执行校长、各成员学校校长任理事的集团理事会,对集团发展进行决策、统筹、协调,同时建立集团内外学校申请加入或退出机制。

三、主要成效、经验与问题

(一)主要成效

基础教育集团化办学在促进区域基础教育优质均衡发展、缩小校际差距、缓解"择校热"等方面起到积极作用。一是发挥了集团化办学的规模效应,有利于有效提升教育社会声誉。通过"名校+薄弱学校""名校+新校""名校+民校"集团化办学策略,集团内部实现管理制度、文化、师资队伍、课程等共建共享,校际间优势互补,拓宽了学校发展视野,推动了优质教育资源成倍增长。二是强化了优质教育资源辐射力度,有利于区域教育优质均衡发展。通过集团化办学,各地不断扩大优质教育资源辐射面,较好地改善了校际办学水平不均衡现象,主要表现在三个方面:通过将新学校纳入教育集团化办学,新学校一成立便得到名校优质教育资源输出,成长速度大大加快,成长周期也相应缩短；通过集团化办学形式改善薄弱学校的办学状况，使优质教育资源得以有效辐射，有利于薄弱学校教育质量和办学水平提升；通过集团内部资源有效整合，学校运营效率和治理水平得到提高，实现优质教育资源合理分配和有效利用。三是提高了办学效能，有利于各成员学校集约办学。集团内各成员校，通过集团统一品牌、统一管理模式、统一宣传招生，形成协同效应；各学校的设施设备、活动场所、图书资料、技术平台等在集团统筹下实现一定范围的共建共享，而集团则以品牌推介、活动推广、国际交流、信息共享、教师培训等支持条件优化资源配置，为各学校提供教育质量、办学水平保障服务。四是实现了集团各学校、各学段有效衔接，有利于整体教育质量提升。不少教育集团采取九年一贯制办学，集团内部统一规划办学目标、办学理念、办学特色、学校文化，实现了小学、初中、高中不同学段教育教学"无缝衔接"。在集团化办学环境里，可以将学生在小学、初中、高中阶段课程与教学进行整体规划，并探索各个学段教育有效衔接，有助于课程与教学改革一致、连贯实施，有利于学校办学特色和优势持续发展，从而实现"大教育"协同效应。

（二）主要经验

总结基础教育集团化办学的成功案例，有四方面经验值得汲取、丰富和发展。一是建章立制，加强集团内部统合管理、资源共享，统筹安排、优势互补，统一规范、依法治校，确保最大程度地发挥集团化办学优势。二是配备高素质专业化创新型总校校长和分校校长，并配足配强各分校副校长与管理团队，确保实现集团高水平办学、高质量发展。三是厘清总校和分校权责，妥善处理"放管服"关系，确保充分调动各分校干事创业的积极性、主动性和创造性。四是做大做强做优集团母体，增强名校品牌示范引领和辐射带动作用，确保带领各成员学校实现优质教育资源倍增。

（三）主要问题

基础教育集团化办学在实践过程中主要存在四个方面问题，需要引起高度重视。一是规模扩张与质量提升的矛盾。由于集团化办学行为是"利己"行为，地方政府容易跟风，片面、简单追求优质教育资源覆盖率，积极推行"以一带多"。集团规模快速扩张容易导致优质教育资源受损,产生优质学校品牌稀释风险以及薄弱学校"被提升"虚假现象,带来"均而不优"问题,导致集团办学效益衰减和平庸化。二是大规模与低效率的矛盾。任何一个组织都有既定的结构。组织层级与组织规模大小成正比,组织规模越大,需要的组织层级就越多,这是可能导致集团管理效率低下的重要原因。政府主导下的集团化办学,在政府与学校的委托管理关系之外,又增加了一层总校与分校之间的委托管理关系,如何界定这种新增加的委托管理关系下的三方权责边界,还没有明确可直接借鉴的制度规定,容易引起集团学校内部抗拒、冲突、摩擦,产生内耗。三是学校同质化与特色化的矛盾。每所学校的历史传统、发展定位、办学理念、文化特色、管理体制等不同,每所学校都是独具特色的。如果仅仅是将名校办学经验进行简单复制,必然导致办学风格千篇一律、校园文化雷同等问题。四是可能存在办学不规范问题。有的集团化办学以高中为龙头,容易接受下位学校违规输送优质生源。这种不规范办学现象可能导致优质教育资源垄断,挤压其他非集团化办学的学校的提升空间,同时也会造成新的择校现象,一定程度上影响人民群众对政府教育工作的满意度。

四、政策建议

(一)把握目的,明确方向

推进基础教育集团化办学,要准确把握目的,确立集团化办学正确的价值观、教育观和办学观。集团化办学的目的,主要是推进基础教育内涵发展、质量提高,增加优质教育资源供给、扩大优质教育资源覆盖面,办好人民满意的教育,为全体学生提供更加公平更高质量的教育。

(二)找准路径,有效实践

推进基础教育集团化办学,要学习借鉴集团化办学成功案例的先进办学理念、科学管理模式、高效教学改革、优秀团队建设等经验,充分发挥先进经验和典型的示范引领、辐射带动作用。在具体实践中,一要科学因地、因校制宜,尊重学校办学传统、特色和意愿,不搞"拉郎配",实行"一校一策",精准设计准入条件、合作模式、办学规模、质量保障。二要科学采取多形式、多类型集团化办学模式,包括与知名高校、科研院所合作办学,创新办学模式、培养模式。三要科学把握集团化办学规模与速度之间的关系,在确保教育质量和办学水平的前提下,合理把控集团化办学规模,恰当掌握集团扩展进度,确保每一所学校实现"保值增值"。四要科学建立集团化办学进出机制,对集团内所有成员学校要有激励和约束要求,也可以对集团内成长较快、质量水平持续提升、有较强辐射带动能力的成员学校赋予新的职责使命,即让其脱离母体、独立出去引领其他非集团成员学校组建新的集团。

(三) 提供政策,精准指引

1. 分区域分类别施策。一是加强基础教育集团化办学的顶层设计,有序推进。各地要基于实际出台有针对性、操作性的集团化办学指导意见,加强集团化办学整体规划与设点布局。二是采取自主组合、行政主导组合等多种方式,鼓励优质品牌学校在同一区域或跨区域组建办学联合体,带动发展相对薄弱学校、农村学校、新建学校,充分尊重各成员校的主观能动性。三是推动建立集团章程、制订集团规划、创新集团管理机制、加强集团师资流动、共建共享集团优质课程,使成员学校逐步成长为新的优质学校,不断增加优质教育资源总量。

2. 优化集团治理模式。一是加强基础教育集团化办学统筹能力建设。探索集团理事会领导下的校长负责制或总校长负责制。建立健全保障集团化办学运行的集团章程、理事会制度、项目责任制、联体评价制等规章制度,充分发挥党组织的方向引领、思想保证、精神动力作用。二是创新基础教育集团化办学运行机制。合理配置集团校长的权力和责任,推进集团内部决策、协调、执行、监督一体化运行。对实施集团化办学的学校进行人事制度改革,探索更加灵活的用人制度,优化职称结构,优化干部教师薪酬制度,激发集团化办学活力,充分调动成员学校和广大教师参与集团化办学的积极性、能动性。三是构建集团内部相互之间、集团与外部利益主体之间协调机制。集团龙头学校和成员校的学生、教师、家长、集团与教育行政部门、其他相关社会成员,都是集团化办学的相关利益主体,各个利益主体诉求各不相同,需要建立信息共享平台,及时沟通协调,消除矛盾冲突,共同为实现集团化办学目标而努力。

3. 创新绩效考核与评价。建立基础教育集团化办学发展性考核评价制度，科学制订专项考核评价指标，从学生发展、教师发展、学校发展、社会认可、发展潜能等层面，对集团内部治理和运行、优质资源共建共享、教师队伍建设、办学水平提升、社会影响等全方位开展发展性绩效评估和监测考核，重点考查优质资源增量与校际差距缩小情况以及每所学校持续发展、学生进步、教师成长情况。

（四）抓住关键，突出重点

基础教育集团化办学要抓住领导团队建设、教师队伍建设、组织文化变革、整体质量提升等关键问题，聚焦使集团内学校同步优质、均衡发展的方式方法，丰富集团化办学的质量内涵，牢牢抓住课程建设、课堂教学改革这两项重点，切实做强管理经验辐射、课程资源共建、优质师资流动、教育科研互通、校舍场地设施和仪器设备共建共享、教育质量监控等核心办学环节，使各关键问题、重点工作、核心环节不断向着高质量的方向发展。

第三章

论彰显高等教育贯彻国家及区域发展战略的功能价值

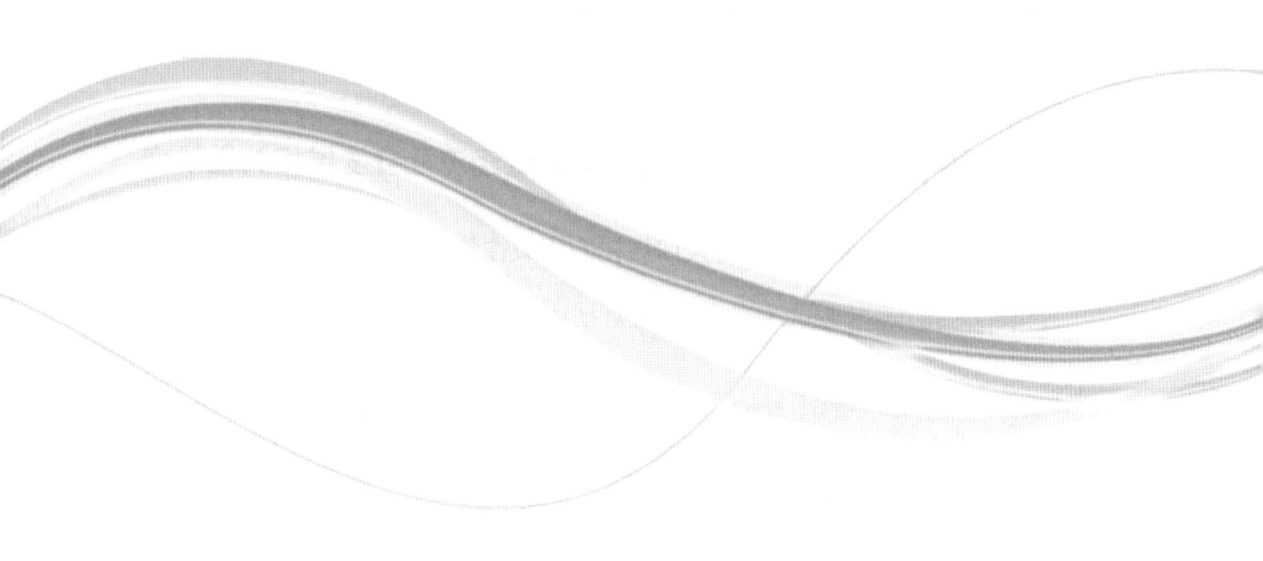

广东省本科学校结构、布局与区域经济社会发展的关系研究*

高等教育是国民教育体系的重要组成部分和最高领域。高等学校通过展现人才培养、科学研究、社会服务、文化传承创新功能,在经济社会发展中发挥着人才保证、智力贡献、科技支撑、文化繁荣的重要作用,尤其是本科学校①的结构、布局与经济社会发展有着重要相互影响与作用的关系。根据地理特征和经济社会发展状况,广东省可划分为珠三角、粤东、粤西、粤北4个区域,珠三角包括广州、深圳、珠海、佛山、惠州、东莞、中山、江门、肇庆9市,粤东包括汕头、汕尾、潮州、揭阳4市,粤西包括湛江、茂名、阳江3市,粤北包括韶关、河源、梅州、清远、云浮5市。截至2014年8月,广东省共有本科学校46所,占全省高等学校数(含独立学院)的32.62%,低于全国平均水平(36.32%)。就区域分布看,珠三角38所、粤东2所、粤西4所、粤北2所,分别占本科学校数的82.60%、4.35%、8.70%和4.35%。本文通过文献研究、调查研究、比较研究、数理统计等方法,在全面把握广东省本科学校结构、布局总体情况的基础上,重点研究本科学校结构、布局与人口规模、经济规模、产业结构的相关性和适应性,提出本科学校结构、布局调整优化的基本原则和主要策略。

一、广东省本科学校结构、布局与区域经济社会发展相关性研究②

(一)本科学校结构、布局与人口规模的相关性分析

运用SPSS 19.0对全省2001—2013年本科学校数、在校本科生数、常住人口并对全国

---

* 本文作者汤贞敏、孙丽昕、张伟民、王志强、陈小娟、谭健欣,作为教育部发展规划司委托项目"本科学校结构、布局与区域经济社会发展的关系研究"先期成果,发表于2015年第3期全国中文核心期刊《高教探索》(广东省高等教育学会主办),收入《广东发展蓝皮书2016》(广东省人民政府发展研究中心编,广东经济出版社2016年5月出版);其最终成果于2018年被广东省社会科学界联合会评为广东改革开放40周年优秀调研报告,其主体内容收入《纪念广东改革开放40周年优秀调研报告文集》,由中国社会科学出版社于2018年12月出版。

① 本研究所指本科学校为独立设置的普通本科学校,不含独立学院和成人本科学校。

② 对于广东省本科学校结构、布局与区域经济社会发展相关性分析,本文如无特别说明,以本科学校数、在校本科生数指代本科学校结构、布局,用常住人口指代人口规模,用GDP指代经济规模;如无特别注明,本部分数据来源均为广东省各地级以上市2001—2013年统计年鉴、2013年国民经济和社会发展统计公报,以及2001—2014年国家统计年鉴,但缺少2003年广东省在校本科生和在校专科生数据。

2001—2013年常住人口、本科学校数和2005—2013年在校本科生数等进行相关分析，结果显示如下。

从全省层面看，常住人口与在校本科生数、本科学校数二者的显著性水平均为0.000（小于0.05），表明常住人口与二者之间具有明显的相关性，即三者之间均为正向影响和强烈的线性关系；同时，常住人口与在校本科生数的相关程度（相关系数为0.992）高于常住人口与本科学校数的相关程度（相关系数为0.927），这些均与全国总体表现情况相同，但同比全国常住人口与本科学校数的相关程度，不如全国高（见表1）。

表1　常住人口与在校本科生数、本科学校数的相关性分析

		在校本科生数（万人）		本科学校数（所）	
		广东	全国	广东	全国
常住人口（万人）	Pearson Correlation	.992**	.998**	.927**	.983**
	Sig.（2-tailed）	.000	.000	.000	.000
	N	12	9	13	13

**.Correlation is significant at the 0.01 level（2-tailed）.

从各区域及深圳市①层面看，常住人口与在校本科生数相关系数于珠三角及深圳均表现为同升现象；粤东、西、北地区则存在个别相反现象。由于2001—2013年粤东、西、北地区本科学校数未发生变化②，深圳未发生明显变化③，故粤东、西、北地区常住人口与本科学校数无相关性，深圳则为不显著相关（见表2）。

表2　广东省各区域常住人口与在校本科生数、本科学校数相关性分析

分区域	Spearman's rho相关系数	
	常住人口与本科学校数	常住人口与在校本科生数
珠三角	0.981	1.0
粤东	不能计算相关系数（学校数量为常数）	0.993
粤西	不能计算相关系数（学校数量为常数）	0.972
粤北	不能计算相关系数（学校数量为常数）	0.993
深圳市	0.627	1.0

① 鉴于深圳市是我国经济计划单列市和经济特区之一，因而本文特别将其列入研究范围。
② 分别为2所、4所、2所。
③ 2012年由1所增加到2所。

综上，珠三角常住人口与本科学校数、在校本科生数二者具有较强的相关性；深圳市的常住人口与在校本科生数相关性较强，但与本科学校数相关性不显著；粤东、西、北地区常住人口不仅与在校本科生数的相关性相比珠三角和深圳市弱，而且与本科学校数也不具有相关性。

（二）本科学校结构、布局与经济规模的相关性分析

运用SPSS 19.0对全省2001—2013年本科学校数、在校本科生数、GDP及全国2001—2013年本科学校数、GDP和2005—2013年全国在校本科生数等数据进行分析，结果显示如下。

从全省层面看，GDP与在校本科生数、本科学校数二者的显著性水平均为0.000（小于0.05），其中与在校本科生数的相关系数为0.986，与本科学校数的相关系数为0.931，均呈现出很强的正相关关系，表明三者之间均为正向影响，具有强烈的线性关系，这与全国的表现情况是一致的，但同比全国2001—2013年GDP与本科学校数的相关程度，不如全国高（见表3）。

表3 GDP与在校本科生数、本科学校数的相关性分析

		在校本科生数（万人）		本科学校数（所）	
		广东	全国	广东	全国
GDP（亿元）	Pearson Correlation Sig.（2-tailed） N	.986** .000 12	.990** .000 9	.931** .000 13	.972** .000 13

**.Correlation is significant at the 0.01 level（2-tailed）.

从各区域及深圳市层面看，GDP与在校本科生数的相关系数在各区域均表现为同升现象；2001—2013年粤东、西、北地区本科学校数未发生变化，深圳未发生明显变化，故粤东、西、北地区GDP与本科学校数无相关性，深圳为不显著相关（见表4）。

表4　广东省各区域GDP与在校本科生数、本科学校数相关性分析

分区域	Spearman's rho相关系数	
	GDP与本科学校数	GDP与在校本科生数
珠三角	0.981	1.0
粤东	不能计算相关系数（学校数量为常数）	1.0
粤西	不能计算相关系数（学校数量为常数）	1.0
粤北	不能计算相关系数（学校数量为常数）	1.0
深圳市	0.627	1.0

（三）本科学校结构、布局与产业结构的相关性分析

采用灰色关联分析方法（用Matlab软件）对全省2004—2013年三次产业就业人数比重与各学科专业在校本科生比重进行量化分析，采用典型相关方法对全省2001—2013年专科生、本科生、研究生数与三大产业生产总值进行相关分析，以进一步明晰广东省本科学校专业结构与产业结构之间的关系。结果显示如下。

从全省层面看，就学科专业而言，农学与第一产业就业结构密切相关，相关系数达$r9=0.5041$；工学、理学、管理学、经济学与第二产业就业结构密切相关，相关系数分别达$r8=0.8230$、$r7=0.7228$、$r11=0.6323$、$r2=0.6017$；文学、管理学、理学、经济学、工学与第三产业就业结构密切相关，相关系数分别达$r5=0.8306$、$r11=0.7965$、$r7=0.7289$、$r2=0.6512$、$r8=0.5436$。就学生层次而言，各层次学生与三大产业间都有很强相关性（见表5）。

表5　广东省三大产业与学生层次各个指标间的相关系数

	专科生数	本科生数	研究生数
第一产业	.9461	.9776	.9718
第二产业	.9685	.9921	.9879
第三产业	.9441	.9779	.9706

从各区域及深圳市层面看，珠三角和粤东、西、北地区各层次学生与三大产业间存在很强的相关性；深圳市各层次学生与三大产业间均存在很强的相关性，其中第一产业

与学生层次各指标均呈负相关（见表6）。

表6 广东省各区域三大产业与学生层次各个指标间的相关系数①

		专科生数	本科生数	研究生数
珠三角	第一产业	.8908	.9279	.9245
	第二产业	.9785	.9925	.9888
	第三产业	.9474	.9747	.9683
粤东	第一产业	.6447	.6675	.8225
	第二产业	.8247	.8484	.9481
	第三产业	.8231	.8488	.9500
粤西	第一产业	.8690	.9653	.9117
	第二产业	.8771	.9686	.9231
	第三产业	.8775	.9680	.9132
粤北	第一产业	.9057	.9472	—
	第二产业	.9700	.9656	—
	第三产业	.9300	.9612	—
深圳市	第一产业	-.9398	-.9386	-.8103
	第二产业	.9469	.9499	.9936
	第三产业	.9116	.9143	.9950

（四）小结

1. 广东省本科学校结构、布局与人口规模之间，在省域层面整体上表现出较强的相关性，特别是在校本科生规模与人口规模的相关程度高于本科学校数与人口规模的相关程度（与全国总体表现一致）；在各区域及深圳市层面上则表现有强有弱，特别是本科学校数与人口规模在有些区域无相关性或相关性不显著。

2. 广东省本科学校结构、布局与经济规模之间，在省域层面整体上仍表现出较强的相关性，特别是在校本科生规模与经济规模的相关程度高于本科学校数与经济规模的相关程度（与全国总体表现一致）；在各区域及深圳市层面上则不明显，特别是本科学

① 因粤北无研究生培养单位，故只研究其在校专科生、本科生与三大产业之间的相关性。

校数与经济规模在有些区域无相关性或相关性不显著。

3. 广东省本科学校结构、布局与产业结构之间的相关性，一是因学科专业而异，如工学、理学、管理学、经济学均与第二、三产业具有相关性，但与第一产业相关性弱，而农学正好相反。二是虽然各类层次的人才培养在省域层面和多数区域层面上与三大产业之间具有很强的相关性，但在个别区域则有所差异——或者因缺少研究生培养资格而无法为所在区域提供具有研究生学历的人才，如粤北；或者因受区域内本科学校数量及人才培养规模所限，无法适应本区域产业结构调整升级对各层次人才需求量激增的态势，如深圳市。因此，在本科教育资源与投入有限的情况下，如果不及时地大力地调整人才培养的学科专业及层次结构，本科学校结构、布局与产业结构之间的相关性会进一步弱化。

二、广东省本科学校结构、布局与未来区域经济社会发展适应性研究

（一）本科学校结构、布局与未来人口趋势的适应性分析

1. 基于本科学校校均高等教育学龄人口数[①]的分析。本科学校校均高等教育学龄人口数，即每所本科学校对应高等教育学龄人口数越高，说明高等教育学龄人口本科入学率越低，反之越高。

从全省层面看，本科学校校均高等教育学龄人口数[②]在2005—2021年间呈下降趋势，2021年后又开始上升；2015—2024年本科学校校均高等教育学龄人口数在2.77万—3.76万人之间。假定2014年之前广东省本科学校数量尚能保证高等教育学龄人口本科入学率逐年上升，则从2015—2024年间广东省本科学校校均高等教育学龄人口的最高值（3.76万人）仍低于2014年之前的数值来看，本科学校数量可以适应未来人口发展的趋势；但仍高于我国东、中、西部和东北地区（实际上这一状况在2011年已出现），尤其是远高于我国东部以及东北部地区的平均水平（东部地区一般在1.14万—1.64万人之间，中部地区一般在2.40万—2.65万人之间，西部地区一般在2.19万—2.73万人之间，东

---

① 本科学校校均高等教育学龄人口数等于高等教育学龄人口数除以本科学校数。
② 本报告以1993—2012年广东省各地市小学招生数作为2005—2024年高等教育学龄人口的统计基数；2015—2024年本科学校数以2014年本科学校数计，依此对本科学校数量能否满足高等教育学龄人口本科教育需求进行趋势分析。

北地区一般在1.74万—0.91万人之间）。如图1所示。

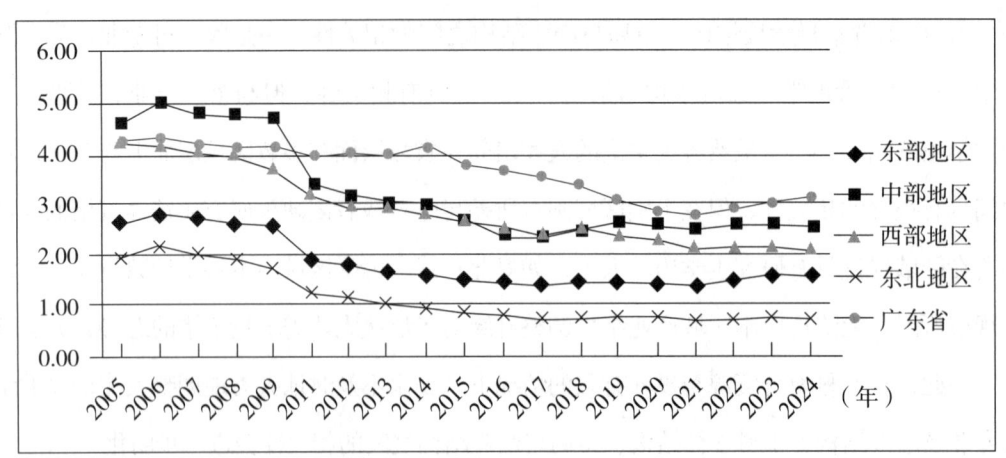

注：缺2010年数据。

图1　全国主要区域及广东省本科学校校均高等教育学龄人口数（2005—2024年）（单位：万人）

从各区域及深圳市层面看，除了珠三角本科学校校均高等教育学龄人口数低于全省平均水平外，粤东、西、北地区和深圳市均高于全省平均水平（见图2）。

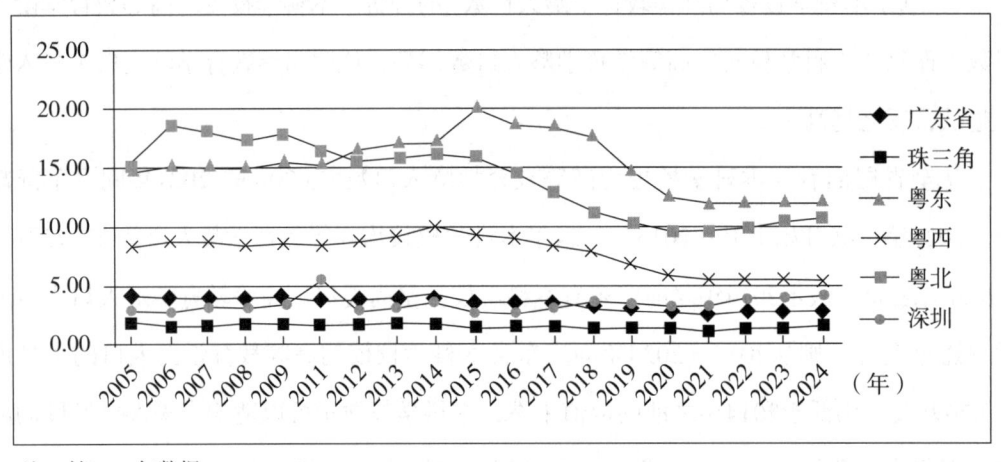

注：缺2010年数据。

图2　广东省本科学校校均高等教育学龄人口数（2005—2024年）（单位：万人）

因此，在保持现有本科学校数量不变的情况下，广东省高等教育学龄人口的本科入学率将远远低于我国东、中、西部和东北地区。如果要在2024年分别达到差距相对较小的中、西部地区2024年的平均水平，需分别新增本科学校10所、20所；要分别达到差距较大的东部和东北地区2024年的平均水平，需分别新增本科学校43所、143

所。可见,广东省本科学校数量缺口仍然比较大,对粤东、西、北地区而言缺口更是巨大。

2. 基于每万常住人口拥有在校本科生数的分析。2013年,广东省每万常住人口拥有在校本科生89.21人,而北京为232.52人、天津为219.54人、上海为150.20人,山西、辽宁、吉林、黑龙江、江苏、浙江、福建、江西、湖北、海南、重庆、陕西、甘肃等省(市)也均在100人以上,都高于广东省。

从各区域及深圳市层面看,2013年每万常住人口拥有在校本科生数珠三角最高,为94.03人,可勉强达到我国中等水平,但深圳仅为25.86人;粤东、西、北地区偏低,粤西略接近2013年新疆(66.84人)、西藏(68.55人)、青海(57.63人)的水平,粤北较低、粤东最低,表现出本科学校数严重不足(见图3)。

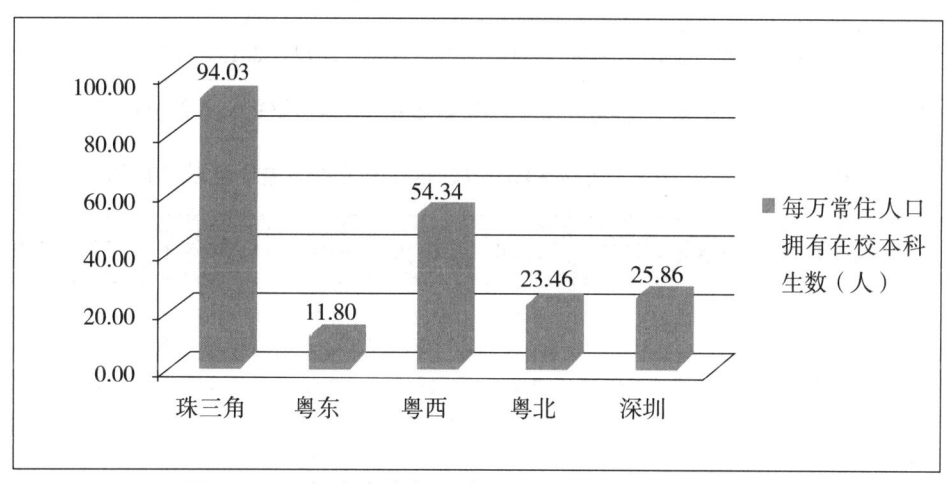

图3　2013年广东省每万常住人口拥有在校本科生数

因此,从每万常住人口拥有在校本科生数来看,广东省本科学校数与未来人口发展趋势具有较大不适应性,特别是深圳市。

(二)本科学校结构、布局与未来经济规模的适应性分析

1. 基于本科学校校均GDP[①]的分析。从全省层面看,本科学校校均GDP在2005—2013年间一直保持增长态势,远高于我国东、中、西部及东北地区(见图4),分别是东

---

① 本科学校校均GDP等于GDP除以本科学校数。

中、西部及东北地区的1.64—1.77倍、2.28—2.59倍、2.56—3.13倍、3.02—3.28倍之间（见表7）。由此可见，广东本科学校数相对于经济规模发展而言一直处于偏少的状态。伴随着未来广东经济规模的良好发展势头，本科学校数量将表现出极大的不适应性。

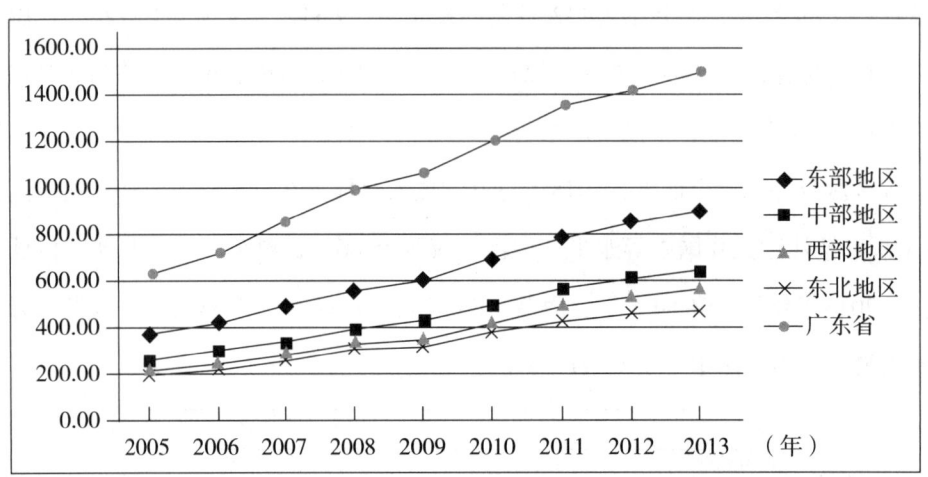

图4　2005—2013年全国主要区域及广东省本科学校校均GDP（单位：万元）

表7　2005—2013年广东本科学校校均GDP为我国主要区域的倍数

	2005年	2006年	2007年	2008年	2009年	2010年	2011年	2012年	2013年
东部地区	1.69	1.71	1.75	1.77	1.74	1.73	1.70	1.64	1.66
中部地区	2.51	2.48	2.59	2.55	2.48	2.42	2.40	2.28	2.33
西部地区	3.00	3.13	3.09	2.94	3.01	2.81	2.63	2.59	2.56
东北地区	3.25	3.23	3.28	3.15	3.26	3.13	3.13	3.02	3.17

从各区域及深圳市层面看，2005—2013年本科学校校均GDP整体都呈增长态势，珠三角略高于全省总体水平，其中深圳是全省总体水平的4.54—7.90倍；粤东始终高于全省总体水平，粤北在2006年后高于全省总体水平，粤西则一直低于全省总体水平。同时，粤东、西、北地区本科学校校均GDP都高于我国东、中、西部及东北地区和北京、上海、江苏、浙江等省（市）。这表明，广东省各区域及深圳市本科学校数量相对于经济规模发展而言均显不足，如果本科学校数量没有得到明显增加，则与未来经济规模的不适应性将更加明显。参照我国东、中、西部及东北地区2013年校均GDP水平，广东省

本科学校数量可新增20—147所，其中粤东可新增3—11所、粤西可新增1—11所、粤北可新增2—10所、深圳可新增6—20所。

2. 基于每亿元GDP负担在校本科生数的分析。2005—2013年，广东省每亿元GDP负担在校本科生数仅为15.28—19.00人；虽然我国东、中、西部及东北地区每亿元GDP负担在校本科生数呈下降趋势，但广东仍低于我国东、中、西部及东北地区，特别是与中、西部及东北地区差距较大。可见，广东省在校本科生规模相对于经济规模发展而言偏小，整体上未适应经济规模的发展；特别是近年来广东省每亿元GDP负担在校本科学生数不仅无明显增长而且还略有下降，这将使得在校本科生规模与未来经济规模发展的不适应更加显著（见图5）。

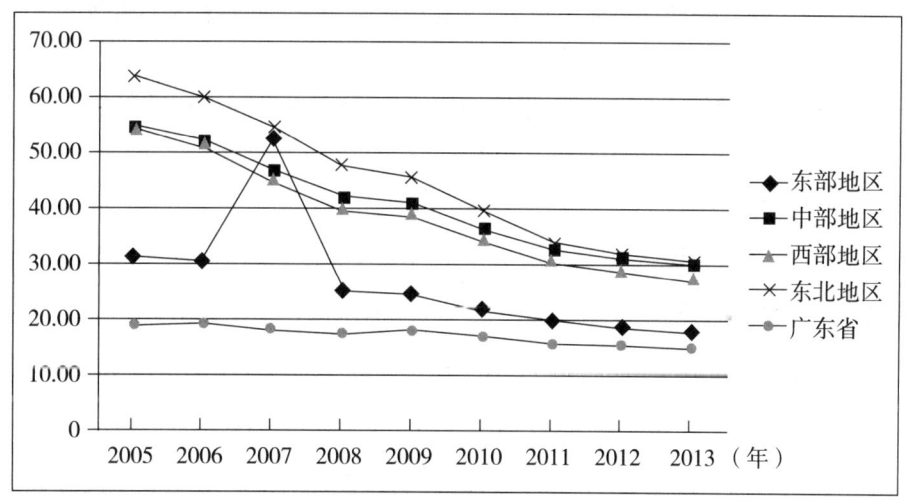

图5　2005—2013年全国主要区域及广东省每亿元GDP负担在校本科生数（单位：人）

从各区域及深圳市层面看，2013年每亿元GDP负担在校本科生数，只有粤西超过全省总体水平，但仍低于我国中、西部及东北地区；珠三角略低于全省总体水平，但深圳市仅为1.90人；粤东、北地区都在10人以下，粤东地区还不到5人，与我国东、中、西部及东北地区有较大差距。这表明，珠三角和粤东、西、北地区的在校本科生规模与经济规模发展有较大的不适应性；经济发达的珠三角在校本科生规模还有较大的提升空间；粤西可适当放缓在校本科生规模的发展；粤东、北地区在校本科生规模仍需着力提升；深圳市应大力扩大在校本科生规模（见图6）。

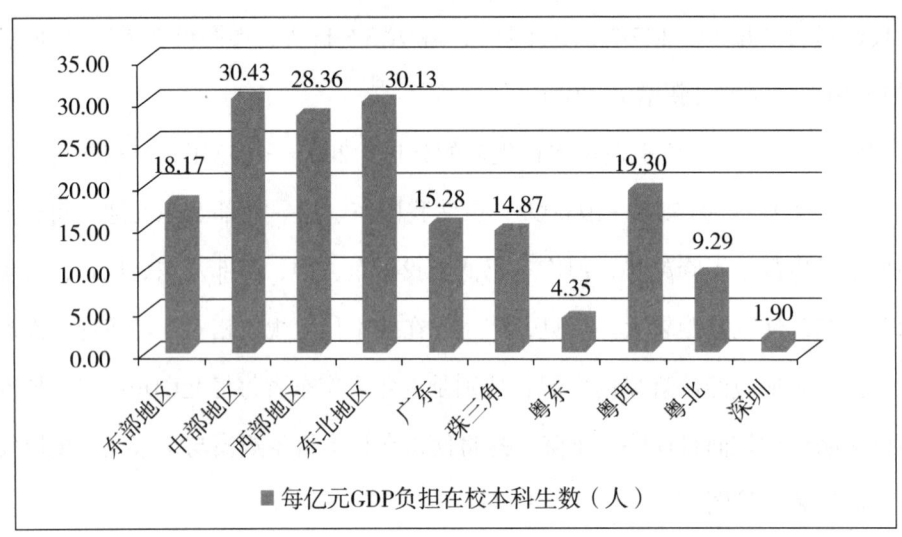

图6 2013年全国主要区域及广东省每亿元GDP负担在校本科生数

（三）本科学校结构、布局与未来区域产业结构、水平的适应性分析

1. 基于层次布局结构的分析。根据《广东省现代产业体系建设总体规划（2010—2015年）》，广东省将围绕建设现代产业体系的目标定位，培育发展战略性新兴产业，构建以现代服务业和先进制造业为核心的六大主体产业，力争到2020年战略性新兴产业、现代服务业、先进制造业、高新技术产业和优势传统产业增加值占GDP比重分别达到10%以上、34%、23%、12.5%和约13%，现代产业体系基本形成。

在人才需求方面，高新技术产业和战略性新兴产业发展将对具有交叉知识的科技研发人才的需求逐步增加，先进制造业、现代服务业和传统优势产业对具有一线工作技能、服务意识和服务能力强的应用型人才的需求将逐步增加。可见，未来广东既需要更多数量的研究型大学，也需要大量的应用型本科学校。然而，广东省本科学校不仅占全省高等学校的比例低于全国，而且"985工程""211工程"等高水平大学占本科学校的比例也低于全国平均水平，差距均接近4个百分点，这两方面与北京、上海、江苏、陕西、湖北等高等教育发达省（市）相比更是差距甚大。由此，也导致广东省本科尤其是高层次人才培养规模偏小。从2013—2014学年在校研究生、本科生占在校生（指高等学校全日制在校生，下同）比例看，除了粤西在校本科生占在校生比例高于全国平均水平外，广东省及其各区域整体上均低于全国平均水平，不但与当前广东省经济地位不相适应，更使得未来产业转型升级后继乏力（见图7）。例如，深圳市目前仅有3所本科学校，其中包括了近三年新建的南方科技大学和香港中文大学（深圳），为此全市每年要从外地引进约4万名大学毕业生，其中市外院校理工类毕业生约占深圳市接受理工类毕业生总数的90%。

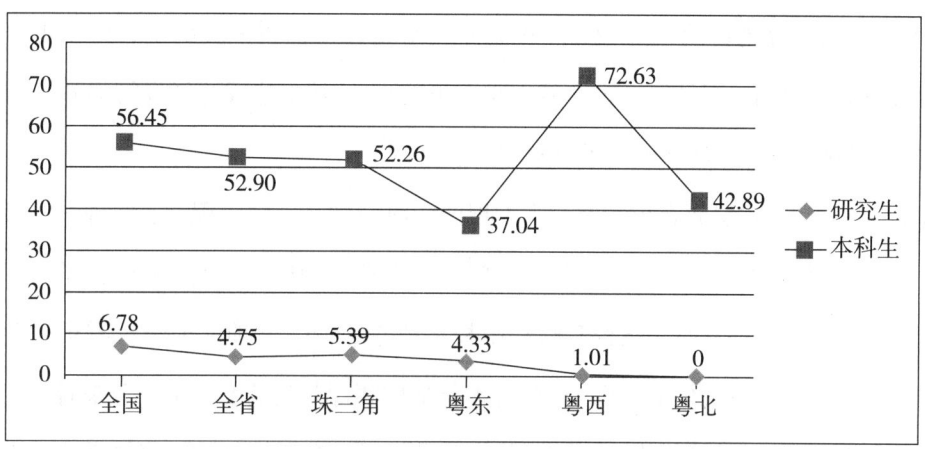

图7 2013年广东省在校研究生、本科生占在校生比例与全国比较（单位：%）

如果以生产总值比例作为本科学校设置依据，在全国本科学校、"985工程"和"211工程"高校数量以及校均规模不变的情况下，广东省需新增本科学校约54所，其中珠三角及粤东、西、北地区需分别新增41所（含深圳需新增18所）、5所、4所和4所；高水平大学需新增约9所，其中珠三角需新增6所，粤东、西、北地区各需新增1所。

2. 基于类型布局结构的分析。从全省层面来看，1978年以来，广东省第一产业比重逐步下降、第二产业比重基本稳定，呈现出徘徊、下降、上升交相替代且在一个狭窄区间波动的状态；第三产业比重基本呈逐年上升的趋势，2013年首次超越第二产业，三次产业按照"三、二、一"方向发展。根据发展趋势，预计2015—2030年间广东省第一、第二产业比重仍将逐步降低，第三产业比重将进一步提升。

在区域产业结构上，珠三角第三产业发达，占比超过50%，其中深圳市达到56.54%，粤东、西、北地区第一产业和第二产业所占比重相对较大。根据相关规划[①]，到

---

① 《珠江三角洲地区改革发展规划纲要（2008—2020年）》《关于推进产业转移和劳动力转移的决定》《关于进一步促进粤东西北地区振兴发展的决定》《粤东地区经济社会发展规划纲要（2011—2015年）》《粤西地区经济社会发展规划纲要（2011—2015年）》《粤北地区经济社会发展规划纲要（2011—2015年）》《广东海洋经济综合试验区发展规划》等。

2020年珠三角服务业增加值比重达到60%，先进制造业增加值占工业增加值的比重超过50%，高技术制造业增加值占工业增加值的比重达30%，劳动密集型产业比重显著下降；粤东、西、北地区将积极承接珠三角产业转移，形成一批布局合理、产业特色鲜明、集聚效应明显的产业转移集群。由此可见，未来珠三角第三产业的比重将不断提升，粤东、西、北地区第二产业将不断显示优势地位。值得一提的是，广东省海洋经济将在2015年达到1.5万亿元，占全省GDP总量的1/4，基本建成海洋经济强省；到2020年，全省实现建设海洋经济强省的战略目标。

因此，未来全省层面高校需要大力发展的学科门类是工学、理学、管理学、经济学和文学。珠三角未来几年最需扩大的学科门类为文学、管理学、理学、经济学、工学，对应的学校需求类型为理工院校和财经院校；粤东、西、北地区的学校需求类型则以理工院校为主。2013—2014学年，从全省本科学校共计开设的2370个专业来看，工学专业数量最多，其次为管理学专业，之后依次为艺术学、理学、文学、经济学、医学、法学、教育学、农学、历史学、哲学专业；在校本科生94.96万人，按规模排序依次是工学、管理学、文学、经济学、理学、医学、艺术学、法学、教育学、农学、历史学和哲学。仅从专业设置和在校本科生比重看，基本符合产业发展需求，但艺术学、法学和教育学的专业占比和在校生占比都过大（见图8）。

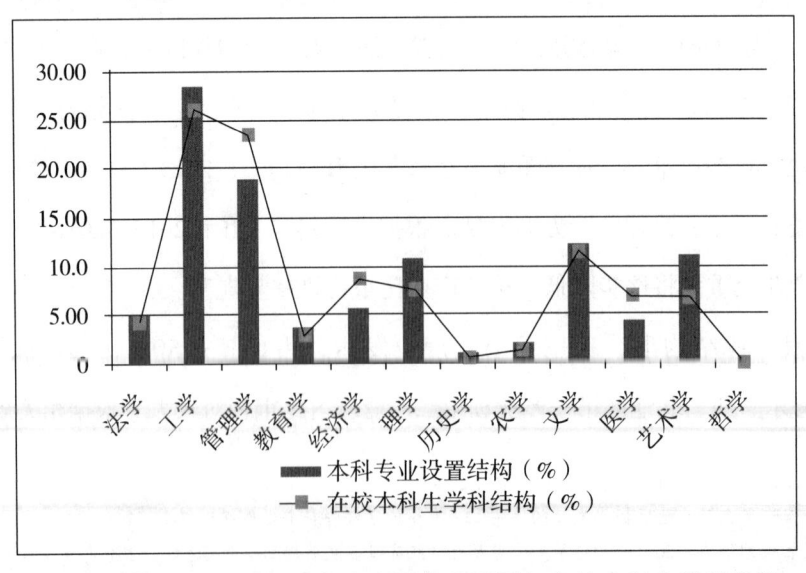

图8　2013—2014学年广东省本科专业设置与在校本科生学科结构

在区域层面，2013—2014学年，珠三角本科专业按照设置比例排序依次为工学、管理学、艺术学、文学、理学、经济学、医学、法学、教育学、农学、历史学和哲学等专业，在校生规模除文学、经济学、艺术学、理学依次排在管理学之后，其他学科与其专业设置比例排序相同。从产业发展角度看，存在艺术学和教育学培养规模过大的问题，其专业设置和在校生规模比例分别达到10.82%和6.53%、3.06%和2.22%。粤东第二产业发展所需的工学、管理学、经济学专业设置比例过低，分别仅为18.99%、11.39%和3.80%，而文学、艺术学、教育学和历史学专业设置比例过高，分别为17.72%、13.92%、6.33%和1.27%，与此相对应，其人才培养规模难以适应地区第二产业发展需求。粤西经济学培养规模过小，专业设置比例仅为2.79%，而医学、艺术学和教育学专业设置比例过高，分别为6.98%、11.63%和6.51%。粤北工学、经济学培养规模较小，专业设置比例分别为23.08%和1.71%，而艺术学、教育学专业设置比例过高，分别为14.53%和8.55%，师范类在校本科生比例高达92.24%。

（四）小结

1. 人口是决定本科学校数量、在校本科生规模与布局的主要因素之一。在广东，无论是从本科学校校均高等教育学龄人口数还是从每万常住人口拥有在校本科生数来看，本科学校都表现出与未来人口发展趋势的不适应性，特别是对于目前本科学校偏少的粤东、北地区而言更是如此。如果考虑到除人口之外的与高等教育发展相关的其他因素，如高等教育入学年龄的放宽、高等学校招生政策的变化、高等教育毛入学率的现代化指标等，广东省本科学校数量与人口规模的不适应性将更加明显。

2. 从珠三角和粤东、西、北地区的本科学校校均GDP和每亿元GDP负担本科学生数来看，各区域的本科学校和在校本科生规模都有进一步增长的空间。因此，在未来本科学校结构、布局上，应充分考虑区域经济规模的承受能力，使区域本科学校数和在校本科生规模都能处在一个较为合理的范围内。

3. 在省域层面，适当需要增加高水平研究型大学和应用型本科院校，建型学校应以工学、管理学、理学、文学、经济学等学科门类为主，着力控制艺术学、教育学等学科培养规模。在区域层面，珠三角本科学校设置应该着力提高办学层次，尤其是深圳、珠海等中心城市要注重高端发展；珠三角及粤东、西、北地区新增本科学校应以理工院校、财经院校为主。考虑到海洋产业在广东省经济发展中的重要性，应在广州、深圳、珠海、汕头、惠州、湛江等市择地再建1—2所以海洋学科专业为主体的海洋院校，满足海洋经济强省建设对高层次涉海人才、智力、科技的需求。

三、广东省本科学校结构、布局调整优化的对策建议

通过上述分析，我们认为广东省本科学校结构、布局存在一系列突出问题，面临严峻挑战，主要有三个方面：一是全省高等学校生均预算内教育事业费连续多年保持在全国前列（2008年以来均排名全国前6位，比广东排名靠前的仅有北京、上海、天津、新疆、西藏），本科学校校均GDP远高于我国东、中、西部及东北地区平均水平，财政保障扎实，但每万常住人口拥有在校本科生数、每亿元GDP负担在校本科生数却排名全国倒数，与巨大的人口基数和较高的经济发展水平相比，本科学校资源尤其是优质资源仍然相当短缺；二是目前全省高校与经济社会发展特别是现代产业体系建设和转型升级急需学科专业如工学教育规模比重仍然低于全国平均水平，本科学校学科专业结构仍不合理、不协调、不适应；三是从珠三角和粤东、西、北地区高等学校尤其是本科学校发展的整体情况来看，本科学校区域发展不合理、不协调情况仍然突出。因此，必须坚持不懈、科学合理地做好广东高等学校尤其是本科学校结构、布局调整优化相关工作。

（一）基本原则

1. 坚持统筹规划，按需设置。根据全省及各区域未来经济社会发展需要和人口变化趋势，统筹规划本科学校的新建、更名、合并、分立、转设和退出。妥善处理好存量与增量、规模与条件、当前与长远、发展与效益的关系。以加快建设现代职业教育体系为契机，加大对区域内高等教育资源整合力度，从严控制起点低、一般性的高等职业学校的设立，鼓励办学思想端正、实力强的举办者兼并重组办学水平低的高等职业学校，政府和有关社会力量集中更多资源发展适应全省及区域经济社会需要的本科学校，既要有一批能直接对应产业、适应现代职业教育体系建设需要的应用型本科学校，也要培育

更多国内一流、国际知名的学术型高水平本科学校。

2. 坚持因地制宜，分类指导。遵循高等教育发展规律和经济社会发展规律，充分考虑全省各区域的人文环境、财政能力、智力资源、产业支撑等因素所构成的本科学校结构、布局调整优化的需求指数，因地制宜制定不同区域的本科学校结构、布局调整优化方案，着眼于较大区域而不谋求每个地级市不顾条件地都设立本科学校，努力使本科学校设置与区域功能定位、产业结构调整、人才发展需求相协调，与区域经济社会发展水平、财政投入能力相适应，以确保本科学校能够办得好并能充分发挥适应、支撑、引领区域经济社会发展的战略作用。

3. 坚持政府主导，多元主体参与。既要充分发挥省级政府统筹作用，通盘谋划和推进全省高等教育规模、结构、质量、特色、效益协同发展，又要充分发挥地方政府发展高等教育的积极性和主动性，切实保证教育的刚性投入，不断提升高等教育发展保障水平。同时，还要突破各种政策壁垒，积极探索混合制、股份制办学体制，推进实力强大的行业企业兴办本科教育，引进国外高水平研究型大学、应用技术大学合作举办独立设置的本科学校。

（二）主要策略

1. 珠三角要以服务先进制造业、现代服务业和战略性新兴产业发展为导向着力办好高水平大学，同时要新建一批小而精的特色本科学校，构建以广州（辐射佛山和肇庆）、深圳（辐射东莞和惠州）和珠海（辐射中山和江门）为中心的现代高等教育体系。第一，总体上应新增20所左右以理工类、财经类为主的本科学校（不含深圳市），其中珠海、中山、惠州等经济发达、本科学校较缺乏的中心城市应新建或由独立学院转设多所本科学校，同时鼓励支持其他市按需新建或转设应用型本科学校。第二，鉴于区域内土地资源相对紧张，新建本科学校应主要定位于规模较小、富有特色、学科专业与区域主体产业群关联紧密的特色本科学校。这种特色本科学校，一要突出需求导向，学科专业设置和人才培养要求与经济社会发展及市场需求对接匹配；二要突出专业导向，按照"小而精"的原则，坚持特色化、专业化发展；三要突出开放导向，引进国内外一流高等教育资源，吸引国内外一流人才，借鉴国内外先进的办学、教学和管理经验，加快成长步伐。第三，继续加大资源投入和政策支持力度加快高水平大学建设。努力将中山大学建设成为国内一流国际先进的高水平研究型综合性大学，将华南理工大学建设成为国内一流世界知名的高水平研究型理工类大学，将暨南大学、华南师范大学、华南农业大学、南方医科大学、广州中医药大学、广东工业大学、广东海洋大学等建设成为办学特色明显、具有全国影响力的研究型大学，将南方科技大学建设成为国际化特色突出的研究型大学。第四，广州要下定决心积极推动和支持所辖区域内的省内知名本科学校与世界排位前200名的高水平大学合作举办独立设置的本科学校或二级学院。

2. 粤东、西、北地区应根据区域经济社会发展战略、条件和能力统筹举办若干所高起点、有特色的应用型本科学校，构建以汕头、湛江、韶关为中心、辐射周边城市的高等教育体系。第一，粤东以汕头市为中心，以服务汕、潮、揭产业一体化发展为目标，重点新建包括广东以色列理工学院（汕头）、中德应用技术大学（揭阳）在内的5所左右的理工类本科学校，其学科专业设置以能源与动力工程、航海技术、海事管理、轮机工程技术、船舶工程技术、航道工程技术、油气勘探和开采技术、石油化工、渔业综合技术、旅游管理等为主，现有本科学校要逐步减少学前教育、小学教育、外语、艺术等专业招生规模。第二，粤西以湛江市为中心，根据粤西城市群经济社会及产业发展实际需要，新增1—3所应用型本科学校，在适当控制新增数量的同时，把工作着重点放在学科专业调整优化和扩大办学空间上。在积极巩固提升已有专业特色的基础上，着重发展与钢铁、石化、能源、海洋运输、海洋生物等产业相关的冶金工程、金属材料工程、化学工程与工艺、过程装备与控制工程、油气开采与储藏技术、材料（成型、高分子）、临床医学、医学检验、水产养殖、海洋地质和矿产、海洋工程、海洋文化旅游、船舶工程等学科专业，可建1所以上与这些学科专业密切相关的理工类本科学校，同时充分发挥现有的广东海洋大学、广东石油化工学院、广东医学院的作用，注意加快扩大广东石油化工学院办学空间。第三，粤北以韶关市为中心，把握振兴粤北的重大机遇，着力培育若干所理工类和财经类本科学校，学科专业设置以冶金工程、材料成型、金属材料工程、机械制造、车辆工程、电气工程、汽车服务工程、农产品加工、旅游管理等为主，逐步减少文学、法学、经济、教育、历史、艺术、计算机、外语等专业设置。

3. 深圳市应以更长眼光、更大魄力、更强举措、更多形式举办本科学校。根据深圳市经济社会发展需要,在未来一个时期,深圳市应新增15所左右的本科学校,其中既要优先发展若干所起引领作用的高水平研究型大学,又要着力建设一批应用型本科学校,加快扩大本科教育和研究生教育规模。第一,积极推进北京大学深圳研究生院、清华大学深圳研究生院、哈尔滨工业大学深圳研究生院招收本科生并逐步扩大规模。第二,积极引进国内高水平大学到深圳举办研究生院、分校或整体搬迁某个学科来举办特色学院,重点推进在生物、互联网、新能源、新材料、文化创意、新一代信息技术等战略性新兴产业和医疗卫生、环境保护、金融等深圳经济社会发展需要的重要领域特色学院建设。第三,创新体制机制,创造引进世界高水平大学合作办学的良好条件,在加快香港中文大学(深圳)、深圳北理莫斯科大学建设步伐的同时,再引进2—4所国(境)外知名大学来深圳合作办学。本科学校设置应主要定位于发展小而精的特色本科学校。

研究和解决广东省本科学校结构、布局问题,既需要加强省级政府统筹,勇于改革、大胆创新,调动一切积极性、主动性和创造性,也需要国家层面的政策支持。

广东国际化人才培养的态势与应对策略研究*

当今世界竞争的根本在教育，核心在人才，关键在科技，国际化人才竞争日益成为决定各国走向世界命运极其重要的因素。随着经济全球化深入发展和国际竞争日趋激烈，我国国际化人才短缺的问题日益凸显。这种国际化人才短缺的问题于广东尤甚，因为广东历来对外交往频繁，经济对外依存度高，进出口贸易消长在全国具有举足轻重的影响，但目前高素质国际化人才供不应求。在经济发展新常态下，推进广东经济结构战略性调整，加快形成更具国际竞争力的开放型经济体系，实现由要素驱动向创新驱动转变，是实现"三个定位，两个率先"目标极其重大的课题。由此，我们不得不清醒把握当今国际化人才竞争的背景、现状和趋势及其规律特点，不得不理性审视广东国际化人才培养的现状与趋势、做法与成效、优势与不足，加快实施国际化人才培养战略。

一、先进国家国际化人才培养的战略举措

目前，国内外学术界还没有形成一个关于国际化人才的统一、明确、清晰的定义。笔者认为，国际化人才是一个变化发展的概念，在不同国家和地区、不同经济社会发展水平、不同历史时期具有不同的内涵与外延。总的来说，可以把国际化人才理解为具有较广国际视野、较强民族责任感、较强外语应用能力、较强跨文化沟通能力，熟悉本行业国际惯例与规则、掌握本行业国际发展态势、可以参加本行业国际交流合作，能促进一个组织在国际竞争中获得并保持竞争优势的人才。

随着国际经济、政治、文化、科技、军事等的联系和交往日益频繁，各国对国际化人才的需求不断增长，许多先进国家多年来极为重视制定和调整优化国际化人才培养战

---

* 本文原发表于2016年第4期全国中文核心期刊《高教探索》（广东省高等教育学会主办）。

略，保持着甚至扩大了参加国际交往和国际竞争的优势和主动权。概括起来，先进国家加强国际化人才培养的战略举措主要体现在四个方面。

（一）把国际化人才培养上升为国家战略

先进国家特别是发达国家更早经历国际竞争，充分认识到培养国际化人才的战略意义，将此视作开发国际资源、维护国家利益、提高国际竞争力的重要途径。[1]积极以立法的形式保障国际化人才培养是发达国家培养国际化人才的重要特征。20世纪以来，美国政府一直将国际化人才培养作为其全球战略的重要组成部分。美国教育委员会指出，美国的未来取决于我们是否有能力开发民众的国际能力，美国在世界上的地位将决定我们的社会——它是否自强（Competent）、自在（Comfortable）和自信（Confident）。[2]1958年，美国国会通过《国防教育法》，从法律和经济方面支持加强技术教育，加强数学、自然科学和外语在教学中所占的分量，支持高等学校课程国际化；1966年，颁布《国际教育法》，向高校及有关机构提供资助以发展国际教育，增强美国进行国际教育合作的能力，建立国际理解桥梁[3]；2007年，通过《2007年大学机会法》，在加强国际教育方面规定扩大联邦学术竞争补助款计划之补助对象，包括学习关键外语第3、4、5年者，同时规定加强外语与区域研究奖助计划，经费用于赴海外研修外国语言及文化课程[4]。在政府有关政策和法律支持下，一系列国际教育交流项目得以规划和实施，如"富布莱特项目""富布莱特—海斯项目""本杰明·吉尔曼国际奖学金项目"，等等。[5]政府部门实施的交流项目之外，还有众多基于高等学校的协会或联合会推进的国际化项目，如美国教育协会（ACE）设立的"国际行动中心"等。[6]

20世纪60年代中期后，日本政府不断重视提高本国培养人才的国际化水平。到了1983年，文部科学省成立专为内阁提供留学生政策咨询的21世纪留学生政策委员会。该委员会于成立的当年就提出《关于21世纪留学生政策的建议》，在阐明互换留学生对提高派遣国和接受国双方教学和科研水平、促进互相理解和合作均具有重要意义的同时，提出面对赴日外国留学生逐年增长的趋势所应采取的配套措施。[7]其后，日本相关政府部门主要是文部科学省发布了诸多推进高等教育国际化的研究报告及政策建议。到1998年后，日本高等教育国际化达到相当高的水平。文部科学省和经济产业省都认为，处于国际竞争激烈的环境下，加强产学合作，共建学科专业，进而更好培育国际化优秀人才，应当成为日本提升国际竞争力极其重要的课题。2011年度日本投入112亿日元联合东京大学、早稻田大学等12所知名研究型大学与16家顶尖商社和制造业、运输业等领域大企业共同推动优质教育与高新技术研发，以培养足以立足世界与应对国际竞争的国际化人才。[8]为培养更多优秀国际化人才，日本于2014年春季在全国指定100所高中为"超级全国际化学校"，并表示将在下一年度的预算中支出20亿—30亿日元，作为项目学校的留学事务经费和人员开支费用。该项目旨在"建立全新高中，培养能迎接世界挑战的全球领袖"[9]。

（二）以学校教育为重要平台助推国际化人才培养

世界各国在培养国际化人才方面，普遍强调发挥学校教育的作用。因为，学校教育从小学到大学，时间长达十几年，是每个人接受正规而系统的教育极其重要的阶段，学校自然应该是国际化人才培养的重要基地。在学校教育中植入国际化人才培养理念和内容，普遍提高社会基础人群的国际化意识和国际交流合作能力，可以为培养造就高端国际化人才打下坚实基础。[10]1993年克林顿政府颁布《美国2000年教育目标法》，提出到2000年的8项教育目标，包括通过国际交流，提高学生的全球意识、国际化观念；鼓励学生到国外学习；支持各级教师、学者和其他个人的国际交流活动；扩大和加强外语教学，提高教学质量，加强美国人对外国文化的深刻了解，等等。[11]韩国政府1995年实施新的教育改革，将教育开放视为增强教育国际化和提升国际竞争力的契机，出台目的指向"造就能够引导国际化潮流的人才"的教改方案，期望通过加强国际理解教育，使学生成为具有韩国传统性和国际普遍性的合格人才；加强外语教育，以使韩国公民从小具备对外交流和与外国人打交道的语言能力和基本常识；推广"一学期海外实习制度"，让学生在国外拿学分，促进提高学生的国际化意识[12]。

先进国家历来重视吸引外国留学生。美国在这几十年中始终加强对国际学生的吸引力，是世界上接受留学生最多的国家。这些年，美国采取的举措多种多样，如逐年增加H-1B签证数量、设立大学科研奖学金、提供充足的科研经费和良好的工作环境、对从事高科技开发的技术人员提供高薪等，助力保持全球最大的留学生接收国的地位。[2]

2014年耶鲁大学、杜克大学和斯坦福大学国际学生的比例分别达到36.24%、18.49%和22.98%。与此同时,美国也积极鼓励本国大学生到海外学习。英国、德国、法国、澳大利亚等也是如此,均拥有外国留学生数十万人。日本、韩国、新加坡等在本世纪以来也都制定实施吸纳外国留学生的具体计划。

(三)以跨国企业为依托培养国际化实用人才

日本政府注重依托跨国企业进行国际化人才培养。在这当中,许多跨国企业以培养国际化人才为目标,佳能公司的行为指南的第一条,就是奉行国际人主义,即理解异国文化,努力成为诚实而有活动能力的国际人;许多跨国企业建立了比较完善的国际化人才培养体系,如日本电气公司开设国际培训中心,对企业员工进行语言、国际商务、国际管理、海外工程项目等培训,既培养了国际化人才,又加快了公司国际化进程。日本还对驻外人员进行语言培训、国际实务培训、国际经营培训,形成较为完备的国际培训体系。[13]其他先进国家也普遍利用跨国公司吸引和使用人才,或扶持本土企业通过在海外设立子公司、技术研发中心等办法猎取高级人才。

(四)以海外培训或就业为手段进行国际化人才培养

新加坡充分利用华人占总人口近75%的优势,把政府部门官员和经济学家派到中国的政府机构、企业和科研院所,用1年时间学习经济事务和中国语言,用4—5年时间培养数百名精通中国问题的国际化人才。[14]印度政府把人才跨国就业作为培养国际化人才的重要渠道,几十年来印度的大学生借助语言优势,可以自由地到国外去求职,正是这些在国外经受过锻炼的所谓"外流人才",为印度的软件业发展作出了巨大贡献。[15]

二、广东国际化人才培养的状况与趋势

改革开放以来,广东培养国际化人才,得益于全面贯彻改革开放政策,得益于教育系统充分借助毗邻港澳的优势,积极探索国际化人才培养模式,持续推进教育团组互

访、留学人员互换、研究学者交流、国际学术研讨、合作办学等重点领域工作。教育系统特别是高等学校已经成为培养国际化人才的主力军,一批批国际化人才成长起来,不断巩固提高和拓展深化广东的改革开放和现代化建设。广东的国际化人才培养,既遵循了人才培养的一般规律,又具有鲜明的广东特色。

(一)国际化人才协同培养机制逐步建立

以往的人才培养大多采用单一培养机制,随着经济社会发展,此种培养机制逐渐暴露出较多的弊端,而协同培养机制由于将相关的培养单位、培养资源纳入进来,能够集中多方力量共同致力于国际化人才培养,确保所培养人才既拥有较丰富的理论素养又具有较强的转化知识能力,因而逐渐成为培养国际化人才的主流。2013年以来,省教育厅先后会同省农业厅、林业厅、质量技术监督局、海洋渔业局出台一系列国际化专业人才培养意见,同时推动政府、高校、企业、行业协会建立国际化专业人才培养联盟,如省教育厅与省质量技术监督局在2013年制定《关于加强高校标准化人才培养工作的意见》,共同着力培养能够参与国际竞争、熟悉WTO/TBT规则和国际贸易谈判技巧、赢得国际活动话语权的人才。

(二)国际化课程体系和教学模式逐渐成型

借鉴国外先进教育理念和教育教学内容,各高校将国际的、跨文化的先进教育教学内容引入有关专业教学、科学研究、社会服务之中,构建与国际接轨的课程体系和教学模式,促进前沿科技成果和科学文化知识及时补充、融入课程教材体系当中,丰富国际理解教育内容,加强国际化素质与竞争力培养,适应培养国际化人才的要求。如广东外语外贸大学坚定不移地实施国际化人才培养战略,以培养"全球化高素质公民"为目标,通过大力构建国际化课程体系和教学内容、创建国际化人才培养基地、改革人才培养方案、创新人才培养模式、拓展国际交流与合作等途径,扩大国际项目覆盖领域,提高国际交流合作层次和水平,提升国际影响力。此外,义务教育、高中阶段教育正在逐渐重视国际理解教育,部分高中开设国际课程,培养学生尊重和理解其他国家及民族文化的精神素养;本土高校与国外名校合作办学,通过国际学分互认等方式实施交换学生培养计划或开设相关课程，培养能以国际话语、国际规则去处理国际事务或参与国际合作竞争的人才，同时将成功做法、先进经验加以推广转化，促进自身人才培养模式改革，强化学生国际化实践教育，依托包括外资企业在内的行业企业建立一批具有国际化背景的实习基地，培养和提高学生的国际意识、民族责任感和国际专业知识、国际文化知识，以及外语应用能力、多元文化理解能力、国际交往合作能力。

（三）中外高等教育交流合作进展明显

广东与美国、加拿大、英国、德国、日本、韩国、澳大利亚等国家和港澳台地区教育行政部门签署了10多项省级交流合作协议（备忘录），全省高校与世界各国及地区签署交流合作协议（备忘录）超过900份，高等教育对外开放合作新格局逐步形成。2013年，省政府出台《关于引进世界知名大学来粤合作举办独立设置高等学校的意见》，省财政每年设立专项资金2亿元，支持引进世界知名大学来粤合作举办独立设置的高等学校。2000年以来，继北京师范大学与香港浸会大学在珠海举办联合国际学院后，香港中文大学（深圳）、深圳北理莫斯科大学落户深圳，广东以色列理工学院落户汕头，中山大学与法国民用核能工程师教学联盟于2010年9月在珠海合作举办中法核工程与技术学院、与美国卡内基梅隆大学于2012年11月经教育部同意设立中山大学–卡内基梅隆大学联合工程学院，德国达姆施塔特工业大学IWAR研究所的合作项目落户揭阳，等等。此外，还有一大批中外合作办学项目和经常性的国际学术研讨活动取得显著效果。

（四）留学生教育规模逐步扩大

广东一方面大力推动青少年双向交流，另一方面积极采取优惠倾斜政策，鼓励扩大招收外国留学生来粤学习。2013年，省政府设立来粤留学生奖学金，每年奖学金总额为人民币800万元，仅2013年就有596名来粤留学生获得1万—3万元不等的奖学金。2016年计划安排1188万元资助905名来粤留学生。目前，全省有58所备案高校具备招收留学生资质，其中华南理工大学、广东外语外贸大学被列为全国首批来华留学示范基地。全省高校2015年共有留学生2.36万人，比2012年增长12.4%。

虽然近年来广东在培养国际化人才方面取得了相当大的成绩，但是，国际化人才培养是一项牵涉面广的战略性、系统性工程,仅有教育系统努力远远不够。目前广东国际化人才培养存在的不足主要表现在:还没有形成全社会共同培育国际化人才的格局,省级层面缺少国际化人才培养、引进和使用的战略规划;公民普遍缺乏国际视野和国际理解能力,相当一部分党政领导干部、经营管理者、社会工作者和学校领导缺乏国际化战略思维,对如何培养、引进和使用国际化人才还没有清晰的思路与策略;与发达国家相比,全社会外语水平普遍偏低,各领域高端国际化人才相当缺乏,难以满足拓展深化国际交流合作的需要;基础教育学校开设国际理解教育课程还处于比较自发的状态,高校学科专业课程建设未能更全面地与国际接轨,师资队伍国际化水平较低;国际化人才使用、晋升机制仍不健全。

"为政之要,唯在得人。"随着世界经济格局持续深刻变化,广东实现"三个定位,两个率先"目标,理所当然地要更加全面深入地融入世界经济体系,积极推进"一带一路"倡议支点、经贸合作中心和自贸试验区、珠三角金融改革创新综合试验区、珠三角国家自主创新示范区建设,把社会生产力的决定性因素如劳动力、机器设备、能源资源等实体资源为主转变为思想、知识、创意、科技、技能等智力资源与实体资源并重,全面深入实施创新驱动发展战略。要在现有基础上,深入实施科教兴粤、人才强粤战略,切实建立国际化人才培养战略,健全国际化人才培养体系,完善国际化人才发展激励机制,重才用才。这是广东充分把握参与国际经济科技文化竞争主动权,实现"三个定位,两个率先"目标不可或缺的重大抉择。

三、推进广东国际化人才培养的关键策略

适应国际经济合作和竞争局面深刻变化,着力优化对外开放区域布局、贸易布局和投资布局,构建开放型经济新体制和宽领域、多层次、高水平对外开放新格局,迫切需要确立政府、高等学校、行业企业作为国际化人才争夺、培养和使用三大主体的地位。这需要清醒审视国内国际形势变化发展,充分发挥比较优势,把握关键策略,做到开发国内人才市场与国际人才资源相结合、全面吸引与重点引进相结合、政策支持与市场配置相结合、政府主导与社会参与相结合,以加快契合广东经济社会发展的

战略布局。

(一) 树立全社会国际化人才培养战略

国际化人才培养是一个战略性、系统性工程，政府、社会、学校应充分认识全球力量深刻调整、跨国公司变化发展、生产活动分工合作、产业结构调整优化、生产要素流动配置、信息技术深刻变革、自由贸易区域分化组合、人力资本结构优化升级等一系列变革的深刻内涵，主动适应重要战略机遇期的需求，把培养国际化人才放到持续提升经济社会发展综合实力、国际竞争力的高度加以谋划和推进，一方面从省级及地级以上市、高校、大中型企业层面形成国际化人才培养规划体系，提供法规、制度、政策、经费保障，另一方面大力实施各级各类国际化人才培养工程，在各级各类学校建立相适应的国际理解教育课程、教材、教学和评价体系，提升中外合作办学层次和水平，培养学生的国际意识、国际视野和国际交往合作及参与国际竞争的能力。

(二) 充分发挥教育系统特别是高等学校国际化人才培养主力军作用

在全省中小学全面推行国际理解教育，建立健全课程、教材、教学和评价体系。着力推进各高等学校从自身的办学定位和人才培养目标出发，强化开放办学理念，全方位融入国际化教育元素，深化国际教育交流合作，积极参与国际竞争与国际评价，在师资队伍、人才培养、科学研究、教学管理等领域与世界一流大学和学术机构开展实质性合作。同时，采取国际联合办学、推动国际学生交流、国际合作科研等途径，积极引入国际化人才培养理念，整合国际化人才培养专业课程教材，大力发展留学生教育，强化外语教学，营造国际化校园环境，以学生国际交换培养、师资队伍国际化、中外合作办学为重要途径，以国际人才共性需求为教育内容关键指向，大力提高具备国际竞争能力的人才培养能力，力争跻身国际化人才培养主流，为广东经济社会发展特别是各行各业参与国际交流合作及国际竞争源源不断培养输送合格人才。高水平大学、高水平理工科大学和重点建设学科在培养、引进高层次国际化人才上尤其要充分发挥聚合与辐射效应。

(三) 以"走出去"+"请进来"加速提高国际化人才总量

首先是高校、科研院所积极开展与国（境）外高水平大学和科研机构的交流与合作，着力引入国（境）外高水平教师、科研人才来粤授课讲学和开展科学研究、技术研发，同时加大选派教师、科研人才赴国（境）外学习进修的力度，加快提高师资、科研队伍国际化水平，这既是促进全省高校、科研机构跻身国际化人才培养主流的必然要求，也是加速提高国际化人才总量的重要途径。其次是继续积极创造条件，拓展与国外高水平大学开展高层次学生交流、互换培养的学科专业领域和规模，同时着力把广东打造成为来华留学生主要目的地。推动高水平大学、高水平理工科大学和重点学科、重点创新平台显著提高国际化水平。最后是积极鼓励全社会各领域各层次人才采用海外就业、海外就学、海外培训等多种方式赴先进国家学习提高，加强在职公务员国际化培训。同时，展开国际化人才竞争，建立招商引资与招才引智重点项目库，尊重市场配置人才资源的基本规律，采取超常规方式，通过创新团队引进、领军人才带动引进、重大科研或科技项目开发引进和提高中外合作办学外方教学科研人员比例、经济技术移民、简化工作签证手续、提供更多"绿卡"和入籍机会、增加科研经费、以全球人才市场为参照完善人才薪酬待遇激励体系等办法，规模性引进年富力强的海外高端人才或海外优秀留学人员，包括推动中国出生的海外高层次人才和海外华裔人才回流，也鼓励在华优秀外国留学生毕业后在粤工作，争夺全世界的人才为我所用。

（四）着力提高国际化人才培养效益

增强国际化人才培养的有效性，需要研究建立国际化人才培养评估标准，强化过程管理与结果评估，对国际化人才培养工程持续跟踪监测，加强领导、指导和督促、检查，及时研究解决工程实施过程中遇到的新情况、新困难、新问题，有针对性地调整优化有关政策制度和培养内容、培养方式、培养进程，适时总结和推广成功做法与先进经验，完善吸引、选拔、使用、稳定优秀人才的长效机制，设计合理的国际化的人才衔接制度。充分实现国际化人才培养效益的根本性举措是以经济社会发展方向指引和政策激励，促进国际化人才在新型智库建设、战略性新兴产业开发、金融创新、高端制造业发展、参政议政等领域充分发挥才干，着重吸纳和使用创意人才、高新技术人才、经营管理人才和其他符合广东经济社会发展战略需要的领军人才，助力广东在经济全球化、区域经济一体化和政治文明、物质文明、精神文明、社会文明、生态文明建设中奋力前行，开创转型升级发展新境界。

（五）持续营造有利于国际化人才顺利发展和充分发挥作用的优良环境

本着公平、公正、公开的原则，创新人才培养、引进和使用制度，引入能充分体现国际化人才价值的薪酬待遇机制，解除其后顾之忧，充分激发其聪明才智；着力为国际化人才干事创业营造良好的工作、学习、生活环境，提高国际化人才干事创业和参与国际事务与国际竞争的积极性、主动性和创造性。[16]同时，支持行业协会（学会）与国际同行接轨，参与国际专业技术行业标准研制，以赢得国际专业同行认可，促进我国专业技术执业资格与国际专业技术执业资格衔接，从而使广东国际化人才发挥聪明才智的舞台由省内、国内扩大到全球。从全局和长远来看，使广东成为培养、引进和使用国际化人才的洼地和国际化人才创新创业的高地，除了提供高收入薪酬待遇和高发展平台，更重要的是建立健全有广东特色、与国际接轨、适合人才长远发展的产业政策和制度环境，如开放兼容的社会环境、工作环境、团队组织环境、文化教育环境、生活环境、激励政策环境等，特别是要加快建设市场化、国际化、法治化经济及产业发展环境，打造国际一流创新创业中心，确保他们在创新创业中充分发挥才能、获得成就。

参考文献

[1] 北京市人力资源研究中心. 人才国际化是整体性人才资源开发的重大课题——人才国际化问题研究与实践综述[C]. 孟秀勤, 史绍洁. 国际化人才战略与开发：首都国际化人才发展论坛文集. 北京：中国人民大学出版社，2006：124-131.

[2] 聂名华, 黄云婷. 美国高等教育国际化发展战略分析[J]. 学术论坛, 2011（6）：199-202.

[3] 毛修铺. 美国人眼中的高等教育国际化[J]. 高教探索, 2001（4）：40-43.

[4] 汪霞, 钱小龙. 美国高等教育国际化的现状、经验及我国的对策[J]. 全球教育展望, 2010（11）：57-64.

[5] 李卫东. 全球化背景下我国体育学科研究生教育国际化的发展战略[J]. 湖北体育科技,

2007（5）：499-501.

［6］曾满超，王美欣，蔺乐. 美国、英国、澳大利亚的高等教育国际化［J］. 北京大学教育评论，2009（2）：75-102+190.

［7］王留栓，小柳佐和子. 日本大学国际化的进程与回顾［J］. 日本问题研究，2001（1）：37-41.

［8］日本《读卖新闻》. 日本拟投入112亿日元培养国际化人才［J］. 世界教育信息，2011（2）：3.

［9］高彦颖. 日本指定百所"超级学校"培养国际化人才［J］. 世界教育信息，2013（18）：80.

［10］邓丹萍. 上海市国际化人才开发研究［D］. 上海：华东师范大学，2007.

［11］陈鸿璠. 1993—2000年的美国教育政策［J］. 石油教育，2001（5）：111-112.

［12］刘昌明. 韩国面向21世纪培养国际化人才的战略和策略［J］. 当代韩国，1999（1）：11-17.

［13］张晓晖. 跨国公司人力资源开发［D］. 哈尔滨：哈尔滨工业大学，2003.

［14］邓丹萍. 上海市国际化人才开发研究［D］. 上海：华东师范大学，2007.

［15］唐钁，赵立军. 北京市国际化人才队伍建设研究报告［J］. 北京行政学院学报，2006（1）：53-56.

［16］唐钁，赵立军. 加强国际化人才培养的战略选择［J］. 成人高教学刊，2006（2）：40-42.

新时代须构建新师范教育*

中国特色社会主义进入新时代,发展新师范教育是贯彻党和国家决策部署的必然之举,提升教育现代化水平的必有之义,实现教育要素变革的必经之路。发展新师范教育,要更加重视立德树人根本任务的落实,更加重视更高水准、更系统化、更智能化、更具开放性的教育,形成师范教育新目标、新形态、新模式。发展新师范教育,需朝着完善现代教师教育体系、创新现代教师培养模式、构建一流师资素质提升体系、健全新师范教育保障体系的路向不断前行。

一、发展新师范教育的背景解析

发展新师范教育是贯彻党和国家决策部署的必然之举。党的十九大指出,建设教育强国是中华民族伟大复兴的基础工程。教师是教育事业改革发展第一资源,师范教育是培养教师的主阵地、主渠道,师范强则教师强,教师强则教育强。中共中央、国务院印发《关于全面深化新时代教师队伍建设改革的意见》,要求实施教师教育振兴行动计划。随后,教育部等五部门印发《教师教育振兴行动计划(2018—2022年)》,提出办好一批高水平、有特色的教师教育院校和师范类专业,健全教师培养培训体系。新机遇、新挑战明确告诉我们,必须推动教师教育现代转型,发展新师范教育,构建新型师范教育体系。

发展新师范教育是提升教育现代化水平的必有之义。进入新时代,我国教育领域的主要矛盾,已经转化为人民日益增长的优质教育需求与发展不平衡不充分之间的矛盾。具体表现为,现代教育理念、制度、体系亟待全面建立、健全;教育发展总体质量偏低,区域间、城乡间、校际教育发展水平差异明显等。说来明,教育现代化水平

---

* 本文原在"教育与中国未来30人论坛"2018年会上交流,后发表于2019年9月5日《中国教育报》第06版。

还有待提高。教师队伍是教育现代化水平提升的关键因素，发展新师范教育，目的在于建设有理想信念、有道德情操、有扎实学识、有仁爱之心的高素质专业化创新型教师队伍。

发展新师范教育是实现教育要素变革的必经之路。从国际经验看，发展高质量师范教育已成为国际社会普遍共识，各国纷纷建立健全教师教育质量保障体系，从源头上保证教师队伍整体素质和专业化水平。从我国改革发展经验看，广大教师是教育改革发展的具体推动者和实践者，教师专业水平决定教育法律制度和政策规划执行程度，教师综合素质决定教育理念、课程方案、课程标准、教材使用、课堂教学落实效度。

二、发展新师范教育的内涵审视

教师发展的根本在师范教育。但是，在近十几年高等教育改革发展过程中，师范教育有被弱化和边缘化的倾向。许多师范大学向综合化方向转型，师范教育特色不彰；部分师范院校功利化严重，体现出重科研轻教学、重授课轻育人倾向；师范学科专业结构与基础教育、职业教育、特殊教育改革发展需求之间的匹配度有待提高；师范教育存在封闭性，协同育人能力不强；教师职后专业发展未能满足教师教育教学变化发展需求，职前职后教师培养培训课程脱节、错位。

新师范教育正是针对以上问题而提出来的师范教育新目标、新形态、新模式。

新师范教育是更重视立德树人的教育，因为教师的职业特性和功能作用，决定了教师队伍必须是"四有"型的高素质专业化创新型人群。新师范教育是更高水准的教育，因为教师是人类灵魂工程师，承载着传播知识、传播思想、传播真理，塑造灵魂、塑造生命、塑造新人的重任。新师范教育是更系统化的教育，因为教师适应时代、引领未来、培养新人，必须保证综合素质和专业能力持续提升。新师范教育是更智能化的教育，因为新时代要求教师能够推进信息技术与教育教学及其管理深度融合。新师范教育是更具开放性的教育，因为教师综合素质和专业水平必须有这样的条件保障。

三、发展新师范教育的路向探究

师范教育是教育"母机",发展新师范教育直接关系教育事业发展全局。政府要加强政策规划和资源投入,师范院校和其他有关高校要把握机遇创新发展,共同打造师范教育发展新格局。

发展新师范教育要完善现代教师教育体系。要着力打造以师范院校为主体、高水平非师范院校积极参与的中国特色教师教育体系。积极优化师范院校区域、层次和科类布局结构,优先支持经济落后地区建设高水平师范院校及师范学科专业。完善师范院校考试招生制度,实行师范本、专科生均提前批次录取,鼓励高校录取师范生增加面试环节,利用"大类招生、二次选拔"等方式遴选师范生。推进教师教育学科专业建设,教育硕士、博士授予单位及授权点向师范院校、国家及省级教育科研机构倾斜。研制师范院校办学标准和师范类专业建设标准,引导高水平非师范高校积极参与教师教育,鼓励条件成熟的高校设立教师教育学院或教师教育学部,积极开展师范类专业认证,提升师范专业建设和师范生培养水平。

发展新师范教育要创新现代教师培养模式。实施"卓越教师培养计划",在课程体系中增加教育改革发展重点、热点、难点问题研究和中小学(幼儿园)课程改革发展内容,完善"三字一话"等师范生技能考核。建立健全地方政府—高校—中小学(幼儿园)"三位一体"协同培养体系,打造教育协同发展"命运共同体",有效对接新时代区域基础教育师资新需求。分类优化师范生培养模式,培养高起点善保教的幼儿园教师、高水平专业化的中小学教师、高质量的"双师型"职业院校教师、高层次创新型的高校教师。改革教师教育师资结构,适当扩大"双聘"范围,提升实践型教师比例等。

发展新师范教育要构建一流师资素质提升体系。要在师范教育领域落实立德树人根本任务,加强师德师风、教育情怀、教育智慧养成教育,把促进师范生健康成长成才作为发展新师范教育的根本出发点和落脚点。将教书育人楷模、一线优秀校长和教师等请进课堂,提升师范生职业认同感和职业驱动力,立志成为高素质专业化创新型教师。要整合优质教师教育资源,充分发挥高校、教育科研机构引领作用,完善以省、地级以上市和县(市、区)教师发展中心为主体的教师发展组织支撑体系,分层分类精准实施教师职后教育,促进职前职后培养培训有效衔接。积极探索建立海外教师研修基地。将互联网、人工智能等运用到教师培养培训中,构建完善的、个性化的终身学习平台,推动教师培养培训迈向精准化、个性化、定制化智能阶段。

发展新师范教育要健全新师范教育保障体系。要加强组织领导和督导检查,明确各级政府和有关高校是发展新师范教育的责任主体,打造教师教育以师范院校为主、师范院校以培养培训教师为主的发展格局。切实将发展新师范教育作为教育财政投入重点予以优先保障,扩大公费定向师范生招生规模,提高师范专业生均拨款标准,健全教师继续教育政策,夯实教师培养培训基础。推进"互联网+教师教育",开发教师教育教学资源库和教师教育在线精品课程,构筑连接教育管理部门、教育科研机构、师范院校和中小学(幼儿园)的教育云平台。建设各级各类教师培养培训专家库,加强大数据分析,通过专家评估、学员评价或第三方评估,建立教师培养培训过程监控与绩效考核体系。

创新驱动粤港澳大湾区发展的若干思考*

建设粤港澳大湾区,是党中央、国务院作出的一项重大战略决策。比较世界著名湾区发展的历程和驱动要素,推动粤港澳大湾区发展,可以充分学习借鉴美国旧金山湾区(由旧金山市、半岛、南湾、东湾、北湾五大区域组成。其中,南湾有高新科技企业云集的硅谷、旧金山市是美国西海岸金融中心、东湾坐拥奥克兰港和加利福尼亚大学伯克利分校,这三地是人口和产业主要集聚区)的经验,特别是其科技创新、金融支撑、产业集聚、交通一体化驱动发展的经验做法,充分体现我国创新驱动发展战略要求。

一、充分激发和集聚创新资源

旧金山湾区主要是通过丰富的高校和科研机构资源自发形成并发展壮大的。该湾区占地面积大,环境优良;高校和科研机构众多,基础设施完善;吸引大批高新科技企业入驻,产生集群效应;不断强化资金投入,注重发挥私营资本作用。目前,粤港澳大湾区有较好创新基础和条件,尤其是广州、深圳、香港结合优势明显,湾区内高校、科研机构云集。广东特别是珠三角地区有较完整的产业链优势,广州集中了全省近60%的高校和科研机构,是区域金融中心;深圳具有开发、设计和生产一体的创新生态系统,优质高等教育资源不断丰富,是区域金融创新中心;香港的教育科研整体水平高,香港大学、香港中文大学、香港科技大学等进入世界高水平大学行列,有充分的信息渠道和完善的金融、法律体系,是国际金融中心。粤港澳密切合作特别是广州、深圳、香港紧密结合,将在研发和教育方面更好撬动和集聚全球创新资源,从而对整个湾区发展发挥辐射和带动作用。借鉴包括旧金山湾区在内的世界著名湾区发展经验,粤港澳大湾区的新型经济发展,以及港澳与内陆城市之间的互动,必须从战略上充分发挥"一国两制"优

---

* 本文原发表于2017年第11期《广东经济》(广东省人民政府发展研究中心主办)。

势,积极谋划粤港澳大湾区基于国际化、包容性提升的创新发展硬支撑。

首先,要注重调整优化以自由贸易和全球化为前提的先进制造业布局。粤港澳要共同突破行政壁垒和体制束缚,健全现代化陆、海、空运输体系尤其是优化海港、空港群,助力建设出口实力强大的先进制造业地带,同时与城市金融、总部、研发等功能密切互动,整合资本、技术和人才优势,实现先进制造业资源大规模集聚和高效率大进大出。要促进湾区内的广州、深圳、香港等核心城市和澳门、珠海、中山、江门、佛山、肇庆、东莞、惠州等中心城市,以及作为湾区延伸的湛江、茂名、汕头、揭阳等中心城市围绕先进制造业合理分工,引导先进制造业各要素资源集聚,更好建设世界级城市群,实现各城市间人流、物流、资金流、技术流、信息流高效便捷流通,为引领全球产业升级、主导全球资源配置、带动全球创新发展奠定长期可靠的坚实基础。

其次,要着力打造国际高新技术产业湾区。粤港澳要共同打破人才交往限制,率先实行通关、人才政策突破,建立外籍人才、粤港澳本土人才在湾区任一地方创新创业无障碍制度,营造宜居环境,打造宜业平台,倡导跨文化思维和竞争,吸引世界精英来湾区创新创业,建设具国际影响力的科技创新主导型湾区与高新技术产业湾区。要切实加强粤港澳高校、科研院所、行业企业协同创新,加快培养拔尖创新人才、应用型人才、技术技能型人才,注重在高等教育、基础研究、产业链等方面取长补短并充分发挥各自优势,在广州—东莞—深圳—香港这条湾区发展主动脉中建设科技创新走廊。广东省内的广州、深圳、东莞、惠州、汕头、珠海、佛山、江门、中山、湛江、茂名、肇庆、清远都建有一批普通高校、高等职业学院和科研院所,应分别加强高等教育规划、科学技术规划、产业规划融合引导,实行产学研组团式发展,推动当地部属、省属、市属高校和国家级、省级、市级科研机构,以及各类型行业企业融合发展,共同建设研发机构、产学研基地、技术转移中心,组建产业技术创新联盟,不断增强人才吸引力、创新平台聚合力、科技创新力,加快培植高新技术企业、科技企业孵化器、众创空间等创新载体,提升科研转化能力,引领技术变革,建设各具特色的新型产业集群,为打造一流国际高新技术产业湾区提供雄厚基础和宽阔腹地。

再次,要充分实现建设更具活力的世界级经济区的目标。粤港澳要共同把创新科技作为推动湾区经济持续发展的重要引擎,深度发掘和整合湾区优势资源,推进经济转型升级,优化产能结构,从单向技术引进向协同创新转变,构建协同发展的开放型区域创新体系,实现新型研发机构、科技企业孵化育成体系和高水平大学、高水平理工科大学及一流学科建设协同推进,加强核心、关键、共性技术攻关,成为具有全球影响力的科技产业创新中心和经济科技开放合作枢纽门户,在世界竞争新格局中充分展现中国力量。这需要加强粤港澳发展战略对接和政策衔接,推动相互合作转型升级,各核心城市、中心城市错位协同发展,明确各自产业依托自身优势差异化定位,形成以广州、深圳、香港为核心而其他中心城市为支撑的开放型经济新体系,使湾区成为"一带一路"国际合作重要支撑区。

二、着力推动更多企业成为创新活动主体

旧金山湾区成为世界著名湾区,其中一个重要原因在于它拥有一大批世界著名的巨型科技公司和数以万计的中小微科技企业,形成以科技创新为主要引领和支撑的发展模式。粤港澳大湾区要实现弯道超车,必须把企业创新作为转换增长动力从而实现经济长期持续增长的关键。应当看到,广东目前创新能力强的企业主要集中在传统制造业而不是即将来临的第四次工业革命的重点行业,广东绝大多数专利也主要集中在极少数企业,创新活动主体未能大规模成长。这是我们推动更多企业成为创新活动主体必须面对的重大问题,需要着力破除企业创新面临的体制机制性障碍。

首先是政府职能定位问题。推进企业创新,政府要做的关键工作是创设优良的公共服务体系、发展多元的文化环境,切实解决好错位、缺位、越位问题,充分落实市场配置资源决定性作用,着力提供公共产品和公共服务,并把由政府主导提供的公共产品和公共服务成本降下来,包括土地成本降、能源成本降、物流成本降、融资成本降、税收降,特别是要针对初创科技公司和中小微科技企业实行结构性减税。要看到第四次工业革命带来的新的产业布局趋势,生命科学和生物技术、信息技术和人工智能等的发展注定要比历次科技革命、工业革命更具颠覆性和决定性,在这个重大问题上政府要体现有效的组织,注重加强知识产权创造和保护,充分体现法律工具力量和政府公信力,促进初创科技公司和中小微科技企业加快发展壮大。

其次是促进企业创新问题。19世纪末以来，美国加利福尼亚州在经济、基础设施、技术上的发展，特别是二战时期美国对前沿科技的需求，包括斯坦福大学、加利福尼亚大学伯克利分校等基础研究的发展，为旧金山湾区硅谷的形成打下了重要基础，造就了为创造和改变而自担风险、自由创新的环境和氛围：高收入的工程师文化、高成本的正向淘汰机制、扁平化的企业管理制度，在开放和弹性的体系下强调人才自由流动、创新知识分享、产业间密切合作，营造以创新为导向的包容且多元的社会，汇聚全球精英。这种精神成为旧金山湾区能在一轮又一轮技术进步中不断创造新企业的必要条件。这是值得我们充分借鉴的。我们目前的企业与创新制度不尽完善，企业家面对很多复杂甚至恶劣的环境负重前行。应充分认可企业家在技术创新中的独特地位，把企业家作为战略性资源，对企业家多加鼓励和宽容，为他们提供宽松的创新创业环境，从而更好造就创意不断的企业家特别是领军人物。创新规律也充分表明，推动创新，造就创新型企业家，关键在于创造自由灵活的环境而非优惠扶持。当然，政策对于建立一个公平竞争的市场至关重要，政策应支持建设开明文化以及开放、自由、灵活的创新创业行为，使得人们愿意去冒险，这是保证成功的重要因素。就是说，政府要充分考虑如何为企业和创新持续发展营造良好环境，如何给予企业家长久的可预期的发展空间而非短期优惠，创造一个让企业家勇于承担风险和愿意驻留发展的地方。这个问题解决好了，将能强有力地保障包括企业家在内的创新创业人才队伍建设、高新技术企业培育和企业技术改造，也将更好推进创新创业教育体系建设，促进湾区成为创新和企业家精神的栖息地，激励高校师生、科研院所专业技术人员与企业紧密合作。

最后是创业投资环境问题。旧金山湾区的成功不仅仅是技术创新的成功，也是创业投资的成功，很大程度上靠来自全国乃至全球的各类创业投资、风险投资。面向未来，粤港澳应当共同推动建设"众创空间—孵化器—加速器"全孵化链条，同时促进大量创业投资及时地通过二级市场来变现，使创业投资本身的利益回报得到更好实现，不断拓宽、延长创业创新之路，充分激发创业投资家的积极性、主动性、创造性，形成庞大的风险投资体系，使"大众创业、万众创新"蔚然成风。还要看到，共享经济正在影响企业运行模式，青年人才和大学毕业生更喜欢在充满活力和社交生活的城市中创业和工作，共享办公空间和企业孵化器。这需要政府和社会有关方面共同努力。一方面，广东要不断优化财政资金投入和税费政策，支持建设企业工程中心、企业研究院、院士工作站、科技特派员工作站等研发机构，各级财政设立中小微企业科技创新基金。另一方面，粤港澳联手打造层次多样、内涵丰富的资本市场特别是创新创业投资、风险投资市场，切实破除困扰企业创新创业和创投、风投效益回报的体制机制性障碍。

三、切实加强知识产权创造和保护

旧金山湾区一直把知识产权作为现代产权制度的重要构成和创新驱动发展的基本保障。创造和保护知识产权是粤港澳大湾区提升核心竞争力的必然选择，应当共同探索实施知识产权战略，健全知识产权政策法规体系，完善促进知识产权创造、运用、保护、管理、服务工作体系，保障湾区创新能力不断增强。

首先，创造知识产权，营造知识产权优良环境，要完善专利扶持政策。为了原始创新、关键技术和人才成长，要设立层次丰富的专利扶持资金，对发明专利、PCT专利、境外商标注册及计算机软件著作权开发和申请长期投入。在奖励和资助的同时，积极引入知识产权运营市场机制，激活知识产权市场价值，提升知识产权综合效益。要不断完善知识产权运营政策，扶持知识产权运营机构建设，推动知识产权投融资、交易许可、专利保险、专利联盟等运营事业发展壮大，包括建立知识产权运营中心、设立知识产权运营基金、培育知识产权运营服务新业态，加强企业知识产权培训，通过将资源引入到企业、需求对接到企业、服务覆盖到企业、政策落实到企业，面向企业建立从知识产权培训、文献服务、资源共享到专业情报咨询的服务链，着重助推物联网、基因工程、人工智能等领域技术进步，包括软件与信息技术服务、生物医药、清洁技术与清洁能源、智能制造、云计算、大数据、量子信息、虚拟现实等重点行业的发展。

其次，尊重知识产权，发挥知识产权作用，要突出高价值专利培育与保护。粤港澳要共同把湾区建设成为具有世界影响力的知识产权创造中心和保护高地，推进知识产权数字化、网络化、智能化、服务化工作，建立知识产权保护法规体系，从立法、执法等方面加强知识产权保护。要在主要技术领域集结创新力量联合攻坚克难，加快形成一批面向第四次工业革命的创新水平高、权利状态稳、竞争能力强的高价值专利，尤其要共同加快拥有更多具自主知识产权的核心技术，支撑和引领湾区经济转型升级与产业结构调整优化。同时，着力做好高价值专利培育工作，组建更多高价值专利培育与转化中心，以应用引领创造、形成保护、带动管理、提升服务，健全知识产权信息沟通、许可交易、保护调解和优化发展机制，强化知识产权运营，解决知识产权经济效益滞后、遭遇侵权救济成本偏高、自觉运营专利能力弱等问题。在这方面，特别需要反思的是长期以来我们推动"校办科技企业""大学科技园区"的经验教训，而斯坦福大学科技成果转化的经验做法值得学习借鉴。该校以专利或科技成果授权使用加技术服务，或以专利入股加技术服务的模式推进成果转化。换言之，就是大学延伸在科学创造基础上的服务，企业延伸基于市场和自身条件的开发工作，或由孵化器将大学和企业的需要结合起来，完成基于科技成果形成新兴科技企业的创业过程。斯坦福大学自己不办企业，但对校内相关工作加强统筹，于1970年创建技术转移中心，主要针对校内形成的专利或科技成果进行价值评估并提供知识产权保护与转让的法律服务，为充分实现该校的角色定位提供有力支持。

四、注重促进金融与科技融合发展

旧金山湾区硅谷的发展壮大，创新体系和风险投资是其成功的最核心要素。这里是高科技投资的核心区域，是世界最具创新精神的科技企业及其创始人的家，汇聚了难计其数的投资集团和投资人、法律专家、金融专家、技术专家，加上高校、科研机构、开放自由的人才流动政策，构成强大的创新创业生态系统，技术创新与金融创新并驾齐驱。最近10年，全球经济的动力机制发生了深刻变化，传统产业增长乏力，唯有科技与金融欣欣向荣，新兴的科技与金融企业爆发式增长。粤港澳大湾区具有较强的金融实力，包括拥有香港国际金融中心和广州、深圳区域金融中心，以及港交所、深交所两大证券交易所，汇聚银行、保险、证券、风投基金等金融巨头。面对第四次工业革命带来的机遇和挑战，推进粤港澳大湾区发展，应当充分认识到因循守旧模式，必定路越走越窄。粤港澳要共同构建"科技＋金融"生态圈，为湾区高新科技成果转化和企业创新发展提供充分的金融支持，联手在本土孵化出一批符合第四次工业革命重点行业布局的世界级高新技术企业，以充分呈现湾区及经济中心城市的属性——超强的集聚与辐射能力，代表国家参加全球竞争。为此，一要充分发挥广州、深圳、香港核心城市的金融、科技优势，建立健全多层次资本市场体系，完善科技财政资金与银行、担保、租赁、保险、创投、风投、民间资本联动机制，大力发展科技信贷、科技风险投资和科技多层次资本市场，壮大科技金融业，使湾区成为风险投资的沃土。二要大力支持新型研发机构、科技企业孵化器、协同创新与平台环境建设，促进科技、金融、产业、人才相结合，优先发展海洋科学、环境科学、生命科学、新材料科学、人工智能、网络空间等，加快培育智能制造、云计算、大数据、3D打印、新能源等新兴产业，推动物联网、生物医药、半导体、新材料等成为新支柱产业，扶持节能环保、超低碳汽车等成为新优势产业，加快重点领域核心关键技术和重大创新产品布局，带动科技成果转化和创新创业全面开展。三要深化相关体制机制改革，使金融与科技融合发展的综合效应扩展到整个湾区的各方面，更好更快培育具有全球影响力的湾区核心技术、品牌优势和商业模式。这样，必将更好带领粤港澳大湾区经济走出去，实现全球化布局。

略论创新驱动粤港澳大湾区发展中的高校作为[*]

推动粤港澳大湾区发展,建设粤港澳大湾区世界级城市群,是国家发展大局的一项重大战略决策。针对粤港澳三地不同的管理体制、不同的法律体系、不同的金融货币、不同的关税,充分实现国家的战略决策,必须在"一国两制"下深入实施创新驱动发展战略,不断实现思想观念创新、统筹协调创新、科学技术创新、法律政策创新。高等教育具有培养人才、创新科技、服务社会、传承创新文化的重要功能,比较世界著名湾区特别是美国旧金山湾区发展的历程和驱动要素,应当也必须在粤港澳大湾区构建富有特色、国内领先、世界一流的高等教育体系,打造高水平、开放式、国际化高等教育资源集聚高地,推动所有高校在创新驱动粤港澳大湾区发展中充分发挥战略支撑作用。

一、为加快发挥粤港澳大湾区高校战略支撑作用而激发和集聚创新资源

在中央政府主导、"一国两制"框架下推动粤港澳大湾区发展和世界级城市群建设。旧金山湾区主要是通过丰富的高校和科研机构资源自发形成并逐步发展壮大的。在新时代推动粤港澳大湾区发展和世界级城市群建设,应当从政府层面为加快发挥高校战略支撑作用激发和集聚创新资源。目前,粤港澳大湾区有较好创新基础和条件,尤其是广州、深圳、香港结合优势明显,湾区内高校、科研机构云集。广东特别是珠江三角洲地区有较完整的产业链,广州集中了全省近60%的高校和科研机构,是区域金融中心;深圳具有优良的创新生态系统,优质高等教育资源不断丰富,是区域金融创新中心;香港的教育科研整体水平高,香港大学、香港中文大学、香港科技大学等进入世界一流大学行列,是国际金融中心。加快发挥高校战略支撑作用,需要跳出高等教育系统,借鉴

---

[*] 本文在2018年5月20日中山大学主办的第一届粤港澳大湾区高等教育论坛上交流,收入《南方教育评论——2018中国南方教育高峰年会思维盛宴》,由广东高等教育出版社于2018年12月出版。

世界著名湾区发展经验，积极谋划粤港澳大湾区基于国际化、包容性提升的创新发展硬支撑，在研发和教育方面更好地撬动和集聚全球创新资源，从而对整个湾区发展和世界级城市群建设发挥辐射、引领和带动作用。

首先，注重优化以自由贸易和全球化为前提的先进制造业布局。粤港澳共同突破行政壁垒和体制束缚，健全现代化陆、海、空运输体系尤其是优化海港、空港群，助力建设出口实力强大的先进制造业地带，同时与城市金融、总部、研发等功能密切互动，整合资本、技术和人才优势，实现先进制造业资源大规模集聚和高效率大进大出。要促进湾区内的广州、深圳、香港等核心城市和澳门、珠海、中山、江门、佛山、肇庆、东莞、惠州等中心城市，以及作为湾区延伸的湛江、茂名、汕头、揭阳等中心城市围绕先进制造业合理分工，更好地实现各城市间人流、物流、资金流、技术流、信息流高效便捷流通，为引领全球产业升级、主导全球资源配置、带动全球创新发展奠定长期可靠的坚实基础。

其次，着力打造国际高新技术产业湾区。粤港澳共同打破人才交流合作限制，建立外籍人才、粤港澳本土人才在湾区任一地方创新创业无障碍制度，倡导跨文化思维和竞争，吸引世界精英创新创业。在这当中，突出加强粤港澳高校、科研院所、行业企业协同创新，注重在高等教育、基础研究、产业链等方面取长补短、形成合力，建设广州—东莞—深圳—香港科技创新走廊。广东的广州、深圳、东莞、惠州、汕头、珠海、佛山、江门、中山、湛江、茂名、肇庆等市有一批普通高校、高等职业学院和科研院所，应加强高等教育规划、科学技术规划、产业规划融合引导，实行产学研组团式发展，组建产业技术创新联盟，引领科学技术变革，形成各具特色的新型产业集群，为打造一流国际高新技术产业湾区和科技产业创新中心提供雄厚基础和宽阔腹地。

最后，充分实现建设更具活力的世界级经济区的目标。粤港澳共同把创新科技作为推动湾区经济转型升级的重要引擎，深度发掘和整合湾区优势资源，从单向技术引进向协同创新转变，实现新型研发机构、科技企业孵化育成体系和一流大学及一流学科建设协同推进，加强核心、关键、共性技术联合攻关，构建推动经济高质量发展体制机制，形成全面开放新格局，成为具有全球重要影响力的经济科技开放合作枢纽门户，在世界竞争中充分展现中国力量。这需要推动粤港澳相互合作转型升级，各核心城市、中心城市错位协同发展，明确各自产业依托优势差异化定位，形成以广州、深圳、香港为核心而其他中心城市为支撑的充满活力的现代化经济体系，建成"一带一路"国际合作重要支撑区。

二、构筑粤港澳大湾区高校多层次人才培养与基础研究、应用研究支撑体系

推进粤港澳大湾区建设和发展，必然要求有强大的人才资源和智力支撑，深化粤港澳高等教育合作，着力构筑多层次人才培养与基础研究、应用研究支撑体系。

1. 创新驱动从根本上说是教育驱动，继而是人才驱动、科技驱动。粤港澳大湾区应学习旧金山湾区聚世界英才而用之的理念和胸怀，在高端人才培养、引进、管理、服务等方面大胆创新，依托高校、科研院所、行业企业构筑人才集聚强磁场和新高地，吸引和造就一大批国际水平战略科技人才、科技领军人才、青年科技人才和创新团队。从国际经验看，一流大学和重大科技项目最能聚集高端科技人才，高端科技人才集聚的区域往往也是其他各类高素质创新型、应用型、技术技能型人才集聚的地方，比如旧金山湾区集聚了超过150名诺贝尔奖得主、20名菲尔兹奖得主和40多名图灵奖得主，这些高端人才汇聚引发的学术思想交流和科技文化交汇形成强大的人才向心力，吸引全球顶尖科技、管理、经济、法律人才集结，推动旧金山湾区发展成为全球领先的创新中心。我们要以广阔胸怀、包容心态引进世界一流理工科大学、学科、人才落户粤港澳大湾区，同时充分实现湾区各高校合作办学、合作育人、合作科研，加快实现人才培养、科技创新从追赶到并跑再到领跑的历史跨越。

2. 在粤港澳大湾区建设一批世界一流研究型大学和一大批优势学科。大学是基础研究的主力军和核心力量，是原创性科研成果主要源泉。从发展规律看，一流大学和优势学科的形成，除了历史底蕴积累外，更重要的在于扎实提升基础研究能力，并与所在区域创新发展和产业需求相互动相融合。以旧金山湾区斯坦福大学为例，该校创办于1891年，直到1967年斯坦福线性加速器中心等一批基础研究科学工程投入使用，并与硅谷发展相互促进，该校的综合实力和办学水平才大幅提升，快速跻身世界著名高校行

列。当前,广东高校基础研究能力仍然较弱,应推动粤港澳大湾区有基础有条件的高校优势互补、融合发展,面向全球办学,加快建设一批世界一流研究型大学和一大批优势学科,尤其要集中力量加快提升大学基础研究能力和水平。一要强化湾区各大学的基础研究主体地位。对接国家"双一流"建设要求,加强支持和指导大学开展基础研究,明确将提升基础研究能力和水平作为一流研究型大学建设发展的主要任务和评价标准,推动大学成为基础研究的主体力量。二要推动湾区各大学加快发展一批重点优势学科。面向国家科技发展战略和湾区产业发展需求,依托重大科技基础设施、实验装置和科研平台,建设一批高精尖研究中心和产学研用一体化创新中心,加快提升各大学相关学科基础研究水平,打造重点优势学科群。三要加强基础研究领域开放合作。积极推进湾区各大学、科研院所深入开展基础研究合作和重大科技基础设施、实验设备开放共享,同时积极开展基础研究领域国际合作,加强与国际基础研究前沿领域对接,助推一流研究型大学和优势学科建设。

3. 充分提升高校在建设粤港澳大湾区国际科技产业创新中心中的高端人才集聚能力。首先,针对重点领域实施靶向引才,高度重视高校理工科人才特别是理工科博士引进,集聚一大批国内外理工科基础研究领域高端人才和团队。其次,面向国家科技发展战略重点和湾区优势学科,采取高校与科研院所合作培养、高校与科技企业共同培养、国内外大学联合培养等方式,加大对高端人才培养力度,为人才快速成长营造宽松环境和宽阔平台。再次,充分发挥国家级重大科技基础设施、国家重点实验室和湾区一流大学及重点学科等平台优势,打造宜居宜业的创新发展环境、高效便捷的知识获取环境和自由宽松的基础研究环境,使高端人才在湾区教学科研、创新创业中充分发挥聪明才智,全面焕发原始创新能力。

4. 建设粤港澳大湾区高素质应用型、技术技能型人才培养培训基地。湾区建设和发展对人才需求是多类型、多层次、多规格的,在各大学着力培养引进科技创新人才的同时,其他普通高校、职业院校要合作开展应用型、技术技能型人才培养培训,共同研制既符合国际行业标准又适合湾区用人需要的职业教育专业教学标准、课程标准和教材体系,推行现代学徒制,实施职业资格互评互认制度,实现应用型、技术技能型人才充分开发利用。

5. 粤港澳大湾区各高校携手担当以文化提升国家软实力、营造社会和谐、增强人民幸福的使命。中华民族日益走近世界舞台中央，粤港澳三地高校具有独特优势、肩负神圣使命，应全面正确理解和贯彻执行"一国两制"，携手发挥传承创新文化的功能。一方面，共同致力于升华中国人的全球意识、国际责任和文明素质，促进港澳与内地和谐融洽、和衷共济，培养植根民族文化和面向现代化、面向世界、面向未来的公民。另一方面，共同在人类教育舞台上贡献中国智慧，充分把握"一带一路"重大机遇，主动设计和落实丰富多样的教育国际交流合作项目，推动区域性、全球性高水平教育"引进来""走出去"和双边、多边人文交流合作，增强教育发展国际影响力和竞争力，助力实现中华民族伟大复兴和构建人类命运共同体。

三、加强包括粤港澳大湾区高校科研院所在内的知识产权创造和保护

旧金山湾区一直把知识产权作为现代产权制度的重要构成和创新发展的基本保障。毫无疑问，粤港澳大湾区要把创造和保护知识产权作为湾区提升核心竞争力的必然选择，探索实施知识产权战略，健全知识产权政策法规体系和包括高校科研院所在内的促进知识产权创造、运用、保护、管理、服务的工作体系。

1. 健全粤港澳大湾区知识产权保护和专利扶持政策。首先，要推进知识产权数字化、网络化、智能化、服务化工作，建立健全知识产权保护政策法规体系，从立法、执法等方面鼓励知识产权创造并加强知识产权保护。其次，要突出高价值专利培育与保护，为原始创新、关键技术和人才成长设立层次丰富的、长期投入的专利扶持资金。组建更多高价值专利培育与转化中心，以应用引领创造、形成保护、带动管理、提升服务，健全知识产权信息沟通、许可交易、保护调解和优化发展机制，同时积极引入知识产权运营市场机制，解决知识产权经济效益滞后、遭遇侵权救济成本偏高、运营专利能力弱等问题。最后，要促进高校、科研院所、行业企业在主要技术领域集结创新力量攻坚克难，加快形成一批面向第四次工业革命的创新水平高、权利状态稳、竞争能力强的高价值专利，尤其要共同加快拥有更多具自主知识产权的核心技术，支撑和引领湾区经济转型升级。

2. 推进粤港澳大湾区高校科研成果转化与产业化。着力改革广东高校科研院所管理体制,创新教学、科研及成果转化等业绩评价机制,赋予创新领军人才更大的人财物支配权、技术路线决策权。创新科技成果转化激励机制,下放创新成果使用、处置和收益权,加快构建以知识价值为导向的收入分配机制。要精准对接信息技术、智能制造、生物医药、新能源、新材料、石油化工、海洋装备等行业企业,充分开发利用湾区各高校的科研成果。首先,针对目前高校科研成果转化率与产业化率低的问题,调整科研评价导向,从重视专利数量转变到重视专利质量和成果转化成效,采取一系列政策引导科研人员申请有效的高质量的专利并及时推进转化或许可,特别要引导高校围绕湾区电子信息、人工智能、新能源、新材料、生物医药、先进制造、航空航天、石油化工、海洋经济等龙头产业发展需求,进行技术研发和成果转化,推动产业升级换代。其次,深刻反思长期以来我们推动"校办科技企业""大学科技园区"的经验教训,学习借鉴斯坦福大学创建技术转移中心,以专利或科技成果授权使用加技术服务,或以专利入股加技术服务的模式推进成果转化的经验做法,创新体制机制,鼓励湾区高校设立科研成果转化服务机构,全过程、全链条提供科研成果转化与产业化优质服务,包括对校内形成的科研成果或专利提供价值评估、知识产权保护与转让、税收、法律等服务与指导。最后,改变专利成果国有资产属性为国有资本属性,给予高校专利成果所有权和专利成果转化自主权,以利于专利成果及时高效转化或许可,促进产业创新发展。

四、在充分释放粤港澳大湾区高校功能作用上建立健全制度政策保障体系

粤港澳大湾区高校功能作用的充分释放和三地高校的紧密合作,本身就需要充分体现创新驱动发展战略要求,破除思想观念束缚和体制机制障碍,共建共享高等教育优质资源,开放人才交流引进,强化高校与科研院所、行业企业健全协同创新机制。

1. 创新粤港澳大湾区政府层面合作体制机制。多元高效的风险投资、完备的法律和政策体系、荟萃高素质创新人才并形成开放包容的创新文化是湾区的核心竞争力,应

推进各类型、各层次高素质人才和其他创新要素资源在行业企业间、科研院所间、高校间或是行业企业、科研院所与高校间自由流动。这不是湾区内某一个区域所能解决的问题，必须在中央政府指导下，加强粤港澳发展战略对接和政策衔接，推动相互合作转型升级，各核心城市、中心城市错位协同发展。粤港澳三地政府要共同加强谋划，做好顶层设计，从法律、政策层面创新湾区各地各级政府交流合作体制机制，为包括高校在内的所有交流合作、协同创新创设优良制度环境和法律条件。

2. 创新粤港澳大湾区高等教育合作体制机制。积极推进湾区各高校高端智库合作并充分发挥高端智库作用，在创新湾区高等教育合作体制机制上，为决策层提供咨询服务，为实践层提供操作指引，包括切实做好湾区发展和建设人才需求调研与预测，推进湾区高校学科专业人才精准培养和精准供给；切实建立湾区高校改革发展战略规划与协调机制，完善紧密合作框架和组织协调程序，拓展深化高等教育教学、科研、管理资源共建共享；切实统筹推动湾区高素质人才培养和产业发展，联合湾区内理工科高校、科研院所、高科技企业建立湾区联合创新研发基地，促进构建体系完备的创新链、产业链和供应链，建成若干符合第四次工业革命要求的产业集聚区；切实推进湾区高校之间开放人才交流、引进和培养，推动建立学分互认体系，助推高素质创新型、应用型、技术技能型人才培养和重大科研课题成果孵化与转化；切实针对湾区发展定位，推动集聚粤港澳三地乃至国际高水平大学优质资源，在适当地方以新理念、新机制、新模式高起点设立开放式、国际化一流研究型湾区大学和湾区高等研究院，同时在相关区域打造若干高水平大学集群；等等。

发挥高校在粤港澳大湾区建设中的战略支撑作用 *

中共广东省委十二届四次全会强调:"要以粤港澳大湾区建设为重点,加快形成全面开放新格局。深化粤港澳协同发展、互利共赢,打造国际一流湾区和世界级城市群,深度参与'一带一路'建设,率先形成陆海内外联动、东西双向互济的开放格局,加快构建开放型经济新体制。"把粤港澳大湾区建设成为国际一流湾区,打造世界级城市群,必须扎实构建富有特色、国内领先、世界一流高等教育体系和高水平、开放式、国际化高等教育集聚高地,推动所有高校在大湾区建设和发展中充分发挥战略支撑作用。

一、打造粤港澳大湾区高校高素质人才培养和基础研究、应用基础研究支撑体系

首先,湾区建设和发展要落实教育驱动、人才驱动、科技驱动。湾区要有聚世界英才而用之的理念和胸怀,充分依托高校、科研院所、科技企业构筑人才集聚强磁场和新高地,吸引造就一大批国际水平战略科技人才、科技领军人才、青年科技人才和创新团队。从国际经验看,一流大学、一流学科和重大科研项目最能集聚高端人才,高端人才集聚的区域往往也是各类创新型、应用型、技术技能型人才培养和集聚的地方。因为,高端人才汇聚而能形成强大的人才向心力,吸引顶尖科技、管理、经济、法律等领域人才集聚。湾区尤其要注重引进世界一流大学、学科、人才落户,充分实现合作办学、合作育人、合作科研,加快实现人才培养、科技创新从追赶到并跑再到领跑的历史跨越。

其次,湾区建设和发展要培育一批世界一流研究型大学和优势学科。要推动湾区高校优势互补、融合发展,面向全球办学。着力促进大学成为基础研究与应用基础研究的主力军、核心力量和原创性科研成果主要源泉。对接国家"双一流"建设要求,将提

---

* 本文原发表于2018年7月21日《南方日报》第02版、2018年第3期《高教发展与规划》(内部资料)(广东外语外贸大学编),2018年7月21日光明网全文转载,收入本书时标题稍加修改,内容稍有删减。

升基础研究、应用基础研究能力和水平作为一流研究型大学建设发展的主要任务和评价标准。面向国家科技发展战略和湾区产业发展需求，依托重大科技基础设施、实验装置和科研平台，建设一批高精尖研究中心和产学研用一体化创新中心，助推各大学加快打造一批优势学科群。还要鼓励支持湾区各大学、科研院所、高科技企业深入开展基础研究、应用基础研究合作和重大科技基础设施设备开放共享，同时开展国际前沿领域交流合作，加快建设一流研究型大学和优势学科。

最后，湾区建设和发展要协力打造国际科技创新中心。针对建设国际科技创新中心重点领域实施靶向引才，持续推进理工科人才特别是理工科博士引进工作，以期在湾区高校集聚一大批国内外理工科基础研究、应用基础研究高层次人才和团队。与此同时，面向科技发展战略重点，采取高校与科研院所合作培养、高校与科技企业共同培养、国内外大学联合培养等方式，加大高层次人才培养力度。还要充分发挥国家级重大科技基础设施、重点实验室、工程（技术）研究中心和湾区一流大学及重点学科平台优势，打造宜居宜业的创新发展环境、高效便捷的知识获取环境和自由宽松的科学技术研究环境，使高层次人才在教学科研、创新创业中全面焕发原始创新能力。

二、推动粤港澳大湾区高校科研成果充分融入国际科技创新中心建设

第一，推动湾区高校、科研院所、行业企业优势互补并形成合力，共建广州—东莞—深圳—香港科技创新走廊。以科技创新走廊为主轴，加强湾区各区域高等教育规划、科学技术规划、产业规划融合引导，实行产学研组团式发展，集聚国内外高校、重大科学装置、前沿科技创新平台、高科技企业等优质资源，在湾区建设开放式、国际化一流研究型大学和高等研究院，为打造国际科技创新中心提供雄厚基础。

第二，深度发掘湾区高校、科研院所、行业企业优势资源，使创新科技成为推动经济转型升级的重要引擎。要推动湾区高校、科研院所、行业企业相互合作转型升级，精准对接电子信息、人工智能、先进制造、生物医药、新能源、新材料、航空航天、石油化工、海洋装备等龙头产业需求，实现新型研发机构、科技企业孵化育成体系和一流大学及一流学科建设协同推进，加强核心、关键、共性技术联合攻坚克难，深化科技研发

和成果转化，推动产业升级换代，助推湾区成为具有全球重要影响力的科技开放合作枢纽和更具活力的世界级经济区。

第三，着力解决湾区高校科研成果转化率与产业化率偏低的问题。调整湾区高校科研评价导向，同时引导高校学习借鉴美国斯坦福大学创建技术转移中心的经验做法，设立科研成果转化服务机构，全过程提供成果转化与产业化优质服务。此外，给予高校专利成果所有权和转化自主权，以利于专利成果及时高效转化，加快促进产业创新发展。

三、建立健全充分释放粤港澳大湾区高校功能作用的制度政策保障体系

一要创新法律制度。着眼湾区长远发展，在"一国两制"框架下，粤港澳创新法治思维和法治方式，系统破解制约高校合作办学、人才流动、科研成果转化、知识产权创造与保护等方面的法律障碍。二要建立政策体系。研究制定湾区高校、科研院所、行业企业协同推进人才培养、科技创新和产业发展政策，重视市场配置资源与政府引导相结合，促进人才、智力、科技等创新要素高速流转与聚合。三要健全机制安排。建立湾区高等教育统筹协调机制，研究制定高等教育协同创新发展规划，从人才政策、财政政策、投资政策、产教融合、校企合作等方面推动高校协同创新发展常态化。四要发挥智库作用。深入推进湾区智库交流合作，为决策层提供咨询服务、为实践层提供操作指引，包括做好湾区发展和建设人才需求调研与预测，提供推进湾区高等教育协同创新发展咨询报告等。

研究型大学融入粤港澳大湾区国际科创中心建设的环境、重点与保障[*]

把粤港澳大湾区建设成为国际科技创新中心（简称"国际科创中心"），既是在粤港澳建设国际一流湾区、打造世界级城市群必备的重大支撑，也是粤港澳能成就国际一流湾区和世界级城市群的重大标志。研究型大学是开展高端人才培养、科学研究、学术交流的重要基地和产出新知识、新思想、新理论、新技术、新产业的重要策源地，应当也必须融入粤港澳大湾区国际科创中心建设，充分发挥战略支撑作用。世界著名的旧金山湾区主要是通过丰富的高校和科研机构自发形成并经过长期努力，逐步发展壮大起来的。在新时代加快推动研究型大学融入粤港澳大湾区国际科创中心建设，应当从政府层面营造优良环境、提供有力保障，并明确研究型大学发挥战略支撑作用的着重点。

一、建立健全粤港澳大湾区研究型大学创新资源集聚环境

在中央政府主导、"一国两制"框架下加快推动粤港澳大湾区国际科创中心建设，需要为充分发挥研究型大学战略支撑作用营造优良环境，尤其要充分激发和集聚创新资源。要跳出高等教育系统，积极谋划基于国际化、包容性提升的创新发展硬支撑，更好撬动和集聚全球教育与科研创新资源，从而让研究型大学更快对国际一流湾区和世界级城市群建设充分发挥功能作用。

（一）优化以自由贸易和全球化为前提的先进制造业布局

粤港澳要共同突破行政壁垒和体制束缚，健全现代化陆、海、空运输体系和信息网络空间，助力建设出口实力强大的先进制造业地带，同时与城市金融、总部、研发等

---

[*] 本文原发表于2018年第11期《新经济》（广东省社会科学院主办）、2018年第12期《广东调研》（内部资料）（中共广东省委政策研究室编），收入本书时个别地方稍有斟酌。

功能密切互动，整合资本、人才和技术优势，实现先进制造业资源大规模集聚和高效率大进大出。要促进广州、深圳、香港等核心城市和澳门、珠海、佛山、惠州、东莞、中山、江门、肇庆等中心城市围绕先进制造业合理分工，更好实现各城市间人流、物流、资金流、技术流、信息流高效便捷流通，为引领全球产业升级、主导全球资源配置、带动全球创新发展奠定坚实基础。

（二）打造国际高新技术产业湾区

粤港澳要共同建立外籍人才、粤港澳本土人才在湾区任一地方创新创业无障碍制度，倡导跨文化思维和竞争，吸引世界精英创新创业。在这当中，突出加强粤港澳研究型大学、科研院所、行业企业协同创新，注重在高等教育、基础研究与应用基础研究、技术链、产业链等方面取长补短，合力建设广州—东莞—深圳—香港、广州—佛山—珠海—澳门两条科技创新走廊。要加强高等教育规划、科学技术规划、产业规划融合引导，强化核心、关键、共性科学技术联合攻关，实行产学研组团式发展，组建各种产业技术创新联盟，引领科学技术变革，形成新型产业集群，为建成一流国际科创中心创造充分条件。

（三）建设充满生机活力的世界级经济区

粤港澳要共同把创新科技作为推动湾区经济转型升级的重要引擎，深度发掘和整合优势资源，实现新型研发机构、科技企业孵化育成体系和研究型大学及优势学科建设协同推进，构建推动经济高质量发展体制机制，形成全面开放新格局，使湾区成为具有全球重要影响力的经济科技开放合作枢纽门户。要推动粤港澳相互合作转型升级，各核心城市、中心城市错位协同发展，形成以广州、深圳、香港为核心而其他中心城市为支撑的充满生机活力的世界级现代化经济体系。

二、建立健全粤港澳大湾区研究型大学高层次人才培养与基础研究、应用基础研究支撑体系

推动粤港澳大湾区国际科创中心建设，必然要求深化粤港澳高等教育合作，构筑高端人才培养与基础研究、应用基础研究支撑体系，为湾区提供强大的人才、智力、科技

支撑,为湾区乃至世界和人类探索未知、开创未来作出重要贡献。

(一)着力建设一批研究型大学和一大批优势学科

研究型大学是培养高端人才和开展基础研究、应用基础研究的主力军与核心力量,是原创性科研成果主要源泉。从发展规律看,一流研究型大学和一流学科的形成,除了历史底蕴厚重外,更重要的在于扎实提升高端人才培养水平和基础研究、应用基础研究能力,并与创新发展和产业升级需求相互动相融合。为此,应推动湾区有基础有条件的大学优势互补、融合发展,瞄准世界科技前沿,面向全球办学,在提升高端人才培养水平和基础研究、应用基础研究能力上持续用功,加快建成一批研究型大学和一大批优势学科。一要强化湾区各大学的人才培养和基础研究、应用基础研究主体地位。对接国家"双一流"建设要求,明确将提升高端人才培养水平和基础研究、应用基础研究能力作为研究型大学建设发展的主要任务和评价标准,推动其成为湾区高端人才培养和基础研究、应用基础研究的主体力量,促进加快成就一批研究型大学。二要推动湾区各大学加快发展一大批优势学科。面向国家科技发展战略和湾区产业发展需求,依托重大科技基础设施、实验装置和科研创新平台,注重学科交叉融合,建设一批高精尖研究中心和产学研用一体化创新中心,促进加快打造重点优势学科群。三要推进湾区各大学加强高端人才培养、基础研究、应用基础研究开放合作。各大学要与科研院所、高科技企业在高端人才培养、基础研究、应用基础研究上紧密合作,在重大科技基础设施、实验装置、科研创新平台上深化开放共享,同时加强与国际高端人才培养和基础研究、应用基础研究前沿领域对接,湾区各大学相互之间更应加强合作办学、合作育人、合作科研,助推研究型大学和优势学科建设。

(二)充分提升研究型大学高端人才集聚与培养能力

首先,粤港澳大湾区应充分学习旧金山湾区聚世界英才而育之用之的理念和胸怀,在高端人才培养、引进、管理、服务等方面大胆创新,依托研究型大学、科研院所、行业企业构筑人才集聚强磁场和新高地,吸引和造就一大批国际水平战略科技人才、科技领军人才、青年科技人才和创新团队,尤其要着重支持研究型大学集聚理工科基础研究、应用基础研究高端人才和团队，助推湾区发展成为全球领先的科创中心。其次，把握国际科技发展态势，面向国家科技战略、湾区优势学科和现代化经济体系建设，采取高校与科研院所合作培养、高校与科技企业共同培养、国内外大学联合培养等方式，以基础研究和国际前沿科技为主攻方向，加大高端人才培养力度，为人才快速成长营造宽阔平台。再次，充分发挥布局在湾区的国家重大科技基础设施、国家重点实验室、国家工程（技术）研究中心等平台优势，打造宜居宜业的创新发展环境、高效便捷的知识获取环境和自由宽松的科研环境，使研究型大学集聚和培养的高端人才在湾区教学科研、创新创造创业中充分发挥聪明才智。

（三）切实健全包括研究型大学在内的知识产权创造和保护体系

知识产权是现代产权制度的重要构成和创新发展的基本保障。湾区要把创造和保护知识产权作为建设国际科创中心、提升核心竞争力的必然选择，健全包括研究型大学在内的促进知识产权创造、运用、保护、管理、服务的工作体系。一要健全湾区知识产权保护和专利扶持政策法规体系。要推进知识产权数字化、网络化、智能化、服务化工作，建立健全知识产权保护政策法规体系，从立法、执法等方面鼓励知识产权创造并加强知识产权保护，尤其要突出高价值专利培育与保护，组建更多高价值专利培育与转化中心，促进研究型大学、科研院所、行业企业在主要技术领域集结创新力量攻坚克难，加快形成一批面向第四次工业革命的创新水平高、权利状态稳、竞争能力强的高价值专利，加快拥有更多具自主知识产权的核心技术，支撑和引领湾区经济转型发展。二要着力推进湾区研究型大学科研成果转化与产业化。要着力改革广东高校科研院所管理体制，创新教学、科研及成果转化等业绩评价机制，赋予创新领军人才更大的人财物支配权、技术路线决策权，加快构建以知识价值为导向的收入分配机制。要精准对接电子信息、人工智能、新能源、新材料、生物医药、先进制造、航空航天、石油化工、海洋经济等龙头产业发展需求，努力实现原始创新和科技成果转化重大突破，推动产业升级换代。要鼓励湾区研究型大学设立科研成果转化服务机构，全过程、全链条提供科研成果转化与产业化优质服务，包括对校内形成的科研成果或专利提供价值评估、知识产权保护与转让、税收、法律等服务与指导。

三、建立健全粤港澳大湾区研究型大学战略支撑作用发挥制度保障

粤港澳大湾区研究型大学战略支撑作用的充分发挥和三地高校的紧密合作，需要充分体现创新驱动发展战略要求，破除思想观念束缚和体制机制障碍，共建共享优质资源，强化与科研院所、行业企业建立健全协同创新机制。

（一）创新湾区政产学研合作体制机制

多元高效的风险投资、健全完备的法律和政策体系、集聚高素质创新人才和团队并形成开放包容的创新文化是湾区的核心竞争力，应推进各类型、各层次高素质创新人才和其他创新要素资源在行业企业间、科研院所间、高校间或是行业企业、科研院所与高校间自由流动。这不是湾区某一个区域所能解决的问题，应当在中央政府指导下，加强粤港澳发展战略对接和政策衔接，推动相互合作转型升级。粤港澳三地政府要共同加强谋划，做好顶层设计，从法律、政策层面创新湾区政府交流合作体制机制，为包括研究型大学在内的所有交流合作、协同创新创设优良制度环境和法律条件。

（二）推动湾区研究型大学创新要素融合流动

积极推进湾区各研究型大学创新合作体制机制，形成新的相适应的制度规范。同时，积极建立高端智库及其协作联盟，为合作决策提供咨询服务，为合作实践提供操作指引，包括做好湾区发展和建设人才需求调研与预测，推进湾区学科专业人才精准培养和精准供给；建立湾区高校改革发展战略规划与协调机制，完善紧密合作框架和组织协调程序，拓展深化教学、科研、管理资源共建共享；推动湾区内理工科高校、科研院所、高科技企业建立湾区联合创新研发基地，服务高素质创新人才培养和产业创新发展，促进构建体系完备的创新链、产业链和供应链，建成若干符合第四次工业革命要求的产业集聚区；推进湾区高校之间开放人才交流、引进和培养，推动建立学分互认体系；针对湾区发展定位，推动集聚粤港澳乃至国际高水平大学优质资源，以新理念、新机制、新模式高起点设立若干所高起点、小而精、开放式、国际化研究型大学和高等研究院，同时在相关区域打造若干高水平大学集群。

应用型大学服务区域经济社会发展的举措与路径[*]

——以广东为例

服务区域经济社会发展是应用型大学的重大使命，也是衡量应用型大学综合实力和贡献能力的重要依据。应用型大学只有紧贴区域经济社会发展需要，培养高素质应用型人才，开展应用型科研创新，不断提升服务区域经济社会发展的效能，才有广阔发展前景。当前在学术界关于"应用型大学"的理论研究已取得较大进展，著述颇丰。潘懋元先生从理念内涵高度出发，对应用型本科的共同特点作了阐述，指出应用型本科应以培养应用型人才为主，以培养本科生为主，以教学为主，以面向地方为主；提出要从课程建设、教材建设、落实产学研以及师资队伍建设四方面着手推进应用型本科建设。[1]具体到教学方面，程建芳提出可采用"双证书"教育和与地域经济结构相适应的多样化合作教育，通过"双师型"教师队伍、校内外实践教学基地、实践教学制度和教学评价体系四方面建设来实现实践教学的强化。[2]师资队伍建设方面，余斌指出教师队伍结构优化和教师个体素质提高是应用型人才培养的关键，应通过扩大师资来源、适当改进自主培训方向、调整外部教师政策制度、完善内部专业发展机制来解决应用型大学教师在职前培养、入职教育和职后培训中所存在的问题。[3]相比之下，应用型大学服务区域经济社会发展的实践探索成果还相对较少。本文在理性认识的基础上，以广东为例，从政府、学校、行业企业三方面总结探索应用型大学服务区域经济社会发展的举措与路径，有利于利益相关者总结经验，推进实践成果在更大范围应用与推广。

一、应用型大学服务区域经济社会发展的理性认识

经过长期努力，我国已建成世界上最大规模的高等教育体系，为改革开放和现代化

---

[*] 本文作者汤贞敏、王志强，原发表于2019年第3期《现代教育论丛》（广东省教育科学研究所主办）。

作出了巨大贡献。需要清醒而深刻认识的是，随着经济发展进入新常态和社会变革不断深化，人才供给与需求关系正在发生深刻变化，特别是面对经济结构深刻调整、产业升级步伐加快、社会文化建设不断推进尤其是创新驱动发展战略全面实施的情况下，高等教育结构性矛盾必须加快破解，办学同质化倾向必须加快消解，毕业生就业创业质量低的状况必须加快缓解。

为有效应对地方经济社会创新发展，特别是产业结构升级对人才培养结构、培养质量的需求变化，提高地方本科高校服务区域经济社会发展的能力和水平，2015年10月，教育部、国家发展改革委、财政部联合印发《关于引导部分地方普通本科高校向应用型转变的指导意见》。解读这份文件，可以说，应用型大学是一种依托学科、注重专业、突出应用的以本科教育为主的院校。这类院校面向地方经济社会发展需要设置应用型学科专业，注重实践实训教学，确保应用能力的培养；重视应用研究，促进产学研用紧密结合；培养具有一定理论基础和较强技术能力的应用型人才。很显然，这类院校具有三方面显著特征。

（一）地方性

应用型大学大多生于地方、长于地方，必须合理定位，树立与区域经济社会休戚与共的发展观，主动融入区域经济社会发展大局，找准改革和发展重点，累积办学特色，厚植办学优势，提升服务能力。这意味着应用型大学必须面向地方进行学科专业设置、开展人才培养、创新科学技术、传承和创新区域优秀文化，成为地方经济社会发展的重要引擎，从而更充分地彰显自身功能和价值，更多地获得地方政府支持和行业企业支撑，实现持续繁荣发展。

（二）应用性

服务社会是现代大学的基本职能之一，但不同类型的大学其服务社会功能应该有所侧重。研究型大学承载着培养拔尖创新人才、瞄准经济社会发展基础问题和战略问题开展研究和开发的使命。应用型大学在设置学科专业、培养人才、创新科技、服务社会、传承和创新文化等方面需要突出应用性，注重构建学科与应用并重的课程教材体系，采取面向应用的教学模式和教学方法,培育应用型优势特色学科和专业,开展应用科学研究和技术转化,建设"双师双能型"(专业知识+专业技术、教学能力+实践能力)教师队伍。

(三) 融合性

应用型大学的区域性与行业性特点要求其自身需在融合发展上更为积极主动,在联合学术研究、工程技术革新、师资队伍建设、人才培养等方面充分体现产教高度融合、校企深度合作。为此,应用型大学必须与政府、科研院所、行业企业建立产教融合、校企合作长效机制,构建产教发展战略共同体、人才培养共同体、科技创新和文化繁荣共同体。[4] 2017年12月印发的《国务院办公厅关于深化产教融合的若干意见》、2019年1月印发的《国家职业教育改革实施方案》等文件对此都有明确规定和具体要求。

二、应用型大学服务区域经济社会发展的国际经验

应用型大学在我国从理论概念到体系建设都尚属发端阶段,有必要学习和借鉴国际上较为成熟的应用型大学发展模式和路径方法,特别是德国经验。

(一) 大力推进人才规范化培养

德国应用技术大学人才培养以严谨、规范著称,重视面向产业发展和市场需求培养专门应用技术人才,一般采用校企合作的"3+1"学制。在课程设置方面,校企共同研究、设计课程结构和内容,注意合理设置理论课程、实践课程和企业实习。一般来说,理论课程由教授或相当高级职称教师主讲,重点讲解经典理论知识;助理教授配合教学,协助教授开展课程设计、实验筹备、实践指导;企业主导制定实习方案、实习过程和实习管理。[5] 这种规范设计,一方面有利于技术员与技术师的培养质量,另一方面也可以为学生继续深造、获取更高学位奠定坚实基础。

(二) 广泛实施校企合作

德国在应用技术大学建设方面注重校企紧密合作,部分应用技术大学校区建在集

团公司内,也有部分企业建在校园内,产教融合度非常高。学生的实习实践严格按照培养计划,做到理论学习与参观学习、职业指导与亲手操作、校内实训与校外生产有机结合。这源于德国政府对应用技术大学和企业双重限定的政策,同时也有赖于校企长期合作形成的利益契合点,保证了双方在应用型人才培养方面的积极性、主动性。[5]英国多科技术学院的人才培养也注重与企业生产实践接轨,突出表现在课程结构上包含几乎等量的理论知识学习和企业生产实习,即在校学生要按照工、学交替的"三明治"式学习模式来进行基础理论和职业技术之间的交替学习与训练。

(三)打造"双师型"教师队伍

德国应用技术大学对教师的要求很高,有着严格的准入条件,其师资构成主要有三类:教授、兼职教师和实验室工程师。此外,还有一部分助教。德国《高等教育总法》规定应用技术大学的教授必须具备四个聘任条件:高等学校毕业;具有教学才能——通常由教学或培训中所获得的经验来证明;具有从事科学工作的能力——通常由获得博士学位来证明;至少从事过为期5年的职业实践,其中至少3年是在学校范围外完成的,并在有关应用或开发科学知识和方法上取得特殊成就。[6]从这四个条件可以看出,应用技术大学的教授是既有扎实的学术基础,又具备丰富的实践经验的综合性高素质人才。英国的企业对多科技术学院的教学和实践负有一定的经验指导责任,即企业要选派相应数量的技术熟练的专家或管理人员给多科技术学院的学生开设训练和指导课程,实现学生与企业之间技术、人员、知识、实践、理念、文化等方面的互动和交流。

(四)重视应用型学科专业设置

德国应用技术大学学科专业设置非常重视所在地的产业结构和特色,注重与经济和产业结构接轨。例如沃芬比特尔应用技术大学在沃尔夫斯堡校区设立车辆技术学院,重点培养大众汽车需要的车辆制造工程师。不来梅应用技术大学利用不来梅地区设有空中客车公司生产厂的优势,设立航空和航天科技研究机构,并且和汉莎航空公司一起开设双元制"航空系统科技与管理"专业。莱因美茵应用技术大学地处德国著名的葡萄园种植区,利用这种得天独厚的优势,开设全国独一无二的葡萄种植、国际葡萄经济、园艺学等相关专业。[7]这些办学模式不仅有利于运用当地企业资源实现产教融合，更好地培养高素质应用型人才，提升学生就业率，满足当地企业人才与智力需求，而且有利于学校学科专业特色固化与彰显，提升学校核心竞争力和影响力。英国的多科技术学院专业和系科设置，主要根据地方企业和工厂的具体需求而设立，其专业结构和教学内容灵活多变，结合地方的企业发展趋势和产业转换进行相应的结构调整。

（五）积极开展应用技术科学研究

德国应用技术大学科研机构由校内科研机构和校外科研机构两部分组成。学校院系格外重视重点专业与区域特色产业有机结合，成立专门的应用技术研究所，着力解决区域经济发展或企业面临的现实问题。德国应用技术大学还利用联邦政府实施的"创新型区域发展核心""创新能力中心"等计划，积极与地方政府、基金会等开展合作，建设本区域知名科研中心。瑞士应用技术大学主要服务于中小企业，针对实际生产，通过应用型研究解决一线问题，在为中小企业带来经济效益的同时提升自身科研水平，其科研经费的75%来自企业投入。

三、广东应用型大学服务区域经济社会发展的探索

（一）政府支持：应用型大学服务区域经济社会发展的基础保障

提升应用型大学服务区域经济社会发展的能力，政府必须起到系统设计、统筹谋划、政策支持和资源引导的作用。2015年以来，广东省教育厅联合省财政厅、省发展改革委，在支持应用型大学发展方面做了大量工作。

1. 做好顶层设计。广东省对教育部、国家发展改革委、财政部联合印发的《关于引导部分地方普通本科高校向应用型转变的指导意见》高度重视。2016年6月，广东省教育厅联合省发展改革委、省财政厅印发《关于引导部分普通本科高校向应用型转变的实施意见》（以下简称《实施意见》），提出引导部分普通本科高校主动适应全省经济发展新常态，主动融入区域产业转型升级和服务创新驱动发展，把办学思路转到服务区

域经济社会发展上来,转到产教融合、校政行企合作上来,转到培养应用型人才上来,转到增强学生创新创业能力上来,着力建设一批办学水平高、特色鲜明、与区域产业发展高度融合的应用型高校,推动形成层次结构合理、质量优良的高等教育体系。《实施意见》的出台,标志着广东省全面启动应用型大学建设,也标志着"建设高水平应用型大学"成为继高水平大学建设、高水平理工科大学和理工类学科建设后,广东高等教育"创新强校工程"的又一重要举措。

2. 开展试点探索。2016年7月,广东省教育厅印发《关于在全省普通本科高校开展转型试点高校遴选工作的通知》。经学校申报、形式审查、专家评审、公示等程序,广东金融学院、广东石油化工学院、广东财经大学、惠州学院、岭南师范学院、广东技术师范学院(现广东技术师范大学)、肇庆学院、五邑大学、吉林大学珠海学院、北京师范大学珠海分校、电子科技大学中山学院、北京理工大学珠海学院、中山大学南方学院、广东白云学院等14所高校获评应用型大学建设试点高校,开展为期4年的试点工作。

3. 推进系统变革。教师、学生和学科专业是高校教育教学的三大基本要素。在加强教师队伍建设方面,在高校普遍设立教师教学发展中心,对有企业背景的教师开展教育教学能力培训,逐步提高应用型大学"双师双能型"教师比例;落实"放管服"政策,将职称评审权全部下放到高校,完善教师职称标准;鼓励教师到企业挂职锻炼,并吸引企业优秀人才到大学任教。在人才培养方面,积极深化协同育人改革。广东省教育厅与省卫健委、海洋渔业局、质量监督管理局、农业农村厅等合作开展卫生、海洋、标准化、农业人才协同培养,联合出台相关协同育人文件;每年与省经信委、国资委联合主办校企协同育人交流会,搭建产学研用合作和交流平台,加强应用型人才培养课程体系建设,支持一大批示范性应用型教学实践项目并充分发挥其辐射力、带动力,围绕应用型人才培养要求,改革传统以学科知识结构为逻辑的课程设计理念和思路,构建以工作过程系统化、典型工作任务等为基础的新型课程体系。在学科专业水平提升方面,一是制定《广东省普通高等学校本科新设专业评估工作方案(试行)》,强化专业设置事后监管。二是印发《关于开展普通高等学校专业认证工作的意见》,根据全省本科专业布点率、就业率、专业空白点等情况,发布建议暂缓增设和鼓励增设专业名单,引导高校积极对接区域重点产业及领域需求设置和调整专业,不断改善专业结构和布局;引导学校依托相关学科专业,根据地方产业需求建设高水平产业学院,使产业学院成为人才培养、科技服务、成果转化、创新创业的重要平台。

(二)学校行动:应用型大学服务区域经济社会发展的主体力量

部分普通本科高校向应用型转型试点启动以来,各高校结合实际积极探索,逐步摸索出适合本校特点的发展道路,其中一些典型经验和相关举措值得借鉴。

1. 凝聚发展共识,明确战略目标。结合区域经济社会发展需求,找准定位,集聚全校力量走特色发展之路,是应用型大学建设的首要任务。应用型本科教育的基本特征主要体现为:定"性"在行业,定"向"在应用,定"格"在复合,定"点"在实践。[8]广东石油化工学院围绕"转型发展""创新创业教育""专业认证"等主题,通过专家辅导、专题研讨、深入调研、示范实践等方式对应用型人才培养理念、课程体系、教学内容、教学方法、教学手段等展开研讨,形成一系列支撑学校与区域经济社会融合发展的政策文件。岭南师范学院结合自身定位和区域经济社会发展需要,通过广泛讨论,凝聚共识,在五个方面强化办学特色和优势:一是努力成为广东优质教师教育、教育科研和教育信息化重镇;二是努力成为粤西应用型人才培养与科技研发中心;三是努力成为岭南文化乃至中华文化传承创新基地;四是努力成为粤西公共政策研究咨询智库;五是努力成为区域教育国际化和开放办学高地。

2. 深化体制机制改革,优化学校内部治理结构。广东财经大学佛山校区探索全新的办学模式,实行理事会管理体制,建立四方共担的办学经费投入长效机制,共建考核评价机制、学生管理实施书院制等,同时设置佛山市现代服务业发展急需的全学段本科、研究生专业,实行"产教融合、协同育人"教育教学管理和人才培养模式。中山大学南方学院从2017学年开始实施二级管理制度,以部长负责制、目标责任制和绩效考核制为核心,推进管理重心下移,赋予系(部)更大的人、财、物自主权,充分激发二级学院(系)贴近地方、面向市场开展人才培养和技术研发的积极性、主动性和创造性。

3. 推进"双师双能型"教师队伍建设。培养应用型人才必须把教师发展置于突出地位。[9]肇庆学院鼓励二级学院在相关科研院所、企业设立培训点或产学研合作平台，为教师深入基层实践提供方便。该校还选聘优秀科技专家、企业家、高级工程师担任客座教授，引进一批具有行业工作经历的教学科研人员，建立"结构多层次、授课多形式、管理多元化"应用型兼职教师队伍。吉林大学珠海学院牢固树立教师是办学主体的理念，把教师队伍建设作为提高人才培养质量的根本保证，通过"内培外引"，大力推进骨干教师培养计划和老、中、青三个层次师资骨干队伍建设计划，促进各专业教师自觉提升自身应用能力和实际操作水平，提高教育教学质量和社会服务能力。

4．对接地方优势产业，优化学科专业结构。应用型本科教育的生命力在一定程度上取决于学校专业设置面向地方和行业需求的程度，以及积极主动为区域社会经济发展和行业发展服务的能力。[8]应用型大学应以"应用性""实践性"为基本导向，依据地方经济社会转型发展需求，促进自身学科专业结构调整优化。广东技术师范大学主动适应广东产业转型升级对高层次应用型人才的需要，设置现代服务业类专业20个、战略性新兴产业类专业8个、先进制造业类专业8个、高新技术产业类专业6个、传统优势产业类专业3个、文化创意类专业5个，较好地实现与广东重点发展产业对接。广东金融学院紧跟学科发展前沿，以金融学为龙头，集中力量打造金融品牌专业集群，形成了覆盖金融学、金融工程、保险学、投资学、金融数学等的金融学科专业集群，引领一批传统学科专业向金融特色专业转型。该校还对一批非金融专业实施"金融+"特色发展战略，适当调整专业培养方向，如"法学+金融""市场营销+金融"等，形成"专业+金融"交叉特色发展路径。

5．深化人才培养模式改革，提升应用型人才培养质量。地方本科高校强调按学科设置专业，所培养的应用型人才主要是知识应用型人才。这种应用型人才面向的是社会生产生活领域中的职业群和行业而不是岗位。[10]北京理工大学珠海学院以促进地方产业结构升级为目标，以培养高素质复合型、应用型人才为宗旨，着重从完善应用型人才培养方案、推进工程教育专业认证、积极推进教学内容和教学方法更新、开展校企协同育人四方面进行人才培养模式改革。电子科技大学中山学院主动将办学特色对接产业发展，不断加大校政行企合作的广度和深度，提高学生的应用能力。目前该校开展校企合作的方式有：共建专业、课程、实验室；共同开展产学研合作、申报课题、参加科技竞赛；共建众创空间、企业孵化器；共建协同育人平台、大学生实习实训基地等，为学生提供稳定的实习岗位和部分就业岗位。

6. 主动对接产业，积极开展应用研究。应用型大学在发展中必须紧贴地方经济社会特别是产业发展需要，主动开展应用型科研和技术研发。五邑大学围绕区域经济高质量发展需求，大力加强应用基础研究，着力构建持续创新的产业技术支撑平台，激发产业发展内生动力，快速成为区域创新发展重要引擎。惠州学院积极构建对接行业和主导产业链的应用研究体系，力争做实做大一批科研实体。为此，该校积极加强科研创新能力建设，在科研评价、成果转化方面出台优惠政策，修订和完善科研奖励办法、科研成果转化管理办法，出台教师科研激励与考核评价办法，鼓励教师多出成果、快出成果、出好成果。

7. 围绕地方需求，开展社会服务。现代高等教育发展与经济社会发展已经成为相依相生的共同体。产业结构调整、技术升级改造、淘汰落后产能必然对高等教育现行科技创新体系产生前所未有的冲击，并要求高等教育通过人才培养和科技创新，在经济转型升级过程中发挥驱动作用。[11]广东财经大学着力打造服务区域经济社会发展的特色新型智库，包括与广东省商业经济学会等单位联合发起成立"华南商业智库"；与佛山市政府、行业企业共建"佛山现代服务业研究院"，目前已建成"大数据与佛山经济运行研究中心""佛山市地方立法研究评估与咨询服务基地"等。广东金融学院积极与广东省政府、各地市的相关部门合作撰写多项金融、保险、信用以及经济发展的"十三五"规划，如佛山、肇庆、河源、惠州、汕头、梅州等地市的金融"十三五"规划，以及顺德、南海、南沙、横琴等区的金融、保险专项规划。

（三）行企校对接：应用型大学服务区域经济社会发展的外在支撑

提升应用型大学服务水平的基本路径是产教融合、校企合作。激发行业企业参与办学，既需要政府完善激励制度，也需要高校加快组织和制度改革，不断凝练特色，提升办学水平，真正为行业企业增强竞争力提供支撑。经过系列努力，广东行业企业深度参与或承担的应用型大学学科专业建设、人才培养模式改革、应用研究等取得明显突破，行企校对接效果逐步显现。

1. 人才培养。为促进学科教育与职业教育相融合，行业企业积极协同各高校打造课程资源平台，创新应用型教学资源。如中国国际金融理财师标准委员会考立咨询（广州）有限公司与广东金融学院合作开办卓越金融理财师协同培养班。该班采取"课程＋证书＋就业"全程协同培养形式，从学生入学到毕业的全过程均由校企共同参与教学管理，共同推荐就业。目前该校已与百余家行业企业建立合作关系，建设国家级教学实践基地1个、省级7个、校级108个。

2. 学科建设。各行业企业依据"互惠互利，共同进步"的原则积极介入学校学科专业建设，通过协同发展促进学校凝练学科特色，提升综合实力。如海南航空学校有限责任公司、新疆天翔航空学院、中国飞龙航校等与北京理工大学珠海学院，以交通运输专业（通用航空飞行技术方向）为依托，联合开办民航航线飞行员和通航直升机飞行员特色班，定向委托培养民航航线飞行员和通航直升机飞行员。此外，珠海华翔通用航空有限公司与北京理工大学珠海学院合作共建通用航空模拟飞行与维修实验室。该公司投资230余万元购置一台空客A320飞行模拟机、一台通用飞机的飞行模拟机、2台桌面电脑模拟机和20余架小型无人机等教学设备供学院教学使用。

3. 科学研究。校企合作是推动应用研究和技术成果转化的重要途径。中国石化集团茂名石油化工公司、中国石油化工股份有限公司广州分公司、中国石化湛江东兴石油化工有限公司、中兴通讯等大型知名企业及以石油石化行业为主的100多家行业企业与广东石油化工学院合作。2017年以来学院共承担企业技术攻关及服务项目100多项，经费约2000万元。同时，2017年汕头市广东美联新材料股份有限公司主动与该校合作创办"广油—美联新材料研究院"。这是该校首个按照新型研发机构方式开展建设、以独立法人运作的创新型研究院，有力推动了科技成果产业化。

4. 社会服务。2017年5月，北京中科曙光特瑞科技有限公司（以下简称"中科曙光"）与广东白云学院联合签订数据中国"百校工程"产教融合创新项目合作协议，校企双方共同投资1000万元（其中中科曙光一次性投入500万元），共建、共管、共营"大数据应用协同创新中心"。该中心占地面积为330平方米，设有机房、展示厅、体验区、科研与交流室、大学生创客工作室、中科曙光工作室、专家工作室等。校企双方依托"大数据应用协同创新中心"，加快推动数据资源开放共享和开发应用，推进重点领域大数据高效采集、有效整合，深化政府数据和社会数据关联分析、融合利用及大数据在各行业创新应用,给广东省不同行业和经济发展提供人才、知识、应用服务。

参考文献

[1] 潘懋元. 什么是应用型本科[J]. 高教探索,2010(1):10-11.

[2] 程建芳. 借鉴国外经验 强化应用型本科教育实践教学[J]. 中国高教研究,2007(8):54-55.

[3] 余斌. 应用型大学教师专业发展问题及对策[J]. 教育发展研究,2008(11):81-83.

[4] 赵军,夏建国. 产教合作命运共同体:新时代高校创新发展新取向[J]. 中国高等教育,2018(19):31-32.

[5] 朱国华,吴兆雪. 应用型本科建设的时代逻辑、国际经验与路径选择[J]. 职业技术教育,2016(22):8-13.

[6] 董大奎,刘钢. 德国应用科技大学办学模式及其启示[J]. 教育发展研究,2007(13):41-44.

[7] 孙进. 德国应用科学大学专业设置的特点与启示[J]. 清华大学教育研究,2011(4):98-103,124.

[8] 史秋衡,王爱萍. 应用型本科教育的基本特征[J]. 教育发展研究,2008(21):34-37.

[9] 刘国艳,曹如军. 应用型本科教师发展:现实困境与求解之道[J]. 国家教育行政学院学报,2009(10):59-63.

[10] 刘焕阳,韩延伦. 地方本科高校应用型人才培养定位及其体系建设[J]. 教育研究,2012(12):67-70.

[11] 马廷奇. 高等教育如何适应新常态[J]. 高等教育研究,2015(3):6-10.

应用型本科院校建设的理想标准与现实进路[*]

高等教育标准体系是随着标准化在世界范围全面推广以及高等教育规模迅速扩大、类型日益多样、功能日趋复杂而产生的关于高等教育系统要素的内在规制,它在办学理念、目标和内容的调整优化以及转型升级等方面起着"度量衡"和"指南针"功能。从现实情况来看,虽然2015年三部委联合出台的《关于引导部分地方普通本科高校向应用型转变的指导意见》已经提出"制定应用型高校的设置标准""制定应用型高校评估标准"等政策目标,但由于应用型本科院校建设是一项复杂的系统工程,涉及要素多、影响范围广、矛盾破解难度大,政府层面的建设标准尚未正式形成,加之理论界的探讨相对缺乏,为此本文尝试作以下先导性探索。

一、研究基础

教育标准是规范教育发展和实现教育评价的基础。早在2001年我国加入WTO之际,就有学者提出"我国应该建立自己的教育标准"[1]。构建符合新时代应用型本科院校建设需要的标准体系,需要明晰研究现状,从既有学术研究中明确发展路向并汲取创新营养。

梳理应用型本科院校研究的学术历程可以发现,其内涵是随着时代变迁逐渐丰富并清晰起来的。我国的应用型本科院校研究始于20世纪80年代,如有学者当时提出"工科本科应着重培养应用型工程技术人才"[2]。20世纪90年代有学者认为,"应用型的提出,是对传统本科教育反思后的现实追求。传统本科教育,学生学得多,'术不够',半脱脱离实际、脱离实践。加强应用性已成为高等教育体制改革中的一大要求"[3]。但总体来看,在20世纪八九十年代鲜见关于应用型本科的研究。21世纪以来,关于应用

---

[*] 本文作者汤贞敏、王志强,原发表于2020年第5期全国中文核心期刊《高等教育研究》(华中科技大学、中国高等教育学会高等教育学专业委员会主办),2021年获评第六届全国教育科学研究优秀成果奖三等奖。

型本科院校内涵的研究逐渐增多。有学者提出，应用型本科院校的主要特点是以培养应用型的人才为主，以培养本科生为主，以教学为主，以面向地方为主。[4]也有学者将应用型本科院校称为中国的"新大学"，是"以本科教育为主，面向区域经济社会，以学科为依托，以应用型专业教育为基础，以社会人才需求为导向，培养高层次应用型人才的新型院校"。[5]在复杂多样社会中孕育而生的应用型本科院校必然具有多元结构属性，如有学者认为应用技术大学"肩负培养高层次技术应用型人才、开展应用科学研究与技术创新、服务就业和区域发展及促进终身学习等多重使命"。[6]概而言之，应用型本科院校作为我国高等教育体系的重要组成部分，是以推进产教融合、校企合作为主要路径，以立德树人和优化应用型人才培养模式为核心追求，以打造"双师双能型"师资队伍为发展基础，以构建全面对接产业链、科技链的学科专业体系为互动平台，以引领区域产业转型升级、促进区域科技创新与应用、提升区域文化创新与传播能力为重要使命的本科院校。

标准是随着人类社会的复杂化而建立起来的具有统一性和主导权的组织生存与发展秩序，已从原始社会的语言、文字、工具等生存性规范以及工业社会的器材、程序等发展性规范扩展至包含教育在内的社会全领域。关于教育标准的具体内涵，有学者认为，"教育标准是指为实施国家教育法律法规和有关教育方针政策，为在教育活动领域内获得最佳秩序，在教育教学实践与理论研究的基础上，对各级各类教育活动事项制定的各类教育规范与技术规定"[7]。高等教育标准是教育多样化发展以及形态整塑的必然要求。在建设与生成意义上，有学者认为，"面对复杂交错的多样化高等学校模式，要按照一定的划分标准分别归类，使所有高校能够各就各位，明确各自发展方向，朝着正确的发展目标，制订合理的发展规划"[8]。在具体建设路径上，有学者认为，评价城市型、应用型大学是否达到一流水平的根本标准是学校对所在城市和区域发展的适应度和贡献度。[9]在学校发展实践方面，有高校根据经济社会发展需求，从定性和定量相结合的角度推进应用型本科院校质量标准体系建设。[10]还有学者认为，应用型本科院校的教育质量标准应该是基本标准与特色标准的统一。[11]总体而言，目前学术界在应用型本科院校建设标准"是什么""为什么""怎么做"三大问题研究上已有建树，但不够具体深入。

在实践路径上，我国应用型本科院校的发展既遵循世界高等教育发展的普遍规律，又置身于中国特色社会主义道路的独特环境，因而必须立足国情、遵循教情，从政治、经济、人口、科技等广阔视角探索应用型本科院校的组织形态、要素变革、治理体系和发展道路，为应用型本科院校行稳致远提供科学的理论支撑和有力的实践指导。目前学术界在如何建设中国特色、世界领先的应用型本科院校上研究较为广泛，主要聚焦在人才培养模式改革、师资队伍建设、学科专业结构优化等方面。如有学者认为，应用型本科院校人才培养体系"应立足学科专业建设、课程和教学体系建设、教学支持和保障体系建设三大系统工程"[12]。还有学者认为，"应用型本科教育的生命力一定程度上取决于学校专业设置面向地方和行业需求，以及积极主动为区域社会经济发展和行业发展服务的能力"[13]。无论是人才培养还是学科专业建设，其实施主体都是教师，因而有学者认为"必须把教师发展置于突出地位"[14]。此外，学术界在应用型本科院校的办学定位、技术创新和制度建设等方面也取得了较大研究进展。

二、建设标准的基本内容

建设标准是对未来发展核心要素及形态的总体描述，主要解决应用型本科院校"是什么"和"怎么做"的问题。这需要通过理论逻辑推演并参考世界经验来确定核心指标，基于学术关注焦点和政策文本内容分析等厘清重点内容及方向，从而构建具有科学性、适应性和可操作性的建设标准。

（一）核心指标的遴选

从理论逻辑来看，决定应用型本科院校发展的基本要素可分为办学理念、核心要素和发展保障三个层次。办学理念是对大学精神、性质、功能、使命与价值观等基本发展思想的概括，是大学与外部诸元素之间关系的规定，以及内部管理运转的哲学基础。[15]办学理念的外显性概念很多，最直接的就是办学定位。办学定位是办学者根据学校发展内在基础和外在环境作出的对未来发展的判断，主要包括人才培养定位、专业设置定位、师资建设定位等方面。应用型本科院校建设首先要确立高水平应用型的办学定位，以办学定位统领学校发展规划，进而凝心聚力组织实施。从内在本质看，人才培养、教师队伍和学科专业是高校的主要构成要素。学生的身心发展水平、知识和技能储备状况是检验办学成效的关键标准；教师队伍是落实组织发展的核心资源；学科专业是确保师生有效互动与联结的主要平台；技术创新与转化是与外界保持联系，实现师生知识与技术能力提升的重要手段。在发展保障层次，科学有效的治理体系是依据高校独特运行规律建立起的秩序体系与行为准则，是确保高校稳定有序发展的关键，而办学资源是支撑高校正常运转的基石。

从世界经验来看，二战以来，伴随国际局势相对稳定带来的全球高等教育规模扩张，办学机构呈现多元化增长，其中一个重大变革就是在研究型大学、高职高专等传统院校类型以外出现了"应用型本科院校"这一新型高校。在推进应用型本科院校发展上，无论是德国的应用科学大学还是英国的多科技术学院，它们都重视以规章制度形式确立办学定位，重点推进人才培养模式改革、师资队伍建设、学科专业结构优化、面向区域发展的技术创新。[16-19]有一种观点认为，应用型大学是西方创业型大学在中国本土化实践的最佳形式。[20]创业型大学组织转型的关键在于通过变革管理、制度、学科、教师等内在要素，形成一体化的创业文化、强有力的驾驭核心、广阔的发展空间、多元化的资助渠道、充满活力的学术研究。[21]因此，无论是逻辑分析还是借鉴国际经验，决定应用型本科院校发展的核心要素都包括办学定位、人才培养、教师队伍、学科专业、科技创新与转化、治理体系、资源获得能力。

（二）重点内容的确证

通过对学术论文的可视化计量分析可以明确学术界的研究重点，也一定程度反映了某些要素在特定组织或领域中的受关注度与重要性。在中国知网以"应用型本科"为主题词进行检索，发现1964—2020年3月国内外学者共发表相关文章20892篇。对这些成果进行可视化计量分析发现，关于应用型本科院校的研究自2007年以来逐渐成为热点，在2007年、2009年、2011年、2013年、2015年、2017年和2019年，相关论文的数量分别为217篇、580篇、961篇、1286篇、2118篇、2748篇和3008篇。进一步分析研究内容后发现，这些论文的主题集中在应用型本科院校、教育教学改革、人才培养、课程体系建设等方面（共37421篇次，部分论文涉及多个主题），应用、地方、实践教学、人才培养、创新创业、校企合作是高频关键词（见表1）。因此，应用型本科院校建设标准应充分关注这些研究重点，在标准内容上围绕这些核心元素进行拓展。

表1　1964—2020年关于应用型本科院校研究论文的计量分析

主题归类	主题词	涉及论文篇次	占比（%）
应用型本科院校	应用型本科院校，应用型本科，应用型本科高校，应用型，地方本科院校，本科院校，地方应用型本科院校，应用型高校，新建本科院校，本科高校	19846	53.03
教育教学改革	教学改革，实践教学，教育改革，应用型本科教育，实践教学体系，教学模式，教学方法，创新创业教育，创新创业	7211	19.27
人才培养研究	应用型人才培养，应用型人才，人才培养，人才培养模式，应用型本科人才，培养模式，人才培养方案，人才培养目标	6887	18.41
课程体系	课程体系，课程教学，课程教学改革，课程设置	1685	4.50
其他主题	人才管理，校企合作，企业管理	1792	4.79

政策是建立在厘清事物现实状态和正确研判未来发展趋势上，反映政府价值意图和行为导向的强制性工具，相关政策文本传达的信息是应用型本科院校建设标准的重要依据。2015年三部委联合发布的《关于引导部分地方普通本科高校向应用型转变的指导意见》提出，要从明确学校类型定位和转型路径、面向区域经济社会和新产业新业态新技术、建立紧密对接产业链和创新链的专业体系、创新应用型技术技能型人才培养模式、加强"双师双能型"教师队伍建设、提升以应用为驱动的创新能力等方面加强地方普通本科高校的转型发展。在省级层面，除浙江以外，其他省份基本上均以国家文件为基础构建符合本地区实际的应用型本科院校发展规划，提出了一些创新性特色发展思路和举措（见表2）。无论国家文件精神还是省级层面的重点举措，都应是制定应用型本科院校建设标准的重要参考。

表2 部分省市关于应用型本科院校建设政策的文本分析

省份	政策出台时间	主要创新点述评
浙江	2015.4	提出"不同的建设任务、不同的政策支持、不同的考核要求",对应用型专业在校生比重和专业集中度等作出要求,注重增强学生创业能力等
辽宁	2015.11	加强信息化建设,鼓励高校联合相关企业在境外设立本土化实用人才培训基地等
重庆	2015.12	对特色优势专业集群发展及优胜劣汰机制作出安排,在学生实训实习时间和"双师双能型"教师队伍建设方面提出具体指标,建立应用型高等教育评估体系等
福建	2015.12	对专业课中真实任务、真实案例教学的覆盖率,用人单位参与率及"双师双能型"教师比重等提出具体指标;鼓励引入境内外优质教育资源推动转型发展;鼓励引进境外"双师双能型"师资等
四川	2016.3	对有实践经验专兼职教师占转型高校专业课教师的比重提出要求;实施教育国际化工程,将一批转型高校打造为东南亚、南亚学生来华留学的重要目标高校;支持企业在试点高校设立技术创新和培训基地等
广东	2016.6	激发二级院系与行业、企业合作的积极性与活力,建立适应产业发展的专业课标准体系;探索建立专业教育与职业资格对接认证机制;依据产业行业标准重构课程教学体系,建立创新创业学分积累与转换制度;开辟专兼职教师招聘绿色通道,加强教师发展中心建设,克服教师考核中唯学历、唯职称、唯论文倾向,完善科研成果转化收益分配机制等
河南	2016.7	建立科技创业教育体系,建设众创空间;实施产教融合工程;扩大应用型高校办学自主权等
黑龙江	2018.12	明确以专业为基础,提出各校应用型专业的占比;推动工程、医学、建筑学、商科和师范类专业认证;将企业员工能力要求、培训内容有机嵌入专业教学计划;实施"高校教授+企业专家"的产教融合"双千计划";融入"一带一路"和"中蒙俄经济走廊"建设等

注:表格内容限于收集到的有关省市政策文件。

通过理论逻辑推理、借鉴世界应用型本科院校建设经验以及相关经典论述,可以形成应用型本科院校建设标准的一级指标;通过追踪学术界相关研究热点以及剖析相关政策文本,基于对应用型本科院校建设重点内容以及发展图景的研判,本文构建了理念明晰、要素合理、方向正确、保障有力且基本指标与特色指标共生的应用型本科院校建设基本标准框架(见表3)。

表3 应用型本科院校建设基本标准框架

指标层级	一级指标	核心观测点	特色指标
办学理念层	发展定位	1. 有院校中长期发展规划 2. 应用型理念在校内获得广泛认同，在学校章程中被明确	发展规划与本校层次类型相互契合
核心要素层	人才培养	3. 立德树人根本任务得到全面有效落实 4. 重视并及时调整优化应用型人才培养模式 5. 实训实习课时占专业教学总课时的比例达到30%以上 6. 专业课程中真实任务、真实案例教学的覆盖率达到100% 7. 主干专业课程用人单位参与率达到100% 8. 学生创新创业教育体系逐渐完善	在立德树人、实践教学、学生国际化等方面具有特色
核心要素层	教师队伍	9. 具有"双师双能型"教师队伍建设方案并建立了教师发展中心 10. 新增师资主要来源于行业企业的专业技术人员且具有较高教学水平 11. 所有专任教师在从教5年内都具有行业企业经历，"双师双能型"教师占专任教师总数的50%以上 12. 具有"双师双能型"教师考核指标体系并定期评价	在教师招聘、培养、考核评价及国际化方面有特色
核心要素层	学科专业	13. 学科专业结构与所在区域产业链、创新链协调一致 14. 应用型专业就读学生占在校生总数的80%以上 15. 学科专业特色逐步巩固，前8个专业就读学生占在校生总数的30%以上 16. 建立了行业和用人单位专家参与的校内学科专业设置评议制度	在学科专业优化、产业学院建设及国际化等方面有特色
核心要素层	科技创新与转化	17. 研究平台的协同能力和特色水平不断提升 18. 地方政府、行业企业委托科研项目的数量和经费不断增加 19. 科研成果转化为产品、设计、决策等实际应用的数量不断增加 20. 科研成果的学生参与率不断提高，学生研发及转化成果数量不断增加	在科研创新及转化机构建设、破"五唯"、国际化等方面有特色
发展保障层	治理体系	21. 充分体现党对教育事业的全面领导和坚持社会主义办学方向 22. 建立相关利益者共同参与的校、院理事会（董事会）制度，且校外人员占比不低于50% 23. 教育教学、人事、财务等制度体系完备并得到广泛认同和遵循 24. 注重运用信息化方式提升学校治理体系与治理能力的现代化水平	在学校治理、制度建设等方面有特色
发展保障层	办学资源	25. 各类硬件资源能够满足教育教学需要并富有特色 26. 学校产教融合、校企合作的能力和成效逐步提升 27. 获得经费、设施设备等办学资源的能力不断提升，且办学经费主要用于教育教学核心要素的发展	在校园设施建设、资源获取等方面有特色

三、建设标准的实施路径

建设标准的实施是理想目标落地生根的过程，需要政府、高校、行业企业等相关利益主体深入理解应用型本科院校的内涵实质，立足世界时空规制，充分总结历时性经验并明晰共时性需求，围绕发展定位、人才培养、教师队伍、学科专业、保障机制等持续发力。

（一）明晰院校发展定位

引导地方普通本科高校向应用型转变是贯彻落实党中央、国务院决策部署，优化高等教育结构，服务创新驱动发展战略和区域经济社会发展的重大举措。在政府层面需要持续推进高等院校分类发展，明确应用型本科院校在高等教育体系中的重要地位，积极组建涵盖政府、高校、行业企业等相关利益主体在内的专家团队，研制并不断优化建设标准，以标准为参照对相关高校建设成效进行评价，以评促建促改，引导应用型本科院校在本层次和本领域争创一流。各相关院校尤其是地方院校应主动对接建设标准，深入分析区域经济社会发展尤其是行业企业的现实与未来诉求，结合自身层次明确发展定位，通过专家辅导、专题研讨、深入调研、实践总结等方式对院校发展理念、模式、课程体系、教学内容、教学方法、制度建设等展开讨论，在凝聚全校共识的基础上制订有依据、可达成、能指引的发展规划。

（二）推进核心发展要素优化升级

一是革新应用型本科院校教学理念、内容、方法和手段，推进培养模式多元、特色、国际化的优质发展。要实现产教深度融合、校企紧密合作，把知识和职业素养融入应用型人才培养全过程，不断丰富学生的学习体验；要完善教学评价体系，着重提升学生的核心素养和关键能力，锻造大国工匠，培育世界一流应用型人才。二是树立全球观念和国际视野，对标国际一流，集聚优势资源，造就支专业化国际化的创新型高素质师资队伍。政府层面可出台支持政策，采取税收优惠、实践补贴等形式鼓励企业接受更多教师挂职实践。高校层面要统筹规划师资建设，改革聘任制度和评价办法，提高应用型人才培养模式创新和培养成效等在考核指标中的比重。要构建灵活多元的人才聘用机制，重点聘请行业企业有影响的技术人员到校任教，提升"双师双能型"教师比重。三是支持高校围绕区域产业转型升级加大专业建设力度，改造传统专业、强化优势专业、增设战略性新兴应用型专业，不断优化专业结构。四是完善科研成果转化收益分配机制，引导教师围绕区域经济社会发展开展应用研究并转化科研成果，以应用研究促进知识技术更新及人才培养模式改革。

（三）构建发展保障机制

在提升应用型本科院校发展能力过程中，政府要在系统设计、统筹谋划、政策支持和资源引导方面发挥作用，重点加强管理体制和评价机制改革，建立健全制度体系，扩大高校办学自主权，破除企业人才进高校、教师科技成果转化、成立校企混合所有制企业等方面的制度障碍。高校要积极构建现代化治理体系，赋予二级学院（系）办学主体地位，健全二级学院（系）的领导体制、治理结构和运行机制，建立新型社会联系和合作机制，形成产教融合、校企合作新格局。开辟多元化资助渠道是增强高校转型发展能力和巩固应用型特色的前提之一，应用型本科院校应树立"立足区域、服务社会"的发展理念，明确以创新带动发展、以服务谋取资源的办学思路，将促进地方经济社会转型发展作为根本使命，增强自身在国家和区域先进制造、现代服务、新兴特色等主导产业发展中的作用，在传统资金来源外争取地方政府和行业企业更多经费支持，夯实学校的建设基础。

（四）深化产教融合、校企合作

应用型人才培养、"双师双能型"教师队伍建设、现代学科专业建设、应用研究与成果转化，它们的前设条件都指向加快产教融合、深化校企合作。地方政府应以建设产教融合型城市为方向，从区域整体发展角度去认识产教融合与校企合作的先导性、基础性地位，统筹规划产教融合发展布局并搭建更多合作平台，还应探索推进应用型本科院校的股份制、混合所有制办学试点，制定产教融合型企业评定标准和奖励办法，对合作效果好的单位在专项资金、信贷、用地、税收、项目审批等方面给予一定倾斜。有关高校应主动邀请地方政府、行业企业和科研院所等相关利益主体参与办学，根据产业转型升级需要设计人才培养模式，加快优化学科专业结构，提供科技创新与决策咨询服务。此外，高校应重点加强技术和知识创新组织建设，与行业骨干企业联合共建重点实验室、工程技术中心、人文创新中心；还应对接产业链与创新链，组建跨学科、跨专业的现代产业学院。

（五）合理有效推进国际化

高等教育国际化是知识普遍性、科技交叉性和经济全球化的必然产物，也是应用型本科院校增强综合实力和影响力的必由之路。在发达国家，推进国际化已经成为应用型本科院校提升创业能力的重要举措。例如瑞典的恰尔默斯技术大学成功转型为创业型大学的重要措施之一就是推进国际化，它与美国麻省理工学院、苏黎世瑞士联邦科技大学、巴黎多科技术大学校、德国弗朗霍佛科研中心集团、日本东京大学等国际知名高校和科研机构建立了紧密的合作关系；同时该校还参与了涉及多个国家大学和工业企业的100多个欧盟项目。[22] 又如，荷兰的特文特大学是该国第三所应用技术大学，该校既定位为地区性大学，也注重国际化发展，"特文特大学想要积极参与国际高层的科学研究"，"它想要在今后几年内极大地提高它的国际形象"。[22] 因此，应用型本科院校应树立开放意识，根据所处区域特征和本校层次类型，在应用型人才培养、教师队伍建设、实习实训基地建设、科技创新与应用等方面积极开展国际合作，建立"引进来"与"走出去"双向并举的新格局，不断提升区域辐射力和国际影响力。

参考文献

［1］谢维和. 我国应该建立自己的教育标准［J］. 教育研究，2001（11）：21-23.

［2］王雪生，王旭. 工程本科应着重培养应用型工程技术人才［J］. 高等工程教育研究，1987（4）：47-48.

［3］龚震伟. 应用型本科应重视创造性的培养［J］. 江南论坛，1998（3）：41.

［4］潘懋元. 什么是应用型本科？［J］. 高教探索，2010（1）：10-11.

［5］柳友荣. 中国"新大学"：概念、延承与发展［J］. 教育研究，2012（1）：75-80.

［6］刘文华，夏建国，易丽. 论应用技术大学的高等教育属性［J］. 中国高教研究，2014（10）：89-92.

［7］国家教育标准体系研究课题组. 国家教育标准体系的发展与完善［J］. 教育研究，2015（12）：4-11.

［8］潘懋元，吴玫. 高等学校分类与定位问题［J］. 复旦教育论坛，2003（3）：5-9.

［9］韩宪洲. 以首善标准推进一流城市型、应用型大学建设［J］. 北京教育（高教版），2018（10）：22-25.

［10］孙晓立. 打造应用型本科高校建设质量标准体系：一所百年老校的新世纪建校之路［J］. 中国标准化，2017（19）：39-42.

［11］朱科蓉. 应用型本科教育质量标准与质量评估体系［J］. 教书育人，2010（3）：56-58.

［12］刘焕阳，韩延伦. 地方本科高校应用型人才培养定位及其体系建设［J］. 教育研究，2012（12）：67-70.

［13］史秋衡，王爱萍. 应用型本科教育的基本特征［J］. 教育发展研究，2008（21）：34-37.

［14］刘国艳，曹如军. 应用型本科教师发展：现实困境与求解之道［J］. 国家教育行政学院学报，2009（10）：59-63.

［15］王世华. 世界一流大学的办学理念及启示［J］. 中国高教研究，2007（9）：3-6.

［16］朱国华，吴兆雪. 应用型本科建设的时代逻辑、国际经验与路径选择［J］. 职业技术教育，2016（22）：8-13.

［17］董大奎，刘钢. 德国应用科技大学办学模式及其启示［J］. 教育发展研究，2007（13）：41-44.

［18］孙进. 德国应用科学大学专业设置的特点与启示［J］. 清华大学教育研究，2011（4）：98-103，124.

［19］中国教育科学研究院课题组. 欧洲应用技术大学（UAS）国别研究报告［N］. 中国教育报，2013-12-19（3）.

［20］付八军. 创业型大学本土化的中国模式研究［M］. 北京：中国社会科学出版社，2019.

［21］伯顿·克拉克. 建立创业型大学：组织上转型的途径［M］. 王承绪，译. 北京：人民教育出版社，2003.

［22］伯顿·克拉克. 大学的持续变革：创业型大学新案例和新概念［M］. 王承绪，译. 北京：人民教育出版社，2008：81，54-55.

建设高质量高等教育体系：时代背景、内涵指向与实现策略[*]

习近平总书记在党的十九大报告中指出，"我国经济已由高速增长阶段转向高质量发展阶段""必须坚持质量第一、效益优先，以供给侧结构性改革为主线，推动经济发展质量变革、效率变革、动力变革""建设教育强国是中华民族伟大复兴的基础工程"。[1]此后，总书记对"高质量发展"有过多次深刻阐述，他强调，"高质量发展是'十四五'乃至更长时期我国经济社会发展的主题，关系我国社会主义现代化建设全局""高质量发展不只是一个经济要求，而是对经济社会发展方方面面的总要求"。[2]党的十九届五中全会明确要求"建设高质量教育体系"。这充分表明，建设高质量教育体系是建设教育强国的根本性体现，是建成社会主义现代化强国和实现中华民族伟大复兴的基础性保障，涵盖基础教育、职业教育、高等教育、继续教育，包括学校教育与校外教育、正规教育与非正规教育、家庭教育与社会教育、线上教育与线下教育，要求各级各类教育理念、教育人才队伍、教育制度标准规范和体制机制、教育基础设施设备和技术、课程教学资源、科教融合产教融合和校企合作、教育开放和国际交流合作、教育治理体系和治理能力等都要追求优质、实现优质。而建设高质量高等教育体系是建设高质量教育体系的重要组成部分，唯有面向中华民族伟大复兴战略全局和世界百年未有之大变局，充分领会建设高质量高等教育体系的时代背景、内涵指向和实现策略，才能更好增强建设高质量高等教育体系的自觉性、坚定性和科学性，更快推动我国成为高等教育强国、人力资源强国和人才强国，为到本世纪中叶建成富强民主文明和谐美丽的社会主义现代化强国提供强大人才保证、智力支持和科技支撑。

---

[*] 本文原发表于2021年第11期全国中文核心期刊《高教探索》（广东省高等教育学会主办）。

一、建设高质量高等教育体系的时代背景

（一）建设高质量高等教育体系，基于中国特色社会主义进入新时代、开启全面建设社会主义现代化国家新征程

改革开放40多年来，党和国家发展战略不断提升，教育事业的地位也随之提升、发展步伐不断加快。在我们党团结带领人民开辟中国特色社会主义道路上，教育事业一直努力发挥基础性、先导性、全局性战略作用。

高等教育具有培养人才、创新科技、服务社会、传承文化、国际交流合作的功能作用，高等教育发展水平无疑是一个国家发展水平和发展潜力的重要标志。早在1977年5月，邓小平同志就指出："我们要实现现代化，关键是科学技术要能上去。发展科学技术，不抓教育不行。靠空讲不能实现现代化，必须有知识，有人才。"[3]从党的十二大到十七大，我们党始终要求推进社会主义现代化必须优先发展教育、发挥教育作用，同时要求教育不断提升自身先进性、创新性、引领性，实现教育现代化。党的十八大以来，习近平总书记在领导开创中国特色社会主义新时代的伟大实践中，基于我国前所未有地接近中华民族伟大复兴目标、前所未有地走近世界舞台中央的战略判断，强调"人才越来越成为推动经济社会发展的战略性资源，教育的基础性、先导性、全局性地位和作用更加突显"[4]。在党的十九大报告中，总书记提出从决战决胜全面建成小康社会到基本实现现代化、再到全面建成社会主义现代化强国的新的战略安排，第一次明确指出"建设教育强国是中华民族伟大复兴的基础工程"，要求"完善职业教育和培训体系，深化产教融合、校企合作""加快一流大学和一流学科建设，实现高等教育内涵式发展""办好继续教育，加快建设学习型社会，大力提高国民素质"。[1]这是建基于中国特色社会主义进入新时代、在"两个一百年"历史交汇点上开启全面建设社会主义现代化国家新征程的战略部署，是把教育置于我们党治国理政的总体布局去谋划，置于实现中华民族伟大复兴中国梦、构建人类命运共同体的高度去运筹。经过长期奋斗，我国高等教育已经实现普及化，紧接着的发展主题应是全面实现优质化。只有建设高质量高等教育体系、提升高等教育发展水平，适应全面建设社会主义现代化国家对高素质人

才、高质量智力、高水平科技的需求,增强国家核心竞争力,才能充分体现和彰显高等教育的战略地位和功能作用。

(二)建设高质量高等教育体系,基于我国社会主要矛盾发生历史性转化、奋力满足人民日益增长的美好生活需要

任何一个社会、任何一个历史时期都充满各种矛盾并且矛盾会不断发生转化,其中起主导与支配作用的是主要矛盾。我们党总是以此作为制定路线方针政策的根本依据的。作为党的事业的重要组成部分,高等教育必须适应社会主要矛盾转化。

习近平总书记在党的十九大报告中指出,"进入新时代,我国社会主要矛盾已经转化为人民日益增长的美好生活需要和不平衡不充分的发展之间的矛盾""我们要在继续推动发展的基础上,着力解决好发展不平衡不充分问题,大力提升发展质量和效益,更好满足人民在经济、政治、文化、社会、生态等方面日益增长的需要,更好推动人的全面发展、社会全面进步"。[1]我国社会主要矛盾转化带来的新特征新要求,昭示我们要清醒看到社会需求和社会生产都在发生新变化,人民期盼享有更加公平更高质量的高等教育,经济社会高质量发展期待高等教育提供更加多元更高水平的人才保证、智力支持和科技支撑,强力保障立足新发展阶段、贯彻新发展理念、构建新发展格局,而目前高等教育本身发展不平衡不充分问题还比较多,在结构、质量、特色、效益上离人民对美好生活的向往和经济社会高质量发展的需求存在较大差距。只有建设高质量高等教育体系,以人民为中心发展高等教育,充分实现高等教育优质化、多样化、特色化,努力提高全体国民的思想道德素质、科学文化素质和身心健康素质,提升人的全面发展能力和人力资本水平,才能从根本上助力破解新时代社会主要矛盾,更好满足人民愿望。

(三)建设高质量高等教育体系,基于充分洞悉世界格局深刻调整、总览世界高等教育发展态势

高等教育发展水平决定一个国家的核心竞争力。当今世界正经历百年未有之大变局,新一轮科技革命和产业变革已经、正在并将继续带来国际力量对比和世界格局深

刻调整，国际竞争更加激烈。其背后的高等教育同样地已经、正在并将继续发生革命性变化。

和平与发展仍然是当今的时代主题，但国际环境不稳定性不确定性明显增加。错综复杂的国际环境带来的新矛盾新挑战，要求我们清醒看到高等教育支撑经济社会高质量发展在当今世界普遍得到高度重视，以学习者为中心、由知识本位向素质能力本位转变、注重创新能力和可持续发展能力培养、促进学生全面而有个性成长等理念得到广泛认同，高等教育形态、模式、内容、技术的创新迭代推进。把我国从人力资源大国建设成为人力资源强国和人才强国，达到建成社会主义现代化强国的目标，根本靠建成高等教育强国、靠有庞大的结构优良的高素质的人才队伍。对于整个世界来说，中国特色社会主义进入新时代，也意味着中国高等教育必须充分展现大国形象、大国智慧、大国担当。习近平总书记认为，当今世界的综合国力竞争，说到底是人才竞争，谁能培养和吸引更多优秀人才，谁就能赢得经济社会发展的战略优势，在国际竞争中占据主导地位。[4] 作为一个比以往任何时候都更加走近世界舞台中央，并且具有为人类文明进步事业作出更大贡献崇高使命感的大国，需要牢固树立道路自信、理论自信、制度自信、文化自信，坚定走中国特色社会主义高等教育发展道路，扩大高等教育对外开放合作，积极参与全球高等教育治理，以高等教育强国、人力资源强国、人才强国、科技强国、文化强国形象屹立于世界民族之林，为世界各国特别是发展中国家推进高等教育改革发展和人才培养提供借鉴，更好更多造福人类社会。

二、建设高质量高等教育体系的内涵指向

（一）建设高质量高等教育体系，需深刻领悟高等教育是国之大计、党之大计的重要有机体

教育兴则国家兴，兴国必先兴教；教育强则国家强，强国必先强教。包括高等教育在内的整个教育体系既是增进人民福祉、促进社会公平正义的根本性基础，又是建成社会主义现代化强国、实现中华民族伟大复兴的战略性支撑。

改革开放特别是党的十八大以来，党和国家先后提出建设人力资源强国、人才强国、科技强国、制造强国、文化强国、军事强国、健康中国、美丽中国等战略目标，而这一切目标的实现，归根结底需要以雄厚的人力资本作支撑，需要以教育强国来托举。习近平总书记正是立足我国国情重大变化和世界格局深刻调整，准确把握开启全面建设社会主义现代化国家新征程面临的机遇和挑战，在全国教育大会上明确指出，"教育是民族振兴、社会进步的重要基石，是功在当代、利在千秋的德政工程，对提高人民综合素质、促进人的全面发展、增强中华民族创新创造活力、实现中华民族伟大复兴具有决定性意义""教育是国之大计、党之大计"，"坚持把优先发展教育事业作为推动党和国家各项事业发展的重要先手棋"。[5]这一重大的创新性论断，具有高远的历史站位和深邃的战略眼光，充分突显了在党和国家事业发展全局中教育的极其重要性，为新时代落实教育优先发展战略、建设高质量高等教育体系、加快高等教育现代化提供了根本遵循。世界发展史充分表明，一个国家唯有发达的高等教育，才会有高素质的国民、强大的科技实力、现代化的经济和文明的社会，而高等教育作为国之大计、党之大计的重要有机体，融于中国特色社会主义伟大事业、中华民族伟大复兴中国梦、全面建设社会主义现代化国家新征程，必须坚持"为人民服务，为中国共产党治国理政服务，为巩固和发展中国特色社会主义制度服务，为改革开放和社会主义现代化建设服务"[6]，培养能担当民族复兴大任的时代新人，源源不断地促进党和国家事业兴旺发达，不断增强中华民族创新创造活力。

（二）建设高质量高等教育体系，需深刻领悟高等教育是支撑经济社会高质量发展的战略力量

我国经济由高速增长转向高质量发展，人民日益增长的美好生活需要对物质文化、民主法治、公平正义、安全环境等提出了更高要求，应当更加强调发展是第一要务、创新是第一动力、人才是第一资源，充分发挥高等教育战略性支撑作用。

目前，我国在促进经济发展动能由要素驱动、投资驱动向创新驱动转换上面临不少挑战，基础研究和应用基础研究亟待全面加强，一些关键领域核心技术受制于发达国家的格局尚未发生根本改变，需要加快建设现代化经济体系，推进实体经济、科技创新、

现代金融、人力资源协同发展，引导和支持高等教育的功能作用落实到推动经济社会高质量发展上，并根据建成社会主义现代化强国的需要，改进高等教育管理方式，调整优化高校区域布局、学科结构和专业设置，建立健全学科专业动态调整机制和特色发展引导机制，培养能够适应和引领未来发展的时代新人特别是大批创新型、应用型、技术技能型人才，推进产学研协同创新，加快建设高校、科研院所、行业企业科技创新集成体系，聚焦国际科技创新前沿和我国经济社会高质量发展重大需求，攻克一批"卡脖子"科技问题。同时，积极发展更加普惠更高质量的高等教育，促进国民素质、社会文明程度和国家文化软实力明显跃升，助力形成有效社会治理、良好社会秩序以共建和谐幸福家园，助推大众创业、万众创新以激发全民创新智慧和创业活力。

（三）建设高质量高等教育体系，需深刻领悟全面参与全球高等教育治理的使命担当

我们党是为中国人民谋幸福、为中华民族谋复兴的政党，也是为人类文明进步事业奋斗的世界大党，作为党的事业重要组成部分的高等教育，理所当然地要有更大担当和更大作为，全面参与全球高等教育治理，助力构建人类命运共同体。

习近平总书记强调："今天的世界是各国共同组成的命运共同体。战胜人类发展面临的各种挑战，需要各国人民同舟共济、携手努力。教育应该顺此大势，通过更加密切的互动交流，促进对人类各种知识和文化的认知，对各民族实现奋斗和未来愿景的体认，以促进各国学生增进相互了解、树立世界眼光、激发创新灵感，确立为人类和平与发展贡献智慧和力量的远大志向。"[7]这一重要论述，富有宽广的国际视野，是站在构建人类命运共同体的高度赋予高等教育新使命，同时也对青年学生寄予新期待。面对新时代中国特色社会主义事业发展和世界格局深刻调整，我们既要加快发展世界水平高等教育，增强全面参与全球高等教育治理的话语权，提出中国主张、贡献中国方案、体现中国智慧，促进高等教育国际交流合作，又应在参与中更加发展壮大我国高等教育事业，助力增强国家科技实力，推进国际人文交流合作，引导青年学生正确认识和理解不同国家与不同文化，更好服务国家重大外交战略，促进构建人类命运共同体。

三、高质量高等教育体系的实现策略

(一)建设高质量高等教育体系,要求坚持把高等教育发展融入"五位一体"总体布局和"四个全面"战略布局

高质量高等教育体系为建成社会主义现代化强国和实现中华民族伟大复兴提供战略支撑,必然要求高等教育发展与"五位一体"总体布局和"四个全面"战略布局相融互促。

在全国教育大会上,习近平总书记立足于对教育规律把握和建设高质量教育体系战略考量,要求不断使教育同党和国家事业发展要求相适应、同人民群众期待相契合、同我国综合国力和国际地位相匹配[5]。这就要在推进党和国家各项事业发展,特别是在统筹推进"五位一体"总体布局、协调推进"四个全面"战略布局中牢牢确立高等教育的战略地位,始终把高等教育放在构建改革开放新格局、推进经济社会高质量发展来思考,放在建成社会主义现代化强国、实现中华民族伟大复兴中国梦来定位,放在破解新时代社会主要矛盾、满足人民日益增长的美好生活需要来落实,使高等教育发展直面、适应、助力"五位一体"总体布局和"四个全面"战略布局落实,而"五位一体"总体布局、"四个全面"战略布局始终将建设高质量高等教育体系融入其中,建立健全推进高等教育高质量发展的体制机制,从组织领导、发展规划、资源保障等方面久久为功。第一,完善党对高等教育事业的领导体制,提高党在高等教育事业改革发展进程中谋划全局、把握方向、带好队伍、落实规划的能力,做到地市以上各级党政主要负责同志有国家战略眼光、民族复兴使命感和为民谋幸福的责任感,熟悉高等教育、关心高等教育、研究高等教育,落实建设高质量高等教育体系主体责任,树牢正确政绩观和科学发展观,形成保障高等教育高质量发展的决策机制和政策制度规范。第二,把推进高等教育高质量发展贯穿建成社会主义现代化强国的战略规划之中,加强高等教育规划与经济社会发展各项规划有效衔接,使建设高质量高等教育体系的战略目标转化为各个时期、每个年度实实在在的工作任务和举措办法。第三,把对高等教育及人力资源开发投入作为支撑国家及区域经济社会高质量发展的基础性、战略性投资和物质保障,强化各级政府的财政支出责任,健全财政投入优先保障、社会投入不断扩大长效机制,同时不断优化高等教育支出结构,提高经费使用效益。第四,不断健全公共资源配置制度,加大人

力资本投入，持续扩大优质高等教育资源总量，深化普职融通、产教融合、校企合作，完善注册学习和弹性学习制度，畅通不同类型学习成果互认、积累和转换，把全体国民蕴藏的智慧资源充分发掘出来，加快人力资本积累，实现从人力资源大国向人力资源强国和人才强国跨越。

（二）建设高质量高等教育体系，要求坚持扎根中国大地办世界水平高等教育

将高等教育发展基本规律同我国实际相结合，走中国特色社会主义高等教育发展道路，是由我国高等教育发展立足的独特历史、独特文化、独特国情和面临的新时代特征、根本任务、国际环境所决定的。

只有发展和提升符合中国国情的高等教育即贯彻党和国家发展战略、实现"四个服务"的高等教育，才能达到党和国家建设高质量高等教育体系的目的，更好学习借鉴世界高等教育科学思想、先进内容、成功经验并为世界高等教育改革发展提供中国智慧和中国方案。从这个意义上说，以推动高等教育高质量发展为主题，以深化高等教育供给侧结构性改革为主线，以改革开放为动力，全面贯彻党的教育方针，坚持为党育人、为国育才，把立德树人融入高等教育各方面各领域各环节，培养德智体美劳全面发展的担当民族复兴大任的时代新人，将是我国高等教育的恒久主题。同时，促进高等教育内涵式发展，建立健全研究型、应用型、技术技能型、开放型高等学校体系，分类建设世界一流大学和一流学科以及地方高水平大学，切实建设高水平高等职业学校和高水平专业，办好开放大学和继续教育，确立完善培养规格、教育质量、办学水平的标准体系、保障体系和评估诊断改进体系。在人才培养上，按照青年学生身心发展规律，构建具有前瞻性、创新性、引领性的学科专业知识体系和教育教学方式方法，建立"互联网＋教育"大资源服务体系，培养学生发展核心素养，分类分层提升研究生教育、本科生教育、高职高专学生教育质量，稳步扩大研究生规模并提高与战略性产业集群的契合度，更加注重青年学生爱国情怀、创新精神、健康人格、实践能力培养，特别加强基础学科拔尖学生培养，引导青年学生更好地适应经济发展、社会变革和科技进步，同时在全社会大力树立科学合理的人才观、成才观、用人观、就业观、分配观，营造有利于各类人才充分发挥聪明才智、各类创新创造创业活力竞

相迸发的制度政策环境、考核评价环境和宣传舆论环境。在推进高等教育国际化上，统筹国内国际两个大局，将彰显中国特色与放眼世界有机统一起来，制定更加全面更高层次的高等教育国际化发展战略，与世界各国和重要国际性、区域性组织建立紧密的高等教育交流合作关系，积极参与国际高等教育规则标准制定和重大议题研究，与世界知名大学、科研机构开展高水平合作办学，扩大合作办学规模、提高合作办学水平，推进专业区域认证、国际认证。同时，积极发展更具国际竞争力的留学教育，将我国建设成为全球主要留学中心；注重国际化课程建设和全球远程网络教学，打造世界高等教育服务中心，经略全球高等教育市场，并在推进高等教育国际化中积极学习借鉴和吸纳世界先进办学治校经验及其优秀教育理念、教育内容、教育质量保障与教育评价经验，将其转化为提升我国办学水平、育人质量和丰富发展优质高等教育资源的积极动能，更好地彰显中国高等教育的特色和优势。

（三）建设高质量高等教育体系，要求坚持充分激活高校的人才、智力、科技资源

高等教育的功能作用，首要的、根本的是为经济发展和社会进步培养高素质人才。除此之外，还应当为国家富强、民族振兴、人民幸福和人类文明进步而在创新科技、服务社会、传承文化、国际交流合作上充分发挥作用。

人民期盼国家经济兴盛、科技发达、文化繁荣、社会和谐、生态文明。高等教育应当在全面落实立德树人根本任务的基础上，全方位发挥自身功能作用，加强创新体系建设，高度重视基础研究和应用基础研究，注重素质优良的创新型人才、结构合理的创新型团队培育和科学基础设施建设，深化政产学研结合、科教融合、产教融合、校企合作，构建高效完善的协同创新格局，健全重要领域关键技术供给体系，系统化助力提升我国科技创新力量，促进科技自立自强，更好更快建设创新型国家、创新型区域、创新型行业、创新型企业，推动高质量发展。尤其要瞄准我国成为世界科技强国、主要科学中心和创新高地战略需求，对接世界科技前沿，深入建设一批研究型大学、一流科研机构、创新型高科技企业，积极牵头组织或参与国际大科学计划和大科学工程，加强基础研究领域国际合作，着力围绕第三代半导体、集成电路、智能芯片、人工智能、工业互联网、储能技术、脑科学、重大疾病等重点领域，布局建设一批科教融汇、产教融合的

创新平台和研究生联合培养基地，在前瞻性基础研究和引领性原创成果突破、应用基础研究和产业化链接上协同创新，加快涌现一批重大原创性科技成果。研究型大学特别要在加强学科建设与创新、推进学科交叉与融合上发力，重点开展基础研究和应用基础研究，与科研院所、高科技企业协同打牢科技强国根基。同时，充分发挥高等教育领域人才荟萃、学科齐全、思想库智囊团优势，适应新时代中国特色社会主义发展要求，立足国际学术前沿，加强中国特色哲学社会科学学科体系、学术体系、教材体系、话语体系建设和创新，助力党和国家国际传播力建设，帮助青年学生乃至社会大众树牢正确的世界观、人生观、价值观；积极繁荣发展中国特色社会主义先进文化，加强科学技术和社会科学普及，不断提高青年学生乃至社会大众的科学素质、民主素养和法治意识，充分彰显中国精神、中国价值、中国力量。

（四）建设高质量高等教育体系，要求坚持深化高等教育领域综合改革

高等教育本身系统庞大，又深受经济社会大系统影响和制约，破解高等教育高质量发展面临的思想观念制约和体制机制束缚，以及实体条件限制，需要深化高等教育领域综合改革，充分激发高等教育的生机活力。

人民日益增长的优质高等教育需要和不平衡不充分的发展之间的矛盾是新时代高等教育的主要矛盾。深化高等教育领域综合改革，就是要统筹破解高等教育领域主要矛盾，立足新发展阶段，以新发展理念引领构建新发展格局，优化结构、消除弱项短板、发掘潜力、突出特色优势，保障质量、扩大效益贡献，有效应对各种挑战。在加强高等教育领导力量上，更加落实党对高等教育工作的领导，坚持正确政治方向，强化基层党组织的创造力、凝聚力、战斗力，为建设高质量高等教育体系提供坚强的政治保证和组织保障。在落实高等教育根本任务上，更加强调立德树人，推进习近平新时代中国特色社会主义思想和社会主义核心价值观进教材、进课堂、进头脑，推进全员、全程、全方位协同育人，全面提高青年学生综合素质。在转变高等教育发展方式上，更加追求内涵式发展，统筹布局优质高等教育资源，激发高等教育分类发展、争创一流，优化各类型、各层次人才培养供给结构，建立网络化、数字化、个性化、终身化教育体系，提升高等教育与经济、科技紧密结合水平和高等教育服务经济社会高质量发展能力。在提升

高等教育质量上，改革完善考试招生和就业创业制度，更加注重发展素质教育，变革教育内容，创新教育方法，优化教育环境，加强教育质量内控和教育质量监测评估。在提升高等学校创新体系效能上，最大限度地解放和激发高校科研创新力，建立以创新能力、质量、绩效、贡献为导向的分类评价体系，正确评价创新成果的科学价值、技术价值、育人价值、经济价值、社会价值、文化价值，特别注重创造有利于基础研究和应用基础研究的良好生态，推进高校、科研院所、企业间创新资源自由有序流动。在推进高等教育治理体系和治理能力现代化上，更加突出完善高等教育法律和制度规则体系，深化"放管服"改革和"管办评"相对分离、有机统一，推进各级政府及其职能部门依法行政、依法治教，落实和扩大高校办学自主权，推动高校深化教学科研管理制度、人事薪酬制度、行政后勤服务制度、对外交流合作制度改革，深化以学校章程为核心的现代大学制度建设，健全遵循规律、充满活力、富有效率、更加开放的高等教育体制机制。在推行高等教育科学评价上，更加强调实施以科学履职为导向的党委和政府高等教育工作评价、以立德树人为导向的高校评价、以教书育人为导向的教师评价、以全面而有个性发展为导向的学生评价、以品德和能力为导向的用人评价，坚决克服不以人为本、不尊重科学、不遵循规律的顽瘴痼疾。

（五）建设高质量高等教育体系，要求坚持建设高素质专业化创新型高校人才队伍

建设高质量高等教育体系是必须久久为功的系统工程，高校人才队伍建设是其中的基础工作，需要推动教师队伍、科研队伍、管理队伍、辅助队伍向高素质专业化创新型发展。

高校教师承担培养德智体美劳全面发展的担当民族复兴大任的时代新人的重要使命，是决定高等教育质量和水平的第一资源。深化教师队伍建设改革，面向全球引才用才，构建规模宏大、结构合理、充满活力的高素质专业化创新型教师队伍，造就更多国际一流教学、科研领军人才和创新团队，培养具有国际竞争力的青年教学、科研人才后备军，是这支队伍有效履行职责使命的前提和基础。这既要全面提升教师的政治地位、社会地位、职业地位，加强人文关怀，推动全社会尊师敬教，依法依规保障教师职业尊严，使教师荣誉感、获得感、安全感、幸福感不断增强，也要强化制度规则约束，健全

师德师风建设长效机制，提高教师"学为人师，行为世范"的意识，增强教师教书育人能力，做到有理想信念、有道德情操、有扎实学识、有仁爱之心，做学生锤炼品格的引路人、学习知识的引路人、创新思维的引路人、奉献祖国的引路人。[8]还要坚持教育者先受教育，健全教师发展体系，确立师资素质持续提升架构，健全教师专业发展机制，加强全体教师分类分层精准研训，鼓励和支持教师开展教书育人、课程教学课题研究，促进教师牢固树立中国特色社会主义理想信念、终身学习理念和改革创新意识。[9]积极营造促进教育家脱颖而出的生态环境，鼓励校长和教师勇于探索、敢于创新，拓宽专业发展路径，做到政治强、情怀深、思维新、视野广、自律严、人格正，成为先进思想文化的传播者、党执政的坚定支持者，实现教书和育人相统一、言传和身教相统一、潜心问道和关注社会相统一、学术自由和学术规范相统一，以德立身、以德立学、以德施教。[6]与此同时，深化高校科研队伍、管理队伍、辅助队伍建设改革，同样以高素质、专业化、创新型为要求，在经费投入、素质要求、激励约束、考核评价上作出体系性安排，与专任教师队伍共同构成建设高质量高等教育体系、发展中国特色世界水平高等教育、培养德智体美劳全面发展的担当民族复兴大任的时代新人的核心支撑力量。

参考文献

[1]习近平．习近平谈治国理政（第三卷）[M]．北京：外文出版社，2020：9，23-24，35-36．

[2]习近平在参加青海代表团审议时强调 坚定不移走高质量发展之路 坚定不移增进民生福祉[N]．人民日报，2021-03-08（01）．

[3]邓小平．邓小平文选（第二卷）[M]．北京：人民出版社，1994：40．

[4]习近平．做党和人民满意的好老师：同北京师范大学师生代表座谈时的讲话[N]．人民日报，2014-09-10（02）．

[5]习近平在全国教育大会上强调 坚持中国特色社会主义教育发展道路 培养德智体美劳全面发展的社会主义建设者和接班人[N]．人民日报，2018-09-11（01）．

[6]习近平在全国高校思想政治工作会议上强调 把思想政治工作贯穿教育教学全过程 开创我国高等教育事业发展新局面[N]．人民日报，2016-12-09（01）．

[7]清华大学苏世民学者项目启动仪式在京举行[N]．人民日报，2013-04-22（01）．

[8]习近平在北京市八一学校考察时强调 全面贯彻落实党的教育方针 努力把我国基础教育越办越好[N]．人民日报，2016-09-10（01）．

[9]习近平向全国广大教师致慰问信[N]．人民日报，2013-09-10（01）．

公共服务动机对师范生乡村从教意愿的影响分析*

一、引言

根据《中国农村统计年鉴》，2000—2020年间，我国农村中小学校数从44万所减至10万所、在校生数从12090万人减至3478.8万人，乡村教育发展陷入困境[1]。同时，国家义务教育质量监测结果显示，乡村教师队伍结构性缺编严重，仅有30.0%的农村小学校长表示音乐教师、美术教师数量能满足教学需求[2]；乡村教师队伍建设面临着在任教师留任意愿不高[3]、师范生从教意愿偏低的问题[4]。师范生作为我国职前教师教育的主要对象，是我国教师队伍建设最大的储备力量，他们的乡村从教意愿不仅关系乡村教师队伍的活力焕发、乡村教育的可持续发展，还影响着乡村振兴战略目标的实现。当前有关师范生从教动机的研究多在利他动机、内在动机和外在动机的分类框架内对师范生从教动机进行讨论[5]，对师范生乡村从教意愿的公共性缺乏关照，而师范生是否有为公共事业服务的倾向对其职业承诺、工作绩效以及职业幸福感都有重要影响。20世纪90年代，公共服务动机（Public Service Motivation，PSM）作为挽回公共部门声誉、提高公共部门吸引力的重要命题被提出来，它试图构建有别于"经济人"假设的公共部门人性假设[6]，强调公职人员选择公共部门的特有心理倾向，被认为是促使人们选择公共职业、作出利他行为的重要动因。本研究引入公共服务动机理论对师范生的乡村从教意愿进行解析，既可以为师范生乡村从教动机研究提供新的视角，也可以为破除我国乡村教师队伍建设困境提供新的思路。

二、文献回顾与研究假设

公共服务动机是"个体响应那些主要或仅存在于公共部门的动机的倾向"，它有三

---

* 本文作者庞春敏、汤贞敏，原发表于2023年第4期全国中文核心期刊《高教探索》（广东省高等教育学会主办）。

个潜在的作用机制,分别为理性动机——指个人效用最大化的动机,如满足参与公共政策制定的兴趣;规范动机——指社会文化规范之下产生的动机,如具有为公共服务的愿望、主张社会公平;情感动机——指因情感认同产生的动机,如爱国主义。[7]公共服务动机如何影响个体的职业选择尤其是如何促进个体到公共部门就业,一直是公共服务动机研究领域的中心议题。根据公共服务动机的定义,其潜在逻辑是公共服务动机越强的个体越倾向于到公共部门就业。

多项实证研究证明了这一理论假设的合理性,Vandenabeele等人面向美、英、俄各国开展的研究表明公共服务动机能够预测大学生的就业偏好,对于公共性越强的部门、公共服务动机的预测性越强[8];公共服务动机解释了大学生就业倾向的20%变异,在控制了其他内在动机之后公共服务动机的影响依然显著,且公共服务动机的作用强于一般的工作动机[9][10];公共服务动机不仅可以预测大学生的就业倾向,还可以预测大学生的择业行为[11]。此外,在荷兰、中国等国家开展的研究发现,公共服务动机不仅能够显著预测学生的职业倾向,还与公共部门雇员的留任意愿紧密相关,公共服务动机越高的私营部门雇员越倾向于向公共部门转业,当组织满足个体的公共服务动机需求时,公共部门雇员的工作满意度更高且离职意愿更低。[12][13]因此,本研究提出假设1:公共服务动机能够显著正向预测师范生的乡村从教意愿。

根据人职匹配理论,个体职业选择的实质是个人特质与职业相互匹配的过程,人们总是倾向于做出与个体价值观相一致的职业选择,工作价值观是影响个体就业偏好的潜在因素。工作价值观是超越具体情境,引导个体对与工作相关的行为与事件进行选择和评价的观念。[14]相较之下,注重经济收入的个体更倾向于到私营部门就业,而关注社会公平的个体更倾向于到公共部门或非营利部门就业[15];在社会促进维度上得分越高的学生越倾向于选择党政机关和学术机构就业,在成就实现上得分越高的学生越倾向于民企/私企/外企[16]。公共服务动机可能在工作价值观与职业选择之间起着重要的作用,有研究表明公共服务动机在工作价值观与工作满意度之间起到中介作用[17],而工作满意度是决定个体是否选择乡村从教的重要变量[18]。因此,本研究推断,公共服务动机可以正向预测师范生的乡村从教意愿,且是工作价值观影响师范生乡村从教意愿的中介变量。据此,本研究提出假设2:持不同工作价值观的师范生乡村从教意愿存在显著差异，偏好社会奉献的师范生乡村从教意愿高于偏好经济待遇的师范生；假设3：公共服务动机在师范生工作价值观与乡村从教意愿之间存在中介作用，理论模型如图1所示。

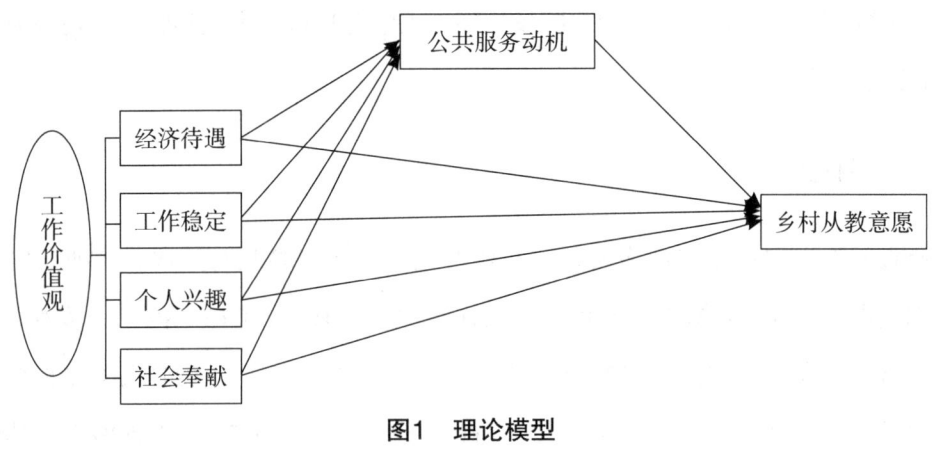

图1　理论模型

三、研究设计

（一）变量测量

1. 公共服务动机。公共服务动机的测量采用包元杰和李超平修订的公共服务动机量表，该量表一共有8道题，采取李克特五点计分方式，1代表"非常不同意"，5代表"非常同意"，得分越高表示公共服务动机越强。[19]量表的原始信度系数为0.91，本研究中量表的Cronbach α系数为0.857。

2. 乡村从教意愿。师范生的乡村从教意愿设1道题进行调查："您愿意成为一名乡村教师吗？"题目类型为拖动选择题，取值区间为0—10分，0分代表"完全不愿意"，10分代表"非常愿意"。

3. 工作价值观。为了分析师范生在择业时的主要偏好，本研究采用排序题测量工作价值观，题为"您择业时最看重什么因素？"（拖动排序），选项分别为"经济待遇"，用以测量师范生对物质报酬的重视程度；"工作稳定"，代表公共部门职业优势；"个人兴趣"，代表以满足自我为主的内在动机，"社会奉献"，指向满足社会的服务动机。师范生根据偏好程度对选项进行排序，排序首位的为师范生择业的主要偏好，代表师范生的工作价值观类型。

4. 控制变量。人口学变量是影响公共服务动机和师范生乡村从教意愿的重要变量[20][21]，为了更准确地分析公共服务动机对师范生乡村从教意愿的影响，本研究将师范生的性别、年级、政治面貌、院校类别、入学前户口、家庭年收入、是否为定向生①等作为控制变量。

（二）调查样本

调查问卷面向广东省内多所师范院校发放，剔除作答时间异常、非师范生等无效数据后共将625份数据纳入分析。有效样本中男生108人（17.28%）、女生517人（82.72%），大一157人（25.12%）、大二96人（15.36%）、大三241人（38.56%）、大四131人（20.96%），共产党员32人（5.12%）、共青团员547人（87.52%）、其他政治面貌46人（7.36%），"双一流"高校师范生69人（11.04%）、其他公办高校师范生510人（81.60%）、民办高校师范生46人（7.36%），城镇户籍学生246人（39.36%）、农村户籍学生374人（59.84%）、其他5人（0.80%），家庭年人均收入5千元以下的有140人（22.40%）、5千至1万5千元的有151人（24.16%）、1万5千元到3万元的有91人（14.56%）、3万到5万元的有77人（12.32%）、5万到10万元的有80人（12.80%）、10万到15万元的有47人（7.52%）、15万元以上的有39人（6.24%），定向生79人（12.64%）、非定向生546人（87.36%）（见表1）。

表1 样本基本特征描述（N=625）

统计变量		样本数	百分比
性别	男	108	17.28%
	女	517	82.72%
年级	大一	157	25.12%
	大二	96	15.36%
	大三	241	38.56%
	大四	131	20.96%

---

① 特指广东省2018年起实施的"粤东粤西粤北地区中小学教师公费定向培养计划"所招收的师范生，以下简称"定向生"。

续表

统计变量		样本数	百分比
政治面貌	中共党员	32	5.12%
	共青团员	547	87.52%
	其他	46	7.36%
院校类别	"双一流"高校	69	11.04%
	其他公立高校	510	81.60%
	民办高校	46	7.36%
户口类型	城镇户口	246	39.36%
	农业户口	374	59.84%
	其他	5	0.80%
家庭年人均收入	5千元以下	140	22.40%
	5千至1万5千元	151	24.16%
	1万5到3万元	91	14.56%
	3万到5万元	77	12.32%
	5万到10万元	80	12.80%
	10万到15万元	47	7.52%
	15万元以上	39	6.24%
培养类型	定向生	79	12.64%
	非定向生	546	87.36%

四、结果与分析

（一）共同方法偏差检验

本研究所采集的数据均来自于师范生的自我报告，可能存在共同方法偏差，因此采用Harman单因子检验法进行共同方法偏差的检验。结果表明，特征根大于1的因子共有5个，首个因子解释32.78%，小于40%的临界标准，说明本研究不存在严重的共同方法偏差。

（二）描述性统计结果

师范生在公共服务动机和乡村从教意愿上的最大值、最小值、均值、标准差和二者的相关分析如表2所示。师范生的公共服务动机均值为32.34，标准差为3.944；乡村从教意愿均值为5.31，标准差为2.708；二者存在正相关关系（r=0.333，p<0.01）。

表2 变量均值、标准差和相关系数

变量	Min	Max	M	SD	r
公共服务动机	8	40	32.34	3.944	0.333**
乡村从教意愿	0	10	5.31	2.708	

注：***p<0.01，**p<0.05，*p<0.1，下同。

为了解师范生在公共服务动机和乡村从教意愿上是否存在人口统计学差异，本研究运用独立样本T检验和方差分析进行差异检验。结果显示，师范生公共服务动机水平在年级、政治面貌、院校类别上存在显著差异，大一（32.99）、大二（32.72）学生的公共服务动机水平高于大三（31.90）、大四（32.12）学生，其他公办高校学生（32.50）高于"双一流"高校（31.35）和民办高校学生（32.09），政治面貌为中共党员的学生（33.34）高于共青团员学生（32.41）。在乡村从教意愿方面，师范生在性别、院校类型、户籍、培养方式上存在显著差异，其中男生（5.83）的乡村从教意愿显著高于女生（5.20），其他公办高校（5.47）、民办高校师范生（5.39）的乡村从教意愿显著高于"双一流"高校师范生（4.04），农村户籍师范生（5.82）显著高于城镇户籍师范生（4.54），家庭年人均年收入越低的师范生乡村从教意愿越高，定向生乡村从教意愿显著高于非定向生（见表3）。

表3 师范生公共服务动机、乡村从教意愿在人口学变量上的差异分析

变量		公共服务动机			乡村从教意愿		
		M	SD	F/t	M	SD	F/t
性别	男	31.79	4.065	−1.616	5.83	3.107	1.974**
	女	32.46	3.912		5.20	2.607	

续表

变量		公共服务动机			乡村从教意愿		
		M	SD	F/t	M	SD	F/t
年级	大一	32.99	4.020	2.871**	5.48	2.422	0.674
	大二	32.72	4.224		5.13	2.917	
	大三	31.90	3.881		5.19	2.774	
	大四	32.12	3.664		5.47	2.761	
政治面貌	中共党员	33.34	3.200	4.264**	5.91	2.866	2.558*
	共青团员	32.41	3.753		5.34	2.639	
	其他	30.89	5.900		4.57	3.270	
院校类型	"双一流"高校	31.35	3.969	2.723*	4.04	2.620	8.719***
	其他公办高校	32.50	3.848		5.47	2.692	
	民办高校	32.09	4.741		5.39	2.560	
户口	城镇户口	32.08	4.363	1.499	4.54	2.647	17.440***
	农村户口	32.54	3.659		5.82	2.631	
	其他	30.60	0.548		4.80	2.950	
家庭年人均收入	5千元以下	32.65	3.632	1.756	6.16	2.514	6.635***
	5千至1万5千元	32.61	3.504		5.58	2.499	
	1万5千到3万元	31.70	4.406		5.22	2.812	
	3万到5万元	32.21	3.878		5.30	2.601	
	5万到10万元	32.04	4.017		4.59	2.791	
	10万到15万元	33.40	4.342		4.70	2.629	
	15万元以上	31.33	4.687		3.67	2.923	
是否定向	是	32.63	4.339	0.696	6.99	2.560	6.055***
	否	32.30	3.885		5.07	2.644	

(三) 假设检验

将师范生乡村从教意愿作为因变量，公共服务动机作为自变量，同时考虑乡村从教意愿在师范生人口学变量上存在显著差异，因而在回归方程当中对人口学变量进行控制。回归分析结果显示，公共服务动机可以显著正向预测师范生的乡村从教意愿

（B=0.212，P=0.000），假设1得证（分析结果如表4所示）。

表4 公共服务动机对师范生乡村从教意愿的回归分析

模型	非标准化系数		标准化系数	T	显著性
	B	标准错误	Beta		Sig.
常数	0.197	1.056		0.186	0.852
公共服务动机	0.212	0.025	0.309	8.419	0.000
人口学变量	已控制				

在对工作价值观的分析中，将择业时首选经济待遇、工作稳定、个人兴趣和社会奉献的分别赋值为1、其他赋值为0，得到四组数据，分别为经济待遇优先与经济待遇非优先组、工作稳定优先与工作稳定非优先组、个人兴趣优先与个人兴趣非优先组、社会奉献优先与社会奉献非优先组，其中择业时优先考虑经济待遇的师范生最多，有331名、占52.96%，其次是优先工作稳定，有210位、占33.60%，择业时优先个人兴趣和社会奉献的学生占比较低，分别为9.12%、4.32%。独立样本T检验发现持不同工作价值观的师范生乡村从教意愿存在差异，除工作稳定优先与工作稳定非优先组（5.24/5.35）外，其他组别师范生在乡村从教意愿上均存在显著差异，其中择业时优先考虑经济待遇的师范生（5.05）乡村从教意愿显著低于非优先经济待遇的师范生（5.60），择业时优先满足个人兴趣（6.53）和社会奉献（6.48）的师范生乡村从教意愿均显著高于非优先个人兴趣（5.19）和社会奉献（5.26）的师范生。由此可见，持不同工作价值观的师范生在乡村从教意愿上存在差异，注重社会奉献的师范生乡村从教意愿高于重视经济待遇的师范生，假设2得证（见表5）。

表5 不同工作价值观的师范生乡村从教意愿差异分析

变量		N	M	SD	t
经济待遇	优先组	331	5.05	2.664	−2.549**
	非优先组	294	5.60	2.732	
工作稳定	优先组	210	5.24	2.697	−0.475
	非优先组	415	5.35	2.716	

续表

变量		N	M	SD	t
个人兴趣	优先组	57	6.53	2.64	3.59***
	非优先组	568	5.19	2.687	
社会奉献	优先组	27	6.48	2.622	2.305**
	非优先组	598	5.26	2.702	

运用SPSS Process插件提供的自助抽样法（Bootstrap）对公共服务动机在工作价值观和乡村从教意愿之间的中介效应进行检验，所有样本抽样次数为5000次，置信区间为95%。检验结果显示，公共服务动机在工作价值观和乡村从教意愿之间的中介效应因价值观偏好而异，公共服务动机在偏好经济待遇或工作稳定与乡村从教意愿之间的中介效应估计值分别为-0.126、-0.1022，通过偏差校正法（bias-corrected percentile method）得到95%置信区间分别为［-0.289，0.005］、［-0.251，0.044］，均包括0，中介效应不显著；公共服务动机在偏好个人兴趣有乡村从教意愿之间的间接效应量为0.450，95%置信区间分别为［0.209，0.742］，表明公共服务动机起到部分中介作用，通过计算得知间接效应占总效应的33.66%（0.4503/1.3379）；公共服务动机在社会奉献优先工作价值观有乡村从教意愿之间的直接效应和间接效应量分别为0.888、0.372，95%置信区间分别为［-0.138，1.841］、［0.877，0.700］，间接效应显著而直接效应不显著，表明公共服务动机在"社会奉献"价值观和师范生乡村从教意愿之间起到完全中介作用，公共服务动机是偏好社会奉献的师范生持有乡村从教意愿的主要心理资源，假设3得证（见表6）。

表6　公共服务动机的中介效应检验结果

自变量		效应量	标准误	95%置信区间	
				下限	上限
经济待遇	总效应	-0.551	0.216	-0.975	-0.126
	直接效应	-0.425	0.205	-0.827	-0.023
	间接效应	-0.126	0.073	-0.289	0.005

续表

自变量		效应量	标准误	95%置信区间	
				下限	上限
工作稳定	总效应	−0.109	0.230	−0.560	0.342
	直接效应	−0.007	0.217	−0.433	0.419
	间接效应	−0.102	0.075	−0.251	0.044
个人兴趣	总效应	1.338	0.373	0.606	2.070
	直接效应	0.888	0.358	0.185	1.590
	间接效应	0.450	0.137	0.209	0.742
社会奉献	总效应	1.224	0.531	0.181	2.267
	直接效应	0.852	0.504	−0.138	1.841
	间接效应	0.372	0.154	0.877	0.700

五、研究主要结论与建议

（一）主要结论

本研究聚焦公共服务动机对师范生乡村从教意愿的影响，从公共服务动机对师范生乡村从教意愿的预测性和公共服务动机在工作价值观和乡村从教意愿的中介作用两个角度展开研究，获得以下主要结论。

1. 师范生乡村从教意愿在群体间存在显著差异。本研究发现师范生乡村从教意愿水平不高，但是不同群体之间存在显著差异，在满分为10分的调查中师范生的乡村从教意愿均值为5.31分，标准差为2.708，师范生的乡村从教意愿仅处于中等水平。但是，差异分析发现一些群体更能响应乡村从教的号召，如男生乡村从教意愿高于女生、农村户籍学生高于城镇户籍学生、家庭年人均收入低的学生高于家庭年人均收入高的学生。除此以外，本研究还关注了已有研究较少关注的人口学变量如院校类别、政治面貌、是否定向培养等，结果发现"双一流"高校的师范生乡村从教意愿显著低于一般公办高校和民办高校师范生、政治面貌为中共党员的师范生乡村从教意愿高于共青团员、定向生乡村从教意愿显著高于非定向生，说明师范生的文凭优势、政治面貌和培养类型是影响师范生乡村从教意愿的关键变量，在劳动力市场上更具优势的"双一流"高校师范生更不愿意到农村从教，接受更多理想信念教育的党员师范生有更强的乡村从教意愿。特别值得指出的是，定向师范生表现出比非定向师范生更高的乡村从教意愿，推测契约约束、职业生涯预期等可以提高师范生对乡村教师职业的认同感和从教意愿。

2. 公共服务动机越高的师范生乡村从教意愿越强。公共服务动机包含了人们愿意参与公共事务、愿意为社会作出奉献、对他人保有同情心的价值理念。公共服务动机的相关研究已证明公共服务动机是影响大学生职业选择的重要变量，公共服务动机越高的大学生选择到公共部门就业的可能性越大。相对于一般的公共职业而言，乡村教师不仅是一份公共职业，更是一份需要奉献精神和利他精神的职业。本研究通过实证分析，发现师范生乡村从教意愿与公共服务动机存在显著正相关关系，公共服务动机显著正向预测了师范生的乡村从教意愿，公共服务动机每增加一个单位师范生的乡村从教意愿提高0.212，说明公共服务动机的确显著影响了师范生的乡村从教意愿，公共服务动机越高的师范生越可能选择到乡村从教。这一发现再次证明师范生的求职动机是影响从教意愿的重要因素，越具有社会大爱精神的师范生越可能选择到乡村从教。[22]

3. 偏好经济待遇与偏好社会奉献的师范生在乡村从教意愿上存在分化。公共服务动机是促使师范生到乡村从教的关键心理资源。工作价值观是影响人们职业选择的重要心理机制，也是影响师范生乡村从教意愿的个体因素。本研究通过实证分析，发现持有不同工作价值观的师范生在乡村从教意愿上存在显著差异，就业时最为看重经济待遇的师范生乡村从教意愿最低，最为看重个人兴趣与社会奉献的师范生乡村从教意愿较高，说明越是看重物质利益的师范生越不可能选择到乡村从教，越是重视满足自我兴趣和社会发展需求的师范生越愿意到乡村从教。通过中介效应检验，发现公共服务动机确实在师范生工作价值观与乡村从教意愿之间起到关键作用，公共服务动机部分中介了个人兴趣对乡村从教意愿的影响、完全中介了社会奉献对师范生乡村从教意愿的影响，表明公共服务动机是部分群体师范生持有较高的乡村从教意愿的"催化剂"，是促使优先个人兴趣与社会奉献的师范生选择到乡村从教的重要心理资源。

（二）主要建议

基于研究结论，本文针对职前教师教育体系和乡村教师队伍建设政策的完善提出如下主要建议。

1. 分析师范生群体特征，构建具有针对性的职前教师培养体系。师范生的乡村从教意愿是性别、户籍、家庭经济收入等与生俱来的先赋性因素和政治面貌、院校类别、培养类型等后致性因素共同作用的结果。总体来说，越具有社会资本的师范生越不愿意到乡村从教，表现为家庭年收入越高的师范生乡村从教意愿越低、城市户籍和"双一流"高校的师范生乡村从教意愿更低，但是个体经验和契约关系一定程度上可以弥补社会资本的落差，表现为中共党员师范生的乡村从教意愿更高、定向师范生的乡村从教意愿更高。因此，要提高师范生乡村从教意愿，首先要合理分析师范生的群体特征，了解不同群体师范生的乡村从教倾向，进而调整师范生招生录取的办法，如招生名额适当向农村地区生源倾斜、逐步扩大定向师范生培养规模等等。其次，要高度重视对全体师范生开展理想信念教育，构建和完善具有针对性的职前教师教育体系，切实树牢师范生为中华民族伟大复兴而教、为办好人民满意教育而学的志向，促使更多的师范生愿意到乡村从教，为乡村教师队伍高质量发展建立一支足额的高素质预备队。

2. 塑造师范生的公共服务精神，系统提升师范生专业素养。公共服务动机是影响师范生乡村从教意愿的重要因素，它不仅可以显著正向预测师范生的乡村从教意愿，还可以促使偏好满足个体兴趣和社会奉献的师范生到乡村从教，说明公共服务动机是促使师范生选择到乡村从教的内在动力。除此以外，在中华传统文化中，教师历来是一份强调育人情怀与大爱精神的光辉事业。因此，培育师范生的公共服务动机有多重意义，它不仅可以影响部分师范生的职业选择，还可以普遍提升师范生群体的专业情意和职业承诺。各高校要高度重视师范生公共服务动机培育，一方面可以通过开发具有科学性、针对性的相关理论课程，从理念上培养师范生的公共服务精神；另一方面要积极创造社会实践机会，通过西部支教、乡村支教、教育实习等途径塑造师范生的乡村从教信念，锻炼师范生的乡村从教能力，系统提升师范生的专业素养。

3. 切实完善乡村从教激励体系，提高乡村教师职业吸引力。师范生作为理性的

"经济人"在择业时看重经济待遇是合理行为,本研究中择业时优先考虑经济待遇的师范生是主流,且优先考虑经济待遇的师范生乡村从教意愿最低,说明了经济待遇是抑制师范生乡村从教意愿的重要因素。虽然近年来国务院办公厅等印发的《乡村教师支持计划(2015—2020年)》《关于加强新时代乡村教师队伍建设的意见》《新时代基础教育强师计划》等文件均提出要"提高乡村教师待遇""加强教师工资待遇保障",但是师范生乡村从教意愿依然不高,说明激励力度依然不够、激励针对性依然不强。各级政府及相关职能部门一方面要继续坚持物质激励的基本策略,包括实行更加积极、更加有效的工资福利政策、住房政策等,另一方面也要探寻更多样的激励措施,包括实行更加开放、更具针对性的继续教育制度、职务职称晋升制度等,丰富乡村从教补偿形式,多措并举提高乡村教师职业吸引力。

参考文献

[1] 国家统计局农村社会经济调查司. 中国农村统计年鉴2021[M]. 北京:中国统计出版社,2021:279.

[2] 教育部基础教育质量监测中心. 2019年国家义务教育质量监测:艺术学习质量监测结果报告[EB/OL]. (2020-08-24). http://www.moe.gov.cn/jyb_xwfb/gzdt_gzdt/s5987/202008/t20200820_479095.html.

[3] 付昌奎,曾文婧. 乡村青年教师何以留任:基于全国18省35县调查数据的回归分析[J]. 教师教育研究,2019(3):45-51,69.

[4] 刘佳,方兴. "00后"师范生的乡村从教意愿与政策改进[J]. 当代青年研究,2021(3):45-51.

[5] FRAY L, GORE J. Why People Choose Teaching: A Scoping Review of Empirical Studies, 2007-2016[J]. Teaching and Teacher Education, 2018(75):153-163.

[6] 谢秋山,陈世香. 国外公共服务动机研究:起源、发现与局限性[J]. 上海行政学院学报,2015(1):70-78.

[7] PERRY J L, WISE L R. The Motivational Bases of Public Service[J]. Public Administration Review, 1990(3):367-373.

[8] VANDENABEELE W. Government Calling: Public Service Motivation as an Element in Selecting Government as an Employer of Choice[J]. Public Administration, 2008(4):1089-1105.

[9] CARPENTER J, DOVERSPIKE D, MIGUEL R. Public Service Motivation as a Predictor of Attraction to the Public Sector[J]. Journal of Vocational Behavior, 2012(2):509-523.

[10] RITZ A, WALDNER C. Competing for Future Leaders: A Study of Attractiveness of Public

Sector Organizations to Potential Job Applicants[J]. Review of Public Personnel Administration, 2011(3): 291-316.

[11] GANS-MORSE J, KALGIN A, KLIMENKO A, 等. Public Service Motivation and Sectoral Employment in Russia: New Perspectives on the Attraction vs. Socialization Debate[J]. International Public Management Journal, 2022(4): 497-516.

[12] STEIJN B. Person-Environment Fit and Public Service Motivation[J]. International Public Management Journal, 2008(1): 13-27.

[13] HU W, HUANG I, YANG W. Love or Bread? Public Service Motivation and Fringe Benefits in the Retention of Police Forces in Beijing City[J]. Review of Public Personnel Administration, 2022(4): 595-613.

[14] 赵修文, 谢婷, 刘雪梅, 肖金岑, 余圆, 屠骄. 工作价值观对员工跨界行为的影响机制: 调节焦点与内部动机的作用[J]. 中国人力资源开发, 2021(7): 60-74.

[15] CHOI Y. Work Values, Job Characteristics, and Career Choice Decisions: Evidence From Longitudinal Data[J]. The American Review of Public Administration, 2017(7): 779-796.

[16] 金蕾莅, 胡湜. 为何出走学术界: 新生代博士毕业生的工作价值观与工作单位选择[J]. 中国高教研究, 2020(11): 19-25.

[17] 刘昕, 王许阳, 姜炜. 我国公务员的工作价值观对工作满意度的影响: 以公共服务动机为中介变量[J]. 中国行政管理, 2016(12): 83-88.

[18] 彭佳, 于海波. 《乡村教师支持计划》如何影响乡村小规模学校教师的留岗意愿: 基于职业认同与工作满意度的一个有调节的链式中介模型[J]. 当代教育论坛, 2022(6): 95-105.

[19] 包元杰, 李超平. 公共服务动机的测量: 理论结构与量表修订[J]. 中国人力资源开发, 2016(7): 83-91.

[20] 胥彦, 李超平. 人口统计学特征对公共服务动机有什么影响? 来自元分析的证据[J]. 心理科学进展, 2020(10): 1631-1649.

[21] 宋萑, 王恒, 张倩. 师范生教师教育质量认可度及其对从教意愿的影响研究[J]. 湖南师范大学教育科学学报, 2018(2): 48-54.

[22] 刘伟, 李琼. 为何从教: 公费师范生与非公费师范生从教动机的多组潜类别分析[J]. 中国高教研究, 2022(10): 61-67.

第四章

论推进教育治理体系和治理能力现代化

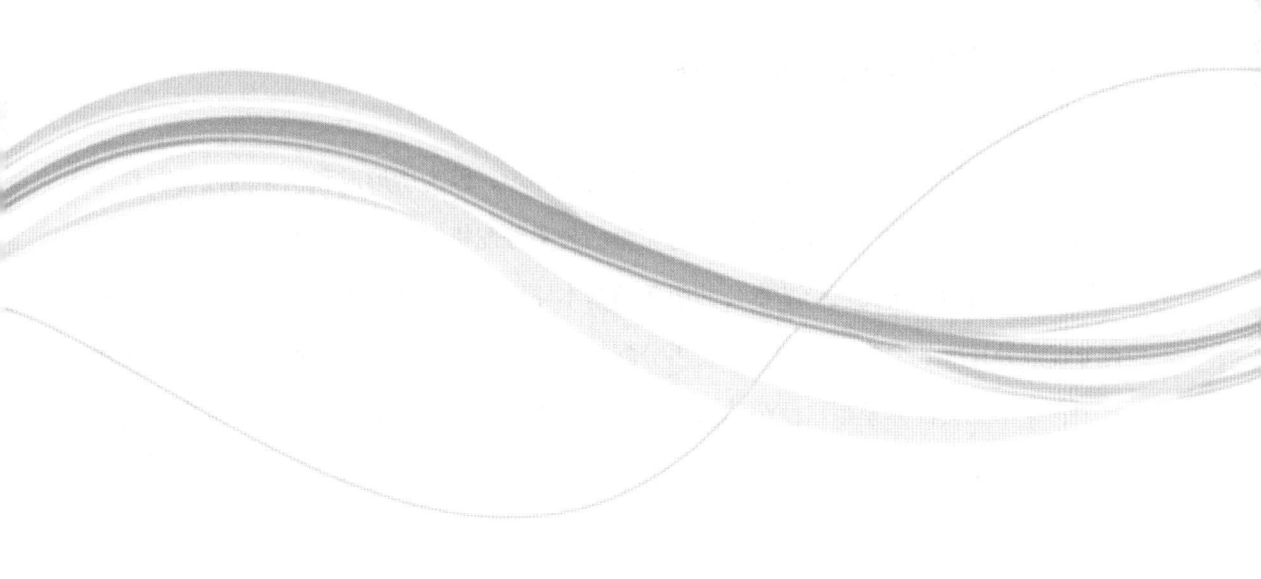

在健全社会保障制度中完善基本公共教育服务制度[*]

党的十八届三中全会指出:"紧紧围绕更好保障和改善民生、促进社会公平正义深化社会体制改革,改革收入分配制度,促进共同富裕,推进社会领域制度创新,推进基本公共服务均等化,加快形成科学有效的社会治理体制,确保社会既充满活力又和谐有序。"改革开放35年来,我国经济的快速发展举世瞩目,但由环境、腐败、食品安全、教育、住房、医疗、分配、养老、流动人口管理、虚拟社会等问题导致的社会利益冲突和社会矛盾也日益凸显。如何确保社会既充满活力又和谐有序,是一个具有重大现实意义和深远战略意义的课题。由此,全会提出,实现发展成果更多更公平惠及全体人民,必须加快社会事业改革,解决好人民最关心最直接最现实的利益问题,更好满足人民需求。要深化教育领域综合改革,健全促进就业创业体制机制,形成合理有序的收入分配格局,建立更加公平可持续的社会保障制度。

一、人民创造的财富由人民共享

经济持续增长,贫富差距不应扩大而应持续缩小,因为所形成和积累的社会财富是全体人民共同创造的,理应通过建立起完善的公平分配机制,包括确立不分城乡、不分区域、不分身份使居民享受基本公共服务的基本原则,建立健全福利体系,初次分配和再分配都处理好效率与公平的关系,再分配更加注重公平,从而有效提高低收入者福利水平,缩小社会群体差距,使全体人民有尊严地生活和发展,实现发展成果更多更公平惠及全体人民。

---

[*] 本文原以"确保社会既充满活力又和谐有序"为题,发表于2013年12月7日《南方日报》第A04版。

二、城镇化进程与新农村建设共生共荣

改革收入分配制度，建立完善再分配机制，通过推进基本公共服务均等化，赋予农村、落后地区居民和困难群体平等的发展权利与机会。城镇化已是不可逆转的进程，但城镇化应该是渐进的过程，不应与新农村建设相冲相克。既要让经济发展形成的社会财富充实城镇公共服务，提高城镇公共服务水平；又要注意防止农村空心化，大力加强公共财政对农村的投入，丰富和发展农村公共设施与公共服务，让农村不致成为被遗忘的角落。这样，对于整个国家和区域来说，稳定社会、安定民心就有了更加可靠的基础。

三、切实推进教育培训发展，营造公平公正的上升通道

教育是最大的民生工程，是个人前途所在、家庭希望所在、社会进步所在，是人们向上流动和社会创新进步的根本性途径，因而要坚持不懈地繁荣发展教育事业。目前，由于社会再分配机制还不健全，一部分青少年因家庭贫困而难以实现自己的升学梦，视野不广、见识不多、思维不活，身心发展备受影响。因此，迫切需要以保护困难群体和农村适龄人口为重点，建立统一的基本公共教育服务制度，以政府为主体，鼓励和支持社会组织贡献力量，从学前教育到高等教育，建立一系列针对低收入家庭子女教育、培训的资助和奖励计划，形成以财政承担为主、满足各层次学生各方面需要的助学体系，使他们与生活较殷实家庭的子女一样愉快学习、幸福生活、健康成长。也就是让所有学生不分城乡区域、不分家庭出身、不分身体状况，都得到同等尊重，都有接受教育的机会和条件，尤其要关爱农村留守儿童、家庭经济困难学生、特殊家庭学生、残疾学生等。同时要树立科学的用人观念，形成规范的用人标准体系，做到任人唯贤，以保障公民及其后代发展和参与社会竞争的平等机会，这对于建设和谐社会与知识型创新型国家极具战略意义。

四、建设公共服务型政府，健全公共财政体制

目前，我国基本公共服务供给不足、发展不平衡的矛盾十分突出，难以保障发展成果更多更公平惠及全体人民。深化社会体制改革，加强和创新社会管理，要牢固树立以民为本、勤政爱民、公平正义、和谐有序的理念，强化基本公共服务均等化。当前，要切实转变政府职能，深化行政体制改革，致力于建设公共服务型政府，实现政府职能向创造良好发展环境、提供优质公共服务、维护社会公平正义的根本转变，实现行政运行机制和政府管理方式向规范有序、公开透明、便民高效的根本转变。同时要推动各级政府切实增强公信力和执行力，提升职能部门及干部队伍的社会管理能力，加强统筹力和协调性。建立健全纵向转移支付为主、横向转移支付为辅的财政平衡制度，坚持以民为本、为民着想、让民参与，通过公共财政、行业企业、社会组织的合作，充分发挥和体现财政资金的公益性价值，提高公共服务质量和效益。

教育治理现代化须坚持法治与改革发展同行[*]

实现教育治理现代化，其本质就是对教育改革目的、教育发展规律和人才培养意义及其条件需求的尊重，就是规范公共权力运行，赋予教育系统更多的自治空间与自治权力，建立权力清单与责任清单；进而实现以法治为保障、以共治为路径、以善治为目标的治理。只有加强制度完善，促进结构健全；发挥主体能动，实现放权与制衡并重，与时俱进地做好涉及教育的法律法规的"立、改、废、释"工作，才能更好地突破教育管理长期面对的困境，实现依法治理、民主治理、科学治理，从而实现教育治理现代化目标。因此，推进教育治理现代化，必须坚持教育法治与改革发展同行。

一、推进教育治理现代化是适应经济社会发展新常态的必然要求

教育是民族振兴、社会进步的基石，在经济社会发展中具有基础性、先导性、全局性地位和作用。时代变迁与我国经济社会转型发展对教育管理提出了新挑战，经济社会发展的法治化、信息化、现代化，呼吁教育基本公共服务要有新理念、新内涵、新形态、新秩序。教育治理现代化意味着要加强以质量为核心的教育内涵建设，促进教育管理格局和管理方式转变，着力提升教育决策、政策和教育法律法规建设的科学化、民主化、合法化，以及战略性、前瞻性、创新性、可操作性，着力提高教育的管理效益和教育培养人才、创新科技、服务社会、传承创新文化的能力水平，努力发挥对国家及区域实施创新驱动发展战略的适应、促进和引领作用。

二、深化教育领域综合改革是推进教育治理现代化的必由之路

当前，我国教育治理体系和治理能力现代化水平远不适应国家及区域经济社会

---

* 本文原以"教育治理现代化须法治与改革发展同行"为题，发表于2015年7月18日《南方日报》第02版。

型发展和人民群众对接受优质化、多样化、特色化教育的要求。党的十八届三中全会对全面深化改革作出总体部署，对深化教育领域综合改革提出明确要求。推进教育治理现代化，必须深化教育领域综合改革，从"管理"走向"治理"，从"人治"走向"法治"，建立健全涉及教育的法律法规和政策体系，建设现代教育制度，强化学校内外部共治，不断提升依法治理、民主治理、科学治理的能力和水平；必须坚定教育改革发展正确方向，凝聚教育改革发展良好共识，规范教育改革发展正常秩序，维护教育改革发展优秀成果，处理好改革的"破"与法治的"守"，做到重大改革于法有据，规避改革无据化、无序化风险，促进教育管理体制、办学体制、培养体制、保障机制改革更加符合规律、更加尊重科学、更加可行有效。总之，要以改革促公平，以改革提效率，以改革要质量，在深化教育领域综合改革中全方位推进教育治理现代化，以推进教育治理现代化提升教育改革发展科学化水平，形成政事分开、权责明确、结构合理、相互衔接、统筹协调、规范有序的教育体制机制。

三、推进教育法治常态化是推进教育治理现代化的核心要旨

党的十八届四中全会提出建设中国特色社会主义法治体系，建设社会主义法治国家。国家教育规划纲要也从"完善教育法律法规""全面推进依法行政""大力推进依法治校""完善督导制度和监督问责机制"四个方面就推进依法治教作了规划。教育法治化是依法治教的拓展和深化，奉行法治精神，反对官僚化和过度行政化，主张人本、公益、民主、科学、合法、规范，强调教育关系的制度化、规范化、透明化，强调教育制度安排的公开性、合法性、合理性，强调所有参与教育活动的主体既要尊重教育规律又要受法律制度约束，强调对政府管理教育权力的制约和对教育主体权利的保护，为各种教育行为确立法律标准，其实质就是从法律或法治的层面全面审视、系统谋划教育改革发展和人才培养问题。教育法治化不仅是一种理念和思想，更是一种行动和实践，还将是教育治理现代化的重要思想、主要方向、关键着力点和可靠促进力量。从某种意义上说，抓住了实现教育法治常态化，就抓住了实现教育治理现代化的根本。

四、促进教育治理主体多元化是推进教育治理现代化的重要前提

长期以来，我国教育管理存在社会参与不足、理性化程度不高、政府统筹力不强、学校办学自主权不够等现实问题。教育系统存在不少困难和问题，相当一部分的原因往往不在教育系统本身而在教育系统之外，因而要跳出教育看教育，做到依法治理、民主治理、科学治理，实行治理主体多元化，教育领域的各利益相关者都参与到教育治理中来。这与推进教育管办评分离的要义与宗旨是一致的，也是确立政府、学校、社会之间新型关系的体现。促进教育治理主体多元化，就要摆脱旧有管理模式，以法治思维和法治方式厘清各主体的权力清单和责任清单，充分发挥各方面深化教育领域综合改革、推动教育科学发展、培养高素质社会公民和优秀人才的积极性、主动性、创造性，强化教育行政部门在教育改革发展和人才培养中的地位作用，各安其位、各施其责、各尽其能、各显神通，相向而行、形成合力。同时，注重发挥第三方作用，以制度化形式确立"民声""民意""民智"，办好人民满意的教育，以更好更快地建立健全现代教育治理体系。

推进第三方教育评估健康有序发展的思考与探索*

推进教育管办评分离，是深化教育领域综合改革的重要目标任务，也是推动教育科学发展、更好培养高素质劳动者和创新型人才的必然要求。从现实出发，推进教育管办评分离，应当高度重视加强"评"的建设，加快"评"的发展。

一、第三方教育评估在我国的兴起

我国教育领域推动第三方服务早在20世纪90年代中期就已启动。《国务院关于〈中国教育改革和发展纲要〉的实施意见》（国发〔1994〕39号）第十四条明确指出："为保证政府职能的转变，使重大决策经过科学的研究和论证，要建立健全社会中介组织，包括教育决策咨询研究机构、高等学校设置和学位评议与咨询机构、教育评估机构、教育考试机构、资格证书机构，发挥社会各界参与教育决策和管理的作用。"《中共中央 国务院关于深化教育改革全面推进素质教育的决定》（中发〔1999〕9号）第十一条也提出："在高中及其以上教育的办学水平评估、人力资源预测和毕业就业指导等方面，进一步发挥非政府行业协会组织和社会中介机构的作用。"在国家政策的鼓励和推动下，第一个全国性教育评估专业机构"高等学校与科研院所学位与研究生教育评估所"于1994年诞生（2003年更名为"教育部学位与研究生教育发展中心"），各省份也相继成立省级专业性教育评估机构，如江苏省教育评估院、上海市教育评估院、辽宁省教育评价事务所、北京市教育评估院、重庆市教育评估院等，其中，广东省于2006年6月成立广东教育发展研究与评估中心（2011年并入广东省教育研究院教育评估室）。这些评估机构，成为提供第三方教育评估服务的先行者。[1]

---

* 本文作者汤贞敏、张伟民、许世红，收入《南方教育评论——2015中国南方教育高峰年会思维盛宴》，由广东高等教育出版社于2015年12月出版；后以汤贞敏名义将第二、三部分内容加以凝练，以"推进第三方教育评估健康有序发展"为题，发表于2016年1月16日《南方日报》第02版，收入本书时个别地方稍有斟酌。

进入21世纪以来，随着教育体制改革不断深入，培育适应教育优质化、多样化、特色化和国际化、现代化发展要求的教育评估机构，成为推动教育改革和发展的重点课题之一。2010年7月，中共中央、国务院印发《国家中长期教育改革和发展规划纲要（2010—2020年）》，要求"明确各级政府责任，规范学校办学行为，促进管办评分离，形成政事分开、权责明确、统筹协调、规范有序的教育管理体制"。这是首次明确提出教育"管办评分离"。党的十八届三中全会通过的《中共中央关于全面深化改革若干重大问题的决定》，则在深化教育领域综合改革中提出"深入推进管办评分离，扩大省级政府教育统筹权和学校办学自主权，完善学校内部治理结构。强化国家教育督导，委托社会组织开展教育评估监测"，明确要求构建政府管教育、学校办教育、社会评教育的教育治理新格局。2015年5月，教育部印发《关于深入推进教育管办评分离 促进政府职能转变的若干意见》，要求"大力培育专业教育服务机构，整合教育质量监测评估机构，完善监测评估体系，定期发布监测评估报告。扩大行业协会、专业学会、基金会等各类社会组织参与教育评价"。在以科学评价引领教育改革发展的大背景下，教育部基础教育质量监测中心、各省（区、市）质量监测机构相继设立；具有行业性质的社会教育评估机构，如上海市教育评估协会、重庆市教育评估协会、广东省教育评估协会等也陆续成立，武汉大学等高等学校也成立教育评估与研究机构。此外，还有许多民间教育评估机构逐步设立。在教育评估与质量监测事业兴旺发展的形势下，如何规范第三方的经营、如何有序推进第三方开展教育评估和质量监测专业服务，已成为当前推进教育管办评分离的热点与难点之一。

二、管办评分离背景下教育评估第三方的界定

教育评估是实施教育质量和水平监控与管理的重要手段。在教育越来越深刻地从资源型向品质型转变、从供给导向向需求导向转变、从生产型向服务型转变、从封闭型向开放型转变、从传统管理向现代治理转变的新时代，多元品质教育需求必然应有多主体、多方式教育评价来引领，并由教育评估第三方提供专业评价服务。在管办评分离背景下，要破解"立法"（标准制定）与"执法"（评估组织实施）任务"双肩挑"的固

有模式，切实保障教育评估监测客观公正，使其能真正地为教育科学决策和教育规范管理提供专业参考，就必须将"评"从教育教学行政管理中分离出来，由真正的教育评估第三方承担起这份重任。

真正的教育评估第三方，应是独立于政府、学校之外的专业性机构或组织，通过接受业务委托的形式独立开展教育评估研究与实践，对教育行政部门的教育管理、学校的教育质量、社会提供的教育服务等进行价值判断，以客观、公正、专业的鉴定结果服务于政府、学校和社会。具体而言，教育评估第三方主要具有如下五大特征。

一是独立自主性。教育评估第三方应是依法建立、具有独立法人资格的公办或民营机构（或组织），其运作应具有独立性和自主性，能够严格恪守中间人的立场，独立开展评估实践，并对给出的评估鉴定直接负责。独立性是教育评估第三方得到社会认可和信任的基础，也是获得自身生存和发展的前提。

二是客观公正性。教育评估第三方应视政府、学校、社会各方面为平等对象，以事实为依据、以法律法规为准绳、以规范程序为组织方式、以多方参与来反映各方利益、以广泛听取各方意见来防止偏倚，最终对评估对象作出实事求是的鉴定，并接受社会各界对评估鉴定结果的监督。只有这样，才能建立教育评估第三方的市场信誉。

三是专业权威性。教育评估第三方开展的主要是业务评估，因此，实施评估活动时，聘用的评估人员不仅应具有良好的职业道德，还应具有过硬的专业素质和较丰富的业务经验。良好的职业道德能够确保评估人员秉公办事，过硬的专业素质能够确保评估信息采集加工处理的科学性、评估鉴定的准确性、评估建议与决策的科学性，较丰富的业务经验能够确保评估人员对复杂的教育教学和办学问题有较深切体会、容易理解和判断、把握得住相关因素。同时加上专业的高水准、严格规范的评估流程，就能确保评估结果的权威性。

四是行业自律性。教育评估第三方涉及的评估业务往往具有较高的利害性，因此可能面临种种强权压力和金钱等诱惑。因此，在市场经济活动中，教育评估第三方必须自我约束、自我控制、自我管理，严格遵守法律法规，自觉践行行业道德，自觉维护行业规范，把提高社会认可度和行业公信力作为应有责任。

五是行业公益性。教育是一种准公共产品，教育评估第三方提供的教育评估属于公共事务，行使的是公共权力，输出的是各级各类有偿服务。教育评估第三方虽然从事的是有偿服务，但由于其业务性质和作用影响，应归入非营利性机构或组织，不能以追求经济利益最大化为目的，而应以扩大教育的社会正效益为目标。只有具有并维护行业公益性，才可以保证所开展的评估业务更好地维护教育公平与公正。[2]

三、规范有序推进第三方教育评估服务

加快教育评估第三方建设与发展，是落实国家深化教育领域综合改革总体安排与部署所要求的，也是推进政府转变职能、简政放权、实施教育管办评分离的重要措施。

（一）加强独立性、提升专业性，树立第三方行业良好形象和社会影响力

2014年8月，《羊城晚报》就广东省教育厅向社会组织转移省一级学校等级评估和国家级示范性普通高中评估权一事发表了题为《"第三方"话事，你信得过吗？》的文章，直接表达出学校、家长和社会公众的担心：学校想争取"省一级"或"示范性高中"这两块金字招牌，殊为不易，但这两项评估若交给社会组织，"第三方"评估的公平性和权威性令人担心。[3]类似的担心也通过网站、微信等新媒体渠道有所反映。这种担心源自当前我国教育评估第三方力量整体的独立性不够、专业水平不高。

长期以来，我国的教育管治体系中管办评权责边界不清且基本上由政府一家包办，尤其是评价完全由政府说了算。十几年来，纷纷成立的各种教育中介机构、教育类专业学会或行业协会等第三方组织，绝大多数是在政府主管部门的推动或组织下建立的，不仅习惯于按照政府主管部门的要求开展工作，而且对政府主管部门的项目安排、资金投入、过程领导和管理产生了依赖性，这种惰性的惯性思维和办法造成这类第三方组织成长缓慢，不仅自主发展意识薄弱、自主发展能力欠缺，而且独立性较差、专业性不强，客观性、公正性也受到影响。

评价是对客观行为和事实作出的价值判断，对其发展具有重要导引作用。但现实是评价实施者的影响力往往超越了评价本身的影响力。谁来评价，往往决定着评价本身的价值大小。因此，管办评分离后，由第三方实施评价，首先必须确保第三方的独立性和

专业性。在社会组织尚处于初步发展的阶段，应充分调动各级各类教育科研机构、教育评估监测专门机构在理论研究与实践行动方面的积极性、主动性、创造性，发挥其专业特长，为教育评价健康有序发展贡献力量。在操作层面，为了确保教育科研机构、教育评估监测专门机构等成为利益无关的第三方，保障教育评价实施的独立性和专业性，当前有些项目可以采取跨省域、市域、县域委托的方式开展。例如，海南省教育厅在2014年就委托利益无关的广东省教育评估协会和广东省教育研究院组织开展海南省2014年教改重大项目和科研专项的评审工作，由受委托单位依据教育部有关文件要求，结合项目实际特点，自主制定评审标准和评审规程，自主遴选评审专家，评审结果对委托方负责，确保了该项评审工作的客观性和公正性，受到好评。

（二）积极培育和扶持，加快教育评估第三方建设和发展

教育管办评分离，要求有大量的高水平、高质量、高权威的第三方评估机构或组织为教育行政部门、各级各类学校和社会公众提供教育督导、教育评估、教育质量监测等全方位的专业服务。真正的第三方应该独立于教育行政部门和学校之外，既要专业资质高，能够提供高质量服务，又要独立性强，能够保证教育服务公平、公正、公开，体现出高水平的专业性和权威性。

当前，我国真正意义上利益无关的第三方尚处于初步发展阶段，需要政府和社会大力培育和扶持，特别是需要政府承担更多的责任。培育和扶持真正的第三方，应遵循市场经济基本规律和教育发展规律，将可由第三方承担的事项，归还、转移或委托给有相应资质和能力的第三方承担。具体可以采用如下措施。

1. 创设公开、公平、公正的竞争机制。教育行政部门在转移或委托评估监测项目时，采取公开招标与投标、公开中标公告、项目契约管理等方式购买服务，对所有参与招标的第三方一视同仁，据其资质和提供服务的能力水平进行评价、作出选择，并对其提供的服务及时开展有效指导、监管、评估和问责。

2. 制定相应的扶持政策。比如降低准入门槛，建立完善社会投资创办教育评价类专业机构的激励机制和融资机制，保障民办与公办教育评价类专业机构发展的平等地位。又比如，设立有关社会组织教育发展专项基金，对有关教育组织工作人员在培训、

研究、职称评定等方面给予政策支持。[4]

3. 组织开展系列专业培训并进行服务资质认定。由教育行政相关部门根据不同主题的教育服务项目组织开展系列专业培训，采用先专业培训后专业上岗的方式，对第三方的服务资质进行专业认定，确保第三方建设的规范性和专业性。

4. 鼓励优质教育机构输出专业服务。充分开发利用优质教育机构的专业资源，积极鼓励他们通过输出专业服务来培育、扶持第三方，形成共赢的发展局面。例如，鼓励国家级教育质量监测专门机构向各省（区、市）输出质量监测专业培训，培育壮大各省（区、市）的质量监测专业队伍，共同为各级教育行政部门做好各级各类教育和各级各类学校质量监测专业服务。

5. 搭建教育评估国际交流与合作平台。在教育评估与监测领域，主动加强国际交流与合作，积极参与国际组织实施的教育质量监测项目，在学习借鉴中掌握先进理念和技术、把握科学路径和方法，不断壮大第三方提供教育评估监测专业服务的实力，提高其水平。

（三）建立健全配套措施和制度，规范第三方教育评估行为

管办评分离是涉及政府职能重新定位、事业单位和社会组织经营管理体制改革的一项系统性工程。随着政府行政治理结构改革不断深化，关于"评"的工作机制将日臻完善，其具体特征大致有四点：评的权力由法律赋予，评的职能由政府规定，评的标准由国家设立，评的主体由外在于政府的第三方担当。[5]而规范第三方"评"服务，需要系统完善的配套措施与制度加以引导。

近年来，国家和省级政府陆续出台推进管办评分离的具体措施与制度文件，例如，财政部2014年年底印发《政府购买服务管理办法（暂行）》，广东省近年来先后出台《关于加快转变政府职能深化行政审批制度改革的意见》《关于确定具备承接政府职能转移和购买服务资质的社会组织目录的指导意见》《广东省省本级社会组织承接政府职能转移和购买服务目录》等，这一系列文件规范了提供服务的第三方应具备的基本资质和资质审核办法。教育系统也出台了一系列相关文件，如《深化教育督导改革转变教育管理方式的意见》（国教督办〔2014〕3号）第十四条指出："国家成立教育质量评估

监测机构，统筹开展全国教育质量评估监测工作。各地教育部门要整合教育协会、学会、教研室以及其他具有教育评估监测职能的机构和资源，实现教育督导部门的归口管理，为系统开展各级各类教育质量评估监测奠定组织基础。"明确了教育评估监测的行政主管单位是教育督导部门，这有利于整合相关力量，建立健全教育评估监测体系。同时，我们也应清醒地看到，目前在教育评估监测专业机构的资质准入与遴选、经费资助、行业监管、行业自治等方面的配套制度性文件仍不健全，相关配套措施仍未落地，必须加快推进。这样，一方面有利于各级教育行政部门在教育管理和服务中科学、合理地引进第三方，提高教育管理和服务水平；另一方面，也利于加强第三方评估机构建设。

（四）建立完善监督和评价机制，有序推进第三方教育评估服务

在推进政府管教育、学校办教育、社会评教育过程中，必须建立完善对第三方提供服务的监督和评价机制。只有做到管和评的主体合作前有资质审核、合作中有跟踪监管、合作后有绩效评估，才能有序推进第三方提供良好教育服务。特别要指出的是，在教育评估监测活动中，教育督导部门行使决策权，教育监测与评估机构作为第三方行使执行权，而社会公众对教育监测与评估机构的能力与绩效行使监督权[6]，三方只有既相互制约又相互协调，才能真正发挥出管与评在教育评估监测中的最大效益。

同时，教育评估与监测的利益相关者也应有权了解与之相关的教育问题和真实状况。因此，相关的教育信息，如法律规定与诸法关系、教育投入与使用情况、各类教育标准、教育质量、教师状况、学生发展水平、学校布局与均衡协调发展、现行政策与规划的实施进展、相关问题与应对措施、立法执法与监督的程序、教育参与的原则和通道等，都应及时、准确地公之于众，确保教育评估和质量监测的参照与依据能够准确无误，以利于社会公众更好地履行监督权和评价权。

当然，委托评估监测的主体并不限于政府。在体制机制逐渐建立健全以后，教育督导机构、各级各类学校、各种媒体以及企业、社区等广义教育服务的用户，都可委托有关行业协会、专业学会、基金会、专门机构和社会中介机构等开展对教育专项的评估监测。[7]相应地，通过多方位引入并健全社会各界参与监督的方式，完善评估监测的监

督与评价机制，建立完善教育评估监测的市场竞争机制，能够营造出社会组织在教育评估监测领域良性发展、有序竞争的新格局。

参考文献

［1］许世红，王书汉. 规范教育评估促进教育评估事业科学发展［J］. 高教探索，2013（3）：48-51.

［2］慕彦瑾. 我国社会中介性教育评估组织的培育及发展研究——兼论我国社会中介性基础教育评估组织的建立［D］. 兰州：西北师范大学，2005.

［3］陈晓璇. "第三方"话事，你信得过吗？［N］. 羊城晚报，2014-08-22（B07）.

［4］胡伶. 我国教育行政职能变革：趋势、难点和对策——透析上海浦东新区"管办评"分离与联动改革的实践［J］. 教育实践与研究（中学版），2008（11）：4-7.

［5］刘丽君，孙鹤娟. 完善教育管理范式　建构三足鼎立治理结构［J］. 教育研究，2014（5）：89-91.

［6］熊丙奇. 有序推进教育第三方服务［J］. 上海教育评估研究，2015（1）：16-18.

［7］张力. 教育领域深入推进管办评分离的探索［J］. 中国机构改革与管理，2014（4）：15-17.

第五章

论以高水平教育科研体系支撑教育优质发展

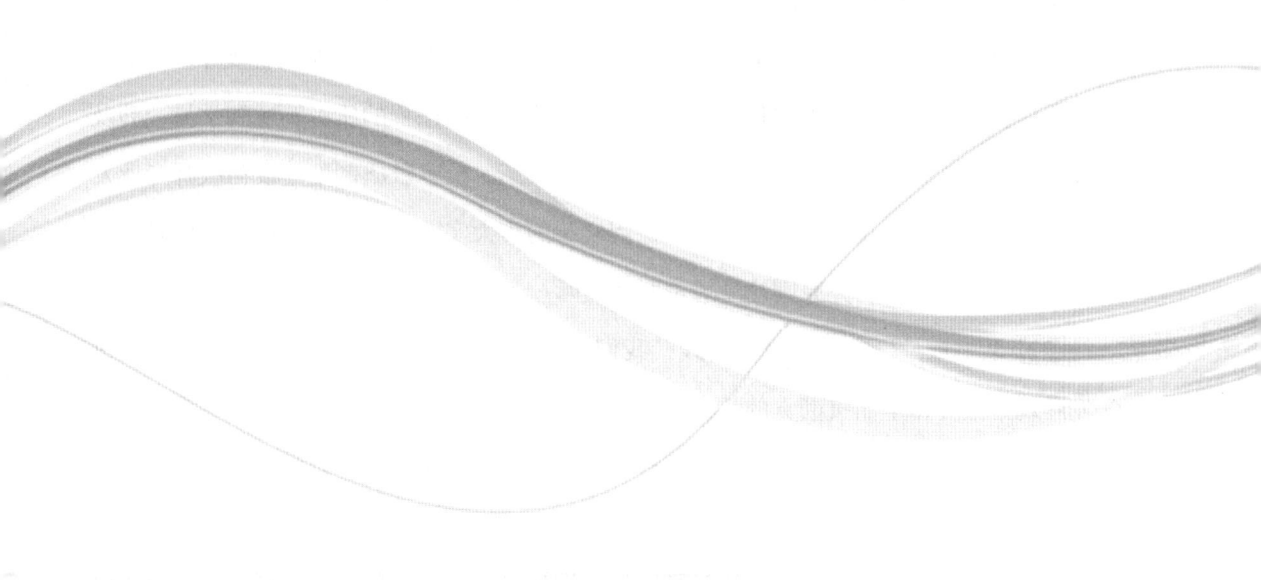

遵循规律　提高基础教育教学研究水平[*]

基础教育教学研究在推进基础教育课程改革、全面实施素质教育、提高教育教学质量中具有基础性、先导性的作用。自2001年开展基础教育新课程实验以来，我省各级教研部门和广大中小学积极探索，勇于创新，积累了丰富的课改经验，取得了丰硕的教研成果，研究引领、项目驱动成为我省基础教育课程改革的一大亮点。2006年，为加大教育教学研究对中小学课程改革的指导力度，提高中小学教育教学质量和水平，我省特别设立面向广大中小学教师、教研员的教学研究"十一五"规划课题，针对中小学教学实际特别是课程改革推进过程中的热点、难点问题，以一线教师和教研员为主要力量，以课程建设和课堂教学为主要研究对象，突出中小学教学研究应有的实践特征。规划课题设立后，广大中小学、各级教研部门踊跃参与课题申报，整个"十一五"期间，省共设立143项立项课题、77项委托课题。去年，又启动教学研究"十二五"规划课题申报立项工作，各地积极申报，经组织专家严格评审，共确定283项课题。

教学研究规划课题，从学前教育到高中教育、从特殊教育到中等职业教育，涵盖了国家课程、地方课程和校本课程三级课程体系，覆盖了新课程的所有领域和学科，涉及课程教学管理、教学改革、教材开发、考试评价改革、校本教研制度建设与教师专业发展、课堂教学、信息技术应用等当前新课程实验的重大实践问题，研究内容全面具体，研究方法灵活多样，研究原则注重理论联系实际。

经过"十一五"以来的研究实践，我们高兴地看到我省广大基础教育工作者以科学发展观为指导，全面贯彻党的教育方针，坚持走科研兴教之路，扎实推进课程教学改革，创新培养模式，在基础教育教学管理、教学内容、教学方法、教学手段等方面努力探索素质教育目标任务实现的有效方式和途径。同时，通过教学研究和实践探索也实现了教育工作者自身专业发展和素质提高。但我们也要清醒地看到，我省基础教育教学研

---

[*] 本文原发表于2012年第4期《广东教育》（综合版）（广东教育杂志社主办）。

究的整体水平还不是很高,发展也不平衡,成果的数量和质量还不能满足当前基础教育教学改革和发展的需要。我们要认真学习贯彻国家、省教育规划纲要和省教育发展"十二五"规划,切实领会贯彻《教育部关于深化基础教育课程改革 进一步推进素质教育的意见》,坚持以人为本,遵循学生认知规律、教育教学规律和经济社会发展规律,把教育教学研究的价值取向定位于全面推进素质教育,全面提高教育教学质量,为每一个学生的和谐发展服务,为提高国民素质,培养更多善于思考、富有责任感、勇于进取、敢于实践、全面发展的创新人才和建设创新型国家奠定坚实基础。

面对基础教育改革和发展的新形势、新任务、新要求,遵循规律,提高基础教育教学研究水平,应当注重从三个方面着力。

一、提高认识,充分领会基础教育教学研究在基础教育工作中的重要地位

国家、省教育规划纲要,把坚持以人为本、全面实施素质教育作为教育改革发展的战略主题,把育人为本作为教育工作的根本要求,把提高质量作为教育改革发展的核心任务。实现纲要的要求,对于提高国民素质、培养创新人才具有极其重要的战略意义,也为基础教育的改革和发展指明了方向与路径。基础教育领域的广大教育工作者必须进一步增强责任感和使命感,把教育教学研究作为转变教育教学观念、创新教育教学内容、探索教育教学方式、提高教育教学质量的重要前提,摆在基础教育工作的重要位置,充实研究力量,扩大研究规模,突出研究重点,追求研究实效,推动我省基础教育水平在新的起点上加快提升。

二、明确重点,找准基础教育教学研究的主攻方向

在新的起点推进基础教育教学研究,必须明确研究的主攻方向和工作重点。

第一,要在新的工作机制基础上总体规划、综合研究。课题研究要努力与提升学校的品质、品位、品牌结合起来,在研究如何丰富和发展学校的办学特色与优势上多下功

夫，开展卓有成效的立项课题研究和校本教学研究，找自己的问题，说自己的话，丰富和发展自己的内涵，不要盲目跟风、人云亦云。要努力与打造高素质专业化的教师队伍结合起来，促进教师专业发展和学生健康成长，引导教师通过课题研究提升专业素质、形成先进教育理念、深化课程教学改革，最终为学生健康成长服务，不能单纯地为做课题而做课题。要努力把局部的、微观的研究和综合的、宏观的研究结合起来，不管课题研究侧重在教育教学的哪个方面或哪个环节，我们都应该从学校育人的工作层面有一个总体规划，这样才能使课题研究渗透到教育工作的各方面全过程，课题研究的成果才能落实到教育工作的各领域各环节，从而推动学校各项事业科学发展。要努力把区域的、学校的研究和比较研究结合起来，立足区域、学校的现实情况有针对性地开展研究，同时开阔视野，加强横向比较研究，加强与其他学校、地区和国家的交流与合作，了解其他学校、地区、国家教育改革发展态势，学习借鉴先进经验，在比较研究中促进自身深化改革、科学发展。

第二，要在历史发展的基础上传承创新、长远谋划。要深入研究分析省内外、国内外相关课题的发展背景、经验教训、成败得失，尤其要注重总结梳理改革开放30多年来我省基础教育教学工作，反思历史，继承优秀经验，拓展研究思路，创新思维方式，革除落后观念，开辟研究领域，通过研究找到解决现实矛盾、困难、问题的切入点和行之有效的办法。同时，还要站在课题研究和学科发展前沿，前瞻性地思考基础教育教学改革发展趋势，把现实问题的解决和长远发展的谋划结合起来，为推动基础教育教学科学发展争取主动权。

第三，要在坚持以人为本、全面实施素质教育的关键领域和环节上整体推进、重点突破。坚持以人为本、全面实施素质教育是教育改革和发展的战略主题，是全面贯彻党的教育方针的必然要求，其核心是解决好培养什么人、怎么培养人的重大问题。基础教育教学研究要遵循学生认知规律、教育教学规律和经济社会发展规律，坚持德育为先，加强德育体系建设和德育课程研究开发，探索把德育融入学校课堂教学、课外活动、社会实践、学生管理、学生生活全过程的有效办法和途径，培养学生团结互助、诚实守信、遵纪守法、艰苦奋斗的良好品质，促进德育、智育、体育、美育有机融合和学生德、智、体、美全面发展；要深化课程教学改革，通过对教学理念、教学内容、教学方式的研究，特别是重点研究启发式、讨论式、探究式教学模式，突出教学的创新性、综合性、实践性、开放性和选择性；要重点研究学生成长不同阶段的认知特点，研究不同学段、不同年级教学内容的容量、难度的分布及其与学生认知发展的逻辑关系，做到因材施教、因时施教、因地施教，提高教学效率，留给学生足够思考和实践的时间，以及充分自由发展的空间，促进学生的责任感、学习能力、创新能力和实践能力全面提高；要积极探索学校课程建设，加强课程对学生、教师、学校的适应性研究，创造性地实施国家和地方课程，开发课程资源，构建校本课程体系，丰富课程的多样性和选择性，打造学校办学特色；要深化教育教学质量评价改革研究，探索多种形式、多种类型的评价方式，加强对学生综合素质评价、学业水平评价的研究，改革过去传统的以文化课纸笔测试为唯一评价方式、以考试分数为唯一评价标准的应试教育弊端，建立符合素质教育要求的、有利于学生综合素质全面提高和个性特长全面发展的评价体系。

三、加强规范，打造基础教育教学研究的广东品牌

基础教育教学研究工作要弘扬理论联系实际的学风，注重规范建设，加强课题管理，突出绩效评价，紧紧围绕教育教学改革发展的重大理论和实践问题，全面提高研究的内涵、质量和品格，努力形成研究的特色、优势和品牌。要重点打造一批有研究基础、比较优势和鲜明特色的全国领先的教育教学研究项目，推动形成在理论建构和实践探索上有较大突破的原创性成果。要尊重各地、各校创新教育教学内容、改革培养模式、提高办学水平的首创精神和首创经验，注重总结、提炼和推广科学经验，加快形成体现广东理念、广东特色和广东风格的实践研究成果，打造在全国有广泛影响的名校长、名教师、名学校。要创新研究方法，改变单一的基于经验和文献的思辨研究模式，注重数据分析、调查研究、实证研究和跨学科研究，强调定性和定量研究相结合，使研究成果更具针对性、更有说服力、更切实可行。要统筹研究过程，注意边研究边总结边反思，使研究的过程成为促进学校改革、教师发展、学生成长的过程。要重视教育教学研究理论成果和实践成果的推广和应用，使先进教育思想理论从实践中来，又让先进教育思想理论指导实践发展，促进广东基础教育教学科学发展。

需要特别提出的是，各级教研部门承担着中小学（幼儿园）的课程改革与发展、教材研究与建设、教学实验与指导等重要职责，教研员队伍是教师的"教师"，直接影响着中小学（幼儿园）一线教师队伍教育理念的形成、课程标准的实施、教学质量的保证、教学研究的开展、教学模式的创新、教学方法的改进和教学手段的运用，是打造我国南方教育高地的重要基础力量。这在客观上必然要求各级教研部门充分发挥教育教学研究的"领头羊"作用，建设理论扎实、视野开阔、理念科学、经验丰富的高素质专业化教研员队伍，坚持以科学发展观为指导，针对我省基础教育教学的重点、热点、难点问题深入研究和探索，解放思想、锐意进取，求真务实、奋发有为。必然要求健全教育教学研究服务于教育教学改革和教育教学实践的支持和保障体系，提高专业化服务水平，为教育行政部门决策、学校管理、教师专业发展、学生健康成长提供智力支持和专业服务。必然要求改变思想作风，转变工作方式，深入基层，深入学校，深入课堂，切实了解学校教育、课堂教学、课题研究的实际情况，切实解决各地、各校在教育教学改革和教育教学研究中遇到的实际困难和问题，积极培植、总结、发现、宣传、推广好的典型。唯有如此，才能为深化基础教育综合改革、推动基础教育科学发展作出重要贡献。

建设国内一流新型教育智库体系*

教育科研系统学习贯彻习近平总书记关于广东工作"四个坚持、三个支撑、两个走在前列"重要指示精神，应当充分认识到建设新型教育智库，是实现教育领域科学、民主、依法决策的重要保障，是推进教育治理体系和治理能力现代化的重要内容，是彰显教育综合实力、区域竞争力和国际影响力的重要组成部分。近年来，全省各地、各高校越来越重视新型教育智库建设，致力于促进教育科学研究及教学研究从书斋型向服务决策、创新理论、指导实践、引导舆论的智库型转变，取得了系列重要成果。学习贯彻习近平总书记重要指示精神，服务教育改革发展，促进教育"争先进、当标兵、建高地"，应当从建设国内一流新型教育智库体系的战略高度，积极应对，着力解决自身短板问题。

一、树立正确指导思想

要坚持以习近平总书记重要指示精神为指引，尊重科学、遵循规律，全面贯彻党的教育方针，充分实践创新、协调、绿色、开放、共享的发展理念，助力破解教育改革发展和教育"争先进、当标兵、建高地"遇到的矛盾、困难和问题，助力各级党委、政府及教育行政部门科学、民主、依法决策，助力各级各类学校提升教育教学质量和办学水平，助力教师专业发展和学生健康成长成才，扎实推进教育改革发展及人才培养战略研究、政策研究、理论研究、实践研究和教育评估、教育质量监测、教育宣传舆论工作，努力建设有战略高度、够理论深度、能前瞻、会创新、善服务、广覆盖的新型教育智库体系，在全国教育改革发展及人才培养中唱响"岭南好声音"，为我省发挥教育优势，补齐教育短板，提高教育质量和水平，增强教育综合实力、区域竞争力和国际影响力，打造南方教育高地作出重要贡献。

---

* 本文原发表于2017年5月6日《南方日报》第02版。

二、把握基本原则思路

一要坚持问题导向，创新驱动。牢固树立问题意识和实践观念，把创新驱动摆在核心位置，聚焦制约教育科学发展和"争先进、当标兵、建高地"的体制机制性障碍与基础条件约束，科学研判经济社会及教育改革发展趋势，以创新思维和创新举措探索系统解决问题的思路、举措和办法，形成新的发展格局和发展境界。

二要坚持统筹协调，重点推进。从国情、省情、教情出发，统筹推进教育战略、教育政策、教育理论、教育实践研究及其成果转化应用，以及教育评估、教育质量监测、教育宣传舆论发展，着力针对教育改革发展重点领域、关键环节以及制约教育整体水平提升的重大问题和重点区域开展研究与实践指导，为各级各类教育和城乡区域教育协调发展提供可行方案。

三要坚持绿色引领，和谐发展。遵循经济社会发展规律、教育教学规律、人才成长规律和教育科研规律，按照中国特色新型智库制度建设要求，完善组织体系和规章制度，健全管理体制和运行机制，打造全省教育科研及教学研究交流合作平台，切实发挥全省教育科研及教学研究力量集聚效应。

四要坚持开放包容，协同合作。立足广东、面向全国、放眼世界，营造百花齐放、百家争鸣的学术氛围。围绕经济社会及教育改革发展大局，坚持教育研究"请进来，走出去"交流合作思路，不断丰富内容和形式，拓展广度和深度，提升层次和水平，形成省内外、国内外相结合的全方位、多层次、包容、互鉴、共赢的教育研究交流合作新格局。

五要坚持成果共享，服务至上。把服务教育改革发展及人才培养作为出发点和落脚点，借助信息网络和交流合作机制，进一步打破区域间、学校间、学科间相对封闭、各自为政的格局，促进教育科研及教学研究资源共建共享，努力为党委、政府及教育行政部门的教育决策和教育治理提供科学咨询服务，为各级各类学校提升教育教学质量和办学水平提供优质实践指引，为社会各界和千家万户了解教育、支持教育提供正确舆论引导，为经济社会发展和办好人民满意的教育提供重要智力支持。

三、突出重点任务安排

一是全面服务教育科学决策，加强教育改革发展及人才培养战略性、前瞻性、创新性问题研究，积极为党委、政府及教育行政部门和各级各类学校提供高水平教育决策咨询服务。

二是深入开展教育实践指导，包括加强基础教育教学研究及实践指导，强化以信息技术支撑教与学方式变革研究与指导，加强职业教育、高等教育与区域功能定位和产业发展适应性研究与指导，建设一批教育科学发展研究与实验基地、教育科学高层次人才培养基地并充分发挥其示范、辐射和带动作用。

三是着力推进教育理论创新，积极打造教育科研品牌，包括精心打造中国南方教育高峰年会、南方教育大讲坛等高规格教育研究交流平台，用心培育广东教育蓝皮书——《广东教育改革发展研究年度报告》等高水平教育科研精品，潜心孕育"岭南教育文库"等高质量教育学术成果，努力形成具广东特色、广东风格、广东气派的教育话语体系。

四是科学实施教育评估和教育质量监测，协助完善基础教育、职业教育、高等教育质量监测与评估实施体系，深入开展教育评估和教育质量监测理论、政策与实践研究。

五是加强教育宣传舆论，坚持正确导向，打造新型教育智库宣传舆论平台，同时与各级教育行政部门门户网站、微信公众号协同，与国家及省内主流媒体配合，营造教育舆论引导多维格局。

六是拓展深化教育研究交流合作，主动适应粤港澳大湾区发展规划需求，扩展粤港澳、泛珠江三角洲区域等国内教育科研及教学研究交流合作，积极参与国际双边、多边和区域性、全球性教育科研及教学研究交流合作。

四、落实重要保障措施

要完善省、地级以上市、县（市、区）和各级各类学校特别是高校的教育科研及教学研究机构，优化机构设置，确保编制，丰富职能职责内涵，纳入财政经费预算，深化制度体系建设和管理运行机制改革。

要创建可支撑全省教育科研及教学研究沟通合作的智能化、信息化工作平台，为教育科研及教学研究提供大数据支撑。

要实行多学科和跨学科研究模式，从"单兵作战"向"集团作战""联合作战"转变，推进各级各类教育科研及教学研究机构建立完善协同创新联盟，建立健全省及地级以上市之间、地方与地方之间、地方与高校之间、高校与高校之间、教育智库与有关行业产业之间的协同创新机制，共同提升教育科研及教学研究质量水平和服务教育决策与教育实践整体效能。

要加强人才体系建设，深化用人制度改革，完善人才引进培养机制，提升全省教育科研及教学研究人员综合素质和专业化水平。同时健全激励机制和容错纠错机制，提升全体教育科研及教学研究人员风清气正、干事创业的积极性、主动性和创造性。

加快提升助推广东教育现代化的能力和水平[*]

习近平总书记在参加十三届全国人大一次会议广东代表团审议时,要求广东"四个走在全国前列",再次充分体现了党中央对广东的高度重视、亲切关怀和殷切期望,再次充分体现了总书记十分关心广东的工作,再次充分说明广东的工作在党和国家工作大局中具有十分重要的地位和作用。广东教育科研系统贯彻落实总书记重要讲话精神,助推深化教育体制机制改革,发展公平而有质量的教育,增强教育服务经济社会发展能力,加快教育现代化,应当以全国教育发达省份、世界教育先进国家为参照,为把广东教育现代化水平提升到全国前列提供强大智力支持。

一、加快提升助推广东教育现代化的能力和水平,要充分认识广东教育现代化的阶段性特征和主要困难问题

全球新一轮科技革命和产业变革正在深刻改变着人们的思维、生产、生活、学习方式,正在呈现着世界各国综合国力的此消彼长。优先发展教育,培养创新型、应用型、技术技能型人才,已成为各国共同面临的重大课题。广东要充分实现党中央和总书记的殷切期望,必须牢牢抓住教育这一最基础环节,加快教育现代化,充分激发教育培养人才、创新科技、服务社会、传承创新文化的功能。经过这些年的艰苦奋斗,广东教育基本实现从外延式发展向内涵式发展转变。进入新时代,各级各类教育同时面临规模变动、结构优化、质量提升、特色彰显、效益扩大多重任务。教育科研系统助推广东教育现代化,首先要充分把握广东教育现代化阶段性特征:广东正处于从教育适应经济社会发展向教育助推经济社会发展过渡,从教育管理向教育治理转型时期,教育改革进入了攻坚期和深水区,需要切实谋划部署一批实质性改革举措以促进教育功能充分发挥;人民群众参与教育治理的愿望越来越强烈,优化教育治理结构势在必行,同时教育公平

---

[*] 本文原发表于2018年第4期《广东教育》(综合版)(广东教育杂志社主办)。

理想与城乡、区域、校际、群体教育差异的现实矛盾难以解决，优质教育资源不足仍是不争的事实，亟需加快基本公共教育服务均等化进程；以互联网为代表的信息技术日新月异，教育受新技术、新载体影响越来越深刻，将对教师、学生、课程、学习方式、评价方式、行政管理等各领域各层面发挥革命性作用，推进信息技术与教育教学、教育科研、教育管理深度融合日显迫切；教育理念、教育制度、教育内容、教育方式、教育者和受教育者、教育评价、教育科研等各类教育资源跨国、跨地区流动成为常态，须积极主动参与教育国际化进程，把握教育国际交流合作与竞争主动权。

同时，要着力解决加快教育现代化面临的突出困难问题。一是学前教育"入园难""入园贵"在较长时间内仍将成为社会热点问题，如何合理扩增和布局普惠性幼儿园、全面改善幼儿园教师待遇、化解新一轮"入园难"、解决顽固性"入园贵"等需要抓紧应对。二是已实现"义务教育发展基本均衡县"全覆盖，但城乡、区域、校际间义务教育发展水平仍然相差明显，城镇学校"大班额"现象日益突出，教师结构性缺编问题尚未从根本上得到解决。三是中职—高职—应用型本科—专业硕士、博士学位教育人才培养通道仍比较狭窄，各层级专业教学标准和课程标准体系需要着力建立健全，普通教育与职业教育立交桥还没有真正合龙，普通本科高校对转型发展仍缺乏系统思考和有力举措。四是高等教育分类分层发展的政策框架亟需形成，高校重大科研创新成果不多且转化率与产业化率偏低，人才培养质量和国际化水平不够高，服务创新驱动发展战略和经济转型升级的能力偏弱。五是教育信息化建设进展不平衡，城乡、区域、校际、群体发展水平差异较大，精准有效的教育资源平台和教育管理平台欠缺，信息技术与教育教学、教育科研、教育管理深度融合和数字化教育研发推广任重而道远。六是特殊群体如异地务工人员随迁子女、残疾学生、留守儿童享受公平而有质量的教育仍需各级政府不懈努力，特别需要加大关爱、师资、财政投入。

二、加快提升助推广东教育现代化的能力和水平，要充分领会和助力化解教育主要矛盾

解决加快教育现代化面临的突出困难问题，必须充分认识教育主要矛盾已转化为人

民日益增长的优质教育需要和不平衡不充分的发展之间的矛盾，把教育现代化工作放在党和国家确立的教育战略定位上加以审视，放在科教兴粤、人才强省、创新驱动发展、乡村振兴、区域协调发展、可持续发展、军民融合发展的大格局中加以考察，坚定以教育"争先进、当标兵、建高地"为统领，坚持使命引领、目标导向、问题导向相统一，不断增强教育现代化研判与战略谋划能力，主动适应"一带一路"国际合作和广东自贸试验区、科技产业创新中心、粤港澳大湾区建设，以及粤东西北振兴发展需要，全面把握新时代经济、科技、人口、文化发展的机遇与挑战，做好适度超前实现教育现代化的顶层设计，集中众智研制《广东省教育现代化2035》，形成破解教育主要矛盾、实现教育现代化的路径和政策设计。

发展是第一要务。加快教育现代化面临的一系列突出困难问题，只能通过加快提升教育现代化水平来解决，这需要切实把握教育主要矛盾的主要方面，加快研究提出当前和今后一个时期广东及各区域加快提升教育现代化水平的硬招实招，主要扎实开展学前教育普惠健康发展研究，扩大幼儿园、中小学优质学位规模；扎实开展乡镇、农村中小学教育教学支援工程，提升乡镇、农村中小学课程实施水平、教学质量和办学能力；扎实开展义务教育优质均衡发展研究，推动城乡义务教育一体化发展，解决中小学生课外负担过重问题，推进普通高中优质多样特色发展；扎实开展职业教育提升发展研究，促进职业教育与产业融合发展和校企合作，推进职业教育"校企精准对接、精准育人"；扎实开展职业教育、高等教育与区域发展定位、产业转型升级相匹配相融合研究，以及高等教育"冲一流、补短板、强特色"研究，推进高等教育内涵式发展，提升高等教育服务经济社会发展能力；扎实开展"新师范"建设研究，深化教师队伍建设改革，提高教师队伍整体素质和专业化水平；扎实开展以教育信息化带动教育现代化研究，提高教育从业人员信息化素养和应用能力水平，开发数字化教育资源，推进信息技术与教育教学、教育科研、教育管理深度融合；扎实开展教育国际化研究，配合"一带一路"国际合作、粤港澳大湾区发展规划落实和粤港澳大湾区世界级城市群建设，把握世界教育现代化前沿，分享广东教育现代化成果，提升全方位、各领域、各层次教育国际化水平；扎实开展促进民办教育规范特色发展研究，推动民办教育转型发展和水平提升；扎实开展社会教育和继续教育规范发展研究，满足人民群众优质化、个性化教育需求；扎实开展政府履行教育职责评价研究，推动教育治理体系和治理能力现代化。

创新是第一动力。要深入开展深化教育领域综合改革研究，助力深化办学体制、管理体制、培养体制、保障机制改革和考试招生制度、教师队伍建设、现代学校制度建设、教育国际化改革，以及学科、专业、课程、教材、教学、评价改革，破除一切落后思想观念和不合时宜体制机制的束缚，为加快教育现代化提供持久强劲的动力。

三、加快提升助推广东教育现代化的能力和水平，要始终把握教育改革发展战略主题

加快教育现代化，应当"不忘初心、牢记使命"，坚持以人为本、发展素质教育这个教育改革发展战略主题，这是新时代解决好"为谁培养人、培养什么人、怎样培养人"的重大问题，目的在于着力提高学生服务国家、服务人民的社会责任感、服膺规则的法治意识、勇于探索的创新精神和善于解决问题的实践能力。为此，要加强建立大中小幼德育一体化机制研究，以人为本、尊重科学、遵循规律，建立以社会主义核心价值观为引领的大中小幼一体化德育体系，落实全员育人、全程育人、全方位育人，将学校教育、家庭教育、社会教育有机结合起来，使德育内容和方式最终体现在内化于心、外化于行上。要着力激发学生发展核心素养，从"人文底蕴、科学精神""学会学习、健康生活""责任担当、实践创新"来夯实学生文化基础、促进学生自主发展、激励学生参与社会，以"全面发展的人"适应社会需要，以关键能力支撑终身发展。要努力为学生健康成长成才创造良好条件。

始终把握教育改革发展战略主题，要坚持以习近平新时代中国特色社会主义思想为指导，以全面加强新时代党的建设为前提、为基础、为保证，在学懂、弄通、悟透、做实上下功夫，提高政治站位和事业格局，切实研究全面加强党的建设、全面贯彻党的教育方针，把制度建设贯穿其中；切实研究推进"两学一做"学习教育常态化制度化，按照部署开展"不忘初心、牢记使命"主题教育；切实研究继承与弘扬中华优秀传统文化和"红船精神"，将为中国人民谋幸福、为中华民族谋复兴融入广大师生血脉；切实研究牢牢掌握意识形态工作领导权，坚决反对和抵制各种错误思想观点。在加快教育现代

化进程中把这些问题研究透彻，目的在于为牢牢把握教育改革发展战略主题提供坚强政治保证、思想保证、组织保证、作风保证和纪律保证。

四、加快提升助推广东教育现代化的能力和水平，要充分凝聚和焕发教育科研主体力量

人才是第一资源。助力破解教育主要矛盾、教育现代化困难问题的科研主体力量是教育行政部门及其教育研究机构，以及各级各类学校。教育行政部门应更加重视把教育科研成果转化为教育决策和教育治理，更加重视研究教育政策和教育治理绩效问题。要为教育科研机构选强配优人才资源，各方面都尊重劳动、尊重知识、尊重人才、尊重创造，保障人才队伍深入研究教育现代化战略问题、政策问题、理论问题、实践问题、舆论问题，使教育科研机构更好注重决策层的需求和实践层的期盼，为党委、政府及教育行政部门决策和治理服务，为各级各类学校改革发展服务，为教师专业发展和学生成长成才服务，为国家及区域改革开放和经济社会发展服务，着力解决决策咨询和实践指导"不到位""不解渴"难题。

教育科研主体力量要强化协同创新观念，完善各层次、各形式教育科研联盟机制，推进教育科研与实验基地建设。包括推进教育科研机构自身各组成部分协同创新、与党委政府政策研究部门协同创新、与教育行政部门协同创新、与各级各类学校协同创新、与行业企业协同创新，以及不同层级、不同区域教育科研机构之间协同创新，强化省内、国内、国际教育科研交流与合作，为拓展深化教育科研职能职责和开展教育科研工作创造有利条件，更好凝聚优秀人才攻坚克难，加快产出更多更高水平的教育科研成果。还要积极主动开展教育宣传舆论工作，讲好广东教育故事，唱响广东教育新声音，扩大广东教育影响力。

教育科研主体力量助推教育现代化，最需要注重的首先是坚持使命导向、目标导向、问题导向相统一，真研究问题、研究真问题，强调实证研究，坚持从实践中来到实践中去、从群众中来到群众中去，把实践经验上升到理性高度，把研究成果运用到实践中去，实现理论创新与实践探索相融合。其次是坚持用事实和结果说话，打造善于运用

网络、大数据、人工智能开展专业化研究的团队，充分开发利用经济社会发展数据和教育基础数据，注重数据统计分析，通过数据看历史、认现状、判未来，通过数据总结成绩、认清问题、把握规律、分析趋势、寻求对策、提出建议，确保以事实和数据为基础，使研究成果可转化可运用。

用马克思主义中国化最新成果指导教育科研[*]

今年5月4日,习近平总书记在纪念马克思诞辰200周年大会上发表重要讲话,这篇光辉文献是当代中国共产党人坚持和发展马克思主义的宣言书,是新时代继续推进马克思主义中国化的行动纲领,闪耀着马克思主义的真理光芒。总书记对马克思主义的真理性、人民性、实践性、开放性的深刻论述,为我们全面深刻领会马克思主义的丰富内涵和精髓要义提供了科学指南。纵观中国共产党奋斗发展历程,从无到有、自小到大、由弱到强,成长为世界第一大政党,因素非常多,但能够历经艰险而不绝,并且不断发展壮大,最根本的原因是中国共产党始终重视思想建党、理论强党、制度治党,用科学的思想理论武装头脑、指导实践、推动工作,用严格的制度纪律增强团结、规范行为、遏制腐败,使全党始终保持坚定的意志、协调的行动、强大的战斗力。

中国共产党自成立之日起,一直以马克思主义作为指导思想,用马克思主义来认识世界、把握规律、改造世界、追求真理,团结带领人民经过长期奋斗,实现了中华民族从东亚病夫到站起来的伟大飞跃,以铁一般的事实证明只有社会主义才能救中国;团结带领人民进行建设中国特色社会主义伟大实践,实现了中华民族从站起来到富起来的伟大飞跃,以铁一般的事实证明只有中国特色社会主义才能发展中国;党的十八大以来,以习近平同志为核心的党中央,以巨大的政治勇气和强烈的责任担当,团结带领人民推动党和国家事业进入新时代,中华民族迎来了从富起来到强起来的伟大飞跃,以铁一般的事实证明只有坚持和发展中国特色社会主义才能实现中华民族伟大复兴。

马克思主义自诞生之日起就不仅仅是解释世界,而且要改造世界。恩格斯曾深刻指出,"马克思的整个世界观不是教义,而是方法。它提供的不是现成的教条,而是进一步研究的出发点和供这种研究使用的方法"。也正如此,总书记强调,"马克思的思想理论源于那个时代又超越了那个时代,既是那个时代精神的精华,是整个人类精神的精

---

[*] 本文原发表于2018年第6期《广东教育》(综合版)(广东教育杂志社主办)。

华"。这一论断揭示了马克思主义是个不断发展的具有强大生命力的开放思想体系。中国共产党在革命和建设以及改革开放时代，坚持和运用马克思辩证唯物主义和历史唯物主义的世界观和方法论，坚持和运用马克思主义关于世界的物质性及其发展规律，坚持和运用马克思主义的矛盾观、实践观、群众观、阶级观、发展观，形成了毛泽东思想、邓小平理论、"三个代表"重要思想、科学发展观、习近平新时代中国特色社会主义思想，这都是马克思主义在中国不同阶段的发展形式，是马克思主义的中国化，是科学社会主义的中国版本。党的十八大以来的实践证明，习近平新时代中国特色社会主义思想，是新时代中国共产党坚持和发展马克思主义的最新理论成果，它以一系列原创性、战略性重大思想观点丰富和发展了马克思主义，是当代中国马克思主义。

联系实际，贯彻落实总书记重要讲话精神，要求我们坚决以马克思主义及其系列中国化成果引领教育改革发展及人才培养。教育的对象是人，"为谁培养人，培养什么人，如何培养人"始终是教育改革发展必须回答的首要课题。破解这一课题，需要从哲学高度、以理性态度、富有战略性前瞻性创新性地从中华优秀传统文化和近现代教育哲学思想，以及世界先进国家教育哲学思想中汲取智慧精华，特别是要以马克思主义及其在中国各发展阶段形成的科学思想、先进理论为行动指南，引导全社会清醒明晰教育的使命和方向，完整把握教育的功能价值，正确选择教育的策略方法，进而达成教育对人发展的价值、对社会进步的价值、对人类理想追寻的价值。处于新时代，我们尤其要坚定不移地以习近平新时代中国特色社会主义思想指导教育改革发展及人才培养，在教育科研工作中全面贯彻落实习近平新时代中国特色社会主义教育思想。一要坚持以习近平新时代中国特色社会主义思想统领教育科研工作。把学习研究、宣传贯彻习近平新时代中国特色社会主义思想与教育科研工作紧密联系起来，掌握其基本观点、核心意义和精神实质，扎实推进教育改革发展及人才培养战略研究、政策研究、理论研究、实践研究和教育评估、教育质量监测、教育宣传出版工作。要不断开展中央领导集体特别是习近平教育思想研究与实践，充分学习领会、贯彻实施中央领导集体特别是习近平关于教育改革发展及人才培养的战略主张、战略布局、战略思路，促进落实建设教育强国这个中华民族伟大复兴的基础工程，在全面推进南方先进教育思想理论高地建设中打造习近平教育思想研究与实践高地，推动扎根中国、融通中外、立足时代、面向未来，办中国特色世界一流教育。二要坚持用习近平新时代中国特色社会主义思想的立场、观点、方法分析和研究教育问题。在新时代，广大人民群众期盼更加多元的教育形式、更加灵活个性的教育模式、更加公平而有质量的教育供给、更加美好的发展前景，教育领域改革发展稳定任务之重前所未有，必须辩证地、客观地、发展地认识和理解教育问题，做到战略思维、前瞻思维、创新思维、辩证思维、底线思维相贯通，不断提升研究教育问题的能力和水平，更好地服务教育决策、指导教育实践，引导社会各界、千家万户、各级各类学校、全体教师确立并坚守科学教育观、人才观、成才观、质量观和正确教育方式方法，把立德树人作为教育的根本任务，锻造有理想信念、有道德情操、有扎实学识、有仁爱之心的高素质国际化专业化创新型师资队伍，培养德智体美全面发展的社会主义建设者和接班人，办好人民满意的教育，为改革开放和社会主义现代化建设服务。三要持续加强习近平新时代中国特色社会主义思想有效传播。充分整合优化和调动发挥教育宣传舆论力量，在教育宣传舆论阵地牢固树立习近平新时代中国特色社会主义思想，以全面加强党的领导作为做好教育工作的根本保证，促进教育系统把政治家的教育主张、教育家的教育理念、人民群众的教育诉求融合起来，形成以人为本、尊重科学、遵循规律的推进教育改革发展及人才培养的统一意志、共同理念、合拍举措，为习近平新时代中国特色社会主义思想在教育系统落地生根、结出丰硕成果营造良好舆论环境。

数字化转型与教研创新发展[*]

——基于广东的实践探索

随着互联网、大数据、人工智能等先进技术的广泛应用,人们的生活进入了数字化、网络化、智能化时代。这给人类带来经济社会转型发展的新命题。在教育领域,同样面临基于学校的规模化教育向基于人的全面而有个性发展的教育转型发展的新命题。如何充分利用数字化转型机遇支撑基础教育创新发展,是教研工作者需要思考和探索的重大课题。

一、数字化转型时代与教研新挑战

"数字化转型"翻译于英文"digital transformation"。国际商业机器公司(IBM)大中华区前董事长兼首席执行总裁钱大群先生认为,数字化转型2.0有三大特征和趋势,即"数字鸿沟正在形成""规模化愈来愈重要""平台与生态创新速度倍增"[1]。其观点具有相当的代表性。因应数字化转型三大特征,结合广东基础教育实际,我们认为教研工作在这个时代正面临重大挑战。

(一)缩小数字鸿沟,推进教研供给侧结构性改革

"数字鸿沟"是指在全球数字化进程中,在不同国家、地区、行业、企业、社区之间,由于对信息、网络技术的拥有程度、应用程度以及创新能力的差别而造成的信息落差及贫富进一步两极分化的趋势。[2]研究表明,教育发展水平、经济发展水平是形成数字鸿沟的根本性原因。[3]改革开放以来,广东的珠江三角洲地区和粤东西北地区在经济发展水平上的落差不是缩小而是扩大,教育发展水平形成了类似于苏浙沪等先进省市的两极现象,其中的数字鸿沟也逐步加大。缩小这一数字鸿沟,促进区域教育均衡优

---

[*] 本文作者汤贞敏、胡军苟,收入《南方教育评论——2019中国南方教育高峰年会思维盛宴》,由广东高等教育出版社于2020年1月出版,收入本书时个别地方稍有斟酌。

质发展，教研责无旁贷。据统计，广东目前有中小学教师1045000多人[4]，专职教研员不足3000人，缩小数字鸿沟，仅靠教研队伍的力量是远远不够的。升级要素、优化结构是供给侧结构性改革理论和实践的核心关键。为此，要盘活分布于全省教研机构和中小学名校、名师，以及高校中的教研资源，改变仅靠教研机构和教研员提供教研资源的单一来源结构，丰富教研资源供给，并借助互联网搭建智慧教研平台，实现教育教学需求和教研供给精准、有效对接，探索数字化转型时代教研工作转型升级的实现路径。

（二）重视规模效应，破除教研投入高受益面窄的瓶颈

"规模效应"又称"规模经济"，是一个经济学意义上的概念，即因规模增大带来经济效益提高。[5]但实践也表明，规模过大可能产生信息传递速度慢且容易造成信息失真、管理官僚化等弊端，反而产生"规模不经济"的状况。在传统教研实践中，研讨会、听课评课、上示范课、专项研究、专业化发展引领等是落实教研工作职责与任务的主要途径。准备一场教研活动耗时耗力，省、地级以上市、县（市、区）教研机构和学校骨干教师往往要花费相当多的精力去拟定教研主题、邀请专家、磨课、实施现场教研等，而教研活动的受益范围通常仅局限于现场的参与者，使得教研活动的产出和受益面相当有限。此种于工作坊式的教研模式远远不能适应数字化转型时代规模效应的要求，扩大受益面成为教研工作亟须解决的现实问题。这要求我们抓住数字化转型机遇，全面应用互联网、移动互联网、大数据、云计算、人工智能、虚拟现实和增强现实（VR/AR）等先进技术，提升教研信息化水平，使教研活动既能广泛覆盖、惠及全体教师，又能针对个体提供个性化服务，使教研投入与受益相匹配。

（三）创新平台与生态，破解传统"教研闭环模式"

创新平台与生态，要求事物的发展要有开放的基础，通过打造平台构建丰富而完整的生态圈。美国心理学者J. A. 亚当斯根据信息论于1971年提出闭环理论，认为主体的运动操作活动（反应）本身会产生反馈，并将反馈信息与知觉印迹进行比较，若结果正确，则为主体所接受，使正确的活动达到完美；若反馈信息被知觉印迹认为尚有不足，知觉印迹即将其视为有误差，学习活动就会得以改善。[6]教研活动也存在类

似的闭环效应。教师会依据教学经验和学生反馈，不断提升自身教学能力和水平。教研员也会依据区域教师的教学现状、教研活动经验来改进教研活动，提升教研水平，助力区域教师教学能力和水平提高，进而提高区域教育质量。但是，这种闭环存在一定的局限性，即教师、教研员往往会把这种反思和经验局限于个体、本学科或者本区域，不会主动跨界、跨区域分享和交流，进而形成一个缺乏开放性的封闭性闭环。这种封闭性闭环不利于将优秀教师、教研员的先进思想、理念、经验显性化，并阻碍其同其他教研员、教师的思想和经验交流、融汇而制约其优化和升级，最终会使得这种经验和思想窄化，难以适应教育教学改革发展需要。我们将这种封闭性的教研称为"教研闭环模式"。数字化转型对人的要求瞬息万变，教育已然难以预期现在培养的人是否符合将来的需要。因此，教研需要变革，需要创新平台与生态，以更好地适应新时代教育改革发展和学生培养要求。

二、数字化转型时代与广东教研新探索

广东省教育研究院自2011年成立以来，紧紧把握数字化转型发展脉搏，立足省级教育智库定位，深刻把握"服务决策、创新理论、指导实践、引导舆论"四大核心要旨，以"智慧教研"为抓手，积极探索数字化转型时代教研新方式和新路径。

（一）设立门户网站

为适应新时期教研工作需要，充分利用互联网，更好更及时地回应社会高度关注的教育政策、教育热点难点问题，更好更充分地宣传和推介教研成果、教研经验，更好更丰富地发展指导教育实践、引导教育舆论的多样态，彰显先进教育思想、普及科学教育方法，广东省教育研究院在多方支持下，于2012年建立了自己的门户网站。门户网站设置本院组织机构简介、本院教研工作动态、本院研究成果、各地各校视点、学术论坛、媒体关注、教研通知公告、课题资料等栏目。网站内容丰富、观点新颖、更新及时，对廓清教育舆论，建立教育决策、理论与实践间有效衔接的通道起到重要作用。

（二）建设微信公众号

2015年，因应微信公众号等自媒体兴起，广东省教育研究院充分利用微信公众号传播迅速及时、阅读方便、覆盖面广、影响力大等优势，推出"广东教育研究"微信公众号，设"资讯""关注""学术""荐读""家长学堂""媒体聚焦"等栏目，并使微信公众号与院门户网站同步更新、同步发布，形成广东教研自媒体阵地。"广东教育研究"微信公众号自开通以来，一直受到各级教育管理部门、各级各类教育教学研究机构、各级各类学校、各教育学术团体和其他有关方面的密切关注，读者群体不断壮大，宣传影响力度不断提高，文稿阅读量最高达到一年136万多人次，为广东教研营造了良好舆论氛围，产生了显著效益。

（三）探索"同一堂课"网络教研模式

2017年，为进一步适应数字化转型时代需要，广东省教育研究院决定从教研传统路径和关键环节出发，充分利用互联网技术，深度转变教研模式，逐步探索并创造性地构建了"同一堂课"网络教研模式（见图1）。

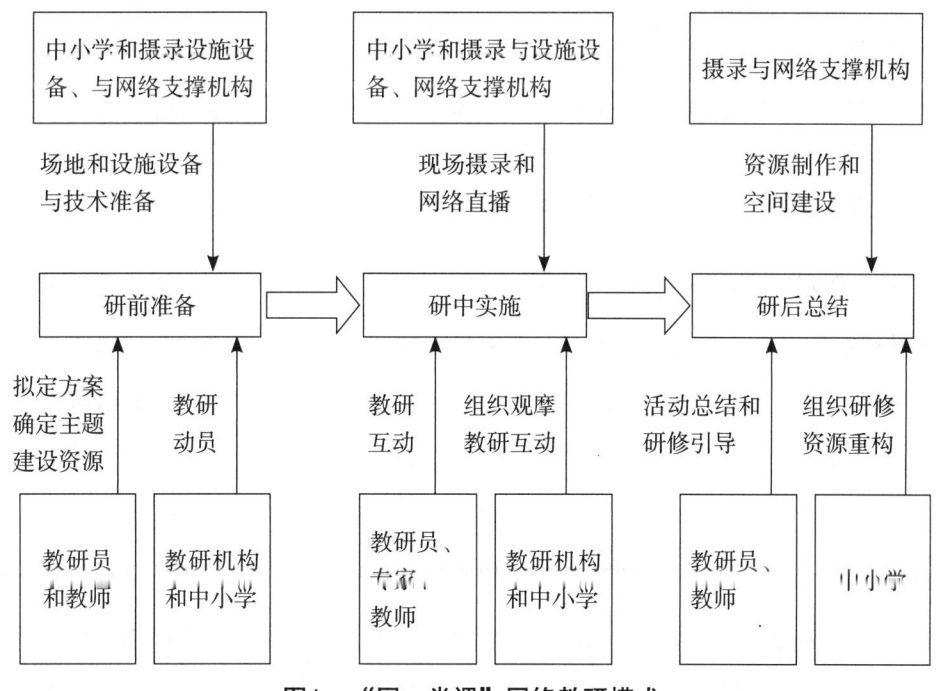

图1 "同一堂课"网络教研模式

其中，研前准备主要包括拟定网络研讨实施方案；教研员和教师共同确定活动主题并打造优质研讨活动资源；准备网络研讨相关摄录设施设备、网络技术条件等；网络研讨活动人员工作协调；传送相关资源到网络空间供教师观摩学习；网络教研观摩教师动员等。研中实施主要是根据网络教研活动方案同步实施线下教研和线上观摩与研讨。研后总结主要包括对网络教研活动成果、资源进行系统总结和提炼，形成精品化教研资源；展示形成的教研资源，引导在线观摩研讨和相关研究；根据活动实施情况对活动进行经验总结，提出优化活动的建议。

"同一堂课"网络教研活动自2017年9月开展以来，至今已举办19场，覆盖包括小学语文、小学数学、小学英语、初中语文、体育与健康等十几门学科，向全省乃至全国现场直播，显著提升了教研活动受益面，实现了教学、教研参与人员量的飞跃，从开始9万多人次发展到最高超81万人次，并稳定在50万人次以上，体现了大规模、高效率、高质量教学与教研效应。

三、数字化转型时代的广东教研经验

从门户网站、微信公众号到"同一堂课"网络教研，广东对推进数字化转型时代教研工作转型升级、创新发展开展了卓有成效的探索，形成了三个方面的基本经验。

（一）建立教研协同创新机制，破解教研闭环

"同一堂课"网络教研模式探索多机构、多平台、多主体协同网络教研机制，突破了传统教研模式下单兵作战方式的局限，突破了传统意义上班级授课制的局限，"同一堂课"网络教研模式通过网络教研活动任务清单，有效地整合中小学、教研机构、摄录技术支撑机构、网络直播技术支撑机构和中小学教师、教研员、专家学者、技术支撑人员，使各机构、各人员之间任务清晰、分工明确、有效协同，实现了大规模人员协同参与教研；通过引入专家参与教研和网络教研观摩动员机制，有效调动更多教师参与教研活动；通过研前磨课、研中专家点评、研后总结提炼等环节，有效形成优质教研资源建设机制；通过互惠互利原则，达成共同举办网络教研活动共识，形成社会资源参与教研

新机制。这种教研机制创新,能够在很大程度上整合更多区域、更多机构和更多教师力量,促进区域间、机构间、教师间的教研交流与分享,更好地将优秀教研成果、先进教研经验和教研智慧在全省甚至全国分享,促进教研成果创新、优化、开放、共享。

(二)优化教研生态系统,丰富教研产出

广东省教育研究院门户网站、微信公众号和"同一堂课"网络教研系列活动共同构成了广东教研矩阵,使教研资源同教师、教研员、专家等参与人员的衔接充分而有效,形成良好的教研生态圈,使教研人流、信息流、资源链完整而有效衔接和流通,促进教研生态系统整体性优化发展,构建教研资源从设计、研发、成品产出、进入教育教学环节、优化完善的完整链条,有助于教研资源优胜劣汰和效益最大化。通过教研矩阵,围绕学科教学主题,针对教学中的重点、难点和创新点,教师、教研员和专家共同打造,形成了覆盖各学科的、体系化的、信息化的教学精品课例资源;通过网络教研虚拟空间,有效地记录和再现教师参与教研活动的行为数据和思维火花,形成了真实、丰富的教研数据资源。尤其是后者,对元教研研究有着重要意义和参考价值,是探索优化教研,以及研究教研如何促进、何以促进教师专业发展等元教研课题的重要数据。也正因为教研生态系统得到优化,使得教研资源的建设模式转型与教学应用深度融合;使得教研资源不仅源于教研现场,更可以突破时空局限;不仅是可见的教研人和物化的资源,还可以是教研大数据资源。

(三)融合现代信息技术,创新教研手段

传统教研实践所采用的技术非常有限,往往停留在早期的"三机一幕"(电视机、电脑、投影机、投影幕)层面上,所能够影响的范围仅限于在场人员,也无法实现精准性的、适应个别群体或者个体需要的教研。在数字化转型时代,教师教学已完成技术手段的信息化和智能化,使教学由经验型向数据型转变、由面向班级向面向全体和关注个体转变,大大提高了育人精准化水平和育人成效。广东在教研活动中创造性地运用互联网技术,有效推进教研技术创新,如"同一堂课"网络教研通过构建网络虚拟空间,丰富空间资源,引导教师基于空间开展研前自主学习探究、研中在线互动研讨、研后利用

资源开展研修和教学改进，实现了网络学习空间在教研活动和教师专业发展上的创新性运用；通过整合直播平台社会资源，有效突破自身建构直播平台在用户规模上的局限，创造性地整合和运用了网络直播技术。

四、数字化转型时代的教研创新展望

数字化转型的关键在于数字化。数字化意味着人类将走向智能教育发展新阶段。我们认为，随着人脸识别、语音识别、图像识别、机器翻译、机器学习等人工智能技术在教育领域普及应用，人工智能将深刻冲击并系统变革教育教学。"培养什么人、怎样培养人、为谁培养人"仍将是教育的根本命题，但"教什么，怎么教"将变更为"学什么、怎么学"。"教"与"学"的变更不仅是教学主体性的变更，更是教育结构整体变革与教育功能系统优化，教研也需要从面向"教"的教研转向面向"学"的教研，从平面的教研转向立体的教研。在这个转型过程中，有两个动态值得关注。

（一）打造教研融媒体，推进教研普惠性和个性化发展

"全媒体不断发展，出现了全程媒体、全息媒体、全员媒体、全效媒体，信息无处不在、无所不及、无人不用，导致舆论生态、媒体格局、传播方式发生深刻变化。"[7] 富信息、富媒体成为数字化转型时代的重要特征。教研应积极融入融媒体，充分运用融媒体手段，不断创新教研生态，因应"随时、随地、随需"的富媒体环境，面向"人人皆学、处处能学、时时可学"的学习型社会需要，全面打造"教研融媒体"平台，为教师、学生、机构和团体提供普惠性教研资源和教研服务，同时针对个性化发展需要提供个性化教研资源和教研服务，以数字技术支持教育内容、方法和教学实践的组织，从而实现更好发展、更加公平、更高质量的教育。

（二）研究教研新内容，促进教研深度介入学习全过程

教研员俗称"教师的教师"，研究如何"教好"一直是教研工作的核心议题。在学习个性化凸显的数字化转型时代，教研工作不仅要研究如何"教好"，更应该研究如何

"学好",充分理解和掌握先进的教育思想、教学理论与技术,尤其是脑科学、深度学习、大数据、人工智能最新发展成果,深度研究和介入学生学的过程,掌握学习普遍规律,突破学习过程"黑箱",使之有迹可循、有理可依、有据可鉴,探索形成数字化转型中的学习模式,反哺教师教学和学生学习,使教与学由经验走向数据创新应用,提升教与学精准化、科学化、智能化水平,促进每个学生取得预期的教育结果。

参考文献

[1]钱大群. 数字化转型2.0时代的一个预测、三个特征、五点观察[EB/OL].(2019-07-10)[2019-10-15]. http://www.jnexpert.com/article/detail? id=1414.

[2]百度百科. 数字鸿沟[EB/OL].(2019-07-10)[2019-10-15]. https://baike.baidu.com/item/数字鸿沟/1717125?fr=aladdin.

[3]薛伟贤,刘骏. 数字鸿沟主要影响因素的关系结构分析[J]. 系统工程理论与实践,2018(5):85-91.

[4]广东省教育厅发展规划处. 广东省2017—2018学年教育事业统计简报[R]. 2018.

[5]百度百科. 规模效应[EB/OL].(2019-07-10)[2019-10-15]. https://baike.baidu.com/item/规模效应/2863379.

[6]林崇德. 心理学大辞典[M]. 上海:上海教育出版社,2003.

[7]习近平:推动媒体融合向纵深发展 巩固全党全国人民共同思想基础[N]. 人民日报,2019-01-26(01).

扛起教育科研责任　勇担新型智库使命*

2021年全省教育工作会议强调，"十四五"开局之年全省教育系统要谋好篇、开好局、起好步，精准发力，推动教育工作再上新台阶。提出要紧紧抓住粤港澳大湾区和深圳中国特色社会主义先行示范区"双区驱动"战略机遇，围绕构建"一核一带一区"区域发展新格局，深化教育领域改革，促进教育公平，提高教育质量，加快建设教育强省。

党的十九届五中全会明确要求"建设高质量教育体系"并提出规划建议。教育科研系统要紧紧围绕建设高质量教育体系，加快推进新时代教育科研工作，充分体现新型教育智库的使命责任。

一、新时代教育科研工作面临的主要矛盾、问题和责任

实现教育高质量发展面临的主要矛盾和短板弱项。进入新时代，教育面临的主要矛盾已经转化为人民日益增长的优质教育需求和不平衡不充分的发展之间的矛盾。"十三五"广东教育发展取得显著成绩，总体上适应经济社会转型发展需要，但不利于教育高质量发展的问题也相当突出，主要表现是：部分地方和部门对教育的战略性作用认识还不够深刻，未能把优先发展教育作为推动各项事业发展的重要先手棋；城镇化进程与教育资源配置不相协调，珠三角与粤东西北之间、城乡之间、校际之间教育水平差异明显；教育保障在用地规划、队伍建设、智库支撑、资金投入、设施设备配置等方面存在较大欠账，教育外延条件建设与内涵水平提升深受制约；信息技术与教育深度融合亟须推进，以人工智能、大数据、云计算、物联网等先进技术促进教育发展范式、教育治理方式、育人模式、教育教学理念、课程教材教学评价等变革任重道远；各级教育科

---

* 本文原以"扛起教育科研责任　体现新型智库使命"为题，发表于2021年1月18日《南方日报》第A12版。

研及教学研究力量薄弱，相当部分学校不重视校本教研，基础教育、职业教育、高等教育质量监测体系尚待建立完善；高等教育、职业教育适应和引领经济社会转型发展能力较弱。

扛起教育科研的时代责任。教育科研作为教育事业的重要组成部分，对教育改革发展和人才培养具有重要支撑、驱动和引领作用。要以习近平总书记关于教育的重要论述为指导，围绕解决"培养什么人、怎样培养人、为谁培养人"根本问题和落实立德树人根本任务，全面贯彻党的教育方针，充分组织各级教育科研机构、各级各类学校教育科研组织和群众性教育学术团体聚焦发力，构建新型教育智库和教育科研工作体系。以深化教育改革、提升教育公平、提高教育质量、加快教育现代化、办好人民满意的教育为主线，助力建设高质量教育体系，产生新思想、研制新政策、形成新动能、指导新实践，使新型教育智库体系成为教育新理念新思想新理论产生的策源地、教育人才队伍专业发展的助推器、培养模式教学方式创新的设计者、教育全域要素变革的导航仪。

二、新时代教育科研工作担负的关键任务

立足国家战略部署开展教育科研工作。切实树立系统观、全局观、战略观，把党中央、国务院关于教育改革发展和人才培养的系列部署转化落实好，对标习近平总书记对广东的重要讲话、重要指示精神和《粤港澳大湾区发展规划纲要》《关于支持深圳建设中国特色社会主义先行示范区的意见》等相关要求，贯彻新发展理念，在深化教育体制机制改革、推动教育高质量发展、牵动大湾区教育合作发展、参与"一带一路"教育行动上开展创新研究，契合党和国家事业发展需要。

配合构建"一核一带一区"区域发展格局开展教育科研工作。构建"一核一带一区"区域发展格局，深入实施科教兴粤、人才强省、创新驱动发展、区域协调发展、乡村振兴等重大战略，必将对教育布局结构、制度规范、学科专业、课程教材、培养方式、督导评估等提出新挑战。要综合研判政治、经济、科技、人口等影响因素的发展趋势及其对教育改革发展的要求，扎实开展战略性、前瞻性、创新性、针对性、操作性教育政策研究及行动方案设计，更好服务全省及各区域教育布局结构、类型结构、层次结

构调整优化和教育改革发展资源开发利用,更好满足经济社会高质量发展对人才培养的要求和人民群众对美好生活的向往。

面向2035年教育现代化开展教育科研工作。聚焦制约面向2035年教育现代化的理念、制度、资源、手段等思想障碍与条件约束,以创造性思维和创新性举措为建立健全德智体美劳全面发展的培养体系、教师发展体系、教育督导评价体系、教育投入保障体系等提供智力支持,同时面向全社会宣扬正确教育理念、普及科学教育方法,助力教育高质量发展、特色化发展、信息化发展、国际化发展。

总览世界教育改革发展态势开展教育科研工作。当今世界正经历百年未有之大变局,新一轮科技革命和产业变革深入发展,国际教育理念、教育内容、教育渠道、教育手段、教育方法、教育形态持续更新迭代。要把握世界教育改革发展和人才培养新变化,将世界发达国家和地区教育改革发展与人才培养的经验做法借鉴转化为我们教育改革发展与人才培养的政策、制度、课程和教案,服务扎根中国大地、广东大地办世界一流教育,同时要助力参与"一带一路"教育行动和全球教育治理,提升国际影响力。

三、构建新时代教育科研工作体系的着力点

着力加强教育科研工作党的建设。要切实增强"四个意识"、坚定"四个自信"、做到"两个维护",提高政治站位、强化使命担当,不折不扣贯彻党中央的决策部署,不折不扣落实总书记关于教育的重要论述。全面贯彻党的教育方针,以高水平教育科研成果助推教育改革发展,助力培养担当民族复兴大任的时代新人。不断提高教育科研人员的政治觉悟、专业素养,确保政治安全、意识形态安全。

着力加强教育科研机构体系建设。要建立健全省、地级以上市、县(市、区)教育科研或教研机构和学校教育科研组织,鼓励规范建立群众性教育学术团体,在全省形成全面覆盖、立体贯通、分工明确、协调创新的教育智库体系。明晰各级教育科研机构、学校教育科研组织和群众性教育学术团体的职能职责,在服务学校教育改革、服务教师专业发展、服务学生成长成才、服务教育管理决策上各司其职各负其责,共同丰富发展中国特色社会主义教育理论体系、教育科学体系、教育实践体系。

着力加强教育科研队伍建设。要根据教育事业发展需要，合理核定教育科研机构编制。优化教育科研队伍结构，激发教育科研人员创造活力，提高教育科研服务水平。充分调动各级各类学校教师开展教育教学研究的积极性、主动性，鼓励围绕深化教学改革、提高教学水平、促进学生健康成长成才开展研究。建立健全教育科研人员培养培训体系，提高培养培训质量和水平。

着力加强教育科研投入保障机制建设。要制度性地将教育科研投入纳入教育投入总盘子，在制订教育发展规划时把教育科研作为一项重要内容，在安排教育经费预算时设专门教育科研经费并保证逐年增加。同时，建立教育科研经费多元筹措机制，吸引行业企业和社会组织支持教育科研。

新时代基础教育教研体系建设研究*

——基于广东基础教育教研现状

教研工作是保障和提高基础教育质量的重要支撑，在推进课程改革、指导教学实践、促进教师发展、服务教育决策等方面发挥着重要作用。党的十九大强调"建设教育强国是中华民族伟大复兴的基础工程"，而教育强国的基础工程是基础教育高质量发展。进入新时代，为了深化基础教育教学改革，全面提高基础教育质量，教育部于2019年11月印发《关于加强和改进新时代基础教育教研工作的意见》[1]（以下简称"教育部文件"），就着力解决教研工作存在的机构体系不完善、教研队伍不健全、教研方式不科学、条件保障不到位等问题提出明确要求。广东省教育厅于2020年5月印发《关于建立健全新时代基础教育教研体系的实施意见》[2]（以下简称"教育厅文件"），对健全教研机构及其职能、加强教研队伍建设、落实教研主要任务、创新教研工作机制、创新教研实践样态、构建教研开放合作新格局、完善教研保障措施等提出切实可行的操作要求。为更好贯彻落实教育部、省教育厅文件，广东省教育研究院把教研机构、教研队伍、教研经费作为建立健全新时代基础教育教研体系的关键元素、基本前提和重要基础，于2020年5月组织开展全省基础教育教研体系建设情况调查。基于本次调查，在全面了解全省基础教育教研体系现状，把握存在的主要问题的基础上，对建立健全新时代基础教育教研体系并加强基础教育教研督导评估工作提出对策建议。

一、广东基础教育教研体系基本状况

教研机构、教研队伍、教研经费对于广东这样一个基础教育发展很不平衡很不充分、亟需推动区域城乡基础教育高质量发展的省份来说具有特别意义，建立健全新时代

---

* 本文作者汤贞敏、张林静、曾令鹏，原发表于2021年第2期《教育导刊》（广州市教育研究院主办）。

基础教育教研体系，必须首先全面把握其基本状况。

(一) 教研机构设置情况

截至2020年5月31日，广东省有省、地级以上市、县（市、区）教研机构157个，其中省级1个、地级以上市21个、建制县（市、区）122个、非建制区13个。157个教研机构中独立设置的法人机构36个、教育行政部门内设机构52个、教育研究机构内设机构29个、教师发展中心内设机构37个、委托上级教研机构设立分支机构1个，未明确设置教研机构2个。

(二) 教研队伍配备情况

本次调查对专职教研员身份进行了认定，具体包括教研机构领导、学科专职教研员、未担任专职学科教研工作的综合性工作人员和学前教育、特殊教育、心理健康教育等专门教育教研员。在编不在岗、被其他部门借用借调或到其他单位任职或挂职的，在岗不在编、从其他单位借用借调的，在岗兼职的，在编在岗但不从事教研工作的，在教研机构中做辅助工作的人事、财务、后勤人员等，均不作为专职教研员。

根据调查结果，全省共有在编在岗专职教研员2308人（不包括非建制区），其中省级26人、市级470人、县级1812人。教研员队伍整体职称高、专业能力强、具有丰富的教学和教研工作经验，具有中级以上教师专业技术职称的占96.4%，其中具有正高级职称的占5.2%、具有副高级职称的占67.5%，特级教师121名。绝大多数教研员有丰富的一线教学经验，满足教育部文件要求具有"6年以上教学工作经历"条件的占94.8%。教研员队伍在不断更新，担任教研员年限在5年以上的约占76%，担任教研员年限以5年为一段，各段比例分布比较合理。从区域分布上看，珠三角地区市、县（市、区）普遍好于粤东、粤西、粤北地区市、县（市、区）；从层级分布上看，市级配备情况好于县级；从学段分布上看，教研员占比高中高于初中、初中高于小学；从学科分布上看，语文教研员388人，占比最高，约为16.8%，其次是数学、英语教研员分别约占14.0%、10.7%，思政、物理、化学、信息技术教研员分别约占8.9%、6.3%、5.7%、5.2%，其他学科教研员占比均不足5%。大多数教研员能做到学科专任。广东省基础教育教研队伍基本情况见表1。

(三)教研经费投入情况

以2019年数据统计,全省当年教研经费总支出约为40589.6万元(需要说明的是,部分教研机构的统计口径宽泛,把其所在单位的经费支出也统计进来,实质上真正属于教研机构本身的经费支出比这一统计结果要少得多),其中省级1243.2万元、市级8364.9万元、县级30981.5万元(共有123个县、市、区报送2019年教研经费预算和支出情况);市级平均398.3万元,县级平均251.9万元。各级教研机构的经费来源以本级教育事业经费投入为主。

二、广东基础教育教研体系建设面临的主要问题

目前,广东基础教育教研体系在机构建设、队伍配备、经费投入上要全面落实教育部、省教育厅文件精神,加快适应党的十九届五中全会提出的"建设高质量教育体系",深化基础教育教学改革,全面提高基础教育质量的要求,亟需破解存在的主要问题和面临的严峻挑战。

(一)教研机构存在的主要问题

1. 教研机构行政级别与隶属机构不统一。同一级教研机构的行政级别多种多样,参差不齐。教研机构隶属关系也很不相同,有的是独立法人单位,有的是教育行政部门内设机构,有的是教师发展中心内设机构,有的是教育科研院所内设机构,业务归口不统一、职能职责定位不清晰。调查中发现,部分县(市、区)教研机构在机构改革中并入教师发展中心后,不能独立开展工作,学校不认可其业务指导作用,难以根据基础教育改革发展需要深入学校、课堂,严重影响了区域教研工作的有效开展和学校教学质量的提高。

表1 广东省基础教育教研队伍基本情况

	类别	人数	百分比		类别	人数	百分比
职称	正高	121	5.2	学科	语文	388	16.8
	副高	1557	67.5		数学	341	14.8

续表

	类别	人数	百分比		类别	人数	百分比
职称	中级	546	23.7	学科	英语	293	12.7
	初级	74	3.2		思政	205	8.9
	无	10	0.4		音乐	90	3.9
学历	高中专科	67	2.9		美术	76	3.3
	本科	2013	87.2		体育与健康	74	3.2
	研究生	225	9.7		科学	44	1.9
	未填写	2	0.1		物理	145	6.3
学位	无	95	4.1		化学	131	5.7
	学士	1802	78.1		生物学	106	4.6
	硕士	392	17.0		历史	106	4.6
	博士	19	0.8		地理	94	4.1
学段	小学	935	40.5		信息技术	119	5.2
	初中	1252	54.2		综合实践活动	44	1.9
	高中	1318	57.1		通用技术	24	1.0
特级教师	否	2187	94.8		劳动	0	0.0
	是	121	5.2		其他	41	1.8
中小学从教年限	未填写	9	0.4	担任教研员年限	未填写	2	0.1
	6年及以下	121	5.2		5年及以下	565	24.5
	7—10年	287	12.4		6—10年	464	20.1
	11—15年	460	19.9		11—15年	529	22.9
	16—20年	492	21.3		16—20年	424	18.4
	21—25年	370	16.0		21—25年	218	9.4
	26—30年	285	12.3		26—30年	83	3.6
	30年以上	274	11.9		30年以上	23	1.0

续表

类别		人数	百分比	类别	人数	百分比
专门教育	学前教育	57	36	省级	26	1.1
	特殊教育	19	12	市级	470	20.4
	心理健康教育	27	17	县级	1812	78.5
全省专职教研员总数				2308		

备注：1. 学前教育、特殊教育、心理健康教育教研员以1人/教研机构计算，其百分比是有配备的教研机构占教研机构总数的比例；
  2. 为了表述方便，义务教育的道德与法治、高中的思想政治统一用"思政"来代替，表2的"学科配齐（20）"栏也是这样。

2. 教研机构编制严重不足且有些编制被其他部门占用。按照教育部文件"省、市、县三级教研机构按照国家课程方案配齐所有学科专职教研员，有条件的地方应分学段配齐所有学科专职教研员"，以及教育厅文件"省、地级以上市和有条件的县（市、区）教研机构应按学段配齐配强所有学科（含学前教育、特殊教育、心理健康教育等专门教育）专职教研员"的要求，如果按照"学科配齐"标准，则每个教研机构至少应配备专职教研员20名；如果按照"学科学段配齐配强"标准，则每个教研机构应配备专职教研员43名（详见表2）。全省教研机构现有教研员编制4168名，其中部分教研机构填报的是其所在单位的编制数量而不是教研员岗位的编制数量，因此这一数据要大于实际情况。全省已达到"学科配齐"的基本要求，但距离"学科学段配齐配强"的要求还差2024名。我们在数据统计中还发现，在有限的教研员编制中，部分地方还存在教研员编制被教育局其他部门长期占用的情况，导致在编不在岗的现象长期存在，加剧了教研专业力量的不足这一现象。

表2 基础教育各学段学科教研员配备标准

学段	学科学段配齐配强（43）	学科配齐（20）
小学	语文、数学、英语、道德与法治、科学、信息技术、综合实践活动、音乐、体育与健康、美术共10个学科	语文、数学、英语、音乐、体育与健康、美术、物理、化学、生物学、历史、地理、思政、信息技术、通用技术、劳动、综合实践活动、科学，共17个学科

续表

学段	学科学段配齐配强（43）	学科配齐（20）
初中	语文、数学、英语、道德与法治、物理、化学、生物学、历史、地理、信息技术、综合实践活动、音乐、体育与健康、美术共14个学科	语文、数学、英语、音乐、体育与健康、美术、物理、化学、生物学、历史、地理、思政、信息技术、通用技术、劳动、综合实践活动、科学，共17个学科
高中	语文、数学、英语、思想政治、物理、化学、生物学、历史、地理、信息技术、通用技术、综合实践活动、劳动、音乐、体育与健康、美术共16个学科	
专门教育	学前教育、特殊教育、心理健康教育共3个专门教育	

（二）教研队伍建设存在的主要问题

1. 教研队伍数量严重不足。调查数据显示，全省144个建制县级以上教研机构实有教研员2308名。按照"学科配齐"标准，全省应配备教研员2880名，现缺额572名；按照"学科学段配齐配强"标准，全省应配备教研员6192名，现缺额3884名。全省达到"学科学段配齐配强"标准的教研机构仅8个，介于"学科学段配齐配强"和"学科配齐"标准之间的27个，而未达到"学科配齐"标准的高达108个。县级教研机构特别是非珠三角地区县级教研机构力量最为薄弱，达不到"学科配齐"标准的大多数集中在非珠三角地区，教研员数量不足10人的多达44个，占全部教研机构数量的30%。实有教研员数量与"按照国家课程方案配齐所有学科专职教研员"的要求还有较大差距，严重制约区域课程教学改革、教学质量诊断与改进、教师专业发展、教学水平提升，阻碍国家课程全面有效的实施和基础教育质量的突破。

2. 教研员学段间配备不均衡，跨学段兼任现象普遍。全省县级教研机构的高中、初中、小学三个学段教研员配备数量均未达到学科配全的标准，平均高中8.1人/县、初中7.9人/县、小学6.3人/县。各学科均未达到学段配齐的标准，其中有12个学科未达到1人/科的标准，具体为音乐、美术、体育与健康、信息技术、综合实践活动、科学、物理、化学、历史、地理、生物学、通用技术。主要学科教研员虽能做到学科专任，但跨学段兼任的情况约占40%，其中兼任两个学段的约占28%、兼任三个学段的约占12%。专门教育教研员缺口巨大，仅有35%、12%、17%的教研机构配备了学前教育、特殊教育、心理健康教育教研员。

3．存在教研员老化、专业发展缺乏活力等情况。部分教研机构缺乏退出机制，不适合从事教研工作的人员难以转化安排。教研员变成终身职业，由此带来人员老化，队伍梯队建设与年龄结构性调整需加大力度。部分教研员思想、知识老化，难以充分发挥对一线教学、教研的有效指导作用。在课程与教学不断改革发展的背景下，部分教研员迎接新事物、研究新技术新方法的主观能动性下降，在指导区域课程教学改革、智慧课堂、人工智能教育等方面显得力不从心。

4．教研员专业发展与评估机制欠缺。教研员是教师的教师，但在整体教师队伍中，教研员的专业发展平台不多；有些教研员直接来自高校应届毕业生，基础教育教学、教研经验不足；教研员研修缺乏系统性、制度化、全覆盖。现有面向教育系统的各类晋升、评优、奖先，教研队伍是个容易被忽视的群体；中小学教师系列职称评聘政策向学校一线教师倾斜，教研机构不被当成一线，指标受到严格限制。部分教研员受教育行政部门指派的非业务工作任务过多，较大程度分散了教研员的时间和精力，削弱了教研工作的专注性、连续性及其效果。

（三）教研经费投入存在的主要问题

1．教研经费未全部纳入教育事业预算。教育部文件要求"各级教育行政部门要把教研工作经费纳入本级教育事业经费预算"，调查发现，有1/2的地级市、1/2的县（市、区）教研经费虽部分纳入本级教育事业预算但金额有限，15%的县（市、区）无教研专项经费，严重影响教研工作开展，直接制约教研效能和教育教学质量提升。

2．教研经费区域间差距巨大。2019年市级教研经费支出居前五位的均在珠三角地区，且其他地市与之相比差距悬殊，排名第1位的经费支出数额是排名第6至21位经费支出数额的总和。县级教研机构间教研经费差距也十分悬殊，预算超过1000万元的有7个且均在珠三角地区，而50万元以下的有58个、约占全省的1/2，其中甚至有16个在10万元以下。

三、加快建立健全新时代广东基础教育教研体系的对策建议

为充分发挥教研推进基础教育课程改革、指导教学实践、促进教师发展、服务教育决策的功能作用,贯彻落实国家课程方案、开发地方与校本课程、开展教学改革实验、组织教学研究、实施教学诊断与改进、开发课程教学资源、培育推广优秀教学成果、为教育管理决策提供服务等任务,更好更有力地支撑基础教育高质量发展,应当加快建立健全新时代基础教育教研体系。

(一)大力加强教研机构建设

1. 建立健全教研机构。各级政府要把加强教研机构建设列入履行教育职责考核范围,将建立健全教研机构作为推动基础教育高质量发展的重要工作任务。有条件的地方应独立设置教研机构,充分发挥其研究、转化、指导功能;已经完成机构整合的教师发展中心,要突出教研业务板块,使之在业务工作中相对独立,成为诸多业务中最重要的业务。尚未建立教研机构的非建制区和不设县的地级市所辖各镇应建立教研机构。要按照教研机构功能定位和编制保证其办公场地,完善设施设备。

2. 增加教研机构编制数量。各级教育行政部门、编制部门要按照教育部印发的中小学课程方案和教育部及省教育厅相关文件要求配备足够的教研机构编制,力求达到43名的"学科学段配齐配全"要求,使各学科各学段和各专门教育均配有高素质专职教研员;确有困难的可先达到"学科配齐",然后在不太长的时间里达到"学科学段配齐配强"。要充分兑现已有的编制数,同时从中小学总编制数中调剂补齐教研员"学科学段配齐配强"编制数。

3. 从根本上解决教研机构在编不在岗的现象。各级教育行政部门要严格执行机构编制要求,切实保障专职教研员编制真正全部用于教研员岗位,着力解决教研员编制被其他部门长期占用、在编不在岗或者长期混岗等问题,同时也解决从基层学校长期借用、借调在岗不在编教研员问题。

4. 强化教研机构定位和职能职责。各级政府及教育行政部门要加强对教研机构的定位和职能职责的正确认识,充分发挥教研机构在服务学校教育教学、服务教师专业成

长、服务学生全面发展、服务教育管理决策等方面的支撑作用,创造条件充分保障教研机构和教研员全面履职尽责。

(二)大力加强教研队伍建设

1. 建立健全教研员准入、转换与退出机制。要严格教研员准入制度,把好入口关,按照准入条件完善教研员遴选配备办法,选拔政治素质过硬、职业道德良好、教育观念先进、教学经验丰富、教学成绩优异、教研能力出色、擅长组织沟通、富有团队协作精神的教师进入教研队伍。探索制定《基础教育教研员专业标准》,对标打造一支高素质专业化创新型教研队伍,建设一批能带动基础教育教学科学改革、高质量发展的卓越教研团队。激发教研队伍活力,优化教研队伍结构,兼顾年龄、学科、学历学位、性别、职称、工作经验等因素,让教研队伍结构优化,充满生机活力。对教研员尝试定期换岗制度,通过到学校任教或从事学校管理工作,让教研员既懂教学又通管理,既善教学又长研究,既能个体优秀又能带领团队,既能保证个人发展又能促进区域整体进步。强化教研队伍管理,要强化激励与规制,充分调动全体教研员迎接新理念、新内容、新技术、新方法的主观能动性,更好适应教育改革和发展需求,有效指导教学、教研创新,助力基础教育高质量发展。

2. 优化教研队伍专业发展机制。要健全教研员研修制度,常态化、普及化、高端化、多样化开展省级与国家级教研队伍研修活动,将其纳入教师国培、省培计划,促进教研员专业成长。着重推进县级教研员能力建设,搭建省级、地级以上市高水平学术交流平台,实施县级教研员能力提升项目,为县级特别是粤东西北地区县级教研员专业成长创造更多条件。加强机构间的协作交流,促进教研机构与全国一流教科院(所、室)、高校、中小学(幼儿园)合作,通过举办专题讲座、专题研讨会、工作坊和跟岗锻炼、访学进修、合作课题研究等形式,促进教研员业务知识更新、专业技能提升、综合素养发展。构建学习型教科研组织,支持教研员开展重大项目研究,支持教研员申报各级各类教育教学成果奖、教育教学研究奖。

3. 完善教研员待遇保障机制。要改进激励机制,对适用的教研员,可选拔到教育行政部门或学校领导岗位。教师队伍晋升、评优、评奖要把教研员纳入其中,使教研员有机会获得各级各类荣誉。教研员是从教师队伍中选拔出来的优秀人才，教研员应该与中小学教师享受同等的职称晋升机会，要完善职称评聘机制，大幅提高教研机构高级职称占比。要明确教研员职能定位，尊重教研工作的独立性和专业性，减少非专业性事务工作，确保教研人员有足够的时间和精力去完成本职工作。要按广东省教育厅等4部门2017年下发的《关于推进县级教师发展中心建设的意见》[3]文件精神，落实和改善县（市、区）特别是粤东、粤西、粤北地区专职教研员待遇，出台兼职教研员管理办法，对聘用条件、培训、待遇等均作出明确规定。

4. 推行教研工作下沉机制。要建立教研员业务与学校教学、教研一线紧密结合的工作机制，推动教研工作重心下移，促进教研员深入学校、课堂、教师、学生之中，做到熟悉课程、教材、教法、评价，了解学校、教师、学生所需，将教研工作深植于学校教育教学改革发展。要重视学科教研组建设，健全学科教研组作为集教学、科研、管理于一体的基本单元，使教研组直接促进学科建设、课程改革和教师专业发展。推行县级建立由专职教研员牵头，兼职教研员、备课组教师等组成的扁平化教研工作格局。要强化校本教研，立足学校实际，以实施新课程新教材、探索新方法新技术、提高教师专业发展能力为重点，着力增强教学设计的整体性、系统化，不断提高基于课程标准的教学水平。学校要健全校本教研制度，开展经常性教研活动，充分发挥教研组、备课组、年级组在研究学生学习、改进教学方法、优化作业设计、解决教学问题、指导家庭教育等方面的作用。

（三）大力加强教研经费投入

1. 着力加强教研经费投入。各级教育行政部门要把教研工作经费纳入本级教育事业经费预算，保障教研经费随教育事业的发展而逐步增加，确保教研机构日常运转和各学科教研活动特别是开展重要教研课题研究的经费需要。教育督导评估要把"确保教研经费投入"与"建立健全教研机构""建立健全教研队伍"一并作为地方政府履行教育职责的重要内容，作为是否真正重视教研工作、是否推动落实基础教育高质量发展的必要指标来衡量。

2. 切实优化教研经费支出结构。从经费结构来看，目前教研仍以培训、考试评价等传统教研方式投入为主，课题或项目研究的投入较少，亟需推动教研工作从经验型向科学型转变，建立起基于问题、基于数据、基于事实的教研新范式。为此，需要充分重视课题或项目研究并加大投入，还要对学校开展教研工作给予适当经费支持，助力基础教育教研创新发展、科学发展、高质量发展。

3. 积极加大教研资源协作力度。珠三角地区聚集了较多的优质教研智力资源，获得了大量的教研投入，要鼓励其主动承担更多任务，充分发挥示范引领作用，积极把人才资源、优秀成果、成功经验辐射推广到粤东、粤西、粤北地区。针对区域间、城乡间教研实力、教研水平差异，要加大线上优质教研资源开发投入力度，运用信息技术手段促进区域、城乡间经常性的课例研磨、学科研讨、课题研究、教学资源研发，加快实现全省优质教研资源共建共享，引领构建高质量基础教育体系。要转变师范类高校、师范类专业发展方向，更多地与基础教育一线紧密相连，建立学科专业改革、人才培养模式创新、教育科研成果转化应用命运共同体。鼓励支持建立各级学术性、公益性、群众性基础教育学术团体，凝聚广大教师投身于繁荣发展基础教育科学体系、理论体系、实践体系。

参考文献

［1］教育部. 关于加强和改进新时代基础教育教研工作的意见［EB/OL］.（2019-11-25）［2023-05-25］. http://www.moe.gov.cn/srcsite/A06/s3321/201911/t20191128_409950.html?eqid=c2240d1d000014e0000000066438c7ad.

［2］广东省教育厅. 关于建立健全新时代基础教育教研体系的实施意见［EB/OL］.（2020-06-01）［2023-05-25］. http://edu.gd.gov.cn/zwgknew/gsgg/content/post_3429329.html.

［3］广东省教育厅，广东省机构编制委员会办公室，广东省人力资源和社会保障厅，广东省财政厅. 关于推进县级教师发展中心建设的意见［EB/OL］.（2017-12-29）［2023-05-25］. http://edu.gd.gov.cn/gkmlpt/content/2/2102/post_2102245.html#1621.

基础教育教师教研：机理及其优化 *

基础教育教研制度是我国基础教育制度的重要组成部分，一直引领我国基础教育教师专业发展、课程改革、教材建设、课堂教学、评价创新和质量提升。2019年11月，教育部根据新时代基础教育高质量发展要求，出台《关于加强和改进新时代基础教育教研工作的意见》，标志着国家、省、地市、县、校五级教研体制走向健全和完善，教研组织作为推进基础教育高质量发展的支撑力量更为凸显。但由于传统教研模式的局限，教师理论转化能力较弱、后劲不足以及跨界教研尚不成熟等外在和内在因素的影响与制约，[1]教研的创新及其引领作用的发挥仍面临诸多需要突破的矛盾与问题。

一、问题提出

随着基础教育综合改革向纵深推进，基础教育环境持续改善，教师职业吸引力和竞争力明显增强，师资力量不断优化。为提供更高质量和更加公平的教育，推进教师教育教学理念更新与教学实践改进成为当今基础教育改革发展的重要研究课题。[2]对于教师发展，世界各国都有自己的促进模式与机制，如芬兰的合作行动计划、日本的课例研究、澳大利亚的校本培训模式等。我国70年的教研体系是基础教育教师专业发展的制度支持，是中国特色教师专业发展促进体系。[3]这十几年，我国在国际学生评估项目（PISA）中取得优异成绩，有赖于高质量的教育，核心在于有高质量的教师队伍，而高质量的教师队伍得益于协同联动的教师教研体制。同时，经济合作与发展组织（OECD）教师教学国际调查（TALIS）结果也显示出我国教师在专业发展方面的优势，教师教研参与率高、活动类型多，[4]体现出我国教师专业发展的制度优势。

1952年，教育部印发《中学暂行规程（草案）》《小学暂行规程（草案）》，推

---

* 本文作者汤建静、汤贞敏，原发表于2022年第8期全国中文核心期刊《当代教育科学》（山东省教育科学研究院主办）。

动成立教研组,以优化教学内容、改进教学方式方法为主要任务。1954年,教育部印发的《关于全国中学教育会议的报告》提出建立教研室,负责教学研究与教师发展问题。1990年,国家教委印发《关于改进和加强教学研究室工作的若干意见》,指导设立省、地市、县教研室,明确各级教研室职责。2019年,教育部印发《关于加强和改进新时代基础教育教研工作的意见》,推进国家、省、地市、县、校五级教研体制健全完善。70年来,教研工作从以优化教学内容、改进教学方式方法为主要任务拓宽为改进教学方式、推进课程改革、深化素质教育、服务教育教学决策。教研功能的调整和完善折射出基础教育改革的纵深逻辑,回应了新时代基础教育教师适应新形势新任务新要求的需要。这给我们提出了加强对新时代基础教育教师教研的关注与研究的命题。以往关于教师教研的研究有些采取的是自上而下的视角,关注教研机构的职能与建设;有些采取的是自下而上的视角,关注的是教研的"校本"定位与实践,这些研究虽然关注到教研对教师学习的积极影响,但鲜有探讨教研过程中教师群体的互动及学习是如何发生的,以及教研如何促进教师群体的发展,教师如何借助教研对外来的变革性实践的意义进行重构,教师发展与教研组织如何做到双向形塑等。基于此,本研究着重解决以下问题:教师是如何通过教研共同体促进自身与成员以及共同体发展的呢?借助案例研究与情境学习理论框架,研究探索学校教研制度下教师如何进行学习、交流与协同,理解教师与教师、教师与教研共同体的交互影响,为传统的教研模式提供反思的契机,展望教师教研机理优化,探索构建新时代教研制度支持性机制。

二、情境学习理论作为解释框架的适切性

情境学习理论(Situated Learning Theory)由琼·莱夫(Jean Lave)、艾蒂纳·温格(Etienne Wenger)于1991年提出。情境学习理论提出四个关键概念:社会实践与社会世界(lived-in-world—the world as it is experienced in social practice);合法的边缘性参与(legitimate peripheral participation);实践共同体(community of practice);学习课程(learning curriculum)。[5]该理论关注学习者参与社会世界的学习以及有关的社会实践,关注实践共同体成员之间的互动与联结和成员不同程度的学习过程及其身份建构,

包括不参与者、边缘性参与者和充分参与者。[6]学习者共享的观念以及观念下转化的实践构成了学习课程的内容。学习课程是实践共同体的特征，随着共同体职能的转变，新目标、新任务不断生成，形成一个动态开放的体系。[6]

这一理论通过内化、身份建构和实践共同体界定学习，认为学习嵌入在实践、情境和文化中，受到学习者的参与程度以及与其他学习者关系的影响，[6]被广泛运用于社会学、心理学、管理学等研究领域；认为学习是个人层面、人际层面、共同体层面相互作用的结果，既有个人认知的改变，又有合作建构知识的产生，同时还包含了共同体共享的文化和身份的产生。[7]该理论揭示出实践共同体为学习者的学习提供一个强有力的体制机制，与专家、同侪一起协作是促进学习的有效路径，[5]把学习看作是社会互动的过程，学习即实践参与，[8]学习者与其"实践共同体"之间、学习者之间的交互方式是分析学习的基本单元。

迄今为止，情境学习理论视域下的研究方兴未艾，以其为理论依据进行的各种实践共同体剖析及优化研究丰富多彩，在西方广泛运用于教师培训、在线学习、职业发展等方面。20世纪90年代末，我国借鉴美国经验，开始情境学习理论的本土化探索，运用该理论深化对教师培训的认识以解决教师培训相关问题，同时将该理论引进课堂教学分析，以优化教学策略，促进了本土教育理论与实践的革新。近年来，随着对情境学习理论研究与实践探索的深入，以情境学习理论为视角的研究成果逐渐增多，涉及各级各类教育实践，大体可以分为两大类：一是对该理论的形成和发展过程进行阐述，起到对该理论引进与评介的作用；二是基于该理论进行本土化分析如教师培训、教学模式改革、教育教学制度与环境创新等，此类研究与实践占大多数。

产生于西方的情境学习理论，能够为提炼"中国教研经验"提供新视角与理论工具，因为其"实践共同体""参与""合作"等关键概念有助于省思中国基础教育体系下的"向伙伴学习，与伙伴一起学习"的教研文化，可以借助"学习课程"梳理学校教师教研制度及其实践模式，也可以借助"实践共同体"与"合法的边缘性参与"分析教师教研共同体建设。以往对教师教研及教师专业发展的探索主要基于学习型组织理论、社会互动理论、学科教学知识（PCK）理论等，而作为人类学视野下的情境学习理论，可以为教师教研及教师专业发展提供一个独特的视角，管窥教师学习如何发生在实践共同体中，更好理解教研一线的"实践理论"，把理论研究与教师实践经验贯穿起来，为存在问题及其成因提供解释并寻找解决问题的突破口。这将有助于我国教研制度在推进新时代基础教育教师队伍建设改革和基础教育高质量发展中发挥更大作用。

三、研究设计与研究发现

（一）研究设计

1. 研究对象与数据获取。在方法论层面，本文采用质的研究方法，捕捉基础教育教师在工作情境中的行为与思考。在具体的研究方法上，采用个别访谈、焦点团体访谈、参与式观察等获取一手资料，把相关文献作为二手资料。在间接获取并研究分析广东省有关区域中小学教师教研状况资料的基础上，选取广州市6所小学为研究对象（传统意义上的2所省一级学校、2所普通学校、2所薄弱学校），于2020年10—12月间，访谈了6位教学副校长、18位教研组长、24位学科教师，了解教研场域的意义以及教师的教研实践。同时，开展为期3个月的实地考察和参与式观察，在听课和参加教师教研活动中观察教师不同程度的学习以及教研过程中教师角色的变化。收集资料的过程涉及预调研、改进研究工具（访谈提纲和观察提纲）、目的性抽样、资料收集与资料分析。这些环节并非线性逐次完成，而是一个互动、相互渗透的过程，访谈的问题与观察的要点基于上一次访谈与观察作相应的完善，最终形成16份文本资料、30份访谈资料和18份观察记录。

2. 数据分析及解释框架。针对16份文本资料、30份访谈资料、18份观察记录，运用NVivo 12.0质性分析工具进行整理、归纳和分析，借助情境学习理论关键概念（社会实践与社会世界、学习课程、合法的边缘性参与、实践共同体等）作为编码、归类的初步框架。最后，从数据中形成三个主题，即教师教研环境的复杂性：引力与张力；教师教研的互动性：从校内到校外教研的多元连接；教师多层次参与下的教研共同体建设：教师角色的不断调整与共同体的不断发展（详见表1）。这三个主题回应了"教师是如何通过教研共同体促进自身与成员以及共同体的发展"这一问题，从而为优化新时代基础教育教师教研机理提供基础。

表1 数据（包括访谈、观察、文献资料）编码表

研究问题（核心编码）	指导编码的理论框架（情境学习理论的关键概念）	主轴编码	类属编码
教师与教师、教师与教研共同体的交互影响（教师是如何通过教研共同体促进自身与成员以及共同体发展的呢？）	社会实践与社会世界	教师教研环境的复杂性：引力与张力	1. 基础教育改革 2. 教研员等教师领导、同伴 存在问题：教师面临课程改革理念与实践间的张力，仍"穿旧鞋"走新路，需要提升教师的个性化学习与深度学习。同时，教育行政部门"谋局"、学校"谋事"，形成促进教师教研多元交互支持网格
	学习课程（学习者共享的观念以及观念下转化的实践）	教师教研的互动性：从校内到校外教研的多元连接	1. 校本教研（教研组、备课组以及非正式的办公室教研） 2. "名工作室"教研（名校长、名教师、名班主任工作室教研） 3. 跨界教研（区域教研、教研机构与中小学合作等） 存在问题：部分教研合作效果不够理想，有的行政安排占据了教研较多的时间，有的教师没有充分投入教研中，呈现"走流程"的局面。教研形式不断丰富，但教研的质量仍然参差不齐，需要推进有效合作，促进教研内涵式发展是教研提质增效的重要追求
	合法的边缘性参与实践共同体	教师多层次参与下的教研共同体建设：教师角色的不断调整与共同体的不断发展	1. 教师的不同层次参与：观察参与、积极介入、核心介入 2. 随着教师专业成长，"外围性和边缘化"减少，"积极介入"与"充分参与"增多 3. 教研共同体"经验主导"向"实证与经验相辅"转变 存在问题：教师教研主要基于经验的多层次参与是常态，需要提升教师理论素养与理论转化为实践的能力

（二）研究发现

1. 教师教研环境的复杂性：引力与张力。教师教研环境的复杂性体现在各种力量的交织上，主要包括基础教育课程改革、重要他人作为教师教研的引力，以及教师的课程改革理念与实践间的张力。基础教育课程改革激发了教师教研的"内生性"力量，改革的深化成为教研转型的引力，也为巩固其转型提供外围支持力量。现阶段，基础教育改革的重点已从"有学上"转向了"上好学"，提供高质量的教育成为新时代基础教育改革进入"深水区"后的重大机遇与挑战，特别是应对智能化社会，需要推动从"知识与学习的量"到"知识与学习的质"的转化，推进教育内涵式发展，提升教育优质性与公平性。同时，自2014年教育部印发《关于全面深化课程改革 落实立德树人根本任务的意见》以来，提升学生核心素养成为基础教育改革发展的关键点和新抓手，对教师教研能力和专业发展提出了新要求。全面贯彻党的教育方针和不断深化课程改革，需要一种"往前看"、随改革深化而演化的教研范式，以更好地引领基础教育领域的教师教研。

基础教育课程改革促进了教师合作关系的巩固和提高，重要他人形成了教师教研能力发展的引力。不少教师认为其"师父"对其产生了较大的积极影响："在我们语文科组我算是新人。在这一次的人人评优课中，教研组长也是我的'师父'，她带领着整个科组从一开始和我一起备课，中间的磨课，以及到最后我完整的一堂课的呈现，都离不开她的组织和整个科组的帮忙。我'师父'会经常来听我的课，也邀请我去听她的课。"教研员等名师也是教师教研的重要影响源："我希望可以成为像陈老师这样的优秀的教研员，能够为区域教师教研作出贡献。在准备区级的公开课过程中，有幸得到她的指点。她丰富的课堂经验以及扎实的教学功底让我很佩服。她为我这堂课提出了很多建议，甚至连一句话如何说，她都会为我纠正。这个过程中收获颇丰。"教师希望充分发挥重要他人的"示范—引领—辐射"带动作用，这形成了完善且更有效的教研体系的引力。

然而，教师常常面临着课程改革理念与实践间的张力。作为"传道授业解惑"者，教师发挥作用的方式正在从学生学习的主导者向学生学习的辅助者转变，传统的"教师型""知识型"课堂也在向"素养型""知识建构型"课堂转化，教师成为学生学习过程的"参与者""脚手架"。在深化课程改革背景下，每一位教师向同伴开放自己的课堂，基于课堂教学建构教研共同体，课堂教学改革与教研共同体建设成为学校改进教学管理、提高教学效能、提升培养质量的基础。[9]教师感知到基础教育改革发展尤其是课程改革对课堂教学带来的变化，也意识到自己需要在教与学转换过程中重塑自己，认可素质教育、核心素养等理念及其教育范式转型，但不少教师对转型感到焦虑，认为转型艰难，仍"穿旧鞋"走新路。

尽管教师教研都受到基础教育改革的影响，但不同教研组的感受和应对影响的方式是不同的。在田野调查的过程中发现，省一级学校的教研组通常以课题的形式落实基础教育课程改革甚至引领学校的改革，普通学校的教研组更多在维护原有的教学模式下学习先进的理念，但实践的更新仍依靠外力（如教研员、结对子学校等）协助，薄弱学校的教研组在基础教育改革中处于"应接不暇"的状态，由于其教研组的规模较小，教师在承担较多教学、行政任务的同时疲于学习，从访谈中可以感受到教师的无力。"我觉得我们在资源分配方面，虽然政策上说均衡，可是跟城区的学校还是没法比较的。他们的教师资源很充足，开展大型活动每个人负责一点，就可以完成了，而我们只能开展小型活动，人手不足，教学、行政的任务很重，一个老师负责3—4个班级的教学，有些任务只有晚上加班了才可以完成。所以，我们有学习改进自己的想法，但有时候力不从心。很多时候我们上课真的是比较传统的那种课堂，就是把知识教给学生，一节课把这个课上完就算了。"

教师主动发展的内生张力、专业学习共同体的外助推力、教研员等带动提升的引领助力，是教师专业发展和教育质量提高的三大力量。[10]但是解决教师穿"旧鞋"走新路的问题，需要促进教师创新和丰富专业学习样态，增强教育教学问题意识与反思能力，包括教师借助教研组或备课组、课题组的研讨，以及日常、随机的校内交流等形式推进自我反思，提出问题、研究问题、解决问题，[11]也需要提升教师的个性化学习与深度学习，教师个人、教研组、教研员等共同发力，教育行政部门"谋局"、学校"谋事"，形成教师教研多元交互支持网格。

2. 教师教研的互动性：从校内到校外教研的多元连接。教师普遍认为，学习的常态是交流与互动，在交流中获得具体经验进行模仿与创新，而教研制度为此提供了交流研讨、经验分享、借鉴启发的机制性保障。随着基础教育改革深化，教师教研也从校内拓展到校外，教师教研的连接性、互动性特征日益凸显。

在日常教研中，教师有任务式的交流，如为完成上级或教研组安排的任务而展开的交流，也有自发式的交流，如群体的日常备课、磨课交流和学习进修中的主动交流。同一学科的教师通常安排在同一办公室，有助于教师的"小教研"。教研组是学校教研制度的具体化产物，是教师教研及组织化学习的基本单元，与西方的校本教师发展小组不一样，教研组不仅承担促进教师发展、教学改进、育人水平提升的功能，还承担一些行政任务，如教学计划及其任务分配、组织策划学生活动及其人员安排等事务。在学校调研中发现，有教师认为，"行政任务的安排占据了每周教研的一定时间，很多时候我们想进行探讨的教学内容却因为时间不够而匆匆结束,转为私下交流"。教研组如果以钻研课程标准和教材、改进教学和评价、提升教书育人效能为主要议题,能真正有助于促进教师专业发展、改善教育教学实践、提升教书育人水平,但如果行政事务过多地占用教研时间,就会削弱或稀释教研职能。这是新时代学校教研制度创新发展需要重视的问题。

  课程改革深化、课程类型多元化、课程内容综合化,对学校和教师都提出了更高的要求。教师日益重视参与跨界教研来丰富学习资源,更新自身知识结构,并通过校内校外教研连接,获得更大程度的专业发展。总体来说,目前教师教研呈现三种不同而又相互联系的互动形态:传统型、"名师+"型、跨界型。传统型着重教研员与学校内的教研制度,有正式与非正式的交流,以同年级、同学科形成学习圈层以及片区学校联盟的教研圈层为主,教研员、教研组长等骨干教师在教研中起到示范引领作用,协助同伴追求教学和教研卓越。"名师+"型强调名校长、名教师、名班主任工作室对教研体系的补充与丰富、引领与带动,为教师专业发展提供了新路径与新模式,促进不同学校、不同年级、不同学科教师的合作。跨界型主要是构建大学教科研机构与中小学的教师合作,通过课题引领促进教师专业发展。教研从校内拓展到校外,从学科内到跨学科、跨界,教研活动从单边向多边转化,打破了"组织僵化"的局面。然而,目前部分教研合作效果并不理想,有的行政安排占据了教研较多的时间,有的教师并没有充分投入教研中,教研形式不断丰富,但教研的质量仍然参差不齐,需要深化合作,推进教研内涵式发展。

  3. 教师多层次参与下的教研共同体建设:教师角色的不断调整与共同体的不断发展。教师是建构教研共同体的"砖瓦"。一个教师既可归属于某一个年级组、某一个学科教研组,同时也可以参与到任一个教学课题组、名师工作室等,以身份认同为基础的教研场域呈现出多层次参与的特点,其中新进教师定义自己在共同体中是"观察者"角色,熟手型教师经历了从初期模仿学习走向发展提升,逐渐从"观察参与"向"积极介入"转变;校领导、名教师、名班主任因为较强的业务能力而处在学校教育教学领导位置,凸显了其专业引领与指导作用,属于"核心介入"。教师不同程度的参与,是教师教研共同体中成员关系的呈现。对教师的访谈与观察显示,教师的专业发展主要通过专家引领、师徒结对、同伴分享与协作来实现，可概括为持续互动、逐渐成就与互相交换。教师认为，包括教学副校长、教研组长或备课组长在内的骨干教师对教研共同体建设具有主导作用。"如果教研组长在'点评课'过程中讲真话、实话而不是流于形式泛泛而谈，我们受其引领，愿意提出自己内心真实的、不同甚至是与之冲突的观点，推进有深度、有质量的对话"。作为"外部能动者"的骨干教师，也是连接教研机构、学校领导团队与教研组的桥梁纽带，能够为教师提供教改新理念、引进外部优质教研资源、推介其他学校可复制可推广的经验做法，同时向教研机构、学校反映教师存在的困难困惑及其专业发展需求，场域层次上的组织互动建构了教师的"集体理性"。

教师间的多层次参与随着相互卷入、目标协商以及资源共享而逐步发生角色调整，特别是随着"外围性和边缘化"减少，"积极介入"与"充分参与"增多，教师不断丰富问题意识，积极反思基础教育改革发展政策和标准规范的落实与自身的知识、能力、做法、经验，使自己逐步走向专业自觉、自主，进行理解与意义建构、身份建构、对模式遵守与创新、物化自身经验，更好推动专业成长，促进教师教研共同体从"经验主导"向"实证与经验相辅"转变。然而，在调研过程中，可以看到目前教师教研主要是基于经验的多层次参与，需要教师提升理论素养与理论转化为实践的能力，加快教研范式变革。[12] 未来，这主要通过对教师的赋权与增能来实现，更好更快提升教师的专业意识，让优秀教师成为引领教研创新、促进其他教师专业学习与发展的重要力量，促进更多教师自觉、自主发展。

四、讨论与启示：新时代教师教研机理优化的路向选择

通过前述梳理与分析，优化新时代基础教育教师教研机理，可以从教师教研的个体机制、交互机制、动力机制三方面加以着力。

（一）关注个体机制，提升教师的个性化学习、深度学习与有效合作

1. 提升教师"离场"个性化学习的自觉性与坚定性。基于情境学习理论视角，教师专业发展是个人层面、人际层面、共同体层面相互作用的结果。从教师个体来说，访

谈和观察发现，部分教师在教学、教研上自我反思与提升的主动性不够。因此，优化教师教研，首先要求教师既要深入教研活动进行"在场"的学习进修和分享与互动，获取共同化知识和基本经验，也要重视"离场"的个性化学习，切实反思自身的经验教训、特长优势、问题不足，坚持自主学习、主动学习，形成自己的学习需求、学习策略和学习方法，开拓个性化教研之路，促进自身教研顺利发展。

2. 改善教师深度学习的意识和方法。要重视引导教师培养问题意识，有针对性地补强弱项、拉起短板。注意教师之间的基础差异、兴趣差异，以教研主题聚焦关键问题并以此引领教师开展行动研究，设计引领性学习主题和挑战性学习任务，鼓励教师多经纬反复剖析、多方位反复研究相关问题，激发教师内在的深度学习动机，培养教情、学情和专业发展问题意识，从而自觉地主动地投入课改、教改、教研中，在不断丰富专业知识、学科知识和基本方法的同时，逐渐生成新思想、新知识、新技能、新办法，引领学生建立知识结构、运用知识解决问题，塑造主动的学习动机、善变的学习方法、高级的情感态度和正确的价值观，从而不断提升作为教师投身教育事业的真正意义。学校还应积极创设教师深度学习的支持性环境，包括创设制度保障和对话交流平台，助力教师成为高质量的学习者，提高教师专业水平和投身基础教育改革的能力。

3. 把促进教师有效合作作为教师更好学习和进步的重要途径。从收集到的16份学科教研工作计划、教学研讨安排、教研活动记录来看，教师的合作约有80%是通过备课、听课、评课的形式体现出来，剩余的以读书分享会、师徒结对、教学策略主题研究等形式呈现。学校注重推进合作型教研组织建设，推行以日常备课、公开课、课例研讨、课题研究等一系列常规教研活动促进教师合作式学习，建立教师同伴互助机制。然而，由于繁忙的教学以及诸多的事务性工作，教师的合作学习并不深入。在访谈过程中，有教研组长指出，"共同备课是促进教师专业发展的优良传统，但由于学校推行公开课常态化，大部分教师承担公开课任务，往往自己备课、完成上课任务，这就缩减了共同备课的时间，也削弱了共同备课的作用"。另外，教师部分合作流于形式、"蜻蜓点水"，部分合作随意性较大，共同的备课、观课和评课有时草草结尾，有些课题合作缺乏统领与整合，没有实现实质性交流合作。因此，考虑到教师工作依托于多角色人际互动，教师合作需要有比较固定的时间和场所，学校应聚焦实践和制度创新，推进有效合作，避免无实质意义的会议活动，提倡跨学科学习，鼓励跨学科合作，推进深层次教育教学变革。学校还可在组织日常教研活动之外，鼓励教师基于教学、研究兴趣而自主合作，充分发挥教务主任、教研组长等骨干教师的示范引领作用，提高教师的团队认同感，推动教师为达成共同愿景而切实合作。同时，教学副校长、教务主任、教研组长或备课组长要主动拉近与教师的关系，强调师徒结对、教学相长，增强教师个体参与合作的效能感与获得感。

（二）建立健全交互机制，使多元交互网格得以固化

1. 深化名师工作室、片区教研、区域教研等教研活动机制，以有力促进教师教研理念、专业水平、业务能力提高。教师专业发展不只是依赖于某一个教研共同体，而是多元参与下的结果，贯通不同学科之间、年级之间和校内外，有利于增强教师教研互动性，帮助教师构建纵横贯通的知识体系、能力体系、经验体系。新时代下，基础教育教师教研更要深化互动要素、多方同向发力，促进教师更快成长、更好成熟、更多作为。调研结果表明，目前中小学普遍形成了学科教研组、校—校、校—区等教研模式，校内外联动教研渐成常态，而深化其联动，需要建立开放合作的长效机制，根据新形势、新任务、新要求优化群体教研生态，创新教研开放合作方式。部分教师认为，片区教研梳理的典型案例与成功经验，对于薄弱学校来说，由于师资紧张、校本教研力量不足，培育和推广有较大难度，需要促进优质校与薄弱校结对子开展教研帮扶，提升校际教研开放合作水平。有些教师反映，区域教研效果缺乏评估，需要适时组织评价，引导区域教研开放合作的主题、议题、方式、途径等及时得到调整优化，更符合广大教师需求。面对新时代建设高质量基础教育体系要求，要畅通国家、省、地市、县、校五级教研网络，深化各级教研机构、教研员与学校、教师教研联动，同时推动有关高校与中小学互动合作，突破传统教学理论与实践运用结合的瓶颈，构建多层级教研共同体，关注自下而上与自上而下的结合，形成促进基础教育高质量发展的合力。同时，凸显教师教研共同体的纽带性特征，建立不同教研共同体良好的互动关系和共同发展的愿景，更好推进优质校与薄弱校、先进区与后进区的师资互动、学生互动，打造校际、片区教研联盟，盘活和整合校内外教研资源，扩大优质教研资源辐射面，促成校际、区域间优质教研资

源充分共建共享，达到发展更加公平、更有质量的基础教育的目的。

2. 促使教师真正成为"系统人"而不是"单位人"。要深化教师轮岗制度改革，推进教师研究视野、教学理念、育人方式、业务能力和专业经验迭代更新，促进优秀教学、教研成果更好更快更大面积推广、转化和应用。另外，还要充分关注和利用现代教育技术，确立信息技术尤其是人工智能与教师教学、教研的深度融合机制，既促进教师培养基于信息技术、人工智能的协同创新意识，又促进教师利用信息技术、人工智能更好地在无限可能的空间与来自不同领域的专家学者、同行多元交互，重塑自身的职业方向、角色和工作效能，获得更好的发展动力，[13]包括利用大数据、互联网整合教学和教研资源，利用虚拟教学、教研以增强教学、教研的互动性、便利性，利用人工智能开展实时教学质量监测和教学大数据挖掘，及时改善和提升教学、教研状态，形成随时、随处、随需的教研多元交互网格。

（三）调适动力机制，赋权与增能并进

1. 赋予教研员和骨干教师专业发展自主权，以更好发挥专业引领与支撑作用。教研工作对促进教师专业发展和提高教育质量具有重要带动与支撑作用，推进教研体制健全，需要各级教育行政部门、各中小学高度重视教研工作在促进教师专业发展、提升教育教学质量中的作用，完善教研工作体制机制，引入教研机构及教研员作为相关决策主体，创新教研政策，释放教研活力。同时，在学校层面，教研组长或备课组长等骨干教师作为引领教师专业发展和教育教学质量提升的"火车头"，需要校长充分赋权，发挥教师领导力，推进教师自主发展。

2. 增强各级教研机构和学校教研组织的专业能动性。教育部《关于加强和改进新时代基础教育教研工作的意见》就加强教研队伍建设明确要求"严格专业标准"，从五个方面提出了教研员应具备的基本条件，但目前教研员的胜任力仍然参差不齐，[14]缺乏系统培训和考核评价。[15]对于学校教师的教研要求和绩效评定，也同样面临类似问题。因此，与赋权同时的是增能，要定期为教研员、教师提供培训进修机会，既包括课程改革、教材建设、教学创新、质量监测、心理辅导、科研协同等方面的培训，也包括社会调查、服务决策、行政管理等方面的锻炼，变革培训进修和实践锻炼的内容与方式

方法,以使教研员和教师更好增强课程开发能力、教学改革能力、教研创新能力。这需要各级政府及教育行政部门高度重视,推动校内外教研工作紧密衔接,为全体教研员、教师的教研创新发展和专业水平提升充分发挥支持、保障和协调作用。

参考文献

［1］汤建静.教师教研共同体转型的实践困境与优化路径［J］.教学与管理,2022（02）:24-27.

［2］朱旭东.论教师专业发展的理论模型建构［J］.教育研究,2014（06）:81-90.

［3］刘月霞.追根溯源:"教研"源于中国本土实践［J］.华东师范大学学报（教育科学版）,2021（05）:85-98.

［4］朱小虎,张民选.教师作为终身学习的专业——上海教师教学国际调查（TALIS）结果及启示［J］.教育研究,2019（07）:138-149.

［5］J. 莱夫,E. 温格.情境学习:合法的边缘性参与［M］.王文静,译.上海:华东师范大学出版社,2004:2-6.

［6］WENGER E. Community of practice: Learning, meaning, and identity［M］. Cambridge, UK: Cambridge university Press, 1998: 29, 43, 6.

［7］赵健.学习共同体:关于学习的社会文化分析［M］.上海:华东师范大学出版社,2006:37.

［8］WENGER E, MCDERMOTT R A, SNYDER W M. Cultivating communities of practice: a guide to managing knowledge［M］. Cambridge, UK: Harvard Business School Press, 2002: 5.

［9］佐藤学.学校的挑战:创建学习共同体［M］.钟启泉,译.上海:华东师范大学出版社,2010:64.

［10］张荣伟.我们需要怎样的教育:中国基础教育改革概论［M］.北京:教育科学出版社,2012:53.

［11］汤贞敏.中小学教师教育教学的问题意识与研究态度［J］.课程·教材·教法,2016（07）:10-16.

［12］陆伯鸿.上海教研素描——转型中的基础教育教研工作探讨［M］.上海:上海教育出版社,2019:5.

［13］杨韵莹,罗泽兰,董艳.未来教师的工作创新、跨界与重塑［J］.开放教育研究,2022（01）:43-50.

［14］沈伟,孙天慈.中国教研员研究的历史脉络与多重视角［J］.华东师范大学学报（教育科学版）,2021（05）:116-129.

［15］谢晨,尹弘飚.教师视角下教研工作质量与发展均衡程度的省际比较［J］.华东师范大学学报（教育科学版）,2021（05）:55-67.

以高质量教育科研助力实施科教兴国战略*

党的二十大要求"实施科教兴国战略，强化现代化建设人才支撑"。这与党的十八大以来习近平总书记关于教育的重要论述一脉相承，深刻回答了新时代新征程我国教育改革发展和人才培养的方向性、根本性、全局性、战略性问题，为推进新时代新征程教育改革发展和人才培养提供了强大思想武器和科学行动指南。教育科研机构和教育科研工作者深入学习贯彻党的二十大精神，当以推动教育科研高质量发展、助力实施科教兴国战略为己任，为实现党在新时代新征程的使命任务作出重要贡献。

一、巩固提升教育科研在新时代新征程的职责使命

改革开放特别是党的十八大以来，党中央始终站在确保党长期执政和国家长治久安、实现中华民族伟大复兴中国梦的战略高度，谋划和部署教育改革发展与人才培养。在党的二十大报告中，习近平总书记再次强调"教育是国之大计、党之大计"，"教育、科技、人才是全面建设社会主义现代化国家的基础性、战略性支撑。必须坚持科技是第一生产力、人才是第一资源、创新是第一动力，深入实施科教兴国战略、人才强国战略、创新驱动发展战略"，深刻表明了办好教育、培养高素质人才在党执政兴国大局中极其重要的地位和作用。教育科研是教育改革发展和人才培养的基础性、先导性条件，推进教育科研高质量发展，助力"实施科教兴国战略，强化现代化建设人才支撑"，可谓使命光荣、责任重大。

一方面，教育科研要放眼中华民族伟大复兴战略全局和世界百年未有之大变局，着眼"五位一体"总体布局和"四个全面"战略布局，在服务教育决策、创新教育理论、指导教育实践、引导教育舆论上充分助力升级新时代新征程教育改革发展和人才培养战

---

* 本文主要内容原发表于2023年第2、3期《南方》合刊（中共广东省委主办），经扩充内容、调整优化后，发表于2023年第5期《广东教育》（综合版）（广东教育杂志社主办）。

略，在推动经济社会高质量发展大局中谋划建立健全教育改革发展和人才培养规划、体制制度、政策举措、标准规范体系，不断优化深化教育领域综合改革、提升教育质量水平、加快教育现代化、建设教育强国的基础条件和环境，把教育改革发展和人才培养的一系列规划部署与政策要求一步步变为美好现实。同时，放眼世界，积极扩大开放合作，努力参与全球重大教育议题研究和教育规则制定，助力提升教育国际交流合作层次和水平，服务我国教育改革发展和现代化，服务大国外交和中外人文交流合作，服务构建人类命运共同体。

另一方面，教育科研要全面贯彻党的教育方针，立足新发展阶段、贯彻新发展理念、构建新发展格局，在贯彻落实党的二十大提出的"加快义务教育优质均衡发展和城乡一体化，优化区域教育资源配置，强化学前教育、特殊教育普惠发展，坚持高中阶段学校多样化发展""统筹职业教育、高等教育、继续教育协同创新，推进职普融通、产教融合、科教融汇"的要求上加强战略研究、政策研究、实践研究，助力破解深化教育领域综合改革、推进教育高质量发展、加快教育现代化、建设教育强国遇到的矛盾和困难问题，助力各级党委、政府及教育管理部门在教育改革发展和人才培养上科学、民主、依法决策，助力各级各类学校提升教育教学质量和办学水平，助力教师专业发展和学生健康成长成才，加快建成制度更加完备、结构更加优化、保障更加全面、服务更加高效的高质量教育体系。

二、巩固提升教育科研创新教育理论的本质要求

教育科研如同其他科学研究，天然地是为了构建理论、创新理论，要研究问题、了解本质、把握规律，追求真谛、揭示真相、笃行真理，既用科学理论指导实践，又将实践经验上升到理性高度，提出新观点、形成新思维、创立新思想，更好开创实践新局面。党的二十大要求"必须坚持解放思想、实事求是、与时俱进、求真务实，一切从实际出发，着眼解决新时代改革开放和社会主义现代化建设的实际问题，……作出符合中国实际和时代要求的正确回答，得出符合客观规律的科学认识，形成与时俱进的理论成果，更好指导中国实践"。教育科研助力实施科教兴国战略，助推教育、科技、人才三

位一体战略部署得到全面深入落实，必须充分认识到这是一个浩大的复杂的系统工程，做到使命引领与问题导向相统一，以理论创新推动实践创新。

首先，坚持以习近平新时代中国特色社会主义思想为指导，把系统梳理、研究、阐释和宣传习近平总书记关于教育的重要论述摆在突出位置和重要议事日程，认真提炼新观点、新判断、新思想，切实领会其理论渊源、实践基础、形成过程、时代意义、体系构成、精髓要义和贯彻要求，系统把握教育、科技、人才工作特别是建设教育强国、科技强国、人才强国的战略定位、目标方向、基本内涵、总体特征、根本任务、推进路径、关键保证和决定性因素，丰富发展中国特色社会主义教育理论体系，用以武装思想、指导实践、推动工作。

其次，着力审视和把握教育改革发展与人才培养的主攻方向、重点领域和关键环节，深入研究教育领域的趋势性变化和前沿性课题，包括从全面建成社会主义现代化强国和世界力量格局深刻调整的战略高度，把握新时代新征程经济、科技、人才、文化发展的机遇与挑战，加强实现教育现代化、建成教育强国的规划政策设计、跟踪监测和比较分析；从全面把握人民群众对高质量教育的期盼出发，用系统的辩证的发展的观点研究分析教育发展不平衡不充分的表现和成因，提供更多标本兼治、综合施策的工作思路和举措；从科技革命、产业变革对教育的现实与潜在影响出发，研究统筹职业教育、高等教育、继续教育协同创新和推进职普融通、产教融合、科教融汇，以及加强基础学科、新兴学科、交叉学科建设的体制机制、逻辑链路、政策举措问题；从科技革命特别是人工智能、大数据、云计算、区块链等颠覆性技术产生应用带来思维方式、学习方式、工作方式、生活方式深刻变化出发，探索信息化智能化背景下的教育改革发展和人才培养，营造教育新生态、塑造教育新形态、构建教育新模式，并反思原有教育理论、观念、内容、方式方法、途径手段的适应性和适用性问题，以教育理念现代化引领教育现代化，以教育数字化带动教育现代化，实现工业化时代的教育范式向信息化智能化时代的教育范式转变；从世界格局和教育对外开放深刻调整出发，通过积极参与全球重大教育议题研究和教育规则制定，为开展大国外交、中外人文交流合作和参与国际教育、科技、人才合作与竞争提供智慧力量。

再次，围绕"培养什么人、怎样培养人、为谁培养人"根本问题和落实立德树人根本任务、深化考试招生制度改革、推进课程教材教学评价改革、以教育治理现代化推动教育现代化等重大现实问题，加强教育基本理论和管理基本理论创新研究，开展脑科学、学习科学、认知科学等基础学科研究，充分掌握人的成长成才一般规律和特殊现象，以及各级各类学校建设发展一般规律和特殊现象，借鉴人类社会特别是先进国家成功经验，以人为本、尊重科学、遵循规律，不断形成高质量高水平教育科研成果并转化为决策、制度、规范，助力建立健全德智体美劳全面而有个性培养的教育理论体系及办学理论体系、教学理论体系。

三、巩固提升教育科研服务教育决策的职能作用

改革开放40余年，把教育置于优先发展的战略地位，是中国特色社会主义建设取得伟大成就的重要法宝之一。党的二十大强调"要坚持教育优先发展、科技自立自强、人才引领驱动，加快建设教育强国、科技强国、人才强国"。响应党在新时代新征程的使命任务，贯彻国家及区域发展战略，教育科研应当巩固提升服务教育决策的职能作用，注重实证研究、比较研究、大数据分析，着力研究提出有效解决教育矛盾、困难问题的思路、任务、举措和办法。

首先，教育科研要胸怀"国之大者"，立足国家及区域发展战略定位，以及实施区域协调发展战略和乡村振兴战略、推进"一带一路"国际合作等重大部署，以全局思维、战略眼光思考和分析教育、科技、人才问题及其与国家及区域发展战略的关系，充分认识省域及各地市各级各类教育改革发展和人才培养所处历史方位、特色优势、弱项短板并提出攻坚克难的举措办法，提供战略预案和决策参考，以教育现代化助力省域及各地市经济社会现代化。其次，围绕推动经济社会高质量发展需要解决的和人民群众反映强烈的教育重点、热点、难点问题，准确把握国内国际教育、科技、人才发展态势，加强调查研究，把调研成果及时有效转化为教育、科技、人才决策成果，助力扎根中国大地办世界一流教育，助推教育治理体系和治理能力现代化。再次，充分体现国家及区域发展战略部署，从实践中来、到实践中去，不断产出富有战略性、前瞻性、创新性、针对性的教育决策成果，引领教育优先发展、科学发展、高质量发展，助力科教兴国、

人才强国、创新驱动发展,助推省域及各地市教育有特色高质量提升,为国家及区域发展战略实施贡献智慧力量和行动方案。

四、巩固提升教育科研指导教育实践的功能任务

习近平总书记多次强调"为党育人的初心不能忘,为国育才的立场不能改",要"以凝聚人心、完善人格、开发人力、培育人才、造福人民为工作目标"。党的二十大强调"坚持为党育人、为国育才,全面提高人才自主培养质量""坚持以人民为中心发展教育,加快建设高质量教育体系,发展素质教育,促进教育公平"。教育科研应当牢固树立以人民为中心的发展思想,不断巩固提升指导教育实践的职能作用,助力办更加公平更有质量的教育,既通过教育让每个孩子实现健康成长成才,有人生出彩的机会,又通过教育培养担当民族复兴大任的时代新人,让教育成为实现国家富强、民族振兴、人民幸福的根本性途径。

一要充分运用专业力量,建立健全教育改革发展和人才培养指导方案与评估监测规范,引领基础教育高质量发展、职业教育高水平建设、高等教育分类分层内涵提升,为各级各类学校提升教育教学质量和办学水平提供科学指引,助力全面提高人才自主培养质量。二要充分发挥智力优势,着重通过推进信息技术与教育教学、教育科研、教育管理、教育服务深度融合,推进教育数字化,扎实开展教学示范、教研指导、科研扶持、规划引领等工作,加强对落后地区和乡村学校的关注与指导,把更多聪明才智用在教师专业发展和学生成长成才上,指导建立健全国家、地方、校本课程体系,促进各地各校走有特色高质量发展路子。三要充分体现协同创新作用,加强基础教育、职业教育、高等教育、继续教育优质资源共建共享,充分依托机关事业单位、科研院所、行业企业、社区乡村开发利用教育资源,建设全民终身学习的学习型社会、学习型区域,同时面向千家万户和社会各界深入宣传、普及正确教育理念和科学教育方法,推广和转化优秀教育科研成果与优秀教学成果,促进高质量教育体系建设。

实施科教兴国战略、强化现代化建设人才支撑,教育科研机构和教育科研工作者肩负着重要职责。认识这个重要职责,胜任这个重要职责,要求坚定社会主义教育方向,

把党的教育方针政策创造性地贯彻到教育科研工作全过程各方面，严守政治纪律，敬畏教育法律，遵循学术规范。要求坚持解放思想、实事求是，与时俱进、开拓创新，围绕建设高质量教育体系深入基层调查研究，问计于民、问需于民，尊重基层首创精神，更好探索教育规律、破解教育难题、引领教育创新，为办好人民满意的教育出实招硬招好招。要求大力弘扬马克思主义理论联系实际、学以致用的学风，聚焦中央关心、百姓关切、社会关注的教育重点、热点、难点问题，切实提高促进改革、推动发展、解决问题的能力，为深化教育改革开放、破除制约实施科教兴国战略的体制机制障碍和思想观念束缚提供充足的智力保障。

附录

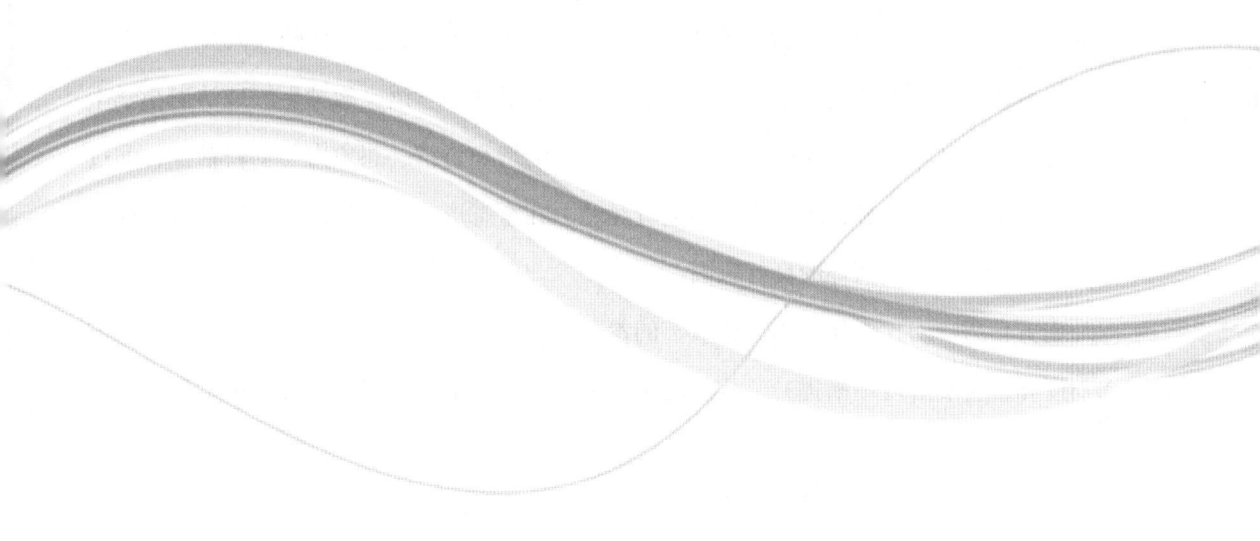

让语文教育拥有诗的境界　让每个孩子的诗心美丽绽放*

2012年11月22日，2012小学生诗歌节的重点活动——广东小学生诗歌艺术教育研讨会暨教师研修班在佛山举行，300多位小学语文老师将与诗人杨克、中山大学中文系教授谢有顺一起，探讨如何培养小学生对母语和诗歌的热爱，探讨如何培养孩子的诗心。

作为语文教育中一直以来的"弱项"，许多老师一再追问读诗写诗到底对孩子的语文学习有什么帮助。南方日报记者就此问题采访了广东省教育研究院院长汤贞敏，在他看来，诗歌教育与现行的语文教学体系并非格格不入；相反，可以成为培养发展学生的想象力和创新思维的一种新型教学方式。

小学生诗歌节的意义在于形成美育氛围

南方日报：本次在佛山举行的广东小学生诗歌艺术教育研讨会暨教师研修班，是我省首次就诗歌教育主题举行的活动，您希望通过本次会议达到什么样的效果？

汤贞敏：我们希望通过研修，让小学语文教研员和小学语文教师更好地认识小学生的身心特点和认知水平，循序渐进地培养小学生的诗心诗情、想象力与创新精神；通过研讨，总结推广诗歌教育示范学校的宝贵经验，在全省形成小学生诵读中华经典诗词、培养爱国情操和文化情怀的良好氛围。

南方日报：对比去年，本届诗歌节的参与人数和覆盖范围又提升了一个层次，学校参与度和社会美誉度不断提升。从您的角度来看，如何解读这些迹象背后小学生诗歌节举办的意义？

汤贞敏：小学生诗歌节弘扬我国优秀诗教和美育传统，坚持"纯粹、公益、专业"特色，其定位比较切合我省小学教育的主导思想。我认为，举办小学生诗歌节的意义在

---

* 本文系作者接受《南方日报》记者吴敏的采访，原发表于2012年11月21日《南方日报》第A20版。

于：在全社会形成浓厚的美育氛围，让我省小学生接受中华优秀传统文化熏陶，培养小学生对母语和诗歌艺术的热爱，提升其想象力和审美能力，打造广东文化品牌，促进文化强省建设。

语文教育要维护孩子对世界的好奇心

南方日报：我们在诗歌节活动过程中发现，有些老师有这样的观点，让孩子写诗还不如让他们多读几遍课文。诗歌这种文体的阅读和写作，如何才能更好地融入现行的语文教学体系？它能否成为帮助语文教学的一种新型教学方式？

汤贞敏：的确，诗歌写作对小学生来讲还是有一定的难度。《语文课程标准（2011年版）》指出："第一学段定位于'写话'，第二学段开始'习作'。"以前的"作文"现在改为"习作"，就是为了降低难度，培养孩子们的写作兴趣和自信心。可见有些老师有这样的观点不奇怪。小学阶段在实际的习作教学中没有要求教会学生写诗，诗歌这种文体在小学教材里比重也不大，大多是要求能够理解诗意，有感情地背诵、朗读就可以了。我认为，小学阶段诗歌的阅读和习作只能从培养学生的兴趣入手，让那些对诗歌有了爱好的学生学习创作。当然，诗歌对培养发展学生的想象力和创新思维，培养小学生的审美情趣和实践能力肯定有好处，自然也可以成为帮助语文教学的一种新型教学方式。

南方日报：一些孩子提出来，有时候他们有一些新奇的意象，却被语文老师认为是错误的。比如说有孩子把秋天比喻成一本装帧精美的书，结果老师给予评语："根据标准答案，秋天不能比喻成书，该句不合格。"但是老师也有自己的苦衷，因为考试的标准答案在那里摆着。您认为类似的这种问题应当如何看待？

汤贞敏：《语文课程标准（2011年版）》多次提到要鼓励自由表达和有创意的表达，鼓励写想象中的事物。其实孩子的想象是十分丰富的，他们在童话的世界里尽情放飞梦想，现实中的许多事物会被他们幻化作新奇的意象，而诗歌的语言更容易启发、贴近孩子们无限的梦幻世界。语文教学向来备受争议，特别是主观思考题和写作难有绝对的标准答案。在实际的语文评价中，如何合理设计和审视标准答案是个技巧性很强的问题,很能考验老师的水平。处理不当,孩子们的想象力、创造力可能会被轻易地扼杀掉。我认为应该更多地从孩子们的身心特点和认知水平出发,维护孩子们的童真童趣,开发孩子们的想象力,引导孩子们对未知世界的好奇。

小学生学诗应更强调诵读

南方日报:现在中小学语文课本中诗歌的比例有所增加,但在课文的选择尤其是现代诗部分的选择上引发过一些争议。在您看来,中小学语文教材中选择诗歌应当遵循哪些标准?

汤贞敏:古代诗词和现代诗都是语文课本必选的内容,不同版本的教材所选的量会不同,这与编者的意图有关。中小学语文教材选择诗歌应该遵循我国对人才培养的要求和《语文课程标准(2011年版)》提出的培养目标,我认为还要注意四点:能为培养学生的语言文字运用能力,提升学生的综合素养打下基础;能为学生形成正确的人生价值取向,培养良好的个性和健全的人格打下基础;能为学生的全面发展、个性发展和终身发展打下基础;能为学生热爱中华优秀传统文化,吸收现代经典精髓打下基础。

南方日报:小学生诗歌节的宗旨之一,是带动全省小学生形成诵读诗歌经典、培育优秀传统文化素养的良好氛围。省教育研究院最近推出《小学生中华经典诗词读本》这套书,初衷是什么?诵读经典对于孩子语感、语文素养的提高有什么好处?

汤贞敏:省教育研究院今年组织了全省富有教学经验、思想活跃、熟悉小学语文教学的有关专家、教研员、优秀教师,精心编写了《小学生中华经典诗词读本》这套书,分低、中、高年级段三册出版。该套书根据教育部制定的《语文课程标准(2011年版)》精神,配合当前小学语文课程改革和教学的需要,依照小学生的特点,广泛收集精选了中华经典诗词中的古诗、古词和现代诗,以背诵为目的,强调朗诵、背诵技巧的学习,提倡培养学生的诗心诗情。教导诵读经典诗词,有利于培养孩子们的情感与美感,在这样的熏陶中产生良好的语感和优美语言;同时,有助于扩大小学生的阅读和诵读范围,有利于培养小学生的人文情怀。

南方日报:小学生诗歌节未来还能在哪些方面帮助语文老师、帮助孩子、帮助我们的语文教育？您对此有哪些建议？

汤贞敏：我们希望小学生诗歌节能够坚持办下去，让更多的老师和同学了解它、参与其中，在学生中形成经典诵读和诗歌创作的浓厚氛围；让老师的课堂成为诗意语文，让孩子们充满诗的情怀，让我们的语文教育拥有诗的境界，让每一个人的诗心美丽地绽放！

成长与发展：民办教育评估事业的新思考[*]

广东民办教育已有较大规模，成为广东教育事业不可或缺的组成部分，为全省经济、文化和社会发展作出突出贡献。为规范民办学校办学行为，促进民办教育健康发展，民办教育评估工作也在稳步推进。为此，广东省教育研究院教育评估室会同广东教育杂志社，专访广东省教育研究院院长汤贞敏，请他来介绍广东省民办教育的发展概况，并谈谈广东省民办教育评估工作的现状与前景。

一、改革开放以来广东省民办教育的发展历程

采访人：请您先介绍一下改革开放以来我省民办教育发展的基本情况。

汤贞敏：改革开放以来，广东的民办教育逐步发展，涵盖了民办基础教育、民办高等教育以及民办非学历高等教育。我省民办教育在1979—1990年间萌芽发展，那时民办中小学仅有64所，有志之士开始探索高中后民办教育的发展，办起一批民办文化补习夜校。20世纪90年代初中期，中共中央、国务院颁布《中国教育改革和发展纲要》，1994年广东省委、省政府出台《关于教育改革和发展的决定》，民办教育办学体系初步形成。1996年，全省的基础教育民办学校、幼儿园发展到600多所，私立华联学院、民办南华工商学院、培正商学院也相继成立。1997年国务院颁布《社会力量办学条例》，国家鼓励社会力量办学，民办教育得到了规范发展。截至2000年年底，我省有民办幼儿园3547所（占幼儿园总数的29.49%）；民办小学359所（占小学总数的1.48%）；民办普通初中120所（占初中总数的3.98%）；民办普通高中46所（占高中总数的3.98%）。同时，这个时期也拥有了独立设置的民办高等学校6所，民办非学历高等教育在经济改革中蓬勃发展。2002年12月《中华人民共和国民办教育促进

---

* 本文系作者接受广东省教育研究院教育评估室莫玉音、《广东教育》（综合版）潘孟良的采访，原发表于2013年第1期《广东教育》（综合版）（广东教育杂志社主办）。

法》公布，2004年3月《中华人民共和国民办教育促进法实施条例》公布，2009年11月《广东省实施〈中华人民共和国民办教育促进法〉办法》公布，标志着民办教育的管理从依靠行政手段为主向依靠法律手段为主转变。从发展规模上看，截至2011年年底，全省有民办幼儿园9337所（占幼儿园总数的79.23%）；民办小学758所（占小学总数的5%）；民办普通初中744所（占初中总数的22.44%）；民办普通高中129所（占高中总数的12.75%）；民办中职学校134所（占中职学校总数的24.91%）；民办高校49所（占高校总数的36.57%）。民办教育日益发展壮大，为我省经济发展、政治文明、文化繁荣、社会和谐作出可贵贡献。

采访人：《中华人民共和国民办教育促进法》（以下简称《民办教育促进法》）及其实施条例，以及《广东省实施〈中华人民共和国民办教育促进法〉办法》的施行，对我省民办教育的发展有什么意义？

汤贞敏：《民办教育促进法》是我国第一部关于民办教育的法律，《中华人民共和国民办教育促进法实施条例》对《民办教育促进法》的有关规定进行了细化。"一法一例"的施行使我国民办教育走上了依法发展和依法管理的道路，在很大程度上促进了民办教育规范发展。2009年11月，省第十一届人大常委会第十四次会议通过《广东省实施〈中华人民共和国民办教育促进法〉办法》，该办法共八章四十六条，内容包括：总则、民办学校的设立、教师与受教育者、学校资产与财务管理、扶持与奖励、监督与管理、法律责任、附则。该办法结合广东实际，在《民办教育促进法》及其实施条例的基础上，更好地处理了对民办教育鼓励、支持与规范管理的关系，对政府管理民办教育的方式、扶持民办教育发展政策的落实、各级各类各种形式民办学校的准入条件和退出机制、民办教育发展专项资金的管理、教育集团的法律地位和规范、民办学校党组织的建立和管理、公办学校举办民办学校以及民办教育行业组织的地位和作用等方面作了相关规定。"一法一例一办法"确立了民办教育在社会主义教育事业中的地位和作用，明确了民办教育与公办教育具有同等的法律地位，规范了民办学校的办学行为和政府的管理行为，维护了民办教育相关方面的合法权益，有效地保障和促进了我省民办教育健康有序发展。

二、广东省民办教育评估工作的现状分析

采访人: 请您谈谈,我省民办教育评估制度建设与评估实践的基本情况。

汤贞敏:《国家中长期教育改革和发展规划纲要(2010—2020年)》和《国家教育事业发展"十二五"规划》明确要求,扩大社会参与民办学校的管理与监督,加强对民办教育的评估。截至2011年年底,全省共有各级各类民办学校(教育机构)1.12万所,在校生达492.15万人,规模位居全国各省(区、市)前列。为了确保民办学校坚持社会主义办学方向,全面贯彻国家的教育方针,按照国家规定的人才培养规格和要求,不断提高教育教学质量和办学水平,有效的评估不仅有利于净化办学市场,推动民办学校自身不断地完善与发展,而且有利于政府、社会对民办学校的了解、认同与接受。早在2004年,我省出台了省一级幼儿园、中小学、普通高中的等级评估方案,把民办学校与公办学校统一标准考核。2008年,我省结合国家和省的政策调整,修订了这些方案,印发《广东省幼儿园督导评估方案》(本方案适用于一切合法举办的幼儿园)、《广东省民办小学督导评估方案》、《广东省民办初级中学督导评估方案》、《广东省民办高级中学督导评估方案》、《广东省民办中小学校等级督导评估管理办法(试行)》等规范性文件。从2007年始,截至2012年7月,全省先后评出9所省一级民办高中、31所省一级民办义务教育学校、97所省一级民办幼儿园,为各级各类民办教育的办学树立了先进典型和榜样示范。根据粤府令〔2009〕142号文件以及粤教督函〔2010〕2号文件,从2010年2月起,我省全面取消含民办学校在内的义务教育阶段省一级学校等级评估审批。

采访人: 您觉得我省民办教育评估工作积累了哪些经验?这些经验对我省民办教育事业健康发展产生了什么影响?

汤贞敏: 我省民办教育的蓬勃发展表明建立民办学校有效的质量保障体系非常重要,只有这样,民办教育才能获得受教育者及其家长的信赖,才能得到社会的认可。在近年的评估过程中,首先,我们严格按照"一法一例一办法"、国家和省教育规划纲要等有关规定制定相应的评估指标体系;其次,针对民办学校与公办学校不同的基础和办学主体,制定了有别于公办教育的评估工作体系;最后,民办学校具有多样性、复杂性和特殊性,必须针对各级民办学校,形成专门的评估制度。这些评估指标体系和工作规

程,既是我省民办职业院校、中小学、幼儿园每学年办学(园)质量和水平的自查、自评标准,又是各级民办学校等级评估的标准。制定实施民办教育评估制度,是加强政府对民办学校管理的一种有效手段,有利于促进民办学校教育教学质量和办学水平提升,有利于促进民办学校自我约束、自我激励、自我发展,有利于促进社会各界加深对民办学校的信赖和认同。

采访人:我省民办教育评估工作还存在哪些不足?针对这些不足,我省将会采取什么措施?

汤贞敏:尽管民办教育评估工作的启动和推进为我省民办教育的规范发展、特色发展、持续发展提供了保障,但评估工作依然面临多重困境,存在不少问题。这些问题既有民办学校外部因素的影响,也有评估工作本身的因素,比如各级民办学校的评估制度尚不完善,民办教育评估机构还不成熟,民办教育的督导工作制度尚不健全等。民办教育评估能否加快发展,各级政府及教育行政部门的观念和措施很重要。作为教育行政部门和教育评估专业机构,我们认为首先应坚决全面贯彻国家的教育方针,认真落实国家和省教育规划纲要,切实完善民办学校评估制度,促进民办教育专业化的评估机构建立和评估队伍建设;其次,要深入贯彻"一法一例一办法",全面落实民办教育的法律地位,全面兑现促进民办教育发展的优惠政策,全面规范民办教育的办学行为和管理行为;再次,尽快出台《广东省教育评估暂行规定》,特别是要落实民办教育评估制度,构建广东特色民办教育评估体系。此外,应加快研究制定民办普通高校年度检查指标体系,以量化测评的形式提高年检工作的可操作性,推动年检工作标准化、科学化、程序化、制度化,逐步完善民办高校年检制度。

三、广东省民办教育和民办教育评估的发展前景

采访人:您认为,我省民办教育的热点难点问题有哪些?教育评估对解决这些问题有什么促进作用?

汤贞敏:我省民办教育的发展,促进了办学主体的多元化和办学形式的多样化,形成了以政府办学为主,社会各界共同参与办学的体制,在一定程度上满足了社会多

样化的教育需求。但是，由于社会意识的偏差和政策规章的缺位，我省民办教育办学水平提升和赢得全社会信赖仍任重道远。这既有外部的认识与制度环境问题，也有自身的管理问题。第一是民办学校的税收优惠、用地成本控制、公共服务供给、政府财政支持等问题需要切实依法得到充分保障。第二是学校内部的管理问题，部分民办学校的办学规范、办学定位、办学质量以及教师队伍均呈现不稳定性。第三是社会认识偏差问题，由于在内外部管理体制、教师编制、教学管理、收费运营等方面与公办学校有较大的区别，因此在现实中存在许多对民办教育的认识偏见，成为民办教育发展的突出思想障碍。教育评估工作有助于促进民办学校加强管理，有助于促进民办学校防范办学风险，有助于逐步建立全社会对民办教育的正确态度。在严格执行办学评估制度和日常管理制度过程中，我们要每年有重点地对民办学校开展办学检查，定期开展评估活动，贯彻以评促改、以评促建的管理思想，建立健全民办教育信息发布制度和对民办学校教育教学质量与办学水平评估制度，促进民办学校不断提高教育教学质量和办学水平。

采访人：广东教育评估协会的成立，您认为能对民办教育事业发展起什么推动作用？

汤贞敏：广东教育评估协会的成立是我省教育评估事业发展的必然结果，是培育专业评估机构、规范评估认证、加强评估交流的重要契机，有助于加快我省教育评估事业专业化、规范化、国际化进程。省教育规划纲要明确要求："强化专业教育评估机构的职能，建设高素质专业化的教育评估专家队伍，促进教育评估工作专业化、规范化和制度化。"然而，在广东乃至全国，社会评估机构无论在数量上还是社会影响力上都非常有限，不利于教育评估的客观、科学、公平和公正性。广东教育评估协会成立后，在一定程度上可以整合各级各类教育评估专家资源，促进管理思想、信息资源和教育理念的交流，促进教育评估工作科学研究，便于凝聚各有关方面的力量和智慧，共同促进我省民办教育事业科学发展。

采访人：最后，请您谈一谈对广东省民办教育评估事业发展的期望。

汤贞敏：第一，要严格按照国家有关规定，统筹教育评估工作，规范教育评估行为，共同提高民办教育评估工作科学化水平；第二，要借鉴国际国内先进经验，结合我省民办教育实际，构建广东特色并与国内外具有可比性的民办教育质量保障机制；第三，民办学校要生存、发展、强大，必须自觉建立自我评估机制，完善法人治理结构，加强内涵建设，注重特色办学，强化质量保障，走坚持以人为本、全面协调可持续发展道路。相信我省民办教育评估事业会在科学发展的轨道上奋力前行。

放开异地高考应当循序渐进*

广东学生今年碰上好几件大事：呼吁多年的异地高考政策，终于"开闸"了；广东高考考生数达到73万，成为全国高考第一大省；广东提出新的目标，到2018年全省总体上率先基本实现教育现代化……

近日，首届中国南方教育高峰年会在广州高规格举行，国内知名的教育专家学者云集羊城，为区域教育现代化及南方教育高地建设把脉建言。其间，中国教育科学研究院院长袁振国和广东省教育研究院院长汤贞敏接受本报独家专访。

中国教育科学研究院和广东省教育研究院，一个是国家最高教育智库，一个是我省最高教育智囊机构，南、北两位院长同本报记者进行了一场深度的对话，话题既有抽象的教育现代化，也有具象的异地高考政策，还有事关千家万户切身利益的高考改革，等等。

谈教育现代化　优化各级财政教育支出

南方日报：最近，广东提出到2018年全省总体上率先基本实现教育现代化。广东目前距离教育现代化还有什么差距？需要在哪些方面发力？

袁振国：广东省经济发展水平在全国比较高，教育发展水平走在了全国前面。据我了解，广东在教育投入方面提出到2020年教育经费要占财政总支出的25%，这在全国是最高、最有力的。由此可见，广东省委、省政府高度重视教育，非常令人鼓舞。

但关键在落实。广东现在面临一些特殊的情况，给我的印象，一是总体水平发展高，但不同地方差距大；二是流动人口特别多，流动人口子女教育是个大问题，政府不知道该建多少学校，学校造好了可能没人来，也有可能学校没造好来很多人，受教育保

---

* 本文系作者与时任中国教育科学研究院院长袁振国接受《南方日报》记者雷雨的采访，原发表于2013年7月4日《南方日报》第A10版。

障有困难。

广东省一级拥有的教育经费比例在全国最低，这意味着省内整体调剂能力不强，这是造成广东各地教育差距大的重要原因。要改变这个状况，建议必须加大省级财政能力，加强省级政府统筹力度，平衡全省教育发展；同时各市、县（市、区）必须优化财政支出结构，充分保障教育发展需要。

汤贞敏：目前，广东总体的教育现代化程度不够高，城乡区域教育发展水平差异还比较大，优质教育资源还不够丰富，教育方式和手段还不够多样，教育信息化、国际化程度还相对较低，因而人民群众接受良好教育的期盼还难以全面实现，需要各级党委政府、整个教育系统、社会各界坚持不懈共同努力。为解决这些困难和问题，省委、省政府这两三年出台了一系列重要教育规划、重要教育政策文件，这些文件都很好，关键是要真正贯彻落实到位。

谈异地高考　须解决好体制机制问题

南方日报：作为全国外来工第一大省，2016年广东将全面实施"异地高考"，让异地务工人员子女也能接受到现代化的教育，您有何建议？

汤贞敏：广东教育资源的丰富和教育发展水平的提升让广东省承受着比任何一个省（区、市）都要大的压力，实施异地高考政策应当循序渐进。让随迁子女接受到现代化的教育，是建设公共服务型政府的应有之举，但必须解决好体制机制问题，不是光给广东增加高考招生计划那么简单。因为它涉及整个教育体系、教育链条的问题，涉及各级各类教育资源配置能力的问题，涉及社会管理体制改革和其他公共服务能否配套进行的问题。

袁振国：广东在异地高考问题上有巨大压力，所以通过必要的限制，通过设定一些条件来调节人口流动，逐步满足进城务工人员随迁子女的教育要求，这也是不得已而为之的办法。

南方日报：有一种声音认为，中央把异地高考的政策制定权下放给地方，有推卸责任之嫌。

袁振国：我们国家的教育体制采取分权制，以地方为主，由于各个地方条件不一样，因此必须根据各地的承载能力和社会发展实际需要来决定。

在实施异地高考政策的同时，中央也采取了很多有力措施来帮助和支持各个省份。比如对北京、上海、广东人口比较聚集的地区，中央承诺，不因为放开高考政策影响到当地考生的录取，还承诺会给当地增加名额，保证名额不会减少。

另外，财政部也采取了一系列政策。对于随迁子女人口特别多的地方，通过补贴或减免税收给予帮扶，据我所知，广东就在异地高考问题上得到了一定的转移支付。

汤贞敏：对于广东这样承受巨大压力的省份，实施异地高考政策，促进教育公平，我们一是希望从国家层面能有一个系统性的政策设计，以使相关问题得到比较合理的解决；二是希望各级政府制定实施教育改革发展规划要充分估量随迁子女平等受教育权落实的问题，努力掌控好教育资源配置，争取教育改革发展的主动权；三是希望在所有基础教育学校（含幼儿园）规范化、标准化、现代化建设上用同样的指标体系来衡量，在考试招生、入学去向等方面实施公平公正的政策，加强督导评估。

南方日报：这几年，教育界一直在讨论，解决随迁子女受教育问题能不能采用"教育券"的办法，让钱随人走。

袁振国：用教育券的方法基本不可行。因为生均教育经费在不同地方不一样，像宁夏、四川，人均教育经费可能只有1000多元，但广东人均教育经费可能要1万多元，用教育券把钱带过来，根本解决不了地方的问题。另外，师资、校舍、设备、土地等需要巨额资金投入。教育券会增加很多的麻烦，也解决不了大问题。

谈广东考生读好大学难　增重点大学在粤招生比例

南方日报：今年广东高考人数达到73万，跃居全国第一。有统计显示，去年，广东学生的一本录取率只有约6%，是全国最低的省份之一。预计今后几年，广东考生读好大学的竞争越来越激烈。对于解决这一难题，您有何建议？

汤贞敏：广东的高考生源跟大多数省（区、市）的生源趋势有很大不同。大多数省（区、市）生源四五年前已呈下降趋势，广东多年来一直保持上升势头，估计相当长时间都难有改变。

解决这些难题，我们一是期待国家有关部门支持广东丰富和发展优质高等教育资源，在现有高校基础上加快建设若干所高水平地方大学；二是期待国家有关部门在本科招生计划、研究生招生计划上充分考虑广东经济社会发展和生源的实际需求，给予充分倾斜，并在全国引导更多高水平大学投放更多的招生计划到广东；三是期待有关部门从广东的生源趋势、学生兴趣和广东高校的办学条件、办学能力等方面充分考虑进一步提高高考总体录取率，尤其要注意调整优化本科录取批次学校结构，增加省内一本录取院校。

袁振国：广东的高考名额，特别是高水平大学名额确实偏少。解决这个问题有多种途径。第一，国家应该调整政策，增加重点大学在广东省投放比例，现在每年增加百分之几，但是实际上增加的人数还不多。第二，建议广东省要大力发展高水平的高等教育，特别是加快发展高水平的大学，为更多的学生提供优质高等教育资源。第三，可以考虑通过合作办学，为广东省提供一些新机会。

南方日报：我注意到，前几天广东出台引进世界知名大学合作办学的新政策。目前，中外合作办学的审批权主要还在教育部，一些学校反映流程手续比较烦琐，呼吁放权。

袁振国：我们搞中外合作办学，首先要明白目的是什么，合作办学目的是为我所用、为我服务，根据我们的需要考虑跟谁合作、采取什么形式的合作，不能为合作而合作。

很多时候，外国大学是根据它的需要，以成本低、赚钱多、影响大来办学。我们要考虑哪样对我们更好，还要清楚是中国人办大学还是外国人办大学，在这个问题上要保持清醒，不能动摇。

至于明明对我们是有利的，而政策已经跟不上了，这个时候我们可以调整政策。

南方日报：现在国内中外合作办大学越来越多，但他们收取的高学费也引发对教育公平的争论，您怎么看待这个问题？

袁振国：这是全世界的难题。我们已经要求，所有中外合作办学高校都要设立大量的奖学金，为那些优秀的贫困孩子提供免费教育，甚至提供助学金。

汤贞敏：中外合作办的大学学费相对较高，这有一定合理性，因为它的师资往往是面向全球招聘的，课程、教材和培养模式主要是从先进国家引进的，部分课程、学时可能要到国外完成。但要从长远的角度合理地估计办学成本、教育成本问题，同时要设置优秀学生奖学金，在校内外为贫困学生提供大量勤工俭学岗位，减轻贫困学生的负担。

谈高考改革　应允许高校积极探索

南方日报：去年以来，高考改革让人看到可喜的一步。继去年南方科大采取"6＋3＋1"综合录取模式之后，今年北师大–香港浸会大学联合国际学院（UIC）、西交利物浦大学也采取了这一模式。下一步，教育部是否考虑将这一模式更大规模地推广？

袁振国：高考是大家特别关注的，也是国家教育健康发展一个瓶颈，所以深化高考招生制度改革是一项重要的任务。"分类考试、综合评价、多元录取"是我们高考改革的基本原则。在这个过程当中很多学校在积极探索，教育部也下放了很大的权力，让有条件的学校自主招生。所以南方科大、上海纽约大学、西交利物浦大学、UIC率先尝试了比较大的改革。我觉得这都是积极的尝试，希望他们能越走越宽广。至于能不能在其他学校推广，可能还要实事求是，毕竟现在才刚刚开始。

现在各种各样的高考录取方法改革都还在探索中，到底是不是成熟、有效、得到大家的公认，这需要一个过程。所以，刚开始的时候不要急于下结论，应该采取鼓励的态度，特别像南方科大这些以改革的姿态出现的大学，应该允许他们先探索。

南方日报：最近几年，高校自主招生的话题很热，每年到了2、3月，大中城市的中学基本上是全校出动，社会很关心自主招生会不会变成"小高考"？

袁振国：首先要明白高校自主招生的意图是什么，我们不能把目的和意图混淆了。高校自主招生的初衷，是基于统一考试招生制度有一些弊端，有一部分同学有优异的创新能力、巨大的潜能、特殊的才华，但通过高考考不上大学，这就需要给他们另外的机会。

但是后来很多学校走偏了，变成争夺优秀生源的做法。更何况，教育部已经给了高校选择生源的通道，不需要第二种办法，所以我希望自主招生能回到原点，让有特殊才能、有巨大发展潜力的学生上大学。

汤贞敏： 推进高校自主招生，要从国情、省情出发，要回到自主招生的初衷上来，贯彻好素质教育理念，让"偏才"、"怪才"、有特殊才能的学生有进一步深造和充分发挥特长的机会。有关高校有必要重新思考"考什么""怎么考"等问题，不要为争夺面上的优秀生源而将自主招生演变为"第二个高考"，不要给大多数学生造成压力、增加麻烦、加重负担。

南方日报： 有学者提出，能不能把自主招生放到高考之后，把二者有机结合起来，您怎么看？

袁振国、汤贞敏： 完全可以尝试。

好教育就是让每个孩子都健康成长成才*

广东省教育研究院院长汤贞敏认为，好教育就是——让每个孩子都健康成长成才。

好教育包含五个要素：好理念、好内容、好教师、好制度、好保障

记者：您觉得什么样的教育才是好教育？好教育应具备什么要素？

汤贞敏：能让每个孩子健康成长成才的教育就是好教育。

在2012年11月15日十八届中央政治局常委同中外记者见面会上，习近平总书记就指出"我们的人民热爱生活，期盼有更好的教育"，"期盼孩子们能成长得更好、工作得更好、生活得更好"，"人民对美好生活的向往，就是我们的奋斗目标"。党的十八大报告提出"优先发展教育，建设人力资源强国"的要求。教育要让人民满意，就必须使教育能够支撑人民幸福生活的梦想。在中国，"让孩子成为有用之才"是每个家庭最大的幸福梦想。

"让每个孩子都能健康成长成才"的好教育包含许多要素，主要包括好理念、好内容、好教师、好制度、好保障五个方面。

好理念：好的教育理想、思想、信念、理论等是教育教学的导航明灯，如把立德树人作为教育的根本任务、全面实施素质教育、让每个孩子全面而有个性地发展等。好理念能正确规范和引领教育改革发展，能把握教育的使命和方向，赋予"好教育"以思想和灵魂。

好内容：好的教育内容能让学生学有所教、学有所得、学有所用，为他们走向社会、融入社会、创造社会奠定坚实的基础，如社会主义核心价值体系教育、中华优秀传统文化教育、学科知识教育和增强学生社会责任感、创新精神、实践能力教育等。好内

---

* 本文系作者接受《信息时报》记者的采访，原发表于2014年12月30日《信息时报》第D04版。

容是好教育深沉厚实、鲜活灵动的内涵所在。

好教师：教师是立教之本、兴教之源，承担着让每个孩子健康成长成才、办好人民满意教育的重任。习近平总书记将好老师归结为"四有"，即有理想信念、有道德情操、有扎实学识、有仁爱之心。好教师不仅是好学校好教育的标签，而且是广大家长、学生和整个社会的殷切期待。好教师是好教育最直观、最可感的表征。

好制度：好制度表现在依法治教、依法办学，如依法建立健全各类教育管理制度、学校规章制度、教育督导评估和质量监测制度、公平公正的考试招生制度，等等。好的制度为落实教育目标任务、规范教育教学行为、提升教育教学质量起到很好的引导和促进作用。好制度是滋养好教育的沃土。

好保障：好保障包括法律法规和政策保障、经济物质保障、技术条件保障、环境氛围保障等。党和政府重视教育，出台了许多保障教育改革发展的政策措施、法律法规，优先发展教育，促进教育公平，提升教育质量；制定了教育法、义务教育法、职业教育法、民办教育促进法、教师法等法律法规，规定了办学条件、办学行为、教育行为等。好保障为教育接地气、惠民生起到保驾护航和保障促进的作用，是好教育的保护伞和孵化器。

实现好教育三个关键：依法治教、创新驱动、形成合力

记者： 如何才能做到好教育？

汤贞敏： 要做到好教育，我认为关键要做到依法治教、创新驱动、形成合力。

第一是要做到依法治教。它包括依法落实教育优先发展的战略地位、依法落实学校办学自主权、依法抓好教育教学管理工作、依法开展教育教学活动等。有关教育的法律法规，主要是用来落实国家教育方针政策、保障教育改革发展的正确方向、规范学校设置标准和办学行为、促进教育教学质量不断提升。这些法律法规，是融汇了现代教育理念和思想、充分考虑到学生身心发展特点和教育需要的行为准则。

一些地方、学校、教师把办教育看成是地方政绩、单位成绩和个人业绩，这本无可厚非，但如果无程序、无门槛，擅自将个人理解、功利想法运用于教育，将个人意

志强加于国家法律之上办教育，如单纯以中、高考成绩衡量学校办学质量好坏、教师好坏、学生好坏，迫使学校按照"长官意志"办学的做法；学校为应付考试减少甚至不开设非考试科目的做法；教师为了提高考试成绩擅自增加学生课业负担的做法等，都属于违法办学、违法执教行为，这样，违法的教育绝不是人民满意、社会满意、国家满意的教育，也绝不是好教育，必须依法予以制止和纠正。依法治教、依法办学是好教育的基础。

第二是要做到创新驱动。习近平总书记指出："教育决定着人类的今天，也决定着人类的未来。"这就要求教育要比其他行业更具有战略性、前瞻性、发展性。可见，创新驱动是由教育的本质属性所决定的。

就具体教育工作而言，教育是一份"良心"事业，既有法定规定性的一面，又有个性创造性的一面；既要按规定、按程序办事，又要充分发挥教育工作者的积极性、主动性和创造性。在一定意义上，教育创新是促进教育与时俱进、与经济社会发展互动融合、面向现代化、面向未来的动力源泉。教育领域的创新驱动，一方面要加大传承、弘扬古今中外优秀教育思想理论和教育实践经验的力度，另一方面，也要在科学实验、充分论证的基础上，敢于跳出传统的、落后的条条框框的束缚，敢于破除不符合学生身心发展规律和教育教学规律、不适应经济社会发展对人才要求的体制机制和内容方法，真正按规律办事，促进每个学生健康成长成才。

当下，创新驱动的重点是深化教育领域综合改革，摆脱教育应试化、功利化的倾向，剔除教育受制于各种利益驱动的束缚，回归教育本质，回应教育规律，以人为本，静心办教育、潜心育人才，创造人民、民族、国家满意的好教育。

第三是要做到形成合力。党的十八大和十八届三中全会强调全面实施素质教育，培养学生社会责任感、创新精神、实践能力。要实现这一使命，仅靠学校单方面的努力显然是不够的，必须由学校、家庭、社会各界形成相向而行的合力才行。

从教育的基本功能来讲，教育是促进人的社会化的过程，教育不是学校单方面的独角戏，而是由学校、家庭、社会各界携手共谱的交响乐，需要学校、家庭、社会各界协同创造。《国家中长期教育改革和发展规划纲要（2010—2020年）》也直面"学生适应社会和就业创业能力不强，创新型、实用型、复合型人才紧缺"这个问题，这从另一个侧面表达了我国教育社会性、开放性、创新性缺失以及教育合力不足的问题。《广东省中长期教育改革和发展规划纲要（2010—2020年）》提出"建设社会大课堂"的目标任务，勾勒出合力办教育的蓝图，关键在于如何落实、如何取得成效。

总的来说，依法治教是好教育的基本保障，创新驱动是好教育的内在要求，形成合力是好教育的重要支撑。

祝福母校华南师范大学 80 华诞*

我亲爱的母校——华南师范大学迎来了80华诞，令我心潮澎湃。

1981年9月，我还是一个懵懂少年，带着时代的荣耀迈进华南师范大学校门，在中国汉语言文学系就读，这里是我思想启蒙的摇篮。在这里我求学问觅真理，为追寻梦想而汲取知识与智慧；老师们传道授业解惑，辛勤耕耘，使我在浓郁的校园文化和活跃的社团活动中接受精神洗礼，学会把知识转化为能力。毕业后，母校把我留在党委宣传部工作，并兼任政治教育系政治辅导员。1989年9月我调到省委高校工委工作。因为心有挂念，因为工作关系，我始终与母校有着密切联系。可以说，在母校的学习工作生活对我人生发展具有奠基性作用，在母校学习工作生活的时光是我人生最亮的底色，淳朴、踏实、严谨、创新的精神传统融入了我的事业和生命。

教育是民族振兴、社会进步的基石，是提高国民素质、促进人的全面发展的根本途径。国运兴衰，系于教育；百年大计，教育为本；教育大计，教师为本。我坚信，在走过80年历程的基础上，母校在推进教师教育事业改革和发展中将会创造更加辉煌的业绩。我也完全有理由相信，"艰苦奋斗，严谨治学，求实创新，为人师表"是母校弥足珍贵的精神财富，必将激励一代又一代华南师大人为着办好人民满意的教育和实现中华民族伟大复兴而奋力前行！

---

* 本文系作者2013年应邀为庆祝华南师范大学成立80周年纪念刊撰写的祝福语，标题为收入本书时添加。

结缘惜缘，《华南师大报》*

《华南师大报》创办60周年了！12月21日回母校参加庆祝活动，感慨万千！

记得1981年9月，我一个农村懵懂少年，带着时代的荣耀迈进华南师大校门，在中文系就读，这里是我知识深造的圣地、思想启蒙的摇篮。沐浴着浓郁的校园文化，我逐步地成为社团活动的活跃分子，特别是担任华南师大广播站的记者和编辑，大四后期还协助《华南师大报》编辑部做一些撰稿、校对工作，始终得到华南师大党委宣传部陈业川、杨乾广、陈有诚、林利藩等领导和老师的悉心指导和充分肯定。永远不可忘记的，是中文系的老师和领导向我传道授业解惑，让我汲取知识与智慧；是党委宣传部的领导和老师引导我把握从稚嫩向成熟历练的前行方向，让我学会把知识转化为能力。

正因为与华南师大广播站、《华南师大报》结缘，在我1985年毕业前夕，华南师大党委宣传部以工作需要为由向学校申请把我留在部里工作。从此，我正式跟着林利藩老师学习报纸编辑、排版、校对业务，参加新闻采访活动，并且为学校教学科研中心工作和教风学风校风建设撰写评论文章，引导学校舆论。到了1986年4月我兼任政治教育系的政治辅导员，特别是当年9月党委宣传部力量进一步充实后，我逐步淡出《华南师大报》编务工作，转而主要协助陈有诚老师管理学校广播站、做好日常宣传思想工作并继续兼任政治教育系的政治辅导员（1988年9月止），直至1989年9月调到省委高校工委工作。此后多年，总陆续接到母校赠阅的《华南师大报》，让我与母校心相通、理相连、情相融。我与《华南师大报》自结缘始到在《华南师大报》编辑部工作全过程，时间短暂，却是我青年时光更是我一生弥足珍贵的精神财富。因为它让我接受了终身受益的良好精神洗礼，告诉我怎样围绕中心服务大局，教会我如何在铺陈版面中实现均衡协调优美，提示我怎样字斟句酌以体现精益求精，引导我如何实现内容与形式、思想与艺术、动机与效果相统一。可以说，在母校的学习工作生活对我人生发展具有奠基性作用，在

---

* 本文系作者于2013年12月21日参加庆祝《华南师大报》创办60周年活动后写的感想。

母校学习工作生活的快乐时光是我人生最亮的底色，其中在党委宣传部广播站、校报编辑部的历练可谓浓墨重彩的一笔！

1951年10月华南师范学院设立，不到一年半时间，1953年2月《华南师院》报创办。由此而来，以至《华南师大报》，这60年极不平凡的历程，一直记录着华南师大奋勇前行的深深足迹，反映着华南师大的艰难困苦和卓越成就，呼唤着国家民族对教育事业改革发展和人才培养的殷切期望，回荡着师生教学相长、作育英才的"木铎金声"。华南师大文脉不绝、斯文不绝、涅槃重生、问学育人、开枝散叶、枝干长青，《华南师大报》有功于焉！

一朝华师人，一世母校情。结缘《华南师大报》，受恩《华南师大报》，珍惜《华南师大报》，面向新60年，我衷心期许《华南师大报》遵循现代师范大学改革发展规律和特点，坚持新闻性、学术性、人文性有机统一，丰富发展内容形式载体，服务学校作育英才、创新学术、繁荣文化，服务校友发展、情结凝聚、精神眷恋，服务学校社会协同创新、内涵发展、屹立世界学府之林，在促进教师教育事业改革和发展中创造更加辉煌的业绩、作出更多更大的独特贡献，激励一代又一代华南师大人为着中华民族伟大复兴和办好人民满意的教育而勇往向前！

母校高州市第二中学建立110周年感言*

亲爱的老师，同学们：

今天，我们欢聚一堂，共贺母校110周年华诞。在这个激动人心的重要时刻，首先，请允许我代表曾经在这里度过青春岁月的校友们，向敬爱的母校送上我们最真挚的祝福！向辛勤培育了高州二中莘莘学子的历届老师，致以崇高的敬意和深切的问候！向正在求学、青春洋溢的学弟学妹们，表达由衷的关爱和殷切的期望！

110年筚路蓝缕，110年薪火相传，110年砥砺耕耘，110年硕果芬芳！岁月峥嵘，我们的母校以卓越的风姿，跨越了时代，演绎了传奇。从1905年的茂名中学堂到如今的高州市第二中学，一个多世纪的风雨历程，诉说着母校的春华秋实、历史积淀和深厚底蕴。今天，伴随着时代的步伐，母校旧貌换新颜，生机焕发，优美的校园环境、现代化的教学设施、精良的教师队伍，接踵而至的国家级、省级荣誉，无不彰显着一所现代化学府欣欣向荣的风采。作为曾在这所学府孜孜求学的一员，我深感自豪、无比振奋！

光阴似箭，我这一届学生已毕业30余年。30余年，弹指一挥间。

入学时，我们青涩懵懂、意气风发，相遇相识的情景还历历在目；毕业时，我们憧憬未来，互道珍重、依依惜别的情谊还宛然在心。白驹过隙间，仿佛刚刚才吟罢"此地一为别，孤蓬万里征"，今天，却已是30余年后聚首畅谈"浮云游子意，落日故人情"。我看到，昔日年轻稚嫩的同学们，如今已两鬓生了白发。但我也感到，毕业30余年后再聚首，我们依然风华正茂！相聚在母校，我们拥有一颗年轻的心，我们保存着至纯至真的情。在母校度过的中学时光，是我们终身受用的宝贵财富，是我们一生珍藏的美好回忆。我相信，在所有高州二中学子的漫漫人生征途和未来的旅程中，母校，始终是我们坚守信仰、追求理想、凝魂聚气、崇德向善，为实现中华民族伟大复兴的中国梦而奋力前行的精神家园。

---

* 本文系作者于2015年12月12日在高州市第二中学建立110周年庆典上发表的感言。

母校是我们坚守信仰、弘扬正能量的精神家园。在高州二中度过的中学岁月，构成了我们生命中最为激荡的青春时光。从1981年中学毕业到2015年的今天，我们不仅跨越了两个世纪，也跨越了从青年到中年的人生转折；不仅承载了我们深沉的牵挂和深切的感恩，也记录了我们成功时的喜悦和失意时的忧伤。我们每一位从高州二中走出去的学子，也许生活以它的具体琐碎消磨了我们最初的浪漫与绚烂，也许人生以它的平庸世故消解了我们最初的雄心万丈，也许我们早已浸淫于社会的务实与现实之中，但想起母校，便想起了我们的双肩承担着老师寄托的希冀，我们前行的背后有着老师关注的目光。我们未曾忘却"天地之心、生民之命、往圣绝学"在心中激起的共鸣；我们未曾放弃相信善良、追求美好；我们未曾放弃选择坚守、奔向理想！

母校是我们上下求索、实现人生价值的精神家园。毕业以后，物换星移，我们有的同学沉浮于宦海仕途，终于崭露头角，有所成就；有的同学随着经济改革的浪潮，成为商海的弄潮儿，靠自己的勤奋、智慧发家致富；有的同学淡泊名利，始终从事平凡而伟大的立德树人工作。各位同学无论从事的是什么职业，经历是坎坷还是平顺，我们始终记得，是母校给予我们坚实的知识基础，呵护我们的激情与理想；从母校出发，我们探索人生价值的真谛，努力在自身社会价值的实现中实现自我价值，努力站在更高的起点、以更成熟的内心，追寻充实饱满的人生，书写各有千秋的人生华章！

母校是我们崇德向善、守护赤子之心的精神家园。走过社会历程的风风雨雨，体味过滚滚红尘中的人生百味，母校始终是我们心底最纯净的地方。在漫长时光的磨砺中，我们未曾忘却仰望头顶的星空，未曾忘却恪守心中的道德定律，始终涤荡自身品性；在人生起伏跌宕间，我们始终感怀中学时代单纯美好的师生之情和同窗之谊，铭记真诚真挚真情真义。不论人生得失与境遇顺逆，我们的心始终与谆谆教诲过我们的恩师紧密相连；尽管岁月的沧桑洗尽了我们的青春年华和天真烂漫，我们的同学情谊就像一坛陈年佳酿，越品越浓，越品越香，越品越醇。毕业之后，我们虽然各奔东西、聚少离多，有的甚至失去联系，但时光愈流逝，我们愈深地体会到，老师、同学的情最深，老师、同学的意最切，老师、同学的爱最真！

在母校110周年华诞庆典上的相聚，时光短暂而又宝贵。在这里，让我们再次以最衷心的热忱感谢母校的培养，我为自己曾经是一名高州二中的学生而感到荣耀和骄傲！

祝福您，给予我自强不息精神的母校。祝您永远朝气蓬勃、锐意进取，继续发扬"崇德、博学、强体、卓越"的校训精神和"团结、求实、拼搏、进取"的校风，在祖国的大地上再创辉煌！同时，我衷心祝贺，我们的聚会为老师、同学们再谱豪情、再续友情、再现真情搭建起更加稳固的桥梁和平台，彼此之间当保持联系、音信勿断；衷心祝愿，我们每一位老师，身体健康，心情愉快，阖家幸福；衷心祝福，我们所有的同学，心宽体健，事业顺利，家庭和睦，平安喜乐！祝我们的友谊地久天长！

推动湾区教育协同创新发展
支撑打造国际一流湾区和世界级城市群*

广东省教育研究院院长汤贞敏在2018中国南方教育高峰年会闭幕式上表示,推动粤港澳大湾区教育协同创新发展,对于打造国际一流湾区和世界级城市群具有重大现实作用和深远战略意义。围绕峰会的主题、成效、影响力以及未来发展方向等问题,本刊记者独家专访了汤贞敏。

粤港澳教育交流合作亟需突破创新

记者:请您谈谈今年峰会主题的背景和原因。

汤贞敏:第六届中国南方教育高峰年会以"新时代、新理念、新战略、新举措:推动粤港澳大湾区教育融合发展"为主题,契合了党的十九大关于支持香港、澳门融入国家发展大局,把粤港澳大湾区打造成国际一流湾区,建设世界级城市群的决策部署,具有鲜明的时代性、针对性。

当今世界正处在大发展大变革大调整时期,全球及区域经济社会相互依存、相互渗透程度不断加深,新一轮科技革命和产业变革正在孕育兴起,全球及区域人才、智力、科技等要素必定高度聚集和深度融合。进入新时代,习近平总书记要求广东"四个走在全国前列",指示广东"要抓住建设粤港澳大湾区重大机遇,打造国际一流湾区和世界级城市群"。推动粤港澳大湾区建设和发展,是党和国家立足国际产业调整和科技革命发展趋势作出的重大战略布局。

新世纪以来,广东大力实施科教兴粤、人才强省战略,走出一条广东特色教育发展路子;香港和澳门构建了国际化程度高、具有较强实力的教育体系。三地教育交流合

---

* 本文系作者接受《广东教育》(综合版)记者韦英哲的采访,原发表于2018年第8期《广东教育》(综合版)(广东教育杂志社主办)。

作的体制机制逐步建立、空间和领域逐渐拓展、层次和水平不断提升。面对新时代新形势新要求，三地教育交流合作的思想观念和方式方法亟需突破和创新，协同创新发展的体制机制和共建共享平台亟需建立和健全，广度深度和层次水平亟需拓展和提升，支撑湾区建设发展的能力和水平亟需强化和提高。我们要在中央政府支持和指导下，集中智慧，加强研究，推动湾区教育协同创新发展，建设国际教育示范区，支撑打造国际一流湾区和世界级城市群。

围绕峰会主题达成四点共识

记者：本届峰会有哪些变化和收获？

汤贞敏：本届峰会上，专家学者对推动湾区教育协同创新发展，打造中国南方教育高地、国际教育示范区积极建言献策，取得了丰硕成果。与前五届峰会相比，本届峰会最大的不同在于首次邀请来自香港、澳门的10余位知名专家学者、嘉宾代表共襄盛举，使峰会通过思想观点的交流，碰撞出更多智慧的火花。与会的专家学者围绕峰会主题展开讨论，达成了四点基本共识。

第一，推动粤港澳大湾区教育协同创新发展，对于建设国际一流湾区和世界级城市群具有重大现实作用和深远战略意义。粤港澳区域毗邻、习俗相同、发展相依，是我国向世界展示改革开放伟大成就和国际社会观察我国改革开放的重要窗口。持续推动湾区建设和发展，必须以共建中国特色世界一流教育体系作根本支撑。要在"一国两制"和中央政府支持下，以更高历史站位、更远战略眼光、更广国际视野、更实行动举措，推动湾区教育朝着更高质量、更加公平、更有效率、更可持续的方向前进，为国际一流湾区发展和世界级城市群建设提供强大支撑。

第二，推动粤港澳大湾区教育协同创新发展，应当呈现鲜明的中国特色并对标世界一流。大家提出，推动粤港澳大湾区教育协同创新发展，应当立足湾区经济社会转型发展需要、长远谋划、整体布局、重点突破、分步推进，既要不断呈现鲜明的中国特色，又要对标世界一流，构建湾区教育协同创新发展共同体，逐步打造国际教育示范区。

第三，推动粤港澳大湾区教育协同创新发展，亟需构建教育集群发展共同体。可从四个方面加以概括，一是构建湾区国民素质教育体系，二是构建湾区现代职业教育和培训体系，三是构建湾区世界一流高等教育体系，四是构建湾区终身教育体系。

第四，推动粤港澳大湾区教育协同创新发展，必须突破思想观念束缚和体制机制障碍。大家认为，粤港澳三地有着不同的体制、不同的法律、不同的运作方式，要实现教育协同创新发展，必须在"一国两制"框架和中央政府领导下，加强思想观念创新、统筹协调创新、法律政策创新，形成共建共治共享的湾区教育生态系统。

峰会对教育改革发展的借鉴和启示

记者：峰会对我省推进教育现代化、建设南方教育高地有什么积极作用？

汤贞敏：历届峰会都围绕着广东教育改革发展和教育现代化进程中的重点、热点、难点问题深入探讨，对推进区域教育现代化和南方教育高地建设有着很好的借鉴和启示作用。主要体现在"高""新""深"三个方面。

"高"指的是高屋建瓴。党的十九大提出，建设教育强国是中华民族伟大复兴的基础工程。这为我们推进教育改革发展和教育现代化提供了根本指南和基本遵循。每届峰会以高规格召开，邀请许多高层次教育专家学者进行研讨对话，使我们从更高的视角、更广的视野将加快教育现代化融入科教兴国战略、人才强国战略、创新驱动发展战略、乡村振兴战略、区域协调发展战略、可持续发展战略等重大战略中去，融汇到全面建成小康社会、建设中国特色社会主义现代化新征程中去。

"新"指的是万象更新。教育和其他事物一样处在不断变化发展的过程中，矛盾的变化与新矛盾的出现，都需要我们有新理念、新思路、新举措，每届峰会探讨的话题实际上都离不开一个"新"字。进入新时代，围绕着力加快广东教育现代化、建设南方教育高地，我们必须勇于担当、敢于创新，运用新思维、推出新举措，正如今年峰会主题所说的"新时代、新理念、新战略、新举措"。

"深"指的是深中肯綮。每届峰会都围绕广东教育改革发展进程中的焦点话题展开深入交流和探讨，分析深刻、成果丰硕。一方面，峰会使我们深化了对教育现代化内涵、特征、外延等的研究与理解。另一方面，峰会使我们加深了对广东基本实现教育现代化的历史进程、短板及其应对策略的认识。从目前广东教育改革发展情况看，广东面临粤港澳大湾区建设的重要历史机遇，亟需深入思考、深刻变革，破解阻碍粤港澳教育协同创新发展的体制机制障碍，从而也为加快广东教育治理体系和治理能力现代化提供先进经验。

峰会不只属于广东和主办者

记者： 您对峰会的未来有什么展望？

汤贞敏： 广东深化教育领域综合改革、推动教育科学发展任重而道远，迫切需要汇聚各方面正能量谋求加快发展、率先发展、科学发展。在这样的背景下，举办中国南方教育高峰年会，本身就是深化教育领域综合改革的具体表现。

进入新时代，我们会在成功举办六届峰会的基础之上，总结经验，不忘初心，继续前行。展望未来，我们对继续办好中国南方教育高峰年会充满信心。我们期待着把这个学术峰会打造成为国内外教育思想和智慧交汇的重要平台、教育改革和发展研究成果展示交流的重要平台、教育改革发展和现代化新思想新举措的策源地。

中国南方教育高峰年会由广东省教育研究院发起和主办，但它不只属于广东、不只属于主办者，而是属于粤港澳大湾区，属于全国乃至世界，属于来自五湖四海致力于推进教育改革发展和教育现代化的专家学者、政府官员和教育实践工作者。

教育哲学与教育问题的深度对话*

——《中国教育问题的哲学解析》评介

教育是民族振兴、社会进步的基石，是提高国民素质、促进人的全面发展的根本途径，寄托着亿万家庭对美好生活的期盼。如何深化教育领域综合改革，如何推进教育科学发展，如何培养各级各类高素质人才，人人都有发言权，众说纷纭，包括政治家有政治家的教育主张、教育家有教育家的教育理念、平民百姓有平民百姓的教育诉求。因此，如何最大程度地凝聚和扩大各方共识，如何最大限度地汇聚和激发各方正能量，尊重科学、遵循规律地推进教育改革发展及人才培养，是我们这个民族与社会所必须重视和面对的战略性课题。广东省教育研究院汤贞敏等同志著、广东高等教育出版社出版的《中国教育问题的哲学解析》，以马克思主义哲学为指导，以古今中外教育实践与教育哲学相互关系的发展为主线，以中国教育问题的哲学解析为主题，将中国教育改革发展及人才培养问题与教育哲学紧密对接，引领教育哲学与教育问题深度对话。该书不仅较全面梳理了教育哲学演进的历史脉络及其价值，而且运用教育哲学思想，多侧面、多维度、理性而通俗地解析了当下中国教育改革发展及人才培养存在的主要问题，同时对中国教育改革发展及人才培养的未来作了哲学探讨。概览全书，我认为本书富有特色。

一、教育哲学研究的立体视域

习近平总书记在2016年5月主持召开哲学社会科学工作座谈会，指出："坚持和发展中国特色社会主义，统筹推进'五位一体'总体布局和协调推进'四个全面'战略布局，实现'两个一百年'奋斗目标、实现中华民族伟大复兴的中国梦，我国哲学社会科学可以也应该大有作为。"基于教育在经济社会发展和现代化建设中的基础性、先导

---

* 本文作者黄崴，原发表于2016年第11期全国中文核心期刊《高教探索》（广东省高等教育学会主办）。

性、全局性战略地位和作用，深化教育领域综合改革，推进教育科学发展，首先要有先进的教育思想理论引领，教育哲学无疑是这一思想理论的先导与核心。本书作者胸怀使命，采用大跨度、大纵深的开放性研究策略，将中国教育改革发展及人才培养的各种现实问题置于历史、理论、实践等立体视域中考察，试图从哲学的高度寻求破解中国教育问题的根本立场和方法，可谓用心良苦，也使研究成果富有广度和深度。

（一）全书所涉猎的教育问题与教育哲学思想覆盖古今中外

可以说，本书上至我国春秋战国时期的教育状况与诸子百家的教育哲学思想，及至当今中国特色社会主义现代教育体系与马克思主义哲学思想体系，涵盖19世纪至今美国、英国、德国、俄罗斯、日本、韩国、以色列等国教育哲学思想演进历程及其教育改革发展，既植根本民族文化特色，彰显对本民族教育哲学思想的自信，又注重吸取世界文化及哲学思想精华。梳理、研究的任务复杂而艰巨，著作文献内容之丰富、理论视野之开阔、问题解析之精细，弥足珍贵。

（二）全书所梳理的教育哲学思想与理论系统全面、丰富多样

作者以马克思主义哲学为指导，强调人的发展之于教育哲学的本体论意义，突出唯物主义反映论之于教育哲学的认识论意义，演绎理论与实践关系之于教育哲学的方法论意义。作者既尊重各时期各学派教育哲学思想产生的历史背景，又实事求是地剖析其时代局限性，建构教育哲学在不同时期演变的历史连环，勾勒出教育哲学思想不断革新、不断丰富的发展图式。这为提出推进中国教育改革发展及人才培养的正确哲学指引奠定了深厚的理论基础。

（三）全书所表达的教育哲学思想与教育实践紧密对接、互为观照

本书一方面强调教育哲学思想对教育实践的指导意义，另一方面突出教育实践对教育哲学思想丰富和完善的价值，同时，秉持兼收并蓄、开放包容的风格，注重甄别、吸收古今中外各时期各学派教育哲学思想精华，并把各时期各学派教育哲学思想与当时当地的教育实践密切联系在一起，分析成败得失，总结经验教训，以服务当今和未来的中

国教育改革发展及人才培养。

二、教育问题解析的多维视野

习近平总书记指出:"坚持问题导向是马克思主义的鲜明特点。问题是创新的起点,也是创新的动力源。只有聆听时代的声音,回应时代的呼唤,认真研究解决重大而紧迫的问题,才能真正把握住历史脉络、找到发展规律,推动理论创新。"本书明确以中国教育改革发展及人才培养问题为导向,从国计与民生、历史与现实、当下与未来、教育内部诸要素与教育外部诸因素等多维视野中,运用马克思主义哲学的基本立场、观点和方法,深度解析中国教育问题的历史症结、现实课题及其破解之道。

(一)确立教育的国计与民生关系视野

作者将教育的国计意义定位在国家发展战略规划和顶层设计方面,这种价值的厘定源于中国传统教育思想文化——"国将兴,必贵师而重傅""国将衰,必贱师而轻傅",更源于科教兴国、人才强国基本国策的现实选择;相对而言,教育的民生价值侧重在以人为本、民生幸福的价值上,以及在人力资源开发和知识改变命运方面。二者相辅相成,有机统一。基于这样的关系判断,教育问题的分析及破解之道,必须站在国家富强、民族振兴和人民幸福的立场上。唯有如此,才能更好地抓住教育问题的实质,才能更好地在保证教育优先发展、科学发展上形成共识,才能更好地促成教育问题得到根本性解决。

(二)确立教育的历史与现实、当下与未来视野

作者注意发现教育实践与教育哲学演变的规律性,从中提取思想精华,探索中国教育改革发展及人才培养问题解决的方向和路径,探索中国教育哲学思想嬗变的典型特征。早在春秋战国时期,诸子百家教育思想中就孕育着人本主义、生态教育、知行统一等教育哲学思想,并为历代教育实践所沿用。及至今日,数千年前的因材施教、教学相长、学思结合、知行统一等教育思想仍是指导当今中国教育政策制定和教育教学实践的

基本原则。立足现实，面向未来，应对挑战，它给我们的启示，一是中国应有充分文化自信，包括哲学和教育哲学自信；二是教育哲学为解决教育问题开出思想良方，但这种思想良方如果不能转化为国家教育决策和意志、不能转化为有效的教育实践，再理想的教育哲学也只能是花瓶一样的摆设；三是教育需要被赋予国家意志、民族精神和社会进步的意义与责任，但给付的方式一定要以尊重科学、遵循规律为前提，否则，只能适得其反、事与愿违。

（三）确立教育内外部要素和环境视野

作者反复强调教育改革发展及人才培养要遵循人的成长成才规律、教育教学规律和经济社会发展规律，增强教育改革发展及人才培养的内部协调性和外部适切性。无论从历史还是现实的角度看，教育哲学思想从来都不是孤立存在的，政治、经济、社会、文化等既共同构成教育哲学思想的孵化平台，又成为教育哲学思想演进的催化因素。同样的道理，教育问题也不是孤立的，它具有历史发展的阶段性特征，是教育内外部诸因素共同作用的结果。中国教育问题源远根深，研究中国教育问题，解决中国教育问题，必须有更加宽阔的视野和理性务实的态度。

三、教育现代化实践的多重考量

实践的观点是马克思主义哲学的基本观点之一。马克思曾指出："人的思维是否具有客观的真理性这不是一个理论的问题，而是一个实践的问题；人应该在实践中证明自己思维的真理性，即自己思维的现实性和力量，自己思维的此岸性。"同样，教育哲学也只有在教育实践中才能产生能量和价值。本书作者以哲学为指引，以问题为线索，以实践为导向，将教育哲学与教育实践紧密连接起来，充分彰显了马克思主义哲学思想的精华所在。

（一）教育现代化战略策略的实践考量

推进教育现代化是当今中国教育改革发展的重大战略任务，本书作者从教育现代化的历史进程、现实政策与长远策略等方面，多层面解读教育现代化面临的主要问题，提出科学推进的思路和方法。通过总结历史经验教训特别是我国教育改革发展定位从偏失到回归、重建、系统化的历史进程，进一步强调教育在经济社会发展和现代化建设中的基础性、先导性、全局性战略地位，强调教育优先发展、科学发展的价值意义，指出短视、功利的政绩意识扭曲教育优先发展、科学发展战略意图，提出回归初心、不忘本质不仅是学校教师的教育教学行为要求，更应成为教育决策意志、政府行为原则和全民共识。通过分析现实教育决策与政策的成败得失、经验教训，强调实行教育公平、均衡发展、质量特色等政策的现实意义，强调深化教育领域综合改革、推进教育治理体系和治理能力现代化、持续加大教育投入并优化支出结构、建设高素质专业化教师队伍、建立科学的教育评价体系对确保教育质量和办学水平的重要作用，等等。而这一切，都是为学生全面协调可持续发展奠基，为实现中华民族伟大复兴的中国梦奠基。

（二）人才培养及人力资源现代化建设的实践考量

本书作者从教育本质和目的视角探讨人才培养问题，围绕"教育培养能力不足""优质教育资源短缺""教育体制机制活力不足"等展开深入讨论，强调坚持全面实施素质教育导向，加强学生的社会责任感、法治意识、创新精神和实践能力培养；强调深化教育领域综合改革的意义和价值，提出深化教育领域综合改革必须牢记立德树人根本任务，把握住根本取向和正确方向；提出传承历史、放眼世界，回归本质、科学发展，转变教育发展方式，推进基于学习共同体的学校组织文化变革，提升教育内涵水平，完善中国特色社会主义现代教育体系，建构适应现实与未来社会需求的教育体制机制和人才培养模式。

（三）教育治理体系和治理能力现代化的实践考量

教育治理体系和治理能力现代化是教育现代化重要组成部分，也是教育现代化的制度和管理保障，是撬动教育科学发展的支点和杠杆。本书作者从推进教育管办评分离、转变政府管理职能和管理方式、落实学校办学自主权、建立多元化的教育评价体系等方面深入分析，提出明晰管、办、评三者关系的具体内容要求。同时，借鉴国外教育治理中政府行为、社会参与的经验，积极探索中国推行教育管、办、评分离的策略和路径，有着鲜明的现实针对性和不断前行的启发意义。

  总之，本书创新了教育问题哲学解析的新视野、新路径和新方法，坚持哲学思辨、科学解析、理性剖析、实践关照，是当今教育实践与教育哲学研究的新成果，为破解中国教育改革发展及人才培养和教育现代化进程中的理论课题、实践挑战提供了参考和指南，有利于我们的民族与社会各方面在认识、理解、消解教育改革发展及人才培养和教育现代化系列突出矛盾、困难、问题上更好地统一意志，相向而行。

不忘初心　执着创新 *

——读《中国教育问题的哲学解析》有感

最近,在广东省教育研究院沈林研究员推荐下,我读了《中国教育问题的哲学解析》一书,顿感醍醐灌顶,心中的困惑茅塞顿开。

《中国教育问题的哲学解析》一书是广东省教育研究院汤贞敏院长负责的"教育哲学研究工程"课题成果,汤院长组织了一批广东高校、教育研究院、教科所、重点中学的学者、专家和一线教师潜心研究,历时三年多思考、调研、研究出来的成果。本书共四篇合计十二章,整合了古今中外的教育哲学思想,从中国的教育实际出发思考中国教育的未来。

实施教育哲学研究工程具有重要的现实与战略意义:第一,当前社会各界对教育价值和作用的看法缺乏开阔的视野和深邃的眼光。教育是国计,也是民生,关系到国家未来的发展、中华民族伟大复兴的宏伟战略。从国计的战略高度推动教育改革发展及人才培养,落实教育优先发展战略地位,深化教育领域综合改革,推动教育科学发展,教育民生问题也必然会得到更好的解决。实施教育哲学研究工程,有助于统一和提高社会各界的认识,厘清教育与国计民生的辩证关系,对充分发挥教育在实现中华民族伟大复兴中的作用具有重要战略意义。第二,教育哲学研究对引领教育理论创新和教育实践变革,沟通和加强教育理论与教育实践的联系具有重要价值,有助于我们更好地认识世界、认识经济社会发展、认识教育改革发展及人才培养的根本目的,应当加强古今中外教育和教育哲学思想的梳理、归纳、比较和提升。第三,针对中国现实教育问题,登高望远,开展教育问题哲学解析,必须明确研究的目的和任务,在文献研究、比较研究的基础上,通过问卷调查等方式,掌握当今社会各阶层对教育改革发展及人才的培养的理解和体会,分析平民百姓、教育家、政治家等对教育问题理解的异同及其造成原因。在

---

* 本文作者罗金星,原发表于2017年第1期《师道》杂志(广东教育杂志社主办)。

充分了解各阶层对教育的期盼、对教育的主张基础上，探寻遵循教育规律、深化教育领域综合改革、推动教育科学发展、提高全民族综合素质、培养各级各类高素质人才的哲学指引，努力引导各阶层各方面的主张和诉求适应和契合教育的国家利益价值。

《中国教育问题的哲学解析》一书的核心思想是"教育的发展需要教育创新"，启发我思考。

一、落实核心素养，教育需要创新吗？

进入21世纪以来，世界各国对教育的价值和地位的认识普遍提升，在教育方面的投入都在逐年增加。但是学校的运作方式和学生所期待的有很大的落差。学校里采取的是工业流水线的教学与管理模式，"守时、健康、勤奋"等对工业流水线工人的要求，与学校对学生的管理如出一辙。很多孩子在学校里生活得并不快乐，每天忙于应付各种作业和测验，心理得不到舒展。

教育和生活、社会之间的脱节现象越来越明显。孩子们出生在信息时代，对信息时代的学习和交流方式有着天然的认同感，但很多学校到现在依然不允许学生带手机进校园、不允许学生在校园里上网、查询信息。在这个变化日趋迅猛、每天都有海量信息产生的时代，知识的数量以及记忆知识的本领，已经不再是学生的主要学习要求，让学生拥有批判性思维、创造性反应、合作的能力、企业家的行动力以及对不同文化观点的理解力，显得日趋重要。我们要把学生培养成未来社会的主人翁，而不是唯唯诺诺的接受者，我们需要让孩子做好面对全球性流动与物联网世界的各种准备，而不是让他们依然沉浸在一个封闭的世界里自得其乐。社会需要的教育与我们所提供的教育之间的错位越来越大，需要我们尽快革新当下的教与学的模式，迎接这快速变化的世界对我们的挑战。

我们的教育系统，总体上来说还是封闭的、自成一体的。一堵堵的墙壁、一圈圈的围墙，将学生隔离在校园里、教室中，不太注重自身文化力量对社会的辐射与影响，也不希望外在的文化对教育带来影响。从整体上看，给学生提供的教育是与孩子成年后要面对的世界相脱离的。在这个全球一体化、信息流动四通八达的时代，这样的教育显然不能满足社会发展的需求，我们需要通过各种创新的举措和方式，实现学校教育和社会、家庭教育的融合，实现学校教育与学生未来走向社会的生活的衔接。

教育的创新，不仅必要，而且还十分紧迫。

二、教育会实现自我创新吗？

学校教育确实不断地在进行改革和创新，期望通过内在的完善适应社会发展的节奏，特别是进入新世纪以来，世界各国纷纷推出新一轮的教育改革举措，从核心素养、21世纪技能、终身学习、课程教学、教育评价等维度加大改革的力度，教育改革的浪潮在世界各地激荡。

但不可否认的是，尽管教育改革的各种举措层出不穷，学校层面整体变革的局面还没有出现。在某些学校、在某些教室里，能够看到教育改革所带来的新变化、新气象，但从系统的角度看，大工业时代的教与学的方式依然占据着主导的地位，死记硬背、满堂灌的教学仍然是当下最主要的教学生态。

为什么教育改革的各种举措很难撬动学校基本的教与学的方式？一个很重要的原因，就是学校系统大多数的教育改革和创新，都是通过增量的方式对现有的教育系统进行改造，教育原有的结构没有发生根本性的变革。我们发现课程的强制性比较突出，没有关注到学生个体的实际，就在基础型课程的基础上增加了拓展型课程，给学生提供可选择机会；我们发现学生在科学探究、研究性学习等方面和其他国家有差距，于是就增加了研究型课程……在增加上述课程和学习内容的时候，原来的基础型课程体系并没有发生变化，教育评价依然围绕这些领域的内容来实施，教师和学生很自然就会继续将教与学的重点聚焦在基础型课程方面。

今天的学校课程体系，很好地继承了"把一切知识交给一切人"的教育传统。无论什么课程被学校系统采用，它都会变得过于细节化和规定性，以便更具有操作性，让各地的教师都可以用它来实施教学。学校已有的那些课程，更是在教育改革的推进中倾向于规避风险，封闭内向，容易被生产方、教师及其教学研究机构所主导，要让其抛弃效果不佳的、过时的方法非常困难。在增量上做改革的文章，在存量上坚守固有的传统，这样的现状使得教育系统自身的改革步履维艰，很难有实质性的改变。而无力变革的教育不仅不能促进社会的流动性、教育的均衡性，还会固化社会不平等，让教育成为一个筛分儿童的过程。

在信息化的时代，我们正面临着前所未有的新境况：搜索引擎告诉我们，如果存在某个信息，那它就应该能够被找到；微信给我们的期待是，如果某一事件正在发生，我们就能够从离它最近的人那里得到第一手的信息；社交媒体让我们意识到，如果你想就某一话题展开讨论，你一定可以找到一个互动交流的平台和一群对这一话题感兴趣的人……这些现象的背后，意味着全新的教育模式正在形成。教育将不再是走到学校才有可能发生的行为，学习将不再只有坐在教室里跟着老师学这样的方式。人人能学、时时可学、处处能学的学习型社会已经来临，学校如果不能更加积极地拥抱这个变革的社会，最终会被这个社会所抛弃。

三、培育核心素养、践行教育创新的可能路径在哪？

借鉴世界各国的教育创新经验，要促进教育领域更有效的创新，需要关注以下几个方面的路径。

一是把自上而下的改革要求与自下而上的创新举措有机结合。在点上开展实践探究，取得可复制、可推广的经验和举措，然后在面上逐渐推广。国家最近推进的深化教育领域综合改革，所采取的正是这样的路径。比如说高考招生考试制度的改革，国家的要求先在上海、浙江省试点，在不断实践不断完善逐渐取得经验的过程中，再向其他省份陆续推开。这既可以确保教育改革举措的平稳有序，又能让改革项目真正落到实处，让更多的老百姓受益。

二是把好教师的培养放在更加重要的位置。一个好教师对学生所产生的影响是不可估量的，好教师具有高尚的道德品质，处处以身示范，做学生的表率，他不仅有高超的教育教学水平和技巧，更善于把握教育改革的新动向，是学生学习的促进者和激励者。他非常注重学生良好学习习惯以及面向未来的思维品质的培养，而不仅仅传递知识给学生，他是学生前行道路上的一盏灯。

三是要善于将各种资源进行有机整合。系统内与系统外，形成教育行政部门、教师、家长、社会、学生共同的教育改革联盟。社会上有很多资源，他们希望能够为教育作些贡献，教育要成为一个开放社会的文化高地，更需要社会资源的介入和融合。两者有共同的意愿，也有很多可整合的契机，关键在于我们要有这样的意识。

四是对学校现有的教育制度和教学模式进行结构性的变革。以促进学生更加有效的学习为核心，以核心素养的培育为目标，重新思考课程的建设，课程的规定性要尽可能地低，让教师和学生都有自由发挥的空间。要充分发挥信息技术在课程教学变革中的撬动作用，在配置必需的硬件的同时，更加关注适合学生学习的系统和软件的开发和使用，让师生用起来既有趣又容易。要关注学生的职业意识、职业体验和职业生涯规划，加强课程与现实生活的联系，让学生在学习期间就能逐渐明晰自己的职业趋向，为走向社会做好各种准备。

不忘初心，执着创新，核心素养之花定能结出人才培养之果。

后 记
EPILOGUE

为了贯彻落实《国家中长期教育改革和发展规划纲要（2010—2020年）》《广东省中长期教育改革和发展规划纲要（2010—2020年）》的有关要求，广东省机构编制委员会于2011年5月印发广东省教育研究院机构编制方案。2011年8月，中共广东省委任命我为广东省教育研究院院长；2013年4月起，任广东省教育研究院党委书记、院长；2019年4月起，兼任广东省高等教育学会常务副会长；2020年8月后，任广东省教育研究院副厅级干部，继续兼任广东省高等教育学会常务副会长。

从事教育工作是我的幸运，我更视之为毕生追求和神圣使命。党的十八大以来，以习近平同志为核心的党中央带领党和国家取得的成就是全方位的、开创性的，实现的变革是深层次的、根本性的，推动中国特色社会主义进入了新时代，开启了全面建设社会主义现代化国家新征程。适逢这样伟大的时代，我始终牢记我们党"为中国人民谋幸福、为中华民族谋复兴"的初心和使命，一直奉行"为党育人、为国育才"的职责与情怀，在与同事们开展教育改革发展及人才培养战略研究、政策研究、理论研究、实践研究，发挥服务教育决策、创新教育理论、指导教育实践、引导教育舆论的功能作用，开创全院事业发展新局面的同时，保持过去长期形成的思考、研究教育改革发展及人才培养问题的习惯，带头开展教育科学研究，追求教育的理想状态，助力教育布局、规模、结构、质量、特色、效益协调发展，促进建设高质量教育体系，2012年至今撰写并公开发表论文或文章近50篇，表达对有关问题的看法和主张。

为了全面回顾、梳理和总结2012年以来所发表的教育科研论文或文章，以期对今后的学习和工作有所助益，我以《教育的理想状态——对教育高质量发展的追寻（上册）》为题，将其中的44篇和其他有关文稿汇聚起来，由五章和附录构成。其中，第一章"论发挥教育在国家富强民族振兴人民幸福中的战略作用",第二章"论提升基础教育内涵发展水平",第三章"论彰显高等教育贯彻国家及区域发展战略的功能价值",第四章"论推进教育治理体系和治理能力现代化",第五章"论以高水平教育科研体系支撑教育优质发展"。每一章的论文或文章,基本按其发表时间先后排序。这些论文或文章,多数是我在工作、学习中独立完成的,少数是我与同事或院外学者共同完成的,汇入本书时都在每篇的题注中作了具体说明;附录部分,主要是媒体记者对我的采访、读者对我牵头所著的《中国教育问题的哲学解析》的评论,还有我给母校华南师范大学建立80周年的祝福语、在《华南师大报》创办60周年庆祝活动中的感想、在母校高州市第二中学建立110周年庆典上的感言,同样体现着我对教育改革发展及人才培养、对建立健全教育科研及教学研究体系和推进教育高质量发展的思考和主张。

我十分敬重的老领导——中共广东省委教育工委原书记,广东省教育厅原党组书记、厅长罗伟其教授,以及广东省教育厅原党组副书记、副厅长魏中林教授,一直信任、指导、支持我开展工作。本书汇聚完成后,承蒙魏中林教授撰写序言,对我取得的些微成果给予充分肯定。对罗伟其、魏中林老领导长期给予的信任、指导、支持和肯定,我表示诚挚的敬佩和衷心的感谢!对院领导班子成员和各内设机构同事们始终给予的配合、帮助和支持,我表示真诚的感谢和美好的祝愿!对一切给予我关心、信任和鼓励的各级领导、教育系统同仁、各界朋友,我表示由衷的感激!

我还要十分感谢广东省出版集团党委副书记、南方出版传媒股份有限公司总经理叶河和南方出版传媒股份有限公司副总经理、广东人民出版社社长肖风华给予关心和支持!十分感谢广东人民出版社综合出版分社社长王庆芳、责任编辑方楚君和装帧设计张贤良、李利,以及责任技编吴彦斌、周星奎等在本书编辑、装帧、印制上付出大量辛勤劳动和为本书顺利出版所做的一切!

受个人站位、眼界、知识、能力、经验等因素制约,我的思考和研究、看法和主张难免有局限性,存在不足甚至谬误,敬请读者批评指正。

2023年8月26日

IDEAL STATE of
EDUCATION

/下册/

教育的
理想状态

·对教育高质量发展的追寻·

汤贞敏　著

SPM 南方传媒　广东人民出版社

·广州·

图书在版编目（CIP）数据

教育的理想状态：对教育高质量发展的追寻．下册／汤贞敏著．—广州：广东人民出版社，2023.8
ISBN 978-7-218-16710-7

Ⅰ．①教… Ⅱ．①汤… Ⅲ．①教育质量—研究 Ⅳ．①G40-058.1

中国国家版本馆CIP数据核字（2023）第112583号

JIAOYU DE LIXIANG ZHUANGTAI: DUI JIAOYU GAOZHILIANG FAZHAN DE ZHUIXUN (XIACE)
教育的理想状态：对教育高质量发展的追寻（下册）
汤贞敏　著　　　　　　　　　　　　　　　　版权所有　翻印必究

出 版 人：肖风华

责任编辑：王庆芳　方楚君
责任技编：吴彦斌　周星奎
装帧设计：张贤良　李　利

出版发行：广东人民出版社
地　　址：广州市越秀区大沙头四马路10号（邮政编码：510199）
电　　话：（020）85716809（总编室）
传　　真：（020）83289585
网　　址：http://www.gdpph.com
印　　刷：广东鹏腾宇文化创新有限公司
开　　本：787毫米×1092毫米　1/16
印　　张：27.5　字　数：485千
版　　次：2023年8月第1版
印　　次：2023年8月第1次印刷
定　　价：128.00元（上、下册）

如发现印装质量问题，影响阅读，请与出版社（020-85716849）联系调换。
售书热线：（020）85716863

序
PREFACE

教育科学研究，包括基础教育教学研究，是教育事业的重要组成部分，在加强学科专业建设、推进课程改革、促进教学资源开发、指导教学实践、助力教师发展、引领学生成长成才、普及先进教育理念和正确教育方法、服务教育决策和教育管理中居于重要地位，对教育改革发展及人才培养具有重要支撑、驱动和引领作用。2010年7月，中共中央、国务院印发《国家中长期教育改革和发展规划纲要（2010—2020年）》，要求"加强教育宏观政策和发展战略研究，提高教育决策科学化水平。鼓励和支持教育科研人员坚持理论联系实际，深入探索中国特色社会主义教育规律，研究和回答教育改革发展重大理论和现实问题，促进教育事业科学发展"。同年9月，中共广东省委、广东省人民政府印发《广东省中长期教育改革和发展规划纲要（2010—2020年）》，要求"加强教育体制机制改革和教育发展的科学研究。整合资源，壮大力量，加强教育改革和发展的战略研究、政策研究和应用研究，加强教育理论和实践创新，提高教育决策、管理和教育教学改革的科学化水平"。党的十八大以来，习近平总书记站在确保中国共产党长期执政和国家长治久安、实现中华民族伟大复兴中国梦的战略高度，谋划和部署教育事业的改革和发展，鲜明地提出建设教育强国是中华民族伟大复兴的基础工程，教育是国之大计、党之大计，要坚持党对教育事业的全面领导、把立德树人作为教育的根本任务、优先发展教育事业、把握社会主义办学方向、扎根中国大地办教育、以人民为中心发展教育、深化教育改革创新、把服务中华民族伟大复兴作为教育的重要使命、把教师队伍建设作为基础工作，着力构建德智体美劳全面培养的教育体系和高水平人才培养体系，建设高质量教育体系。习近平总书记关于教育的重要论述，涵盖新时代我国教育改革发展的根本保证、根本任务、发展战略、发展方向、发展道路、根本宗旨、根本动力、时代使命、依靠力量等重大问题，既为包括教育科研在内的整个教育事业改革发展及人才培养提供了根本遵循，又迫切需要教育科研围绕中心、服务大局，探索规律、破解难题、引领创新，更好更快建设具有中国特色、世界水平的教育科学理论体系、实践体系、评价体系、话语体系，为深化教育领域综合改革、提高教育质量、推进教育现代化、建设教育强国、办好人民满意的教育提供强有力的专业支持、智力支撑和知识贡献。

为贯彻落实党中央、国务院和省委、省政府的重要决策部署，广东省机构编制委员会于2011年5月印发广东省教育研究院机构编制方案，成立广东省教育研究院，确定其主要任务为：开展全省教育改革和发展的战略研究、政策研究，为省委、省政府相关决策提供咨询服务；追踪和分析教育重点、热点和难点问题，为促进教育决策科学化提供智力支持；协助省教育厅制订全省基础教育、职业教育、高等教育、民办教育发展规划，参与制订教育评估政策、开展教育质量监测；承担全省基础教育、职业教育的课程研究、教材编写、教学改革实验工作；承担国家级、省部级重大教育科研项目研究等。概括地说，就是围绕全省教育中心工作，以服务教育决策、创新教育理论、指导教育实践、引导教育舆论为基本任务，加强教育战略研究、政策研究、理论研究、实践研究，为省委、省政府及省教育厅相关决策提供重要智力支持，为各级各类学校提高教育质量和办学水平提供重要专业指导，服务于增强全省教育综合实力、区域竞争力和国际影响力。本著作者汤贞敏同志，于当年8月从广东省教育厅发展规划处处长职位上被提拔为广东省教育研究院院长，2013年4月起任广东省教育研究院党委书记、院长，2019年4月起兼任广东省高等教育学会常务副会长，2020年8月后任广东省教育研究院副厅级干部并继续兼任广东省高等教育学会常务副会长。在广东省教育厅党组直接领导下，汤贞敏同志一直与同事们深入贯彻落实党中央、国务院和省委、省政府的重要决策部署，特别是深入学习研究、贯彻落实习近平总书记关于教育的重要论述，全方位、立体式开展工作，致力于开创教育科研事业新局面，使广东省教育研究院取得一系列或具有较高显示度或潜隐待发的成绩，快速地在全国形成较强影响力。

汤贞敏同志在与同事们推进广东省教育研究院建设、发展、创新，带动全省教育科研及基础教育教研水平提升的同时，一直坚持思考和研究教育改革发展及人才培养的战略问题、政策问题、理论问题、实践问题，从助力教育布局、规模、结构、质量、特色、效益协调发展，助推深化教育领域综合改革、提升教育公平程度、发展学生核心素养、建设高质量教育体系上表达自己对有关问题的看法和主张，还负责具体主持一系列教育发展规划编制工作，其实质就是在探索和追求教育的理想状态，体现贯彻落实习近平总书记关于教育的重要论述以及党中央、国务院和省委、省政府的发展战略，表达经济社会转型发展、高质量发展和人民日益增长的美好生活需要对优质教育的期盼，反映各级各类学校遵循教育规律、塑造特色品牌、提高内涵发展水平的诉求与实践。《教育的理想状态——对教育高质量发展的追寻（上、下册）》，可谓汤贞敏同志这10多年来思考和研究教育改革发展及人才培养问题的成果集，既从一个侧面反映着汤贞敏同志对有关问题的看法、主张和追求，也从一个侧面反映了他与同事们所开展的部分工作。其中，上册是他公开发表过的教育科研论文或文章，涉及发挥教育在国家富强民族振兴人民幸福中的战略作用、提升基础教育内涵发展水平、彰显高等教育贯彻国家及区域发展战略的功能价值、推进教育治理体系和治理能力现代化、以高水平教育科研体系支撑教育优质发展等；下册是他为建立健全新时代教育科研及教学研究体系、发展素质教育、助力教育高质量发展而发表的演讲，以及为有关教育专著撰写的序言与后记，涉及注重谋划教育改革发展重大问题、建立健全新时代教育科研体系、聚力打造中国南方教育学术高地、着力发展素质教育、努力推进基础教育优质发展、不断提升中小学生语文核心素养、重视提高学前教育和特殊教育质量、协力开展职业教育标准研制和职业素养教育、加快推进高等教育现代化、切实加强民办教育研究能力建设、持续推动粤港澳台教育合作发展、高度重视教育理论与实践研究成果表达等。本著内容涵盖范围广，集宏观、中观、微观教育问题研究于一体，见证了党和国家对教育改革发展及人才培养的高度重视，反映了广东省教育研究院的职能职责和建设发展阶段，体现了汤贞敏同志的成长经历、思维特征、研究方向和表达习惯，具有学术价值、实践价值、史料价值，可供教育改革发展及人才培养的战略研究者、政策研究者、理论研究者、实践研究者参考，以期大家更好地凝聚智慧力量，共同探索和追求教育的理想状态，加强教育科学研究与实践，繁荣中国特色社会主义教育理论体系、实践体系、评价体系、话语体系，发展中国特色、世界水平现代教育，建设教育强国、强省和人力资源强国、强省，办好人民满意的教育。

我曾分管的领域当中有广东省教育厅发展规划处、广东省教育研究院，汤贞敏同志在其中任主要负责人。我退出领导岗位后，任广东省高等教育学会会长，汤贞敏同志兼任常务副会长，协助我开展各项工作。我对汤贞敏同志的为人、为事、为学是比较了解的，他请我为本著写几句话，我欣然同意，并推荐大家一读。

是为序。

魏中林

2023年7月13日

于广州南国花园*

---

* 本序作者：魏中林，广东省教育厅原党组副书记、副厅长（正厅级），广东省高等教育学会会长，暨南大学文学院教授。

目 录
CONTENTS

第一章 注重谋划教育改革发展重大问题 / 1

立德树人 担当民族复兴大任
——深入学习贯彻习近平总书记关于教育的重要论述 / 2

新常态下教育规划的基本特性、趋势与问题反思 / 13

迈向优质的教师教育若干问题思考 / 19

广东教育改革发展"十三五"之若干展望 / 24

开放包容：携手走向人类教育共同体 / 33

深圳文化繁荣兴盛和教育高水平发展的思考 / 38

实施科教兴国战略 强化现代化建设人才支撑 / 40

第二章 建立健全新时代教育科学研究体系 / 55

加强基础教育教学研究 打造基础教育教学研究广东品牌 / 56

加强教育科学研究 提高教育改革发展科学化水平 / 61

全面加强教育教学研究与指导 助推教育"创强争先建高地" / 66

加强职业教育科研教研 打造南方职业教育理论与实践研究高地 / 77

加强基础教育科研和宣传舆论 助力基础教育治理现代化 / 82

尊重科学 遵循规律 努力建设国内一流新型教育智库 / 90

广州教育政策研究建言 / 94

以科研助推基础教育均衡优质发展 / 96

以教育科研引领教育科学发展高质量发展 / 100

提升基础教育教研员专业水平　促进基础教育质量提高 / 103

加强小学数学教学研究　提高小学数学教学质量 / 106

共建共享　协同创新　全面提升历史学科育人水平 / 109

第三章　聚力打造中国南方教育学术高地 / 113

共绘教育现代化蓝图　同圆富民强国之梦 / 114

深化教育领域综合改革　创造国家及区域未来 / 118

推进教育治理现代化　法治与改革发展同行 / 124

贯彻新发展理念　促进教育改革发展科学前行 / 131

深化教育领域综合改革　服务创新驱动发展战略 / 136

推动教育协同创新发展　为建设国际一流湾区和世界级城市群提供战略支撑 / 140

肩负新使命　探索新路径　加快推进新时代教育现代化 / 145

第四章　着力发展素质教育 / 151

遵循规律　协同创新　培养担当民族复兴大任的时代新人 / 152

遵循规律　推进青少年红色文化教育创新 / 154

提升学校体育科学水平　促进青少年身体健康 / 156

重视校园足球教研　发挥校园足球功能作用 / 158

推进美育发展　发挥美育作用 / 162

财经素养教育的广东实践与思考 / 164

多方协作　共创财经素养教育新天地 / 169

贯彻《中国财经素养教育标准框架》　推动财经素养教育科学发展 / 172

协力开展财经素养教育　助力区域经济社会转型发展 / 175

让STEM教育引领创新人才培养 / 179

因材施教　因A.I.而能 / 182

聚焦STEM课程　助力创新人才培养 / 184

第五章　努力推进基础教育优质发展 / 187

为推进中小学优质多样特色发展提供智力支持 / 188

扎实培育和推广基础教育教学优秀成果 / 191

勇于形成广东特色、广东风格、广东气派的基础教育教学成果 / 195

教育国际化与本土行动
　　——基于PISA视角的学生发展基础素养状况及提升路径 / 199

做好义务教育质量监测试验工作　助力义务教育科学发展 / 225

齐心协力　推进普通高中教育质量监测创新发展 / 227

第六章　不断提升中小学生语文核心素养 / 233

重视中小学生文学教育和文学创作　促进中小学生健康成长成才 / 234

亲近母语：儿童的文学教育与语言发展 / 237

让小学语文教学为学生健康成长成才奠基 / 239

加强中学语文课程研究　为中学生健康成长成才筑梯 / 241

中学语文教研的规范与创新 / 243

让文学带着中小学生远走高飞 / 247

深化语文教育教学改革　丰富提高中小学生语文核心素养 / 249

加强网络教研平台建设　推动学科教研工作转型
　　——广东省部编初中语文教材名著阅读专题网络研讨活动感悟 / 251

重视校园文学活动　培养学生人文核心素养 / 253

加强语文教育教学探索　促进师生语文能力发展 / 255

探索建立语文教育生态系统　高效培养学生语文素养 / 257

崇尚中文写作　涵养家国情怀 / 259

增强广东文化自信　提升广东文化影响力
　　——《改革开放与广东文艺40年》出版感言 / 260

第七章　重视提高学前教育和特殊教育质量 / 263

加强家庭科学育儿指导　实现家园有效共育 / 264

团结全省学前教育力量　提升全省学前教育质量 / 268

促进学前教育评估　推动学前教育科学发展 / 272

普及科学育儿知识　分享科学育儿经验 / 276

深入贯彻《3—6岁儿童学习与发展指南》　推动儿童发展科学评价 / 281

推动保教质量评价　促进幼儿园优质发展 / 285

提高幼儿园保教质量　推进幼儿园特色建设 / 288

加强特殊教育学校课程建设 / 291

加强特殊教育研究　促进残疾儿童少年充分发展 / 293

加强特殊教育专业队伍建设　促进特殊教育科学发展高质量发展 / 295

新时代　特殊教育再出发 / 297

第八章　协力开展职业教育标准研制和职业素养教育 / 299

协力研制高水平中高职衔接专业教学标准和课程标准 / 300

扎实推进职业教育专业教学标准研制工作 / 303

协力开展职业素养和创新创业教育　助力国家及区域经济社会繁荣发展 / 306

第九章　加快推进高等教育现代化 / 309

助推广东应用型本科院校创新融合优质发展 / 310

讲述广东高等教育故事　助力广东高等教育现代化 / 313

加强高校学科建设　加快高等教育高质量发展 / 315

推进新时代高等教育发展理论中国化的若干思考 / 319

第十章　切实加强民办教育研究能力建设 / 325

加强民办教育研究基地建设　为民办教育持续健康发展提供智力支持 / 326

新时代民办教育发展的机遇和挑战 / 329

汇聚民办教育新智慧　开创民办教育新格局 / 332

面向2035　开启民办教育现代化新征程 / 335

第十一章　持续推动粤港澳台教育合作发展 / 337

共建粤港澳大湾区中国特色世界一流教育体系的思考 / 338

支持粤港澳大湾区中国特色世界一流高等教育体系建设 / 350

粤港澳大湾区高等教育数据管理、开发和质量保障：原则、作用与着力点 / 355

母语、文学、中华文化与人类教育共同体 / 359

勠力共建粤港澳大湾区中国特色世界一流中小学 / 363

交流合作　协同创新　共担推进新时代教育现代化的使命与责任 / 366

第十五届海峡两岸（粤台）高等教育论坛感触 / 371

第十六届海峡两岸（粤台）高等教育论坛感想 / 374

第十七届海峡两岸（粤台）高等教育论坛感悟 / 377

第十二章　高度重视教育理论与实践研究成果表达 / 381

推进实践教学创新　培养学生职业素质
　　——评《高职院校实践教学创新的理论与实践》 / 382

祝贺《珠江论丛》出版 / 385

《广东省普通高中教学水平评估实践探索（2007—2013年）》序 / 387

《广东省志（1979—2000）教育卷》概述 / 390

《广东教育改革发展思索》前言 / 406

《广东教育改革发展思索》后记 / 409

《写给爸爸妈妈的教育丛书》总序 / 411

《政校行企协同　学产服用一体——东莞特色高等职业教育创新实践》
　　序言 / 415

《广东现代学徒制专业教学标准研制：调查与分析（一）》序 / 417

《现代学徒制专业教学标准和课程标准开发指南》序二 / 419

《特色学校建设的南海范式》序言 / 421

聚焦课堂教学改革的有效探索
　　——《小学语数英学科案例教学论》评介 / 423

后　记 / 426

第一章

注重谋划教育改革发展重大问题

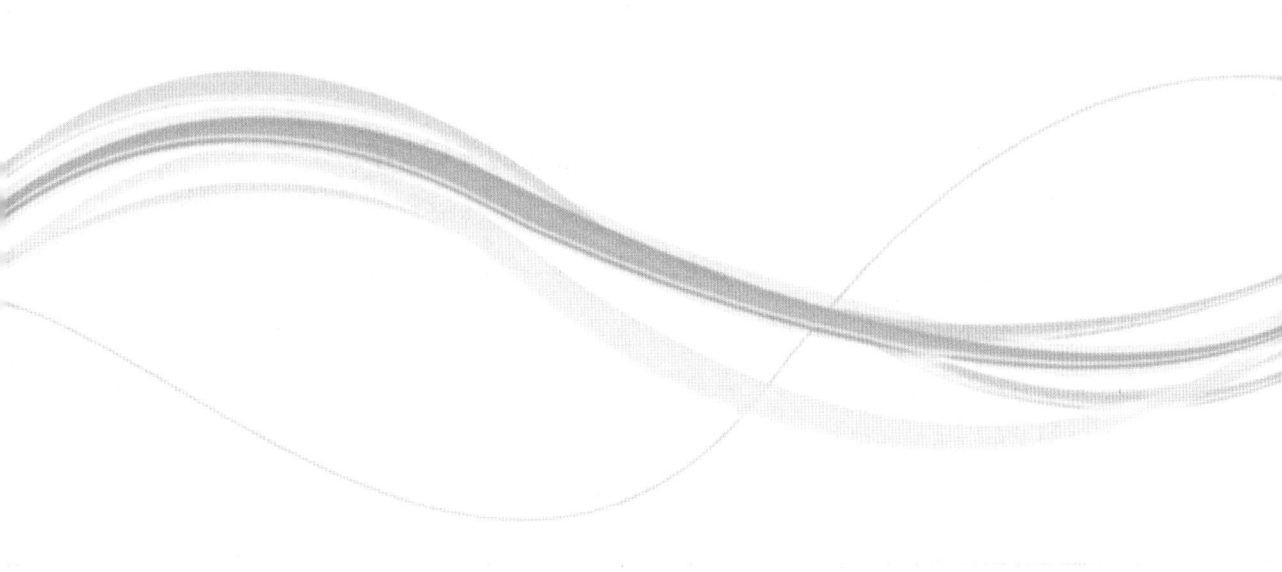

立德树人　担当民族复兴大任[*]

——深入学习贯彻习近平总书记关于教育的重要论述

党的十八大以来，习近平总书记站在确保中国共产党长期执政和国家长治久安、实现中华民族伟大复兴中国梦的战略高度，思考和部署教育事业改革发展。他深入大学、中学、小学、幼儿园考察并同师生座谈，亲自主持会议研究教育重大议题，针对教育领域人民群众关心的热点、难点问题作出重要指示批示，多次给教育领域重大活动、重要会议、教师、学生发贺信或写回信，提出了一系列富有创见的教育改革发展新理念、新思想、新观点，系统回答了教育工作的方向性、根本性、全局性、战略性问题。形成了习近平总书记关于教育的重要论述，成为习近平新时代中国特色社会主义思想的重要组成部分。我们深入学习研究习近平总书记关于教育的重要论述，把握其关键指向，理解其理论品格与时代特质，尊崇其战略地位，用以武装头脑、指导实践、推动工作，具有重大意义。

一、习近平总书记关于教育的重要论述的关键指向

习近平总书记关于教育的重要论述，体系完备、结构完整，涵盖新时代我国教育的根本保证、根本任务、发展战略、发展方向、发展道路、根本宗旨、根本动力、时代使命、依靠力量等重大问题。总书记在全国教育大会上明确指出，在实践中，我们就教育改革发展提出一系列新理念、新思想、新观点，主要是坚持党对教育事业的全面领导，坚持把立德树人作为教育的根本任务，坚持优先发展教育事业，坚持社会主义办学方向，坚持扎根中国大地办教育，坚持以人民为中心发展教育，坚持深化教育改革创新，坚持把服务中华民族伟大复兴作为教育的重要使命，坚持把教师队伍建设作为基础工

---

[*] 本文系作者2019年就深入学习贯彻习近平总书记关于教育的重要论述在广东省教育研究院内外作的演讲。

作。这是我们对我国教育事业规律性认识的深化，来之不易，要始终坚持并不断丰富发展。这"九个坚持"互相联系、密不可分。我们要在牢牢把握"九个坚持"规律性认识的基础上，充分把握其关键指向。

（一）关于教育的地位作用

习近平总书记在党的十九大报告中重申"优先发展教育事业"总战略，明确提出"建设教育强国是中华民族伟大复兴的基础工程"总定位。在全国教育大会上，习近平总书记强调，教育是国之大计、党之大计，是民族振兴、社会进步的重要基石，是功在当代、利在千秋的德政工程，对提高人民综合素质、促进人的全面发展、增强中华民族创新创造活力、实现中华民族伟大复兴具有决定性意义。这是对新时代我国教育地位作用的新判断。体现和发挥教育"国之大计、党之大计"的地位作用，实现教育的宏伟目标，要求我们落实教育优先发展战略，切实把优先发展教育事业作为推动党和国家各项事业发展的重要先手棋，抓住机遇、超前布局，做到经济社会发展规划优先安排教育发展、财政资金投入优先保障教育投入、公共资源配置优先满足教育和人力资源开发需要；要求我们务必以更高远的历史站位、更宽广的国际视野、更深邃的战略眼光，对加快推进教育现代化、建设教育强国作出总体部署和战略设计；要求我们不断促使教育同党和国家事业发展要求相适应、同人民群众期待相契合、同我国综合国力和国际地位相匹配；要求我们坚决推动各地各部门坚持"教育第一"，不断加大投资于人的力度，努力让13亿多中国人民享受更加公平更有质量的教育，获得发展自身、奉献社会、造福人民的能力，把巨大的人口资源转化为巨大的人力资源优势。

（二）关于教育的根本问题和根本任务

"培养什么人、怎样培养人、为谁培养人"是教育的根本问题。习近平总书记在党的十九大报告中明确了"全面贯彻党的教育方针，落实立德树人根本任务，发展素质教育，推进教育公平，培养德智体美全面发展的社会主义建设者和接班人"的总任务。我们办教育培养出来的人，心中是否有党、国家、民族，是否坚定中国特色社会主义道路、理论、制度、文化自信，能否为实现中华民族伟大复兴贡献力量，事关党和国家能否长治久安，事关中国特色社会主义事业是否后继有人。回答好这个问题，是我们办教育的关键，意义极为重大。

"培养什么人"，是教育的首要问题。把马克思主义基本原理与中国具体实际结合起来，毛泽东同志强调"应该使受教育者在德育、智育、体育几方面都得到发展，成为有社会主义觉悟的有文化的劳动者"；邓小平同志强调"有理想、有道德、有文化、有纪律"；江泽民同志强调"培养德智体美全面发展的社会主义建设者和接班人"；胡锦涛同志在此基础上强调"育人为本、德育为先"。习近平总书记强调要培养一代又一代拥护中国共产党领导和我国社会主义制度、立志为中国特色社会主义奋斗终身的有用人才，在全国教育大会上又要求"立足基本国情，遵循教育规律，坚持改革创新，以凝聚人心、完善人格、开发人力、培育人才、造福人民为工作目标，培养德智体美劳全面发展的社会主义建设者和接班人"。明确提出"德智体美劳全面发展"总体要求，这是对党的教育方针的丰富和发展，也是党的教育理论的重大创新。与此同时，习近平总书记基于实现"两个一百年"奋斗目标和中华民族伟大复兴中国梦的战略考虑，反复强调"培养担当民族复兴大任的时代新人"。这是习近平总书记紧扣中国人民从站起来、富起来到强起来的历史性飞跃形成的新认识。培养担当民族复兴大任的时代新人，实质上就是培养德智体美劳全面发展的社会主义建设者和接班人。

"怎样培养人"，是教育的途径和方式方法问题。随着中国特色社会主义进入新时代，我国社会主要矛盾也随之转化，人们对更加公平更有质量的教育的需求更加强烈。这要求我们必须紧扣"为谁培养人""培养什么人"思考"怎样培养人"的问题。习近平总书记强调，"要努力构建德智体美劳全面培养的教育体系，形成更高水平的人才培养体系。要把立德树人融入思想道德教育、文化知识教育、社会实践教育各环节，贯穿基础教育、职业教育、高等教育各领域，学科体系、教学体系、教材体系、管理体系要围绕这个目标来设计，教师要围绕这个目标来教，学生要围绕这个目标来学。凡是不利于实现这个目标的做法都要坚决改过来"。要实施新时代立德树人工程，深入推动习近平新时代中国特色社会主义思想进教材进课堂进头脑，着力在坚定理想信念上下功夫、在厚植爱国主义情怀上下功夫、在加强品德修养上下功夫、在增长知识见识上下功夫、在培养奋斗精神上下功夫、在增强综合素质上下功夫。要树立健康第一的教育理念，开齐开足体育课，帮助学生在体育锻炼中享受乐趣、增强体质、健全人格、锤炼意志。要全面加强和改进学校美育，坚持以美育人、以文化人，提高学生审美和人文素养。要在学生中弘扬劳动精神，教育引导学生崇尚劳动、尊重劳动，懂得劳动最光荣、劳动最崇高、劳动最伟大、劳动最美丽的道理，长大后能够辛勤劳动、诚实劳动、创造性劳动。

"为谁培养人"，是教育的政治方向问题。习近平总书记在2016年12月全国高校思想政治工作会议上指出，我国有独特的历史、独特的文化、独特的国情，决定了我国必须走自己的高等教育发展道路，扎实办好中国特色社会主义高校。我国高等教育发展方向要同我国发展的现实目标和未来方向紧密联系在一起，为人民服务，为中国共产党治国理政服务，为巩固和发展中国特色社会主义制度服务，为改革开放和社会主义现代化建设服务。正是基于这样的战略思考，习近平总书记高度重视"为谁培养人"问题，在全国高校思想政治工作会议上首次将其与"培养什么样的人""如何培养人"一道作为教育的根本问题提出来。在全国教育大会上，习近平总书记进一步提出"教育是国之大计、党之大计"等重要观点。这既彰显了我们党办教育的初心和使命，又凸显了"为谁培养人"的具体内涵。

（三）关于教育的发展道路

习近平总书记主要基于两个角度来思考教育发展道路问题。一是从办教育的角度，着力探索"中国特色社会主义教育发展道路"，强调要"加快推进教育现代化、建设教育强国、办好人民满意的教育"。二是从培养人的角度，着眼于知识积累、文化传承、社会发展、国家存续、法治建设，特别是联系"两个一百年"奋斗目标和实现中华民族伟大复兴中国梦，提出"培养担当民族复兴大任的时代新人"这个全新命题。这两个角度是办教育、培养人追求的目标，互相联系、交融共促，内在统一于中国特色社会主义教育发展进程。总书记在全国教育大会上提出的"九个坚持"，集中体现了走中国特色社会主义教育发展道路的核心实质和丰富内涵，要求我们坚持扎根中国大地办世界水平现代教育。

(四) 关于教育改革创新

党的十八大以来，教育领域综合改革全面推进，但始终面临一个重大挑战，就是如何全面贯彻党的教育方针、坚持立德树人、促进学生健康发展。这里的关键，是必须克服急功近利的片面的教育政绩观，一切以提高民族素质、促进人全面而有个性发展为指向。在全国教育大会上，习近平总书记深刻指出，要"健全立德树人落实机制，扭转不科学的教育评价导向""坚决克服唯分数、唯升学、唯文凭、唯论文、唯帽子的顽瘴痼疾，从根本上解决教育评价指挥棒问题，扭转教育功利化倾向""要全面落实立德树人根本任务，推进育人方式、办学模式、管理体制、保障机制改革，建立促进学生身心健康、全面发展的长效机制""深化办学体制和教育管理改革，充分激发教育事业发展生机活力"。这明确了教育改革创新的重要领域和关键环节，要求我们在深化教育领域综合改革中，系统深化育人方式、办学模式、管理体制、保障机制改革，减轻中小学生过重的课业负担，着力形成充满活力、富有效率、更加开放、有利于科学发展和高质量发展的教育体制机制，构建网络化、数字化、个性化、终身化的教育体系，建设人人皆学、处处能学、时时可学的学习型社会。要提升教育服务经济社会发展能力，调整优化高校区域布局、学科结构、专业设置，加快一流大学和一流学科建设，强化职业教育产教融合、校企合作，推进产学研协同创新，积极投身实施创新驱动发展战略。要扩大教育对外开放，开展高水平合作办学，提升我国教育世界影响力，为世界教育发展提供中国经验、中国方案。

(五) 关于教师队伍建设改革

教师是教育发展的第一资源，要把教师队伍建设作为基础工作。习近平总书记高度重视教师队伍建设改革，指出"教师是立教之本、兴教之源，承担着让每个孩子健康成长、办好人民满意教育的重任"，同时提出"四有"好老师（有理想信念、有道德情操、有扎实学识、有仁爱之心）、"四个引路人"（做学生锤炼品格的引路人、做学生学习知识的引路人、做学生创新思维的引路人、做学生奉献祖国的引路人）、"四个相统一"（坚持教书和育人相统一、坚持言传和身教相统一、坚持潜心问道和关注社会相统一、坚持学术自由和学术规范相统一）、"六个要"（政治要强、情怀要深、思维要新、视野要广、自律要严、人格要正）等要求，为教师队伍建设改革和教师应达到的要求指明了方向。习近平总书记强调，教师是人类灵魂的工程师，是人类文明的传承者，承载着传播知识、传播思想、传播真理和塑造灵魂、塑造生命、塑造新人的时代重任，"希望每个孩子都能遇到好老师"。为此，必须把全面深化教师队伍建设改革作为一项重大政治任务和根本性民生工程，锻造一支政治素质过硬、业务能力精湛、育人水平高超的高素质教师队伍。要把师德师风作为评价教师队伍素质的第一标准，健全师德师风建设长效机制。要实施教师教育振兴行动计划，提高教师专业素质能力。要使教育投入更多向教师倾斜，不断提高教师待遇，让广大教师安心从教、热心从教。全党全社会要弘扬尊师重教的社会风尚，努力提高教师政治地位、社会地位、职业地位，让广大教师享有应有的社会声望。

（六）关于加强党对教育工作的全面领导

习近平总书记指出，"党政军民学、东西南北中，党是领导一切的"；"中国特色社会主义最本质的特征是中国共产党领导，中国特色社会主义制度的最大优势是中国共产党领导，中国共产党是最高政治领导力量"。习近平总书记强调，加强党对教育工作的全面领导，是办好教育的根本保证。要坚持党对教育工作的政治领导、组织领导，党管办学方向、管改革发展、管干部、管人才；各级党委要把教育改革发展纳入议事日程，党政主要负责同志要熟悉教育、关心教育、研究教育；要加强教育系统的党建工作、思想政治工作，牢牢把握意识形态工作领导权，增强"四个意识"、坚定"四个自信"、做到"两个维护"，全面贯彻党的教育方针。

二、习近平总书记关于教育的重要论述的理论品格与时代特质

习近平总书记关于教育的重要论述，具有极为鲜明的马克思主义理论品格与时代特质。

(一) 党性原则与以人民为中心的发展思想相统一

习近平总书记关于教育的重要论述，强调我国是中国共产党领导的社会主义国家，这就决定了我们必须牢牢掌握党对教育工作的领导权，必须把培养德智体美劳全面发展的社会主义建设者和接班人作为根本任务，绝不能培养社会主义反对者和掘墓人。这凸显了鲜明的党性原则和习近平总书记推进治国理政的鲜亮底色。同时，习近平总书记关于教育的重要论述，富有浓厚的为民情怀，体现了人民至上的价值取向。他强调"人民对美好生活的向往，就是我们的奋斗目标"，要坚持以人民为中心发展教育，办更加公平更有质量的教育，努力让每个孩子享有受教育的机会，既通过教育实现个人成长成才，又通过教育培养担当民族复兴大任的时代新人，让教育成为改善民生和促进经济发展、社会进步的重要力量，让每一个努力奋斗的人都怀有更美好的希望，都有人生出彩的机会。可以说，在党的领导下办好人民满意的教育，充分体现了习近平总书记坚定的信仰信念、鲜明的人民立场，彰显着党性和人民性高度统一，张扬着社会价值和人生价值深度契合。

(二) 中国立场与世界眼光相统一

习近平总书记关于教育的重要论述，注重中国与世界融通，传承了中华优秀传统教育思想，借鉴了当今世界先进教育理念，凝练了我们党领导教育工作的宝贵经验。习近平总书记在论述教育问题时，总是强调站在正确政治方向上思考和推进教育改革发展，既扎根中国大地走适合自己的教育发展道路，又兼收并蓄吸收国际先进教育经验。他指出："我国有独特的历史、独特的文化、独特的国情，决定了我国必须走自己的高等教育发展道路，扎实办好中国特色社会主义高校。"办高等教育如此，办其他教育也是如此。要把中国教育办好，就必须凸显中国特色，坚持扎根中国大地，培育和践行社会主义核心价值观，加强中华优秀传统文化教育。这是我国教育与西方教育最大的不同。他强调中国教育既要立足国情，也要树立世界眼光，扩大教育对外开放，以宽广胸怀和包容态度推进中国教育走出去，既借鉴人类教育文明成果，又向世界贡献中国教育智慧，办世界水平的现代教育。学习贯彻习近平总书记关于教育的重要论述，必能让我们不忘本来、吸收外来、开辟未来。

（三）战略谋划与底线思维相统一

习近平总书记关于教育的重要论述，基于世界教育发展大势和我国改革开放40年教育发展历程，以及"两个一百年"奋斗目标和中华民族伟大复兴中国梦，对新时代教育事业改革发展做了战略谋划，具有强烈的历史担当。其主要思想观点，既有关于我国教育的根本保证、根本任务、根本宗旨、时代使命、发展方向、发展道路等重大问题的整体设计和通盘考虑，也有对新时代教育改革发展具有重要方法论意义的深刻阐发。他思考教育问题，既源于实践，又指导实践，始终坚持历史唯物主义和辩证唯物主义，反复强调教育事关党和国家事业长治久安、后继有人，需要历史与未来统一，既要传承中华优秀历史文化传统，又要充分把握新时代教育发展方向和前进道路，还强调"思想政治工作是学校各项工作的生命线，各级党委、各级教育主管部门、学校党组织都必须紧紧抓在手上"，强调"办好教育事业，家庭、学校、政府、社会都有责任"，要健全家庭、学校、政府、社会协同育人机制，形成全员育人、全程育人、全方位育人格局。这种战略谋划与底线思维相统一、理论创新与实践变革相契合的品格与特质，体现了习近平总书记作为政治家思考教育问题的高远站位和独特视角，以及求真务实的作风和勇于创新的精神。

（四）目标导向与问题导向、实践导向相统一

习近平总书记关于教育的重要论述，彰显了直面问题的勇气、魄力和攻坚克难的科学方法论。党的十八大以来，我国教育发生历史性变革，取得巨大成就，但还有很多改革需要深化，很多领域需要发展，优质教育发展不平衡不充分的矛盾需要着力破解。习近平总书记既对"培养什么人、怎样培养人、为谁培养人"这一教育的根本问题作了系统回答，也对人民群众关心的教育热点、难点问题作了有力回应。在直面问题的同时更注重有效解决问题，而有效解决问题从来都是紧扣目标展开的，体现目标导向与问题导向、实践导向相统一。比如，习近平总书记对优先发展教育、加强劳动教育、创新思政课、破除"五唯"、以人民为中心发展教育、教育脱贫攻坚、加强教师队伍建设等都

有深刻阐述，极具针对性、指导性。

三、习近平总书记关于教育的重要论述的战略地位

习近平总书记关于教育的重要论述，是新时代我国教育改革发展的总纲领、总指导和方法论。

（一）习近平总书记关于教育的重要论述是习近平新时代中国特色社会主义思想的重要组成部分

习近平总书记关于教育的重要论述，始终围绕社会主义现代化宏伟蓝图展开，是习近平新时代中国特色社会主义思想的重要组成部分。总书记强调，"'两个一百年'奋斗目标的实现、中华民族伟大复兴中国梦的实现，归根到底靠人才、靠教育"。在全国教育大会上，总书记要求："坚持把优先发展教育事业作为推动党和国家各项事业发展的重要先手棋，不断使教育同党和国家事业发展要求相适应、同人民群众期待相契合、同我国综合国力和国际地位相匹配。"在这里，总书记突出强调了优先发展教育事业对党和国家各项事业发展的战略支撑作用。纵观习近平新时代中国特色社会主义思想关于统筹推进"五位一体"总体布局、协调推进"四个全面"战略布局的重要论述，建设教育强国都是其中的重要内容。党的十九大确立了习近平新时代中国特色社会主义思想这一重大指导思想，深入学习贯彻习近平总书记关于教育的重要论述，对于全面把握、深刻理解总书记治国理政方略具有极其重要的意义。

（二）习近平总书记关于教育的重要论述开辟了马克思主义教育理论和实践发展的新境界

习近平总书记关于教育的重要论述，始终坚持教育的人民立场、促进人的全面发展的教育根本目的、教育与生产劳动相结合的基本原则等基本观点，同时从理论与实践相结合上开辟新境界。这既传承了马克思主义教育理论的根本立场、基本观点和理论精髓，坚持了社会主义办学方向，体现了马克思主义教育理论的精神实质和价值追求，又

始终从中国国情出发，不断推动马克思主义教育理论与实践创新。在全国教育大会上，总书记强调"坚持加强党对教育事业的全面领导"，这是对教育发展政治保证的新论断；立足中国特色社会主义事业长治久安和兴旺发达，要求"培养德智体美劳全面发展的社会主义建设者和接班人""培养担当民族复兴大任的时代新人"，这是对教育根本任务的新认识；提出教育"是对中华民族伟大复兴具有决定性意义的事业"，必须把优先发展教育事业作为推动党和国家各项事业发展的重要先手棋，这是对教育战略地位、时代使命的新定位；强调"坚持以人民为中心发展教育"，这是对教育价值追求的新阐释；基于对中外教育发展历史规律的深刻把握，强调扎根中国大地，"发展具有中国特色、世界水平的现代教育"，这是对教育发展道路的新要求；聚焦教育改革发展的重大问题和人民群众关心的热点、难点问题，要求"深化教育体制改革，健全立德树人落实机制，扭转不科学的教育评价导向"，从根本上解决教育评价指挥棒问题，这是对教育发展动力的新部署。这些新思想、新论断、新表达，根植于中华民族崇文重教的优良传统，体现了中国特色社会主义教育进入新时代的鲜明特征，廓清了新时代中国特色社会主义教育发展方向、道路、方针、原则等一系列根本性问题，是马克思主义基本原理与新时代中国教育实践相结合的重大理论结晶，开辟了马克思主义教育理论与实践发展新境界。

（三）习近平总书记关于教育的重要论述是中国特色社会主义教育理论发展的最新成果

习近平总书记关于教育的重要论述，始终紧扣新的时代背景和实践条件，不断丰富和发展。党的十八大以来，以习近平同志为核心的党中央，统揽伟大斗争、伟大工程、伟大事业、伟大梦想，提出贯彻落实创新、协调、绿色、开放、共享的新发展理念，推动党和国家事业发生了历史性变革。中国特色社会主义事业取得的全方位、开创性成就，孕育和催生了习近平新时代中国特色社会主义思想，同时也为总书记在论述教育问题中丰富和发展中国特色社会主义教育理论体系创造了丰厚历史条件和广阔实践空间。总书记在全国教育大会上明确指出："党的十八大以来，我们围绕培养什么人、怎样培养人、为谁培养人这一根本问题，全面加强党对教育工作的领导，坚持立德树人，加强学校思想政治工作，推进教育改革，加快补齐教育短板，教育事业中国特色更加鲜明，教育现代化加速推进，教育方面人民群众获得感明显增强，我国教育的国际影响力加快提升，13亿多中国人民的思想道德素质和科学文化素质全面提升。"现在，我国教育进入需要健全体系、提高水平、优化结构、扩大效益，更加公平、更有质量的新阶段。习近平总书记关于教育的重要论述，正是在这样的历史条件和实践空间中形成的，是根据中国特色社会主义教育的本质属性、基本国情、时代挑战，为着培养担当民族复兴大任的时代新人，而成为中国特色社会主义教育理论发展的最新成果，成为党的创新理论的重要组成部分。正是教育理论的创新，指导着深化教育改革、加快教育现代化、建设教育强国、办好人民满意的教育，推动了教育事业创新发展。

教育系统开展"不忘初心、牢记使命"主题教育，一定要坚持以习近平新时代中国特色社会主义思想为指导，增强深入学习贯彻习近平总书记关于教育的重要论述的自觉性和坚定性，全面准确理解其时代背景、科学体系、基本观点和精神实质，充分领会其政治意义、理论意义、实践意义和科学内涵；一定要深刻理解和把握"九个坚持"，增强"四个意识"、坚定"四个自信"、做到"两个维护"，切实把住社会主义办学方向，加强各级各类学校党的领导和党的建设工作，把党的教育方针全面贯彻到教育工作全过程各方面；一定要大力弘扬马克思主义学风，聚焦中央关心、百姓关切、社会关注的教育热点难点问题，切实提高推动发展、解决问题的能力，深入落实立德树人根本任务，不断深化教育改革创新，着力破解教育改革发展难题，持续提升服务党和国家战略需求的能力和水平，充分实现办中国特色世界水平现代教育的总体战略。

新常态下教育规划的基本特性、趋势与问题反思*

我们正处在"十二五"规划盘点和"十三五"规划开启的关键时候。本届论坛主题是"面向21世纪的教育创新",党的十八届五中全会的主题是"谋划国民经济和社会发展'十三五'规划",我想这离不开对"教育规划"的审视。

一、新常态下教育规划的基本特性

新常态下思考、研究、编制教育规划,需要充分强化和张扬五方面特性。

(一)前瞻性

教育规划是对一定时期的教育改革发展及人才培养进行预判并确定目标,提出思路、任务和办法,用以指引教育改革发展及各级各类学校进步提升。为此,教育规划需要登高望远,对相关因素作全面研究分析,特别是要把握未来一定时期内世界、国家及区域经济社会与科技文化发展趋势,从而预测教育在一定周期内所应有的状态和可能达到的目标,以及达到目标需要的条件。

(二)系统性

一是教育规划必须充分回应执政者的主张和经济社会发展战略需求,适应和助推经济社会大系统。二是教育规划需要对教育改革发展及人才培养作整体设计,重大教育战略规划更是要涵盖各级各类教育改革发展和学习型社会建设,以及教育与经济社会发展的互动融合。三是任何教育规划都要考虑与其他教育政策工具之间的统筹协调,包括与上位的教育政策和教育规划,以及前期教育规划的衔接和协调。

---

* 本文系作者于2015年11月21日在北京教育科学研究院主办的第二届北京教育论坛上的演讲。

由于教育规划所依附的教育环境和社会环境包括经济发展、人口变化、科技进步、社会文化等各种复杂因素不易掌控，加上教育改革发展及人才培养有着内在逻辑及规律，与政治、经济、人口、科技、文化等相互影响、相互作用，不断改变着教育自身和经济社会环境，因而教育规划的系统性必然蕴涵复杂性。

（三）价值选择性

教育是经济社会大系统中一个重要子系统，编制教育规划实质上是进行多种价值选择的过程，包括指导思想与目的、利益分配与权力运作、经费划拨与资源配置、教育权利保护与教育救济、教育公平与教育效率、教育速度规模结构与教育特色质量效益等，也包括执政者的教育主张、教育家的教育理念和人民群众的教育诉求，这都需要从多个维度、多个角度反复权衡利弊和实现的可能性。应该说，编制教育规划本质上是一种具有强烈价值选择性的活动。

（四）公益性

教育是现代国家社会公共事务，国家及区域和教育机构对教育利益的分配及调整，其存在的合法性基础是满足社会各界及各种背景家庭的教育利益。特别是在我国，受教育群体数量庞大，教育优质化、多样化、特色化资源还相对不足，教育规划必须以解决公共教育问题、满足公共教育利益为重要出发点，充分反映最广大人民群众的合理诉求，努力办好人民满意的教育。

（五）目的性

政策工具存在的理由就是为了实现政策目标。编制教育规划的根本目的是解决教育问题，实现教育价值诉求，推进教育改革发展及人才培养，更好适应和促进经济社会发展。我国教育规划相当长时期仍需着力解决的问题包括教育治理问题、教育投入与资源配置问题、教育公平与效率问题、教育普及与特色和质量水平问题、以人为本和素质教育问题、校长和师资队伍问题、教育信息化问题、教育国际化问题、教育与经济社会发展互动融合问题等。教育规划以问题为导向，以改革为动力，以发展为目的，必然会推动和引领教育问题不断解决。

唯有立足教育规划的前瞻性，把握教育规划的系统性和复杂性，明确教育规划的目的性和公益性，理解教育规划的价值选择性，坚持问题导向和改革动力，才能确保教育规划编制达到理想或比较理想的状态，为达到预期目的奠定坚实基础。

二、新常态下教育规划的基本趋势

新常态下思考、研究、编制教育规划，需要充分认识和把握已然鲜明的六方面基本趋势。

（一）对教育规划自身定位与功能的认识和理解不断加深

一是在经济转型和社会变化发展过程中，教育的地位作用被确立为：百年大计，教育为本；教育是民族振兴、社会进步的基石，是提高国民素质、促进人的全面发展的根本途径，寄托着亿万家庭对美好生活的期盼。而各级党委、政府对教育地位作用的这种认识和理解是逐步提升的，对为着教育地位作用更好实现的教育规划的认识和理解也是逐步深入的，现在已能较为充分地表达教育与经济社会发展之间的应然关系。二是将人的发展放在了教育规划中更突出、更重要的位置。20世纪90年代后期以来，各个教育改革发展规划（计划）或重大决定越来越重视人的发展，始终围绕"培养什么人，怎样培养人"这个重大问题不断探索前行，从过去长期强调人的社会功能转向重视人自身的发展与重视人的社会功能并重。三是现代教育理念更好融入教育规划之中。21世纪以来，教育公平观、终身教育观、教育质量观、个性发展观、正确成才观、科学人才观等已鲜明地融入我国教育规划之中。

（二）更加注重教育自身发展基础和与经济社会发展紧密互动

从系统论观点看，教育具有开放性、兼容性，与政治、经济、文化、科技等存在着各种关联并相互发生作用。一方面，教育规划要重视全面掌握经济社会发展状况。教育改革发展从经济社会发展获得物质基础、技术条件及能量要素，经济社会发展水平决定着教育改革发展的物质基础及外部环境，包括政治体制、经济发展状况、城镇化进程、产业结构调整优化、高新技术、社会文化等都影响或制约着教育改革发展及人才培养。同时，人口数量及人力资源状况也成为教育规划需要研究分析的重点。另一方面，教育规划必须清醒认识教育改革发展及人才培养所处历史方位，包括成就及经验、困难问题及原因、机遇及挑战，以及未来经济社会发展对教育提供人才、智力、科技、文化服务的要求。只有做好这两大方面研究论证，才能理性确定各级各类教育发展的规模、结构、速度、质量、效益及条件要求，以及所需改革举措。

（三）政府与智库以多种方式为科学编制教育规划而互动合作

作为政策工具，教育规划体现的是党和国家及地方党委、政府，以及各级各类学校、教育学术团体的意志。长期以来，我国教育规划（计划）的制定多为单一党委、政府主导模式，党委、政府职能部门承担着教育规划的研究者、编制者、决策者、执行者多重角色，容易出现价值偏好、认识局限等自身难以克服的因素。在近年呼吁提高决策科学化、民主化、合法化水平及加强新型智库建设新形势下，教育规划编制的主体不再单一为党委、政府职能部门，专业学术机构及专家团队参与成为流行趋势，其中教育研究机构和有关高校成为重要参与力量，有效提高了教育规划的民主化程度和科学化水平。

（四）利益相关者特别是弱势群体的诉求得到更好体现

教育不仅能改变个人命运，而且能够有效消弭弱势群体的代际贫困问题，这已成为世界各国政府的普遍共识。因此，在教育规划编制过程中，各级政府及教育行政部门日益增强决策过程的包容性，重视行业协会、利益团体、公众的参与，较好地反映了各方教育诉求，包括非户籍常住人口子女平等接受教育问题、城市与农村乡镇教育差距问题、农村地区和边远山区师资流失问题、素质教育问题等。同时，大范围的调研、大量的座谈、正式公布前的广泛征求意见等也成为我国教育规划编制的必经程序，从而使教育公平、教育救济在教育规划编制中得到较好体现和落实。

（五）多学科发展基础上的基本理论、模型及技术方法得到综合运用

单一的理论、模型、技术方法不可避免地存在较多缺陷，教育规划编制需应用多门学科发展成果，坚持定性与定量相结合，根据实际需要综合运用。事实上，近10多年来，我国教育规划在理论基础、技术方法上是不断超越传统单一的经验判断模式的。一是在理论基础方面，作为一门交叉、边缘学科，教育规划自身的进步受益于公共管理、政策科学、人力资源等相关学科的发展，其理论基础具有多学科性及综合性。二是在操作模型或模式方面，政策科学的兴盛发展为教育规划编制提供了多种不同的模型或模式，包括完全理性模式、有限理性模式、系统决策模式等。三是在技术方法上，影响较大、较具代表性的有人力需求法、成本收益法、社会需求法等。除此之外，常规的文献法、调查法、比较法、数据分析法、实证法等也被大量运用。

（六）决策支持系统得到更多重视及强调

教育规划目标能否转换成现实，很大程度上取决于支持系统，支持系统越充分则目标实现的可能性越大。一是构建信息决策支持系统。教育所依赖的社会本身就是一个复杂系统，信息数据的不全面性、不稳定性、非线性会加大对教育体系自身所处环境判断及未来预测的难度，必须树立大数据观念，通过构建各类数据信息平台，充分掌握、挖掘、利用信息数据，从而提高教育改革发展目标设定的准确性、教育决策的科学性和教育规划落实的有效性。二是强化经费投入保障。我国教育投入总量呈快速增长态势，但生均教育经费绝对值远低于OECD（经济合作与发展组织）国家，要促使中央与地方政府更合理匹配事权与财权，促使各级政府切实加大教育投入，并拓宽教育投融资渠道，这是实现教育规划目标必不可少的重要物质基础。三是争取人力资源支持。不同的教育主体有不同的利益诉求，由于参与者众、权力分散，要让教育规划及其实施体现教育本质、尊重科学、遵循规律是很不容易的。实质上，作为开放系统的教育也非常需要多方面认同和支持，包括政府、企业、社区、学校、媒体等，特别是教育系统的主体参与支持必不可少，因而党委、政府要切实加强教育行政部门的具体统筹权，高度重视校长、教师队伍建设和财政投入，切实促进相关职能部门和社会各界高度尊重教育行政部门的

判断、需求和决策，以期更好、更快、更全面地达到规划目标。四是构建督导及监测评估支持系统。教育规划由制定、执行、评价、调整等系列活动组成。在实践中，规划执行同规划文本出现偏差的现象相当普遍，必须依靠建立评估监测体系、健全督导工作机制等举措来保证规划目标充分实现。

三、新常态下教育规划的问题与反思

总体来看，我国教育规划无论是理论研究还是实践探索仍处于发展阶段，还存在诸多问题与不足，包括教育规划理论研究及技术方法多为向西方国家学习借鉴，缺乏具国际影响力的本土理论及技术方法；重视解决眼前教育现实问题，忽视教育长远改革发展之需；重视教育规划的咨询、决策，忽视执行、监测、评估；编制教育规划过程中，精英主义影响仍然存在，容易出现思维僵化及路径依赖，权力精英以个人或部分群体观点取代大众意志等情况；缺乏更高价值理想追求，基本上是从一般的经济社会发展和民生角度看待教育，往往没有站在实现中华民族伟大复兴的党和国家事业长远大计的高度充分而深刻地思考教育改革发展及人才培养，可能导致规划立意不高、统领不强、效力较低，国家参加世界激烈竞争对教育的战略要求得不到充分张扬。

"十三五"时期，我国经济社会发展的环境、条件、目标、任务、要求都将发生更加深刻的变化，认识新常态、适应新常态、引领新常态，准确把握我国教育改革发展新阶段、新特征、新要求，建立符合我国实际的教育规划理论体系、技术方法及实践模式，探索走出一条符合我国国情、教情的教育改革发展及人才培养的科学道路，是我国教育规划研究者、决策者、实践者面临的共同挑战。为此，必须着力消解上述的诸多问题与不足，适应国家及区域战略布局，使教育规划在体现世界眼光、国家需求、人民意愿中有效前行。

迈向优质的教师教育若干问题思考*

一、如何把握教师教育改革发展形势？

在经济社会及教育改革发展进入新常态过程中，教师教育面临一系列挑战。一是随着经济社会繁荣发展，教师教育模式从一元、封闭走向多元、开放。早在1999年6月召开的第三次全国教育工作会议就提出"鼓励综合性大学和非师范高等学校参与培养、培训中小学教师工作"，2010年7月颁发的《国家中长期教育改革和发展规划纲要（2010—2020年）》提出"加强教师教育，构建以师范院校为主体、综合大学参与、开放灵活的教师教育体系"，这从政策上鼓励综合性大学开展教师教育，使师范院校面临综合性大学全方位竞争与挑战。二是21世纪以来我国全面推进基础教育课程改革，落实以人为本、实行素质教育理念，新的课程体系、课程标准及依据课程标准研发的教材，承载着尊重科学、遵循规律和培养学生思想道德素质、科学文化素质、健康素质的要求。经过10多年改革发展，基础教育学科建设、课程建设、教材建设、教学实施、评价方式方法发生了重大积极变化，但与课程改革方案和课程标准设计的初衷相比仍有较大差距，其中一个重要原因是教师教育改革发展没有跟上来，师范院校的专业设置、课程体系、教学内容和师范生综合技能训练与基础教育课程改革不相衔接，这10多年来新进中小学任教的师范毕业生和非师范毕业生理解、实施课程标准和开发校本课程的效果不尽如人意，存量教师有针对性的培训也不够充分。三是党的十八届五中全会通过"十三五"规划建议，要求"提高教育质量"，"落实立德树人根本任务"，"深化教育改革，把增强学生社会责任感、创新精神、实践能力作为重点任务贯彻到国民教育全过程"，"加强教师队伍特别是乡村教师队伍建设，推进城乡教师交流"。这表明，教师教育单位（师范、非师范院校）如何尽快全面适应国家战略需求和教育改革发展要求

---

* 本文系作者于2015年11月28日在岭南师范学院主办的第五届海峡两岸教师教育高端论坛上的演讲。

是一项新的挑战。

在广东建设教育强省、争当教育现代化先进区、打造南方教育高地过程中，教师教育改革发展面临难得机遇。一是广东现有教师数量还满足不了基础教育、职业教育改革发展需要。与全国学龄人口数总体下降而师资需求总量也减少的趋势不同，广东在相当长时期内对教师的需求不会明显减少。广东是全国人口第一大省，也是全国教育第一大省，从总体数量上看，基础教育、职业教育教师编制存在着总量不足的问题。如果算上数量庞大的随迁子女入学需求，以及未来推行小班化教学的需要，广东教师缺口数量就更大。根据教育部2013年对各省（区、市）教育现代化水平的内部试测来看，广东普通中小学生师比过高，中等职业学校生师比在全国来说更是最高的，说明合资格的师资相当紧缺。二是广东现有教师队伍的能力素质还满足不了教育改革发展新要求。随着基础教育、职业教育改革发展和素质教育全面推进，学前教育、普通中小学、特殊教育、职业教育需要大量合资格高素质师资。这样的师资，不仅要具备一定的学历学位，还要有很高的职业素养和健全的人格，能够为人师表、敬业爱生、教书育人；不仅要有适应教育改革发展和培养模式变革的教学能力，还要掌握现代教育技术手段，能够实现信息技术与教育教学深度融合。而从目前情况看，差距仍然很大，欠发达地区和农村师资队伍能力素质的差距尤其明显。三是广东各级各类学校事业发展为教师教育改革发展提供了广阔空间。21世纪以来，广东各级各类教育得到前所未有的发展，特别是强力推进教育"创强争先建高地"，各级各类学校已从"有学上"转向"上好学"、从"缺教师"转向"缺好教师"，加快转变教育发展方式、提升教育内涵水平前所未有地摆在了现实面前。差距，意味着机遇。解决好相关矛盾、困难、问题，关键靠重视发展优质的教师教育，靠教师教育单位的建设、改革和发展。

二、如何充分彰显师范院校在教师教育中的特色优势？

尽管教师教育模式走向开放和多元，但师范院校仍将是教师教育的主体力量。在21世纪初，人们曾对师范院校的综合发展和特色问题展开争论，这实际上涉及师范院校在新的历史时期培养什么样的教师、如何培养教师和怎样凸显办学特色的问题。其实，师范院校天生具有综合性的基因，综合性和有特色实质上并不是矛盾的。强调师范院校的综合性应是为了更好地强化教师教育特色、提升教师教育水平，也只有强调综合性，才能更好地为师范院校全面提升人才培养质量和办学水平提供支撑，因为只有在学科综合的学术氛围中，才能更好地培养出适应现代经济社会发展要求的教师，才能更好地适应和引领各级各类教育特别是基础教育、职业教育的改革和发展。师范院校非师范学科专业的发展应该建立在与师范学科专业相呼应、相促进、相提高的前提下，应该是为了使所培养的教师素质更高更强，是为了向经济社会发展提供更全面、更高质量的服务。因此，师范院校要始终把强化教师教育和教育科研的特色优势放在首位，把自身拥有的优势与积淀融入新常态对教师教育的要求之中，强化教育改革发展及人才培养的理论研究、战略研究、政策研究和实践研究，扩大教育学术交流与合作，不断彰显师范院校担纲教师教育的地位作用。

三、如何促进教师教育质量水平提升？

（一）处理好规模与质量的关系

广东包括师范院校在内的所有高校，校均规模名列全国第一，这表明广东高校办学空间已相当紧张，不利于教育质量和办学水平更好更快提升。要提升教师教育质量水平，关键是师范院校要从严合理控制规模，本着"厚基础、宽口径、强实践、重创新"的原则，切实做好关键性工作。首先，调整优化学科专业布局，构建科学完善、适应经济社会发展需求、体现内涵发展要求、符合学生发展需要的人才培养体系和专业课程体系，着力解决课程设置多而不深、内容泛而不精的问题。其次，深化教学模式与考试模式改革，充分激发学生学习的积极性、主动性、创造性。积极创新激励和约束机制，探索教学从以学科为本向以人为本转变，从以教为主向以学为主转变，促进学生由被动学习向主动学习转变。积极探索建立多样化的分类考试模式，加强对学生学习过程的考查和综合素质、综合能力的评价。再次，注重学生的学术研究体验。学术研究体验是教师教育不可或缺的环节。当前，普通中小学、职业院校教师队伍中有相当一部分教师对基本的学术研究方式方法并不十分了解，对学术基本规范还没有较充分掌握，既不善于教学研究，也不会指导学生创新，因而必须对全体师范生加强科研训练。

（二）处理好教学与科研的关系

一要坚持育人根本任务，学校在教学、科研、社会服务、文化传承创新、国际交流合作等方面各项工作都应该是为了育人。这要在学校资源配置中体现出来，在教师考核中体现出来，在各党政部门、教学机构、科研组织业绩评价中体现出来。二要通过创新教学科研组织形式为教师教育质量提高与科研创新提供更好的组织保障。院系设置过多，科研机构零散，必然造成学术资源和学科专业资源碎片化，不利于学科专业交叉融合与教师教育质量提升。因而要对学校的教学科研资源予以整合，建立更科学合理的教学科研组织形式，以利于充分激发教学和科研的生机与活力，充分焕发教师教育模式改革和科研创新效能。

师范院校的教育研究力量理应是其他非师范类高校所无法比拟的，扎实地、创新性地开展教育研究，是师范院校为国家及区域提供高质量教育服务的重要部分，是彰显特色优势的题中应有之义。应当建立健全教育科研机构，并使其载体、成果、氛围延展和弥漫到教师教育的各方面、全过程、所有环节，从而使教师教育始终立于理论与实践的前沿。

（三）处理好教师全日制教育与继续教育的关系

许多调查表明，当前师范生总体能力素质有所下降，说明教师全日制教育存在不少问题。对此，一要研究分析，深入探索师范生培养新问题、新特征、新要求。紧紧把握基础教育、职业教育改革发展形势，科学分析当前和将来基础教育、职业教育改革发展对教师数量、规格、素质、能力的要求，更好为基础教育、职业教育改革发展培养输送相适应的高素质师资力量。二要着力创新，全面推进教师教育改革。师范院校所培养教师的素质应当表现在知识量与知识结构足以适应教育教学的需要，应当在教育学、心理学、教育技术学上具备扎实的理论知识并能转化为教育教学实践能力。为此，要更新教师教育观念，改革教师教育内容，探索形成新的教师职业技能训练方式。对任何专业的师范生，都要加强正确价值观和人文精神培育、教书育人技能和科学研究方法训练、审美素养和艺术想象力塑造。三要强化实践，着力提升师范生教书育人本领。要改变师范院校的教育教学理论研究滞后于基础教育、职业教育培养模式创新的状态，师生共同探索解决基础教育、职业教育教学遇到的实际困难。要强化实习实训锻炼，加深师范生对教师职业的认同并对基础教育、职业教育改革发展的现状、趋势和教育教学要求有更深入的体会，在走上教师岗位前就做好充分的思想、知识和技能准备，实现理论与实践相融合。

积极做好师资培训是师范院校服务基础教育、职业教育改革发展的重要职能。建议建立全省师资培训联盟，联盟成员单位既要相互竞争又要加强合作，适应各类型各级别师资培训要求。一要建立体系并健全机制。目前，师资培训任务由各级各类教育专业机构承担，包括综合性大学、师范院校、教师进修学校和中小学，这些机构或组织彼此之间缺乏必要的沟通与合作，因而要建立一个区域性开放、多元、合作的师资培训体系，使各相关机构纳入相互协调、共同建设的轨道，促进各机构互相学习、取长补短，共同研究解决师资培训中遇到的资源获取、课程设计等专业难题。二要提升培训品牌和水平。首先要加强师资培训的基础性研究，包括研究如何设定具体明确、针对性强、重点突出的培训目标；如何设计融入职前培养和职后培训一体化科学理念的培训课程；如何改变单一、灌输式的讲授，设计教育管理干部、校长、教师喜闻乐见的突出参与性、操作性、体验性的培训方法；如何开展科学的教育教学组织管理，使管理方式不仅具备规范性，还具备灵活性；如何设计以参与、对话、叙事、案例、探究、合作、反思及行动等为特征的科学可行的培训模式；如何制定师资培训质量标准、评估师资培训绩效等。其次要重视师资培训需求调查分析。要把培训需求分析作为确定培训目标、设置培训课程、选择培训方式的主要依据，按需施训。要加强与幼儿园、普通中小学、职业院校的联系，充分了解基础教育、职业教育的管理干部、校长、教师的思想、业务现状，充分把握他们面临的困难问题和实际需求，使课程目标更加明确、具体，课程实施更有针对性、实效性，摆脱百科全书式的知识灌输和说教。不仅要注重团体层面的需求分析，还要重视微观层面的个体需求分析，根据不同学段、学科、职称教师和不同级别教育管理干部的特点与需求，开发富有针对性的培训课程，着力消解供需不对应的矛盾。

广东教育改革发展"十三五"之若干展望[*]

一、关于基础教育改革发展

"十三五"是全面建成小康社会的决胜阶段，基础教育将坚持创新、协调、绿色、开放、共享的新发展理念，以"争先进、当标兵"为抓手，以深化改革为动力，力争到2020年，在全省高水平普及15年基础教育，努力实现基本公共教育服务均等化，教育现代化程度显著提高。

为了能够达成以上目标，全省将致力于做好四方面工作。

第一，构建高品质公益性普惠性学前教育服务体系。一是有序扩大学前教育资源，加快发展公办幼儿园和普惠性民办幼儿园。二是完善学前教育保障机制，加大学前教育投入，鼓励有条件的地区探索建立公办幼儿园生均拨款制度。三是整体提升幼儿园办园质量。健全幼儿园监管体系，推进依法办园。完善幼儿园教师准入与培训制度，贯彻落实《3—6岁儿童学习与发展指南》和《广东省幼儿园一日活动指引（试行）》，落实幼儿园教研指导责任区制度。

第二，推进更高水平义务教育均衡优质标准化发展。一是统筹推进县域内城乡义务教育一体化改革发展，优化城乡教育资源配置，充分发挥优质教育资源的辐射带动作用，切实解决城镇"大班额"问题。二是全面推进素质教育，深化招生制度改革，推行学区化办学，深化课程与教学改革，改进教育质量综合评价，规范义务教育学校管理。三是全面推进义务教育现代化学校建设。鼓励义务教育标准化学校加强内涵建设，建成办学理念先进、管理科学规范、师资队伍优良、教育教学改革深入、学生发展全面、文化特色鲜明、开放办学程度高、信息化水平高、后勤保障安全到位的义务教育现代化学校。

---

[*] 为配合各地各校编制教育发展"十三五"规划，作者2016年在多个场合合作辅导讲座，本文为讲座提纲。

第三，高质量高水平普及高中阶段教育。一是巩固提升高中阶段教育毛入学率，优化普职规模大体相当的比例结构。二是提升高中阶段学校办学水平，推动学校优质、多样、特色发展。通过实施薄弱普通高中改造提升、优质普通高中再提升等工程，进一步提高优质学位供给能力；关注每一位学生，通过探索差异化培养模式，拓宽学生自主发展、个性发展的通道，逐步形成多样化办学格局；通过实施高中特色发展计划，打造特色项目，形成学校特色，创建特色学校。三是提高培养质量，坚持立德树人，全面提升学生学业水平和综合素质。重点推进学生发展核心素养培养，实施新一轮高中课程改革，强化与社会紧密联系、与科技进步紧密同步的创新实践教学，建立质量监测体系，改革完善考试招生评价制度。

第四，提升特殊群体平等接受教育水平。一是完善异地务工人员随迁子女平等接受义务教育政策，鼓励公办学位不足的地方向民办学校购买学位服务。二是提高残疾人教育水平。积极落实广东省特殊教育提升计划及后续行动，推动实施残疾学生15年免费教育，加强特殊教育基础能力建设，探索开展特殊教育课程改革，提高特殊教育教学质量。

按照抓重点、补短板、统筹发展的工作原则，"十三五"要主抓四项重点工作：实施学前教育扩容提质工程建设；推进义务教育现代化学校建设；实施普通高中优质多样特色发展计划；实施特殊教育提升发展计划。

二、关于全面推进素质教育

素质教育是大家谈论得最多的话题之一，也是广大教育工作者一直孜孜以求、不断实践的重要课题。

什么是素质教育？第一，素质教育应当是全面发展的教育，即学生德、智、体、美、劳等各方面都要得到发展。第二，素质教育应当贯穿教育的所有阶段，贯穿人的一生。也就是说，不仅要对幼儿、中小学生进行素质教育，本专科生、研究生乃至人的整个一生都需要素质教育。

实施素质教育，关键在于弄清楚到底应当培养学生什么样的素质。这个问题弄明白了，实施素质教育才能有的放矢。要回答好这个问题，必须回到"立德树人"这个根本任务上来，回到"培养什么人、怎样培养人、为谁培养人"这个根本问题上来，回到"社会主义事业建设者和接班人"这个培养目标上来，着重培养学生政治素质、学习素质、实践素质、创新素质和组织领导素质，以及跨文化交流素质。

我们学校是党领导下的学校，是中国特色社会主义学校，这就要求我们加强学生政治素质培养，教育引导学生坚定"四个自信"，树立为远大理想和共同理想而奋斗的信念和信心。

当今时代，新知识层出不穷，知识更新周期不断缩短，这就要求我们加强学生学习素质培养，培养学生正确的学习观念和自主的学习能力，让学生懂得"为什么要学习"、明白"学习什么"、学会"如何学习"。

学习的目的是实践，所有知识要转化为思想和能力，都必须躬身实践，这就要求我们加强学生实践素质培养，坚持学思结合、知行合一，教育引导学生在实践中动脑、动手，解决实际问题。

创新是一个国家兴旺发达的根本动力，教育要为改革开放和社会主义现代化建设服务，必须把培养创新型、应用型、技术技能型人才放在重要地位，这就要求我们加强学生创新素质培养，着重培养学生发现、研究和解决问题的能力，使学生具有创新思维和创新能力。

推进国家治理体系和治理能力现代化，需要培养和造就一大批具有较强领导力和组织力的人才，这就要求我们加强学生组织领导素质培养，提高他们的谋划能力、组织能力、沟通能力和协调能力，让学生以后能更好地融入社会、融入事业、融入工作。

互联网时代，地球已是一个小村落。提升中国文化软实力，学习借鉴世界优秀文化成果，要求我们加强学生跨文化交流素质培养，教育引导学生正确认识中国传统，全面认识当代中国，冷静看待外部世界，在跨文化交流中树立文化自觉，增强文化自信。

不同阶段、不同类别的教育有不同的特点，实施素质教育应当尊重科学、遵循规律，循序渐进、有所侧重地开展。基础教育阶段，应当注重全面发展，为学生健康成长提供充足的营养，让学生在全面发展的教育中逐步形成特色发展方向和优势。高等教育阶段，应当侧重特色发展，引导学生把全面发展积淀的能量转换成特色发展的动力，把个性特长充分展现出来。对于职业教育来讲，应当在加强思想道德、人文素养教育的基础上,加强技术技能和就业创业能力培养,促进学生多样化成才。

这两三年在教育领域有一个热词叫"中国学生发展核心素养",这是教育部组织大批专家学者在国内外充分调查研究后形成的重大成果。

中国学生发展核心素养,主要是指学生应具备的、能够适应终身发展和社会发展需要的必备品格与关键能力。

中国学生发展核心素养,共分为文化基础、自主发展、社会参与三个方面,综合表现为人文底蕴、科学精神、学会学习、健康生活、责任担当、实践创新六大素养,具体细化为国家认同等18个基本要点(详见下图)。

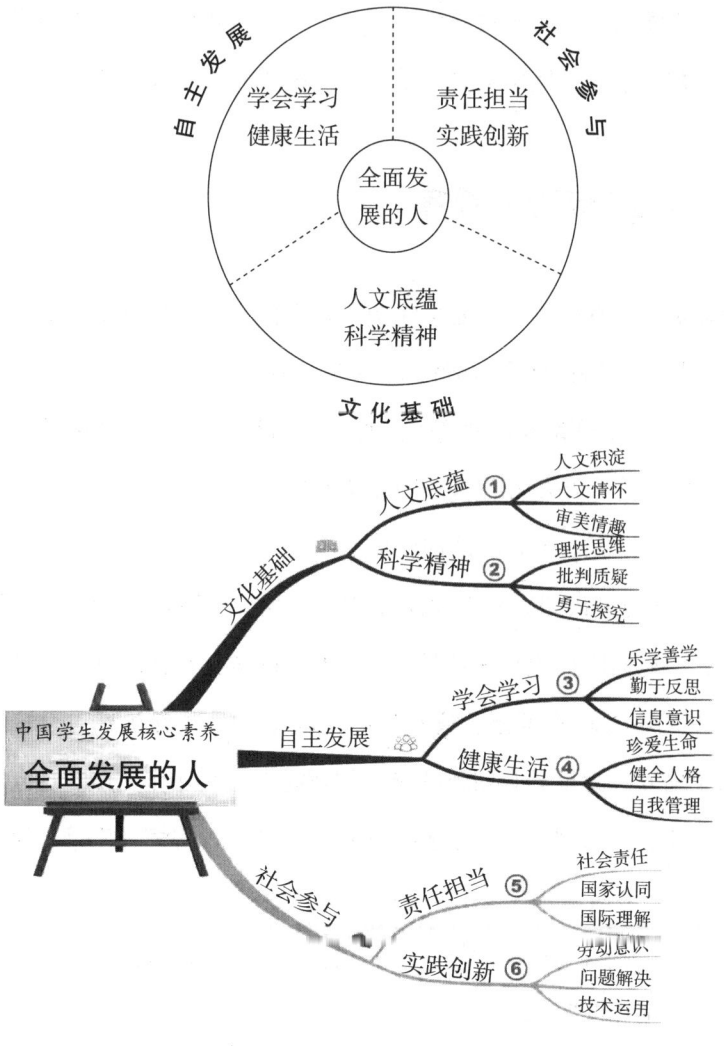

中国学生发展核心素养框架图

中国学生发展核心素养是对素质教育内涵的具体阐述，可以使素质教育目标更加清晰，内涵更加丰富，也更加具有指导性和可操作性。有了它的指引，课程改革前行就有了方向，课程标准设立就有了科学依据，中考、高考评价就有了基准。这有助于全面把握综合素质的具体内涵，科学确定综合素质评价的指标，而综合素质评价结果可以反映学生核心素养发展的状况和水平。

中国学生发展核心素养在教育实践中落实的主要途径：通过课程改革落实核心素养；通过教学实践落实核心素养；通过教育评价落实核心素养。

各级各类学校、社会各界、千家万户应当不忘初心，牢记办学宗旨、培养目的、育儿意义，更加重视素质教育，明确素质教育目标，确立素质教育的科学内容、手段和方法，培养学生发展核心素养，让学生们快乐学习、健康成长，人人成功、个个成才。

三、关于大学生创新创业教育

推进"大众创业、万众创新"，是党中央、国务院在经济发展新常态下作出的一项重要战略部署，是打造中国经济升级版的先手棋。2015年5月，国务院办公厅印发《关于深化高等学校创新创业教育改革的实施意见》。高校为什么要深化创新创业教育改革？"十三五"期间，广东高校如何推进创新创业教育呢？

深化高校创新创业教育改革，是加快实施创新驱动发展战略的迫切需要，是推进高等教育综合改革的突破口，是推动高校毕业生更高质量就业创业的重要举措。"十三五"期间，广东面临加快经济转型升级的艰巨任务，经济发展动力急需进一步从主要依靠资源和低成本劳动力等要素投入转向创新驱动。以创新驱动为核心的发展方式，亟需通过高校培养一大批具有创新精神和创新能力的人才作支撑。现有普通高校、职业院校创新型人才、应用型人才、技术技能型人才培养的规模、质量与创新驱动发展的要求仍有较大差距，这需要不断深化创新创业教育改革。

"十三五"期间，我省高校深化创新创业教育改革，可以用12个字概括，即"一个核心、四大原则、八项任务"。

(一) 一个核心

深化高校创新创业教育改革的核心是人才培养,这是深化高校创新创业教育改革的出发点和落脚点。为此,要把创新创业教育融于人才培养全过程,重点是培养创新精神,强化创业意识,提升创新创业创造能力。

(二) 四大原则

面向全体(师生):一是要面向全体学生,将创新创业教育纳入教学主渠道,贯穿人才培养全过程,着眼于创新创业教育的广泛性和普及性,使之惠及每一个学生;二是要面向全体教师,尤其是专业课教师要全员参与创新创业教育。

分类施教:就是要面向"各个学科专业的学生""有明确创业愿望的学生""具备相应条件的初创企业者"这三类学生开展不同内容、不同方式的教育。

结合专业:就是要"努力实现创新创业教育与专业教育由'两张皮'向有机融合转变",将创新创业教育理念融入人才培养方案、融入专业课程和专业实践教学之中,培养具备较强创新精神和创业潜力的人才。

注重实践:就是要为学生搭建更多的实践平台、提供更多的实践机会,通过实习、实训、实验等活动,使学生在体验和实践中提高发现问题、分析问题、解决问题的能力。

(三) 八项任务

一是修订培养方案。高校要立足自身办学定位,修订专业人才培养方案,科学设计人才培养目标和规格,合理确定课程结构,增加实践课程学时、学分比例。

二是完善课程体系。高校要积极推动创新创业教育与专业课程教学融合,依托专业教育主渠道,在专业课程中增加创新创业教育内容模块,构建创新创业梯级课程体系。

三是提高教师能力。高校要明确全体教师创新创业教育责任,将提高教师创新创业教育意识和能力作为岗前培训、骨干研修的重要内容,打造"专兼结合"的高素质创新创业教师队伍。

四是改进教学方法。高校要以学生为主体,支持教师将科研项目、学术前沿成果带入课堂;改革考试内容和考核方式,注重考查学生发现问题、分析问题和解决问题的能力,推动结果考核向过程考核、能力考核转变,构建主体多元、形式多样、注重过程和能力的考核评价体系。

五是创新教学管理。高校要深入推进学分制改革,实行弹性学制,完善创新创业学分管理,鼓励学生通过学科竞赛、科学研究、发明创造、社会实践、发表论文等方式获取学分;积极推动校际间创新创业课程互选、学分互认,充分发挥高校之间创新创业教育资源共享效应。

六是强化实践锻炼。高校要加强创新创业园、创新创业实验室、创业孵化基地、创客空间等实践平台建设,引导更多学生参与实践体验;充分发挥创新创业竞赛的引导作用,使大赛更好支持和促进大学生创新创业教育。

七是提升服务水平。高校要建立创新创业服务专门机构,做到"机构、人员、场地、经费"四到位,为大学生创新创业提供管理咨询、项目推荐等一站式咨询服务和指导;加大信息化建设力度,充分利用"互联网+"新技术、新模式,建立创新创业信息服务平台。

八是培育创新文化。高校要大力营造创新创业氛围,加大校内创新创业教育宣传力度,深入开展"企业精英进校园"等系列活动,发挥学生社团作用,定期举办讲座、论坛、见面会、研讨会等交流活动,培育"独立思考、自由探索、勇于创新"的校园创新创业文化。

建立健全"课堂教学、自主学习、结合实践、指导帮扶、文化引领"融为一体的高校创新创业教育体系,广东高校人才培养质量一定会显著提升,大学生的创新精神、创业意识和创新创业创造能力将明显增强,必将成为"大众创业、万众创新"的生力军。

四、关于推进信息技术与教育教学、教育服务、教育管理深度融合

信息化是当今世界发展的大趋势,是推动经济社会变革的重要力量。推进教育信息化,是21世纪教育发展的新命题,是教育现代化的重要内容。"十三五"期间,我省教

育信息化的主要任务和举措，可以用"1个总抓手、2个关键、3条主线、4个模式、5项工程"来概括。

（一）1个总抓手

以"粤教云"为总抓手。通过计算机、互联网、移动通信等信息技术手段将全省各级教育部门、各级各类学校以及各种服务于教育的计算资源、存储资源、信息资源等用"云"的方式整合、重组、汇聚起来，为广大师生尤其是基础教育的教师、学生和家长服务，构建开放、共享、绿色的教育信息化发展格局，建立从投入、管理、资源准入、在线学习认证、应用激励到教育评估、学生综合评价线上线下相结合的教育一体化模式。

（二）2个关键

政策创新和应用创新。政策创新着力于加强制度上的顶层设计，修改不利于激励教师开展教育信息化教学应用、深度融合、创新发展的政策规定，加快制定能够激励教师人人用、常态用、创新用的政策规定，用好的政策促进教育信息化建设与发展。应用创新就是要从一般性应用走向创新性应用，努力实现五个转变：（1）从以教为中心向以学为中心转变；（2）从知识传授为主向能力培养为主转变；（3）从课堂学习为主向多种学习方式并存转变；（4）从单纯追求升学率向全方位、全过程育人转变；（5）从服务教育管理向全面提升教育治理能力转变。

（三）3条主线

提升信息化环境支撑水平、提高教育治理能力和促进教育教学变革。一是补短板，进一步提升全省教育信息化基础环境的支撑能力；二是强应用，进一步提高全省教师教育信息化应用能力，做到人人用、经常用；三是上水平，进一步深化应用、创新应用，把教育信息化与教育教学改革、教育治理紧密结合起来。

（四）4个模式

构建利用信息化扩大优质教育资源覆盖面的模式、网络学习空间"人人通"模式、数字教育资源服务供给模式、基于大数据的教育治理模式。

（五）5项工程

一是教育宽带网络提速工程。将教育主干网提到10G以上，到2018年，城市学校班均宽带出口不少于30M，农村学校班均宽带出口不少于20M，教学点班均不少于10M，为深化应用提供有效支撑。二是优质数字教育资源共享工程。重点建设三方面资源：中小学课程配套的数字教材，教师和学生随时可用，实现"科科有资源"；大力推动专递课堂、同步课堂、名师课堂、名校网络课堂建设，让处于广东这片蓝天下的孩子都能便捷地学到名校、名师的课；推动广东MOOC（慕课）建设，打造1000门以上特色课程、专题课程，满足学生多样化、个性化学习需求。三是教师信息技术应用能力提升工程。对校长、教师、教研员、教育技术人员进行培训，重点是对教师进行精准培训，增强培训效果。四是教育大数据应用工程。建设覆盖教育决策、教师发展、学生成长、家长参与的教育大数据应用，实现管理和资源"两平台"融合，为教师、学生和家长提供一站式、个性化教育信息服务。五是智慧教育示范工程。利用移动互联技术、物联网、云计算、3D打印、AR（增强现实）、VR（虚拟现实）等新技术，培育100个智慧校园、300个未来教室、500个智慧教育示范项目，引领广东"未来教育"。

教育信息化不仅是手段和工具的变化，更是体制机制、教育观念、教学模式和学习方式的系统创新。技术进步推动教育变革和创新，教育信息化事关教育现代化大局，关乎每一个孩子的未来成长，期待社会各界更多理解、更多关注、更多支持。

开放包容：携手走向人类教育共同体*

本届年会的主题"巅峰之路：走向人类教育共同体"，使我想起党的十八大报告的有关论述："人类只有一个地球，各国共处一个世界""我们主张，在国际关系中弘扬平等互信、包容互鉴、合作共赢的精神，共同维护国际公平正义""合作共赢，就是要倡导人类命运共同体意识，在追求本国利益时兼顾他国合理关切，在谋求本国发展中促进各国共同发展，建立更加平等均衡的新型全球发展伙伴关系，同舟共济，权责共担，增进人类共同利益"。习近平总书记就倡导人类命运共同体意识、建设人类命运共同体，高瞻远瞩地发表了丰富的论述。以应对人类共同挑战为目的的"人类命运共同体"这一全球价值观正在成为世界共识。教育在人类社会发展中应该而且也能够发挥根本性作用，因为建设人类命运共同体，根本因素在于人，人的自由而全面发展是教育的直接目的，教育发挥着基础性、先导性、全局性战略作用。对此，应有清醒而深刻的认识。

一、走向人类教育共同体，要求我们认识到，通过教育传承创新、发展繁荣的一切文明成就都是对全人类文明的宝贵贡献

教育既是文明的见证，也是文明生成的肥沃土壤、文明传播的主要途径、文明创新繁荣的必然依靠和人自由而全面发展的重要推动力量。《周易》说："物相杂，故曰文。"不同的声音，同一个世界；同一个世界，同一个梦想。文明的多样性是人类社会的基本特征。不同地域、不同种族、不同民族、不同信仰、不同制度而存在文明差异，不仅不是文明交流融合的障碍，反而是世界文明发展的活力所在。吸纳世界文明精华，是适应开放性、全球化时代的必然要求，教育承担着神圣使命。"教育要面向现代化，面向世界，面向未来"是中国教育发展的必然，也是中国汲取世界文明精华、屹立世界

---

* 本文系作者于2017年6月10日在"教育与中国未来30人论坛"年会上的演讲，收入《巅峰之路：走向人类教育共同体》演讲集，发表于2017年第7期《广东教育》（综合版）（广东教育杂志社主办）。

民族之林的当然。眼下的世界，信息技术日新月异，国际交流合作日益频繁，在全球化进程中各种文明相互交流、相互借鉴，有力助推人类文明进程。世界知识与技术大面积普及、深度共享、协同创新，需要我们系统探寻和研究世界知识、技术、文化的根本价值，需要世界各国通过教育传承创新、发展繁荣富有特色的先进文明，深入推进教育国际交流与合作，培养具有世界意识、世界眼光、世界情怀和世界交流合作能力的公民，为人类文明进步和建设人类命运共同体奠定坚实基础。

二、走向人类教育共同体，要求我们认识到，教育国际化是推进世界各国经济社会发展的时代诉求

随着全球化深入发展，物质资源和人力资源在世界跨国、跨地区流动成为常态，其中包括教育资源及教育要素在国际上流动，也就是教育资源在世界范围优化配置，由此带来教育国际交流与合作也就是我们一般意义上所说的教育国际化日益活跃。很显然，教育国际化是为适应经济全球化，在人才培养、文化发展中融入国际元素的过程，是一个国家或地区面向世界发展本国或地区教育的过程，也是一个国家或地区对世界教育改革发展有所影响、有所贡献的过程。确实，教育作为世界各国共同关心的事业，承担着造福人类、弘扬文明、推动进步的使命，教育国际化作为经济全球化的产物，正日益成为各国教育战略的重要组成部分。这是当今时代教育整体特征的表现，它以全球化和解决人类共同面临的问题为背景，以实现人的国际化为目标，通过具体多样的国际交流与合作，实现国家或地区间教育制度、教育理念、教育内容、教育方法、教育模式互学互鉴，更好地推进人才培养、科研创新、文化发展，助推各国或地区在全球化中政策沟通、设施联通、贸易畅通、资金融通、民心相通，成为世界各国教育乃至整个经济社会发展的重要推动力。

三、走向人类教育共同体，要求我们认识到，教育国际化是解决世界教育领域基本矛盾的重要途径

当今时代，世界多极化、经济全球化深入发展，各种思想文化交流、交融、交锋

不断，商品、资金、人员、技术等跨国跨境流动不绝，国与国之间的相互依存度持续提高，使许多教育问题全球化，必须扩大交流与合作，以期更好地解决全球性教育问题。的确，同经济全球化一样，教育国际化也是一把"双刃剑"。一方面，教育国际化为人类跨国界、跨文明交流合作提供了可能，促进各国教育市场、人才资源等共建共享。另一方面，这也是一个充满矛盾的过程，本土化与国际化、单一性与多样性、特殊性与普遍性等并存于世界经济社会发展及教育改革发展之中，需要解决"本土化"与"全球化"、"传统"与"现代"、"合作"与"竞争"、"知识增长无限"与"人类汲取知识能力有限"等矛盾。而解决这些基本矛盾和问题，应当从"走向人类教育共同体"的高度加以审视，在深入推进教育国际化中逐步达成。

四、走向人类教育共同体，要求我们认识到，教育国际化是中国教育改革发展的必然选择

实现"两个一百年"奋斗目标和中华民族伟大复兴的中国梦，必须明确教育国际化服务国家发展战略的定位。时下的中国，亟需通过建立健全教育国际化战略，依据"发展教育，经略世界"的理念，从顶层设计、治理结构等方面系统谋划，加强战略协调，做到教育、文化、外交、贸易、投资、旅游等有机互动；通过"引进来""走出去"双向推进中国教育国际化，既借鉴世界科学的教育理念、教育体制、教育制度、教育内容、教育方法、教育改革发展举措，又传播中华优秀文化，以教育国际化促进中国教育现代化；通过文化与市场途径，支持走向和经略全球教育市场，建设中国国际教育中心，积极应对教育国际竞争。

教育是文化传承与人的发展相联系的桥梁和纽带。任何成功的教育制度和教育改革发展背后，都维系着一种精神力量，这就是民族文化、民族精神、民族追求。中国走向人类教育共同体，其中的一个使命是通过教育，更好地融合中华优秀传统文化、社会主义核心价值观和世界先进文明成果，增强国民的道路自信、理论自信、制度自信、文化自信；更好地培养植根民族文化和面向现代化、面向世界、面向未来的公民，提高全民素质；更好地为提升全体中国人的全球意识、国际责任和文明素质奠基，打造人力资源

强国。推进教育改革发展及人才培养，必须充分展现开放合作、兼容并包的博大胸怀，培育全体受教育者宽阔的国际视野和面向世界的情怀。因为我们的国家要屹立于世界优秀民族之林，不仅要成为经济、技术强国，更要成为文化、精神强国；不仅要引导全体受教育者学习和传扬中华优秀文化，更要教育他们在这个现代化、多元化的时代保持清醒的自我意识和独特的民族品性，为实现民族振兴、国家富强、人民幸福积蓄力量，走出一条充盈着民族文化、时代精神、全球意识的成功之路。

五、走向人类教育共同体，要求我们认识到，中国应该发挥负责任大国作用

全球化不断促进世界投资、贸易、旅游等的增长。不论是发达国家还是发展中国家，都能成为全球化的受益者。当然，我们也认识到，目前每个国家和每个人在全球化中的受益程度是不一样的，因为每个国家或每个人的资源禀赋、教育水平、发展基础等都不相同，从全球化中得到的机会和受益也就不可能整齐划一。客观看待和评估全球化带来的利与弊，应推动实现开放、包容、普惠的全球化，让它更好地造福世界各国及其人民。

中国随着综合国力和国际影响不断增强，走向人类教育共同体，需要加快提升教育发展国际竞争力和影响力，为人类教育改革发展发挥负责任大国作用。可通过"一带一路"国际合作推进人类教育共同体建设，因为"一带一路"倡议的责任（促进和平、推动互利合作、尊重《联合国宪章》宗旨原则和国际法）、目标（实现包容和可持续增长与发展、提高人民生活水平）、原则（平等协商、互利共赢、和谐包容、市场运作、平衡和可持续）、愿望（构建繁荣、和平的人类命运共同体）等都与人类教育的追求在基本方向上高度契合，只要做到更加开放、更加包容、更可持续，科学、民主、法治，共商、共建、共享，就能为走向人类教育共同体提供制度基础，助力巩固和提升人类命运共同体意识。同时，可以区域性、全球性的国际组织，以及双边、多边人文交流机制为平台，设计和落实丰富多彩的教育国际交流与合作项目，推进教育服务产业、企业跨国发展，鼓励高水平教育"引进来"与"走出去"。为此，应建立健全鼓励和支持教育

"引进来"与"走出去"的法律法规和政策体系,为更好走向人类教育共同体、更好为人类教育共同体建设贡献中国智慧提供可靠保障。

走向人类教育共同体,这是建设人类命运共同体和助推人类文明进步的巅峰之路。

深圳文化繁荣兴盛和教育高水平发展的思考[*]

一、如何理解深圳文化繁荣兴盛和教育高水平发展？

中共中央、国务院《关于支持深圳建设中国特色社会主义先行示范区的意见》（以下简称《意见》）明确要求深圳"率先塑造展现社会主义文化繁荣兴盛的现代城市文明""率先形成共建共治共享共同富裕的民生发展格局"。这表明，必须在深圳加快建设区域文化中心城市和彰显国家文化软实力的现代文明之城，充分体现为构建人类命运共同体、为中国走向世界舞台中央提供中国经验、中国方案的道路自信、理论自信、制度自信、文化自信；必须在深圳推动教育体制机制改革先行先试，建设中外教育交流合作枢纽和不同教育文明交流互鉴示范区，既不断丰富发展各级各类中国特色世界一流教育，积极引进国际优质教育资源，又对外充分展示我国、我省及深圳教育改革发展优秀成果，参与国际教育方案、标准制定和教育治理；必须为把深圳建设成为高质量发展高地、法治城市示范、城市文明典范、民生幸福标杆、可持续发展先锋提供强大的人才、智力、科技、文化支撑。

二、如何推进深圳文化繁荣兴盛和教育高水平发展？

一要高端引领，整体设计。在《粤港澳大湾区发展规划纲要》和《意见》引领下，把握深圳文化、教育与经济社会发展以及文化、教育内部各主体的相互关系，科学谋划、协同创新，搭建现代文明之城和教育体制改革的"四梁八柱"。二要重点突破，统筹推进。以破除制约深圳文化繁荣兴盛和教育高质量有特色科学发展的体制机制性障碍，统筹推进深圳公共文化服务创新发展和基础教育、职业教育、高等教育改革发展，

---

[*] 本文系作者于2019年10月15日在省管干部《关于支持深圳建设中国特色社会主义先行示范区的意见》专题研讨班上的发言提纲，标题为收入本书时添加。

打造优质基本公共文化、教育服务供给体系；做强做优职业教育和培训，打造产业升级和高新技术产业、先进制造业人才供给高地；建设世界一流大学群、学科群，打造知识、技术创造和创新人才培养制高点；构建全民终身学习服务体系，打造学习型社会新模式。三要凝练特色，铸就一流。面向深圳乃至国家及大湾区重大战略需求和经济社会发展，着力提升深圳城市精神文明和各级各类教育的质量特色效益、社会贡献度和国际影响力，突出与产业发展、社会需求、科技前沿紧密衔接，铸就卓越的人才培养、科学研究、社会服务、文化传承创新和国际交流合作能力。

三、如何发挥深圳在文化繁荣兴盛和教育高水平发展中的核心引擎功能？

《意见》要求深圳"增强核心引擎功能"，成为"城市文明典范""民生幸福标杆"。在文化繁荣兴盛和教育高水平发展上，深圳要强力打造与《意见》赋予的战略定位相适切的现代城市文明和民生发展格局，推动文化、教育发展与深圳定位、经济结构相匹配，突出创新驱动、质量引领，汇聚高端发展新动能，构建全面发展新优势，持续提升文化和教育创新、优质、特色水平。要引导全体市民特别是全体学生充分认识中华民族发展史、中华优秀传统文化、社会主义核心价值观和新时代中华民族责任担当，以及特区精神，同时深入开展国际理解教育，培养民族自信、国际视野和跨文化沟通能力。要大力发展富有特色、国内领先、世界一流的基础教育、职业教育和高等教育，建设一批服务国家重大战略和大湾区经济社会发展的平台、基地与协同创新中心，打造世界级、开放式、国际化教育资源集聚高地。要积极发挥大湾区核心城市之一的功能，使各级各类优质文化、教育资源对大湾区其他城市以及粤东西北地区产生示范引领、辐射带动作用。

实施科教兴国战略　强化现代化建设人才支撑[*]

党的二十大报告可以说是由四大部分组成的，第一大部分是"过去五年的工作和新时代十年的伟大变革"，第二大部分是"开辟马克思主义中国化时代化新境界"，第三大部分是"新时代新征程中国共产党的使命任务"，第四大部分是新五年乃至更长时期党团结带领全国各族人民要实现的奋斗目标、重大任务和战略举措。第四大部分由十二个方面组成，其中排在第一方面的是"加快构建新发展格局，着力推动高质量发展"，认为"高质量发展是全面建设社会主义现代化国家的首要任务"；排在第二方面的是"实施科教兴国战略，强化现代化建设人才支撑"，认为"教育、科技、人才是全面建设社会主义现代化国家的基础性、战略性支撑"。我们现在就着重围绕这个第二方面展开学习研讨。

党的二十大报告把"实施科教兴国战略，强化现代化建设人才支撑"排在新五年乃至更长时期党团结带领全国各族人民要实现的奋斗目标、重大任务和战略举措的第二位，并且把教育、科技、人才"三位一体"作为科教兴国战略来谋划和部署是前所未有的。仅以党的十九大报告为例，科技放在"贯彻新发展理念，建设现代化经济体系"这个方面来表述，认为"创新是引领发展的第一动力，是建设现代化经济体系的战略支撑。要瞄准世界科技前沿，强化基础研究，实现前瞻性基础研究、引领性原创成果重大突破……"；教育放在"提高保障和改善民生水平，加强和创新社会治理"这个方面来表述，认为"建设教育强国是中华民族伟大复兴的基础工程，必须把教育事业放在优先位置，深化教育改革，加快教育现代化，办好人民满意的教育……"；人才放在"坚定不移全面从严治党，不断提高党的执政能力和领导水平"这个方面来表述，认为"人才是实现民族振兴、赢得国际竞争主动的战略资源。要坚持党管人才原则，聚天下英才而用之，加快建设人才强国……"。全面深入贯彻落实党的二十大精神，唯有面向中华民

---

* 本文系作者于2023年5月16日在广东财贸职业学院学习贯彻习近平新时代中国特色社会主义思想主题教育暨清远市国资委系统党务工作者培训班作的辅导报告。

族伟大复兴战略全局和世界百年未有之大变局，充分领会"实施科教兴国战略，强化现代化建设人才支撑"的时代背景、实质要义和策略举措，才能更好领会党的二十大为什么把实施科教兴国战略摆在如此高的地位，为什么把教育、科技、人才"三位一体"作为科教兴国战略加以谋划部署，更好增强推进教育、科技、人才事业高质量发展的自觉性、坚定性，推动我国成为教育强国、科技强国和人才强国，为到本世纪中叶建成富强民主文明和谐美丽的社会主义现代化强国提供强大的人才保证、智力支持和科技支撑。

一、实施科教兴国战略、强化现代化建设人才支撑的背景分析

（一）实施科教兴国战略、强化现代化建设人才支撑，是开启全面建设社会主义现代化国家新征程、以中国式现代化全面推进中华民族伟大复兴的必然要求

新中国成立特别是改革开放以来，党和国家发展战略不断提升，教育、科技、人才事业的地位相随相伴。在我们党团结带领全国各族人民开辟中国特色社会主义道路上，教育、科技、人才事业一直努力发挥基础性、先导性、全局性战略作用。经过党的十八大以来理论和实践的创新突破，我们党成功推进和拓展了中国式现代化。

在党的事业中，教育本身就具有培养人才、创新科技、服务社会、传承文化、国际交流合作的功能作用，教育发展水平无疑是一个国家发展水平和发展潜力的重要标志。早在1977年5月，邓小平同志就指出，"我们要实现现代化，关键是科学技术要能上去。发展科学技术，不抓教育不行。靠空讲不能实现现代化，必须有知识，有人才""一定要在党内造成一种空气：尊重知识，尊重人才"。从党的十二大到十七大，我们党始终要求推进社会主义现代化必须优先发展教育、发挥教育作用，同时要求教育不断提升自身先进性、创新性、引领性，实现教育现代化。党的十八大以来，习近平总书记基于我国前所未有地接近中华民族伟大复兴目标、前所未有地走近世界舞台中央的战略判断，强调"人才越来越成为推动经济社会发展的战略性资源，教育的基础性、先导性、全局性地位和作用更加突显"。在党的十九大报告中，习近平总书记第一次明确指出"建设教育强国是中华民族伟大复兴的基础工程"。全面建设社会主义现代化国

家、以中国式现代化全面推进中华民族伟大复兴，亟需把实施科教兴国战略和教育、科技、人才事业置于我们党治国理政的总体格局去谋划，置于实现中华民族伟大复兴中国梦、构建人类命运共同体的高度去运筹，因而党的二十大报告强调"教育、科技、人才是全面建设社会主义现代化国家的基础性、战略性支撑。必须坚持科技是第一生产力、人才是第一资源、创新是第一动力，深入实施科教兴国战略、人才强国战略、创新驱动发展战略，开辟发展新领域新赛道，不断塑造发展新动能新优势"。唯有如此，才能适应新时代新征程党的使命任务对高质量教育、高素质人才、高强度智力、高水平科技的急切需求。

（二）实施科教兴国战略、强化现代化建设人才支撑，是破解我国社会主要矛盾发生历史性转化、奋力满足人民日益增长的美好生活需要的必然要求

任何一个社会、任何一个历史时期都充满各种矛盾，并且矛盾会不断发生转化，其中起主导与支配作用的是主要矛盾。我们党总是把化解社会主要矛盾作为制定路线方针政策的根本依据。作为党的事业的重要组成部分，教育、科技、人才事业必须适应社会主要矛盾转化和人民需要。

习近平总书记在党的十九大报告中指出，"中国特色社会主义进入新时代，我国社会主要矛盾已经转化为人民日益增长的美好生活需要和不平衡不充分的发展之间的矛盾""我们要在继续推动发展的基础上，着力解决好发展不平衡不充分问题，大力提升发展质量和效益，更好满足人民在经济、政治、文化、社会、生态等方面日益增长的需要，更好推动人的全面发展、社会全面进步"。习近平总书记在党的二十大报告中又指出，"发展不平衡不充分问题仍然突出，推进高质量发展还有许多卡点瓶颈，科技创新能力还不强""群众在就业、教育、医疗、托育、养老、住房等方面面临不少难题"。我国社会主要矛盾转化带来的新特征新要求，昭示我们要清醒看到社会需求和社会生产都在发生新变化，人民期盼享有更加公平更高质量的教育，经济社会高质量发展期待有更加多元更高水平的人才保证、智力支持和科技支撑，保障"加快构建新发展格局，着力推动高质量发展"，而目前教育、科技、人才事业本身发展不平衡不充分问题也还比较多，在规模、结构、质量、特色、效益上离人民日益增长的美好生活需要和经济社会

高质量发展需求存在较大差距。只有深入实施科教兴国战略，以人民为中心发展教育、科技、人才，努力提高全体国民的思想道德素质、科学文化素质和身心健康素质，提升人的全面发展能力和人力资本水平，形成宏大的结构优良的高素质人才队伍，达成科技自立自强，才能从根本上助力破解新时代社会主要矛盾，更好满足人民愿望和经济社会高质量发展需要。

（三）实施科教兴国战略、强化现代化建设人才支撑，是应对国际力量对比深刻调整和世界教育、科技、人才发展新态势的必然要求

教育、科技、人才发展水平决定一个国家的核心竞争力。当前，"世界百年未有之大变局加速演进，新一轮科技革命和产业变革深入发展，国际力量对比深刻调整"，其背后的教育、科技、人才同样地已经、正在并将继续发生革命性变化，"我国发展进入战略机遇和风险挑战并存、不确定难预料因素增多的时期"。

当前，"逆全球化思潮抬头，单边主义、保护主义明显上升，世界经济复苏乏力，局部冲突和动荡频发，全球性问题加剧，世界进入新的动荡变革期""恃强凌弱、巧取豪夺、零和博弈等霸权霸道霸凌行径危害深重"。在高等教育、人才领域，我国面临美国对我留学生、访问学者在专业领域选择和高校或科研机构选择的限制或拒绝。在科技领域，我国面临美国为首的某些发达国家科技极限打压、国内科技自立自强水平偏低等多重压力，在先进工业制造、信息技术、材料科技、生物医药等领域存在不少"卡脖子"关键核心技术难题。错综复杂、竞争激烈的国际环境带来新矛盾、新挑战，要求我们清醒看到教育、科技、人才支撑经济社会高质量发展和综合国力、国际竞争力提升在当今世界普遍得到高度重视，以学习者为中心、由知识本位向素质能力本位转变、注重创新能力和可持续发展能力培养、促进学生全面而有个性成长等理念得到广泛认同，教育形态、模式、内容、方法、技术的创新迭代推进。把我国从人力资源大国建设成为人才强国，形成具有全球竞争力的开放创新生态，突破美国等西方发达国家对我国关键核心技术的封堵、打压、限制，根本靠建成教育强国、靠全面提高人才自主培养质量、靠实现高水平科技自立自强。对于整个世界来说，作为一个比以往任何时候都更加走近世界舞台中央，并且具有为人类文明进步事业作出更大贡献崇高使命感的大国，我们必须坚定走中国特色社会主义教育、科技、人才发展道路，扩大教育、科技、人才对外开放合作，积极参与全球教育、科技、人才治理，突破卡点瓶颈，加快建设世界重要人才中心和创新高地，以教育强国、科技强国、人才强国形象屹立于世界民族之林，更好更多造福人类社会。

二、实施科教兴国战略、强化现代化建设人才支撑的实质要义

（一）实施科教兴国战略、强化现代化建设人才支撑，需要充分理解教育、科技、人才是推动党和国家各项事业发展的重要先手棋

国运兴衰系于教育，教育兴则国家兴，兴国必先兴教；教育强则国家强，强国必先强教。在推动党和国家各项事业发展特别是全面建设社会主义现代化国家中，"必须坚持科技是第一生产力、人才是第一资源、创新是第一动力"，"坚持教育优先发展、科技自立自强、人才引领驱动"。

改革开放特别是党的十八大以来，党和国家先后提出建设人力资源强国、人才强国、科技强国、制造强国、文化强国、体育强国、健康中国、美丽中国等战略目标，而这一切战略目标的实现，归根结底要以雄厚的人力资本作支撑，要以教育强国来托举。习近平总书记立足我国国情重大变化和世界格局深刻调整，准确把握开启全面建设社会主义现代化国家新征程面临的机遇和挑战，于2018年9月在全国教育大会上就明确指出，"教育是民族振兴、社会进步的重要基石，是功在当代、利在千秋的德政工程，对提高人民综合素质、促进人的全面发展、增强中华民族创新创造活力、实现中华民族伟大复兴具有决定性意义。教育是国之大计、党之大计"，要"坚持把优先发展教育事业作为推动党和国家各项事业发展的重要先手棋"。这一重大的创新性论断，具有高远历史站位和深邃战略眼光，充分突显了在党和国家事业发展全局中教育的极端重要性，为新时代落实教育优先发展战略、建设高质量教育体系、加快教育现代化提供了根本遵循。世界发展史充分表明，一个国家唯有发达的教育，才会有高素质的国民、强大的科技实力、现代化的经济和文明的社会，而教育作为国之大计、党之大计的重要有机体，融于

中国特色社会主义伟大事业、中华民族伟大复兴中国梦、全面建成社会主义现代化强国，必须坚持"为人民服务、为中国共产党治国理政服务、为巩固和发展中国特色社会主义制度服务、为改革开放和社会主义现代化建设服务"，实现从人才、智力、科技上源源不断地促进党和国家各项事业兴旺发达，不断增强中华民族创新创造活力。

（二）实施科教兴国战略、强化现代化建设人才支撑，需要充分理解教育、科技、人才是推动高质量发展的战略力量

我国经济由高速增长转向高质量发展，人民日益增长的美好生活需要对物质文化、民主法治、公平正义、安全环境、生态文明等提出了更高要求，应当更加充分地把教育、科技、人才作为支撑高质量发展这个全面建设社会主义现代化国家首要任务的战略力量。

目前，我国在促进经济发展动能由要素驱动、投资驱动向创新驱动转换上面临不少挑战，基础研究和应用基础研究亟待全面加强，一些关键领域核心技术受制于发达国家的格局尚未发生根本改变，需要推进实体经济、科技创新、现代金融、人力资源协同发展，引导和支持教育、科技、人才的功能作用落实到推动高质量发展上，并根据全面建设社会主义现代化国家的需要，改进教育、科技、人才管理方式，调整优化教育、科技、人才区域布局，培养能够适应和引领未来发展的时代新人特别是大批创新型、应用型、技术技能型人才，推进产学研协同创新，加快建设高校、科研院所、行业企业科技创新集成体系，聚焦国际科技创新前沿和我国经济社会高质量发展重大需求，攻克一批"卡脖子"科技问题。同时，积极发展更加普惠更高质量教育，促进国民素质、社会文明程度和国家文化软实力明显跃升，助力形成有效社会治理、良好社会秩序以共建和谐幸福家园，大力激发全民创新智慧和创业活力。

（三）实施科教兴国战略、强化现代化建设人才支撑，需要充分理解全面参与全球教育、科技、人才发展治理的使命担当

我们党是为中国人民谋幸福、为中华民族谋复兴的政党，也是为人类文明进步事业奋斗的世界大党，发展到今天，理所当然地要有更大担当和更大作为，全面参与全球教育、科技、人才治理，助力构建人类命运共同体。

党的二十大报告强调："中国坚持在和平共处五项原则基础上同各国发展友好合作，推动构建新型国际关系，深化拓展平等、开放、合作的全球伙伴关系，致力于扩大同各国利益的汇合点。"习近平总书记也曾提出："教育应该顺此大势，通过更加密切的互动交流，促进对人类各种知识和文化的认知，对各民族现实奋斗和未来愿景的体认，以促进各国学生增进相互了解、树立世界眼光、激发创新灵感，确立为人类和平与发展贡献智慧和力量的远大志向。"党的二十大报告富有宽广国际视野，站在构建人类命运共同体的高度赋予教育、科技、人才新使命。面对全面建设社会主义现代化国家和世界格局深刻调整，我们既要扎根中国大地，加快发展世界水平教育、科技、人才，增强全面参与全球教育、科技、人才治理的话语权，提出中国主张、贡献中国方案、体现中国智慧，促进教育、科技、人才、文化等国际人文交流合作，又要在参与中更加发展壮大我国教育、科技、人才事业，更好服务国家重大外交战略，助推全球治理朝着更加公正合理的方向发展，弘扬和平、发展、公平、正义、民主、自由的全人类共同价值。

三、实施科教兴国战略、强化现代化建设人才支撑的策略举措

（一）实施科教兴国战略、强化现代化建设人才支撑，须坚持把教育、科技、人才发展融入"五位一体"总体布局和"四个全面"战略布局

教育、科技、人才为全面建设社会主义现代化国家、以中国式现代化全面推进中华民族伟大复兴提供基础性、战略性支撑，必然要求教育、科技、人才发展与党确立的"五位一体"总体布局（统筹推进经济建设、政治建设、文化建设、社会建设、生态文明建设）和"四个全面"战略布局（协调推进全面建设社会主义现代化国家、全面深化改革、全面依法治国、全面从严治党）相融互促。

党的二十大报告强调"教育是国之大计、党之大计。培养什么人、怎样培养人、为谁培养人是教育的根本问题""坚持创新在我国现代化建设全局中的核心地位""坚持面向世界科技前沿、面向经济主战场、面向国家重大需求、面向人民生命健康，加快实现高水平科技自立自强""培养造就大批德才兼备的高素质人才，是国家和民族长远

发展大计"。这就要在推进党和国家各项事业发展,特别是在统筹推进"五位一体"总体布局、协调推进"四个全面"战略布局中牢牢确立教育、科技、人才的战略地位,始终把教育、科技、人才放在全面建设社会主义现代化国家、以中国式现代化全面推进中华民族伟大复兴来定位,放在构建新发展格局、推动高质量发展来思考,放在破解新时代社会主要矛盾、满足人民日益增长的美好生活需要来落实,使教育、科技、人才的发展直面、适应、支撑"五位一体"总体布局和"四个全面"战略布局,而"五位一体"总体布局、"四个全面"战略布局要始终将建设教育强国、科技强国、人才强国融入其中,从组织领导、发展规划、开发投入、资源保障等方面久久为功。第一,要完善党对教育、科技、人才事业的领导体制,提高党在教育、科技、人才事业改革发展进程中谋划全局、把握方向、带好队伍、落实规划的能力,做到各级党政主要负责同志有国家战略眼光、民族复兴使命感和为民谋幸福的责任感,树牢正确政绩观和科学发展观,落实建设高质量教育、科技、人才体系主体责任,形成保障教育、科技、人才高质量发展的决策机制和政策制度规范。第二,要把推进教育、科技、人才高质量发展贯穿全面建设社会主义现代化国家的战略规划之中,加强教育、科技、人才规划与经济社会发展各项规划有效衔接,使建设高质量教育、科技、人才体系的战略目标转化为各个时期、每个年度实实在在的工作目标任务和举措办法。第三,要把对教育、科技、人才开发投入作为支撑国家及区域经济社会高质量发展的基础性、战略性投资和物质保障,强化各级政府的财政支出责任,健全财政投入优先保障、社会投入不断扩大长效机制,同时不断优化教育、科技、人才支出结构,提高经费使用效益。第四,要不断健全公共资源配置制度,厚植教育、科技、人才资本,持续扩大优质教育、科技、人才资源总量,推进职普融通、产教融合、科教融汇,把全体国民蕴藏的智慧资源充分发掘出来,实现从教育大国向教育强国、科技大国向科技强国、人力资源大国向人才强国跨越。

(二)实施科教兴国战略、强化现代化建设人才支撑,须坚持扎根中国大地办世界水平教育

将教育发展基本规律同我国实际相结合,走中国特色社会主义教育发展道路,是由我国教育发展立足的独特历史、独特文化、独特国情和面临的新时代特征、根本任务、国际环境所决定的。

　　只有发展和提升符合中国国情的教育即贯彻党和国家战略、实现"四个服务"的教育，才能达到党和国家推动教育高质量发展、加快教育现代化、建设教育强国的目的，更好学习借鉴世界教育科学思想、先进内容、有效方法、成功经验并为世界教育改革发展提供中国智慧和中国方案。在教育方向把握上，要坚持为党育人、为国育才，以推动教育高质量发展、加快教育现代化、建设教育强国为主题，以深化教育供给侧结构性改革为主线，以改革开放为动力，"全面贯彻党的教育方针，落实立德树人根本任务，培养德智体美劳全面发展的社会主义建设者和接班人"。在教育发展方式上，要以内涵式发展为主调，"加快义务教育优质均衡发展和城乡一体化，优化区域教育资源配置，强化学前教育、特殊教育普惠发展，坚持高中阶段学校多样化发展"；"统筹职业教育、高等教育、继续教育协同创新，推进职普融通、产教融合、科教融汇"，建立健全研究型、应用型、技术技能型、开放型高等学校体系，"加强基础学科、新兴学科、交叉学科建设，加快建设中国特色、世界一流的大学和优势学科"，优化职业教育类型定位，建设高水平高等职业学校和高水平专业，办好开放大学和继续教育；"推进教育数字化，建设全民终身学习的学习型社会、学习型大国"；确立完善各级各类学校培养规格、教育质量、办学水平的标准体系、保障体系和评估诊断改进体系。在教育教学改革上，要"健全学校家庭社会育人机制"，按照学生身心发展规律、教育教学规律、经济社会发展规律，构建具有前瞻性、创新性、引领性的学科专业知识体系和教育教学方式方法，建立"互联网＋教育"大资源服务体系，培养学生发展核心素养，分类分层提升学生培养水平，更加注重学生爱国情怀、社会责任感、创新精神、健康人格、实践能力培养，加强基础学科拔尖学生培养，引导学生更好适应经济发展、社会变革和科技进步，同时在全社会大力树立科学合理的人才观、成才观、用人观、就业观、分配观，营造有利于各类人才充分发挥聪明才智、各类创新创造创业活力竞相迸发的制度政策环境、考核评价环境和宣传舆论环境，"加快建设国家战略人才力量，努力培养造就更多大师、战略科学家、一流科技领军人才和创新团队、青年科技人才、卓越工程师、大国工匠、高技能人才"。在推进教育国际化上，要立足国内，将彰显中国特色与放眼世界有机统一起来，"全面提高人才自主培养质量，着力造就拔尖创新人才，聚天下英才而用之"。在充分开发利用国内人才培养资源的同时，制定更加全面、更高层次的教育国际化发展战略，与世界各国和重要国际性、区域性组织建立紧密的教育交流合作关系，积极参与国际教育规则标准制定和重大议题研究，与世界知名大学、科研机构开展高水平合作办学，扩大合作办学规模、提高合作办学水平，推进专业区域认证、国际认证。同时，充分彰显中国教育的特色和优势，积极发展更具国际竞争力的留学教育，将我国建设成为全球主要留学中心；注重国际化课程建设和全球远程网络教学，打造世界教育服务中心，经略全球教育市场。在推进教育国际化过程中，积极学习借鉴和吸纳世界先进办学治校经验及其优秀教育理念、教育内容、教育质量保障与教育评价经验，将其转化为提升我国办学水平、育人质量和丰富发展优质教育资源的积极动能。

（三）实施科教兴国战略、强化现代化建设人才支撑，须坚持充分激发激活人才、智力、科技资源

人才、智力、科技的功能，首要的、根本的是为经济发展和社会进步充分发挥应有作用，为国家富强、民族振兴、人民幸福和人类文明进步充分体现应有价值。

人民期盼国家经济兴盛、科技发达、文化繁荣、社会和谐、生态文明。第一，要充分认识到科技创新与发展涉及科技战略布局、科技体制改革、科技力量整合、基础和应用基础研究推进等一系列重大工作，是一项复杂的系统性工程。2023年3月16日，为落实党的二十大的有关决策部署，党中央、国务院印发《党和国家机构改革方案》，其中决定组建中央科技委员会、重新组建科学技术部，标志着以党中央的权威加强对科技工作的领导，更好统筹解决科技领域战略性、方向性、全局性重大问题，更好指挥调度各方科技力量，加快推进关键核心技术攻关；强化科学技术部战略规划、综合协调、资源统筹、督促检查等宏观管理职责，把有关科研专案与经费等微观管理职责划到国家发展改革委、国家卫生健康委、农业农村部等相关部委，利于实现党中央对各类科技力量进行大动员、大统筹、大整合，充分发挥新型举国体制优势，加快实现高水平科技自立自强。第二，要瞄准我国成为世界科技强国、主要科学中心和创新高地战略需求，"优化国家科研机构、高水平研究型大学、科技领军企业定位和布局，形成国家实验室体系，统筹推进国际科技创新中心、区域科技创新中心建设，加强科技基础能力建设，强化科技战略咨询，提升国家创新体系整体效能"。对接世界科技前沿，加快构建全过程创新生态链，高度重视基础研究和应用基础研究，注重素质优良的创新型人才、结构合理的创新型团队培育和科学基础设施建设，"加快实施一批具有战略性全局性前瞻性的国家重大科技项目""集聚力量进行原创性引领性科技攻关，坚决打赢关键核心技术攻坚战"，健全重要领域关键核心技术供给体系，特别要着力围绕第三代半导体、集成电路、智能芯片、人工智能、工业互联网、新型储能技术、脑科学、重大疾病等重点领域布局建设一批创新平台，在前瞻性基础研究和引领性原创成果突破、应用基础研究和产业化链接上协同创新。研究型大学特别要在加强学科建设与创新、推进学科交叉与融合上发力，重点开展基础研究和应用基础研究，与科研院所、高科技企业协同打牢科技强国根基。第三，要强化企业科技创新主体地位，发挥科技型骨干企业引领支撑作用，营造有利于科技型中小微企业成长的良好环境，推动创新链、产业链、资金链、人才链深度融合。2023年4月21日，习近平总书记主持召开二十届中央全面深化改革委员会第一次会议，会议审议通过《关于强化企业科技创新主体地位的意见》，目的就在于推动形成企业为主体、产学研高效协同深度融合的创新体系。第四，要充分发挥教育领域人才荟萃、学科齐全、思想库智囊团优势，适应全面建设社会主义现代化国家要求，立足国际学术前沿，加强中国特色哲学社会科学学科体系、学术体系、教材体系、话语体系建设和创新，同时坚持广泛深入地研究分析西方国家人们普遍的价值观念、心理特征、思维方式和行事习惯，助力党和国家国际传播力建设；积极繁荣发展中国特色社会主义先进文化，加强科学技术和社会科学普及，不断提高学生乃至社会大众的科学素质、民主素养和法治意识，充分彰显中国精神、中国价值、中国力量。

（四）实施科教兴国战略、强化现代化建设人才支撑，须坚持深化教育、科技、人才领域综合改革

教育、科技、人才体系庞大，又深受经济社会大系统影响和制约，破解教育、科技、人才高质量发展面临的思想观念制约和体制机制束缚，以及实体条件限制，需要深化教育、科技、人才领域综合改革，达到充分激发教育、科技、人才生机活力的目的。

立足新发展阶段，以新发展理念引领构建新发展格局，推进教育、科技、人才事业高质量发展，要加强体系性审视和研判，深化相关领域综合改革，注重优化结构、消除弱项短板，发掘潜力、突显特色优势，保障质量、扩大效益贡献，有效化解各种矛盾和挑战。在加强领导力量上，要建立健全推进教育、科技、人才事业高质量发展的领导体制机制，各级党政主要负责同志要熟悉教育、关心教育、研究教育，把优先发展教育作为推动各项事业发展的重要先手棋；"完善党中央对科技工作统一领导的体制，健全新型举国体制，强化国家战略科技力量"（前面说的组建中央科技委员会、重新组建科学技术部，就是要进一步加强党中央对科技工作的集中统一领导，为汇聚科技力量、形成科技创新合力、推进联合攻关等提供坚强的领导保障）；"坚持党管人才原则，坚持尊重劳动、尊重知识、尊重人才、尊重创造，实施更加积极、更加开放、更加有效的人才政策"，为建设高质量教育、科技、人才体系提供坚强的政治保证和组织保障。在落实任务上，要更加强调立德树人，培养德智体美劳全面发展的社会主义建设者和接班人；健全新型举国体制，优化配置创新资源，以国家战略需求为导向，按照"四个面向"要求，加快实现高水平科技自立自强；完善人才战略布局，建设规模宏大、结构合理、素质优良的人才队伍。在转变发展方式上，要更加追求内涵式发展，统筹布局优质教育、科技、人才资源，激发教育、科技、人才分类发展争创一流，建立网络化、数字化、个性化的教育、科技、人才工作体系，提升教育、科技、人才紧密结合水平和服务经济社会高质量发展能力。在提升质量上，要坚持以人民为中心，深化考试招生、课程教学、就业创业制度改革，更加注重发展素质教育，变革教育内容，创新教育方法，优化教育环境，加强教育质量内控和教育质量监测评估。"统筹推进国际科技创新中心、区域科技创新中心建设，加强科技基础能力建设，强化科技战略咨询，提升国家创新体系整体效能"，"提升科技投入效能，深化财政科技经费分配使用机制改革，激发创新活力"。"加快建设世界重要人才中心和创新高地，促进人才区域合理布局和协调发展，着力形成人才国际竞争的比较优势"。在开放合作上，要更加积极推进教育国际双边、多边交流合作，深化教育各组成部分相互开放、向科研院所开放、向行业企业开放、向社会各方面开放；"扩大国际科技交流合作，加强国际化科研环境建设，形成具有全球竞争力的开放创新生态"，积极牵头组织或参与国际重大科学计划和大科学工程，加强基础研究领域国际合作；"加强人才国际交流，用好用活各类人才"；加强企业主导的产学研深度融合，强化目标导向，推进高校、科研院所、行业企业创新资源自由有序流动，强化企业科技创新主体地位，推动创新链、产业链、资金链、人才链深度融合，提高科技成果转化和产业化水平。在推进治理现代化和科学评价上，一要更加突出完善教育、科技、人才法律法规和制度规则体系，加强知识产权法治保障，深化"放管服"改革，推进各级政府及其职能部门依法行政，落实和扩大学校、科研院所自主权，深化学校管理制度、科研创新管理制度、人事薪酬制度、行政后勤服务制度、对外交流合作制度改革，建立健全遵循规律、充满活力、富有效率、更加开放的教育、科技、人才体制机制。二要更加强调实施以科学履职为导向的党委和政府教育工作评价、以立德树人为导向的学校评价、以教书育人为导向的教师评价、以全面而有个性发展为导向的学生评价、以品德和能力为导向的用人评价，完善学校管理和教育评价体系；深化科技评价改革，形成支持全面创新的基础制度；"深化人才发展体制机制改革，真心爱才、悉心育才、倾心引才、精心用才，求贤若渴，不拘一格，把各方面优秀人才集聚到党和人民事业中来"，坚决克服不以人为本、不尊重科学、不遵循规律的顽瘴痼疾。

最后，提几点建议。首先，清远市国资系统经营和管理清远国有资产、国有企业，贯彻落实党的二十大关于"实施科教兴国战略，强化现代化建设人才支撑"的决策部署，建议为着建设现代化产业体系、全面推进乡村振兴、促进区域协调发展、推进高水平对外开放、推动绿色发展、提高人民生活品质，一要充分认识和履行社会责任，切实主动关心和支持教育改革发展，为各级各类学校教师专业发展水平提升、学生思想品德教育和见习实习实训、科技成果转化和产业化提供一切可能条件；二要充分开发利用在地教育、科技、人才资源，深入参与推进职普融通、产教融合、科教融汇，在加强产学研深度融合、提高科技成果转化和产业化水平上切实发挥企业主导作用；三要充分推动创新链、产业链、资金链、人才链深度融合，强化企业科技创新主体地位，努力实施一批重大科技项目，支持科技型骨干企业发挥引领支撑作用，带动科技型中小微企业良好成长，增强自主创新能力；四要充分营造优良人才政策环境、使用管理服务环境，支持在地高校毕业生就业创业，支持在地高校教帅参与决策咨询、科技研发、乡村振兴、文化传承创新，积极向外引进各级各类优秀人才来干事创业、创新创造。

其次，职业院校贯彻落实党的二十大关于"实施科教兴国战略，强化现代化建设人才支撑"的决策部署,建议一要坚持紧紧把握培养什么人、怎样培养人、为谁培养人这个教育根本问题,全面贯彻党的教育方针,落实立德树人根本任务,培养高素质技术技能型人才;二要坚持以人民为中心发展职业教育,深入参与统筹职业教育、高等教育、继续教育协同创新和推进职普融通、产教融合、科教融汇,优化职业教育类型定位,充分张扬职业教育特征和优势、功能和作用;三要坚持面向行业、面向企业、面向社区,结合区域和本校实际,加强专兼职高素质专业化创新型教师队伍建设,把相关优秀人才集聚到职业教育事业中来,构建高水平专业大类、专业类、专业体系,健全学校家庭社会育人机制,推动职业教育高质量发展;四要坚持培育创新文化、营造创新氛围,开展有组织科研,鼓励申请和转让专利,参加企业技术革新和社会文化传承创新。

第二章

建立健全新时代教育科学研究体系

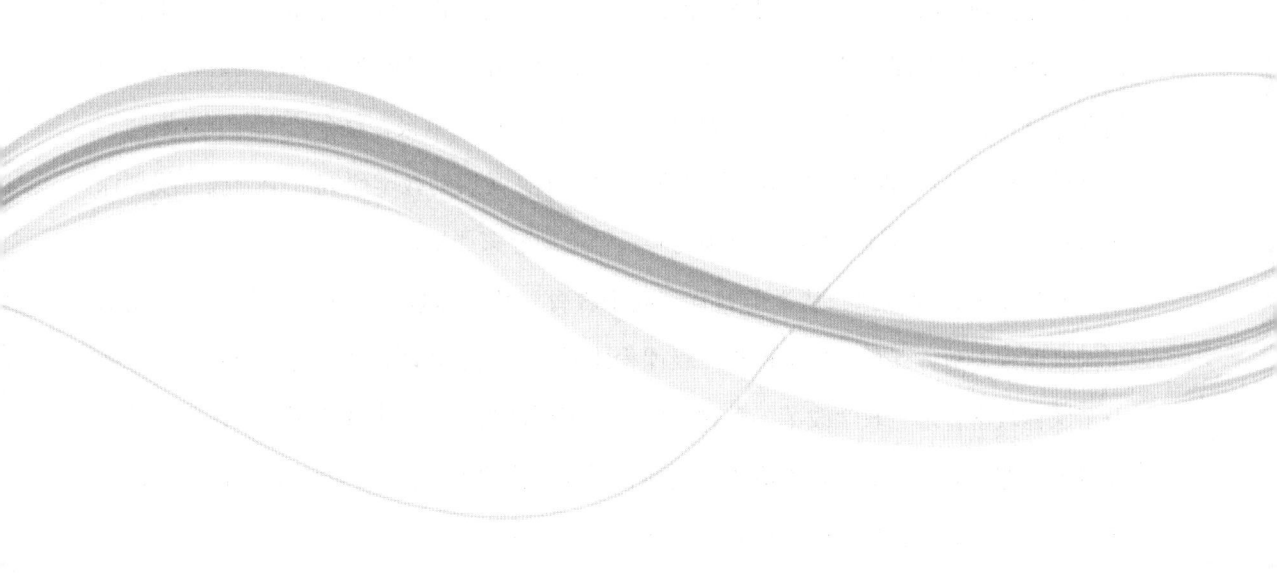

加强基础教育教学研究　打造基础教育教学研究广东品牌*

举办广东省中小学教学研究"十二五"规划课题主持人和教研骨干研修班,目的是贯彻落实国家、省教育规划纲要和省教育发展"十二五"规划,交流教学研究经验,研讨教学研究面临的新形势、新任务、新要求,加强中小学教育教学研究能力建设,促进中小学教育教学质量提高。

教育教学研究在推进基础教育课程改革、全面实施素质教育、提高教育教学质量中具有基础性、先导性的战略作用。自2001年开展基础教育新课程实验以来,我省各级教研部门和广大中小学积极探索,勇于创新,创造了丰富的课改经验,取得了丰硕的教研成果,研究引领、项目驱动成为我省基础教育课程改革的一大亮点。2006年,为加大教育教学研究对中小学课程改革的指导力度,提高我省中小学教育教学质量和水平,我省特别设立面向广大中小学教师、教研员的教学研究"十一五"规划课题,针对中小学教学实际特别是课程改革推进过程中的热点、难点问题,以一线教师和教研员为主要力量,以课程建设和课堂教学为主要研究对象,突出中小学教学研究应有的实践特征。规划课题设立后,广大中小学、各级教研部门踊跃参与课题申报,整个"十一五"期间,省共设立143个立项课题、77项委托课题。2011年,又启动教学研究"十二五"规划课题申报立项工作,各地积极报送立项材料,经组织专家严格评审,共确定283项课题。

教学研究规划课题,从学前教育到高中教育、从特殊教育到中等职业教育,涵盖了国家课程、地方课程、校本课程三级课程体系,覆盖了新课程的所有领域和学科,涉及了课程教学管理、教学改革、教材开发、考试评价改革、校本教研制度建设与教师专业发展、课堂教学、信息技术应用等当前新课程实验的重大实践问题,研究内容全面具体,研究方法灵活多样,研究原则注重理论联系实际。

---

* 本文系作者于2012年3月16日在广东省中小学教学研究"十二五"规划课题主持人和教研骨干研修班上的讲话,标题为收入本书时添加,内容稍有删减。

经过"十一五"以来的研究实践，我们很高兴地看到我省广大基础教育工作者以科学发展观为指导，全面贯彻党的教育方针，坚持走科研兴教之路，扎实推进课程教学改革，创新培养模式，在基础教育教学管理、教学内容、教学方法、教学手段等方面努力探索素质教育目标任务实现的有效方式和途径。同时，通过教学研究和实践探索也实现了教育工作者自身专业发展和素质提高。但我们也要清醒地看到，我省基础教育教学研究的整体水平还不是很高，发展也不平衡，成果的数量和质量还不能满足当前我省基础教育教学改革和发展的需要。我们要认真学习贯彻国家、省教育规划纲要和省教育发展"十二五"规划，切实贯彻落实《教育部关于深化基础教育课程改革 进一步推进素质教育的意见》，明确基础教育改革发展的核心任务和教育教学研究的价值取向是全面推进素质教育，全面提高教育教学质量，创新培养模式，为每一个学生的和谐发展服务，为培养更多善于思考、富有责任感、勇于进取、敢于实践、全面发展的创新型人才奠定坚实基础。

在此，我向全省中小学教学研究"十二五"规划课题主持人和教研骨干提三点期望。

一是要提高认识，充分领会基础教育教学研究在基础教育工作中的重要地位。国家、省教育规划纲要，把坚持以人为本、全面实施素质教育作为教育改革发展的战略主题，把育人为本作为教育工作的根本要求，把提高质量作为教育改革发展的核心任务。实现纲要的要求，对于提高国民素质、培养创新人才具有极其重要的战略意义，也为基础教育的改革和发展指明了方向与路径。基础教育领域的广大教育工作者必须进一步增强责任感和使命感，把教育教学研究作为转变教育教学观念、创新教育教学内容、探索教育教学方式、提高教育教学质量的重要前提，摆在基础教育工作的重要位置，充实研究力量，扩大研究规模，突出研究重点，追求研究实效，推动我省基础教育水平在新的起点上加快提升。

二是要明确重点，找准基础教育教学研究的主攻方向。在新的起点推进基础教育教学研究，必须明确主攻方向和重点。

第一，要在新的工作机制基础上总体规划、综合研究。课题研究要努力与提升学校的品质、品位、品牌结合起来，在研究如何丰富和发展学校的办学特色与优势上多下功夫，开展卓有成效的立项课题研究和校本教学研究，找自己的问题，说自己的话，丰富和发展自己的内涵，不要盲目跟风、人云亦云。要努力与打造高素质专业化的教师队伍结合起来，促进教师专业发展和学生健康成长，引导教师通过课题研究提升专业素质、形成先进教育理念、深化课程教学改革，最终为学生健康成长服务，不能单纯地为做课题而做课题。要努力把局部的、微观的研究和综合的、宏观的研究结合起来，不管课题研究侧重在教育教学的哪个方面或哪个环节，我们都应该从学校育人的工作层面有一个总体规划，这样才能使课题研究渗透到教育工作的各方面全过程，课题研究的成果才能落实到教育工作的各领域各环节，从而推动学校各项事业科学发展。要努力把区域的、学校的研究和比较研究结合起来，立足区域、学校的现实情况有针对性地开展研究，同时开阔视野，加强横向比较研究，加强与其他学校、地区和国家的交流与合作，了解其他学校、地区、国家教育改革发展态势，学习借鉴先进经验，在比较研究中促进自身深化改革、科学发展。

第二，要在历史发展的基础上传承创新、长远谋划。要深入研究分析国内外相关课题的发展背景、经验教训、成败得失，尤其要注重总结梳理改革开放30多年来我省基础教育教学工作，反思历史，继承优秀经验，拓展研究思路，创新思维方式，革除落后观念，通过研究找到解决现实矛盾、困难、问题的切入点和行之有效的办法。同时，还要站在课题研究和学科发展前沿，前瞻性地思考基础教育改革发展趋势，把现实问题的解决和长远发展的谋划结合起来，为推动基础教育科学发展争取主动权。

第三，要在坚持以人为本、全面实施素质教育的关键领域和环节上整体推进、重点突破。坚持以人为本、全面实施素质教育是教育改革发展的战略主题，是全面贯彻党的教育方针的必然要求，其核心是解决好"培养什么人、怎样培养人"的重大问题。基础教育教学研究要遵循学生认知规律、教育教学规律和经济社会发展规律，坚持德育为先，加强德育体系建设和德育课程研究开发，探索把德育融入学校课堂教学、课外活动、社会实践、学生管理、学生生活全过程的有效办法和途径，培养学生团结互助、诚实守信、遵纪守法、艰苦奋斗的良好品质，促进德育、智育、体育、美育有机融合和学生德、智、体、美全面发展；要深化课程教学改革，更新教育教学观念，创新教育教学内容，转变教育教学方式，通过对教学理念、教学内容、教学方式的研究，特别是重点研究启发式、讨论式、探究式教学模式，突出教学的创新性、综合性、实践性、开放性和选择性；要重点研究学生成长不同阶段的认知特点，研究不同学段、不同年级教学内容的容量、难度的分布及其与学生认知发展的逻辑关系，做到因材施教、因时施教、因地施教，提高教学效率，留给学生足够思考和实践的时间，以及充分自由发展的空间，促进学生的责任感、学习能力、创新能力和实践能力全面提高；要积极探索学校课程建设，加强课程对学生、教师、学校的适应性研究，创造性地实施国家和地方课程，开发课程资源，构建校本课程体系，丰富课程的多样性和选择性，打造学校办学特色；要深化教育教学质量评价改革研究，探索多种形式、多种类型的评价方式，加强对学生综合素质评价、学业水平评价的研究，改革过去传统的以文化课纸笔测试为唯一评价方式、以考试分数为唯一评价标准的应试教育弊端，建立符合素质教育要求的、有利于学生综合素质全面提高和个性特长全面发展的评价体系。

三是要加强规范，打造基础教育教学研究的广东品牌。全省基础教育教学研究工作要注重规范建设，加强课题管理，突出绩效评价，紧紧围绕教育教学改革发展的重大理论和实践问题，全面提高研究的内涵、质量和品格，努力形成研究的特色、优势和品牌。要重点打造一批有研究基础、比较优势和鲜明特色的全国领先的教育教学研究项目，通过资金支持和专家扶持等方式，推动形成在理论建构上有较大突破的原创性成果。要重视各地、各校创新教育教学内容、改革培养模式、提高办学水平的首创经验，注重总结、提炼和推广先进经验，加快形成体现广东理念、广东特色和广东风格的实践研究成果，打造在全国有广泛影响的名校长、名教师、名学校。要创新研究方法，改变单一的基于经验和文献的思辨研究模式，注重数据分析、调查研究、实证研究和跨学科研究，强调定性和定量研究相结合，使研究成果更具针对性、更有说服力、更切实可行。要统筹研究过程，注意边研究边总结边反思，使研究的过程成为促进学校改革、教师发展、学生成长的过程。要重视教育教学研究理论成果和实践成果的推广和应用，使先进教育思想理论从实践中来，又让先进教育思想理论指导实践发展，促进我省基础教育教学科学发展。

各级教研部门承担着中小学（幼儿园）的课程改革与发展、教材研究与建设、教学实验与指导等重要职责，教研员队伍是教师的教师，直接影响着中小学（幼儿园）一线教师队伍教育理念的形成、课程标准的实施、教学质量的保证、教学研究的开展、教学模式的创新、教学方法的改进和教学手段的运用,是打造我国南方教育高地的重要基础力量。这在客观上必然要求各级教研部门要充分发挥教育教学研究的"领头羊"作用,建设理论扎实、视野开阔、理念科学、经验丰富的高素质专业化教研员队伍,提高专业化服务水平,健全教育教学研究服务于教育教学改革和教育教学实践的支持和保障体系,为教育行政部门决策、学校管理、教师专业发展、学生健康成长提供智力支持和专业服务。各级教研部门和教研员队伍要改变思想作风,转变工作方式,深入基层,深入学校,深入课堂,切实了解学校教育、课堂教学、课题研究的实际情况,切实解决各地、各校在教育教学改革和教育教学研究中遇到的实际困难和问题,积极培植、总结、发现、宣传、推广好的典型,为深化基础教育综合改革、推动基础教育科学发展作出重要贡献。

加强教育教学研究,深化教育教学改革,提高教育教学质量,保证学生愉快学习、快乐成长,在完善中国特色社会主义教育体系和提高国民素质、培养创新人才中具有基础性、先导性、全局性战略作用。我们一定要坚持以科学发展观为指导,遵循规律,针对我省基础教育教学的重点、热点、难点问题深入研究和探索,解放思想、锐意进取,求真务实、奋发有为,不断开创基础教育教学研究新局面,为建设教育强省、推进教育现代化、打造我国南方教育高地作出应有的贡献。

加强教育科学研究　提高教育改革发展科学化水平[*]

一、教育科学研究面临的形势

在20世纪80年代、90年代经济社会快速发展的基础上，新世纪以来教育改革发展取得显著成就，同时也面临着一系列复杂矛盾和困难问题，亟需教育科学研究提供高质量高水平的智力支持。主要是：人民群众优质化、多样化、特色化教育需求日益增长与教育相关供给能力明显不足的突出矛盾；改善办学条件、扩大教育规模与提高教育质量、注重内涵发展的双重压力；片面应试教育、课业负担过重、畸形发展与回归教育本质、遵循教育规律、全面协调可持续发展的纷纷扰扰；经济社会转型发展、产业结构优化升级、中华民族伟大复兴与建设人才强国、科技强国、文化强国对教育改革发展的期盼；依法治教、依法治校与推进教育治理体系和治理能力现代化的变化发展。

没有教育科学，就没有科学的教育。深化教育领域综合改革、推动教育科学发展，化解一系列复杂矛盾和困难问题，必须使教育科学研究提供先进理论指导、正确方向指引、重要决策参考和强大精神动力。

二、教育科学研究的重点领域

教育科学研究的基本职能是服务教育决策、创新教育理论、指导教育实践、引导教育舆论。教育科学研究的基本任务是开展教育改革发展战略研究、政策研究、理论研究和实践研究。从广东的实际出发，当前和今后一个时期，我们把握的教育科学研究的重点领域主要有几个。

---

* 本文系作者于2015年就加强教育科学研究在广东省教育研究院内外所作讲座的提纲。

(一)切实加强教育改革发展战略研究

立足"两个一百年"(中国共产党成立一百周年、新中国成立一百周年)奋斗目标的战略需求,着眼"三个定位,两个率先"(发展中国特色社会主义的排头兵、深化改革开放的先行地、推动科学发展的试验田、率先全面建成小康社会、率先基本实现社会主义现代化)目标,对经济社会发展与教育改革发展和教育现代化建设的规划性问题、关键性问题深入研究且跟踪研究,为党委、政府及教育行政部门提供战略性、前瞻性、创新性研究分析报告。

(二)积极开展深化教育领域综合改革研究

放眼国家及区域全面深化改革和推进治理体系与治理能力现代化的形势,充分考虑教育改革所涉及的内部、外部的方方面面(前后、上下、左右、内外),着重在深化省级政府教育统筹综合改革,推进教育管理体制、办学体制、培养体制、保障机制等的改革上作出智力贡献。

(三)大力开展建设广东特色基础教育课程教材体系研究

按照遵循规律、科学建设的要求,从体系上深入研究中外中小学学科课程教材改革发展规律、得失成败和经验教训,形成高质量高水平的符合规律、体现时代精神、具有广东特色的基础教育课程教材体系的建设思路、目标要求和课程方案与新型教材。

(四)扎实推进建立广东特色教育质量监测体系研究

这包括义务教育、普通高中教育、职业教育、高等教育质量监测方案及指标体系的研究和实践工作,经过若干年的努力,建立起以全面推进素质教育为核心理念的广东特色教育质量监测体系。

(五)加快推进建设中国特色现代职业教育体系研究

深入开展中高职衔接研究、高职与应用型本科衔接研究、应用型本科与专业学位研究生教育衔接研究、现代职业教育标准体系研究和产教融合、校企合作、工学结合研究，以及职业教育文化研究。

（六）认真开展高等教育结构布局调整优化研究、分类发展分类管理研究、协同创新研究

正确认识和处理高等教育结构布局与区域经济社会发展的关系。推进高等学校分类定位、分类发展、分类指导、分类评估、分类管理，建立科学合理的稳定的高等教育体系。实行以提高质量为核心的内涵发展，汇聚优质资源和创新力量，推进更广范围、更高层次的协同创新。

（七）深入开展率先基本实现教育现代化研究

研究形成广东率先基本实现教育现代化指标体系及监测评价工作体系，明确基本实现教育现代化的时间表、路线图、任务书和责任状，加强跟踪和比较分析，每年形成全省及各区域教育现代化对策建议。

（八）努力开展教育管办评分离和推进教育治理体系与治理能力现代化研究

深入剖析和认清教育机理，遵循办学规律和人才培养规律，在人才培养体制改革、考试招生制度改革、建设现代学校制度、办学体制改革、管理体制改革、教育保障机制改革等方面深入研究，助力完善教育法律法规、全面推进依法行政、切实推进依法治校、完善督导制度和监督问责机制。

（九）重视推进教育哲学研究工程

着力做好教育哲学文献研究和实践思考，切实分析政治家、教育家、教育实践工作者和学生家长的各种教育思想、教育主张的异同，从中形成共同的教育理想和推进教育改革发展的共同意志，为深化教育领域综合改革、推动教育科学发展、促进全体学生健康成长成才汇聚正能量。

三、教育科学研究的主要方法

教育科学研究的方法，有文献研究法、比较研究法、调查研究法、实证研究法等。最需要注重的有两点：

一是从实践中来到实践中去、从群众中来到群众中去，把实践经验上升到理性高度，把研究成果运用到实践中去，实现理论创新与实践探索相融合，尊重首创精神，总结首创经验，推广成功做法；

二是注重数据统计分析，充分开发利用经济社会发展数据和教育基础数据，通过数据看历史、认现状、判未来，通过数据总结成绩、认清问题、把握规律、分析趋势、寻求对策、提出建议。

四、教育科学研究的主体力量

各级党委、政府及其职能部门理所当然地要研究教育，社会各界也在关心、思考、谈论教育。毫无疑问的是，真正的教育科学研究的主体力量是各级教育行政部门、各级各类教育研究机构、各级各类学校。

教育行政部门不能因为有了教育研究机构就不思考、不分析、不研究教育问题，而是要更加重视把科学的教育研究成果转化为教育决策成果和教育治理成果，更加重视研究教育政策和治理绩效问题。

教育研究机构必须研究教育改革发展战略问题、政策问题、理论问题、实践问题、舆论问题，注重决策层的需求和实践层的期盼，为党委、政府服务，为各级各类学校服务，为学生及其家长服务。

各级各类学校要在关注大势、研判形势的基础上，从实际出发，深入思考和研究校内管理体制机制问题、学科专业建设问题、课程教材教学评价问题、培养模式问题、教育教学质量和办学水平问题、学校家庭社区联动育人问题。

各方面都要高度重视教育宣传出版工作，让教育宣传出版为教育研究和教育改革发展作出重要独特贡献。

2013年12月成立广东省教育研究联盟,目的是凝聚一切教育研究力量,又好又快产出广东特色、广东风格、广东气派教育研究成果,助推广东教育综合实力、区域竞争力、国际影响力不断增强。

全面加强教育教学研究与指导　助推教育"创强争先建高地"*

加强中国特色新型智库建设,是党和国家作出的面向现实与未来的重要决策部署。新型教育智库是中国特色新型智库的重要组成部分。做好服务教育决策、创新教育理论、指导教育实践、引导教育舆论工作,是深化教育领域综合改革、推动教育科学发展的重要前提,也是助推全省及各地市教育"创强争先建高地"和教育综合实力、区域竞争力、国际影响力提升的必然要求。下面,我着重就做好全省及各地市教育教学研究与指导工作,助推教育"创强争先建高地"谈几点意见。

一、客观认识我省教育教学研究与指导工作状况

教育教学研究与指导是提高教师综合素质、加强课程建设、提升教育教学质量水平、推动培养模式改革创新的重要条件与路径方法。近年来,在省教育厅的领导下,我省教育教学研究与指导工作取得了显著成效,为各级政府及教育行政部门重大教育教学改革发展决策提供了有力的理论支撑和实践依据,调动了广大教研工作者的积极性、主动性和创造性,提高了全体教师的专业发展水平和教育教学能力,促进了学校内涵发展,为我省教育"创强争先建高地"作出了重要贡献。

一是积极服务教育决策,教育政策科学化水平在提升。深入开展率先基本实现教育现代化政策研究,完成《广东省率先基本实现教育现代化研究报告》,得到副省长陈云贤批示肯定;完成《广东省教育现代化监测评价指标体系(征求意见稿)》及各指标研究报告;研究制定《广东省义务教育现代化学校建设指引(试行)》(粤教基〔2014〕14号)。积极开展基础教育质量监测体系研究,研究制定《广东省义务教育质量监测方案》及《广东省义务教育质量监测指标体系》;开展普通高中教育质量监测研究,形成

---

* 本文系作者于2015年6月12日在全省教育研究院院长、教研室(教研中心、教科所)主任(所长)工作会议上的讲话,收入本书时内容稍有删减。

《普通高中教育质量标准（初稿）》《普通高中教育质量监测指标体系（初稿）》；着力推进现代职业教育体系建设研究，深度参与制定《广东省人民政府关于创建现代职业教育综合改革试点省的意见》《广东省现代职业教育体系建设规划（2015—2020年）》，研制职业教育专业教学标准和课程标准等，研究探索现代学徒制；推进高等教育改革发展研究，完成《广东高水平大学建设研究报告》《广东省高水平大学建设评价指标体系（征求意见稿）》；等等。

二是积极创新教育理论，特色教育思想理论品质在提高。从2013年起，我院协同全省各级教育科研机构，编著出版广东教育蓝皮书——《广东教育改革发展研究报告（2013）》《广东教育改革发展研究报告（2014）》《广东教育改革发展研究报告（2015）》（均含《理论战略政策研究卷》《基础教育课程教材教学研究卷》），引起了省内外广泛关注和好评。广东教育蓝皮书充分呈现全省及各地市年度教育改革发展的新思路、新举措、新成就、新经验，深入分析存在的困难问题及其原因，提出来年教育改革发展的新目标、新任务、新对策，填补了我省年度教育改革发展整体性专题性研究空白，为教育改革发展和"创强争先建高地"提供了重要参考。从2012年起，连续谋划、举办中国南方教育高峰年会和南方教育大讲坛，社会反响积极热烈。

三是积极指导教育实践，学校教育教学改革在深化。建设国家级中小学教育质量综合评价改革实验区，如广州市、深圳市已启动实验区建设工作。我院与韶关市始兴县共建教育科学发展实验区，推进始兴县在"创强"后的教育内涵建设；与中大附属外国语小学和中大附属外国语中学开展"国际化课程"与"小班化教学"实验。各级教研机构每学期都组织教研员深入学校调查研究，开展课程教学实践指导，听课、评课、开讲座，组织学科教学成果展示交流活动，帮助学校及教师解决课程与教学问题。

四是积极引导教育舆论，教育改革发展及人才培养共识在凝聚。厅主管、我院主办或协管的出版社、杂志社、教学报社出版或发表了一大批有创新意义、有质量水平保证的全省性及区域性学术专著、地方教材、校本教材、教学指导用书、教辅材料和学术论文、教研文章。杂志社深入各地采访，报道各级各类教育改革发展和"创强争先建高地"典型案例，起到了鼓舞、示范、带动作用。我院还通过《情况通报》《国内外教育改革发展动态》《教育决策参考》简报，推介教育教学改革发展和教育"创强争先建高地"先进经验，反映国内外教育改革发展值得关注的动态，为教育决策和管理提供政策依据和实践参考。我们还注重利用省内、国内主流媒体做好引导教育舆论的工作。

各级教研机构根据区域经济社会发展尤其是教育改革发展面临的新常态，对教育领域的重点、热点、难点问题如义务教育均衡优质发展、农村留守儿童教育、择校借读、学生学业减负、教育质量监测、招生改革等进行深入研究和探索，对区域教育改革发展和学校教育教学实践创新起到了积极推动作用。此外，在教育教学成果奖、校本课程开发研究、基础教育课程与教学实施等诸多方面，我省教育教学研究与指导工作也获得了不俗的成绩。限于时间关系，就不一一列举了。

我们取得的成绩来之不易，但我们不能沾沾自喜、故步自封。应该清醒看到，我省教育教学研究与指导工作还存在不少困难和问题，与转变教育发展方式、提升教育内涵发展水平的要求相去甚远，如部分地区教研力量薄弱，人员配置亟待加强；教研员成长路径较为狭窄，专业发展受限；部分教研员观念陈旧，工作方式单一，积极性、主动性和创造性不足；教研资源保障缺失，教研活动缺乏足够条件支撑；高水平、有影响力的教育教学成果数量不多，战略研究、政策研究较为欠缺；等等。

二、正确把握我省教育教学研究与指导工作的主要任务

（一）以扎实开展基础教育教学学理研究为根本，夯实广东特色基础教育教学研究与实践的理论基础

我经常与我院教研室有关老师交流基础教育课程、教材、教学、评价、教研等问题，认为要重视扎实开展三方面根本性研究：一是对我国基础教育教学发展史进行全面考察和深层次研究分析，把握规律性、科学性，提炼出具有中国特色和普世价值的基础教育教学及其研究的规律、特征和方向；二是在基础教育课程理论建设方面进行更多真正的学理研究，充分吸收中外优秀教育思想及课程研究成果，超越西方课程理论中国化的初级阶段，让中华民族优秀文化、世界先进文化与学生、教师身心健康发展相结合，

形成以人全面而有个性发展为本的具有中国特色和丰富内涵的教师学、学生学、课程学、教材学、评价学等理论体系；三是突出实践性、实操性，强调有效性、长效性，剖析机理，以创新思维和科学方法解决基础教育教学研究中的假研究、浅研究、回避重点热点难点问题的空研究等问题。扎实做好这三方面根本性研究，从根本上说，将为开展广东特色基础教育教学研究与实践奠定更坚实的理论基础。

（二）以编著出版广东教育蓝皮书为抓手，推进先进教育思想理论形成与实践高地建设

思想高度决定实践高度。先进的教育思想是教育科学发展的先导。打造中国南方教育高地，首要任务是建设教育思想高地。编著出版广东教育蓝皮书，是我省贯彻教育"创强争先建高地"、走出一条具有广东特色的教育发展路子战略决策的需要，是"打造我国南方先进教育思想理论形成与实践高地"的重大教育研究工程。蓝皮书以服务教育决策、创新教育理论、指导教育实践、引导教育舆论为己任，通过文献研究、调查研究、省内外国内外比较研究、数据统计分析、理论探究、政策解读，每年梳理、归纳、提炼全省及各地市各级各类教育改革发展成就与经验、问题与原因、形势与对策，预判教育改革发展走势，期望能够为各级党委、政府及教育行政部门的教育决策和管理提供科学依据，为各级各类学校教育教学改革和办学水平提升提供先进指导，为社会各界以及海内外关心支持广东教育改革发展的人们提供权威报告。

广东教育蓝皮书诞生至今已历经三年，应该说，每年都在变化、每年都在进步、每年都在完善。这离不开全省各级教研机构的大力支持和辛勤付出。但受客观、主观诸多因素的制约，我们的蓝皮书在知名度、辐射广度、影响深度上还有很大的提升空间。广东教育蓝皮书是检验全省及各地市建设教育理论高地的重要基点，是检验全省及各地市教育理论品质高低的重要标志。做好这项工作，是我省所有教研机构及教研员的共同责任。要进一步明确省教研院牵头、各地教研机构共同参与的协同机制，形成指导有力、分工有序、互动协作的蓝皮书编著出版工作体系；各教研机构要将蓝皮书编著列入年度教研课题计划，给予人员、经费支持，建立蓝皮书编著工作长效机制；各教研机构要认真组织教研人员，选拔精兵强将，围绕每年蓝皮书主题，深入实际、认真研究，形成有分量、有质量的研究报告，确保蓝皮书的编著质量和水平。

（三）以开展建设广东特色基础教育课程教材体系研究为突破口，促进基础教育教学质量和水平全面提升

理论来源于实践，最终体现于实践。2013年以来，在省教育厅的领导下，我们凝聚各方力量，开展建设广东特色基础教育课程教材体系研究。这是一个艰巨的、复杂的、系统推进的过程，需要全省上下持续努力。实施这一重大工程，好不好、行不行，关键看其能否有效指导教育教学改革和发展，能否有效指引学校教育教学实践，能否有效助推教育教学质量和培养水平提升，能否尊重科学、遵循规律并体现在全体学生成长成才上。与一般的大学科研机构及大学学者偏重教育基础性理论研究不同，各级教研机构及教研员既要演好理论角色，更要演好实践角色，积极将理论转化为实践、将研究成果转化为政策文本，建立健全课程教材教学评价体系并指导一线教师开展教育教学及教研活动。因此，我们不仅要掌握一定的理论研究工具和具备较强的研究能力，还要服务和指导一线教育教学，服务区域教育教学决策和管理创新。

教育教学活动指导是教育教学理论、政策转化为教育教学实践的重要桥梁。各级教研机构作为教育教学活动的思想者、研究者、引领者、指导者、实践者，必须经常有目的、有计划地组织教研员深入学校及课堂与老师们一起钻研课程标准、消化教材、了解学生，具备给教师上"示范课"的资格；策划满足教师专业发展需求的区域教研活动，创造新型研修模式，构建区域教研专题，提升教学研究的品位与内涵；给学校及教师提供高质量、高水平的理论与实践有机结合的服务，带动区域教育教学改革发展及教研活动开展。要紧紧围绕区域教育教学改革发展的新形势、新任务、新要求，针对教育教学关键问题，加强战略研究、政策研究和实践研究，出真经、出实招、要管用，为各级党委、政府及教育行政部门相关决策提供重要智力支持，同时切实加强教育教学及教研成果的培育、指导、应用和推广，指导各级各类学校创新培养模式、提高教育教学质量和办学水平。

（四）以举办中国南方教育高峰年会为引领，抢占先进教育思想和宣传舆论制高点

我们身处互联网时代，应懂得并善于用互联网思维做好教育教学改革发展及教研宣传工作。没有强大的宣传，就难以形成教育教学改革发展及教研合力，就难以大规模推广先进教育教学理论研究与实践成果。当前，教育领域综合改革已进入"深水区"，教育利益博弈尤为激烈，深层次的教育难题集中凸显，教育教学改革发展和培养模式创新的道路怎么走，需要集中智慧、凝聚共识、聚集能量。这需要我们高度重视先进教育思想形成与宣传舆论工作。

要宣传，要交流，就需要平台。中国南方教育高峰年会是由省教育厅指导、省教育研究院主办的非营利性、开放性、定期召开的高端学术会议。其目的是开展对我国南方教育高地建设重大战略、政策、实践问题的深入研究，加强与国内外知名教育研究机构的交流与合作，为政府官员、知名专家学者、实践工作者建立一个对教育改革发展重大问题展开研讨和对话的高端平台。从前两届情况来看，效果很好、反响强烈，省内外媒体高度关注。第三届中国南方教育高峰年会将于7月11日、12日在广州举行。希望全省教育科研机构及教研人员珍惜这一年一度的机会，围绕年会主题，组织撰写提交高质量、高水平的论文，深入参与主题研讨，与专家对话。

除了参与省级层面的教育宣传舆论和交流平台，各地也应建立本区域的教育宣传和交流阵地，加强区域之间的互动沟通，最终形成以中国南方教育高峰年会为引领、以南方教育大讲坛为支撑、各地市相关教育论坛群起涌动的广东教育改革发展宣传体系，充分发挥省教育厅网站、省教育厅微信公众号、省教育研究院网站、南方教育网、南方教育在线、教育杂志社各期刊等的作用，并积极利用省内外主流媒体，更好地唱响和传播广东及各地教育改革发展好声音，更好地向社会各界、各级各类学校、千家万户传播先进教育理念、正确教育内容和科学教育方法，解读教育方针政策，凝聚教育改革发展和人才培养共识，汇聚教育改革发展和人才培养正能量。

（五）以推进教育教学成果奖培育工作为重点，全面加强优秀教学成果推广应用

设立教学成果奖，开展优秀教学成果评审，是国家实施科教兴国战略和人才强国战略的重要举措。教学成果体现了教育工作者教育教学研究能力的强弱，反映了教育教学水平的高低和质量的优劣。近年来，我省各级各类教育工作者围绕教育"创强争先建高地"和培养模式创新，在教育教学改革发展及研究过程中取得了一系列高水平创新性成果，这些成果应当得到充分肯定、支持、推广和普及。国家级教学成果奖的推荐工作是彰显这些成果的基础。我省普通教育教学成果奖从设立至今，已进行了八届评审。应该说，这八届教学成果的评审大大推动了我省基础教育领域的教学改革，激发了教研员、一线教师从事教学改革发展及研究的积极性、主动性，培育了一批有质量、有水平、有影响力的优秀教学成果。这一批批获奖成果，集中展现了我省基础教育工作者贯彻执行党的教育方针，重视教育教学改革发展及研究，重视学科带头人和骨干教师队伍建设所取得的显著成就，代表了我省基础教育教学的最高水平。各级教育科研机构应积极创设良好的条件，激励教研员并组织一线教师重点突出教育教学研究的原创性，提高指导实践的实效性，全力打造优秀教学成果。要加强教研课题项目申报和管理，保证课题研究成果的质量和水平；积极采取措施加强成果的出版和交流，形成重视教学、热爱教研的良好氛围；强化优秀教学成果的宣传推广和应用，提高成果从思想理论到实践运用、从决策建议到政策文本的转化效率，扩大优秀教学成果的示范、辐射、引领作用。

三、明确扎实做好教育教学研究与指导工作的基本要求

为把握机遇，有效解决面临的困难问题，更好开拓教育教学研究与指导工作新局面，我认为加强教研机构自身建设是极其重要的。为此，我想看重强调四点。

（一）切实营造教育教学研究与指导工作良好生态

经过30多年改革开放，随着社会信息化推进特别是信息技术与教学、教研相融合，目前一线教师的教研水平与占有的教研资源已基本与教研员相当，专业事务中教研员与

教师拥有的威权与信息不对称将逐渐消失。更重要的是，教师置身教育教学一线，处于教育教学信息化大环境，具有天然的教研实验与探索条件，拥有教研员所没有的优势，如果教研员的思维方式、工作方式和目标任务跳不出应试的藩篱，不经常深入教育教学一线，那么他的人生和专业就难以有更大的发展空间。如果教研员的品行和学养难以超越教师，那么就无法真正发挥在教学、教研上的引领和指导作用。

这些年来，一些教研机构、一些教研员每年往往只把主要时间和精力用在所谓帮助学校应付中考、高考上，没有用到抓早、抓基础、抓全面上，没有面向各学年、各学段、各学科和全体教师、全体学生，没有回归教研的根本功能，舍本逐末，往往事倍功半，事实上中考、高考整体成绩也并不理想，这是教研工作缺乏抓根本打基础、把握大势、服务大局的突出表现；有些教研机构及教研员的教研探索缺少实验与创新，没有探索出以人为本、符合规律的教育教学改革政策和卓有成效的实施方案，教研成果缺少理性高度、文化深度和转化为政策与实践的力度，难以解决普遍性、基础性、根本性问题。

这些年来，有个别教研员丢掉或淡忘了作为教研员的根本任务，将教研组织或学术性组织当作自己的"营利地"，急功近利，唯利是图，热衷于组织各种各样的收费比赛和论文评审，将教研当市场活动，将荣誉作为谋利的"标的"；有的缺乏忧患意识、战略意识、前瞻意识、创新意识，吃老本、摆老资格、等靠要思想严重；有的既听不进上级的也听不进学校的任何批评和建议，浮在表面，不深入实际调查研究问题，缺乏刻苦钻研精神，对课程标准和教材没有原原本本地充分理解其承载的教育理念、教学思想、施教策略、育人效果，指导教学目标不够清晰、内容不够明确、手段不够恰当、节奏不够合理，没有充分体现学为主体、教为主导，因而所在区域相关学科的教育教学质量水平提升缓慢甚至有下降趋势，难以形成优秀教学成果。

很显然，上述表现适应不了教育教学改革发展形势，满足不了一线师生更加多元与更具个性的要求。长此以往，教研员将不可能成为教学、教研的引领者、指导者。这迫切地告诉我们，必须高度重视存在的问题，着力营造科学的、健康的、充满创新活力的教研生态，全面履职尽责，充分发挥教研机构及教研员应有的功能和作用。

（二）认真把握教育教学研究与指导工作大好机遇

我们处于全面建成小康社会、全面深化改革、全面依法治国、全面从严治党的战略布局当中，深化教育领域综合改革，全面推进教育信息化，加快实现教育"创强争先建高地"，着力提升教育内涵发展水平，都对教研机构及全体教研员的思维方式、工作方式、目标任务提出了新的更高的要求。这是我们营造风清气正、干事创业环境氛围和提升教研工作科学化水平的大好机遇，也是充分彰显我们教研员人生价值和专业能力水平的大好机遇。为此，一要充分学习理解国家、省关于教育改革发展的一系列决策部署及政策文件精神，结合实际创造性地贯彻落实，把坚持以人为本、全面实施素质教育作为教育改革发展的战略主题，把立德树人作为教育的根本任务，充分体现到教研机构及教研员各方面各环节工作之中。二要坚决杜绝教研不正之风，在所有学校、全体教师中树立正确形象。一些教研员以各种名义组织收费的课题实验、论文评选或课例比赛等都是不可取的。我多次让我院教研室各学科申明：任何教研员不得以任何名义组织额外收费的课题实验、论文评选或课例比赛等教研活动，不得从事与中考、高考挂钩的辅导活动；教育学会各专委会要坚守学术、公益、群众、服务的性质，以学会或学会专委会名义举办的教研活动，不要增加教师的经济负担。要抛弃上面所说的种种问题，服务群众、甘于奉献，学习借鉴国内外先进教研成果为我所用，大胆创新敢于超越。我们在2014年上半年制定了《广东省教育研究院学术道德规范（试行）》，在2015年2月制定了《广东省教育研究院教学教材研究室教研工作规范（试行）》，请大家监督执行。三要依托一线教师的教学实践与教研员的教研思考，对教研领域的基础性、全局性、根本性问题和热点难点问题深入研究。从我国基础教育教研的产生与发展、教研制度和教研员的地位作用、教研的转型升级及发展完善等方面，以教研制度的建立完善、教研机构职能的建立健全、教研员的专业发展、教研行为的规范高效、师生的健康发展及教育教学质量的提高为研究对象，归纳总结教研活动的科学理论与实践、成功与失败、经验与教训，探索解决21世纪以来经济社会发展及科技进步条件下的教研问题，建立完善教研工作规程，明确教研的根本目的和有效实施的路径方法，走规律之路、作理性之思、立哲学之论，实现教研与师生身心健康发展融合和教与研相互促进、相互成长，最终实现教学实践与教研理性自然融合与升华，为学科、课程、教材、教学、评价改革发展提供智力支撑与学术引领，为形成更多省级、国家级优秀教学成果和全体教师专业发展、全体中小学生健康成长作出我们应有的贡献。

（三）全面提升教育教学研究与指导的能力和水平

一要科学定位教育教学研究与指导工作职能。教育教学研究与指导工作要密切关注全国及区域教育改革发展动态，加强与政府教育决策部门的互动和交流，围绕省委、省政府中心工作，着眼"三个定位，两个率先"目标，加强教育教学改革发展战略研究、政策研究、理论研究和实践研究，注重思想引领，着力于重点、热点、难点问题和全局性问题的研究解决，突出战略性行动跟进，讲求方式方法创新，从而使教育教学研究与指导工作更精准定位，更好地出思想、出标准（方案）、出办法，为全面提升服务能力和水平提供强有力的智力支撑。二要着力发展壮大教研队伍力量。做好教育教学研究与指导工作，必须尽快建设一支德才兼备、理论水平高、政策意识强、富有创新精神和实践能力的教育教学研究队伍。要研究健全教研员队伍建设机制，争取合理的编制标准，严格准入条件，建立严格、科学的选拔机制，配齐配足各学科教研员。要提高教研员专业化发展水平，加强教研队伍在职培训、学历学位提升、专业技术职务晋升，为教研员提供参加各级各类进修培训学习和专业成长的机会。鼓励教研员申报和承担课题，促进教育教学研究与实践创新。要加强条件资源保障，改善教育教学及教研信息化设施设备，为教研员开展工作提供必要的物质条件，努力解除后顾之忧。三要强化研究的前瞻性，既要着眼解决当前突出问题，更要面向未来发展趋势，把政策阐释与战略预测结合起来，做好重大问题的预测、预判和预警研究；强化研究的决策性，在注重基础性研究的同时，强化改革方向、问题导向，以提供高水平决策建议作为工作的重要方面，为更好更快地推动普遍性问题得到解决创造充分条件；强化教研的针对性、指导性，关注和聚焦各幼儿园、中小学所关心的困难问题，提高教育教学困难问题解决方案的策划能力。

（四）积极创新教育教学研究与指导工作机制

完善教育研究机构网络体系，加强教育科研信息共享和交流网络平台建设，提高全省及各地市教育教学研究信息化、智能化水平。一要连上网、用好库，牢固树立互联网思维，善于运用云技术、大数据等新技术手段，加强基于数据分析的研究咨询能力，提高教研效率、质量和水平。重视跨县（市、区）、跨省（区、市）、跨境的教育教学科研交流与合作，推进人才、资源、项目深度交融；以校本研修、专题研讨、沙龙、论坛、讲座等为载体，打造高端引领、影响广泛的教育智库交流与合作平台。二要通过合作研究、人员培训、学术交流、成果出版与转化、数据库共建共享等多种形式，特别是要注重充分利用我院推动组建的南方教育数字出版中心和南方教育在线，形成立体式全方位的教育教学研究与指导工作联动机制。建立教育教学研究成果报告数据库，定期收集、整理、分享和反馈相关信息，完善情报信息系统。三要注重跨学科、跨学校、跨区域的合作，在研究机制上实现个体单兵作战向团队协同作战转变；加强与政府有关部门和有关研究机构、行业企业、民间智库等的合作，着力构建强强联合、优势互补、深度融合、多学科交叉的协作机制，形成联合攻关、合作共赢的研究工作共同体，充分释放人才、资本、信息、技术等创新要素活力。

推进教育改革发展，实现教育治理体系和治理能力现代化，办好人民满意的教育，迫切需要高水平的教育教学研究与指导。面对新形势、新任务、新要求，全省各级各类教育科研机构及全体研究人员，必须主动适应教育改革发展的新特征、新要求、新常态，加强理性思考，做好自我转型，增强做好服务决策、创新理论、指导实践、引导舆论各项工作的自觉性和坚定性，深入总结教研经验，认真分析教研问题，探索教研新布局、新路径、新方法，实现教研新跨越、新升华、新成就，为建设一流新型教育智库、助推教育"创强争先建高地"而不懈奋斗。

加强职业教育科研教研
打造南方职业教育理论与实践研究高地[*]

我们首次召开全省职业教育教研员交流研讨会，主要目的是学习贯彻国家和省关于加快建设现代职业教育体系、加强职业教育科研及教研队伍建设的相关精神，推动我省职业教育科研、教研工作更好更快开展。我主要讲三点意见。

一、充分认识职业教育科研、教研工作的重要意义

职业教育肩负着培养多样化人才、传承技术技能、促进就业创业的重要职责，对经济社会发展特别是产业转型升级具有重要支撑作用。职业教育改革发展离不开职业教育科研、教研队伍建设。国家和省最近出台的一系列文件，多次提到要加强职业教育科研、教研工作及其队伍建设。2015年7月印发的《教育部关于深化职业教育教学改革 全面提高人才培养质量的若干意见》，在"完善教学保障机制"部分提出："加强教科研及服务体系建设。省、市两级要尽快建立健全职业教育教科研机构，国家示范（骨干）职业院校要建立专门的教研机构，强化教科研对教学改革的指导与服务功能。要针对教育教学改革与人才培养的热点、难点问题，设立一批专项课题，鼓励支持职业院校与行业、企业合作开展教学研究。要积极组织地方教科研人员开展学术交流和专业培训，组织开展教师教学竞赛及研讨活动。完善职业教育教学成果奖推广应用机制。"2015年1月，《广东省人民政府关于创建现代职业教育综合改革试点省的意见》提出："加强职业教育科研教研队伍建设，提高科研能力和教学研究水平。"国家和省关于职业教育科研、教研能力提升及队伍建设的要求，为我们增强信心、开展工作指明了方向。

---

[*] 本文系作者于2015年11月11日在全省职业教育教研员交流研讨会上的讲话，标题为收入本书时添加。

我省是职业教育大省，省委、省政府2015年年初提出创建现代职业教育综合改革试点省，同年11月印发《广东省现代职业教育体系建设规划（2015—2020年）》，确立了我省职业教育改革发展的目标、任务、举措和路径。在实践层面，经过全省职业院校及职业教育工作者不懈努力，我省已形成职业教育健康发展良好态势，为职业教育从规模扩大向内涵发展打下了坚实基础。当然，我们清醒地认识到，职业教育内涵发展迫切需要科研、教研支撑。近年来，各地市职业教育教研员、中职学校校长不断呼吁建立全省性职业教育科研、教研网络，一线教师也期待获得系统性职业教育教学理论与实践指导。目前，中等职业教育也面临一些挑战，例如中职生源减少，一些学校的生存和发展受到挤压；职业教育专业、课程、教材、教学、评价改革遇到不少困难，技术技能人才培养模式创新仍面临许多挑战；一些地区、一些学校的职业教育科研、教研力量配备不足，难以形成、固化、发展有创新意义和引领作用的成果，难以为职业教育改革发展及技术技能人才培养提供应有的智力支持。这些都需要引起我们的高度重视，深入研究分析，采取有效措施。由此我们认为，举行全省性职业教育教研员交流研讨会，搭建全省性职业教育科研、教研网络是个重要契机，有助于相关工作推进。

省教育研究院是省教育厅管理的副厅级公益一类事业单位。自成立以来，紧紧围绕省委、省政府提出的教育"创强争先建高地"中心工作和省教育厅重要工作部署，与省教育厅各处室（单位）密切协同，切实开展教育改革发展战略研究、政策研究、理论研究、实践研究和教育评估，以及教育宣传出版工作，并取得了一系列成果，特别是在职业教育改革发展及技术技能人才培养方面作出了突出贡献，在全省具有较高的知名度和影响力。为顺应职业教育改革发展特别是建设现代职业教育体系、创建现代职业教育综合改革试点省的需要，我们认为，有必要把全省职业教育科研、教研力量凝聚起来，加强交流与合作，助力我省职业教育改革发展中心工作及职业院校技术技能人才培养。

二、正确理解我省职业教育改革发展的成就与不足

我省职业教育在全国具有重要影响。到2014年年底，全省有中等职业学校738所（含技工学校243所），在校生190.48万人，教职工8.68万人；有高等职业学校79所，在

校生79.6万人。按照常住人口和户籍人口计算，我省每万人口中中等职业学校在校生数均居全国第一。我省已建成124所国家级重点中职学校和80所省级重点中职学校，中职教育办学条件有了明显改善，社会声誉显著提高。国家、省农村职业教育和成人教育示范县的建设，以及中等职业教育"五位一体"综合实训中心、"四位一体"县级职教中心建设项目、产教融合发展示范项目、中等职业教育教学信息化建设试点项目的实施，强有力地推动了我省中职学校技能人才培养质量和办学水平提升。

　　从地域来看，我省中职学校分布较为合理，几乎每个县（市、区）都有一所职业学校，符合地方经济社会发展需要。到2014年年底，广州市有中职学校86所，是所有地市中最多的；其次为湛江市，有54所；佛山市居第三，有36所；梅州市、茂名市均为29所；惠州市有24所；江门市有23所；汕头市、东莞市均为22所；肇庆市、揭阳市均有20所；中职学校较少的两个地市为珠海市和阳江市，分别为8所和7所。珠三角地区由于有雄厚的经济基础和健全的产业体系作依托，职业教育改革发展在全省乃至全国处于前列。以佛山市顺德区为例，全区共10个镇，有中职学校13所，每所学校的办学规模都在2000人左右，符合中等职业教育办学规律，学校的主要专业设置也与地方支柱产业密切相关，职业教育与区域经济社会发展形成了共生互动的良好态势。粤东西北地区由于经济及产业发展相对滞后，职业教育在办学条件保障、办学水平提升、办学特色凝练、人才培养模式改革等方面尚需狠下功夫、不懈努力。需要指出的是，不管是珠三角还是粤东西北，都需要加强对职业教育改革发展及技术技能人才培养的科学研究，立足前沿、更新理念，前瞻谋划、扎实前行，为不断提升职业教育改革发展科学化水平提供智力支持。比如在办学条件方面，我省一些地区就存在明显的短板，亟需加强和改善。按照国际有关测算，职业教育成本是同阶段普通教育的2.6倍。但我省职业教育在整体教育资源配置中未受到应有的重视，教育经费分配、师资配备、基本教学条件改善等仍处于弱势地位。以2014年统计数据为例，我省生均预算内教育事业经费支出，中职学校为7997元，普通高中为8979元，普通高校为14361元；生均校舍面积，中职学校为13平方米，普通高中为16平方米，高等学校为27平方米；生均图书，中职学校为22册，普通高中为50册，普通高校为66册；生师比，中职学校为28∶1，普通高中为14∶1，高等学校为19∶1。这种状况，表明中职教育教学质量和人才培养水平深受制约。

当然，就一般办学条件而言，我们也要理性看待。2015年10月，我带队去英国考察职业教育，看到英国的职业教育学习环境并不非常完美，甚至有些简陋。我们到访的瑞尔现代学徒制管理公司仅有两层小楼，办公场所和培训场所布置得非常紧凑，他们的职业教育学习培训环境高度贴近工作岗位。一家厨具制造公司并无专门的培训大楼，而是在工作场所中设立若干学习室和讨论室，这反而有利于学生在"做中学""学中做"。英国国家铁路培训中心位于铁轨编组旁边，不时有火车隆隆驶过，非常具有现场感，有利于学生职业素养和职业技能训练。他们不追求一般办学条件的"高大上"，但他们培养技术技能人才的体制机制、设备配备、教师素质、质量控制、资格认证是一流的。可见，办学条件的加强和改善不是绝对的，而是应该根据职业教育教学需求和特点来切实考虑，其重点是与教育教学过程融为一体，注重挖掘和借助行业企业蕴藏的职业教育教学资源。如此，我们才可切实重视内涵建设，加强全体教师综合素质提升和专业成长，加强教育教学理念创新、内容开发、模式改革和质量保障，从而自觉而坚定地深入创出特色、彰显优势、保证声誉。

三、切实明确职业教育科研、教研人员的责任要求

为全省特别是本地区职业教育及中职学校的改革发展贡献智慧力量，指导职业院校的专业、课程、教材、教学、评价改革，推动职业教育内涵建设和质量提升，是职业教育科研、教研人员的光荣使命。职业教育科研、教研人员应当认真学习贯彻中央和省关于职业教育改革发展的决策部署，学习借鉴国内外职业教育科学理论和职业教育改革发展先进经验，承担起普及现代职业教育理念、丰富发展现代职业教育文化、参与研制并转化现代职业教育标准、为职业教育改革发展建言献策和助推职业院校专业建设、课程建设、教材建设、教学改革、评价改革的责任。为此，要积极主动取得教育行政部门指导和支持，与省级职业教育研究机构、各职业院校保持经常联系互动，承上启下、内引外联，成为职业教育改革发展及技术技能人才培养模式创新的研究者、践行者和推动者。要加强职业教育科研、教研机构及队伍的交流与合作，扩大视野，提高境界，不断增强职业教育科研、教研能力。全体科研、教研人员还要解放思想，求真务实，善于从

实践中发现问题、研究问题和解决问题，尊重首创精神和首创经验，及时总结固化和推介使用研究与实践成果，开发广东特色职业教育改革发展新理论、新内容、新方法、新途径。

这次会议凝聚了我省职业教育研究中坚力量。有来自华南师范大学、广东技术师范学院、岭南师范学院等高校的领导和专家学者，有省教育厅相关处室和省教师继续教育指导中心的领导，有各地市教育局职业与成人教育科领导、教研室主任、中职教研员和省属中职学校、各地市中职学校的校长、教师代表，大家都对会议寄予很大期待。省教育研究院将努力搭建交流与研讨平台，大家尽可加强沟通协调，互学互鉴、共同提高。

加快发展现代职业教育是促进我省经济提质增效、产业转型升级、惠及民生和实施创新驱动发展战略的重要抓手，是优化我省教育布局结构、建设优质化多样化特色化现代教育体系的重要举措。让我们携手共进，为加快建设广东特色现代职业教育体系、打造南方职业教育理论与实践研究高地作出应有贡献。

加强基础教育科研和宣传舆论　助力基础教育治理现代化[*]

2016年的《广东教育》理事会年会的主题是探讨全面推进依法治校、深化学校章程建设，我深感高兴，因为这是深入学习贯彻党的十八届三中、四中、五中全会精神的具体表现，是推进教育治理体系和治理能力现代化的需要。在座的诸位，有教育行政部门、教育教学研究机构的代表，更多的是中小学校长代表，以此为主题探讨相关问题、分享有关经验，具有特殊意义。

推进依法治教、依法治校是全面推进依法治国在教育领域最核心、最本质的要求。以推进学校章程建设为牵引，建设现代学校制度，是教育法治建设的重要突破口和切入点，是从制度文化层面推进教育现代化的重要内容。作为省教育厅主管、省教育研究院主办的重要教育宣传机构，广东教育杂志社各期刊、广东教育年鉴及南方教育网积极担当、主动服务，广泛宣传各地各校依法治教、依法治校工作，着力宣传全省教育改革发展和"创强争先建高地"的新思路、新举措、新成绩、新经验，为有效引导教育舆论、推进基础教育科学研究及教学研究、促进教育法治建设、助力教育领域综合改革发挥了重要作用。我对此同感欣慰。

当前，我国教育形势发生深刻变化，全省中小学及教育工作者肩负践行创新、协调、绿色、开放、共享的新发展理念，推进基础教育优质多样特色发展的重任，应当积极主动为基础教育改革发展顺利进行而创设良好舆论环境，为打造学校品牌而着力开展教育科学研究及教学研究，为推动基础教育治理体系和治理能力现代化而着力推进现代学校制度建设。就此，借这个机会，我谈三点意见或建议，仅供大家参考。

---

[*] 本文系作者于2016年6月22日在2016年《广东教育》理事会年会上的讲话，标题为收入本书时添加。

一、积极创设良好教育宣传舆论环境，助力基础教育改革发展顺利进行

（一）拓宽公众诉求表达渠道，集思广益办好学校

依法治校，质量立校，特色兴校，是学校治理体系和治理能力现代化题中应有之义，需要各学校充分调动各利益相关者的积极性、主动性和创造性，充分凝聚和利用好各方面的教育智慧和办学资源。为此，各学校要充分认识现时代宣传舆论在提升教育教学质量和办学水平、彰显学校综合实力和社会影响力中的地位和作用，既积极主动树立学校正确形象，又注重拓宽公众诉求表达渠道，倾听更多来自学生、家长和社区的声音。

当前，除了报纸、广播、电视等传统媒体，博客、微博、微信、网络等新媒体的出现为公众提供了更广阔的表达空间，其匿名和熟人圈子的传播方式也在一定程度上为表达真实想法、暴露真实问题提供了便利。各学校应当在认真办好校报、广播、布告栏等传统宣传渠道的同时，积极建设学校微信公众号、家校联络平台，还要充分利用社会传统媒体和新兴媒体，在教育宣传舆论反馈中了解民意、完善治理。有些地方和学校在这方面做得比较好，走在全省乃至全国前列，但有些地方和学校在这方面意识还不够强、渠道还不够多、方式方法还不够活。我们在强调学校要重视宣传舆论工作的同时，还应当强调调查研究的重要性，制度性地做好教育舆情分析工作，既认真听取教师和学生的意见和建议，又切实梳理家长、社区乃至更广泛的各种议论，不管是正面的还是反面的，不管是全面的还是片面的，都可以成为学校推进依法治理、保障改革发展顺利进行、办好学校的宝贵财富。

（二）促进多方良性互动，在对话中实现凝心聚力

创设良好的教育宣传舆论环境，需要各地各校与公众在"对话"中理性务实地沟通，在积极互动中更好发现问题、分析问题、解决问题。作为教育部门和中小学，我认为应转变传统教育宣传观念和方式方法，既要宣传改革发展中已取得的成绩和经验，也

要直面改革发展中面临的困难和问题，充分掌握宣传舆论的时间节点、方式方法、途径平台，以全面的信息、真诚的态度引导公众参与"对话"，鼓励公众在全面了解有关情况的基础上积极建言献策。同时，要强化教职员工的传播素养，面对博客、微博、微信等新媒体平台提供的广阔表达空间，带头合理合法地行使表达权利，理性务实地表达意见和建议，不迷信、不盲从、不参与编造、传播不利于改革发展稳定的信息。

一切教育宣传媒体都是教育宣传舆论的"传声筒"，面对教育这个重大国计民生问题，应当有政治觉悟、有法治精神和政策水平、有科学态度和专业能力，提高社会责任感，加强自我约束，在教育治理体系和治理能力现代化进程中建立求真务实的沟通渠道，以客观公正的态度反映教育部门和学校的主张、公众舆论与社会需求，主动澄清教育部门和学校改革发展的本意、解答公众的疑惑、消除公众的顾虑、增强公众的信心，使教育部门、学校与公众更好形成改革发展共识，更好凝聚改革发展力量，更好实施改革发展方案。

（三）鼓励教育专家及时介入，以专业权威引导舆论

教育问题人人关心，家长、学生、教师、教育行政管理者、社会各界人士都对教育拥有天然的话语权。然而，人人"谈"教育并不意味着人人"懂"教育。在教育治理体系和治理能力现代化进程中，让公众对教育问题、教育政策、教育法律法规和学校改革发展举措有全面深入的了解，消除公众的误解与质疑，是营造理解支持改革发展、办好学校舆论环境的关键。因此，教育部门、学校应注重发挥教育研究机构及教育专家学者对教育法律法规和教育改革发展政策的正确解读、对教育改革发展及人才培养的专业引导、对教育改革发展舆情的科学分析的作用，引导人们正确关注教育热点、难点，树立正确教育观，掌握科学教育方法。

积极以专业公信力引导教育舆论，助力营造推进教育改革发展及人才培养的良好氛围，是全省教育科学研究及教学研究机构义不容辞的责任。作为省级教育研究机构，引导教育舆论是我院基本职能之一。这几年来，我们充分发挥本院专家学者的作用，充分调动院属广东教育杂志社、广东高等教育出版社、广东音像教材出版社等宣传出版资源，发表或出版了一批又一批富有创新意义、有质量保证的教育改革发展先进典型、教

研文章、教育学术论文、教材、教辅材料、教学指导用书、学术著作等优秀成果。我们希望各地各校除了参与省级层面的教育宣传舆论和交流平台，也建立本区域本学校的教育宣传和交流阵地，加强互动沟通，形成广东教育改革发展宣传舆论体系，充分发挥省教育厅网站、省教育厅微信、省教育研究院网站、南方教育网、南方教育在线、广东教育杂志社各期刊和广东高等教育出版社、广东音像教材出版社的作用，并积极利用省内外主流媒体，更好地唱响和传播广东各地各校教育改革发展好声音，更好地向社会各界和千家万户传播先进教育理念、正确教育内容和科学教育方法，更好地解读教育方针政策，汇聚教育改革发展及人才培养正能量。

二、全面加强基础教育科学研究及教学研究，助力学校品牌建设

（一）重视充分发挥学校教科研组织及全体教师作用，促进学校教育教学质量和办学水平全面提升

开展基础教育科学研究及教学研究，是提高中小学教师综合素质、深化中小学改革创新、推进中小学科学发展、提升中小学教育质量和办学水平的基础性条件。各中小学对此应有清醒认识和充分理解，从建立健全学校教科研组织体系做起，从引导全体教师释放教科研潜能做起，充分调动各职能部门、教科研组织及所有教师的积极性、主动性和创造性，提高全体教师的专业发展水平和教育教学能力，不断产出有创新意义、有较高质量水平的优秀教学成果和教育科学研究及教学研究成果，促进学校特色发展、内涵发展，为全省及所在区域教育"创强争先建高地"作出学校应有的贡献。

"十三五"是我国全面建成小康社会、基本实现教育现代化的决胜阶段。站在全面提高教育质量、加快教育现代化进程的新起点上，基础教育改革发展和中小学特色发展、内涵发展亟需教育科学支撑和指导。我们要以办好人民满意的教育为宗旨，以立德树人为根本任务，以更广的视野、更深的思考、更长的眼光、更大的志向，尊重科学、遵循规律，把培育、孵化优秀教学成果和优秀教研成果上升到深化课程、教材、教学、评价改革和全面推进素质教育、提升教育教学质量和办学水平、为少年儿童健康成长成

才奠基的高度，科学谋划本地区、本学校"十三五"的基础教育科学研究及教学研究事业，助推教育改革发展和"创强争先建高地"。

（二）把创新、协调、绿色、开放、共享的新发展理念贯穿到基础教育科学研究及教学研究工作中，加快锻造学校特色和品牌

牢固树立创新、协调、绿色、开放、共享的发展理念，是党的十八届五中全会提出的极其重要的命题。我们要主动适应新的发展理念的要求，把在实际工作中践行新发展理念与助力基础教育改革发展和提升学校办学水平紧密结合起来，切实解放思想、实事求是、与时俱进，冲破落后观念和体制机制的束缚，克服路径依赖和浮躁情绪，强化问题导向、聚焦主攻方向、突出专业特色、注重成果质量，自觉树立战略思维、前瞻思维、创新思维和底线思维，不断增强教育教学理论创新能力，注重教育教学研究成果发布和转化应用，注重教育实践指导和舆论引导，在深化教育领域综合改革、推动教育科学发展中充分发挥作用。

各地各校贯彻落实新发展理念，推进基础教育科学研究及教学研究，既要善于学习借鉴省内外、国内外基础教育改革发展研究成果和有益经验，又要根据本区域本学校实际，敢于突破、勇于超越，突出改革发展研究和实际工作的重点、热点、难点，丰富工作目标、工作任务和工作方式方法；既要认清总体改革发展形势，又要结合实情，具体问题具体分析，找准突破口和切入点，积极、主动、创造性地作为，走有特色的发展之路，加快锻造学校特色和品牌。

（三）上下联动、左右协同，充分体现优质学校示范、辐射和带动、引领作用

基础教育改革发展要在经济社会发展要求高、人民群众期盼迫、各类信息纷繁复杂、各学科专业交叉渗透不断加强的形势下取得新突破、新成绩、新亮点，必须上下联动、左右协同，交流合作、聚力创新。这就要求实行个体研究与团队合作相结合、理论研究与实践探索相结合、政策研究与舆论引导相结合、教育学科与其他学科相结合，切实加强校内外教育教学资源整合优化，消解热点问题，解决难点问题。

《广东教育》理事单位，绝大多数是优质学校，在开展基础教育科学研究及教学研究中，应当充分发挥示范、辐射和带动、引领作用。我们希望建立教科研信息共享和交流网络，加强全省所有教育科学研究机构和学校的沟通联系，通过合作研究、人员培训、挂职锻炼、学术交流、成果宣传推广和转化应用、资源库共建共享等多种形式推进新型教育智库体系建设。我们希望充分开发利用本院各内设机构和广东教育杂志社、广东高等教育出版社、广东音像教材出版社这一重大平台，与全省各级各类教育研究机构、各级各类学校携手合作、凝心聚力、相互呼应，把已经初步形成的特色品牌和事业平台做大做强，进一步提升层次和影响力，在全省形成各具特色、优势互补的教科研"一盘棋"。我们希望全省各级各类教育科学研究机构和各级各类学校尤其是优质学校既切实充分发挥主观能动性，又切实以各种形式、多种方式加强协同创新，加快形成更多具有广东特色、广东风格、广东气派的高质量高水平基础教育科学研究及教学研究成果。

三、扎实推进现代学校制度建设，助力基础教育治理体系和治理能力现代化

（一）健全学校章程制度，夯实依法治校根基

学校章程是学校依法办学、实施管理、履行公共职能的准则。各学校应高度重视学校章程的订立、修订和完善工作，根据学校改革发展的具体情况和社会经济文化发展的新要求，通过家长委员会专题会议、教师代表座谈会、教职员工大会、学生问卷等形式广泛征求各方意见，以确保章程的科学性、时代性、全面性和可行性，为学校科学发展提供强有力的保障。

有了学校章程，还要依据章程对学校各项规章制度进行全面梳理、补充和完善，这样，才能确保学校各项工作和办学活动有规可循。为保障规章制度建立健全工作的质量和水平，建议学校从六个方面着力：一是看内容，是否符合国家法律法规要求；二是看目的，是否有效防范和解决权力运行中存在的问题；三是看外延，是否涵盖全面、无遗漏；四是看体系，制度自身及制度间是否逻辑严密、相互形成合力；五是看运用，是否

具有可操作性;六是看时效,是否过时需要予以修订或废止。做到这六个方面,将可确保规章制度在学校改革发展中起到引导、激励和约束作用,为全面推进依法治校、依法执教提供制度保障。

(二)依法规范办学,营造教师健康发展、学生健康成长优良环境

规范办学是依法治校的重要组成部分和基本要求,同样也是实现学校、教师、学生三方共同成长的前提。学校应坚持依法行政、依法用人、依法招生、依法评价、依法管财管物,严格按照规定开展教育教学活动,严格按照规定设置机构和实施改革,在招生、招聘、教学管理、职称评定、评先奖优、财务预(决)算、基建维修、物资设备采购等方面自觉接受上级、师生员工和社会各界的监督与指导,为学校科学发展、教师专业成长、学生身心健康营造良好环境。

保障师生合法权益是依法治校的重要目的。学生的合法权益,最重要的是生命健康权,最核心的是自身发展权,最基本的是公平教育权,最常见的是知情参与和权益申诉权,学校在坚持依法依规管理的同时,必须充分保障学生合法享受正当权益,促进学生健康成长。同时,学校还应坚持以人为本,积极构建尊重、理解、沟通、信任的人文氛围,用机制影响、规范教职员工的教育教学行为、管理行为、服务行为,形成教职员工之间团结合作、和谐互助的群体关系,保障教职员工正确履行义务、正常行使权利,使得教职员工充分享受学校事业发展成果,增强教职员工的成就感、归属感、幸福感。

(三)优化民主监督管理,激发学校办学活力

发挥民主管理与监督功效,维护师生民主权利,是依法治校的重要内容。一方面,学校应通过不定期举行党政联席会议、全体教职员工会议、民主人士座谈会、青年教师座谈会、学生代表座谈会等不同类型会议,及时通报学校人事、财务、重大决策、福利待遇,以及其他涉及教职员工、学生权益的重要事项,并广泛听取意见和建议。另一方面,学校要完善以校务公开栏和通知栏为主,以学校网站、微信公众号、短信平台、校报、广播站为辅的校务公开立体系统,做到学校各项重大事务全方位公开,接受监督。与此同时,学校还必须不断加强教代会、工会、家长委员会等各种组织建设,坚持每年

定期召开工会会议、教职工代表大会、家长委员会例会，充分吸纳各方意见和建议，争取各方力量对学校改革发展和重要办学活动的监督和支持。

不断推进依法治校、依法执教，目的是让"尊法、学法、守法、用法"成为学校师生自觉行为。学校应坚持通过教职工会议、科组研讨会、师德教育活动、政治学习、专家讲座培训等形式，组织教师学习相关教育法律法规和教育改革发展政策文件，增强教师法纪观念，强化依法执教、廉洁从教意识。学校也应将法治教育纳入校园文化建设、德育、常规教育教学等各方面各环节，通过主题班会、辩论会、征文比赛、学法网页制作比赛、班级法治文化活动比赛、法治专题讲座、法治电影周、法治教育宣传橱窗、法治主题图片展览、法律知识10分钟广播、模拟法庭等多种形式，增强学生的法律素养，更好培养学生的社会责任感、法治意识、创新精神和实践能力。

上面谈的有不当的地方，请大家批评指正。

尊重科学　遵循规律　努力建设国内一流新型教育智库[*]

一、形势判断

落实经济社会发展战略，需要新型教育智库彰显积极效应；推进教育现代化，需要新型教育智库发挥显著作用；实现教育科学决策，需要新型教育智库提供重要支撑；深化教育改革发展及提高人才培养质量，需要新型教育智库加强正确指引。我院成立以来，在这些方面已取得一系列重要成果，新型教育智库效应初步显现，但总体来看，仍然存在不少问题，突出表现在：原创性重大教育研究成果有待进一步培育和打造，教育理论研究和战略研究有待进一步拓展和深化，服务教育决策和指导教育实践有待进一步系统和深入，领军人才和高水平研究创新团队"引""育"机制有待进一步建立和健全，管理方式和管理机制有待进一步创新和优化，院属宣传出版单位协同发展能力、综合实力、社会影响力、市场竞争力有待进一步强化和提高。这是我院"十三五"要积极应对和着力解决的突出问题。

二、指导思想

坚持以中国特色社会主义理论体系为指导，尊重科学、遵循规律，全面贯彻党的教育方针，以创新、协调、绿色、开放、共享的新发展理念为引领，扎实推进教育改革发展及人才培养战略研究、政策研究、理论研究、实践研究和教育评估、教育质量监测、教育宣传出版工作，为我省发挥教育优势，补齐教育短板，提高教育质量和水平，增强教育综合实力、区域竞争力和国际影响力，打造南方教育高地作出重要贡献。

---

[*] 本文系作者于2017年3月20日在广东省教育研究院就建设新型教育智库所作的讲座。

三、基本思路

1. 坚持创新驱动，问题导向。牢固树立实践观念和问题导向意识，坚持把创新驱动摆在推动事业发展全局的核心位置，聚焦制约全省教育科学发展和我院事业发展的体制机制性障碍与基础条件约束，科学研判各项事业改革发展趋势，以创新思维和创新举措推动问题的针对性研究，探索系统解决问题的思路、举措和办法，形成新的发展格局和发展境界。

2. 坚持统筹协调，重点推进。从国情、省情、教情、院情出发，统筹推进教育战略、教育政策、教育理论、教育实践研究及其成果转化应用，以及教育评估、教育质量监测、教育宣传出版发展，着力针对教育改革发展的重点领域、关键环节以及制约我省教育整体水平提升的重大问题和重点区域开展研究和实践指导，为教育改革发展提供新思维、新举措、新路径、新方法。

3. 坚持绿色引领，和谐发展。遵循经济社会发展规律、教育教学规律、人才成长规律和教育科研规律，按照中国特色新型智库制度建设要求，完善组织体系和规章制度，健全管理体制和运行机制；注重风清气正、干事创业文化建设，提升文化底蕴和研究品质；推动完善全省教育科学研究及教学研究交流合作平台，切实发挥全省教育科学研究及教学研究力量集聚效应。

4. 坚持开放包容，协同合作。立足广东、面向全国、放眼世界，营造百花齐放、百家争鸣的学术氛围。围绕经济社会及教育改革发展大局，坚持教育研究"请进来""走出去"交流合作思路，不断丰富交流合作的内容和形式，拓展交流合作的广度和深度，提升交流合作的层次和水平，形成院内外、省内外、国内外相结合的全方位、多层次、包容、互鉴、共赢的交流合作新格局。

5. 坚持成果共享，服务至上。把服务教育改革发展及人才培养作为一切工作的出发点和落脚点，努力为各级党委、政府及教育行政部门的教育决策和教育治理提供科学的咨询服务，为各级各类学校提升教育教学质量和办学水平提供优质的实践指引，为社会各界和千家万户了解教育、支持教育提供正确的舆论引导，为经济社会发展和办好人民满意的教育提供重要的智力支撑。

四、发展目标

遵循"创新强院、质量立院、开放办院、服务兴院、依法治院"发展方针，充分发挥在教育决策咨询、理论创新、实践指导、舆论引导、社会服务等方面的作用，成为我省创新教育理论的"策源地"、支撑教育决策的"参谋部"、服务教育实践的"指导员"、引导教育舆论的"宣传队"，为我国教育改革发展及人才培养唱响"岭南好声音"，到2020年，基本建成体制科学、运行高效、特色鲜明、贡献突出的国内一流新型教育智库。

五、重点任务

1. 全面服务教育科学决策。加强教育改革发展及人才培养战略性、前瞻性、创新性问题研究，主动为党委、政府及教育行政部门和各级各类学校提供高水平教育决策咨询服务。

2. 深入开展教育实践指导。加强基础教育教学研究及实践指导，强化以信息技术支撑教与学方式变革的研究与指导，加强职业教育、高等教育与区域功能定位和产业发展适应性研究与指导，推进始兴县教育科学发展实验区、中山市南头镇义务教育现代化学校建设实验区、基础教育研究实验基地学校、现代职业教育综合改革示范区、民办教育研究基地、综合实践教育研究与实验基地等的建设并充分发挥示范、辐射和带动作用。

3. 着力打造教育研究品牌。精心打造中国南方教育高峰年会、南方教育大讲坛、"智慧教研院"等高规格教育研究交流平台，用心培育广东教育蓝皮书——《广东教育改革发展研究报告》等高水平教育科研精品，潜心孕育"岭南教育文库"等高质量教育学术成果。

4. 科学实施教育评估和教育质量监测。加强研究并逐步推进广东特色基础教育质量综合评价体系建设，协助完善基础教育、职业教育、高等教育质量监测与评估实施体系，深入开展教育评估和教育质量监测理论、政策与实践研究。

5. 拓展深化教育研究交流合作。拓展粤港澳台、泛珠江三角洲区域等国内教育科学研究及教学研究交流合作的广度和深度，提升中英职业教育（广东）发展研究中心、粤德职业教育合作推广与发展研究中心等国际教育科学研究及教学研究交流合作的层次和水平。

6. 加快推进教育宣传出版融合发展。坚持正确的教育宣传出版导向，推动教育宣传出版单位融合发展，与省教育厅门户网站、微信公众号平台协同，与国家及省内主流媒体配合，充分发挥本院门户网站、"南方教育在线"微信公众号平台、简报和杂志社各期刊、南方教育网等的作用，营造教育舆论引导多维格局；强化基础教育、职业教育、高等教育的教材、教学指导用书、学术专著、课外读物等的选题策划与编辑出版工作，推动传统出版与数字化出版融合发展，不断提高服务教育改革发展及人才培养的能力和水平。

7. 扎实推进人才体系建设。深化院内用人制度改革，完善院内人才引进培养机制，健全院内人才评价激励机制，推动提升全省教育科学研究及教学研究人员综合素质和专业化水平。

8. 着力加强干事创业基础能力建设。创建可支撑全省教育科学研究及教学研究沟通合作的智能化、信息化工作平台。协助省教育厅深化省级教育数据中心建设，为教育科研工作提供大数据支撑。深化制度体系建设和组织机构设置与管理运行机制改革。推进全省各级各类教育科学研究及教学研究机构建立完善协同创新联盟。健全激励机制和容错纠错机制，提升全体干部职工风清气正、干事创业的积极性、主动性、创造性。

广州教育政策研究建言*

广州教育政策研究，首先，应该是广州教育体系即广州各级各类教育改革发展的政策研究，不应窄化为只是广州基础教育改革发展的政策研究；其次，应该是广州教育政策与国家及区域经济社会发展战略关系的研究，不应窄化为只是广州教育自身的独角戏；第三，应该是广州教育改革发展与全球教育市场体系互动的研究，不应窄化为只是广州教育改革发展的闭环思考。

广州教育政策研究，在战略定位和战略取向上，当前和今后一个时期应当着重围绕四个问题积极建言献策，有所建树。一是党的十九大提出"建设教育强国是中华民族伟大复兴的基础工程"，广州教育改革发展在广州当前和今后30余年发展战略中该如何定位、如何前行呢？二是广州是"一带一路"特别是21世纪海上丝绸之路的重要枢纽、对外开放战略门户，这对于广州教育改革发展来说具有哪些重大意义、应当有什么样的作为呢？三是广州建设枢纽型网络城市，着力建设国际航运、航空、科技创新战略枢纽，集聚国际高端要素，形成新的发展动力源和增长极，更好体现作为国家经济中心城市、综合性门户城市、区域文化教育中心全球层面的吸引力和辐射力，广州教育应如何对接、如何改革、如何发展、如何作贡献呢？四是广州是粤港澳大湾区及湾区打造世界级城市群的核心城市，同时省委、省政府要求在广州—东莞—深圳—香港这条湾区发展的主动脉中建造广深科技创新走廊，广州、深圳要发挥龙头带动作用，沿广深轴线形成高度发达的创新经济带，辐射带动全省创新发展，成为全国创新发展重要一极，广州教育该如何扩展办学空间、如何调整优化结构布局、如何提高质量和水平，以及如何为核心城市建设和科技创新提供人才保证、智力支持、科技支撑并在湾区充分发挥辐射带动作用呢？

广州教育政策研究，要切实把握好深化教育改革发展、提升教育现代化水平的突破

---

* 本文系作者于2017年11月5日在广州教育学会教育政策研究专业委员会第一次全体成员代表大会暨首届学术年会上的演讲提纲。

口和切入点。第一，要站在全球、全国大局思考问题，充分审视全球、全国教育格局深刻变革中广州教育改革发展面临的主要机遇和挑战，加快融入全球教育市场体系，对标国际先进水平，充分发挥各种比较优势并不断形成新优势。第二，要按照广州发展战略定位促进各级各类教育全面协调可持续发展，加快扩大和调整优化各级各类教育办学空间并调整优化其结构布局，健全现代教育体系。要善待、善用部属省属一切教育资源，同时不断丰富和发展本市优质教育资源。第三，要大力扩大教育对外开放，加快引进国际优质教育资源，建设国际化学校，同时积极输出具有比较优势的教育资源，通过开放的教育吸引全球优秀人才，转化为教育和其他方面的创新优势。要着重推动职业教育、高等教育与科技创新、产业转型升级、经济社会发展深度融合。第四，要在不断加大财政性资金投入发展公共教育的同时，加快建立健全公办校长、教师激励体系，确保公办教育质量不低于民办教育且不断提升，有效解决优质教育资源发展不平衡不充分和择校问题。第五，要着力培养受教育者的社会责任感、法治意识、创新精神和实践能力，加快建设社会资源大课堂，促进受教育者身心素质和专业能力水平持续提升，更好适应国家及区域发展战略需求，更好适应全球化市场竞争。通过教育和培训，促进低收入者比重不断降低、低技能人员不断减少、中等收入者规模不断扩大，推动城市化有序发展。

推进广州教育政策研究，提升广州教育政策研究科学化水平，需要政府部门、研究机构、大中小学、社会组织共同发力，需要在国际国内、业内业外"请进来""走出去"，需要集聚人才、打造平台、项目带动，需要充分运用大数据技术、充分利用大数据资源，需要有目的、有计划地组织教育政策调研、咨询、实验和评估，确保充分服务教育决策、指导教育实践。

以科研助推基础教育均衡优质发展[*]

基础教育是国民教育的重要组成部分，关系着亿万儿童少年的终身发展。经过长期奋斗，基础教育已从对量的满足迈向对质的追求，均衡和优质成为当前和今后一个时期基础教育改革发展首要课题，成为基础教育现代化重要目标。在推动基础教育质量和水平提升的道路上，各级党委、政府及教育行政部门和基础教育学校付出了不懈努力，取得了显著成果。但是，发展素质教育落实不到位、优秀教育教学成果较少、学生全面而有个性成长较缺乏等问题依然存在，主要原因在于基础教育教师队伍专业化水平不够高、基础教育科研不够深入、优秀基础教育科研成果转化为实践不够充分、基础教育教学改革发展成果推广渠道不够畅通等。省教育研究院自认为有责任推动做好基础教育科研工作，与全省基础教育科研机构、基础教育学校和有关高校一起，以基础教育使命、基础教育目标、基础教育问题为导向，共同研究解决新时代基础教育现代化面临的重点、热点、难点问题，既为基础教育现代化决策提供咨询服务，又为基础教育学校现代化提供有效指导。

2017年2月，省教育研究院为贯彻落实《广东省教育发展"十三五"规划（2016—2020年）》，加强基础教育改革发展重点、热点、难点问题研究，促进优秀研究成果向实践转化，充分发挥有关学校实验、示范、辐射与带动作用，在全省启动"广东省基础教育研究实验基地学校"申报遴选工作。在各地级以上市、县（市、区）教研机构积极推荐评选的基础上，经组织专家评审和学校答辩，共评出基础教育研究实验基地学校182所，涵盖幼儿园到普通高中各学段，包含普通教育和特殊教育各类型。综观认定的基地学校，他们有三个共同特征。一是参与积极性高。各学校在收到遴选通知以后表达出了强烈的参与愿望，积极认真地准备遴选材料，现场评估准备充分。二是条件保障充分。各学校所在地教育行政部门高度重视并大力支持学校开展基础教育战略、政策、理

---

[*] 本文系作者于2018年3月28日在广东省基础教育研究实验基地学校建设研讨会上的讲话。

论、实践研究，学校领导班子和教师具有现代教育理念和强烈教育改革发展意识，学校能够为教师开展研究、组织实验提供充分的软、硬条件。三是研究成果初显。各学校立足国情、省情、校情、师情、生情，全面分析国家和省基础教育改革发展政策，积极学习国内外先进教育理论和实践经验，形成具有一定特色优势的学校管理、课堂教学模式，为更大层面、更深层次开展基础教育科研和改革发展实验奠定了较为坚实的基础。

今天，我们聚集在此召开基础教育研究实验基地学校建设研讨会，目的就在于总结基地学校认定工作，搭建交流合作平台，共同研讨未来三年基地学校如何贯彻落实党的十九大精神和习近平新时代中国特色社会主义思想，提出研究实验要求，交流建设经验，推广优秀成果。就基地学校建设问题，我简单谈三点意见。

一、高度重视基础教育科研，助力解决新时代基础教育现代化重点、热点、难点问题

随着经济社会快速发展，特别是我国社会主要矛盾转化，新时代基础教育面对的需求日益丰富，提升内涵式发展水平的要求日益迫切，诸多新矛盾、新问题层出不穷，有赖于基础教育科研提供智力支持和前瞻指导。对此，各级教育科研机构要充分发挥主观能动性，把握主要矛盾转化，找准关键工作定位，不断提高干事创业特别是服务决策、指导实践的能力和水平，打造一支具有国际视野、先进理念和既可仰望星空、又能脚踏实地的科研队伍；各基础教育学校要切实重视开展教科研活动，既重视贯彻落实教育法律法规和政策，又重视研究基础教育宏观、中观、微观问题，还要注重实验基础教育科研成果，多出成果、快出成果、出好成果；有关高校应深入基础教育学校一线，既加强理论辅导和法律法规与政策解读，又发现首创成果、肯定首创精神、推广首创经验。各相关机构（学校）都要突出目标导向、问题导向，擅于发现、筛选和研究、解决基础教育现代化与教育教学过程面临的重点、热点、难点问题，找准问题症结，用先进教育理论和科学教育实践代替陈旧的办学模式、培养模式、教学模式、管理模式，加快提高基础教育现代化水平。

二、积极加强沟通交流借鉴，助推新时代基础教育科研协同创新

基础教育现代化、学校建设、科研应该是一个互相关联、互相贯通、互相支撑、互相印证的生态系统，要"引进来""走出去"导向融合发展，实现不同领域、不同层级对话与交流，从多个侧面、多个角度思考和分析问题，寻找解决基础教育现代化重点、热点、难点问题的最佳方式方法。一是各级基础教育科研机构要加强协同创新，促进资源共建共享，推进专业化科研队伍建设，提高服务决策、指导实践的能力和水平。二是各级基础教育科研机构要强化与基础教育学校协同创新，善于发现问题，研究分析问题，探讨有效解决问题的举措办法。三是基础教育学校内部之间、学校与学校之间、与高校之间要加强协同创新，研究分析相同或相似的问题，分享研究解决有关问题的经验做法，实现互相促进、共同发展。四是加强与港澳台地区以及国外基础教育同行交流研讨，为拓展深化基础教育科研提供新方向和新办法。

三、切实推进优秀成果转化，充分发挥基地基础教育科研辐射带动作用

所有被认定的基础教育研究实验基地学校都是在当地甚至全省具有较深厚研究基础、较强大研究能力、较丰富研究成果的学校，对基础教育现代化、学校建设和课程教学改革发展有较深刻体会，对基础教育现代化重点、热点、难点问题有较独到见解，可对促进全省基础教育科研和基础教育现代化发挥重要支撑作用。我们要在拓展深化基础教育现代化研究的同时，着力推进基础教育现代学校制度建设和课程、教材、教学、评价改革发展研究，争取多出成果、出好成果，并注重将优秀成果转化为现代学校制度建设、转化为教育教学实践，切实解决学校管理问题、育人问题、教育教学效能问题。开展基础教育科研，要围绕落实立德树人根本任务和以人为本、发展素质教育，注重实证研究，注重实践检验。同时，加大优秀成果宣传推广力度，丰富优秀成果分享层次，扩大优秀成果分享范围，充分发挥优秀成果示范、辐射、带动作用。

总之，希望在未来三年里，各基地学校不忘初心、牢记使命，增强责任感、紧迫

感,充分落实基地学校建设管理要求,共同形成亲密合作关系,紧扣新时代基础教育现代化主题,一起深入研究探讨基础教育现代化重点、热点、难点问题,以科研力量助推基础教育均衡优质发展,助推基础教育现代化。

以教育科研引领教育科学发展高质量发展*

为深入贯彻全国、全省教育大会精神，探索省级教育研究机构教育科学发展实验区建设模式、路径与方法，我们在韶关市始兴县举办广东省教育研究院教育科学发展实验区建设案例与经验研讨活动，以期为我省加快推进基础教育现代化和内涵发展提供新理念、新思路、新举措、新办法。参加研讨活动的有来自中国教育科学研究院和省内外的有关专家、我省地级以上市教研室（教科院、教研中心）的代表、省教育研究院各实验区的代表，以及省教育研究院各有关内设机构的代表，共约200人。

在过去的5年多时间里，我们通过开展广东特色基础教育课程教材改革实验、基础教育质量评价创新，促进学生全面而有个性的发展，进而引导和带动各教育科学发展实验区全面提升教育教学质量和办学水平，引导和促进各教育科学发展实验区教育系统与社会各界树立科学的教育质量观、正确的学生成长观、有效的教师专业观，引导和推动各教育科学发展实验区教育教学管理从粗放经验式向精细科学化转变，促进基础教育优质均衡发展，不断满足人民群众日益增长的优质教育需求，为区域教育现代化水平提升和经济社会发展作出了积极贡献。

通过5年多的建设，省教育研究院教育科学发展实验区形成和积累了3条基本经验。一是始终重视教育科学发展、高质量发展顶层设计，为推进教育科学发展、高质量发展提供制度、政策保障。根据党中央、国务院和省委、省政府的相关决策部署，结合韶关市始兴县、中山市南头镇、梅州市丰顺县、珠海市的实际情况，在充分调研与讨论的基础上，分别制订合作协议、共建规划和年度工作计划，明确合作、共建的指导思想、目标任务、举措办法，形成相关组织架构、基本制度和日常运行机制。同时，指导各实验区出台教育发展规划和教育政策措施，丰富推进教育科学发展、高质量发展的制度、政策供给。二是始终坚持落实立德树人根本任务，牢固树立以人为本、尊重科学、遵循规

---

* 本文系作者于2019年5月31日在广东省教育研究院教育科学发展实验区建设案例与经验研讨活动上的讲话。

律的教育发展观和教育质量观。在建设教育科学发展实验区的全过程，坚持以深化课程教学改革为关键、为抓手，将落实立德树人根本任务实化、具体化，既研究探索充分发挥道德与法治、思想政治、语文、历史等人文学科的育人优势，又研究探索充分提升数学、物理、化学、生物等理科课程的育人价值，同时加强学科交叉育人功能融合，发挥综合育人效应，不断提高学生的综合素质和综合运用知识解决实际问题的能力。坚持满足受教育者成长需求，全面加强教育空间优化和教育基础设施建设，全面加强高素质专业化创新型教师、校长队伍建设改革，全面发展素质教育，重视教育质量监测和评价，促进学生全面而有个性的发展，不断提升教育教学质量、育人水平和办学效益。三是始终以教育科研引领教育科学发展、高质量发展，不断提升教育内涵发展水平。积极开展教育科研活动，组织专家团队对实验区全体教研员、教师开展全方位的教学和教研专题培训，鼓励全体教研员发挥示范引领作用，鼓励全体教师参与课堂教学研究，鼓励骨干教师申报或牵头申报县级、市级、省级、国家级教育教学研究课题，以课题研究带动年轻教师专业成长，带动全体教师综合素质提升。积极组织实验区校长、教师参加省教育研究院开展的广东特色基础教育课程教材体系研究、广东基础教育质量监测前沿性研究、广东特色中小学建设研究等，在研究中把握教育改革发展趋势，融入教育改革发展大局。积极鼓励校长、教师转化应用教育科研和教学研究成果，让校长、教师们体会到教育科研和教学研究的效能与成就，更好投身教育科学发展、高质量发展。

面对新时代、新任务、新要求，省教育研究院教育科学发展实验区建设要坚持以习近平新时代中国特色社会主义思想为指导，充分领会贯彻习近平总书记关于教育的重要论述，围绕加快推进教育现代化这一主题主线，聚焦教育现代化的战略性、现实性问题和人民群众关切的教育质量、教师综合素质、学生课业负担、家园家校共育等问题，全面贯彻党的教育方针，着力深化改革、激发活力，着力补齐短板、优化结构，着力丰富内涵、提升质量，更好更充分发挥教育服务国计民生的作用。为此，一要高度重视基础教育科研，助力解决新时代基础教育现代化重点、热点、难点问题。各级教育科研机构和所有基础教育学校要充分发挥积极性、主动性、创造性，以目标和问题为导向，把握教育主要矛盾转化，找准问题症结，积极开展教育科研和教学研究，有效解决基础教育现代化和教育教学改革发展过程面临的重点、热点、难点问题，特别要在深化教育管理体制改革、教师队伍建设改革、课程教学改革、社会教育改革、家园家校共育、教育特色化信息化国际化上持续发力，更好更快推进基础教育现代化。二要积极加强沟通交流和学习借鉴，助力新时代基础教育科学发展、高质量发展。基础教育现代化和科学发展、高质量发展是一个互相关联、互相贯通、互相支撑、互相印证的生态系统，教育管理部门、教研机构、学校要"引进来""走出去"导向融合发展，实现不同领域、不同层级对话与交流，以及区域内外、基础教育学校之间、基础教育学校与教科研机构之间、基础教育学校与高校之间交流互鉴，形成破解制约教育科学发展、高质量发展体制机制性障碍的合力，共同促进基础教育发展水平不断提升。三要更切实推进优秀基础教育科研成果和教学成果转化应用，充分发挥示范引领、辐射带动作用。要拓展和深化基础教育现代化与科学发展、高质量发展研究的广度和深度，注重理论成果验证和推广应用，争取快出、多出、出好实践成果，特别是要注重将优秀成果转化为党委、政府的教育规划和政策、转化为现代学校制度、转化为课程教学方案、转化为学校特色文化、转化为学生健康成长，切实解决教育管理问题、教师问题、育人问题、教育教学效能问题、特色问题、绩效问题等。

  探讨、探索新时代基础教育现代化和内涵发展的新理念、新思路、新举措、新办法，富有战略意义和现实作用。我们愿意与大家分享经验，乐意听取大家的真知灼见，以期广东省教育研究院教育科学发展实验区更好向教育现代化实验区转变，不断丰富和发展更多可复制可推广的经验。我们也期待各实验区党委、政府加强对加快推进教育现代化的统筹领导，加强推进教育现代化和教育科学发展、高质量发展的制度、政策出台，加强校长、教师队伍建设改革，加强教育投入和投入结构优化，为教育科学发展、高质量发展创造充分有利条件。请让我们以加快推进教育现代化为主题主线，通过理论创新促进实践探索，通过实践经验反证理论成果，分享收获、反思不足，把握形势、科学前行，为实验区乃至全省加快推进教育现代化不断作出新贡献。

提升基础教育教研员专业水平　促进基础教育质量提高*

为了深入学习贯彻党的十九大和全国、全省教育大会，以及国家和省中长期教育改革发展规划纲要、教育发展"十三五"规划，《粤桂教育协作框架协议（2018—2020年）》精神，提升基础教育教研员专业发展水平和业务工作能力，促进基础教育质量水平提高，经省教育厅同意，我们在总结2017、2018教研员能力提升研修工作基础上，举办全省基础教育教研员能力提升暨2019粤桂中小学教研员能力提升研修活动。

教研员主要从事基础教育理论研究、政策研究、学科教学研究，服务和指导课程建设、教材建设、教学改革和一线教师教研工作，是教育科研和教学改革发展的中坚力量。可以说，教研员是基础教育教学改革发展的带头人，是教育创新发展和教学研究的引领者，是促进中小学教师专业发展和中小学生健康成长的服务者。新时代的教研员应当是学习型、创新型、服务型的教研员，起码要从以下四方面去提高自身综合素质，全面履职尽责。

第一，树牢政治站位，提高服务教育决策能力。要坚持以习近平新时代中国特色社会主义思想为指导，深入学习贯彻习近平总书记关于教育的重要论述，助力发展素质教育，遵循教育规律，落实立德树人根本任务，在深化基础教育改革发展、推进基础教育现代化、健全基础教育课程教材教学体系、办好人民满意的基础教育等方面积极为党委、政府及教育管理部门建言献策，研制相关规划、政策、标准、方案文本。

第二，认清新形势，提高教育理论创新水平。要充分认识我国社会主要矛盾及教育主要矛盾已发生历史性转化，树立科学的教育导向，回应人民群众对优质教育的期盼，注重培育学生核心素养，加强德智体美劳"五育"并举研究；要把工作重心转向重内涵、提品质，聚焦教育高质量发展支持保障和评价体系研究；要瞄准教育薄弱环节补齐短板，加强对破解学前教育、义务教育、高中教育、特殊教育突出困难问题特别是结构

---

* 本文系作者于2019年10月18日在广东省基础教育教研员能力提升暨2019粤桂中小学教研员能力提升研修活动开班典礼上的讲话，标题为收入本书时添加，内容稍有删减。

问题、质量问题、特色问题、效益问题的研究。

第三，针对课程教材教学重点、难点问题，提高指导学校、教师改革实践效能。要重视对新课程、新教材和中考、高考的同步研究，以发展素质教育为导向，加强对学生综合素质评价体系和学生学业水平考试、中考高考命题改革研究；加强教师培养培训理念、内容、措施等的研究，提高教师培养培训科学性、针对性、有效性；加强对劳动教育、美育、生涯规划、研学旅行等在管理体系、条件保障、考核评价等方面的研究；加强教育教学方式方法改革研究，推进信息技术与教育教学深度融合，落实减负提质增效目标。

第四，发挥教研支撑作用，提高引导教育舆论效果。要发挥省—市—县—校四级教研体系作用，加强教研方式研究，完善区域教研、校本教研、网络教研、综合教研等方式，深入欠发达地区、乡村学校、教学点，充分发挥教研员的示范引领、辐射带动作用。同时，教研工作要凝聚全体中小学（幼儿园）校（园）长、教师、家长，促进区域教师专业发展，提高区域教育教学质量，影响各类媒体、影响千家万户，引导树立正确教育观念，普及科学教育方法，更好形成遵循规律、落实立德树人根本任务的合力。

为了开展本次研修活动，在省教育厅领导下，我们做了大量的前期准备工作，投入了大量人力、物力、财力，对研修质量水平提出了很高的要求。希望各位学员珍惜研修机会，全身心投入研修活动中去，把参加研修活动作为强弱项、补短板和促进专业发展的重要契机，高标准、高质量完成研修目标任务。为此，我提三点具体要求。

一是提高思想认识，增强学习自觉性。每位学员都要以自觉的学习态度、良好的学习状态、务实的学习精神来开展研修活动。要把增强做好基础教育教学研究工作的责任感和使命感作为提高自身综合素质和完成研修目标的首要任务，严格遵守研修纪律，自觉遵守研修安排，认真学习、虚心求教、活泼讨论、相互借鉴。

二是强化学习意识，提高学习主动性。本次研修活动是经过精心组织和认真准备后举办的，课程设置、师资配备、时间安排等方面都有周密考虑，目的就是努力提高研修质量和效果，让大家学有所获、学有所成、学有所用。希望大家强化学习意识，主动学习、主动思考、主动研究、主动交流，为不断提高教育教学创新发展能力和教学教研指导水平打下坚实的基础，在研修中提高政治觉悟、更新学科知识、增强教研能力，切实提高指导教学、教研的水平。

三是树立问题导向意识，提高学习实效性。在研修过程中，大家要紧密结合思想、工作、学习实际，带着目标、带上问题，坚持学用结合、学以致用，把理论学习与解决实际问题结合起来，把所学的理论知识、经验做法运用到实际工作中，补短板、强弱项，努力提升职业道德、能力素质和业务水平，更好服务教育教学决策、创新教育教学理论、指导教育教学实践、引导教育教学舆论。

加强小学数学教学研究　提高小学数学教学质量*

第十三届小学数学教学改革观摩交流展示培训活动在广东举行，我谨代表广东省教育研究院，感谢中国教育学会小学数学教学专业委员会给广东省提供承办本次活动的机会！欢迎大家相聚一堂，交流展示小学数学教学改革成果，研究探讨深化小学数学教学改革的方向、内容、路径和方法。

党的十八大以来，广东基础教育工作锐意进取，取得了丰硕成果。一是学前教育普惠规范发展稳步推进，实施了两期学前教育三年行动计划，加大对学前教育的财政投入，推进民办普惠性幼儿园建设，2016年全省毛入园率达到105%；二是义务教育均衡发展成效显著，通过"全面改薄"项目改善欠发达地区薄弱学校基本办学条件，2016年全省121个县（市、区）通过国家义务教育发展基本均衡县验收，成为全国第6个整体通过评估认定的省份；三是高水平高质量普及高中阶段教育进展顺利，全省高中阶段教育毛入学率连续保持在95%以上，同时，大力推动普通高中优质多样特色化发展。当然，与党的十九大的要求相比，与先进省市相比，广东基础教育改革发展还存在不少困难和问题，比如说，粤东西北地区与珠三角地区基础教育发展水平相差还比较大，城乡之间优质教育发展不平衡不充分的现象还比较普遍，基础教育优质化、特色化、多样化发展局面尚需不懈努力，高素质专业化教师队伍和教研员队伍建设需要着力加强。

在基础教育改革发展中，小学数学课程教学改革发展居于重要地位。数学是人类文化重要组成部分，数学素养是现代公民应该具备的基本素养。作为促进学生全面发展的重要教育组成部分，数学教育能使学生掌握现代生活、学习和发展所需要的数学知识与技能，能为学生培养和提升思维能力、创新能力提供科学方法，同时，也会促进学生情感、态度、价值观发展，为学生未来生活、学习、工作奠定重要基础。多年来，我省在小学数学课程教学改革方面一直积极探索，取得了良好成效。

---

* 本文系作者于2017年11月8日在中国教育学会2017年度课堂教学展示与观摩（培训）系列活动·第十三届小学数学教学改革观摩交流展示培训活动上的讲话，标题为收入本书时添加。

一是通过调查研究切实把握数学课程改革现状。2014年以来，在全省先后开展"广东省小学数学教师数学学科教学知识现状调研""广东省小学数学教师专业发展状况调研""广东省乡村小学数学课程实施状况调研"。通过调研，把握现状，总结经验，发现问题，提出对策。

二是开展形式多样的数学课堂教学研究与交流活动。例如，全省每年开展一次课堂教学（或说课）研讨活动，展示课堂教学成果，引领和促进数学课堂教学改革；深圳市开展"微格点评"和"同课异构"活动，话题集中，研究深入，实效性好；珠海市建构"四动·四能"教学模式和小学生数学学业成绩"四动·九段"评价模式；中山市编写《中山市小学数学教学要义》，引导教师精准把握数学教学要求；佛山市开展小学数学教学命题比赛活动；江门市开展教学指导团结对帮扶活动；潮州市开展"综合与实践"专项研究；云浮市积极探索"快乐·高效"课堂教学模式；阳江市开展送教下乡活动。

三是依托课题研究引领和促进数学教学改革。例如，省教育研究院结合"研读与践行小学数学'综合与实践'课程内容的研究"，在全省开展说课、教学研讨、成果展示活动，为一线教师实施数学综合与实践活动提供指导、示范和展示交流平台；汕头市、东莞市结合省级课题研究在全市开展课堂教学渗透数学思想方法的探索；韶关市通过"科研改薄"工作，帮扶薄弱学校，缩小城乡数学教育差距。

四是创新数学学科教研方式。例如，东莞市开展"莞式慕课"研究；中山市开展"翻转学习"教学模式探索；茂名市依托网络平台，创新教研模式；顺德区积极推进"互联网＋教研"模式；肇庆市开展"1＋N"教研模式；梅州市、汕尾市创新片区教研模式，初显片区教研特色；佛山市开展示范教研组建设；惠州市成立小学数学学科指导委员会，推进教学研究。

五是搭建平台助推数学教师专业成长。例如，广州市搭建学习平台、展示平台和活动平台，鼓励数学教师专业成长；清远市建立"吴正宪小学数学清远市工作站"，充分利用专家资源，搭建教师专业成长平台；湛江市利用各方面资源开展多场教材培训活动，帮助教师更好地理解和使用数学教材。

近五年来，我省小学数学教师中，有1人获得全国总工会举办的第一届全国中小学青年教师教学竞赛一等奖；3人获得中国教育学会小学数学教学专业委员会优质课评比一等奖；5人获得中南、华北、西南十省（区、市）优质课评比一等奖；8人获得人教社和北师大出版社组织的优质课评比一等奖；4个项目获得省级教学成果奖。

我们正在学习贯彻党的十九大精神，愿我们坚持以习近平新时代中国特色社会主义思想为指导，深入学习研究贯彻习近平总书记关于教育的重要论述，努力满足人民日益增长的优质教育需要，坚持以人为本、尊重科学、遵循规律，深化小学数学教学改革，不断加强小学数学教学研究与实践，不断提高小学数学教学质量与水平，为使全体小学生健康成长成才奠定坚实基础。

祝愿本次活动取得圆满成功。祝愿大家在广东度过充实而愉快的会期。

共建共享　协同创新　全面提升历史学科育人水平*

党的十九大作出了优先发展教育事业、加快教育现代化、建设教育强国的重大部署。习近平总书记在全国教育大会上就推进教育改革发展和现代化提出了一系列新理念、新论断、新观点。面对新时代、新任务、新要求，历史教育如何定位？历史学科教研基地如何建设？广东历史教育如何发展？我想借此机会，提三点看法与大家交流。

一、深刻领会立德树人是历史教育的根本任务

中国人历来重史，充分认识到学史、明史的重要意义。清代龚自珍就说过："欲知大道，必先为史。灭人之国，必先去其史。"这一说法深刻指出了历史和历史教育有超越本身的价值与意义。当今世界，经济全球化深入发展，网络信息量呈爆炸性增长，这必然给部分未成年人的历史认知、身份认定、价值认可等问题带来深刻影响。可以说，历史教育在国家民族认同、思想道德建设和心理情感强化上有不可替代的作用。

立德树人是教育的根本任务。毫无疑问，历史教育的根本任务也必然是立德树人。历史教师要弘扬社会主义核心价值观，帮助学生以史为鉴、以人为鉴，更好建立正确的世界观、人生观、价值观，扣好人生第一粒扣子。历史教师要树立正确的历史观，给学生从小打下中国底色、植入红色基因，更好形成国家认同、民族认同、文化认同、道路认同、制度认同。历史教师要增强"四个意识"、坚定"四个自信"、做到"两个维护"，引导学生把国家、民族的前途命运与自己的前途命运紧密联系起来，更好从人民根本利益出发追溯历史、前瞻未来、把握规律，牢固树立为中国人民谋幸福、为中华民族谋复兴的远大志向。

党中央历来重视历史教育尤其是历史教材建设。目前，义务教育已实现历史教材

＊ 本文系作者于2019年5月16日在教育部基础教育课程教材发展中心初中历史学科教研基地研讨活动上的讲话，收入本书时稍有删减。

由国家统编，接下来高中历史教材也将实现国家统编。这是对历史学科独特价值的高度张扬。我们要对历史学科正确定位，充分学习理解和转化应用历史课程方案、标准和教材，充分实现历史教育的功能和作用。

二、加强历史学科教研基地建设是提升历史学科育人水平的创新举措

全面深化基础教育课程改革，破解制约教育高质量发展面临的难题，需要教研机制和方式创新；破解制约教育均衡发展面临的难题，需要教育资源合理配置和共建共享。教育部基础教育课程教材发展中心、课程教材研究所创新教研机制和工作方法，依托各省份优势学科教研资源，在2017年设立首批6个义务教育学科教研基地，2018年又设立29个高中学科教研基地，坚持"立足本地、服务战线、示范引领、聚慧共享"原则，以"推动教研工作转型发展，发挥教研工作对基础教育课程教学改革专业支撑作用"，必将有力助推基础教育优质均衡发展。

学科教研基地应运而生、因时而立，具有重要意义。我们只要高度重视，切实加强建设，实现重要突破，充分发挥示范、引领、带动、辐射作用，就能很好地推动教研工作转型发展，适应全面深化基础教育课程改革、落实立德树人根本任务需要。我省初中历史学科有幸被确定为首批学科教研基地，我们深感荣幸，我们也必将与全国同行一起努力，将初中历史学科教研基地打造成为教研机制创新试验田、教研成果和经验集散地，助力各方共享优势教研资源，在更广范围提升历史学科育人水平。

三、将广东历史教育推向更高水平

近年来，我院历史学科深度参与教育部中学历史学科课程标准研制工作，承担"初中历史教学关键问题研究""历史学科传承中华优秀传统文化研究"等多项教育部基础教育课程教材发展中心委托的重点课题，出版了相关专著。我院历史学科还"注重实践，服务教师"，在全省着力推动示范教研组建设，注重青年教师专业发展，已形成具

有较大影响力的历史学科教研队伍。初中历史学科教研基地落户我省，表明我省历史学科又迎来宝贵的发展机遇，我们要以推进初中历史学科教研基地建设为抓手，将历史教育推向更高水平。为此，我提三点建议。

首先，要共建共享。在纵向上，学科教研基地应充分利用好教育部基础教育课程教材发展中心、课程教材研究所的相关资源，同时，也请基础教育课程教材发展中心、课程教材研究所对学科教研基地多加指导和扶持。在横向上，应多向全国各地的学科教研基地学习，加强交流，共同探讨学科教研基地建设的任务、举措、办法等问题。

其次，要协同创新。学科教研基地应加强省内学科教研网络建设，充分调动和发挥各地市优势教研资源，协同本省高校、各级教研机构、各中小学的教研力量创造性地开展学科教研活动。要想方设法创新学科教研机制，做到省有基地、市有项目、县有重点、人有任务，上下联通、左右协同。

最后，要求真务实。学科教研基地应重视教研"选题"，既要研究真问题，又要真研究问题，有效解决学科教学理论与实践难题；既要研究解决学科教学问题，又要研究解决学科育人问题。要强化问题意识，激发创新思维，推进学科教学和育人理论创新、实践创新、方法创新，拿出有分量的经验做法和学术成果、教学成果，发挥好示范、引领、带动、辐射作用。

全面提升历史教育水平，关键在"人"。希望大家有大格局，从传承创新中华优秀传统文化和实现中华民族伟大复兴的大视野看待历史教育事业，将立德树人作为自己的终身追求；希望大家不断进取、锐意创新，当好历史教育改革和发展的排头兵，不断形成可复制、可推广的宝贵经验做法。

第三章

聚力打造中国南方教育学术高地

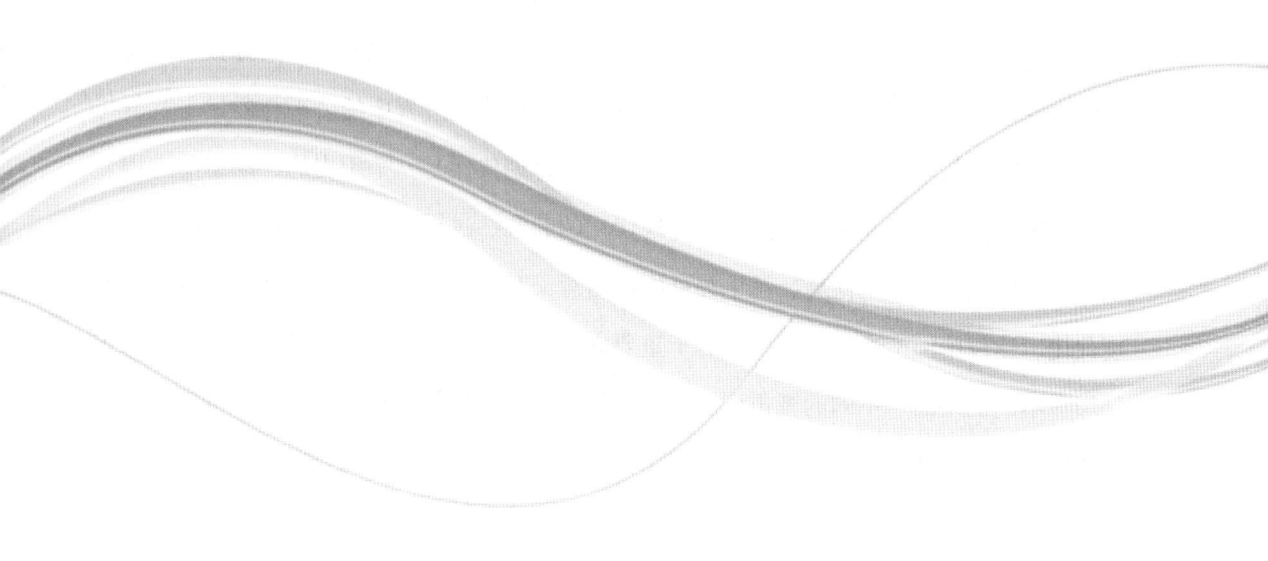

共绘教育现代化蓝图　同圆富民强国之梦 *

首届中国南方教育高峰年会圆满完成了各项议程，即将落下帷幕。这是一场富有激情、充满智慧、勇于担当、令人振奋的教育学术盛会。中国教育科学研究院院长袁振国和中共广东省委教育工委书记、广东省教育厅厅长罗伟其亲临峰会，并发表了精彩的演讲。来自全国各地的政府官员、知名专家学者、高校领导、教育实践精英等300多人次出席了本届峰会。峰会收到专家学者论文40多篇，发表主题演讲36人次，并进行了较深入的交流讨论。同时，本届峰会引起了新华社、光明日报、中国教育报等中央媒体和南方日报、羊城晚报、广州日报、广东人民广播电台、广东电视台、广东教育杂志社等省内媒体高度关注，纷纷派记者参会。在此，我谨代表首届中国南方教育高峰年会组委会、广东省教育研究院，向出席本届峰会的各位嘉宾和朋友，向给予本届峰会大力支持的各方面领导和同事表示崇高的敬意和衷心的感谢！

首届中国南方教育高峰年会全方位演绎了全球化背景下区域教育现代化与中国南方教育高地建设的主题，深刻解读了全球化背景下区域教育现代化和中国南方教育高地建设的理论性、战略性问题，深入研讨了新时期教育现代化过程中的公平与质量、竞争与合作、国际化与本土化、传承与创新等问题。教育现代化是一个历史的、动态的进程，站在全球化的视角研究世界和国内教育现代化的起源、过程和阶段性特征，研究教育现代化对民族国家、经济社会、民生福祉的战略意义和价值，是我们认识和研究区域教育现代化、建设中国南方教育高地的若干重要立足点。在本届峰会上，各位专家从不同的领域、不同的层面、不同的视角，展示了对教育现代化的最新探索。有的从世界教育现代化的历史过程和基本事实入手，引出了世界教育现代化的理论假设，呈现了教育现代化的理论范式；有的精要地介绍了我们国家教育现代化指标体系的开发与研究成果，诠释其对国家发展、地区发展、个体发展、中国特色教育现代化道路探索的价值和作用；

---

* 本文系作者于2013年6月23日作的首届中国南方教育高峰年会闭幕词，收入《南方教育评论——2013中国南方教育高峰年会思维盛宴》，由广东高等教育出版社于2013年10月出版。

有的解读了教育现代化的当代意蕴,将教育系统的开放化、教育管理的民主化、教育对象的普及化、教育内容的科学化、教育手段的信息化看作教育现代化的基本坐标;有的提出了区域教育现代化的四个"发展观",为我们廓清了教育现代化先进区、区域教育现代化和建设中国南方教育高地之间的关系;有的从理论角度分析了创造教育发展的过程、经验、取向,认为创造教育应坚持大教育观,主张创造教育列为国家创新工程,提出了根据创新人才培养的需要推进教育改革发展,借创造教育的成果为创新人才培养提供科学和智慧支持的思想;有的深入分析了广东率先基本实现教育现代化的内涵、指标与路径,为建设中国南方教育高地提供了思路和政策指向;还有的从中国南方教育高地建设与政府权责关系角度对相关主题做了全面、系统的分析和创造性的构思。

党的十八大要求到2020年全国教育现代化基本实现,广东省第十一次党代会提出了"深化教育改革,促进教育公平,创建教育强省,争当教育现代化先进区,打造南方教育高地,走出一条具有广东特色的教育发展路子"的战略决策。当前,省委、省政府关于教育"创强争先建高地"的战略部署已在全省形成广泛的共识,正在全面推进。本届峰会形成的关于全球化背景下区域教育现代化暨中国南方教育高地建设的理论性和战略性研究成果,对广东和其他区域立足全球视野、科学定位区域教育现代化建设具有重要的启示与参考意义。

在教育现代化总体布局中,基础教育作为国民教育重要组成部分,事关每位学生成长成才与人生幸福,是实现教育现代化的基础工程,也是实施科教兴国战略和人才强国战略的奠基工程。本届峰会对区域基础教育现代化建设的理念、政策、实践等问题进行了深入探讨。在理念层面,有的专家从教育哲学的深度,提出培养中小学生自我领导力的教育才是面向未来的、进步的、解放的教育,是一种教育理念的现代化;有的生动地剖析了当前基础教育改革发展若干新动向、新趋势,为我们深化基础教育改革、全面实施素质教育提供了重要参照;还有的深入论述了基础教育文化现代化的有关问题。在政策与实践层面,来自江西、广西、湖南、海南、云南教育科学研究院(所)等兄弟单位的同行们介绍了各自省(区)推进教育现代化的经验,各具特色,各有风采[泛珠三角区域"9+2"省(区)中的江西、福建、广西、湖南、海南、云南、贵州、澳门、广东都有代表参会]。在广东,教育"创强争先建高地"战略部署在基础教育领域,正在表现为推进学前教育法治化规范化科学化发展、义务教育学校标准化建设和均衡优质发展、普通高中教育多样化特色化优质化发展、以布局优化和高水平发展为重点的新一轮职业教育战略性结构调整、高素质专业化教师队伍建设，这将为基础教育现代化奠定坚实的基础。同时，我们清醒地看到，在推进基础教育现代化进程中目前面临义务教育规模庞大、在粤外来务工人员随迁子女持续增长、教育经费投入不足且发展性教育经费比重过小、城乡区域教育发展水平很不平衡等突出困难和挑战。化解这些困难和挑战，我们亟须科学策略指引，亟须可资借鉴的先进经验。本届峰会中，专家们的理念、政策、实践研究成果给包括广东在内的国内各区域推进教育现代化以智慧和向导、启迪和动力。各位对基础教育现代化的思想理念、现状趋势、实践路径等方面的精辟阐述，我们将视若珍宝，系统地进行梳理和学习，这对推进区域基础教育现代化大有裨益。

高等教育作为教育体系顶层，承担着培养人才、创新科技、服务社会、传承创新文化的重要职能，在教育现代化中起着引领作用。本届峰会就高等教育协同发展、创新发展、内涵发展、国际化发展等现代化发展领域进行了广泛而深入的探讨，为推进区域高等教育现代化注入了思想活水，成果丰富。一是区域高等教育现代化与中国南方教育高地建设的关系讨论成果。专家们认为，推动经济转型升级和建设中国南方教育高地在很大程度上依赖于建设高水平大学，加强省校合作是高等学校履行服务国家和地方经济社会发展责任的重要途径。有的专家深入地分析了大学在中国南方教育高地建设中的重要性，指出大学的高地应是精神高地、人才高地、创新高地。还有专家阐述了区域高等教育现代化发展的若干支撑点，明确了高等教育现代化的核心内涵。二是提高高等教育质量、加快创新人才培养的讨论成果。有的专家从实践角度，针对如何培养创新人才做了充分的解析，提出了创新人才培养是高等教育最基本的功能，同时也是高等教育现代化的核心内容的思想，并设计出不同层次的高等学校搭建错位发展的创新人才培养立交桥的构想；还有的专家直面研究型大学在研究与服务功能空前强化的同时，本科生教育日渐被忽视的情况，论述了加强和保障本科生教育质量的策略和措施。三是推进高等教育国际化、提升高等教育现代化水平的讨论成果。高等教育的现代化是高等教育不断走向国际化，扩大和加深国际交流与合作的过程。有的专家提出了提升高等教育国际化水平，主动应对全球化挑战的论题，深入论述了全球化背景下高等教育面临的挑战、提升高等教育国际化水平的策略和实践路径；还有的专家从院校研究领域，系统论述了高等教育的国际化与本土化的问题。当下，处于内涵式发展、质量水平提升阶段的广东高等教育，对国际化的诉求越来越强烈。鉴于地缘、侨乡等天然条件和广东地区开放的传统，广东高校开展教育国际交流与合作有着天然优势，省委、省政府也支持高校开展国际交流与合作，推进高等教育国际化、现代化。目前，广东高等教育在国际交流合作方面形成了一批项目、若干机构，取得了积极成效，但还需要在扩大合作范围、丰富合作内容、提升合作层次上下功夫。

为期2天的首届中国南方教育高峰年会让我们共享了全球化背景下区域教育现代化的理论性和战略性研究成果，以及区域基础教育现代化建设、区域高等教育现代化建设的政策性和实践性研究成果。峰会为解决区域教育现代化面临的各种现实难题提出了种种设想和方案，为实现教育现代化梦想提出了各种可能的途径。本届峰会有关区域教育现代化暨中国南方教育高地建设讨论所取得的丰硕成果，将于近期由广东高等教育出版社正式出版，书名暂定为《南方教育评论——2013中国南方教育高峰年会思维盛宴》，这必将有助于丰富教育现代化的思想理论宝库，必将对推进区域教育现代化和中国南方教育高地建设提供有益借鉴和启示。

丰硕的成果增强了我们继续办好中国南方教育高峰年会的信心，我们将总结经验、建立规范、开拓创新、形成特色，期待着把这个学术峰会打造成为国内外教育思想和智慧解放交汇的平台、教育改革发展研究成果展示交流的平台、新老朋友友谊发展的平台。中国南方教育高峰年会由广东省教育研究院发起和举办，但它不只属于广东、不只属于举办者，而是属于南方各省（区、市），属于全国乃至世界，属于来自海内外的致力于教育改革发展和现代化建设的专家学者们、政府官员和教育实践工作者。由此，我们期待各位领导、专家、朋友通过各种途径和方式，为办好这个峰会不吝赐教，积极建言献策，使这个峰会成为我们共建教育理想、同圆教育梦想的舞台。

首届中国南方教育高峰年会的谢幕，意味着一个新的开始。衷心祝愿中国南方教育高峰年会魅力四射，我们的友谊永存！

最后，我宣布：首届中国南方教育高峰年会圆满闭幕！

深化教育领域综合改革　创造国家及区域未来*

2013年,各位嘉宾、各位朋友相聚羊城,以"全球化背景下区域教育现代化与中国南方教育高地建设"为主题,首开南方教育峰会之旅,共绘教育现代化蓝图;2014年,我们再续南方教育峰会旅程,围绕"创造国家及区域未来:深化教育领域综合改革的使命、战略与重点",共进深化教育领域综合改革思维盛宴,同议教育创新未来大计。这充分表明了各位领导、专家学者、教育实践工作者对教育改革发展的无限热情和执着追求,彰显了深化教育领域综合改革的强烈共识和强劲动力,揭示了教育创新国家及区域未来的无穷魅力和无限空间。在这里,我谨代表峰会主办方,衷心感谢与会各位领导的全力支持和海内外专家学者的智慧奉献!衷心感谢各位同仁的热情参与!

经过一天半的时间,本届峰会圆满完成了各项议程,即将落下帷幕。这是一场论教育、瞻全局,谋国计、问民生,探路径、求发展,担责任、寻未来的智慧与豪情交融的学术盛会。广东省人民政府副省长陈云贤亲临峰会致辞,高屋建瓴地阐述了深化教育领域综合改革、推动教育科学发展对助推转方式、调结构、稳增长、惠民生的战略意义和重要作用,并从广东化解教育发展面临的矛盾和困难出发,谈了广东在深化教育领域综合改革上关注和思考的重点问题;教育部教育发展研究中心主任张力就"深化教育领域综合改革的基本方向和战略重点"发表了精彩主旨演讲;中共广东省委教育工委书记、广东省教育厅厅长罗伟其在主旨演讲中揭示了深化教育领域综合改革的时代特征、核心命题、路径方法,并介绍了广东深化教育领域综合改革的总体设想。广东省教育厅副厅长王斌伟主持峰会开幕式。来自全国各地和英国的300多位政府官员、专家学者、教育实践工作者出席本届峰会。峰会收到论文50多篇,发表主题演讲34人次,30多名专家与主题发言专家对话研讨。同时,本届峰会引起了新华社、中新社、人民日报、光明日报、中国教育报等中央媒体和南方日报、羊城晚报、广州日报、广东电视台、广东教育

---

* 本文系作者于2014年7月13日作的第二届中国南方教育高峰年会闭幕词,收入《南方教育评论——2014中国南方教育高峰年会思维盛宴》,由广东高等教育出版社于2014年11月出版。

杂志社等省内媒体高度关注，广东省教育厅官方微信公众号也发布峰会盛况。此外，本届峰会的高等教育改革国际对话专场得到了英国驻华大使馆特别是驻广州总领事馆文化教育处的积极配合与支持。在此，我谨代表本届峰会组委会，向给予本届峰会大力支持的各方面领导、媒体朋友和各位同事表示崇高的敬意和衷心的感谢！

本届峰会紧紧围绕贯彻党的十八大和十八届三中全会精神，生动演绎了"创造国家及区域未来：深化教育领域综合改革的使命、战略与重点"这个主题，涉及教育立德树人根本任务、审美教育与人文素养培育、教育评价与中考高考招生制度改革、高校政府与社会关系重塑和高校创新能力建设、现代职业教育推进区域经济社会发展与新型城镇化建设、信息技术革命与当代教育教学和教育管理改革等议题，涵盖基础教育、职业教育、高等教育等领域。可以说，本届峰会主题鲜明，内涵丰富，思想前沿，意义重要。

在基础教育领域，大家直面基础教育改革发展的热点难点问题，深度研讨了五方面内容。一是教育现代化的顶层设计问题。专家们认为发展现代教育、实现教育现代化是我国深化教育领域综合改革的战略目标指向，通过对影响教育现代化发展的热点难点问题进行剖析，主张构建科学合理的现代教育制度体系，创建注重公平、均衡、优质的教育发展模式，创新基础教育均衡协调优质发展机制。二是创新教育教学思想与方式问题。专家们从智慧教育、创造教育、素质教育等先进教育理念入手，深刻揭示了当前中小学教育教学模式的弊端，主张优化课程、教材、教学、评价改革顶层设计，探索构建以创新为核心的教学思想、教学内容、教学手段、教学方法体系。三是考试招生制度改革问题。专家们提出深入推进普通高中考试招生制度改革的策略，来自香港的专家还分享了香港教育与考试改革的经验，核心意旨都是倡导多元化考试招生录取方式，建立公平开放的有利于学生多样化成长成才的考试招生制度。四是信息技术革命与当代教育教学和教育管理改革问题。专家们聚焦大数据时代带来的教育教学方式革命，探讨如何适应教育信息化的要求，推进信息技术与教育教学和教育管理深度融合，创新教育发展方式，提高教学效率和管理效益。五是创新教育评价督导方式问题。一些专家检讨了我国教育督导的局限，认为应该从创新教育督导管理体制、加强督学队伍建设、培育和利用社会评估力量三方面突破过于行政化、表象化的教育督导机制，借鉴国内外教育质量标准和教育测评先进经验，转变和创新我国教育质量监测评价方式。可以说，上述五方面研讨，已不局限于基础教育领域，对于深化其他类型和层次教育领域改革同样具有启发意义。

在职业教育领域，大家针对职业教育发展大趋势和建设现代职业教育体系大战略，基本形成如下几点共识。一是职业教育大调整问题。专家们认为，一批普通本科学校转型办应用技术大学，是对高等教育版图的重构，是对高等教育传统发展模式的挑战，是对职业教育作为一种教育类型的补强和完善。职业教育发展必须有大格局、大视野，必须面对经济全球化挑战，必须适应产业转型升级需求，突破传统精英高等教育制度框架，建立健全从初等、中等、高等职业教育到应用型本科、专业学位研究生教育完整的职业人才培养链条，以技术立国为宏伟目标，加快发展中国特色现代职业教育。二是现代职业教育体系构建问题。专家们针对职业教育办学现状和培养困境，提出了方方面面的体制机制创新构想，主张创新职业教育治理模式、办学模式和培养模式，如实行股份制办学、推进产教融合和校企合作一体化办学与人才培养、构建跨界协作治理体系、探索政校企协同创新发展、推进职业教育战略性结构调整、改革中职与高职和高职与应用型本科以及应用型本科与专业学位研究生教育衔接考试招生制度等。三是现代职业教育推进区域经济社会发展与新型城镇化建设问题。专家们认为产业转型升级和城镇化步伐给职业教育带来的机遇和挑战并存，职业教育要走与新型城镇化相结合的道路，科学定位，创新人才培养模式。政府要加大对职业教育的投入，同时建立科学合理的政策体系，充分发挥社会力量和行业企业的作用，走特色化、市场化、集团化职业教育办学道路。

在高等教育领域，大家着重聚焦三大方面问题，为深化高等教育领域综合改革排忧解惑。一是高校、政府、社会关系重塑问题。专家们有的从经济社会发展层面入手，在当前知识经济背景下分析高等教育与经济社会发展的关系，认为高等教育应该充分适应、支撑、引领经济社会发展，源源不断地创新知识、转移知识和传播知识，并实现与知识经济的紧密对接，而政府的责任则是发挥规划引领和资源保障作用，调整优化高等教育内外部结构关系；有的从政策层面着眼，分析高等教育现行政策的内在矛盾与抵牾，力图厘清政府与高校的权力边界，通过完善法律法规和创新政策来引导政府从管理走向治理；有的从管办评分离切入，针对高等教育权力分配及运行重新进行了制度设计，主张推进第三方社会组织建设；有的从建立健全协同创新机制出发，提出构建高校、地方政府和服务单位的新型合作模式。二是高校内部治理结构问题。专家们分析了中国大学现行行政控制型的治理模式，借鉴了国外大学内部治理结构框架，建议从改良大学治理环境、重构大学治理结构、优化大学治理过程、建设大学治理文化、落实教授治学等方面重塑大学治理体系，提升大学治理能力，促进大学治理能力现代化。三是未来高校发展定位与建设方向问题。专家们从高校分类发展角度出发认为应促使所有高校在本类型本层次中办出特色、争创一流，应使更多普通本科学校的办学定位从学术型转变为教学服务型、应用技术型，积极借鉴国外应用技术大学的办学经验，强调与经济社会发展需求的直接的具体的对接，致力于办学模式、培养模式改革和教育教学质量与办学水平提升。

峰会上，大家宏观着眼、大局着手，探讨了深化教育领域综合改革的整体谋划和顶层设计，也提出了战略重点、基本路径和主要举措，为广东乃至全国教育改革发展和现代化建设提供了有益启示。这主要表现在四个方面。

第一，教育助推创新型国家及区域经济社会转型升级的启示。我国正处于全面深化改革的关键时期，经济发展方式的转变凸显了提高人民群众素质、培养创新人才的重要性和迫切性。教育是民族振兴、社会进步的基石，是提高国民素质、促进人的全面发展的根本途径，关乎国家及区域未来发展大计，必须为经济社会转型升级提供更加强有力的人才、智力和科技支撑。没有卓越的教育很难有一流的科技和永恒的创新，卓越的教育必然是适应、支撑、引领经济社会发展的教育。这也是不少领导和专家所表述的核心思想。深化教育领域综合改革，必须把握这一基本方向，积极承担、主动融入，肩负起创新国家及区域未来的重任，以国际化、全球化视野和自主创新精神，回应经济社会改革发展新形势对教育改革发展提出的新要求。

第二，落实立德树人这个教育根本任务的启示。经济社会转型不应仅仅是产业、经济的转型，更本质的是人的成长成才方式的转型，而教育承担塑造"人"的重任，应该充分体现出经济社会发展对教育优质化、多样化、特色化的需求。这迫切需要从片面应试教育的功利主义枷锁和千校一面、千人一面的困境中解放出来，坚持以人为本、遵循规律，树立正确教育理念，普及科学教育方法，以考试招生制度改革带动优化教育体系和人的成长成才通道，全面推进素质教育，以立德树人作为长远目标，以人的全面而有个性的发展作为核心宗旨，以内生动力作为撬动支点，发挥智慧引领、灵魂塑造、文化传承的功能，内化自我管理、自主创新、自强不息的理念，培养创新国家及区域未来的高素质技术技能型人才和拔尖创新型人才。

第三，教育发展方式转型和培养模式创新的启示。随着新型工业化、信息化、城镇化、农业现代化同步发展，传统的教育理念和发展模式面临前所未有的挑战。教育不再仅是少数人的权利，而是面向人人、面向全社会的终身学习；也不仅限于课堂、限于课本，而是随时随地、跨越时空，无时不在，无处不在。峰会上，专家们提到教育的各种新形势、新任务、新要求、新手段、新技术，这对于构建全民终身教育体系来说是动力、是条件。深化教育领域综合改革，依赖教育发展理念和发展模式的转变，要以促进教育公平为重点，缩小城乡、区域、校际、群体间教育差距，推动城乡区域教育一体化均衡发展；以构建基本公共教育服务体系为契机，充分发挥信息技术手段扩大优质教育资源覆盖面；采取先进的教育教学方式，提供多样化的学习选择和成长成才途径，构建开放的、健全的终身教育体系。

第四，推进教育治理体系和治理能力现代化的启示。政府是有限的政府，教育也有自身发展规律。现代化的教育治理体系就是要依循教育规律，构建政府、学校和社会之间的新型关系，落实和扩大学校办学自主权，建设依法办学、自主管理、民主监督、社会参与的现代学校制度。应加快建设服务型政府和公共财政，充分发挥政府教育统筹权，创新教育管理方式，从微观管理向宏观管理转变，以管办评分离为重点改革教育管理体制和办学体制，形成政事分开、权责明确、统筹协调、规范有序的体制机制。同时，要切实加强教育法治建设，推进依法治教、依法治校。可以说，教育治理体系和治理能力现代化的实现，在深化教育领域综合改革中起到重要的调度作用，直接决定着教育改革发展的命运，必须抓紧抓实抓好。

本届峰会正值我国全面深化改革，加快转变经济发展方式，加快产业转型升级；正值深化教育领域综合改革，全面推进素质教育。在这样的背景下，我们探讨"创造国家及区域未来：深化教育领域综合改革的使命、战略与重点"这个主题，取得了丰硕成果，必将有助于丰富教育改革发展的思想理论宝库，必将为我国及各区域突破思想观念障碍、解除体制机制束缚、转变教育发展方式提供有益借鉴和启示，必将为教育适应、支撑、引领经济社会发展和民族振兴、国家富强、人民幸福增添强劲的精神动力。请让我们都行动起来，把峰会取得的成果运用于实际工作，转变为深化教育领域综合改革、创新国家及区域未来的具体行动，取得实实在在的实践成果。

中国南方教育高峰年会，将海内外热衷于教育改革发展的专家学者、政府官员和教育实践工作者连接起来，为教育培育新人、创新社会、造福人类而探赜索隐、群策群力、真情奉献。我们继续期待各位领导、专家、朋友为办好这个峰会积极建言献策，使这个峰会成为我们创新教育思想、共建教育理想、同圆教育梦想的舞台！在各位的支持下，我们更加希望峰会升华为教育引领和复兴民族未来的思想载体、国内外教育改革发展前沿理论与实践的孵化器、全国各地关注教育改革发展志士同仁的聚集地。

本届峰会的帷幕徐徐落下，我们对教育的执着追求与期待必将持续。

最后，我宣布：第二届中国南方教育高峰年会圆满闭幕！

推进教育治理现代化 法治与改革发展同行[*]

2013年，各位嘉宾、各位朋友相聚羊城，以"全球化背景下区域教育现代化与中国南方教育高地建设"为主题，首开中国南方教育高峰年会之旅；2014年，我们再续峰会旅程，围绕"创造国家及区域未来：深化教育领域综合改革的使命、战略与重点"，共进教育改革思维盛宴。2015年，我们聚焦"教育治理现代化：法治与改革发展同行"，共筑教育治理现代化道路。截至此刻，峰会完成了三年的跨越，诸位领导、专家学者、教育实践工作者一直激情演绎峰会主题，倾情奉献智慧与力量，热情研究前沿与热点，让我们憧憬教育改革发展美好前程。此时此刻，我谨代表峰会主办方，衷心感谢与会各位领导一如既往的大力支持和海内外专家学者的执着奉献！衷心感谢各位同仁一年一度的高度参与！

在本届峰会一天半的时间里，广东省人民政府副秘书长林积受陈云贤副省长委托致辞，阐述法治思维是全面深化教育领域综合改革的战略支撑，依法治教是深化教育领域综合改革的保障，依法行政是推进教育治理现代化的关键，期望推动教育改革发展走进法治新时代；中共广东省委教育工委书记、广东省教育厅厅长罗伟其发表"法治护航，推进教育治理现代化"主旨演讲，阐述教育治理现代化的意义和真谛，提出推进教育治理现代化的路径方法。教育部政策法规司、综合改革司和国家教育发展研究中心、中国教育科学研究院、教育部职业技术教育中心研究所负责人，以及来自全国各地的400多位政府官员、专家学者、教育实践工作者和西澳大利亚大学教育学院院长出席本届峰会。峰会已汇集优秀论文46篇，发表主题演讲29人次，20多位专家与主题演讲嘉宾对话研讨，形成《第三届中国南方教育高峰年会倡议》。峰会引起了新华社、中新社、光明日报、中国教育报等中央媒体和南方日报、羊城晚报、广州日报、广东广播电视台、广东教育杂志社、南方网、大粤网等省内媒体的高度关注，省教育厅、省教育研究院官方微

---

[*] 本文系作者于2015年7月12日作的第三届中国南方教育高峰年会闭幕词，收入《南方教育评论——2015中国南方教育高峰年会思维盛宴》，由广东高等教育出版社于2015年12月出版。

信公众号也在线发布峰会盛况。在此，我谨代表本届峰会组委会，向给予峰会支持的各方领导、专家学者、教育实践工作者、媒体朋友和各位同事表示崇高敬意和衷心感谢！

本届峰会围绕党的十八大和十八届三中、四中全会精神，深刻诠释了"教育治理现代化：法治与改革发展同行"这个主题，深度研讨了推进教育治理体系与治理能力现代化、教育法治化与教育治理现代化、高水平大学建设的现代化与法治化、省域高等教育分类发展体系建设与法治化、大中小学的管办评分离、地方立法与区域教育改革发展、教育行政管理的权力清单与责任清单、依法治教依法治校依法执教等重要议题，涵盖基础教育、职业教育、高等教育等领域。

在综合性研讨上，大家聚焦教育治理现代化与改革发展同行，着重探讨了教育治理现代化的背景意义、本质特征、目标任务、路径方法等内容。这包括：坚持问题导向，全面深化教育领域综合改革；推进教育改革发展，亟需加强法治建设；教育法治化和教育治理现代化；教育决策科学化、民主化是教育法治化的关键；教育法治化与去教育行政化；建设现代学校制度；学校治理变革与民主进程；教育改革的法治化及其路径；等等。大家比较一致认同：实现教育治理现代化，其本质就是对教育改革目的、教育发展规律和人才培养意义及其条件需求的尊重，就是规范公共权力运行，赋予教育系统更多的自治空间与自治权力，建立权力清单与责任清单，进而实现以法治为保障、以共治为路径、以善治为目标的治理。教育治理只有获取法制支持，加强制度完善，促进结构健全，发挥主体能动，实现放权与制衡并重，与时俱进地做好教育法律法规的"立、改、废、释"，才能更好地突破教育管理长期面对的困境，实现依法治理、民主治理、科学治理，达至教育治理现代化愿景。本届峰会激烈精彩的唇枪舌剑也正是以这一理念为出发点，站在全球与国家治理的高度，立足现行宪法与法律体系，直面教育法治建设薄弱现状，着眼国家及区域经济社会改革发展需求，探讨了教育治理现代化与教育改革发展的关系、教育法治化与教育治理现代化的关系、政府学校社会之间新型关系和教育管、办、评的关系，还尝试从现代治理理念、主体、工具、机制、路径等方面对各级各类教育改革发展做综合设计，为实现教育治理现代化寻求顶层设计方案。

在基础教育领域，大家聚焦基础教育治理现代化与改革发展同行，着重研讨了四方面内容。一是基础教育治理现代化的顶层设计。大家认为，基础教育是目前教育治理现代化相对薄弱的领域，新常态下推进基础教育领域改革发展应与法治同行。有的专家从区域基础教育治理现代化的背景和内涵切入，着重在结构布局、制度建设、技术手段等层面阐述提升基础教育治理水平的现实路径。有的专家主张遵循教育生态系统和法律生态系统的规律，认为好教育应该有好的政策生态、管理生态、价值生态、社会生态。有的专家从多主体参与治理的视角切入，对基础教育学校治理体制机制创新做了设计。有的专家主张我国在新形势下应实施中小学法治知识教育改革，并提出了有关方案。有的专家还探讨了在特大规模学校如何实现循天理而作、依法理而治、合情理而为的问题，主张实行管理主体多元化、治理方式民主化、学习形式合作化、交流互动常态化。二是考试招生制度改革与考试招生法治问题。有的专家探讨了"考、教分离"问题，表示要推进高考招生社会化、科学化改革。有的专家从高等教育质量建设的视角审视高考招生制度改革。有的专家吸收新加坡中学培养体系的经验，提出当代中国高校招生制度与中学培养体系改革的策略。三是依法治校问题。专家们普遍认同依法治校对营造青少年健康成长环境的重要性，并提出了校长依法治校和教师依法执教的具体思路。四是学校、师生、社会之间的关系问题。大家认为，教师、学生及其家长、社区，以及其他社会成员都是教育治理的参与主体，主张创建开放型学校，力争基于学校、家庭和社区的合作来提高教育质量水平，实现学生、家长、教师、社区居民等多元主体合作参与。

在职业教育领域，大家聚焦职业教育治理现代化与改革发展同行，着重探讨了三方面内容。一是关于职业教育治理现代化的整体设计。大家认为，现代职业教育治理的"现代性"既是职业教育治理必须追问的理论问题，也是提升职业教育改革发展成效的关键所在。有的专家指出，现代职业教育治理"现代性"的主要表现是治理理念的民主、公平与效率，治理主体的多元化，治理机制的市场自主控制，治理工具的法治与契约，以及治理过程的民主协商。有的专家借鉴美国社区学院治理经验，提出了学校与企业共同治理的理念和思路。二是职业教育治理现代化的路径。专家们普遍强调职业院校、行业企业在职业教育治理中的主体地位，并将改革与法治作为推进职业教育治理现代化极其重要的驱动力。大家认为，职业教育的治理，要充分促进产教融合、校企合作、工学结合、协同育人，针对治理对象的特殊性和利益相关者的组织属性，创新法人治理体系，建立多元共治的治理结构，促进政府、学校、师生、行业、企业以及其他社会力量的融通互利。就此问题，有的专家提出，政府部门应加强政策创新，提高高等职业教育应对经济社会转型升级的能力。有的专家提出，职业院校应建立现代院校治理结构，协调好决策权与执行权、监督权的关系，学术权力与行政权力的关系。有的专家还从建设现代职业教育体系出发，强调实行综合改革，在职业教育外部、内部形成共同治理的目标架构。三是职业教育的依法执教问题。大家认为，依法执教就是教师依据法律法规履行教书育人职责并用法律手段维护自身合法权益。职业教育领域的依法执教，应确立制度化导向，更加重视技术技能人才培养与经济社会发展特别是现代产业的要求对接，更加重视专业能力提升和职业素养培育，更加重视知识能力与岗位素质要求相融合，更加重视由"学科本位"向"应用能力本位"过渡，更加重视适应经济社会发展需要。

在高等教育领域，大家聚焦高等教育治理现代化与改革发展同行，着重探讨了四方面内容。一是高等教育治理现代化的理论探讨。有的专家提出了高等教育治理现代化的条件、维度和路径，条件即区域经济社会现代化、高等教育管理体制现代化和整个教育体系现代化，维度即高等教育组织现代化、高等教育制度现代化和高等教育参与者现代化，路径即内生型发展模式、外推型发展模式和综合型发展模式。有的专家从高等教育哲学的视角，揭示了高等教育领域综合改革的"自上而下"与"自下而上"规律。二是高等教育治理现代化的实现路径。大家聚焦行政权力与学术权力的博弈问题，高校、政府与社会的关系重塑问题，以及高校现代治理体系构建问题。大家普遍主张从行政主导走向多元共治，从大学治理生态的改造，政府、大学与社会关系的重塑，高校党委建设与领导体制更新和学术委员会建设与教授治学权扩大，以及大学治理文化建设等重点领域关键环节发力，以推动大学治理结构、治理过程与治理文化现代化，促成向符合高等教育发展规律、高等教育教学规律和经济社会发展规律的科学共治的现代大学治理转型。此外，大家还认为，推进高等教育治理现代化，必须深化高等教育管理体制、办学体制、培养体制、保障机制改革，以区域经济社会发展需求为客观动力，遵循人才成长成才规律，同时也要与社会体制改革相配套。三是推进高等学校分类分层定位、发展、评估。有的专家探讨了高校分类发展体系建设与法治化问题，有的专家阐发了对民办高校政府治理的新思考，有的专家还提出在新经济复杂环境和大数据、云计算的背景下提升高校社会化公共服务水平，促进高校法治建设和改革发展。四是高水平大学建设的现代化与法治化。大家十分关注高水平大学建设问题。有的专家深入研究了世界一流大学的治理体系及特征，有的专家着眼于高水平大学发展转型与制度化推进，有的专家构想高水平工科大学建设的路径，这为广东和其他区域建设高水平大学及一流学科提供了有益借鉴。

峰会上，专家们视野开阔，高屋建瓴，勾画教育治理现代化蓝图，设计教育法治与改革发展同行路线，为区域乃至全国推进教育治理体系和治理能力现代化提供了有益启示。归纳起来，主要表现在四个方面。

第一，推进教育治理现代化是适应经济社会发展新常态的必然要求。当前，世界经济处于从旧常态向新常态过渡的阶段，经济增长的引擎和拉动力出现多元化，经济增长动力正在转换，全球经济治理体制和机制迫切需要改革转型。教育是民族振兴、社会进步的基石，在经济社会发展中具有基础性、先导性、全局性地位和作用。时代变迁与我国经济社会转型发展对教育管理提出了新挑战，经济社会发展的法治化、信息化、现代化呼吁教育基本公共服务要有新理念、新内涵、新形态、新秩序。教育治理现代化意味着要加强以质量为核心的教育内涵建设，促进教育管理格局和管理方式转变，着力提升教育决策与政策和教育法律法规建设的科学化、民主化、合法化和战略性、前瞻性、创新性、可操作性，着力提高教育管理效益和教育培养人才、创新科技、服务社会、传承创新文化的能力水平，努力发挥对国家及区域实施创新驱动发展战略的适应、促进和引领作用。

第二，深化教育领域综合改革是推进教育治理现代化的必由之路。当前，我国教育管理方式还没有发生根本性的变化，治理体系和治理能力现代化水平远未适应国家及区域经济社会转型发展和人民群众接受优质化、多样化、特色化教育的要求。党的十八届三中全会对全面深化改革作出总体部署，对深化教育领域综合改革提出明确要求。推进教育治理现代化，必须深化教育领域综合改革，从"管理"走向"治理"，从"人治"走向"法治"，建立健全涉及教育的法律法规和政策体系，建设现代教育制度，强化学校内外部共治，不断提升依法治理、民主治理、科学治理的能力和水平；必须坚定教育改革发展正确方向，凝聚教育改革发展良好共识，规范教育改革发展正常秩序，维护教育改革发展优秀成果，处理好改革的"破"与法治的"守"，做到重大改革于法有据，规避改革无据化、无序化风险，促进教育管理体制、办学体制、培养体制、保障机制改革更加符合规律、更加尊重科学、更加可行有效。总之，要以改革促公平，以改革提效率，以改革要质量，在深化教育领域综合改革中全方位推进教育治理现代化，以推进教育治理现代化提升教育改革发展科学化水平，形成政事分开、权责明确、结构合理、相互衔接、统筹协调、规范有序的教育体制机制。

第三，推进教育法治常态化是推进教育治理现代化的核心意旨。党的十八届四中全会要求建设中国特色社会主义法治体系，建设社会主义法治国家。国家教育规划纲要从"完善教育法律法规""全面推进依法行政""大力推进依法治校""完善督导制度和监督问责机制"四个方面就推进依法治教作了规划。教育法治化是依法治教的拓展和深化，它奉行法治精神，反对官僚化和过度行政化，主张人本、公益、民主、科学、合法、规范，强调教育关系的制度化、规范化、透明化，强调教育制度安排的公开性、合法性、合理性，强调所有参与教育活动的主体既要尊重教育规律又要受法律制度约束，强调对政府管理教育权力的制约和对教育主体权利的保护，为各种教育行为确立法律标准，其实质就是从法律或法治的层面来全面审视、系统谋划教育改革发展和人才培养问题。教育法治化不仅是一种理念和思想，更是一种行动和实践。它将是教育治理现代化的重要思想、主要方向、关键着力点和可靠促进力量。从某种意义上说，抓住了实现教育法治常态化，就抓住了实现教育治理现代化的根本。

第四，促进教育治理主体多元化是推进教育治理现代化的重要前提。大家注意到，长期以来，我国教育管理存在社会参与不足、理性化程度不高、政府宏观统筹力不强、学校办学自主权不够等现实问题，教育系统存在不少困难问题，相当一部分的原因往往不在教育系统本身而是在教育系统之外，因而要跳出教育看教育，做到依法治理、民主治理、科学治理，实行治理主体多元化，教育领域的各利益相关者都应该参与到教育治理中来。这与管办评分离的要义与宗旨是一致的，也是确立政府、学校、社会之间新型关系的体现。要实现教育治理主体多元化，就要摆脱旧有管理模式，以法治思维和法治方式厘清各主体的权力清单和责任清单，充分发挥各方面深化教育领域综合改革、推动教育科学发展、培养高素质社会公民和创新型人才的积极性、主动性和创造性，强化教育行政部门在教育改革发展和人才培养中的统筹地位作用，各安其位、各施其责，各尽其能、各显神通，相向而行、形成合力。同时，注重发挥第三方作用，以制度化的形式确立"民声""民意""民智"，办好人民满意的教育，以更好、更快地建立健全现代教育治理体系。

党的十八届四中全会部署全面推进依法治国，建设中国特色社会主义法治体系，建设社会主义法治国家。在这样的背景下，我们深入探讨"教育治理现代化：法治与改革发展同行"这个主题，是贯彻党的十八届四中全会精神在教育领域的体现。本届峰会取得了丰硕成果，是在为实现教育治理体系和治理能力现代化构筑理论堡垒，是在为国家及区域推进依法治教和教育改革发展提供理念引领，是在为体现教育在民族振兴、国家富强、人民幸福中的地位作用迸发思想动力。因而，这既是现实所需，又具战略意义。

中国南方教育高峰年会，即将告别本届的主题，也预示着它将开启下一届的征程。我们将致力于把峰会打造成一个独特的品牌、一种共享的荣耀、一个崇高的理想、一篇华丽的乐章，让海内外热衷于教育改革发展和人才培养的政府官员、专家学者和教育实践精英们在这个舞台上散发智慧魅力，为我国及南方的教育改革发展和人才培养殚精竭虑、建言献策。

最后，我宣布：第三届中国南方教育高峰年会圆满闭幕！

贯彻新发展理念　促进教育改革发展科学前行*

紧凑有序的第四届中国南方教育高峰年会即将落下帷幕。我谨代表峰会主办方，向各位领导、各位专家学者、各位参会代表、各位媒体人士，以及全体会务人员对本届峰会的大力支持和辛勤付出，表示衷心的感谢！

在这一天半时间里，峰会围绕以"创新、协调、绿色、开放、共享的理念引领教育改革发展"这个主题及主要议题，先后两度组织综合论坛，并组织基础教育、职业教育、高等教育分论坛，42位专家学者发表主题演讲，14位专家学者与主题演讲嘉宾对话研讨，96篇优秀论文被选录集结成册。

广东省人民政府副秘书长林积和中共广东省委教育工委书记、广东省教育厅厅长罗伟其分别发表主旨演讲，为峰会开启序幕。全体参会人员围绕峰会主题及主要议题，探讨理念认识，研究实践对策，闪耀出绚丽的思维火花，提出了许多具有战略性、创新性、前瞻性的宝贵意见和建议。

峰会主题及主要议题涵盖各级各类教育改革发展及人才培养，内容丰富、观点纷呈。因此，对峰会成果迅速进行系统、深度的综合归纳不是一件容易的事情，有待逐步整理、消化和吸收。在此，我尝试初步概括峰会全过程大家的重要见解，当中也有我本人的领悟和认识。

一、牢牢把握创新是教育改革发展的核心动力

创新强则国运昌，创新弱则国运殆。明者因时而变，知者随事而制。全面实施创新驱动发展战略是我国及各区域适应新常态、引领新常态、应对各种复杂考验、不断增强经济社会综合实力和国际竞争力的根本之策。

---

* 本文系作者于2016年7月17日作的第四届中国南方教育高峰年会闭幕词，收入《南方教育评论——2016中国南方教育高峰年会思维盛宴》，由广东高等教育出版社于2016年10月出版。

创新驱动实质上是人才驱动。习近平总书记2014年6月在两院院士大会上指出："创新的事业呼唤创新的人才。"创新的人才从哪里来，根本得靠教育。教育要培养创新人才，回答"钱学森之问"，其本身必须先改革创新，以科学的新的路径方法化解一系列矛盾、困难和问题。因此，全面提升教育发展水平和人才培养质量，必须解放思想、实事求是，开拓创新、与时俱进，对一切不尊重科学、不遵循规律的教育思想、教育制度、教育文化、教育内容、教育方式等深刻反思，鼓起敢为天下先的勇气，突破旧有思维束缚和路径依赖，摒弃不合时宜的成规旧习，在教育理论、教育政策、教育实践上充分体现教育本质和教育初心，系统性改革课程、教材、教学和评价。大家深入研讨核心素养教育、课程教材教学改革、一流大学和一流学科建设、普通本科学校转型发展、职业教育产教融合与校企合作、现代教育治理、互联网＋教育、教育质量标准与评估监测等，充分反映了人民群众和创新驱动发展战略对教育改革发展及人才培养创新的呼唤和期待。

二、牢牢坚持协调是教育改革发展的内在要求

教育是一个庞大而复杂的系统，各要素之间相互依赖、相互制约、相互推动。坚持协调发展，就要坚持上下联动、左右呼应、前后衔接、彼此关照，树立系统性、整体性、协调性和辩证性思维，采取有效举措和办法。

当前，教育某些领域、某些方面、某些环节的失调制约着教育内外要素形成合力。促进教育协调发展是教育改革发展的重要课题，包括城乡教育均衡发展、区域教育协调发展和教育与经济社会融合发展。促进城乡教育均衡发展，推进义务教育学校标准化建设，促进基本公共教育服务均等化，是改变二元教育结构、推进新型城镇化的必然要求；促进区域教育协调发展，形成区域教育发展合力，是实现区域经济社会发展战略、助力全面建成小康社会的必然举措；促进教育与经济社会融合发展，经济社会发展为教育改革发展及人才培养提供充足的物质技术条件，教育为经济社会发展提供人才培养、科学研究、服务社会、文化传承创新的坚强保证，是实现经济社会大系统与教育重要子系统相互协调、良性互动的必然选择。当然，还包括大家所谈到的各级各类教育的协调

发展和教育的传统性与现代性、个性化与社会化、局部性与整体性、民族性与国际化的协调，以及解决好产教融合与校企合作、一流大学与一流学科建设、基础教育均衡优质特色发展和一流职业院校建设等问题。

三、牢牢坚持绿色是教育改革发展的人文关怀

在经济领域，绿色理念理解起来较为一致。但对于教育领域，绿色理念意味着什么，是不是就是校园生态绿化？如果只是这样理解，那是简单的、肤浅的，没有充分认识到绿色理念在教育领域的丰富内涵和主要特征。

我们认为，教育绿色发展，深层次的要义是尊重科学和遵循学生成长成才规律、教育教学规律、经济社会发展规律，是关照人的生命存在和给予学生适切的教育教学，是培养学生身体健康、内心和谐、潜能开发和维护生态文明。这一点，专家们达成共识，普遍认为人的现代化是教育现代化的核心。同样是在2014年6月两院院士大会上，习近平总书记强调要按照人才成长规律改进人才培养机制，"顺木之天，以致其性"，避免急功近利、拔苗助长。目前，教育发展中与绿色发展理念相背而驰的现象不胜枚举。其中，最为突出的是"抢跑"，过早地向学生灌输与之年龄阶段和身心发展不适切的教育内容，采取的方式方法也不适合学生的身体发育程度和心理承受能力，使得学生在超标准、重负荷的状态下学习生活，社会责任感、法治意识、创新精神和实践能力得不到合乎规律的培养和科学评价。这迫切需要教育改革发展和教育教学行为及其评价实现"绿色"转型，以更好造就学生身体之健康、思想之自由、精神之独立、人格之健全、行为之文明，为实现中华民族伟大复兴的中国梦奠定坚实的根基。

四、牢牢坚持开放是教育改革发展的必由之路

开放、合作、交流、互鉴，是现代文明保持旺盛生命力的重要表征。我国全方位、多层次开放格局已经形成，教育必须坚持面向现代化、面向世界、面向未来，健全开放合作新格局，以开放促改革、促发展，提高国际化水平。

教育开放，应该是全方位的、多元的，也应该是互惠的、共赢的。坚持教育开放，主要有两大路线，一是"引进来"，博采众长。要以打造世界水准、中国特色教育现代化为目标导向，瞄准世界教育改革发展前沿，关注世界教育改革发展动态，顺应世界教育改革发展趋势，充分借鉴国际教育改革发展及人才培养的成功做法和先进经验，积极利用国际优质教育资源平台，以助力建立健全中国特色社会主义现代教育体系。二是"走出去"，弘扬自我。要适应国家经济社会对外开放的要求，积极传播中华优秀教育文化，主动展现我国教育改革发展的蓬勃朝气与丰硕成果，树立教育道路自信、理论自信、制度自信、文化自信，主动参与全球教育改革发展进程，提升我国在全球教育治理体系中的制度性话语权。要主动服务国家"一带一路"倡议，以互联互通为核心概念，以互利共赢为基本准则，培养高素质国际化人才，为提升我国教育的国际地位、影响力和竞争力作贡献。当然，教育开放，也包括整个教育系统内各领域、各方面、各环节的相互贯通和相互促进，以及教育与经济社会的相互作用与融合发展如建设社会资源大课堂、产教融合与校企合作、产学研结合等。

五、牢牢坚持共享是教育改革发展的根本追求

共商、共治、共建、共享，是促进国家治理体系和治理能力现代化的必然要求。改革和发展，不是为某个人、某个群体、某个组织，而是为全体人民。教育改革发展及人才培养同样要遵循这一基本逻辑。

教育贯彻共享理念，一要做到教育改革发展及人才培养从最广大人民群众根本利益出发，充分依靠人民群众。教育改革发展及人才培养，绝不仅仅是学校、教师、学生和教育行政部门的事情，它是全体人民的事业，需要千家万户、社会各界、全体人民携手同行。专家们所研讨的无论是教育现代化，还是全人教育，或是终身教育，目标都是达至人人共享的全民教育体系，实现人与自我、人与社会、人与自然的高度和谐。改革既需要自上而下的顶层设计、宏观决策、统筹规划，更需要自下而上的积极性、主动性、创造性充分发挥和广泛参与、微观行动、执行落实。二要做好教育改革发展成果的合理分配，坚决维护教育公平、正义。切实守住教育公平、正义底线，稳步推进基础教育均

衡优质特色发展，特别是要加大对贫困地区、农村薄弱学校和特殊学生群体的教育精准帮扶力度，在提质增量的基础上对落后区域、弱势群体实施适当倾斜政策，还要健全各级各类教育学生资助体系，加快迈向全纳、公平、有质量的教育和全民终身学习，让广大人民群众切实看得见、摸得着、分享得到教育改革发展的果实。

教育的进步，本质上是人类对教育理念认识的进步。理念是行动的先导，创新、协调、绿色、开放、共享的新发展理念是"十三五"乃至更长时期我国发展思路、发展方向、发展着力点的集中体现，对破解教育难题、增强教育发展动力、优化教育发展路径、厚植教育发展优势具有重大指导意义。峰会上的热烈研讨和峰会下的热情交流，以及形成的一系列共识，为我们充分领悟新发展理念的科学内涵和重大意义，充分贯彻新发展理念的总体目的和具体要求，提供了新的理论认识、新的思维方法、新的方案设想。我们也充分认识到，践行新发展理念，以及由此衍生的教育改革发展及人才培养的新理论、新思维、新举措，要真正转化为教育改革发展及人才培养的伟大实践，关键还有赖于全体教育工作者不忘初心执着追求、不懈步履稳健前行。我们对此充满期待。

最后，我宣布：第四届中国南方教育高峰年会圆满闭幕！

深化教育领域综合改革　服务创新驱动发展战略*

为了本届峰会，各位嘉宾、各位朋友从全国各地齐聚羊城，围绕"创新驱动发展战略与教育改革发展：理念、问题与路径"主题，分享教育研究成果，剖析教育问题症结，畅想教育美好未来，提出了很多颇有战略性、前瞻性、创新性、针对性的理念和路径方法。在此，我谨代表主办方，向出席峰会的各位领导、各位专家学者、各位老师、各位行业企业精英、各位媒体人士，以及会务组全体人员表示衷心的感谢！

在短暂的一天半时间里，峰会先后两度组织综合论坛，并组织基础教育、职业教育、高等教育、民办教育平行论坛，汇集优秀论文100多篇，发表主题演讲46人次，专家学者近50人次与主题演讲嘉宾对话研讨。

教育部综合改革司司长刘自成，中共广东省委教育工委书记、广东省教育厅厅长景李虎先后发表主旨演讲，揭开峰会序幕。刘自成深刻论述了实施创新驱动发展战略背景下我国教育改革发展面临的新方位、新命题、新任务，从时间和空间两个维度对怎么深化教育综合改革、推进教育科学发展、培养高素质人才和开展教育研究给出了方法论上的指引和参照。景李虎在分析广东实施创新驱动发展战略的基础上，从对接经济社会发展和产业需求、综合发挥多主体多要素作用、加快培养创新人才三方面阐述了深化教育领域综合改革以助推创新驱动发展战略实施的基本路径。

全体参会人员聚焦峰会主题，对各级各类教育适应创新驱动发展战略要求、担当创新驱动发展使命各抒己见，涉及的问题、凝练的思想、提出的建议，既有广度，也有深度；既有宏观，也有微观，延续了历届峰会"百花齐放、百家争鸣"的风貌。

根据大家研讨交流情况，结合本人对创新驱动发展战略与教育改革发展的思考，我试着从三方面对本届峰会做个简要总结。

---

* 本文系作者于2017年7月16日作的第五届中国南方教育高峰年会闭幕词，收入《南方教育评论——2017中国南方教育高峰年会思维盛宴》，由广东高等教育出版社于2017年11月出版。

一、自觉扛起推进教育服务创新驱动发展战略的时代旗帜

人类社会发展至今,尤其是工业革命以来,劳动者素质、知识创新、科技发明越来越成为决定民族繁荣富强、社会文明进步的核心要素。从工业1.0的人工到2.0的机械化、3.0的自动化,再到4.0的智能化,导致这一变迁的根本力量是人类创新与科技进步。

改革开放近40年来,我国经济社会迅速发展,生产力显著提升,社会财富显著增加,综合国力显著增强。在充分看到辉煌成就的同时,我们也清醒地认识到:随着人口红利和密集型劳动产业优势消失,我国以要素驱动为主的经济发展模式已难以持续,因为物质资源总是有限度的;在科技创新上,与世界先进发达国家相比,我国经济社会发展的创新基础还比较薄弱,创新能力还不够强,创新水平还不够高。要从世界大国迈向世界强国,实现中华民族伟大复兴的中国梦,必须深入实施创新驱动发展战略,不断增强中华民族自主创新能力,这是我国加快转变经济发展方式、提高综合国力和国际竞争力的必然要求和战略选择。

创新驱动发展,是方向,是旗帜。但创新不会从天而降,不会自然生长,需要"点燃之火"。这个"火"从哪里来?唯一的答案是人,准确地说是人才。人才是创新的根基,是自主创新的源泉。而人才的成长,根本落脚点在教育。没有教育,也就不会有人的成才。教育是人从蒙昧走向智慧、从野蛮走向文明、从模仿走向创新的根本路径。教育弱,则创新弱;教育强,则创新强。

为了实施创新驱动发展战略,加快创新型人才、应用型人才、技术技能型人才培养步伐,从中央到地方,从政府到学校,作出了一系列重要决策部署。一方面,充分反映了国家、社会在实施创新驱动发展战略中对教育改革发展及人才培养创新寄予重托与厚望;另一方面,也充分展现了教育行政部门、教育研究机构、各级各类学校积极主动担当的责任意识。

二、精准切中制约教育改革发展及人才培养创新问题的病理

有的放矢是深化教育体制机制改革、实现教育科学发展的重要方法。多年来,我

国教育内涵发展水平不够高,创新人才培养不足,"乔布斯式"人才缺乏,未能充分适应创新驱动发展战略要求,这仅是教育问题的症状表现,不是产生教育问题的病根。要真正消除这一症状,关键是要发现和剖析问题背后的深层次病理。我们认为,大致包括以下三个层面。第一,在宏观上,缺乏有利于创新人才孕育成长的土壤与环境。受传统文化影响,我们的社会向来不太喜欢、不太鼓励特立独行,缺乏足够的对怪才、偏才、奇才的宽容与接纳,对个性化教育也不太支持,比较偏好整齐划一。第二,在中观上,缺乏有利于创新人才冒尖的管理与制度。我们的教育管理与制度存在的主要问题集中为三个字:管、办、评。管的方面,政府教育管理越位、缺位、错位现象并存,对学校教育教学行为干预较多,教育治理法治化、规范化、科学化水平有待提升;办的方面,学校在考试招生、资源配置、育人方式、人事管理、教学科研等方面缺乏足够的自主权,本身开拓进取也不够;评的方面,无论是政府、学校还是社会,对教育质量与效果的评价具有明显的功利导向,"升学率""就业率"往往是判断学校优劣的至高标准。第三,在微观上,缺乏有利于创新人才成长的自由与空间。自由是创新发展的前置条件,没有合适的自由与空间,就不会有想象力的迸发、创造力的新生。当前,学校教育一个典型现象是学生太忙,要学的东西太多,疲于应付海量式的应试教育内容;在课外,忙于各种兴趣特长班、智力开发班等快餐式教育消费,基本上没有自主、个性培养的闲暇时光。

三、正确把握深化教育改革发展及人才培养创新的总体理念与路径

教育要真正扛起服务创新驱动发展战略的时代旗帜,培养符合时代要求的创新型、应用型、技术技能型人才,必须充分领会和体现创新、协调、绿色、开放、共享的新发展理念,必须自我图强、自我变革、自我超越。

首先,教育改革发展及人才培养创新是全面的改革发展、全面的创新。即从基础教育到高等教育、从普通教育到职业教育、从全日制教育到非正规教育等所有教育领域都要深化改革、科学发展。当然,不同教育类型、不同教育层次、不同学校的创新驱动发展的内涵和要求是不一样的。例如,在基础教育领域,专家们关注的主要是强化核心素

养培育，减轻学生课业负担，释放学生自由想象空间；在职业教育领域，专家们讨论的焦点主要是建立现代职业教育体系，推进产教融合、校企合作、工学结合，培育适应我国产业发展与全球产业竞争，具有一流技术技能的大国工匠；在高等教育领域，大家聚焦的主题是建设世界一流大学和一流学科，培养一大批拔尖创新人才，推进科技成果转化和产业化，成为创新型国家、创新型区域的重要源头。

其次，教育改革发展及人才培养创新是全程的改革发展、全程的创新。即教育过程中所有涉及人的成长成才的环节都要深化改革、科学衔接。一是教育理念变革，要更加注重全人教育、个性化教育、开放式教育、创新创业教育；二是教育体系变革，要统筹学历教育与非学历教育、基础教育与高等教育、普通教育与职业教育、家庭教育与学校教育等，形成相互衔接、相互贯通、相互促进的教育发展体系；三是育人方式变革，要更加注重以学生为中心，注重启发式、探究式、参与式、情景式、体验式、合作式等教学方式；四是教育管理变革，要深化"放管服"改革，强化利益激励机制，最大限度地激发学校及教师培养人才、创新科研、服务社会、传承创新文化的积极性、主动性和创造性。

再次，教育改革发展及人才培养创新是面向世界的改革发展、面向全球的创新。关起门来搞教育改革发展及人才培养创新，不仅是不可能的，也是无法先进的。"海纳百川，有容乃大。"开放既是卓越先进的彰显，也是推动先进的动因。全球化时代，教育改革发展及人才培养创新在坚持自我本色的同时，要运用全球性思维思考教育改革发展及人才培养创新道路，以世界先进教育理念和水平为参照系，统筹国内、国际两个大局，坚持"引进来"与"走出去"相结合，以"一带一路"国际合作为重要抓手，积极参加区域性、全球性教育国际交流与合作，更好更快地提升我们的教育发展水平，在国际教育体系中唱响更多中国好声音，注入更多中国元素，贡献更多中国智慧。

深入实施创新驱动发展战略，是我国实现更高质量、更高效率、更加公平、更可持续发展的必由之路。这对教育改革发展及人才培养创新来说，既是挑战，更是机遇。愿我们在深化教育领域综合改革、服务创新驱动发展战略的道路上携手同行，作出应有贡献。

最后，我宣布：第五届中国南方教育高峰年会圆满闭幕！

推动教育协同创新发展
为建设国际一流湾区和世界级城市群提供战略支撑*

第六届中国南方教育高峰年会即将落下帷幕。在这一天半时间里，峰会组织了2场综合论坛，以及基础教育、职业教育和培训、高等教育3场平行论坛。峰会上，有2位领导发表主旨演讲，48位专家学者发表主题演讲，60多人次的参会者与主题演讲嘉宾对话研讨。峰会还汇集了103篇论文。峰会以多种形式直播研讨交流盛况，有40万人次收看和参与互动交流。经过大家共同努力，峰会各项议程圆满完成。在此，我谨代表峰会主办方，向出席峰会的各位领导、各位专家学者、各位来宾和媒体人士，以及为峰会成功举办付出辛勤劳动的会务组全体人员表示衷心的感谢！

围绕峰会主题，教育部国际合作与交流司副司长、港澳台事务办公室常务副主任徐永吉对把粤港澳大湾区建设成为国际教育示范区提出了努力方向和殷切希望；中共广东省委教育工委副书记、广东省教育厅副厅长邢锋对推动粤港澳大湾区教育协同创新发展提出了宝贵意见和建议；与会专家学者对推动湾区基础教育、职业教育和培训、高等教育、终身教育协同创新发展，打造中国南方教育高地、国际教育示范区积极建言献策。

根据研讨交流情况，我从四个方面对本届峰会作简要总结。

一、推动粤港澳大湾区教育协同创新发展，对于建设国际一流湾区和世界级城市群具有重大现实作用和深远战略意义

大家认为，当今世界正处在大发展大变革大调整时期，全球及区域经济社会相互依存、相互渗透程度不断加深，人才、智力、科技等要素必定高度集聚和深度融合以期持续创造发展新优势。粤港澳区域毗邻、习俗相同、发展相依，是我国向世界展示改革开

---

* 本文系作者于2018年7月15日作的第六届中国南方教育高峰年会闭幕词，收入《南方教育评论——2018中国南方教育高峰年会思维盛宴》，由广东高等教育出版社于2018年12月出版。

放伟大成就和国际社会观察我国改革开放的重要窗口。国家立足国际产业调整和科技革命趋势,推动建设粤港澳国际一流湾区,打造世界级城市群,必将有利于把港澳融入国家发展大局,全面拓展粤港澳合作广度和深度,不断增强粤港澳国际影响力和竞争力;助推落实"一带一路"国际合作。

教育具有培养人才、创新科技、服务社会、传承创新文化的功能。持续推动湾区建设和发展,必须以共建中国特色世界一流教育体系作根本支撑。21世纪以来,粤港澳教育交流合作的体制机制逐步建立、空间和领域不断拓展、层次和水平持续提升。面对新时代新形势新要求,我们应当清醒地认识到,受不同体制、不同制度、不同法律等因素制约,粤港澳教育交流合作的广度深度和层次水平仍需拓展提升,协同创新发展的体制机制和共建共享平台仍需建立健全,支撑湾区经济社会转型发展的能力和水平亟须强化提高。要在"一国两制"框架和中央政府支持下,以更高历史站位、更远战略眼光、更广国际视野、更实行动举措,推动湾区教育朝着更高质量、更加公平、更有效率、更可持续的方向前进,为国际一流湾区发展和世界级城市群建设提供强大支撑。

二、推动粤港澳大湾区教育协同创新发展,应当呈现鲜明的中国特色并对标世界一流

大家提出,推动粤港澳大湾区教育协同创新发展,应当立足湾区经济社会转型发展需要,长远谋划、整体布局、重点突破、分步推进,既要不断呈现鲜明的中国特色,又要对标世界一流,构建湾区教育协同创新发展共同体,逐步打造国际教育示范区。

首先,湾区教育协同创新发展要突出中国特色。湾区教育协同创新发展立足的是中国大地,因而必须传承创新中华优秀教育文化,将教育国际化与本土化有机结合起来,源源不断地培养输送具有家国情怀、立志担当民族复兴大任的高素质人才。同时,积极探索、勇于创新,充分彰显中国教育智慧,为推进教育国际化和促进世界教育改革发展作出应有贡献。

其次,湾区教育协同创新发展要瞄准世界一流。与世界著名的旧金山湾区、纽约湾区、东京湾区相比,粤港澳大湾区教育协同创新发展共同体尚未建立起来,教育协同创

新发展能力和水平还有待提升，教育国际化程度还比较低。推动粤港澳大湾区教育协同创新发展，必须对标世界三大湾区，面向国家及粤港澳大湾区战略需求和经济社会转型发展需要，充分发挥人才蓄水池和创新思维集聚效应，着力提升教育发展的质量特色效益、社会贡献度和国际影响力，突出与产业发展、社会需求、科技前沿紧密衔接，不断增强人才培养、科学研究、社会服务、文化传承创新和国际交流合作能力，在经济全球化和区域经济一体化中描绘湾区教育改革发展蓝图，建设国际教育示范区。

三、推动粤港澳大湾区教育协同创新发展，亟需构建教育集群发展共同体

大家提出了许多推动粤港澳大湾区教育协同创新发展的意见和建议，包括指导思想、原则思路、战略目标、方式方法、路径举措等，可从四个方面加以概括。

一是构建湾区国民素质教育体系。以爱国主义为核心和纽带，提升湾区中小学爱国主义教育水平。推进中华优秀文化进教材、进校园、进课堂，引导湾区中小学生自觉把个人成长与祖国未来发展联系在一起，从中华优秀文化中汲取精神营养和人生智慧。加强湾区国际理解教育课程开发、设计与实施，开展丰富多彩的国际理解教育主题活动，引导中小学生踊跃参加有利于加强多元文化交流和对话的社会实践活动，注重核心素养培育和创新能力锤炼，培养富有民族情怀、爱国爱乡、好学乐群、守望相助、面向全球的高素质公民。积极参加国际学生评价项目，着力提升湾区教育信息技术水平和教师专业化发展水平，加快扩大湾区优质基础教育资源覆盖面。

二是构建湾区现代职业教育和培训体系。推动湾区各层次职业教育有效沟通，实现中高等职业教育纵向衔接、职业学历教育与职业培训横向贯通、学历与职业资格相互认同，提高应用型、技术技能型人才综合培养水平。根据湾区产业发展特点，整合湾区行业龙头企业和职业院校资源，建立符合国际行业标准的湾区职业教育专业教学标准、课程标准和教材体系，推行现代学徒制，实现产教融合、校企合作和产学研一体化，打造充满生机活力的高素质应用型、技术技能型人才培养高地。支持湾区应用型本科学校、职业院校引进国际优质教育资源，探索与湾区企业、产能、产品"走出去"相匹配的发

展模式,打造国际职业教育优质品牌,为"一带一路"沿线国家培养工程技术人才、国际商务人才。

三是构建湾区世界一流高等教育体系。深入推进国家"双一流"、广东高水平大学和高水平理工科大学建设,努力发展世界一流大学群和优势学科群,充分发挥集聚效应、辐射效应和示范效应,带动湾区涌现更多心系全球、具有时代担当、富有造福人类使命感的高水平研究型大学。着力提高高校集群协同创新能力,加强重大创新平台布局建设和开放共享,在重大、尖端、基础研究领域充分发挥创新引领作用,不断提升科技成果转化能力和水平。鼓励国内外一流高校在湾区合作办学,举办校区、研究生院、科研创新机构,开展基础研究、应用基础研究领域国际合作,助推一流研究型大学、优势学科建设和高层次创新型人才培养。建立健全开放融通的湾区高校管理团队、教学团队、科研团队交流合作政策,加强高层次人才引进培养前瞻谋划布局和高素质教师队伍建设,面向全球招聘更多高素质国际化专业化创新型人才。

四是构建湾区终身教育体系。健全促进湾区全民学习、终身学习的制度环境,建立完善终身教育条例和终身教育资历等级标准、湾区学分银行、个人学习账号制度,以及学习成果认证制度。健全方便湾区全民学习、终身学习的服务体系,建立完善职业教育与普通教育、学历教育与非学历教育、职前教育与职后培训沟通衔接的机制,使所有公民都有机会通过多种方式不断发展。深入开展湾区全民读书活动,形成好学崇教新风尚,不断提升湾区公民的思想道德素质、科学文化素质和身心健康素质,并转化成为湾区建设和发展的内驱力与软实力。

四、推动粤港澳大湾区教育协同创新发展,必须突破思想观念束缚和体制机制障碍

大家指出,粤港澳三地有着不同的体制、不同的法律、不同的运作方式,要实现教育协同创新发展,必须在"一国两制"框架和中央政府领导下,加强思想观念创新、统筹协调创新、法律政策创新,形成共建共治共享的湾区教育生态系统。

一是创新法律制度。着眼长远发展,树立战略性、前瞻性、创新性思维,系统破

解制约湾区合作办学、人才流动、科研成果转化、知识产权创造与保护等方面的法律障碍,形成有利于湾区教育协同创新发展的相关法律法规。比如,可以研究制定《粤港澳教育合作条例》,明确教育协同创新发展的指导思想、基本原则、内容范围、工作程序、监管办法等。还要建立湾区教育法律服务交流合作平台、知识产权信息服务平台和教育资源共建共享机制,形成促进教育协同创新发展和知识产权创造、运用、保护、管理、服务全链条法律支撑体系。

二是建立政策体系。以互利共赢为原则,构建促进湾区教育协同创新发展的政策制定、执行、评估体系。建立湾区重大教育政策出台程序,凝聚国家有关部门和粤港澳政府、专家学者、社会贤达智慧,问需于民、问计于民,确保湾区教育协同创新发展具有前瞻性、创新性、针对性、可操作性。建立湾区教育政策执行体制,优化教育政策执行环境,充分调动教育相关主体的积极性、主动性、创造性,建立健全第三方评价,确保湾区教育政策系统完备、科学规范、运行有效。建立湾区教育投入政策保障体系,各级政府充分履行教育投入责任,同时积极鼓励和吸引社会资本进入教育领域举办学校或者投入教育项目建设,扩大湾区基础教育、职业教育、高等教育、终身教育发展资金来源。建立湾区教育人才政策支撑体系,构建湾区教育人才服务体系和就业服务信息平台,完善以业绩和贡献为导向的教育人才评价标准,形成具有国际竞争力的教育人才评价激励机制。

三是健全机制安排。建立湾区教育协同创新发展统筹协调机制,充分发挥湾区教育智库作用,研究提出湾区教育协同创新发展重大规划、重大政策、重大工程和重要工作安排。编制湾区教育协同创新发展规划,推动湾区高校优势互补、形成合力,推动跨境中小学(幼儿园)建设,并从人才政策、财政政策、投资政策、项目安排等方面形成具体举措。完善湾区教育联盟系统,深化基础教育、职业教育紧密合作,建立高等教育合作办学和学分学历互认联动机制。

峰会上的热烈讨论和交流探讨,为粤港澳大湾区教育协同创新发展提供了新的理论认识,展现了新的发展思维,贡献了新的精神动力。我们期待有更多的专家学者和一线教育工作者投身粤港澳大湾区教育协同创新发展研究,推动粤港澳大湾区教育充分彰显中国特色,奋力跻身世界一流。

最后,我宣布:第六届中国南方教育高峰年会圆满闭幕!

肩负新使命　探索新路径　加快推进新时代教育现代化[*]

第七届中国南方教育高峰年会即将落下帷幕。在这一天半时间里，峰会组织了2场综合论坛，以及基础教育、职业教育和培训、高等教育3场平行论坛。峰会上，有45位专家学者和各级各类学校负责人发表主旨演讲与主题演讲，不少参会者与主题演讲嘉宾对话研讨。峰会还汇集了91篇论文。经过大家共同努力，峰会各项议程圆满完成。在此，我谨代表峰会主办方，向出席峰会的各位领导、各位专家学者、各位来宾和媒体人士，以及为峰会成功举办付出辛勤劳动的会务组全体人员表示衷心的感谢！

围绕峰会主题，中共广东省委教育工委书记、广东省教育厅厅长景李虎紧扣贯彻落实习近平总书记在全国教育大会的重要讲话精神和对广东提出的"四个走在全国前列"、当好"两个重要窗口"的要求，以及建设粤港澳大湾区、支持深圳建设中国特色社会主义先行示范区等重大战略部署，提出作为国之大计、党之大计的教育必须充分发挥战略支撑作用，从时代使命、独特定位、着力方向、改革重点等方面阐述了广东推进教育现代化的一系列思想观点。与会专家学者、学校负责人和论文作者对面向2035推进基础教育、职业教育、高等教育、终身教育和教育治理现代化积极建言献策。

根据研讨交流情况，我从三个方面对本届峰会作简要总结。

一、深刻认清教育现代化面临的新形势

党的十九大作出"中国特色社会主义进入了新时代，这是我国发展新的历史方位""我国社会主要矛盾已经转化为人民日益增长的美好生活需要和不平衡不充分的发展之间的矛盾"等重大战略判断，而新时代的"总任务是实现社会主义现代化和中华民族伟大复兴"。大家认为，建设教育强国是中华民族伟大复兴的基础工程，教育现代化

---

[*] 本文系作者于2019年9月22日作的第七届中国南方教育高峰年会闭幕词，收入《南方教育评论——2019中国南方教育高峰年会思维盛宴》，由广东高等教育出版社于2020年1月出版。

既是社会主义现代化和中华民族伟大复兴的战略支撑,也是社会主义现代化和中华民族伟大复兴的重大标志,我们必须深刻认清教育现代化2035所面临的新形势。

一是经济格局调整对教育总体发展提出新要求。世界经济相互依存、相互渗透程度不断加深,经济全球化迈入再平衡进程。我国经济发展向形态更高级、分工更优化、结构更合理的阶段演化。面对经济发展新常态,构建开放型经济新体制,推动形成现代化经济体系,实现新旧发展动力转换,促进经济结构调整和产业升级,必须抓住机遇、超前布局,形成充满活力、富有效率、更加开放、有利于科学发展的教育体制机制,办出更加公平、更有质量的教育,更好更快培养各级各类合格人才,服务经济增长保持中高速、产业结构迈向中高端。

二是科技创新发展对教育内容手段提出新考验。新一轮科技革命和产业变革正在孕育兴起,世界主要创新型国家和地区纷纷深化创新驱动发展,大数据、人工智能、量子计算、3D打印等一系列重大颠覆性技术创新正在创造新产业、新业态、新模式,对生产生活方式带来前所未有的深刻影响。这对教育的革命性影响日趋显现,我们必须更加积极主动地变革教育内容和方式手段,更好更快培养大批拔尖创新人才,提升全民科学素质。叶文梓、周文港、赵敏、郑洪光、陈建邦、李海滨等专家学者对推动粤港澳大湾区教育合作发展、融入"一带一路"国际合作、打造国际科技创新中心、变革教育内容和手段等提出了不少对策建议,值得我们深思和实践。

三是文化传承创新对教育示范引领提出新愿景。当今世界思想文化交流频繁,文化在增强国家综合实力和国际竞争力中的地位和作用更加凸显。中华优秀传统文化延续着我们国家和民族的精神血脉,社会主义核心价值观继承了中华优秀传统文化,体现了时代精神。我们要充分发挥教育主阵地、主渠道作用,把社会主义核心价值观循序渐进地渗透到各级各类学校教育教学和办学活动之中,立德树人,助力全民族形成共同理想信念和道德规范,使全体人民拥有共同价值追求。张锦庭校长和有关论文作者在传统文化与现代教育有机结合上分享了宝贵的思想观点和实践经验。

四是人口分布变化对教育布局结构提出新挑战。我国人口总规模将在2030年前达到峰值,以人为核心的新型城镇化水平持续提高,城镇特别是城市人口集聚度不断增强。这需要科学稳妥做好各级各类学校布局规划、基础设施建设、优质教育资源配置,尤其要调整优化城乡基础教育布局、完善现代职业教育体系、提升高等教育结构科学化水平，使优质教育资源惠及全体人民。

五是多元主体参与对教育治理转型提出新诉求。随着经济社会发展和人民生活水平提高，教育相关方参与意识和表达意愿日渐增强。不少专家学者指出，必须加快促进传统教育管理向现代教育治理转变，改革政府职能，提高政府效能；激发学校办学活力，增强学校自我激励、自我约束、自我管理、自我提高能力；鼓励支持社会力量参与教育治理和公共服务，调动各方面推进教育现代化的积极性、主动性、创造性；推进教育管办评分离，深化教育"放管服"改革，更加明晰家庭、学校、政府、社会之间的权责关系，构建相关方良性互动机制，形成相向而行的教育合力。

二、全面理解教育现代化的新使命

大家认为，教育现代化能使我们不断接近实现社会主义现代化和中华民族伟大复兴的目标，也让我们更有信心、更有能力实现这个宏伟目标，这是教育现代化的新使命。

一是教育现代化必须以习近平新时代中国特色社会主义思想为根本遵循。大家认为，"培养什么人、怎样培养人、为谁培养人"始终是教育现代化的根本问题，必须围绕这个根本问题深入开展理论研究和实践探索。要坚持以习近平新时代中国特色社会主义思想为指导，深入学习贯彻习近平总书记关于教育的重要论述，在教育现代化实践中融会贯通、全面落实，确保新时代教育现代化沿着正确的方向不断前进，立德树人，培养担当民族复兴大任的时代新人。盘健、曹群在这方面谈了不少创新观点和实践体会。

二是教育现代化必须为化解社会主要矛盾作出重大贡献。我国社会主要矛盾已经转化为人民日益增长的美好生活需要和不平衡不充分的发展之间的矛盾。这个关系全局的历史性转化，呼唤在深化改革发展的基础上，抓住人民群众最关心最直接最现实的利益问题，在改革中健全体制机制、促进公平，在发展中补齐短板、推进基本公共服务均等化，更好满足人民群众在经济、政治、文化、社会、生态等方面日益增长的需要，更好推动人的全面发展和社会全面进步。大家认为，必须加快教育现代化，完善基本公共教育服务体系，不断满足人民群众日益增长的优质教育需求，更好更快形成雄厚的人力资源优势和强大的人才资源优势,为破解经济社会发展不平衡不充分问题贡献巨大力量。

三是教育现代化必须坚定落实新发展理念和系列重大发展战略。创新、协调、绿色、开放、共享的新发展理念集中体现了我国的发展思路、发展方向和发展着力点,要大力实施科教兴国战略、人才强国战略、创新驱动发展战略、乡村振兴战略、区域协调发展战略、可持续发展战略和军民融合发展战略。大家认为,要加快教育现代化,使之与建设粤港澳大湾区、支持深圳建设中国特色社会主义先行示范区的要求相契合相匹配。加快教育现代化,就要遵循教育规律,持续扩大教育投入,注重师资队伍建设,培养造就宏大的高素质人才队伍,让各级各类人才的创造活力竞相迸发、聪明才智充分涌流,成为实现社会主义现代化和中华民族伟大复兴的重要战略资源和强大支撑。

四是教育现代化必须有更高远的历史站位。面对新时代新任务新要求,必须清醒地认识到,虽然我国教育领域综合改革持续深化,教育事业发展各项重大部署有力推进,已成为名副其实的教育大国,初步走出了中国特色教育发展道路,但是离教育强国和经济社会转型发展要求以及人民日益增长的美好生活需要还有很大差距。发展是第一要务、人才是第一资源、创新是第一动力,必须建立健全中国特色世界一流教育体系,使教育同党和国家事业发展要求相适应、同人民群众期待相契合、同我国综合国力和国际地位相匹配。孙霄兵教授指出,面向2035的教育现代化必然是中国与世界其他国家和地区教育更深入交流、更紧密合作的状态;高书国研究员关于中国基础教育现代化问题的分析同样是站位高、视野宽、见解深刻。

三、积极探索教育现代化的新路径

大家认为,面向2035的教育现代化没有前车之鉴,也没有固定路径,必须结合世情、国情、教情,在实践中大胆创新、积极探索、不断前行。

一是通过系统谋划达致统筹推进。要注重提升教育现代化系统性、整体性、协同性,形成以国家和各省份规划为统领,专项规划、区域规划、地方规划、年度计划等为支撑的教育现代化规划体系,统筹推进教育优质化、均衡化、多样化、特色化、信息化、法治化和国际化,不断提升教育质量和效益。景李虎厅长对在国家重大战略部署下系统谋划、统筹推进教育现代化提出了不少代表广东的思想观点,值得我们深入思考、转化运用。有论者指出,广东应主动适应"一带一路"、粤港澳大湾区、自由贸易试验区、国家科技产业创新中心建设和粤东西北振兴发展要求,按照全省一盘棋的思路,调整优化全省教育资源布局,提升珠江三角洲地区带动粤东西北地区教育现代化贡献度,促进区域、城乡教育协调发展,加快形成全省教育一体化发展新格局。

二是通过创新引领实行重点突破。要聚焦教育现代化重点领域和关键环节,以创新理念、创新思路、创新举措、创新办法开辟教育现代化新阶段、新格局、新境界,着重深化办学体制创新、管理体制创新、育人体制创新、考试招生制度创新、质量水平评价创新、保障体制创新、教师队伍建设创新、现代学校制度创新,破除一切落后思想观念和不合时宜体制机制束缚,为推进教育现代化提供持久动力。坚持守正出新,回归以人为本、尊重科学、遵循规律、促进人自由而全面发展的教育本质,积极营造传承优秀教育文化、更新教育观念、建立现代教育制度、开发现代教育内容、推行现代教育方式方法、采用现代教育技术手段的良好环境和氛围,为教育现代化健康发展提供科学的思想理论指引和充足的物质技术条件。

三是通过问题导向做到精准发力。要准确把握新时代教育现代化的主要矛盾和矛盾的主要方面,瞄准突出困难问题和主要薄弱环节,夯实发展基础,补齐要素短板。加大财政投入力度,扩增普惠性幼儿园,合理优化幼儿园布局,破解"入园难""入园贵"问题。缩小城乡、区域、校际义务教育发展水平差距,解决城镇学校、义务教育学校、普通高中"大班额"和教师结构性缺编问题。深化职业教育改革,拓宽中职—高职—应用型本科—专业研究生教育人才培养通道,促进职业教育与产业深度融合,推进职业院校与行业企业紧密合作。加快构建促进高等教育分类分层发展的政策框架,发展一流应用型本科教育,推行专业认证,提高人才培养质量和国际化水平,提升重大科研创新成果转化率和产业化率,增强服务创新驱动发展和经济转型升级的能力。魏中林、刘文清、于海峰、马宏伟、黄崴、郑文、潘秉匡、刘康宁、黎国喜、欧阳河、查吉德、劳汉生、漆军、杜怡萍、蔡铭等专家学者分别围绕上述有关问题作了精彩演讲。加强各级各类教育管理队伍、教师队伍、科研队伍建设,加快师范教育,实现高素质、专业化、创新型要求,是加快教育现代化的基础性工作,必须引起高度重视。兰艳泽、李子建、邱洁莹、李树英等专家学者在这方面的阐述十分深刻。还有，搭建精准有效的教育资源平台和教育管理平台，解决教育信息化不平衡不充分和教学、管理效率不够高的问题，也是教育现代化的题中应有之义。罗文、张立云、徐勇群、金磊、刘彦等在这方面的精彩阐述，相信大家受益匪浅。

四是通过因地制宜实现分类实施。要优化教育资源区域布局、城乡布局、校际布局。王学男、朱爱国、石灯明等专家学者论述了乡村振兴、振兴乡村教育等话题。杨定邦、陈敬濂等分享了各自在香港、澳门的实践探索和发展愿景。有论者以广东为例，指出应分类指导珠江三角洲地区、粤东西北地区高校推进教育现代化。新增教育资源着重向粤东西北地区倾斜，不断缩小其与珠江三角洲地区教育发展水平差距。也有论者提出，广东高校要以"冲一流、补短板、强特色"为抓手，着力建设一流大学和学科，积极改善粤东西北地区和珠江三角洲地区非核心区域本科学校、职业院校的办学条件、办学质量和办学水平，推进理工类高校和行业高校特色发展。

教育现代化是未竟之功，只有进行时，需要家庭、学校、政府、社会各界齐心协力共同推进。峰会上的热烈讨论和交流探讨，为面向2035的教育现代化如何把握新时代历史方位、如何实现新使命、如何走出新路径提供了新的理论认识，展现了新的发展思维，贡献了新的精神动力，这将有助于我们深入思考和探究全国及区域面向2035的教育现代化问题，富有意义。

第七届中国南方教育高峰年会圆满闭幕。值此新中国成立70周年之际，我提请大家起立，高唱《我和我的祖国》，用我们的心声、歌声庆贺新中国成立70周年！

第四章

着力发展素质教育

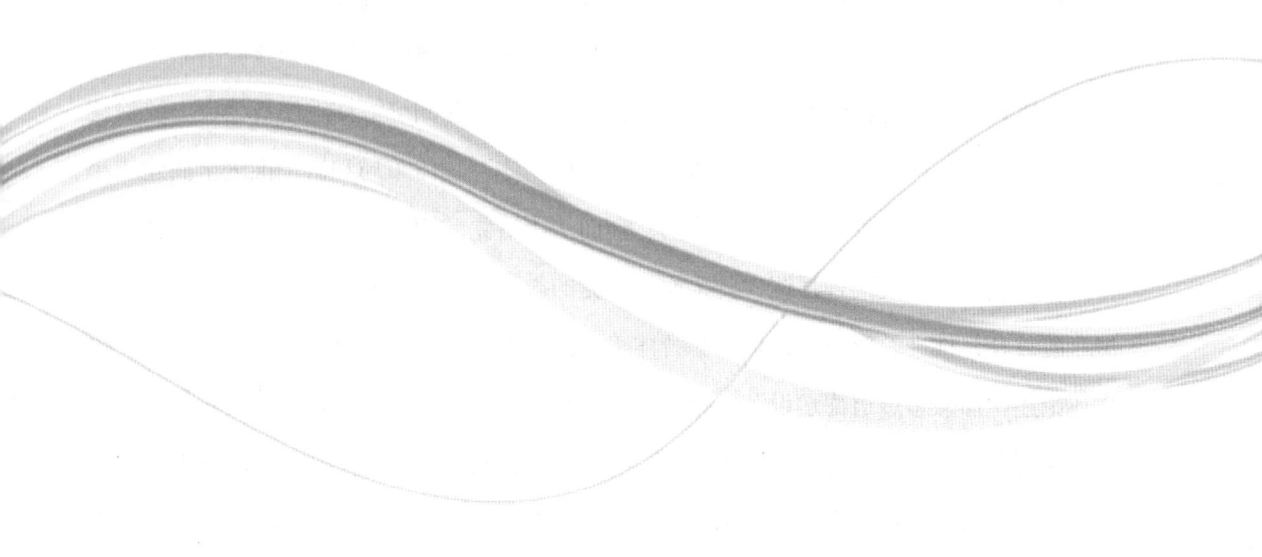

遵循规律　协同创新　培养担当民族复兴大任的时代新人[*]

中国特色社会主义进入了新时代，需要我们坚定"四个自信"，共同夯实建设教育强国这个中华民族伟大复兴的基础工程。由中国教育科学研究院中国德育杂志社联合12家单位发起的"全国德育协同创新中心"成立了。我谨代表广东省教育研究院对全国德育协同创新中心的成立表示热烈的祝贺！对能荣幸地成为全国德育协同创新中心的发起单位之一表示由衷的感谢！

德育是中国教育的传统和优势，也是当代中国教育的特色和重点。在中国古代教育中，德育始终是主体内容，孔子倡导"以德教民"，韩愈将"传道"置于教育价值的首位，《唐律疏议》强调"德礼为政教之本"，朱熹主张教育的目的是"明人伦"，等等。新中国成立后，历代党和国家领导人都十分重视德育，把青少年思想政治状况及道德品质与社会主义建设、中国特色社会主义现代化、改革开放事业天然地联系起来，从"德智体全面发展"到培育"四有"新人，再到"育人为本，德育为先"，德育在教育工作和人才培养中的位置相当显著。党的十八大以来，以习近平同志为核心的党中央将"立德树人"确立为教育的根本任务，并将这一根本任务同统筹推进经济建设、政治建设、文化建设、社会建设、生态文明建设"五位一体"总体布局和协调推进全面建成小康社会、全面深化改革、全面依法治国、全面从严治党"四个全面"战略布局紧密联系在一起。党的十九大报告强调"要全面贯彻党的教育方针，落实立德树人根本任务，发展素质教育，推进教育公平，培养德智体美全面发展的社会主义建设者和接班人"。报告还论述"加强思想道德建设"，指出"人民有信仰，国家有力量，民族有希望。要提高人民思想觉悟、道德水准、文明素养，提高全社会文明程度。广泛开展理想信念教育，深化中国特色社会主义和中国梦宣传教育，弘扬民族精神和时代精神，加强爱国主义、集体主义、社会主义教育，引导人们树立正确的历史观、民族观、国家观、文化

---

[*] 本文系作者于2018年1月23日在全国德育协同创新中心成立大会上的致辞。

观。深入实施公民道德建设工程,推进社会公德、职业道德、家庭美德、个人品德建设,激励人们向上向善、孝老爱亲,忠于祖国、忠于人民"。由此可见,新时代的德育不仅是教育领域的重大任务,更是事关人民福祉、国家现代化事业、中华民族伟大复兴的大计,我们必须站在战略和全局高度,聚精会神推进科学研究、实践和创新。

我们应该承认,长期以来,我们在德育上投入了难以估量的人力、精力、物力、财力、时间,但国民素质和国民现代人格仍然很不尽如人意。其中一个重要原因,我认为是没有完全做到以人为本,各学段、各年级、各学科之间和学校教育、家庭教育、社会教育之间缺乏循序渐进、缺乏有机衔接、缺乏功能互补、缺乏统筹协调。这是我们落实立德树人根本任务必须破解的老大难问题。否则,我们的理想愿望永远难以充分实现。

广东是改革开放的热土,改革开放为经济社会发展带来了强劲动力和充沛活力,同时也为教育特别是精神文明建设和德育带来了机遇和挑战。当前,广东拥有大中小学和幼儿园32000多所,各级各类学生2亿3千多万人。如何充分发挥德育的先导和引领作用,如何充分发挥各领域各方面的育人功能,培养造就承担民族复兴伟业的时代新人,使体量庞大的广东教育转化为经济社会发展和现代化的强大支撑,不辜负习近平总书记对广东工作的重要指示批示精神,是广东教育人担当新时代德育重任必须回答的历史性课题,也是必须写好的新时代德育奋进之笔。

加强和改进德育工作,推进德育创新,是一项系统的、长期的、科学的、精细的事业,只有不忘初心、牢记使命,以人为本、尊重科学、遵循规律,系统谋划、相互衔接、有机协同,方能取得实实在在的立德树人成效。作为全国德育协同创新中心发起单位之一,我们将全力支持、参与、配合有关工作,当前特别要配合推动实施《中小学德育工作指南》。同时,也借此机会,竭诚希望中国教科院加大对广东德育工作的指导和支持,诚邀各省(区、市)德育专家学者和实践工作者经常到广东传经送宝,既为广东德育工作建言献策,又为全国德育协同创新探索新路。

遵循规律　推进青少年红色文化教育创新*

习近平总书记在庆祝中国共产党成立100周年大会上指出："我们要用历史映照现实、远观未来，从中国共产党的百年奋斗中看清楚过去我们为什么能够成功、弄明白未来我们怎样才能继续成功，从而在新的征程上更加坚定、更加自觉地牢记初心使命、开创美好未来。"今天下午的论文交流发言，有7篇来自省内高校，还有3篇是"用红色资源对青少年进行'红色励志'的实践与成果"，总共10篇，实际上都是在以自己的研究和探索回答总书记提出的命题，都是要作用于为党育人、为国育才的，因而是很有意义的。

本论坛的主题是"青少年红色文化教育实践与创新"，8篇论文经纬交织，很好地回应和诠释了论坛主题，有三个方面值得充分肯定。

一是在教育实践与创新中以岭南革命精神、红色文化观照全党全国革命精神、红色文化。广东是近代民主革命的策源地，是国内最早传播马克思主义、最早成立共产党早期组织的省份之一。在苦难中铸就辉煌、在探索中收获成功、在奋斗后赢得未来的百年党史故事，为一辈辈敢开历史先河、勇于闯关夺隘的广东人注入绵延不竭的精神动力，近现代以来广东人民所形成的革命精神、红色文化也内含于伟大建党精神。在岭南大地推进青少年红色文化教育，就要立足脚下，充分开发利用岭南革命精神和红色文化资源，为青少年更好认识、接受、传承党和国家的革命精神、红色文化奠定情感基础、思想基础、价值观基础。李嘉伟、郑宏彪、刘雪珊、陈持、赵曼晴等报告的论文在这方面都有这个共同特征。

二是在教育实践与创新中以可触摸、可视听的革命精神、红色文化元素映照党的百年奋斗史。李嘉伟、郑宏彪、刘雪珊、陈持、赵曼晴等所展示的研究和实践成果，所发掘利用的革命精神、红色文化资源，都是可直观、可触摸、可追溯，或是以艺术形式重新呈现的，通过现场教学、情景教学、研学实践，引导青少年从中更好认识和理解党

---

*　作者于2021年11月12日应邀担任2021岭南学术论坛"青少年红色文化教育实践与创新"专题论坛点评专家。本文系作者在论坛上的点评与总结，标题为收入本书时添加。

的百年奋斗史，更加认同和坚守党为中国人民谋幸福、为中华民族谋复兴的初心使命。胡晓的论文则是以澳门小学《品德与公民》课程教材开发和教学实施为例，阐述如何在"一国两制"下教育引导澳门小学生实现身份认同、政治认同、文化认同、历史认同、地理认同，达到增强对中国共产党的认识理解和对国家的归属感。

三是在教育实践与创新中以党的领袖的著作显示中国共产党人的理想信念和精神风貌。以毛泽东同志为代表的中国共产党人坚定不移地追求民族解放、国家独立、人民幸福，把马克思列宁主义基本原理同中国革命、建设具体实际结合起来，经过英勇卓绝的奋斗，使中华民族屹立于世界民族之林，其著作、诗词最能表达一代代共产党人对理想信念的追求和坚守、对党和人民事业的忠诚和付出，最能展现中国共产党人舍生忘死、浴血奋战，用生命书写百年辉煌背后的一串串成功密码，以血肉之躯奏响一曲曲惊天地泣鬼神的历史壮歌。林蓉、郑文婷报告的论文注重以党的领袖的著作、诗词作为革命精神、红色文化教育的题材，由点及面、由诗文到历史、由过去到现在，汇聚相关的历史事件、历史人物、历史背景、历史走向，是能够激发青少年的兴趣与志向的，也是能够让青少年从中增信明理悟道的。

为了深入推进青少年红色文化教育实践与创新，提出三点建议：一要注重遵循青少年身心发展规律，按照小学、初中、高中、高校不同阶段施以适当的教育内容、方式方法、途径措施，使青少年对革命精神、红色文化的认识、理解、认同、转化呈螺旋式上升，由近及远、由表及里、由浅及深、由感性到理性，不断壮大听党话、感党恩、跟党走的精神支柱，达到铸魂育人的目的。二要注重党的历史经纬的变化发展和区域革命精神、红色文化与全党全国革命精神、红色文化的关系，以及中国共产党与世界政党的对比，深入学习、充分理解、切实转化党的十九届六中全会通过的《中共中央关于党的百年奋斗重大成就和历史经验的决议》，使青少年红色文化教育的研究探讨和创新实践有更广阔时空，更好在青少年心中植入红色基因，培养担当民族复兴大任的时代新人。三要注重思政课程建设、课程思政建设、党团队活动紧密结合与课内外、校内外教育密切配合，守正创新，丰富红色文化教育内涵，拓展红色文化教育外延，确保红色文化教育符合青少年认知成长规律和相关课程教学与活动特点，做到各种教育教学和活动的内容、方法、手段、途径能够实现优势互补、交叉融合、同向发力，取得最佳效果。

提升学校体育科学水平　促进青少年身体健康[*]

第八届中国学校体育科学大会在我省举行，我们感到十分荣幸。这是主办单位和全国学校体育工作者对我省学校体育发展的重视，必将有力促进我省学校体育工作者与全国各地学校体育工作者广泛交流，促进我省学校体育理论与实践研究深入开展。在此，我谨代表广东省教育研究院对来自全国各地的领导、嘉宾、代表表示热烈的欢迎和衷心的感谢！

每两年一届的中国学校体育科学大会以推动学校体育科学理论与实践发展为目的，构筑了全国学校体育研究者、实践者互相交流合作的桥梁，成为开展学校体育教学与研究的高层平台，在学术研究和科学引领上取得了令人瞩目的成果。这一科学大会，已成为学校体育工作者开展体育教学、体育活动及训练研究的风向标，成为促进学校体育工作、提高青少年学生体质健康水平的重要活动。

多年来，广东省学校体育教学与科学研究工作取得了不少佳绩，与教育部体育卫生与艺术教育司、中国教育学会体育与卫生分会、全国学校体育工作者的大力支持和指导分不开。广东省教育研究院成立以来，以服务教育决策、创新教育理论、指导教育实践、引导教育舆论为基本职能定位，致力于打造中国南方先进教育思想理论形成与实践高地，建设一流新型教育智库。我们一直把开展教育改革发展战略研究、政策研究、理论研究、实践研究和教育评估、教育质量监测、教育宣传出版作为自己的基本任务，注重人才培养中德智体美劳全面发展的各项工作的科学研究与实践探索。我院成立后第一个获得国家社科基金立项的"构建广东省幼儿体育活动实践体系的研究"课题已经完成研究，研究成果《幼儿园体育活动大纲》成为我国第一份根据教育部《3—6岁儿童学习与发展指南》动作发展要求而制定的幼儿园体育活动纲要性文献。我院于2014年承担的广东省深化教育领域综合改革试点项目"构建体育教学与课外体育活动相联动的机

---

[*] 本文系作者于2016年12月10日在第八届中国学校体育科学大会开幕式的致辞，标题为收入本书时添加。

制",完全符合《国务院办公厅关于强化学校体育 促进学生身心健康全面发展的意见》提出的"学校要将学生在校内开展的课外体育活动纳入教学计划,列入作息时间安排,与体育课教学内容相衔接"的要求。在大力开展校园足球运动热潮中,我院在专家支持、理论引领、实践指导上发挥了重要作用,我们自己组织编写的《南粤校园足球》教材和与人民教育出版社合作的《中小学校园足球》教材已经通过审定;我们还根据广东省校园足球工作部署,开展教研员校园足球理论与教学培训,并组织编写《校园足球教学与课外活动相结合指导用书》。我院还每年组织举办全省或分片区的基础教育学校体育课程教学展示交流活动,着力提升所有中小学体育课程教学质量和水平。

本届科学大会将充分展示全国各地积极开展学校体育工作、提高学生体质健康水平的成果,研讨当前国内外学校体育的重点、热点、难点问题。我们相信,本届大会的丰硕成果将有助于推进广东省学校体育改革发展,也将对全国学校体育改革发展产生积极作用。预祝大会圆满成功!

重视校园足球教研　发挥校园足球功能作用[*]

在生机盎然的5月，与大家相聚在茂名，开展校园足球教研活动，我深感高兴。因为这些年来，在党和国家重视推动下，校园足球教学工作取得巨大进展，校园足球理念深入人心，无数孩子奔跑在绿茵场上，无数孩子茁壮成长，让我们充满希望。

今天，我们有幸邀请到人民教育出版社体育课程教材研究开发中心主任李志刚，他将为我们带来最新的发展校园足球的思想和举措，引领我们在现有基础上把校园足球教研工作做得更好。

我先从两个方面向大家简要介绍省教育研究院在省教育厅领导下为校园足球推广和发展所做的一些工作。

一、"全国校园足球特色学校"和"省级青少年校园足球推广学校"建设进展良好

（一）广东省"全国校园足球特色学校"建设成果丰硕

自创建"全国校园足球特色学校"提出以来，省教育研究院深入全省各地扎实调研，认真培训，一方面积极引导校园足球理念、思想的转变和更新，推动校园足球教学方式变革，使得校园足球软硬条件建设得到同步推进；另一方面高频次、多样式开展校园足球教研活动，为广大体育教研员、教师提供学习和交流平台，迅速提升校园足球教学、教研水平。同时，共组织专家200余人次承担四批次"全国校园足球特色学校"和"省级青少年校园足球推广学校"的复核、检查、验收工作。

在多方努力下，广东"全国校园足球特色学校"创建工作取得了喜人成果。目前，全省已建立全国青少年校园足球5个试点县（市、区）、3个改革试验区和1个"满天

---

[*] 本文系作者于2019年5月17日在2019年茂名校园足球教研活动上的讲话，标题为收入本书时添加。

星"训练营。从2015年到2018年，四年间入选"全国校园足球特色学校"逐年攀升：2015年284所，2016年277所，2017年312所，2018年390所，总数达到1263所。

当然，今后我们的工作依然充满挑战。国家为我省定下的目标是：2018—2020年，创建1030所校园足球特色学校；2020—2025年，再创建1470所。基于我们前期打下的良好基础，我们有信心在各方共同努力下，能够实现新的目标任务。

（二）"省级青少年校园足球推广学校"和试点县（市、区）建设取得显著成效

2017年，经过层层筛选，全省有500所中小学入选第一批"省级青少年校园足球推广学校"，24个县（市、区）成为校园足球试点县（市、区）。2018年，我们又开展第二批、第三批选拔工作，共有1396所中小学入选，新增17个试点县（市、区）。到2019年初，全省已建成1896所省级推广校和41个省级试点县（市、区）。

上述一列数据表明，全省校园足球发展已取得的成果值得充分肯定，未来值得期待。这离不开各级政府相关职能部门的支持，离不开各地市教研员的倾心付出，也离不开一线教师的辛勤汗水。

二、广东省校园足球的推进之路

上述成果，并非一朝一夕取得的，而是经历了大量的工作积累和不断推进。为了校园足球持续发展，省教育研究院一步一个脚印，与全省各相关方面组织策划了一系列活动，帮助各地市教研员、教师深化对校园足球和足球教学的认识，发掘足球活动内涵，提高足球教学、教研水平，走出了广东特色校园足球推进之路。

（一）开展校园足球送教下基层活动

省教育研究院持续组织国内外校园足球专家，选拔省内优秀的可供借鉴的校园足球课例，开展送教下基层活动，把先进校园足球理念、教学课例送到各地市、县（市、区）。截至目前，已在全省19个地市、43个县（市、区）举办，有8000多名学校体育主管领导、体育教师参加活动。各地电视台以及《中国教育报》《中国学校体育》《体育

教学》《广东教育》等报刊做了大量报道。

(二)开展校园足球教学暨"体育与健康"课程教学展示活动

每2年一届的"体育与健康"课程教学展示活动是我省体育教师展示教学能力、引领专业发展的关键平台。借助这个平台,我们举办了从幼儿园到高中四个学段的"青少年校园足球教学暨广东省第九届中小学体育与健康教学展示活动"。活动设计注重系统性"关键引领"作用,各地层层展示,全省有超过5000名体育教师参与,发挥了活动最大效益,引领作用显著。

(三)举办体育教研员校园足球专项研修活动

根据省教育厅体卫艺处的工作要求和校园足球专项教科研资金安排,省教育研究院组织了两轮"体育教研员校园足球专项研修活动"。研修活动邀请国内、省内著名专家授课,还组织观摩校园足球教学、活动、竞赛和研讨,做到理论与实践结合,全面提高体育教研员的专业指导能力。

(四)开展省校园足球专项课题研究工作

新时代校园足球应如何开展、如何教学?这是校园足球可持续发展的关键问题。省教育研究院持续组织开展校园足球教研工作,为校园足球教学一线教师打造施展能力水平的平台。从2017年起,组织全省学校体育工作者申报校园足球专项课题,2017年、2018年分别确立117项、50项,不仅解决校园足球教学理论与实践问题,还带动和引领一大批学校体育工作者专业发展。

(五)研发校园足球教材

省教育研究院组织一批专业力量,精心研发出两套校园足球教材,并正在开发相适应的校园足球教学指导用书,其中一套教材是与人民教育出版社共同完成的。这两套教材各有特色,实践指导性强,受到各方好评,广东高等教育出版社在这当中发挥了重要作用。

上述情况介绍，说明了广东对校园足球工作一直高度重视。愿我们同心协力，深入落实党和国家的决策部署，围绕落实立德树人根本任务，不断探索、不断前行、不断结出丰硕果实，充分发挥校园足球的功能和作用。

推进美育发展　发挥美育作用[*]

今天，我们齐聚广州美术学院，参加第四届粤港澳大湾区艺术教育发展论坛暨广东省高等教育学会美术与设计教育专业委员会2021学术年会，我谨代表广东省高等教育学会对论坛暨学术年会召开表示热烈祝贺！

广东省高等教育学会成立于1985年11月，36年来，坚持以学术研究作为立会之本、以学术服务发挥立会作用、以特色研究彰显学术水平、以品牌活动促进学术繁荣、以严谨学风开展学术交流。美术与设计教育专业委员会是学会的分支机构，近几年积极组织开展专业学术研究和业务经验交流活动，在相关专业领域发挥了重要作用，赢得省内高校良好声誉和较强社会影响力。本届论坛由广州美术学院、学会美术与设计教育专业委员会、粤港澳大湾区美术与设计教育发展联盟共同主办，集结了各相关专业力量，是一种有益的创新探索，相信也是受欢迎的成功探索。

今年全国两会期间，习近平总书记在与教育文化卫生体育领域专家代表座谈时指出："十四五"时期，我们要从党和国家事业发展全局的高度，全面贯彻党的教育方针，坚持优先发展教育事业，坚守为党育人、为国育才，努力办好人民满意的教育，在加快推进教育现代化的新征程中培养担当民族复兴大任的时代新人。在习近平总书记关于教育的重要论述指引下，本届论坛暨学术年会的主题确定为"美育使命与艺术教育变革"，这是对贯彻习近平总书记重要讲话精神和中共中央办公厅、国务院办公厅《关于全面加强和改进新时代学校美育工作的意见》敏锐把握、高度重视的生动体现，是引领美术与设计教育同仁加强专业发展、促进学生综合素质提升、服务粤港澳大湾区建设的具体表现。

党和国家的教育方针要求培养德智体美劳全面发展的社会主义建设者和接班人，推进美育发展、发挥美育作用，是全面贯彻党和国家的教育方针、落实立德树人根本任

---

[*] 本文系作者于2021年11月27日在第四届粤港澳大湾区艺术教育发展论坛暨广东省高等教育学会美术与设计教育专业委员会2021学术年会上的致辞，标题为收入本书时添加。

务的题中应有之义，也是引导学生树立社会主义核心价值观、担当建设富强民主文明和谐美丽的社会主义现代化强国重任的必然要求。相信粤港澳大湾区美术与设计教育专业同仁能够牢记自己的初心使命，更加清醒地认识自己承担的责任，把大湾区所有高校美术与设计教育的专业力量团结起来，并同各级各类美术与设计教育学术组织、中小学、相关从业机构密切交流互动，共同开展美育与艺术教育的理论、政策、实践研讨，分析美育与艺术教育创新发展的机遇与挑战，在标准规范、教师队伍建设、专业、课程、教材、教法、评价等方面改革发展的研究与实践中做到资源共建共享，在传承中华优秀传统文化、借鉴人类优秀文明成果上不断产出具有时代特征、大湾区风貌的美育与艺术教育理论成果、政策成果、资源成果、教学成果、育人成果，带动大湾区高等美术与设计教育提质创优，培养更多高素质专业化创新型的美育与艺术教育人才，在发展新时代美术与设计教育中充分彰显自己的价值和作用。

在这当中，期待粤港澳大湾区美术与设计教育专业全体同仁充分认识中华民族伟大复兴已走上不可逆转的历史进程，坚定道路自信、理论自信、制度自信、文化自信，推进守正创新，投身建设国际一流湾区与世界级城市群的创意与文化设计，以文化人、以美育人，把为提高社会文明程度作贡献落到实处；在人才培养上，真正从审美教育、情操教育、心灵教育，以及丰富想象力、培养创新创造意识的教育出发，着力提升学生的审美素养，引导学生欣赏美、追求美、创造美，以美启真、以美育心，陶冶情操、温润心灵，激发创新创造活力。刚才，李劲堃院长在致辞中提出若干倡议，我认为这是为了更好汇聚优势资源、协同创新，有助于加快提升美术与设计教育专业发展水平和人才培养质量，非常需要大家凝心聚力、携手同行，结出硕果。

"九层之台，起于垒土；千里之行，始于足下"，学会美术与设计教育专业委员会、粤港澳大湾区美术与设计教育发展联盟在一年一年的努力中成长壮大，在"为党育人、为国育才"的道路上不断前行。希望全体同仁"不忘初心启新程，牢记使命再出发"，深入学习贯彻习近平总书记关于教育的重要论述和党的十九届五中、六中全会精神，更加重视加强自身建设，更加注重提升专业发展水平，在"十四五"取得更多丰硕成果。

预祝论坛暨学术年会圆满成功！

财经素养教育的广东实践与思考[*]

国际学生评估项目（PISA）于2012年首次增加财经素养（Financial Literacy）测试，全球18个国家或地区选择参加该项测试，其中我国上海参加该项测试且测试成绩高居榜首。PISA2015继续开展财经素养选测，我国4个省市（北京、上海、江苏、广东）选择该测评项目，测评结果将由经济合作与发展组织（OECD）在今年公布。

广东总体经济发达，居民财富显著增长，截至2015年年底，全省居民储蓄存款达5.5万多亿元（如图1所示），股票、基金等证券投资者超过1200万人次，参与人数和投资金额均居全国前列；全省私募管理人在全国占25%，为各省（区、市）之首（如图2所示）。

财经素养（也称为理财素养、金融理财素养）是现代公民所应当具备的素养，具有基本财经素养的学生成年后能更好地保护和增加个人家庭财富，更有利于国家经济发展和金融繁荣稳定。近10年来，广东在财经素养教育领域进行了多方面探索。

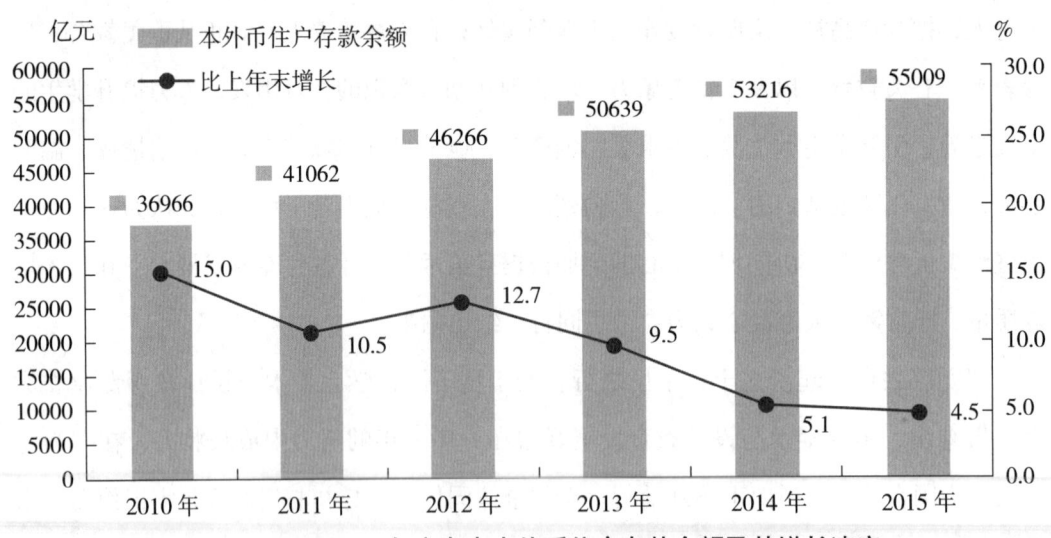

图1　2010—2015年广东省本外币住户存款余额及其增长速度

数据来源：2015年广东省国民经济和社会发展统计公报。

---

[*] 本文系作者于2017年2月23日在中国教育科学研究院主办的中国教育科学论坛"财经素养教育的探索与实践"分论坛的演讲。

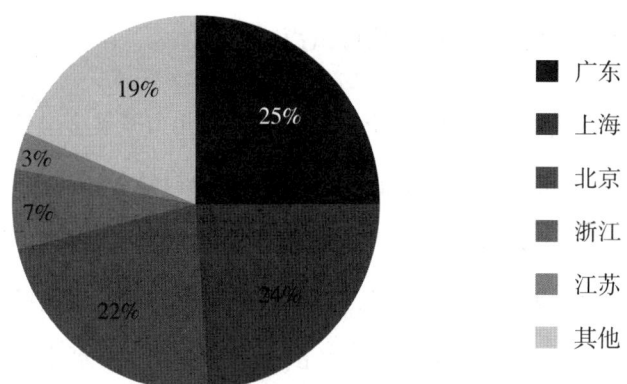

图2　2015年全国证券私募管理人的区域分布

数据来源：格上理财研究中心，2015年阳光私募基金年度报告。

一、广东在财经素养教育领域有关探索

（一）参与"JA中国"项目

JA（Junior Achievement，青年成就，简称JA）是由美国电话电报公司于1919年创立的非营利教育组织，"JA中国"于1993年成立，于2007年开始在广东省（主要是广州市）以"校本课程＋专题活动"的方式帮助大中小学培养学生的职业规划能力、金融理财素养与创新创业能力。9年来，广州地区部分大学、中小学持续参与"JA中国"项目，受益良多。

表1　2015—2016学年参与"JA中国"项目的广东学校

大学 5 所	中学 7 所	小学 3 所
中山大学 华南理工大学 华南师范大学 华南农业大学 广东外语外贸大学	华南师范大学附中 广东实验中学 广州市执信中学 广州市第六中学 广州市协和高级中学 广州市第四十七中学 广州市华美英语实验学校	广州市华阳小学（华成校区） 广州市荔湾区立贤学校小学部 广州市南国学校小学部

（二）广州市开展金融理财专题教育试点

2014年4月，广东证监局向省政府提交《关于在广州市开展金融证券理财知识教育先行试点有关工作建议的报告》（广东证监函〔2014〕214号）。同年5月，省政府办公厅在征询省教育厅、广州市政府意见后回复：建议广东证监局、省教育厅和广州市共同研究确定试点区域、教学内容、工作方式，拟定试点工作方案，积极稳妥推进试点工作。

2015年秋季，广州市第一批36所中小学试点学校启动，开展金融理财专题教育试点工作。为扩大试点，积累教学经验，2016年秋季增加74所中小学为第二批试点学校。广州的金融理财专题教育，编写了地方课程教材，把财经素养教育纳入学校教学范畴，在五年级、八年级、十年级试点。

（三）广东省中小学地方综合课程的相关设计

2016年9月，《广东省教育厅关于中小学地方综合课程的指导纲要（试行）》（粤教基〔2016〕11号）印发；同年10月，省教育厅又印发《〈广东省教育厅关于中小学地方综合课程的指导纲要（试行）〉的政策解读》，指导全省中小学开展地方课程与专题教育整合和课程教学实施。

广东省中小学地方综合课程内容包含生命与安全、文明与法治、社会与文化、学习与发展四大领域，"金融理财"是学习与发展领域的7个教育专题之一，共安排6个教学课时，采用分学段与现有课程融合，以专题方式加强财经素养教育与宣传。具体设计见表2。

表2　广东"金融理财"专题内容设计

开设学段	活动主题	活动内容
小学3—6年级（4课时）	认识钱币	收集、整理有代表性钱币的资料和知识，讨论这些钱币的不同特点。开展识别钱币的游戏活动，形成对钱币的基本认识
	合法赚钱	学习、了解合法赚钱的方法和途径，讨论钱从哪里来。开展跳蚤市场、义卖等体验活动，增强合法赚钱的意识，体会赚钱的艰辛与快乐

续表

开设学段	活动主题	活动内容
小学3—6年级（4课时）	合理消费	学习、了解合理消费的知识和方法，初步了解消费需求与消费能力的关系。讨论合理消费的好处和盲目消费的不良后果。开展合理消费的实践活动，养成量入为出、预算购物等合理消费意识
	认识银行	收集、整理有关银行的知识，了解银行的基本业务，认识和遵守银行信用规则，讨论银行的主要作用。开展银行储蓄体验活动，增强对银行的认识
初中1—2年级（2课时）	股票常识	收集、整理有关股市和股票的知识，讨论股市的作用。开展模拟炒股活动，培养投资和风险意识
	保险常识	收集、整理有关保险的基本知识，讨论保险的作用。开展选择和购买保险的模拟实践活动，懂得运用保险保障人身财产安全，培养风险意识

来源：广东省中小学地方综合课程内容体系一览表。

另外，广东中小学还以学生社团活动的方式，围绕金融理财主题开展形式多样的活动。

二、对开展财经素养教育实践的几点思考

进入21世纪以来，随着金融市场日益成熟与金融产品和服务供求大规模增加，特别是随着医疗水平不断提升、人类寿命越来越长，年轻一代比父辈们不仅面对更复杂、更具风险的金融产品和服务，同时还要为衣食住行、医疗保险、储蓄投资等问题作出更专业、理智的决策。因此，国家及各地需考虑如何在最大范围、最有效、最公平地使年轻一代接受合适的财经素养教育。

（一）研制财经素养教育课程标准

财经素养作为现代合格公民必须具备的基本素养之一，其教育应惠及基础教育阶段的所有学生，建议研制财经素养教育的国家课程标准。

小学、初中阶段，建议采用融入方式，将财经素养教育的相关内容整合到数学、道德与法治等相关学科课程中，同时辅以财经素养为主题的活动课程；高中阶段，建议开

设独立的财经素养课程,并与高校合作做好财经人才选拔培养工作。

财经素养课程具有综合性特点,需要运用数学、政治、经济等相关学科中所学习到的概念、工具和方法,反过来又可以促进学生对相关课程深入理解和技能提高。另外,财经素养课程还具有鲜明的应用性,与学生的个人生活、家庭生活和社会生活联系密切,学校应积极与金融机构、行业企业、公益组织、非营利机构、科研机构等合作,共建财经素养教育社会实践平台,让学生在学习中体验、体会,学以致用,丰富相关素质,提升相关能力。

(二)搭建财经素养教育交流合作平台

由于财经内容专业性较强,仅靠教育部门和学校很难开发出专业、有效的课程及教学资源,也很难为学生提供开展财经类社会实践的机会和场所。因此,建议财经素养教育协同创新中心更广泛深入地争取到国内财政部门、国内外金融机构与行业组织等专业机构的帮助、指导和支持,搭建层次丰富、形式多样、特色鲜明的国际国内财经素养教育展示交流平台体系,促进财经素养教育研究与实践持续健康发展。

(三)积极开展财经素养教育师资培训

财经素养教育能否顺利进入中小学,关键在于师资。建议由相关高水平大学、科研机构、金融机构、行业组织等合作研发适合中小学开展的普惠性的财经素养教育课程,特别是适合采用教室授课方式、与中小学教师教育能力匹配的课程,并研发配套的信息资料和工具,然后在实验基地学校培养选拔种子教师,积极开展财经素养教育师资培训。只有当实验基地学校拥有可以承担财经素养教育的师资,财经素养教育才能成功地走入实验基地学校,进而才可能在更大范围得到有效推广。

多方协作　共创财经素养教育新天地[*]

广东省教育研究院于2017年1月加入中国财经素养教育协同创新中心（以下简称"协创中心"），成为协同单位之一。一年来，广东努力争取省内多方协同，积极主动推进中小幼财经素养教育，得到学校与社会各界关注。今天，我们又参加全国财经素养教育标准与实践论坛，我想从两个方面向大家作一个汇报。

一、以开放共享心态营造财经素养教育多方协作平台

1. 积极参与并配合协创中心开展相关研究。一是我带领由19名中小幼教师组成的广东团队参加2017年年初中国教育科学论坛"财经素养教育的探索与实践"分论坛，并与广州市第十六中学副校长黄卫红分别从省级层面、学校层面介绍财经素养教育在广东的实践探索。二是委派人员参与协创中心7月专项工作会议，并调研第3届中学生财经素养大赛决赛。三是与协同中心、Visa中国在广州联合召开财经素养教育专题调研座谈会，召集广东银监局、广东证监局、广东省教育评估协会、广州市教育研究院、协创中心实验基地学校近20家单位20余名代表参加座谈，促进了多方在推进财经素养教育上的相互理解与沟通。

2. 支持实验基地学校学习、分享财经素养教育经验。我院通过QQ群、微信群及时分享相关研究活动资讯与实践成果，形成广东财经素养教育大家庭。如：广州市第十六中学4月1日召开财商教育实践活动现场会，我省实验基地学校积极前往学习，协创中心张男星主任、楚晓琳博士和我也出席会议。又如：JA中国、恒生银行等单位在12月组织广东7所高中财经素养大赛，我们及时转发信息并鼓励课题学校师生前往学习观摩。

3. 策划组织以课题方式指导学校开展财经素养教育探索。经与协创中心沟通，广

---

[*] 本文系作者于2018年1月23日在全国财经素养教育标准与实践论坛上的演讲。

东率先以课题方式引领基础教育学校开展财经素养教育研究，我院于9月下旬发布《关于遴选广东省财经素养教育实践研究课题学校的函》；11月中旬组织财经类专家学者对学校课题申报材料逐一审议，确立来自广州等7个地市的53个单位为省财经素养教育实践研究首批课题学校。

12月，在协创中心指导下，我院在广州举办广东省财经素养教育中小幼教师首次业务培训。协创中心、我院、中山大学、华南师范大学、广州大学、广东财经大学、广东金融学院、Visa中国、JA中国、《课堂内外》杂志社、广州财商教育科技有限公司，及省内各地市教研部门、广东省财经素养教育实践研究首批课题学校等70多家单位150余人参加。

4. 联合多方力量支持学校课题研究。为在落实立德树人根本任务、提升学生核心素养、服务创新创业教育等更高层面开展财经素养教育研究与实践，我院确定多方力量协同推进财经素养教育的工作思路，主动争取多方支持，积极邀请广东银监局消保处、广东证监局投保处、JA中国广州办事处、Visa中国的相关同志参与我省财经素养教育活动，同时联合省内财经类知名高校专业力量，已初步形成多方协作工作平台，支持课题学校将财经素养教育持续、科学地开展起来。

二、推动《中国财经素养教育标准》落地生根、开花结果

JA中国于2015年颁布《中小学金融理财教育课程框架（征求意见稿）》；上海财经大学成立中国财经素养教育研究中心并制定以"三阶段—四目标—五维度"为框架的《中国青少年财经素养标准》，于2017年春启动上海兰生复旦中学的财经素养课程试点；Visa中国与北京师范大学财经素养教育研究中心合作免费提供覆盖全年龄段的实用理财教育课程。

对比而言，协创中心牵头研制的以"全学段—五维度—三目标"[①]为框架的《中国财经素养教育标准》更能体现新时代中国财经素养教育特色。

---

① 全学段：覆盖幼儿园、小学、初中、高中、大学。五维度：收入与消费，储蓄与投资，风险与保险，制度与环境，财富与人生。三目标：认知，技能，态度。

1. 从人生观高度解读财富意义。财经素养教育标准将财经素养教育归入大德育中，从"财富与个体""财富与社会"的高度，立足于财经常识的普及、资源管理思维的培养、健康人格与素养的形成、财富价值观的塑造，目的是惠及每个孩子，成就每个孩子与所有家庭的尊严人生，抓住了教育本质。

2. 从制度资本高度规范财经行为。时代在快速变化，人们思维方式、生活方式、学习方法、工作方式、交往方式等面临前所未有的挑战。在变化与挑战面前，规则与制度因其根本性、全局性、稳定性和长期性，可以提供交易双方可预见的行为框架而规范交易活动、降低交易成本、调节利益冲突，因此成为财经世界正常运行的核心保障。财经素养教育标准从"制度与环境"的高度抓住财经素养教育的核心，把握住了财经教育健康发展的源头。

3. 从智慧决策高度做主美丽人生。生活由一系列决策组成。每个人每天都会面对海量信息轰炸而又必须做出大大小小的各种决策，做决策前必须加以选择，选择必须依据标准指引，而制定标准必须基于理智与智慧。财经素养教育标准将"教育"作为标准研制切入点，体现出教育在中国青少年财经素养培养中的引导价值，通过创设多种活动与机会锻炼和提升孩子们在复杂多变的财经环境中的洞察力、控制力与决断力，使其运用科学有效方法作出智慧决策，从而成就自己的美丽人生。

我相信，经过我们大家共同努力，特别是在研究和实践中不断深化认识积累经验，《中国财经素养教育标准》将会不断提升科学化专业化水平，落地生根、开花结果。

贯彻《中国财经素养教育标准框架》
推动财经素养教育科学发展*

我们非常高兴在中国财经素养教育协同创新中心（以下简称"协创中心"）的指导下承办本次培训会，这是对我们工作的肯定和支持。同时也非常高兴与来自省内外的专家和同仁相聚一堂，共同探讨财经素养教育问题。

今天到会的专家和同仁，有一部分是第一次见面，而有一部分已是老朋友了。2017年12月，我们在这里举办广东省第一期财经素养教育专题培训会。2018年1月24日，协创中心发布《中国财经素养教育标准框架》（以下简称《标准框架》），就财经素养教育发出中国声音、贡献中国智慧。今天，我们"好风凭借力"，邀请到诸位专家学者和实践工作者共同解读《标准框架》，共同探讨财经素养教育的理论问题，共同分享财经素养教育的实践经验，目的在于为进一步推动财经素养教育寻找积极有效的策略和科学可行的路径方法。

广东省一直在积极推动财经素养教育。2017年1月，我院加入协创中心，成为协同单位之一。在这一年多的时间里，我们积极通过各种途径推动财经素养教育研究与实践。

一是以课题为抓手，设立一批财经素养教育研究课题学校。2017年9月，我院发函面向全省基础教育学校遴选财经素养教育实践研究课题学校，经过审议，确定来自广州市等7个地市的53个基础教育单位为广东省财经素养教育实践研究首批课题学校。目前，53所学校已全部完成开题工作，并按照课题规划逐步展开实践研究，财经素养教育各项活动开展得有声有色，起到示范带头作用。

二是积极开展培训，切实提升财经素养教育师资队伍专业水平。2017年12月，在协创中心指导下，我院在广州举办广东省财经素养教育中小幼教师首次业务培训。来自协

---

* 本文系作者于2018年5月7日在《中国财经素养教育标准框架》专题培训会上的讲话，标题为收入本书时添加。

创中心、中山大学、华南师范大学、广东财经大学、广东金融学院、广州大学、Visa中国、JA中国、《课堂内外》杂志社、广州财商教育科技有限公司的各方面专家莅临指导，来自省内各地市教研机构、首批课题学校等70多家单位的150余人参加培训。今天我们在这里举办第二次培训，大家也都非常积极地参与。我们还计划在未来的两年里，每学期至少举办一次省级培训，切实为开展好财经素养教育做好服务工作。

三是联合多方力量共同推动财经素养教育发展。一方面，我们紧跟协创中心步伐，积极配合协创中心开展相关研究，包括分别组团参加2017年度、2018年度的中国教育科学论坛财经素养教育分论坛，委派人员参与协创中心的专项工作会议并调研第3届中学生财经素养大赛决赛，还与协创中心、Visa中国在广州联合召开财经素养教育专题调研座谈会。另一方面，我们主动争取多方支持，与广东银监局消保处、广东证监局投保处、JA中国广州办事处、Visa中国保持良好合作关系，已初步形成多方协作工作平台，协同推进财经素养教育发展。

《标准框架》正式发布，标志着我国财经素养教育发展进入一个新阶段。以"全学段—五维度—三目标"为框架，体现了新时代中国财经素养教育特色，是现在以及未来指导我们开展财经素养教育的顶层设计文件。对于如何落实好《标准框架》，我想谈几点意见。

一要充分领会《标准框架》的理念，深入把握《标准框架》的内涵。《标准框架》介绍了"框架解读""研制过程""研制团队"，从幼儿园、小学、初中、高中到大学分学段、多维度呈现了标准内容。今天我们在此举办专题培训会，邀请到《标准框架》研制组的专家到会解读和指导，这是一个很好的学习机会。要落实好《标准框架》，必须深入研读和学习，充分领会其理念，深入把握其内涵，准确把握其要求，把《标准框架》作为财经素养教育行动指南，指导财经素养教育活动开展。

二要探索多样化的财经素养教育实施途径。在财经素养教育上，各个省、市、校都有各自的特色和长处，也都有各自的理解和追求。深入推进财经素养教育，应在遵循顶层设计精神的基础上，结合自身优势，探索多样化实施途径，形成财经素养教育特色，共同营造百花齐放的财经素养教育景象。

三要加强财经素养教育交流合作与协同创新。这一次在广东举办《标准框架》专题培训会，对广东学校而言，是难得的学习和交流机会。希望广东的同志与来自中国教科院、来自兄弟省份的专家学者和同仁们积极交流互动，互相分享财经素养教育理论与实践成果，互相参考借鉴成功做法和先进经验，加强协同创新，共同进步、共同提高。

四要重视财经素养教育成果总结与发表。随着财经素养教育深入开展，相信我们会不断产生成果、积累经验，希望大家加强经验总结与提炼，形成有理论高度和实践深度、能辐射引领、可复制推广的成果，加以公开发表或出版，使实践和理论相互影响相互促进，带动更多学校投入财经素养教育当中来，切实促进大中小幼学生财经素养教育发展。

财经素养教育，是财富教育也是生活教育，是道德教育也是人生教育，相信我们能够在《标准框架》指引下，切实地、科学地发展财经素养教育，为大中小幼学生终身幸福、为满足人民日益增长的美好生活需要奠定坚实基础。

协力开展财经素养教育　助力区域经济社会转型发展[*]

今天，2018年中国财经素养教育高峰论坛在羊城召开，来自中国人民银行金融消费权益保护局，广东证监局、银监局，广东银行业、保险业、证券业，广州市金融工作局，香港智能金融科技有限公司，深圳瀚德共享科技实验室有限公司，JA中国，Visa中国等金融机构、行业组织、科技企业界代表，中国财经素养教育协同创新中心（以下简称"协创中心"）、省内外有关教科研单位和高等学校、广东省53所财经素养教育实践研究课题学校等教育界代表，香港、澳门的专家同仁，以及财经类、教育类媒体的朋友们相聚一堂，共同以"财经素养教育与区域经济社会转型发展"为主题探讨相关问题。借此机会，我与大家交流三点意见。

一、开展财经素养教育对推进粤港澳大湾区经济社会转型发展具有重要意义

当今世界正处在大发展大变革大调整时期，全球及区域经济社会相互依存、相互竞争程度不断加深，人才、智力、科技等要素高度集聚、深度融合。作为我国区域经济社会协同创新发展的战略重地，粤港澳地域毗邻、习俗相同、发展相依，是我国向世界展示改革开放伟大成就和国际社会观察我国改革开放的重要窗口。国家立足国际产业调整和科技革命趋势，推动在粤港澳建设国际一流湾区，打造世界级城市群，必将有利于支持港澳融入国家发展大局，全面拓展粤港澳合作广度和深度，不断增强粤港澳国际影响力和竞争力，助力"一带一路"国际合作。

推动区域经济社会转型发展，关键在人才，核心是科技，根本靠教育。持续推动粤港澳大湾区建设和发展，必须以培养具有发展核心素养、能够适应和引领新时代的人才

---

[*] 本文系作者于2018年8月24日在2018年中国财经素养教育高峰论坛上的致辞，标题为收入本书时添加，内容稍有删减。

作根本支撑。财经素养教育作为培养学生跨学科素养的教育活动，对于增长学生的财经知识、提升学生的财经技能、训练学生的思维方式、树立学生的正确财富观念、塑造学生的健康人格大有裨益。可以说，开展财经素养教育，是培养学生发展核心素养、落实立德树人根本任务、做好符合国家战略需要人才储备的有益举措，对推进粤港澳大湾区经济社会转型发展具有重要现实价值和战略意义。

二、推进财经素养教育已成为广东各相关方的思想共识和行动自觉

近年来，在广东证监局、广东银监局和全省各级教育行政部门、各级教育研究机构、各级各类学校共同努力下，广东财经素养教育从点到面、从顶层设计到具体实践都有了一定探索，形成了一定基础。比如，广东证监局在2014年大力推动金融证券理财知识教育在广州市先行试点，到目前已有100多所中小学参加。省教育厅2016年9月印发《广东省教育厅关于中小学地方综合课程的指导纲要（试行）》，明确"金融理财"是中小学地方综合课程内容重要部分。还有一大批中小学通过校本课程开发、社团活动、与社会公益组织合作等方式开展财经素养教育。广东还参加PISA2015测试，其中的财经素养成绩相当突出。

作为协创中心协同单位之一，广东省教育研究院也积极通过各种途径推动财经素养教育研究与实践。

一是以课题为抓手，设立一批财经素养教育研究课题学校。2017年9月，我院面向全省基础教育学校遴选财经素养教育实践研究课题学校，确定来自广州市等7个地市的53个单位为广东省财经素养教育实践研究首批课题学校。目前，53所学校正按照课题规划展开实践研究，财经素养教育各项活动开展得有声有色，部分阶段性成果将在本次论坛上展示。

二是积极开展培训，切实提升财经素养教育师资队伍专业水平。2017年12月和2018年5月，在协创中心指导下，我院在广州举办了两期广东省财经素养教育中小幼教师业务培训。来自协创中心、中山大学、华南师范大学、广东财经大学、广东金融学院、广州大学、Visa中国、JA中国、《课堂内外》杂志社、广州财商教育科技有限公司的专家

莅临指导，来自省内外教研机构、全国各地的财经素养教育课题学校参加培训。今天在此举办高峰论坛，也是广东各地市教研单位和53所课题学校学习的好机会。我们还计划在未来的两年里，每学期举办一次省级培训，为广泛深入开展财经素养教育做好服务工作。

三是联合多方力量共同推动财经素养教育发展。一方面，我们紧跟协创中心步伐，积极配合协创中心开展相关研究，包括组团参加2017年度、2018年度的中国教育科学论坛财经素养教育分论坛，委派人员参与协创中心的专项工作会议并调研第3届中学生财经素养大赛决赛，还与协创中心、Visa中国在广州联合召开财经素养教育专题调研座谈会。另一方面，我们主动争取多方支持，与广东银监局消保处、广东证监局投保处、中国人民银行广州分行、JA中国广州办事处、Visa中国保持良好合作关系，形成多方协作工作平台，协同推动财经素养教育发展。

三、在粤港澳大湾区经济社会转型发展中推动财经素养教育协同创新发展的建议

一是以推动粤港澳大湾区建设为契机，建立区域财经素养教育交流合作机制。国家推动粤港澳大湾区建设的决策部署，为推进三地财经素养教育协同创新发展提供了宝贵机遇。应加强思想观念创新，统筹协调创新、政策创新，通过创新制度、建立政策、健全机制，以互利共赢为原则，以协同发展为方式，推动粤港澳大湾区财经素养教育优势互补、形成合力，促进粤港澳大湾区财经素养教育协同创新发展。

二是以统筹各方资源为基础，形成推动区域财经素养教育协同创新发展强大合力。随着财经素养教育深入发展，粤港澳大湾区的专业力量发展越来越壮大，加强各方力量统筹，显得十分必要。应积极联系粤港澳相关教育、金融管理部门和科研机构、学校、金融机构、行业组织、科技企业、媒体，在政策支持、科研合作、经验交流、舆论宣传等方面深度交流合作并在区域中充分发挥引领财经素养教育协同创新发展的作用。

三是以同根同源文化为桥梁，加深区域财经素养教育交流与融合。粤港澳三地拥有紧密相连的血脉与同根同源的中华文明和南粤文化。我们要充分利用这一优势，通过促

进学校结对、课程与教学资源共享、师生互访等方式，积极探索具有粤港澳大湾区特色的财经素养教育模式，为粤港澳大湾区经济社会转型发展作贡献，为中国财经素养教育协同创新、繁荣发展积累经验。

2015年以来，中国财经素养教育高峰论坛在搭建财经教育资源平台、传播财经素养教育理念、探索财经素养教育模式和推动财经素养教育发展方面发挥了积极作用。相信本次论坛通过思想的碰撞、观点的交流、经验的分享，必定能够带给大家深刻启发，促进财经素养教育更好更快发展。

预祝论坛圆满成功！

让 STEM 教育引领创新人才培养[*]

今天，我们齐聚深圳，在这座迈向全球"创新之都"的城市共同见证"中国教育科学研究院广东省STEM教育协同创新中心"启动仪式。相信大家都充分认识到，当今世界正处在科技高速变革的时代，创新教育的重要性日益凸显。作为教育部直属国家教育智库，中国教科院在2017年成立STEM教育研究中心，与包括广东省教育研究院在内的全国11家教科研单位在共同实施"STEM教育2029行动"计划上达成共识，成立STEM教育协同创新中心，目的在于共同打造STEM教育研究生态圈和共同体，引领和促进中国的STEM教育发展。

回溯历史，广东中小学在创新教育方面有着丰富的实践：2014年，广州市建立创客实验室；2015年，深圳市成立首批32个中小学创客实验室并开发700多门创客课程，佛山市启动教育创客培养计划，东莞市民间团体资助学校创客教育；等等。创客教育和STEM教育是创新教育的两种重要方式，强调培养学生的科学素养、创新精神、实践能力。可以说，广东健全的现代产业体系、厚实的教育科技基础、中小学丰富的创客实践生态为开展创客教育及STEM教育提供了肥沃的土壤。与此同时，广东中小学的创新教育也面临着诸多挑战：学校层面自主自发探索积极，但政策层面引领不够；硬件设施设备配置得到重视，但课程建设及资源开发较匮乏；项目定位功能单一，学生参与面、受益面不够广；STEM教育已引起大部分教师重视，但亟需专业培训及职业认证。此外，创新教育还亟待跨学科融合，需要将STEM教育的理念、方法渗透进各相关学科，推动教学方式和学习方式变革，创新学习场景、整合学习内容，从而达到培养学生科学素养、创新精神、实践能力的目的。

我想利用这个机会，就如何推进中小学STEM教育谈四点意见。

第一，要始终把STEM教育作为创新人才培养的重要战略。如上所述，当今世界正

---

[*] 本文系作者于2018年12月20日在中国教育科学研究院广东省STEM教育协同创新中心启动仪式暨广东省首届中小学STEM教育交流研讨活动上的讲话。

处在科技高速变革的时代，新科技、新业态、新模式不断涌现，物联网、云计算、大数据、基因检测等新兴产业快速成长，经济社会转型发展对人才结构调整优化特别是创新人才培养提出更迫切更高的要求。世界各国的教育实践表明，STEM教育有助于培养学生的科学探究能力、批判性思维、创造性意识、信息技术能力等未来社会所需要的综合素质，这已上升为全球不少国家的发展战略。广东的全面工业化和创新型产业发展迅猛，新兴产业集群不断涌现，创新驱动发展已成为经济社会发展核心战略。STEM教育必定对广东培养未来的科学家、工程师和增强综合实力、国际竞争力具有重大战略价值和深远意义。这是我们必须紧紧把握的机遇和应当积极应对的挑战。

第二，要始终把课程建设作为发展STEM教育的核心。课程建设是当前我国STEM教育发展面临的一大挑战。开设STEM课程的中小学多是学习、借鉴国外的案例及经验，或是完全自发兴起的探索尝试。相比国外不少机构已推出STEM课程标准，我们还没有建立起相关课程标准和课程体系，教什么、如何教等关键领域还不够清晰；STEM教育强调课程融合，而我们实行分科教学，如何进行跨学科课程整合还有待研究和试验；STEM课程如何定位，与三级课程特别是校本课程之间的关系如何恰当处理还有待深入研究和探索；相关评价体系尚未建立，检验课程教学成效、学生学习目标是否达成的工具比较缺乏；等等。因此，STEM教育要在我们这里落地生根、开花结果，课程建设应当成为发展STEM教育的核心。我们大家要为此不断贡献智慧和力量。

第三，要始终把教师培养作为发展STEM教育的首要任务。STEM教育有效实施的首要条件是要有开发、讲授STEM课程的专任教师。我国实行分科教学，中小学开展STEM教育的多为物理、化学等理科类单科教师，目前缺少跨学科、综合性的师资力量。STEM教育提倡用跨学科方法解决真实世界的具有挑战性的问题，必须打破学科壁垒，使学生获得多学科解决问题的经验。如何找到适合的方法、有效的途径，如何帮助教师获得多学科的STEM教学经验，提高教师的多学科素养，从而帮助教师构建科学的STEM教育课程观，提升教师STEM教育的课程设计、开发与实施能力等，将会成为决定STEM教育成败的关键。因此，我们必须高度重视STEM教师综合素质培养培训。

第四，要始终把协同共享作为发展STEM教育的基本路径。我国STEM教育在近年才真正起步并呈现快速蓬勃发展态势。作为一个系统性工程，STEM教育的开展亟需汇聚多方智慧、资源和力量。我们鼓励广东省STEM教育实践研究课题学校增强协同合作,将好的经验做法加以介绍、推广;鼓励小学、初中、高中、大学各学段的STEM教育主动相互衔接,打通学生成长成才环节;鼓励中小学主动进行职普融合,将职业教育优质资源、实验实训室、专业师资等引入中小学STEM教育;鼓励中小学积极主动与行业企业、社会组织对接,整合资源,调动行业企业、社会组织的人才、资金、设施设备、项目资源,共同构建活力、合作、包容的STEM教育生态。我们要为拓宽协同共享道路而不懈努力。

因材施教 因 A.I. 而能 *

参加以"因材施教 因A.I.而能"为主题的A.I.&智能教育论坛暨教育生态合作伙伴大会,看到来自教育部、省教育厅、高校、中学的领导、专家和校长齐聚南沙,为广东省、广州市智慧教育发展献计献策,我深感荣幸、深感高兴。

近年来,人工智能对教育改革发展的影响越来越受到重视和关注,一系列推进人工智能教育应用的战略规划与行动计划陆续出台。2017年7月,国务院发布《新一代人工智能发展规划》,明确提出发展智能教育。2018年4月,教育部发布《高等学校人工智能创新行动计划》和《教育信息化2.0行动计划》,进一步明确推动人工智能与教育融合发展,还启动人工智能助推教师队伍建设行动试点工作。2019年2月,中共中央、国务院发布《中国教育现代化2035》,"加快信息化时代教育变革"被列为推进教育现代化十大战略任务之一,作出了推进智能教育应用的部署。这既反映了时代现实要求,又顺应了未来发展趋势。

推进教育信息化,是落实国家教育改革发展决策部署的必然要求,也是体现和支撑教育现代化的题中应有之义。推进广东省教育改革发展,提升广东省教育信息化水平,要以创新教与学方式为重点,充分发挥基于人工智能、大数据、移动互联网等新一代智能教育技术对教育理念、教学模式、教育治理方式创新的作用,以信息化推动教育优质化、多样化、特色化发展。我们坚信,信息技术赋能教育,是实现教育优质化、多样性、特色化发展极其重要的手段,对办好每一所学校、促进每一个教师专业成长、教好每一个学生都将发挥关键作用。

赋能学校,将改变学校办学形态,拓展办学领域,提高学校服务教师、服务学生、服务社会的水平,形成更加以学习者为中心的学习环境和更加与经济社会发展紧密相连的空间。

---

* 本文系作者于2019年10月24日在A.I.&智能教育论坛暨教育生态合作伙伴大会上的致辞。

赋能教师，将改变教师教学、教研形态，促进教学模式从知识传授向知识建构转变，提升教研效能，同时有助于缓解欠发达地区师资短缺和资源配置不均的问题。

赋能学生，将改变学生学习方式，提高学习效率，增强创新实践能力，减轻课业负担，让学生们有更多自由自在走进大自然、走进社会的机会和时间。

赋能教育治理，将改变教育系统治理方式，促进教育决策科学化和资源配置精准化，迅速把握教育舆情，深化教育"放管服"改革，加快形成现代教育公共服务体系。

教育信息化是广东加快推进教育现代化一项紧迫而艰巨的任务。在教育系统向智能化转型的过程中，政府、教育研究机构、相关行业企业、各级各类学校必须加强合作，稳步推进智慧教育改革发展。我想，本次论坛暨合作伙伴大会是为广州市智慧教育示范区创建而举办的，我希望全省及各地市、各县（市、区）、各学校也都积极主动地扎实推进教育信息化建设，在信息技术革命浪潮中把握先机，实现从适应、创新到超越。我也衷心期待大家对此给予充分关心和大力支持。

预祝本次论坛暨大会圆满成功！

聚焦 STEM 课程　助力创新人才培养[*]

2018年12月,我们在深圳共同见证"中国教育科学研究院广东省STEM教育协同创新中心"正式启动。今天,为推动粤港澳大湾区STEM教育合作发展,我们齐聚东莞,共襄2019粤港澳大湾区STEM教育论坛。本届论坛由中国教育科学研究院指导,广东省教育研究院与香港科技创新教育联盟、香港教育工作者联会、香港岭南大学STEAM教育及研究中心、澳门中华教育会联合主办,东莞市教育局、香港新苗国际文化交流学院承办,东莞市松山湖管委会科技教育局、东莞市松山湖实验中学协办。我谨代表广东省教育研究院,对中国教育科学研究院的关心和支持,对香港科技创新教育联盟、香港教育工作者联会、香港岭南大学STEAM教育及研究中心、澳门中华教育会的信任与合作,对各承办、协办单位的积极参加与鼎力支持,对各位的光临与智慧贡献表示衷心的感谢!

当今世界正处在科技高速变革的时代,新科技、新业态、新模式不断涌现。STEM教育既有助于培养学生的科学探究、质疑与批判、解决问题等高阶思维,又有助于发展学生的统筹协调、团队合作等非智力因素,对培养创新人才发挥着重要作用,已成为全球教育关注的热点。打造具有全球影响力的国际科技创新中心,是粤港澳大湾区重要战略定位之一。大湾区中小学要把握时代机遇,深入思考科技创新与STEM教育课程开发和实施之间的关系,将STEM教育的理念、方法渗透进各相关学科,创新学习场景、整合学习内容,推动教学方式和学习方式变革,为大湾区建设教育和人才高地、国际教育示范区、国际科技创新中心奠定坚实基础。

在此,我想就推进中小学STEM课程开发和实施谈四点意见,与大家交流。

第一,积极发挥校长STEM课程领导力。课程领导力是校长领导力非常核心的专业能力之一。提高校长STEM课程领导力,是推进中小学STEM教育的首要之举。校长应

---

[*] 本文系作者于2019年12月7日在2019粤港澳大湾区STEM教育论坛上的讲话。

当主动作为，积极规划STEM教育发展。要举旗定向，充分发挥STEM教育在落实立德树人根本任务中的重要作用；实行目标引领，带头设计学校STEM课程的目标、内容、结构；注重专业示范，积极培养优秀的STEM课程开发团队；善于学习，全面掌握STEM教育最新前沿资讯，整合STEM教育课程资源。概括地说，就是中小学校长要强化STEM课程思想力、设计力、执行力、评价力、资源整合力。

第二，切实加强STEM课程开发。STEM课程开发需要根据办学传统、目标定位、特色优势等对学校现有课程进行改编、整合和补充、拓展。分科教学是传统教育教学中应用最广泛的课程模式，不同学科教师分别负责教授各自科目，但跨学科间的联动性较低，学科之间的联系被割裂开来。STEM教育代表了课程组织方式的重大变革，发展STEM教育需要使科学、技术、工程、数学相互渗透、相互融合，培养学生举一反三、触类旁通、相互联系、综合应用的能力。STEM课程开发是一项多学科创造性劳动，需要创新思维，利用工程设计方法，把相关课程中需要学生掌握的知识和方法集合成具体项目，通过开展解决核心问题的活动，让学生经历、体验科学探究的过程，培养创新精神和实践能力。希望各中小学在STEM课程开发上，切实组织各相关要素，积极探索，不断前行。

第三，注重整合STEM课程资源。STEM课程需要与国家课程相结合、与拓展课程相交互、与学生生活实践相整合，这对STEM课程资源链和空间建设提出了新挑战。整合STEM课程资源，一要注重整合校内教学资源库、实验室、创客空间等新型课程资源；二要注重整合图书馆、科技馆、博物馆、企业、工厂等校外课程资源；三要注重与科研院所、高校、社区、社会组织、企业合作，调动行业企业、科研院所、社会组织的人才、资金、设施设备、项目资源，共同构建活力、合作、包容的STEM教育良好生态。

第四，创新优化STEM课程评价。精准有效的课程评价是提升STEM教育品质的重要保证。首先，创新优化STEM课程评价需要深入思考希望通过STEM教育"培养什么人、怎样培养人、为谁培养人"这一根本问题。其次，STEM课程评价应鼓励综合运用发展性、过程性方式对学生进行评价。传统以纸笔测验成绩方式对学生实施评价，能够判断学生对知识的掌握情况，但对学生综合能力评价明显不足。应采取多元化评价方式，将评价重心放在学生成长上，对学生的作业、调查报告、小论文、发现、发明等加以综合评判。此外，还可利用先进技术使STEM教育过程可视化，通过对学生参与学习进程的监测及时调整教育教学内容。

推动STEM教育合作发展，是对大湾区全体校长和老师教育思想、课程建设、创新能力的考验，也是新时代赋予大湾区校长和老师在科技变革大潮中实现立德树人的重要使命与责任。我们期待大家深入交流合作，为助推教育和人才高地、国际教育示范区、国际科技创新中心建设充分奉献情怀、力量和才智。

预祝2019粤港澳大湾区STEM教育论坛圆满成功！

第五章

努力推进基础教育优质发展

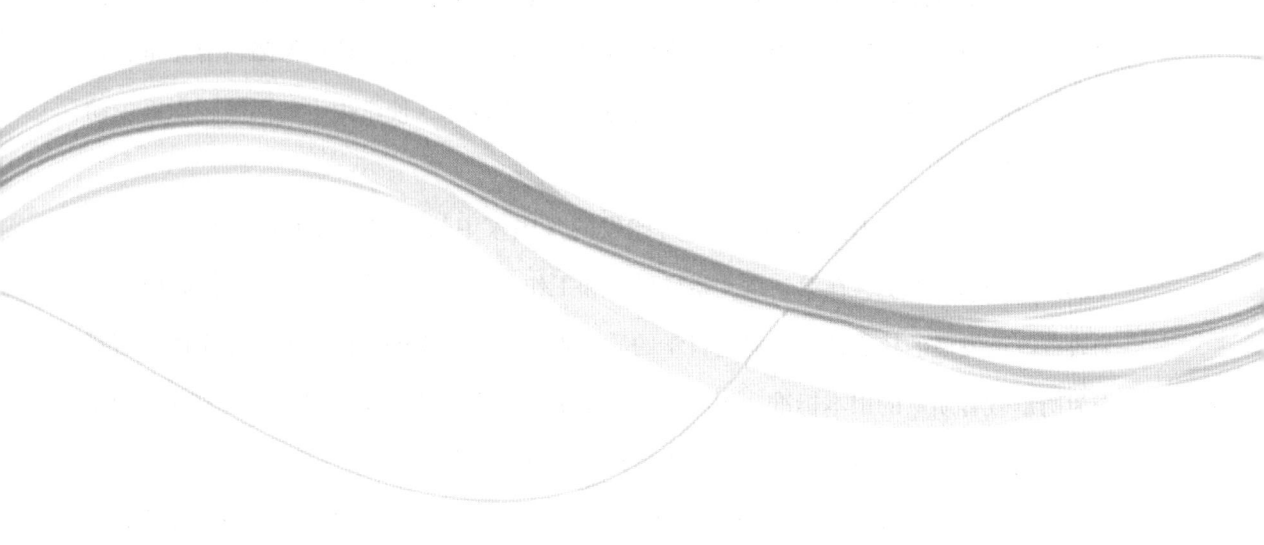

为推进中小学优质多样特色发展提供智力支持*

一、鼓励学校办出特色是党和政府对教育改革发展的明确要求

——中共中央、国务院1993年2月印发的《中国教育改革和发展纲要》,在"教育事业发展的目标、战略和指导方针"中明确指出:"中小学要由'应试教育'转向全面提高国民素质的轨道,面向全体学生,全面提高学生的思想道德、文化科学、劳动技能和身体心理素质,促进学生生动活泼地发展,办出各自的特色。普通高中的办学体制和办学模式要多样化。"

——1999年6月,《中共中央、国务院关于深化教育改革全面推进素质教育的决定》清楚表明:"实施素质教育,就是全面贯彻党的教育方针,以提高国民素质为根本宗旨,以培养学生的创新精神和实践能力为重点,造就'有理想、有道德、有文化、有纪律'的、德智体美等全面发展的社会主义事业建设者和接班人","全面推进素质教育,要坚持面向全体学生,为学生的全面发展创造相应的条件,依法保障适龄儿童和青少年学习的基本权利,尊重学生身心发展特点和教育规律,使学生生动活泼、积极主动地得到发展。"

——中共中央、国务院2010年7月印发的《国家中长期教育改革和发展规划纲要(2010—2020年)》,在第一章"指导思想和工作方针"中明确提出:"把提高质量作为教育改革发展的核心任务。树立科学的质量观,把促进人的全面发展、适应社会需要作为衡量教育质量的根本标准。树立以提高质量为核心的教育发展观,注重教育内涵发展,鼓励学校办出特色、办出水平,出名师,育英才。"

——省委、省政府2010年9月印发的《广东省中长期教育改革和发展规划纲要(2010—2020年)》,在第一章"指导思想和工作方针"中也明确要求:"树立以提高

---

* 本文系作者于2015年4月20日在广东教育学会学校特色研究专业委员会成立大会暨2015学术年会上的讲话提纲,标题为收入本书时添加。

质量为核心的教育发展观,注重教育内涵发展,鼓励学校办出特色、办出水平。"

可见,鼓励学校办出特色是党和政府对教育改革发展的明确要求,成立广东教育学会学校特色研究专业委员会并开展学术活动,是凝聚力量贯彻落实党和政府有关方针政策的具体表现,是为推进学校优质发展、多样发展、特色发展提供重要智力支持。

二、办学有特色是遵循教育规律、促进学生全面而有个性地成长成才的内在需要

世界上没有两片完全相同的叶子。同样道理,也没有两所完全相同的学校。同是学校,管理的对象都是人、财、物等因素,而学校的管理团队、教师队伍、办学条件和办学及管理的理念、模式、风格、举措等各有不同。但相当长一个时期以来,在有关教育观念、管理体制、管理方式和急功近利、舍本逐末思想的作用下,中小学、高校同质化现象相当普遍,"千校一面""千人一貌"畸形发展的状况相当突出,难以促进学生全面而有个性地成长成才,难以大批量地培养造就创新型、应用型、复合型人才。其实,每一所学校都是潜在的特色学校。因为,任何一所学校,总有它特定的条件,总有它潜在的优势,只要在遵循国家的教育方针和学生身心发展规律、教育教学规律、经济社会发展规律的前提下,从本校的历史文化传统、个性特征、价值追求、制度创新、课程教学改革实际出发,在实践中积极探索,创新教育思想、教育模式和教育方法,走校本发展之路,就能形成本校的教育教学特色和办学风格。特色不是一枝独秀,形成特色需要对办学有系统化设计,需要校长、教师、学生及家长、社区相向而行形成合力,需要充分调动一切有利于形成办学特色优势的积极性、主动性、创造性。从这个意义上讲,特色形成的过程本身就是学校建设和改革发展整体优化的过程。学校要坚持以人为本、全面实施素质教育这个战略主题,坚持立德树人这个根本任务,形成自己的"拳头产品",并以"拳头产品"为龙头,带动整体事业健康发展和各方面工作协调开展,推动整个学校专业化科学化水平不断提升。

三、学校特色研究是教育改革发展研究的重点和热点

在学习贯彻党中央、国务院决策部署过程中,"十五""十一五""十二五"的全国教育科学规划课题选题指南、广东省教育科学规划课题选题指南,"学校特色研究"一直是重要的选题项目。省第十一次党代会以来,全省教育"创强争先建高地"扎实推进,而教育"创强争先建高地"自然包含了深化教育改革、提升教育内涵水平、彰显教育特色优势的要求。放到具体单元来说,就是要培育形成课程、教材、教学、评价的特色,校长、教师精神风貌和专业发展的特色,教育教学质量和学生发展的特色,教育理念、管理方式、培养模式、学校制度的特色。推进学校特色发展,必须以理论研究、实践研究提供智力支持。广州市、深圳市、佛山市等地在新的发展阶段对如何创建学校特色进行了积极的理论研究和实践探索,全省各级教研机构、中小学是可以从中得到启发的,其有益经验是可以学习借鉴的。我们希望,以广东教育学会学校特色研究专业委员会成立并举办学术年会为契机,全省各级教研机构、中小学都来关注学校特色这个重点、热点问题,把学校特色研究和实践探索摆上重要议事日程,凝聚各方力量,以贯彻落实国家和省关于教育改革发展与人才培养的方针政策为依据,以科学理论为指引,以实践为载体,尊重首创精神和首创经验,不断积累实践成果、提升理论高度,为推进教育"创强争先建高地"、走出一条具有广东特色的教育发展路子作出我们应有的贡献。

扎实培育和推广基础教育教学优秀成果[*]

今天、明天，我省基础教育教学成果奖培育工作暨推广交流会在深圳召开。首先，我谨代表省教育研究院向来我省作指导的教育部基础教育二司、中国教育科学研究院的领导和专家表示衷心感谢！向为我省传经送宝的北京市、江苏省的专家深表谢意！向长期以来在我省从事基础教育教学改革发展及其研究的同仁们表示诚挚的问候！

开展教学成果奖励活动，是国家实施科教兴国战略和人才强国战略的重要举措，是我省坚持优先发展教育、建设人力资源强省的重要举措，对尊重劳动、尊重知识、尊重人才、尊重创造，充分调动和发挥基础教育工作者的积极性、主动性、创造性，推进基础教育教学改革发展、为广大学生全面而有个性地健康成长成才奠基具有重大意义和深远影响。我省自1997年12月颁发首届普通教育教学成果奖以来，这项工作开展已达17年，完成了8届，累计评出433项获奖成果。这些获奖成果集中展现了我省广大基础教育工作者贯彻执行党的教育方针，重视教育教学改革发展及其研究，重视学科带头人和骨干教师队伍建设所取得的显著成就，代表了我省基础教育教学改革发展及其研究的最高水平。

教学成果奖作为国家实施科教兴国战略和人才强国战略的重要举措，是奖励取得优异教学成果的集体和个人，以鼓励教育工作者积极从事教育教学研究，提高教学水平和教育质量。2014年年初，教育部启动第一届基础教育国家级教学成果奖评选，这是对基础教育教学的地位和作用认识的重大转变或者说是应有的回归，对深化基础教育教学改革发展、提高基础教育教学研究科学化水平来说，无疑是注入了强劲的动力。

获得首届基础教育国家级教学成果奖的集体和个人，充分表明他们既是我省基础教育领域国家级教学成果奖的"拓荒者"，也是激励未来我省基础教育国家级教学成果奖培育和组织申报的"示范者"。一分耕耘，一分收获。没有他们长期的辛勤付出，就没

---

[*] 本文系作者于2015年5月5日在广东省基础教育教学成果奖培育工作暨推广交流会上的讲话，标题为收入本书时添加。

有我省基础教育教学在国家级奖励平台上的荣耀。

分析我省所获得的首届基础教育国家级教学成果奖，可以看出我们有31个项目获奖，获奖率约30%，综合排名列全国第五位，与全国其他省份相比，应该说我省基础教育教学成果较为显著，综合实力较强。但我们未有项目获得特等奖和一等奖，高水平获奖成果与江苏、北京、浙江、上海等省（市）相比存在较大差距。这说明我省基础教育教学成果还有很大的提升空间。

下面我从省教育研究院的角度出发，就进一步做好我省基础教育国家级教学成果、我省优秀普通教育教学成果的培育和推广交流工作谈几点意见，与大家交流。

一、甘于奉献，立足教育立德树人根本任务

人们常说："教师是太阳底下最崇高的职业。"教师职业之所以获得如此高的社会评价，根本原因在于教师们是用自己的聪明才智、高尚品格默默奉献于教育事业，为民族为国家为人民培养合格人才的。教育教学工作，是一项对学生心灵塑造、精神培养、道德熏陶、智慧开发、能力增长的伟大工程，根本出发点和落脚点是培养人的真、善、美，是培养学生的社会责任感、创新精神和实践能力，促进学生全面而有个性地健康成长成才。教育领域的所有改革，教学领域的所有探索，学校的所有研究与实践，都必须牢牢坚持立德树人这个根本任务。而优秀教学成果的打造，浮躁不得，必须甘于长期奉献，必须紧扣以人为本、全面实施素质教育这个教育改革发展的战略主题，坚持育人为本、德育为先、能力为重、全面发展，从理论创新与实践探索相结合上不懈努力。

二、高瞻远瞩，立足教育教学改革发展前沿阵地

教育教学活动既是社会系统运行的重要驱动力量，同时也受社会系统变革的影响。教育教学活动的内容、形式、方法、模式等，从来都不是一成不变的。随着经济社会发展，尤其是对人的本质和成长成才规律认识的加深，教育思想、教育目标、教育内容、教学思维、教学方法、教学手段等也在不断更新、变化。我们的教育教学改革发展及其

研究活动，要善于审时度势，把握前沿性问题，追踪和研究省内外、国内外教育教学改革发展的最新状态、最新问题、最新理念、最新模式。2012年省第十一次党代会以来，教育"创强争先建高地"战略决策的实施不断拓展和深化。具体到基础教育学校教学工作和教学成果奖的培育与打造，一定要在这些认识的基础上，紧紧把握国家关于基础教育改革发展的决策部署，紧紧围绕我省教育"创强争先建高地"这个宏伟目标，充分理解基础教育国家级教学成果奖励的目的、标准、规范，以此为引导，贯彻落实有教无类、因材施教、终身学习、人人成才的理念，注重教育教学优质化、多样化、特色化改革发展，着力建立多样化、个性化、创新型培养模式，既有理论建树，又有体制机制创新，还有影响广泛而深远的实践模型。

三、脚踏实地，立足教育教学改革发展现实问题

教育教学活动的根本宗旨是促进人全面而有个性地健康成长成才。一切教育教学研究的逻辑基点是教育教学过程中的现实问题。没有问题的教育教学研究，不解决实现教育教学问题的研究，是没有任何价值和意义的。因此，教学成果的探索和积累，要建立在充分的现实问题基础上。

素质教育实施多年，步步深入，硕果累累，可喜可贺。但是，我们不能不看到，有一些"老大难"问题一直没有得到彻底、有效的解决，这有待我们深入研究和探索，比如中小学生课业"减负"问题、"择校热"问题、课程教材改革问题、综合素质培养和评价问题、教育公平与因材施教问题、教育教学活动拓展与学校及教师责任问题等。不能因为是"老大难"问题，我们就躲之避之、置之不理，而应是越困难就越要去寻求解决之道，这样就越能显示我们所从事工作的重要意义和重要价值。我们是基础教育工作者，对中小学教育教学中存在的问题更有切肤之痛，在开展教育教学改革发展及其研究和教学成果奖的培育与打造中，要迎难而上，以改革为方向，以问题为导向，系统性谋划，用我们的勇气和智慧、用团队的力量去寻求破解有关难题之道，为党和国家分忧，为全面深入推进素质教育助力，为孩子发展和家庭向上造福。这是我们的责任，是我们的使命，也是我们的光荣。

四、勇于开拓，立足教育教学成果原创性

创新是国家繁荣、民族昌盛的核心动力，是人类社会进步的源泉。完善知识创新体系，建设创新型国家及创新型区域，基础在教育创新及人才培养模式创新。基础教育工作者要把改革创新精神贯彻到教育教学工作的各个方面、各个环节，加大教育理念、课程设置、教材内容、教学方式、评价办法等的改革创新力度，着重培养学生的社会责任感、创新精神和实践能力，着力以改革创新解决教育热点、难点问题，作出令人民满意的答复。

我省普通教育教学成果奖特等奖为什么空缺多年？这一方面说明，历届教学成果奖的评审是严格、严谨的，是宁缺毋滥的。另一方面也反映出，我们的教育教学及其研究工作仍需加大改革创新力度。特等奖的标准是什么？第一点就是"理论上有重大创新"！吃别人嚼过的馍没有味道，说别人说过的话没有意思。教育教学研究与实践，贵在创新。我们一定要尊重科学、遵循规律，注重独创性、开拓性，研究新问题，提出新思路，创造新方法，发表新观点，产生新成效……不可老生常谈、了无新意，导致"虚假成果""虚假研究"，造成研究资源浪费。我省处于改革开放前沿，有着良好的创新传统和创新品格。基础教育教学活动和优秀教学成果培育理应与此相匹配，着重突出原创性，敢于挑战全国及全省共同面对而又难以解决的问题，善于发现别人未发现的问题，勇于提出别人未提出或不敢提出的新观点、新路径、新方法，形成具创新性、科学性和可复制、可推广的优秀成果。

基础教育教学成果奖的培育、打造、宣传、推广，对我省基础教育内涵发展、质量提升、特色凝练具有重大意义，是基础教育工作的重要组成部分，需要各级教育行政部门、教研机构和所有幼教机构、中小学、有关高校高度重视，给予正确的方向指引和精神鼓励，给予人力、物力、财力支持。省教育研究院将为全省优秀教学成果培育提供指导。我相信，全省及各地市一定能产出更多、更有分量、更有创新意义的基础教育教学改革发展及其研究成果。

勇于形成广东特色、广东风格、广东气派的基础教育教学成果*

经过一天半的时间,本次会议圆满完成了各项议程。

在本次会议上,中国教育科学研究院副院长曾天山题为《中国教育科研影响力的分析》的报告,以全局视野、大局高度,指明教育科研在推动和引领教育改革发展中的重要作用,总结了教育科研的显著成就,也指出了当前教育科研存在的主要困难问题,同时提出了解决教育科研困难问题的思路和办法。这个报告,为从事基础教育教学改革发展及其研究的工作者进一步树立了全局意识、大局观念,有助于引导我们注重把教育科研成果转化为教学成果,有助于我们更好地走教育教学改革发展及其研究的正确道路。

教育部基础教育二司柳夕浪同志为我们全面系统地解读了基础教育国家级教学成果奖的申报与评审规则,分析了基础教育国家级教学成果奖获奖情况,还特别有针对性地提炼出对广东省在这项工作上的几点启示。这个报告,使我们加深了对基础教育国家级教学成果奖的认识,有助于我省及各地市更好地做好基础教育国家级教学成果奖的培育和申报组织工作,有助于我省有更多更好的成果在全国同行的竞争中脱颖而出。

北京市和江苏省在首届基础教育国家级教学成果奖评审中,无论是获奖成果的数量还是质量水平,都居于全国领先地位。这次会议能请来他们的国家级一等奖获得者,以具体案例解剖麻雀,传授心得,分享经验,实在是我们全体同仁难得的一个学习借鉴机会。这展现了全国教育工作者打破门户之见、无私分享、精诚团结的可贵精神面貌,为我省送来了宝贵经验和有益启发。

在深圳市教育科学研究院院长叶文梓的介绍中,深圳市基础教育教学成果奖的培育经验,无疑会为全省各地级以上市和各县(市、区)带来思考、树立榜样。我省两位发言的国家级教学成果奖二等奖获得者,都是一线教育工作者,他们的经验同样可复制、可推广。黄崴同志代表省教育研究院,对我省普通教育教学成果奖的情况作了详细分

---

* 本文系作者于2015年5月6日在广东省基础教育教学成果奖培育工作暨推广交流会上的总结讲话,标题为收入本书时添加,内容稍有删减。

析，对国家级、省级新成果的培育工作作了周密部署。

本次会议推出的《创新教育理论，引领教育实践》一书，是我省首届基础教育国家级教学成果奖、省第八届普通教育教学成果奖获奖成果的集合。相信各项成果丰富的、创新性的内容对我省广大教师和教研员转变教育教学理念、提高教育教学质量、强化教育教学研究将提供有益的借鉴和启示，对全省及各地市培育更多优秀教学成果、奠定教育"创强争先建高地"更坚实的基础将有重要推动和引领作用。

本次会议，是基础教育教学成果奖经验总结会，是基础教育教学优秀成果推广交流会，是新的基础教育教学优秀成果培育工作会。全面理解会议精神，要着重把握好四个关键词：问题导向，系统构建，团队合作，创新驱动。希望广大基础教育工作者能在现有基础上认清形势、明确责任、振奋精神、勇于创新、大胆探索、再创佳绩，共同谱写我省基础教育教学改革发展及其研究的新篇章！

本次会议即将闭幕，我再提五点希望，与大家共勉。

第一，提高认识、承担责任。设立教学成果奖是国家实施科教兴国战略和人才强国战略的重要举措。国务院1994年3月14日发布《教学成果奖励条例》（国务院令第151号），标志着国家级教学成果奖和国家科技成果奖一样，同为国家级奖励。因此，荣获教学成果奖是一份沉甸甸的荣誉，表明获奖的优秀教学成果在理论和实践上是科学可行的，是得到政府高度认可的。希望各有关方面都承担起责任，更加重视培育和宣传推广优秀教学成果，努力做好教学成果奖有关工作。

第二，注重推广、扩大效益。我省开展教学成果奖评审已达八届，涌现出430多项优秀的获奖成果。这些成果涉及教学理论、教学管理、教学内容、教学方法、教学手段等各个方面，充分反映了基础教育教学规律，具有独创性、新颖性、实用性，对提高教学水平和教育质量，对实现教育培养目标，具有显著推动作用。对于历届获奖成果，我们绝不应该束之高阁，而应加大宣传推广力度，充分发挥它们的示范、辐射、带动、引领作用，最大限度地扩大其推进基础教育教学改革发展、促进全体学生健康成长成才的良好效益。比如《创新教育理论，引领教育实践》这本书是近年来我省优秀教学成果之集大成者，就很值得我们宣传推广使用，充分发挥它的作用。

第三，加强培育、勇创辉煌。一项优秀的教学成果最终能够脱颖而出，往往离不开来自各方面的关心和帮助，往往需要相当长时间的理论创新和实践探索。作为教育行政部门，不能坐等自己的老师拿奖、开庆功会，而应在他们研究探索的全过程，从多个方面、以多种形式提供强有力的支持；作为教研部门和学校，要为教师、教研员培育优秀教学成果营造宽松的环境，提出正确的方向指引，组织协同创新；作为教师、教研员，既要把握教育教学改革发展的正确方向和基本路径方法，又要尊重科学、遵循规律，耐得住长时间的煎熬，敬业、乐业、专业，使成果富有科学性、专业性、创新性、示范性。总之，希望在各级教育行政部门的领导下，各级教研部门和各级各类学校制定教育科研和优秀教学成果培育中长期规划及年度工作计划，切实在教育科研及教学成果的培育、孵化、申报等方面下足功夫。

第四，虚心学习、后来居上。在首届基础教育国家级教学成果奖的评审中，虽然我省有31个项目获奖，综合排名列全国第五位，与全国其他省份相比，算是取得了不错的成绩，但我们是人口大省、教育大省、经济大省，没有取得国家级特等奖和一等奖，表明我们与北京、上海、江苏、浙江等地还存在明显差距。他山之石，可以攻玉。我省要迎头赶上，应该虚心学习先进省（市）的经验，认清自己的差距及原因。省内各市相比，广州、深圳处于遥遥领先的地位；其他市有做得很好的，有成绩一般的，也有落后的，甚至还有根本就不重视的。希望大家深刻反思本地区本单位这几年基础教育教学改革发展及其研究工作，切实端正态度、认清差距、学习先进、奋勇争先。

第五，志存高远、脚踏实地。培育、孵化优秀教学成果，应该有更广的视野、更深的思考、更长的眼光、更大的志向，将其上升到深化课程、教材、教学、评价改革和全面推进素质教育、提升教育教学质量、为少年儿童健康成长成才奠基的高度。党的十八大和十八届三中全会一再提出"深化教育领域综合改革""把立德树人作为教育的根本任务"，这已经成为党和国家的坚强意志和坚定行动，被置于前所未有的战略高度。我们应该志存高远，同时脚踏实地地做深化教育领域综合改革、立德树人的弄潮儿、排头兵和领头羊，自觉地将个人的教育理想、学术旨趣、发展方向与国家教育改革发展的要求融合在一起，将个人的聪明才智与团队的协同创新结合起来，在尊重科学、遵循规律的基础上，创造性地开展教育教学理论创新和实践探索。只有这样，才能形成科学的、具创新性的、经得起实践和历史检验的、有广泛而深远影响的优秀成果。

大家在会议结束回到单位后，要认真向所在单位全面汇报和传达这次会议精神及会议所提出的要求，制订贯彻落实会议精神及有关要求的方案及计划。请大家再接再厉，认真扎实地做好国家级和省级教学成果奖的培育、申报、评审、交流、推广等各项工作，全力开展教育科研和教育教学改革发展工作，为推进教育"创强争先建高地"和形成广东特色、广东风格、广东气派的教学成果作出新的更大的贡献。

教育国际化与本土行动*

——基于PISA视角的学生发展基础素养状况及提升路径

一、中国四省市首次组团参加PISA2015简况

(一) PISA 与 PISA2015 简介

1. 关于PISA。PISA（the Program for International Student Assessment，国际学生评估项目）是OECD（Organisation for Economic Co-operation and Development，经济合作与发展组织）成员国共同开发的大规模国际教育评价项目，其目的在于测评学生在接受义务教育即将结束时是否掌握了参与未来社会所必需的终身学习能力。该评价项目聚焦阅读、数学、科学等关键领域，研发出一套学生成绩评价方面具有国际可比性的指标体系，以这套指标体系审视、检查和评估参与国家以及学校的教育整体成效，为制定或调整教育政策、改进教育策略提供参考。

PISA的参测对象是15岁学生，测评核心是15岁学生的素养，于2000年启动第一次测评，随后每3年组织一次，根据测评年份来命名，测评结果于次年公布。PISA测评的主领域在阅读、数学、科学素养之间轮换，2000年重点测评阅读素养，2003年是数学素养，2006年为科学素养，9年形成一个大循环。除必考领域外，PISA2003增加问题解决能力选测，PISA2012增加财经素养、计算机化问题解决能力选测，PISA2015增加协作式问题解决能力选测，PISA2018增加全球胜任力选测。自2009年起，PISA开始提供基于纸笔和基于计算机的两种测评工具，2015年大部分地区选用基于计算机的测评工具。

PISA以OECD成员国为主，面向非成员国和地区开放。参加PISA的国家和地区数量在不断增加：2000年43个，2003年41个，2006年58个，2009年65个，2012年67个，2015

---

* 本文系作者于2018年5月23日在全省分管教育工作的副市长、副县（市、区）长和地市、县（市、区）教育局局长培训班上所作的讲座。广东省教育研究院教育评估室许世红同志为形成本文作出了重要贡献。

年72个。

2. 关于PISA2015。PISA2015的主测评领域是科学素养，阅读、数学素养和协作式问题解决能力是次测评领域（部分参测国家/地区未参与协作式问题解决能力评估：15个采用纸笔模式测评的国家/地区未进行协作式问题解决能力评估，另有瑞士、爱尔兰、波兰、多米尼加和卡塔尔也未参加协作式问题解决能力评估；共有52个国家/地区参加PISA2015协作式问题解决能力评估，其中马来西亚因参测学生覆盖率太小无法保证数据的可比性，故不参与排名），财经素养则属于选测项目（共15个国家/地区选择参与该项目评估）。如表1所示，35个OECD成员国和37个伙伴国家/地区，共72个国家/地区参加了PISA2015；其中，中国四省市指的是参加测评的北京、上海、江苏、广东这四个省（直辖市）组合体。

表1　PISA2015的参测国家/地区一览表

OECD 成员国家（35 个）			伙伴国家 / 地区（37 个）		
澳大利亚	奥地利	比利时	阿尔巴尼亚	阿尔及利亚	阿根廷
加拿大	智利	捷克	巴西	中国四省市	保加利亚
丹麦	爱沙尼亚	芬兰	哥伦比亚	哥斯达黎加	克罗地亚
法国	德国	希腊	塞浦路斯	多米尼加	马其顿
匈牙利	冰岛	爱尔兰	格鲁吉亚	中国香港	印度尼西亚
以色列	意大利	日本	约旦	哈萨克斯坦	科索沃
韩国	拉脱维亚	卢森堡	黎巴嫩	立陶宛	中国澳门
墨西哥	荷兰	新西兰	马来西亚	马耳他	摩尔多瓦
挪威	波兰	葡萄牙	黑山	秘鲁	卡塔尔
斯洛伐克	斯洛文尼亚	西班牙	罗马尼亚	俄罗斯	新加坡
瑞典	瑞士	土耳其	中国台北	泰国	越南
英国	美国		突尼斯	阿联酋	乌拉圭
			特立尼达和多巴哥		

OECD于2016年12月6日向全球发布科学、阅读、数学素养测评结果，2017年5月24日向全球发布财经素养测评结果，2017年11月21日向全球发布协作式问题解决能力测评结果。

另外，北京、上海、江苏、浙江组团参加PISA2018，命名为PISA2018（中国），已于2017年9月26—29日完成试测，2018年4月26—27日完成正式测试，测试结果将于2019年12月由OECD向全球发布。

（二）中国四省市PISA2015参测概况

教育部于2006年、2009年、2012年在部分省市进行PISA中国独立研究，测试结果内部使用，为中国正式参加PISA测评做准备。2015年4月，教育部组织北京、上海、江苏、广东（以下简称"中国四省市"）成整体参加PISA测评，并选用基于计算机模式的测评工具，国际结果报告中以"B-S-J-G（China）"的方式表示。

中国四省市共有268所学校共10682名PISA学生参加正式测试与问卷调查，近7000名校长、教师参加问卷调查。中国四省市268所参测学校的分布情况为：北京房山区46所（全样），北京其他区31所，上海32所，江苏57所，广东102所。中国四省市参测学生分布情况如表2，其中广东参测学生占比近四成。

表2 中国四省市城乡参测学生占比情况表

省（直辖市）		总计		城市		县镇		农村	
		学生数（人）	占比（%）	学生数（人）	占比（%）	学生数（人）	占比（%）	学生数（人）	占比（%）
北京	房山区	1563	14.63	0	0.00	535	5.01	1028	9.62
	其他区县	1227	11.49	706	6.61	359	3.36	162	1.52
上海		1307	12.24	781	7.31	252	2.36	274	2.57
江苏		2354	22.04	756	7.08	1037	9.71	561	5.25
广东		4231	39.61	1836	17.19	1794	16.79	601	5.63
合计		10682	100.00	4079	38.19	3977	37.23	2626	24.58

（三）广东省PISA2015参测概况

我国PISA2015参测学校和参测学生，由PISA组织方和PISA2015中国国家中心（设在教育部考试中心）共同依据PISA有关规则，从四省市上报的相关数据中抽取。广东含PISA学生的中学共4811所，另有19所高职院校含有中职部（中专部）。广东的102所参测学校覆盖全省21个地级以上市及顺德区，区域分布基本合理，数据见表3。

表3　PISA2015广东正式参测学校区域分布情况表

地区	含PISA学生的中学		参测学校	
	数量（所）	占全省百分比（%）	数量（所）	占全省百分比（%）
潮州	136	2.83	2	1.96
东莞	227	4.72	6	5.88
佛山	153	3.18	2	1.96
佛山顺德	73	1.52	3	2.94
广州	567	11.79	9	8.82
河源	195	4.05	1	0.98
惠州	276	5.74	4	3.92
江门	208	4.32	4	3.92
揭阳	262	5.45	8	7.84
茂名	296	6.15	7	6.86
梅州	260	5.40	6	5.88
清远	188	3.91	6	5.88
汕头	299	6.21	8	7.84
汕尾	180	3.74	4	3.92
韶关	175	3.64	2	1.96
深圳	335	6.96	4	3.92
阳江	119	2.47	2	1.96
云浮	114	2.37	5	4.90
湛江	376	7.82	9	8.82
肇庆	191	3.97	8	7.84
中山	111	2.31	1	0.98
珠海	70	1.45	1	0.98
全省小计	4811	100.00	102	100.00

广东参测学生所在学校地理位置与全省含PISA学生的地理位置分布一致，与中国四省市参测学生所在学校地理位置的分布比例基本一致，数据见表4。

表4 广东上报与参测学生占比情况表

		总计		城市		县镇		农村	
		学生数（人）	占比（%）	学生数（人）	占比（%）	学生数（人）	占比（%）	学生数（人）	占比（%）
广东	上报学生	1448879	100.00	676676	46.70	603195	41.63	169008	11.66
	参测学生	4231	100.00	1836	43.39	1794	42.40	601	14.20
四省市参测学生		10682	100.00	4079	38.19	3977	37.23	2626	24.58

正式测试抽样时，广东参测学生的年级分布、学段分布、学校性质分布与全省含PISA学生的相关分布一致，数据见表5、表6、表7。其中，广东省参测学生高达74%在初中学段（中国四省市整体参测学生63%在初中学段），超过85%的学生来自公立学校，近六成（58.3%）来自粤东西北地区学校。

表5 中国四省市、广东参测学生年级分布表

年级	中国四省市学生占比（%）	广东参测学生占比（%）
7年级	1.1	1.6
8年级	9.2	13.6
9年级	52.7	58.8
10年级	34.6	24.0
11年级	2.2	1.9
12年级	0.1	0.1
合计	100.00	100.00

表6 广东参测学生所在区域与学段分布表

		初中	完中	高中	中职校	合计
城市	学生数（人）	996	546	210	84	1836
	占比（%）	23.5	12.9	5.0	2.0	43.4
县镇	学生数（人）	1206	420	168	0	1794
	占比（%）	28.5	9.9	4.0	0.0	42.4

续表

		初中	完中	高中	中职校	合计
农村	学生数（人）	349	84	168	0	601
	占比（%）	8.2	2.0	4.0	0.0	14.2
人数小计（人）		2551	1050	546	84	4231
占比小计（%）		60.3	24.8	12.9	2.0	100

表7 广东参测学生所在区域与学校性质分布表

		公立	私立	珠三角	粤东西北	合计
城市	学生数（人）	1428	408	996	840	1836
	占比（%）	33.8	9.6	23.5	19.9	43.4
县镇	学生数（人）	1710	84	630	1164	1794
	占比（%）	40.4	2.0	14.9	27.5	42.4
农村	学生数（人）	462	139	139	462	601
	占比（%）	10.9	3.3	3.3	10.9	14.2
人数小计（人）		3600	631	1765	2466	4231
占比小计（%）		85.1	14.9	41.7	58.3	100

二、PISA2015中国四省市主要测评结果概述

（一）科学、阅读、数学、财经素养和协作式问题解决能力成绩的国际排名

中国四省市学生参加了科学、阅读、数学、财经素养和协作式问题解决能力等领域的测评。如表8所示，在72个参测国家/地区中，中国四省市学生的科学素养518分，居于第10位，显著高于OECD国家平均水平（493分）；数学素养531分，居于第6位，显著高于OECD国家平均水平（490分）；阅读素养494分，居于第27位，与OECD国家平均水平（493分）无显著差异。

表8　PISA2015科学、阅读、数学素养成绩国际排名表（呈现前15名）

科学素养			阅读素养			数学素养		
排名	国家/地区	均值（分）	排名	国家/地区	均值（分）	排名	国家/地区	均值（分）
1	新加坡	556	1	新加坡	535	1	新加坡	564
2	日本	538	2	中国香港	527	2	中国香港	548
3	爱沙尼亚	534	3	加拿大	527	3	中国澳门	544
4	中国台北	532	4	芬兰	526	4	中国台北	542
5	芬兰	531	5	爱尔兰	521	5	日本	532
6	中国澳门	529	6	爱沙尼亚	519	6	中国四省市	531
7	加拿大	528	7	韩国	517	7	韩国	524
8	越南	525	8	日本	516	8	瑞士	521
9	中国香港	523	9	挪威	513	9	爱沙尼亚	520
10	中国四省市	518	10	新西兰	509	10	加拿大	516
11	韩国	516	11	德国	509	11	荷兰	512
12	新西兰	513	12	中国澳门	509	12	丹麦	511
13	斯洛文尼亚	513	13	波兰	506	13	芬兰	511
14	澳大利亚	510	14	斯洛文尼亚	505	14	斯洛文尼亚	510
15	英国	509	15	荷兰	503	15	比利时	507
			27	中国四省市	494			
	OECD平均	493		OECD平均	493		OECD平均	490

数据来源于OECD，PISA2015 Database，Figure Ⅰ.1.1.

如表9所示，在15个参测国家/地区中，中国四省市学生的财经素养566分，居于第1位，显著高于OECD国家平均水平（489分）。

表9　PISA2015财经素养成绩国际排名表（全部）

排名	国家/地区	均值（分）	排名	国家/地区	均值（分）
1	中国四省市	566	3	加拿大七省	533
2	比利时（弗拉芒语区）	541	4	俄罗斯	512

续表

排名	国家/地区	均值（分）	排名	国家/地区	均值（分）
5	荷兰	509	10	西班牙	469
6	澳大利亚	504	11	立陶宛	449
	OECD平均	489	12	斯洛文利亚	445
7	美国	487	13	智利	432
8	波兰	485	14	秘鲁	403
9	意大利	483	15	巴西	393

数据来源于OECD，PISA2015 Database，Figure Ⅳ.1.1.

如表10所示，在51个数据有效的参测国家/地区中，中国四省市学生的协作式问题解决能力496分，居于第26位，与OECD国家平均水平（500分）无显著差异。

表10　PISA2015协作式问题解决能力成绩国际排名表（呈现前26名）

排名	国家/地区	均值（分）	排名	国家/地区	均值（分）	排名	国家/地区	均值（分）
1	新加坡	561	10	澳大利亚	531	19	挪威	502
2	日本	552	11	中国台北	527	20	斯洛文尼亚	502
3	中国香港	541	12	德国	525	21	比利时	501
4	韩国	538	13	美国	520		OECD平均	500
5	加拿大	535	14	丹麦	520	22	冰岛	499
6	爱沙尼亚	535	15	英国	519	23	捷克	499
7	芬兰	534	16	荷兰	518	24	葡萄牙	498
8	中国澳门	534	17	瑞典	510	25	西班牙	496
9	新西兰	533	18	奥地利	509	26	中国四省市	496

数据来源于OECD，PISA2015 Database，Table Ⅴ.3.2.

（二）科学、阅读、数学、财经素养和协作式问题解决能力的广东表现

根据表8、表9、表10、表11、表12、表13、表14、表15，广东102所参测学校4231名参测学生的抽样情况基本符合我省实际，测评结果基本反映我省15岁学生整体的科

学、数学、阅读、财经素养水平和协作式问题解决能力。需要说明的是，国际抽样时以中国四省市为整体，未具体考虑我省的城乡、地域、学校类型等因素，因此分城乡、地域、学校类型得出的我省数据，与实际情况肯定存在一定偏差，分类数据仅供参考。有关测评结果如下。

1. **科学素养**。广东15岁学生科学素养成绩为487分，与俄罗斯持平，位于32名，与瑞典、捷克、西班牙、拉脱维亚、俄罗斯、卢森堡、意大利这7个国家的科学素养成绩无统计意义上的差异，但统计意义上显著低于OECD成员国平均水平（493分）。

表11 广东15岁学生科学素养成绩与国际排名表

国际排名	地区	均值（分）
	OECD成员国平均	493
10	B-S-J-G（China）	518
32	广东	487
17—18	广东珠三角地区	507
38—39	粤东西北地区	472
10—11	广东城市地区	517
40—41	广东县镇地区	461
43—44	广东农村地区	448
31—32	广东普通中学	488
43—44	广东中职学校	454
41—42	广东普通初中	460
1—2	广东普通高中	548
10—11	广东完全中学	516
41—42	广东职业学校	458

2. **阅读素养**。广东15岁学生阅读素养成绩为463分，比希腊（467分）略低，比智利（459分）略高，位于40—41名之间，与立陶宛、匈牙利、希腊、智利、斯洛伐克这5个国家的阅读素养成绩无统计意义上的差异，但统计意义上显著低于OECD成员国平均水平（493分）。

表12　广东15岁学生阅读素养成绩与国际排名表

国际排名	地区	均值（分）
	OECD成员国平均	493
27	B-S-J-G（China）	494
40—41	广东	463
33	广东珠三角地区	485
40—41	粤东西北地区	446
25	广东城市地区	496
45—46	广东县镇地区	435
57—58	广东农村地区	421
40—41	广东普通中学	464
44—45	广东中职学校	442
47—48	广东普通初中	433
8—9	广东普通高中	515
18—19	广东完全中学	500
43—44	广东职业学校	445

3. 数学素养。广东15岁学生数学素养成绩为500分，比挪威（502分）略低，比奥地利（497分）略高，位于19—20名之间，与波兰、爱尔兰、挪威、奥地利、新西兰、越南这6个国家的数学素养成绩无统计意义上的差异，但统计意义上显著高于OECD成员国平均水平（490分）。

表13　广东15岁学生数学素养成绩与国际排名表

国际排名	地区	均值（分）
	OECD成员国平均	490
6	B-S-J-G（China）	531
19—20	广东	500
9—10	广东珠三角地区	517
31	粤东西北地区	488
6—7	广东城市地区	527
37—38	广东县镇地区	476

续表

国际排名	地区	均值（分）
38—39	广东农村地区	471
19—20	广东普通中学	501
42—43	广东中职学校	459
38—39	广东普通初中	471
1—2	广东普通高中	561
4—5	广东完全中学	534
42—43	广东职业学校	459

4．财经素养。广东15岁学生财经素养成绩为511分，比俄罗斯（512分）略低，比荷兰（509分）略高，位于4—5名之间，与俄罗斯、荷兰、澳大利亚这3个国家的财经素养成绩无统计意义上的差异，但统计意义上显著高于OECD成员国平均水平（489分）。

表14　广东15岁学生财经素养成绩与国际排名表

国际排名	地区	均值（分）
	OECD成员国平均	489
6	B-S-J-G（China）	566
4—5	广东	511
3—4	广东珠三角地区	532
6—7	粤东西北地区	496
1—2	广东城市地区	544
9—10	广东县镇地区	482
9—10	广东农村地区	477
4—5	广东普通中学	512
7—8	广东中职学校	486
9—10	广东普通初中	481
1	广东普通高中	574
1—2	广东完全中学	547
9—10	广东职业学校	482

5. 协作式问题解决能力。广东15岁学生协作式问题解决能力成绩为474分，比意大利（478分）略低，比俄罗斯（473分）略高，位于30—31名之间，与意大利、俄罗斯、克罗地亚、匈牙利这4个国家的协作式问题解决能力成绩无统计意义上的差异，但在统计意义上显著低于OECD成员国平均水平（500分）。

表15　广东15岁学生协作式问题解决能力成绩与国际排名表

国际排名	地区	均值（分）
	OECD成员国平均	500
26	B-S-J-G（China）	496
30—31	广东	474
28	广东珠三角地区	491
36—37	粤东西北地区	460
21—22	广东城市地区	500
38—39	广东县镇地区	451
42—43	广东农村地区	439
30—31	广东普通中学	474
38—39	广东中职学校	456
38—39	广东普通初中	450
7	广东普通高中	534
26	广东完全中学	496
39—40	广东职业学校	444

三、中国四省市学生发展基础素养的国际比较

（一）科学素养显著高于OECD成员国平均水平

1. 总体表现良好。中国四省市科学素养平均成绩518分，在72个参测国家/地区中位居第10位。

2. 高水平学生有优势，但两极分化现象相对突出。以精熟度水平为评估标准，中

国四省市学生高水平学生（精熟度水平5级、6级）比例为13.6%，排在新加坡、中国台北、日本、芬兰后，位居第5位。中国四省市低水平学生（精熟度水平1级以下）比例为16.2%，位居第14位，高于越南、中国澳门、中国香港、新加坡、日本、加拿大、芬兰、中国台北等国家/地区。

3. 男生科学素养显著高于女生。OECD男生科学素养平均成绩略高于女生4分，且精熟度水平越高，男生科学素养优势越明显。中国四省市男生、女生科学素养成绩差异显著，平均相差9分。

（二）阅读素养与OECD成员国平均水平持平

1. 总体与OECD成员国平均表现一致。中国四省市阅读素养平均成绩494分，位居第27位。

2. 高水平学生有一定优势，但两极分化现象相对突出。若以精熟度水平为评估标准，中国四省市学生高水平学生（精熟度水平5级、6级）比例为10.9%，位于第13位，其中精熟度水平6级的占1.8%（OECD约1.1%），中国四省市高水平学生略有优势；中国四省市低水平学生（精熟度水平1级以下）比例为21.9%（OECD约20.1%），位于第36位，低水平学生比例稍偏大。

3. 女生阅读素养显著高于男生。OECD成员国女生阅读成绩平均高于男生27分，且分数越低时女生与男生的差异越大。中国四省市女生阅读成绩平均高于男生16分，其中男生未达到精熟度水平2级的比女生多4.7%，男生达到精熟度水平5级以上的比女生少3.8%。

（三）数学素养显著高于OECD成员国平均水平

1. 总体表现良好。中国四省市数学素养平均成绩531分，在72个参测国家/地区中位居第6位。在72个参测国家/地区中，高水平学生比例排名第4位，低水平学生比例排名第13位。

2. 高水平学生有优势，但两极分化现象相对突出。若以精熟度水平为评估标准，中国四省市学生高水平学生（精熟度水平5级、6级）比例为25.6%，排在新加坡、中国台北、中国香港后，位居第4位。与日本相比，中国四省市学生高水平学生比日本高水平学生比例的20.3%高出5.3个百分点，但中国四省市低水平学生（精熟度水平1级以下）比例为15.8%，又比日本低水平学生比例的10.7%高出5.1个百分点，显示中国四省市学生两极分化现象比日本严重。

3. 性别差异不显著。72个参测国家/地区的男生数学素养平均成绩略高于女生6分，且精熟度水平越高，男生数学素养优势越明显。中国四省市男生、女生的数学素养成绩没有显著差异，各个精熟度水平的男生、女生表现也没有显著差异。

（四）财经素养显著高于OECD成员国平均水平

1. 总体表现优异，且表现高于期望值。中国四省市财经素养平均成绩566分，在15个参测国家/地区中居第1位。

相对成绩=实际得分–期望得分（期望得分用学生的科学、阅读和数学成绩进行回归估计得出）。中国四省市学生财经素养相对成绩是40分，高居第1名，有73%的学生财经素养实际成绩高于期望值，且实际平均成绩高于期望得分40分。参加财经素养测评的10个OECD国家（以下简称"OECD-10"）的相对成绩为-11分，约44%的OECD学生财经素养实际成绩高于期望值，且实际平均成绩低于期望得分11分。

2. 高水平学生比例最大，低水平学生比例最小。在财经素养成绩分布上，中国四省市整体高于其他国家/地区，且高端优势非常明显。以精熟度水平为评估标准，中国四省市高水平学生（精熟度水平达到5级）的比例为33.4%，居第1位。而OECD-10高水平学生的比例为11.8%。而在精熟度1级及以下，中国四省市学生只占9.4%，居第1位，OECD-10为22.3%。

3. 性别差异不显著。OECD-10女生财经素养平均成绩略高于男生5分，且越在低端，女生成绩比男生高出越多；另外，男生财经素养比女生的两极分化更显著。对中国四省市而言，男生、女生的财经素养成绩没有显著差异。

（五）协作式问题解决能力与OECD成员国平均水平基本持平

1. 总体与OECD成员国平均表现一致，但表现弱于期望值。中国四省市学生的协作式问题解决能力成绩是496分,排名第26位,与OECD国家平均水平(500分)无显著差异。

中国四省市学生的协作式问题解决能力相对成绩是-17分,有38.3%的学生协作式问题解决能力实际成绩高于期望值,且实际平均成绩低于期望值17分。参加协作式问题解决能力测评的32个OECD国家(简称OECD-32)的相对成绩是3分,约52.2%的OECD学生协作式问题解决能力实际成绩高于期望值,且实际平均成绩高于期望值3分。

2. 高水平学生不再有优势,低水平学生明显偏弱。以精熟度水平为评估标准,中国四省市协作式问题解决能力成绩位于4级、3级、2级、1级、1级以下这五个精熟度水平的学生比例依次为:6.4%、20.3%、37.9%、22.4%、5.8%,OECD-32位于4级、3级、2级、1级、1级以下这五个精熟度水平的平均水平依次为:7.9%、27.8%、36.2%、22.4%、5.7%。

3. 女生协作式问题解决能力成绩显著高于男生。中国四省市女生协作式问题解决能力成绩显著高于男生22分;OECD-32女生协作式问题解决能力成绩显著高于男生29分。排除科学、阅读和数学成绩因素后,中国四省市女生协作式问题解决能力相对成绩显著高于男生25.5分;OECD-32女生协作式问题解决能力相对成绩显著高于男生25.4分。

(六)财经素养、协作式问题解决能力与三个核心领域成绩之间高度正相关

1. 各领域成绩间的相关性高。中国四省市学生财经素养、协作式问题解决能力成绩与科学、阅读、数学素养成绩之间的相关系数如表16。数据表明,财经素养、协作式问题解决能力成绩与科学、阅读、数学素养成绩之间高度正相关。

表16 财经素养、协作式问题解决能力成绩与PISA核心领域成绩之间的相关性

	财经素养				协作式问题解决能力		
	数学素养	阅读素养	科学素养		数学素养	阅读素养	科学素养
财经素养	0.8	0.8	0.83	协作式问题解决能力	0.76	0.76	0.80
数学素养		0.84	0.91	数学素养		0.84	0.91
阅读素养			0.9	阅读素养			0.9

2. 数学和阅读能力的高低对学生财经素养表现至关重要。中国四省市财经素养平均成绩的69%可以用数学、阅读、科学能力加以解释。其中，数学能力对高水平学生财经素养表现影响特别明显，财经素养高水平学生有六成是数学高水平学生；而阅读能力对低水平学生财经素养表现影响特别大，财经素养低水平学生中高达86.2%是阅读低水平学生，数学、科学低水平学生也超过七成。

3. 科学、阅读、数学的通用技能对学生协作式问题解决能力有重要影响。中国四省市协作式问题解决能力成绩差异中可以由科学、阅读和数学成绩解释的百分比为64.7%。中国四省市学生在协作式问题解决领域与科学、阅读和数学其中之一领域同为高水平学生的比例为42.2%（OECD-32平均为54.6%），在协作式问题解决领域与科学、阅读和数学其中之一领域同为低水平学生的比例为88.5%（OECD-32平均为82.9%）。

四、广东学生在PISA2015测评中暴露的主要问题

正式测试抽样学生中，少部分学生因种种原因缺考。中国四省市学生的实际参考率约为92%，广东省学生的实际参考率约为87%。各省市正式测试实际参测学生的年级分布情况如表17所示，四省市整体参测学生与广东实际参测学生的年级分布比例基本一致，甚至对广东略有利（高中生数量偏多）。

表17 中国四省市实际参测学生年级分布情况表（单位：%）

年级	北京	北京房山	江苏	上海	广东	合计
7年级	0.9	1.1	0.7	0.5	1.2	1.0
8年级	9.1	8.3	5.3	4.0	7.2	6.8
9年级	62.9	52.5	50.1	46.6	43.2	48.9
10年级	26.6	36.0	40.9	45.7	47.1	41.4
11年级	0.4	2.0	3.0	3.1	1.3	1.9
12年级	0.1	0.2	0.0	0.1	0.0	0.1

注：因计算时做了四舍五入处理，所以各项合计数之和可能不等于100。

（一）参测学生的知识面不够开阔

由于PISA测试的是学生是否能够掌握未来踏入社会所必需的知识与技能，重点测评学生全面参与社会的知识和技能，因此，试题往往带有情境，这些情境或者来源于学生日常生活中看见、碰到的事实，或者是当前社会、经济、文化与科技发展中15岁学生可以理解的重要话题，如太阳能、跑步、移动电话、运输、金融诈骗、保险、疾病传播、健康指数等。PISA从现实生活入手，从新的角度出发，让学生去分析、研究、判断、解释，不仅考查学生是否具备相应基本技能，而且考查学生自主获取新知识能力与解决问题能力。

广东师生在PISA2015试测与正式测试中，均感叹题目新颖有趣，边做题边学习，开阔了眼界。从侧面也反映出广东基础教育领域师生学习素材需要及时更新，特别是教育教学理念需要关注学以致用、活学活用。

（二）初中学校的计算机设备明显弱于高中学校

我国选择在PISA2015中全部采用计算机模式参加测试，而广东很多城市薄弱学校、农村边远学校还存在计算机配置数量不足、设备陈旧、师生不熟悉计算机操作等问题。为了消除计算机操作因素对考生发挥正常水平的影响，PISA2015中国国家中心在网站公布了机考样题，建议考生上网试练，熟悉基本操作技能。

正式测试时，广东初中学生的各项测评成绩大幅度低于高中学生，除了受教育年限的影响之外，计算机使用水平可能也是一个重要影响因素。

广东102所参测学校中，除去因高考口语考试试场未解封而需要借场地的3所学校外，共有12所学校（11所初中，1所高中）因无机房或计算机配置过低等原因需要借设备、借场地组织学生参加测试，约占总数的11.76%；58所学校原有计算机装备符合要求，占总数的56.86%；借PISA2015测试之机，积极更新计算机设备的学校共计29所，约占总数的28.43%，其中全部采用新装配计算机的学校共计23所，购置一部分新计算机的学校共计6所（详细数据见表18）。

表18　广东102所参测学校的计算机考试设备情况一览表

参测学校考试用计算机配备情况	学校数（所）					百分比（%）
	初中	完中	高中	中职	小计	
本校机房，本校原有计算机	30	18	5	5	58	56.86
本校机房，本校新购置装配的计算机	16	4	2	1	23	22.55
本校机房，部分是原有计算机，部分是新购置装配的计算机	5	1	0	0	6	5.88
本校机房，部分是原有计算机，部分是借用的计算机	1	0	0	0	1	0.98
本校机房，全部是借用的计算机	4	0	0	0	4	3.92
借用校外的机房	6	2	2	0	10	9.80
小计	62	25	9	6	102	100.00
借用校外机房的原因： 1．2所完中、1所高中因高考英语口语考试试场未解封，导致借用校外机房； 2．4所初中、1所高中本校计算机配置过低，无法满足考试要求； 3．2所初中学校没有机房。						

（三）参测学生的表达交流沟通协作能力偏弱

PISA2015采用人机交互模式，在特定时间限制内，在团队协作的背景下评估考生的个人解决问题能力特别是协作技能；设计团队任务时，不专注于特定领域知识，降低任务的认知难度，控制问题解决所需要的认知推理难度。

广东考生在阅读与协作式问题解决两个领域的表现均很薄弱，一方面可能因文化背景差异导致，另一方面可能是教育教学实践与教育教学评价的原因，在鼓励学生自由自主表达、开展丰富多彩的活动促进学生合作交流开展学习方面，我们还有许多工作需要拓展和深化。

（四）参测学生对高等教育的期望不高

约42.2%的广东学生期望接受本科以上的高等教育，约58.2%的广东学生期望接受专科以上的高等教育。另外，还有8.6%的广东学生只期望接受初中教育。这说明相当一批学生对教育生涯规划的期望不高。

表19 部分国家/地区学生期望教育情况一览表（单位：%）

部分国家/地区	初中	中等职业教育（中专、职高或技校）	普通高中	高中毕业后的职业培训（6个月—2年）	专科	本科或研究生（硕士或博士）
美国	0.4	0	12.2	4.0	7.3	76.0
韩国	0.4	6.7	3.3	0	14.4	75.3
加拿大	2.2	0	13.0	8.2	14.7	61.8
新加坡	0.4	0	2.8	6.6	30.1	60.0
日本	0	11.8	11.0	0	18.5	58.6
中国香港	2.0	2.2	13.1	11.5	15.8	55.5
中国澳门	2.6	2.4	9.8	20.2	18.4	46.7
中国台北	2.3	19.8	8.3	0	23.6	46.0
英国	1.3	26.6	17.7	0.9	11.3	42.2
中国广东	8.6	15.0	11.3	7.0	16.0	42.2
中国四省市	8.3	15.3	11.4	6.8	16.2	41.9
德国	33.7	2.4	40.1	3.8	1.4	18.5
俄罗斯	10.7	20.0	14.6	2.7	34.9	17.1

（五）参测学生对从事高技能职业的期望不高

近几十年来，人们越来越担心，在科学领域选择职业的学生（尤其是女孩）的比例不够。假设在关键年龄段培养对科学的动机和兴趣，那么当学生开始思考未来的职业生涯时，将有助于提高从事科学或以科学为基础的技术的学生份额，因此PISA2015调查了学生希望30岁时从事的职业。

广东学生约15%选择30岁时从事的职业与科技相关，主要有"IT业""医生与医疗业""汽车类""工程类""技术研发类"等，比OECD成员国的比例低9个百分点。

广东学生约38%选择30岁从事的职业与科技无关，主要有"律师""公务员""义员""餐饮类""美容类""物流类""娱乐类""销售类""家庭主妇""农民"等。

广东学生约8.4%放弃填写，部分学生填写"不知道""没想到"，部分学生填写的是"白领""创业""老板""开公司""教师""企业职工"等，甚至个别学生填写的是"富二代""待业""黑社会头目"。

不能清晰判断科技就业倾向的广东学生比例为46%，比OECD成员国的低27个百分点，说明基础教育在学生生涯规划教育方面存在明显不足，需要大力加强教育和引导。

表20 PISA2015广东学生对30岁职业展望的比例表（单位：%）

	科技类职业	非科技类职业	不清晰、不知道和未填写
广东	15	38	46
OECD平均	24	57	19

（六）教育不均衡现象严重

社会经济文化地位（以下简称"ESCS"）是影响学生发展基础素养表现的重要因素。学生的ESCS指数由父母受教育的最高程度、父母职业的最高地位和家庭财产（包括家庭书籍）这三个与家庭背景有关的变量合成得到。成绩受ESCS影响越大，说明教育不公平现象越突出。

PISA将考生的ESCS指数值由低到高分为下四分位、第二个四分位、第三个四分位、上四分位这4个组别，ESCS指数值在下四分位组的考生称为社会经济文化状况弱势学生（以下简称"弱势学生"），ESCS指数值在上四分位组的考生称为社会经济文化状况优势学生（以下简称"优势学生"）。

由于PISA2015国家中心未反馈广东学生的ESCS指数等合成数据，因此，现以OECD公布的国际数据中的中国四省市数据加以说明。表21显示，中国四省市优势学生与弱势学生的各领域成绩之差都大幅度高于OECD平均水平，且ESCS对中国四省市各领域成绩的解释率都大幅度高于OECD平均水平。这说明，中国四省市弱势学生逆袭成长的可能性显著弱于OECD平均水平。

表21 ESCS指数对学生表现的影响一览表（基于学生报告）

		科学素养	阅读素养	数学素养	财经素养	协作式问题解决能力
中国四省市	优势学生—弱势学生	118	129	117	132	151*
	ESCS解释率（%）	18.5	20.1	17.0	16.8	15.9
OECD平均	优势学生—弱势学生	88	86	84	89	131*
	ESCS解释率（%）	12.9	11.9	13.0	9.9	7.9

说明：*这两个数据是第十百分位数与第九十百分位数的考生成绩之差。

（七）与国内教育发展先进省份相比差距显著

中国四省市首次组团参加PISA测试，各项成绩与国际排名明显低于上海单独参测的各项成绩与国际排名（如表22），这一现象也引起社会各界高度关注。追究原因，中国四省市表现不尽如人意，与广东参测学生占比最大、广东基础教育发展水平不够高有直接关系。

表22 上海PISA2012与中国四省市PISA2015成绩对比

		科学素养	阅读素养	数学素养	财经素养	协作式问题解决能力
中国四省市PISA2015	平均成绩（分）	518	494	531	566	496
	国际排名	10	27	6	1	26
上海PISA2012	平均成绩（分）	580	570	613	603	536*
	国际排名	1	1	1	1	6

说明：*PISA2012考查的是计算机化的个体式问题解决能力。

由于PISA2015中国国家中心只向我省反馈广东数据，因此我们仅对阅读、数学、科学三个核心领域的广东、非广东数据进行分析，结果如表23所示，广东基础教育成绩大幅度落后于北京、上海、江苏，这让广东教育界倍感压力。

表23 PISA2015广东与其余省市的成绩对比

		科学素养	阅读素养	数学素养
广东	平均成绩（分）	488	464	502
	国际排名	31—32	40—41	19—20
北京—上海—江苏	平均成绩（分）	569	545	582
	国际排名	1	1	1

五、基于教育国际化的广东本土行动建议

我国基础教育在薄弱基础上起步，经过30多年改革发展，已经进入世界中上行列。PISA2015中国四省市测试结果与前两次仅上海参与的结果相比，存在明显差距，但与OECD成员国相比，仍属较高水平。与北京、上海、江苏相比，广东基础教育规模体量最大，区域发展不均衡问题最严重，基础教育发展整体滞后于全省经济社会发展和科学技术创新步伐。如何使教育事业改革发展与"三个定位、两个率先""四个坚持、三个支撑、两个走在前列""四个走在全国前列"相适应，广东各级党委、政府和教育系统需要清醒认识、用心思考，并拿出切实举措不懈努力。

（一）对标先进，提底线强质量

PISA公布参测国家/地区的成绩排名，以及达到各个能力等级水平的学生比例，目的在于促使各参测者从自己和其他国家/地区的成绩中反思自己的教育，寻找更有效的教育政策和策略。多年来，墨西哥、美国、法国、德国、意大利等根据学生在PISA中表现的国际比较，反思本国教育的不足，实施改革措施。例如，德国在PISA2000阅读、数学、科学素养的排名分别为21名、20名、20名，在PISA2003的阅读、数学、科学素养和问题解决的排名分别为19名、21名、18名、16名，两次测试成绩都在OECD平均分之下，尤其与芬兰、荷兰等国家相去甚远，德国政府随后开始实施一系列教育改革，比如统一教育标准、建立最低要求，加强学前教育、提早入学年龄，增加教育投入、调整优先投资项等。结果在参加PISA2009时，德国在阅读素养上进入前5位；PISA2012则首次

在阅读、数学、科学素养上全部显著超越OECD均值，得以与昔日王者芬兰并驾齐驱，且跻身于为数不多的成绩稳步递增的国家之列，社会各界为之欣然。我国上海市参加PISA2009，并参加了其后的历次测试，通过测试诊断发现自身基础教育发展存在的主要问题，陆续出台一系列政策措施，有效提升了基础教育发展水平，一直排在领先行列。

有鉴于此，结合广东在PISA2015测评中所暴露出的城乡、区域、校际、群体发展差异较大等问题，各级党委、政府及教育行政部门必须加快推进基本公共教育服务均等化。

一是健全城乡义务教育经费统筹使用机制。各级政府要强化相关职能部门的教育保障机制，实施差别化投入政策，对农村地区教育投入适当倾斜；完善省以下财政支付体系，地方政府事权财权要匹配，防止支出责任过度下移和教育经费不落实。

二是实施城乡义务教育一体化发展布局。执行区域内城乡统一的义务教育学校建设标准、教职员编制标准、教职员工资标准和公用经费标准，公平对待所有区域、所有学校、所有群体，同时对教育弱势地区、弱势受教育者给予特别"关照"，提供充分、公平而有质量的教育供给。

三是进一步明确各级政府实现基本公共教育服务均等化的职责。省级政府重在顶层设计和统筹推进；地级以上市政府重在对本区域教育改革发展的综合协调和教育质量水平的把控；省级和地级以上市政府都要积极落实财政转移支付政策；县级政府重在突出管理主体作用，充分履行本级政府教育投入责任，完善经费投入与分配体制，抓好基础设施建设、仪器设备配置、师资队伍建设、教学教研规范管理和教学质量与办学水平提升。

四是深入推进县域内校长、教师合理流动制度。在此基础上，逐步推进市域内校长、教师合理流动。除了要为在山区、边远地区、农村工作的校长和教师提供津补贴，还要大力加强他们的继续教育和教学教研专业成长，切实解决他们工作、学习、生活和专业发展方面的困难。

五是改革办学模式。鼓励和支持通过合并、一校多区或集团化办学等形式，促进优质教育教学资源共建共享，加快扩大优质教育教学资源覆盖面。

六是加强督政。要将城乡、区域、校际、群体教育协调发展成效作为政府绩效考核重要内容,加强各级政府教育责任和绩效考核评价,落实学校设施设备建设、编制、教师发展、财政投入。

(二)多方协同,补短板强特色

科学素养、阅读素养、数学素养、财经素养、协作式问题解决能力等方面,是PISA关注的重点,也是当今世界主要国家基础教育学生能力培养的重要方面。广东学生在PISA2015测评中反映出阅读素养、协作式问题解决能力相对偏弱,以及教育生涯期望不高等问题,需要努力改进,而财经素养方面的特色优势也需要进一步彰显。

一是全面深化书香校园阅读活动。广东学生在PISA2015阅读测试作答的表现,显示学生对提取已储备信息的题目、题型熟悉的题目、接受过训练的题目,作答表现良好,答题准确率明显较高,说明比较善于从学习记忆中寻找解决问题的范本,认读文本能力较强;但对需要研判、反思、质疑以及开放性的题目,答题思维单调、策略不够灵活、观点不够丰富。对此,不仅要继续指导全省中小学深化文本性名著阅读研讨活动,还要丰富拓展阅读活动形式,从纸质到电子、从文本到音频视像、从观点分享到观点辩论、从个体阅读到合作阅读,全面提升学生的阅读素养。

二是全面开展生涯规划教育研究与实践。在改革开放、市场经济、社会竞争日趋激烈的当代,"预则立,不预则废",生涯规划教育显得十分重要。广东有地方课程教材《高中生生涯规划》,并组织教材使用系列培训,召开系列高中生发展指导暨生涯规划教育研讨会,为高中校长、教导主任、德育主任、心理教师、学科教师搭建学习、研讨、交流、合作平台。建议各级政府及教育行政部门、教研机构和学校、家庭形成合力,落实生涯规划教育与引导,帮助高中生确立符合时代发展要求、国家需求和自身长远发展的生涯规划,选择适合经济社会发展需要和自己特长的专业,并积极做好知识、技能、思想、心理诸方面准备,努力实施生涯规划。

三是积极推进财经素养教育研究与实践。在经济全球化和数字技术日新月异的背景下,金融产品和金融服务渗透百姓生活、学习、工作的方方面面,财经素养已成为世界各国公民素养重要组成部分,也是青少年面对未来生活挑战的基本素养。2017年1月,省教育研究院成为中国财经素养教育协同创新中心的协同单位之一。一年半以来,省教育研究院在全国率先从省级层面设立财经素养教育实践研究课题学校，指导学校进行开拓性探索，并积极联合广东银监局消保处、广东证监局投保处、JA中国、Visa中国、省内外财经类知名高校专业力量，支持课题学校将财经素养教育持续、科学地开展起来。广东的财经素养教育研究与实践探索已引起全国同行关注，2018年5月7—8日，我院承办《中国财经素养教育标准框架》培训会，来自北京、上海、江苏、山东、四川、陕西、广东等地近200名专家学者和中小幼教师共同学习研讨。今年，省教育研究院还将联合华南师大教育科学学院、Visa中国，共同举办全国财经素养教育高峰论坛，促进财经素养教育多方理解与合作。建议各级政府及教育行政部门、教研机构和有关专业力量，积极支持中小学（幼儿园）开展生动活泼的财经素养教育，提升学生财经素养，为学生拥有美好财富人生奠定基础。

四是积极探索STEM［STEM为科学（Science）、技术（Technology）、工程（Engineering）、数学（Mathematics）的缩写］教育研究与实践。进入智能时代，教育的知识结构已发生重要改变，需要高度重视培养内生的、适应于智能时代的创新人才。以高新技术产业集群为主体、以创新驱动发展为战略的广东经济社会发展催生了广东STEM教育实践，一大批高新技术企业和高校为STEM教育发展提供了优质资源，教育"争先进、当标兵、建高地"让广东STEM教育发展具备了良好设施设备、师资队伍等基础条件，深圳、广州及广东实验中学、华南师大附中等区域和学校的前期探索为STEM教育发展积累了宝贵经验。今年1月，省教育研究院成为中国STEM教育协同创新中心11家发起单位之一，也是协同单位之一。首届中国STEM教育发展大会于2017年召开，第二届中国STEM教育发展大会将于2018年6月底7月初在深圳市召开。我们将支持、参与中国STEM教育协同创新中心，在资源整合、课程建设、教学实施、人才选拔培养及评价的体制机制上探索广东特色STEM教育体系，为全国提供示范，为广东创新发展培育人才。建议各级政府及教育行政部门、教研机构高度重视推动STEM教育发展，鼓励和支持中小学探索STEM教育模式，助推中小学生科学素养和科学实践能力提升。

(三)加强研究,谋改革促发展

PISA2015测评结果较为客观地反映出广东基础教育在国际坐标中的位置。本着求真务实的态度,2015年以来,我们组织专业团队加强研究分析,形成了一系列成果,特别是以"PISA视角下中国经济发达区域的中学生发展基础素养状况及提升路径研究"为题,成功申报国家社会科学基金"十三五"规划2017年度教育学一般课题(课题批准号BHA170147)。课题组目前已经完成科学素养、阅读素养、数学素养、财经素养、协作式问题解决能力、学生幸福感、卓越学校等七个专题数据分析,计划2018年年底出版《中国四省市15岁学生PISA2015基础素养研究报告》,并计划于2018年年底面向各地市教科研机构、参加PISA测评的县(市、区)和学校,召开测评结果反馈会议,全面反馈数据诊断结果。

我们要通过研究分析,对广东及各区域基础教育整体质量水平作出评判并预测未来趋势,引导各级政府及职能部门、学校把教育资源和工作重点集中到深化教育改革、提高教育质量、注重内涵发展上来,围绕全面提升教育教学质量和办学水平而调整优化教育政策、教育教学策略。同时,通过学习研究PISA,向世界先进国家学习,向国内先进省市学习,切实承认落后和差距,积极树立科学教育质量观、学生观、成才观、评价观,为政府和社会各界正确评价学校教育质量提供科学标准,切实改变违背教育规律、违背素质教育要求的评价学校教育质量和办学水平的观念与做法。各地要高度重视反馈数据及诊断结果,组织力量深入对比、分析、研究,出台符合实际、强力有效的深化教育改革、推进教育发展的政策举措,为加快提升基础教育发展水平和教育教学质量提供充分保障,包括为学校健全基础设施、配够仪器设备、配足师资力量、加强师资学习进修、开齐课程课时、推进信息技术与课程教学深度融合、注重省内外国内外交流合作等,真正实现教育"争先进、当标兵、建高地"。

做好义务教育质量监测试验工作 助力义务教育科学发展[*]

召开义务教育质量监测试验工作培训会，目的是通过培训，使大家更好认识开展义务教育质量监测的重要意义，全面掌握信息化教育测评的操作技术，以确保圆满完成义务教育质量监测试验任务。我讲三点意见。

一、统一思想，充分认识开展义务教育质量监测试验工作的重要意义

开展义务教育质量监测，是国家、省教育规划纲要和省教育发展"十二五"规划所明确的重点工作项目。在省教育厅的部署下，我院于2012年启动相关研究工作。本项目在省教育厅、省政府教育督导室的指导下，由我院牵头，协同中山大学、华南师范大学、广东实验中学、南海区教育发展研究中心、深圳承儒科技有限公司等组成总项目组，在研究的基础上，形成省义务教育质量监测方案及指标体系，并开发监测工具、建设监测系统。我们选择具有代表性的佛山市南海区、韶关市始兴县、云浮市新兴县为监测试验单位，这可以为完善监测方案及指标体系、提高监测工具研发科学化水平和建成监测系统，以及在全省实施义务教育质量监测提供科学的依据和典型的经验。大家要从先行先试、积累经验和为全省作贡献的角度充分认识参加监测试验工作的重要意义。

二、狠抓落实，确保义务教育质量监测试验工作顺利进行

一要加强组织领导，认真制订本县（区）义务教育质量监测试验实施方案。方案内容应包括成立监测工作领导小组、组织动员、相关人财物的准备、监测安排与责任要求

---

[*] 本文系作者于2016年5月13日在义务教育质量监测试验工作培训会上的讲话，标题为收入本书时添加。

等，确保各方面各环节工作按要求、依时、有序推进。

二要严格按要求做好学校上报数据资料的工作，严肃认真地把关，确保数据全面、真实、准确。

三要认真开展业务培训，确保工作部署到位。各县（区）要开展面向全体监测试验工作人员的培训会，使大家充分掌握监测工作流程、现场测试具体程序和规范要求。

四要加强测前检查工作，确保学校准备工作到位。建议由县（区）派督学以及熟悉考务的工作人员指导各测试学校按要求采集上报信息，填写好资料，做好相关考务工作。

三、保障经费，确保义务教育质量监测试验工作有效完成

各试点县（区）要严格使用好专项资金，支持测试学校克服有关困难。特别要严格按照相关经费使用的规定使用好经费，做到省拨付的专项经费专项使用，确保各测试学校按要求有效完成所有监测试验工作。

义务教育质量监测是一项具有创新性和特殊性的系统工作，目的在于准确把握我省及各区域义务教育质量状况，科学诊断存在的问题及其原因，为省及各地的教育决策和学校改进教育教学工作提供科学依据并提出相关建议，引导全社会树立正确的教育观、质量观和学生健康成长成才观。这也是当前和今后一段时期教育质量测评的重大研究方向。请大家接受培训后，回去向所在单位领导汇报培训会精神，并在所有参测学校中做好充分的宣传工作，强调工作的重要性、目的性和规范性，确保各有关方面积极配合和支持，圆满完成监测工作，全面达到试验目的。

齐心协力　推进普通高中教育质量监测创新发展*

今天，在这里举办珠海市第二轮普通高中教育质量监测启动和培训会，我是十分高兴的。因为，经过首轮监测的顺利实施，监测项目已经形成良好的推进模式，取得了显著成效，这是我们多方精诚合作、协同创新的重要成果。在此基础上，我们要深入推进第二轮监测，以期取得更加科学可靠的成果。在此，我代表省教育研究院项目组表达三点意见。

一、衷心感谢监测项目各合作方的支持与配合

珠海市首轮普通高中教育质量监测研究由省教育研究院、珠海市教育局、海云天科技公司，以及参测的16所市属普通高中共同完成。刚才韩延辉同志对项目的总结，全面梳理了各合作方在首轮监测中高质量完成的各项任务和过程中的辛勤付出。对此，我是完全赞同的。

监测项目得到顺利推进，首先，要衷心感谢珠海市教育局的大力支持。通过我们双方的战略合作，我院教育研究成果的转化应用有了实实在在的土壤，让理论层面的指标能在真实教育教学环境中得到验证，而这种验证有了肯定的反馈，也使各普通高中切实把握了教情、学情的变化发展和教育质量达到的状态，使市教育局对全市普通高中教育质量有了全面评估。

其次，衷心感谢16所参测普通高中。在首轮监测实施中，16所学校克服重重困难，全力配合监测数据采集工作，各学校校长和监测期间在校的250多名管理干部、近2300名教师和9100余名高三学生认真填答各监测问卷，各学校也尽可能提供丰富的佐证材料并积极配合后续实地调研，为项目研究提供宝贵的原始数据。这为各学校第二轮监测的

---

* 本文系作者于2021年11月23日在珠海市第二轮普通高中教育质量监测启动和培训会上的讲话，标题为收入本书时添加。

组织工作积累了宝贵经验。

最后，衷心感谢监测项目的技术合作伙伴海云天科技公司。在首轮监测实施中，海云天全程协助项目组搭建监测问卷平台，并提供专业的数据处理技术支持。在第二轮监测实施中，海云天将继续为我们提供技术保障。

珠海市普通高中教育质量监测项目在各方通力合作下取得了显著成绩，该成果获得2021年广东省基础教育教学成果奖特等奖（已公示），是对项目和我们各方面工作的充分肯定。

二、监测项目的重要贡献和创新发展要求

（一）普通高中教育质量监测指标充分反映时代育人要求

站在新时代，普通高中必须遵循培养德智体美劳全面发展的社会主义建设者和接班人的总要求，立足于为造就担当民族复兴大任的时代新人而研究确立新时代普通高中教育质量指标体系。实践表明，提升普通高中教育质量，首先要高举立德树人旗帜，回答好"培养什么人、怎样培养人、为谁培养人"这一根本问题，体现新时代育人要求；其次要高举发展核心素养旗帜，培养学生适应终身发展和经济社会需要的正确价值观、必备品格和关键能力；再次要高举"五育并举"旗帜，强化综合素质培养，拓宽综合实践渠道，完善综合素质评价，促进学生在德智体美劳全面发展的基础上实现个性成长；最后要高举回归高中内在教育价值旗帜，把培养每一个高中生具备健全人格或公民基本素养作为基本任务，为学生毕业后升学、就业、生活、建设国家奠定扎实基础，最终达到为党育人、为国育才。

2019年6月，国务院办公厅印发《关于新时代推进普通高中育人方式改革的指导意见》，就统筹推进普通高中新课程改革和高考综合改革，全面提高普通高中教育质量作出了系统性的制度安排。面对新时代的育人要求，我们从"学生发展水平""发展基础因素"两大模块研制多维度的普通高中教育质量监测指标，力求全面反映学生经过高中教育后在品行、身心、学业、实践创新潜能四大方面的发展情况，充分覆盖德、智、

体、美、劳"五育并举"的育人要求。同时，项目组充分结合《广东省普通高中课程方案》（2017年版，2020年修订），在今年上半年对监测指标和标准作了适当修订和完善，以期更好通过监测反映学校现代治理、课程教学实施、教师队伍建设、基础办学条件等影响学生发展相关要素的现状，考察区域及学校在"五育并举"方面为学生提供的机会和资源。希望大家对此充分认识和理解。

（二）普通高中教育质量监测充分体现以学生发展为核心的价值理念

教育部于2013年印发《中小学教育质量综合评价指标框架（试行）》，把学生的品德发展水平、学业发展水平、身心发展水平、兴趣特长养成、学业负担状况等作为评价学校教育质量的主要内容，以学生发展状况作为学校教育质量的核心，该文件一直指导着包括普通高中在内的中小学教育质量综合评价改革探索。近10年来，普通高中在办学要求、课程设置、育人方式、考试评价等方面持续推进各项改革，改革的核心都是为了落实立德树人根本任务，为学生创造更好的成长环境，目的指向培养德智体美劳全面发展的社会主义建设者和接班人。2020年10月，党中央、国务院印发《深化新时代教育评价改革总体方案》，明确提出普通高中主要评价学生全面发展的培养情况；国家制定普通高中办学质量评价标准，突出实施学生综合素质评价、开展学生发展指导、优化教学资源配置、有序推进选课走班、规范招生办学行为等。由此可见，新时代普通高中教育质量的核心始终是学生发展状况，评价普通高中教育质量不仅要关注学生经过3年的学习生活后在德智体美劳各方面的发展情况，也要综合评价学校是如何促进学生全面发展的，考察学校为学生培养所创造的条件和提供的支持。我们的监测指标设计也始终坚持"以学生发展为核心"的价值理念，通过一级、二级指标和监测点的设计，力求全方位呈现学校立德树人的整体成效。同时，也希望通过监测诊断发现问题，以有针对性的意见、建议和结果应用课题研究来服务学校教育教学改进，帮助区域及学校为学生全面而有个性发展提供更丰富的资源和更广阔的环境。

（三）项目实施形成了普通高中教育质量监测的区域模式

首轮监测项目实施，开辟了教育行政部门、教育研究机构、高校专家、教育技术公司的协同创新合作模式，是一次在区域教育教学评价与质量监测领域的全新探索，基本形成了省、市、校三级协同联动的监测实施模式。

一是省级教研机构与市级教育部门协同联动，推进监测项目落地实施。通过首轮实施和第二轮启动，目前在市级层面上，监测项目由市教育局分管副局长牵头，与市教育督导室、市教育研究院有关负责人成立专项工作领导小组，由督导室对接统筹监测项目实施，市教育局有关科室配合，市教育研究院全程参与。同时，通过组建省级教研机构与市级教育部门协同联动的项目组，从行政、督导、教研等方面为监测提供有力的支持与保障，确保项目顺利推进和有序开展。

二是省、市两级教研机构协同联动，引领区域监测专业机构发展。教育质量监测数据分析专业性强，监测结果尤其需要结合参测区域及学校实际作出正确和深度的解读。各级教研机构在日常教研指导过程中，熟悉当地学校情况，具有分析解读监测数据的天然优势。采用省、市两级教研机构协同联动方式，整合区域教研力量参与数据分析，可以带动区域监测专业机构发展和人才队伍建设。刚才韩延辉同志也提到了市教育研究院成立监测室的情况，监测项目确实对专业机构和人才队伍建设起到积极的促进作用。

三是省、市、校三级联动协同推进监测结果应用，促进学校教育教学改进。监测项目以学校为监测单位，监测结果应用也需要参测学校深度参与。为此，省教育研究院设立"普通高中教育质量监测结果应用专项课题"，以课题为抓手，与市教育督导室、市教育研究院和区的相关机构一起，引领学校主动研究和转化监测结果，推动学校校长和各学科教师科学有效地改进教育教学策略。

三、齐心协力推进第二轮监测项目工作

今天的第二轮普通高中教育质量监测启动和培训会之后，各相关工作就要开展了，我想强调三个事项。

（一）加强两轮监测数据对比研究

首轮监测采集了珠海市普通高中最后一届旧高考模式的学校办学与教育数据，覆盖

了学校校长、学生、教师、管理干部各有关主体。第二轮监测我们将采集新高考模式的办学与教育数据，也将全面覆盖学校办学与教育的相关要素。通过加强两轮数据对比研究，可很好地探索学校教育质量的增值评价，为后续项目推进打下坚实基础。

（二）加强监测项目成果宣传推广

通过第二轮监测实施，我们将与珠海深入研究并总结提炼成熟的监测模式，同时借助第六届中国教育创新成果公益博览会等全国性的展示交流平台共同对外宣传推广项目成果。此外，结合我省推动基础教育高质量发展行动方案的有关要求，我们也将积极探索在省内其他区域推广辐射，特别是通过监测项目引领欠发达地区的普通高中教育质量提升。

（三）加强区域监测人才队伍培养

首轮监测，珠海市教育研究院的青年教研员深度参与项目研究。在第二轮监测中，我们期待有更多市、区专业机构人员和普通高中学校对监测评估感兴趣的老师加入项目研究队伍，参与后续监测数据分析和报告撰写。我们将积极开展教育评估监测业务培训，为建立高素质专业化创新型教育评估监测人才队伍打下坚实基础。

开展普通高中教育质量监测在全国属于创新之举，要探索出一条科学可行的监测之路，实属不易。希望大家在第二轮的监测中，充分转化应用首轮监测形成的工作机制和积累的宝贵经验，并有新的探索、新的创造，各方高效配合、协同推进，力争取得更大的积极的监测综合效应。

第六章

不断提升中小学生语文核心素养

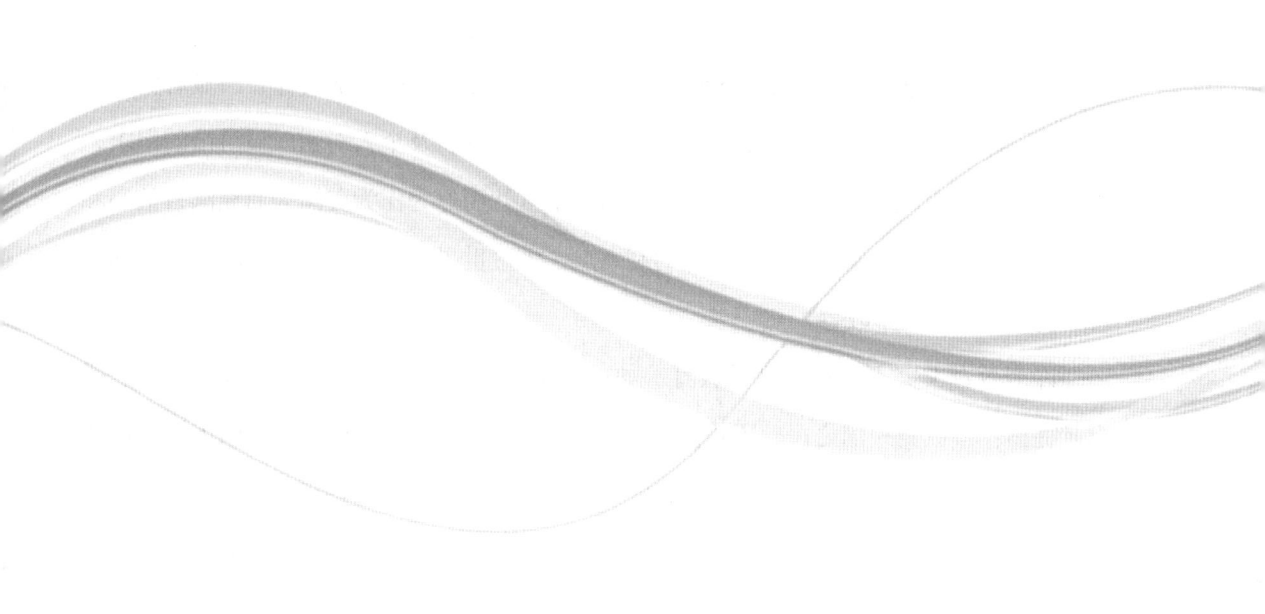

重视中小学生文学教育和文学创作
促进中小学生健康成长成才*

在这花红叶绿、莺飞草长、雨丰水满、万物繁茂的立夏时节，广东省小作家协会成立大会暨首批文学创作基地授牌仪式隆重举行，令人高兴！

成立广东省小作家协会，我认为其重要目的是以正确的世界观、人生观、价值观和文学观引导青少年热爱文学和文学创作事业，帮助青少年提高文学素养和文学创作水平，繁荣发展广东省青少年文学事业，促进青少年精神文明建设。这很好地体现了素质教育的理念，必将有助于全面推进素质教育的举措和方式更加丰富多彩。曹丕《典论·论文》说："盖文章，经国之大业，不朽之盛事。"从文学的功能来说，这确实可以为处于最重要可塑期的中小学生健康发展发挥独特作用。研究表明，全世界中小学都以优秀的文学作品为范本，对中小学生进行人文的、情感的、历史的、哲理的熏陶和教育。如法国、英国、美国、日本等国家都认为文学教育是人生教育最好的基础性工作，他们的教材，文学内容的比重为60%—80%。例如，美国通过文学教育，凸显着美洲人的自尊，标榜美国的声音——个性化、胆量、冒险、创新及个人对于凸显自己的渴求，张扬着民族个性。通过学习和熏陶，中小学师生自然而然为作为美国人而充满自信心和自豪感。我们应该站到世界母语教育的制高点，借鉴世界各国文学教育经验，加强和改善我们的青少年文学教育。

许多教育大家十分重视文学教育。如杜威说："艺术比道德更具有道德性。"梁启超提出："欲新一国之民，不可不先新一国之小说。"100多年来，我国传统的语文教育也基本是文学教育，1903年，语文就叫"中国文学科"；1919年五四运动爆发前后的新文化运动，提出"四个提倡、四个反对"，其中就包括"提倡新文学，反对旧文学"，这有利于文化普及和繁荣。近百年的语文有一半以上的课文是文学作品。全世界

---

* 本文系作者于2015年5月9日在广东省小作家协会成立大会暨首批文学创作基地授牌仪式上的讲话，后发表于2015年6月《少男少女·文道》（写作版）。

的有识之士都看到：文学在学生情感激发与想象力发展上具有独特优势，可以激发学生的灵气，可以培养学生的悟性、创造性和审美能力，可以引导学生以审美的心态、眼光去发现和创造生活的美，去丰富人生体验。

我认为，中小学生的健康和长远发展需要文学教育。因为如刚才所说，他们正处于人生最重要的可塑期，通过文学教育和文学创作，他们可以了解大千世界，获得宝贵的人生智慧，找到一个通向人类精神家园的路径。当今经济社会的发展，需要的人才不但要具备基本的技术技能，而且要具有健康的人格和较高的审美能力，要体现出公民层面、社会层面、国家层面的价值观，但健康人格、较高审美能力和正确价值观不可能在政治口号和道德说教中形成，因为尚未成年的中小学生难以准确把握社会复杂事物的本质，常常出现精神世界与现实世界的认知落差，而优秀的文学作品是作家智慧的结晶，作品的世界是人类想象力所构思的世界，体现了作者在精神层次上对于事物、人生、社会的理解和认知，隐含了人生、道德、教育的大道理，特别是富含教育意义的文学作品具有丰富的、自然而然的教育内容，更接近于中小学生的身心发展需求，阅读它、赏析它，能够给中小学生带来心灵的震撼和精神的满足。中小学生创作文学作品，用手中的笔和文学语言表达自己的心声，能够彰显他们对真善美的向往和追求与对假丑恶的憎恨和唾弃，更好地形成立志、修身、博学、报国的责任感和崇尚科学、坚守真理、维护法度、追求文明的情怀。

我们更要清醒认识的是市场经济发展及其对人的异化造成的新问题，如实用主义、实利关怀和急功近利甚嚣尘上，教育系统中出现师生自杀、情感扭曲、行为失范、造谣告密、唯利是图等，是最需要用文学教育来洗涤和引导的。"文章千古事，得失寸心知。"如果中小学生的心灵能够经常浸润于文学的意境，思想经常与作家对话，进而将文学作品所包含的情感、人文、历史、地理、哲理等与自己的学习生活联系起来，与自己所认识的经济社会环境联系起来，阅读文学作品、赏析文学作品、理解文学作品、创作文学作品的过程就必然可以成为中小学生健康人格、审美能力和正确价值观形成的过程，必然可以更好地树立心忧天下、天下为公的公义向标，天卜兴亡、匹夫有责的家国情怀，崇德弘毅、厚德载物的人文取向，仁爱共济、立己达人的博大胸怀，正心笃志、宁静致远的人格追求。我们应该顺应中小学生的身心发展与经济社会发展对提高国民素质、培养合格人才的要求，凸显文学教育的意义和作用。毫无疑义，我们今天汇聚华南师大附中，共同研究广东省小作家协会的工作，这于全体中小学生、于国家、于民族、于人类来说都是非常有意义的事情。

拉伯雷的《巨人传》、卢梭的《爱弥儿》在很大程度上是一篇篇关于人类天性的哲学思考与教育论文；鲁迅的文学底色、平民立场、学者深度、环球视野、中国气派，他那哀痛者幸福者的深刻体味，尤有震撼性。我期望，所有中小学、千家万户和社会各界都充分认识文学教育的重要性，用实际行动，通过各种形式，让母语长河中明月、寒梅、翠竹、松柏、杨柳、桃花、长城、黄河、长江、鲲鹏、龙等典型意象与全体中小学生相伴永远，引导全体中小学生充分感受文学的丰富与深厚，在人类优秀文化精神家园中安身立命、成长成才。我相信，广东省小作家协会成立大会暨首批文学创作基地授牌仪式后，所有中小学、千家万户和社会各界都关心和重视中小学生文学教育和文学创作，领略古今中外文学大师的风采，在文学教育、文学创作、文学赏析中不断呈现崭新的人生境界，为实现国家富强、民族振兴、人民幸福而作出重要的独特的贡献。

亲近母语：儿童的文学教育与语言发展[*]

举办"亲近母语：儿童的文学教育与语言发展"研讨活动，是推进素质教育特别是培养和提升儿童母语综合素质的一个具体表现。

母语，是最有情感温度且浸润着思想智慧的声音与文字。每一个人，都是在母语的呼唤、吟唱和诵读中，张开眼睛看到万物、感悟世界、理解生活、认识人生和社会的。亲近母语，促进儿童的文学教育与语言发展，是推进素质教育特别是培养和提升儿童母语综合素质的具体表现。

中国是一个多民族、多语言、历史悠久、文化资源极其丰富的国家。中国人民为了国家富强、民族团结、社会进步和文化繁荣，努力发展着一种可供各民族共同使用的语言，这就是汉语普通话。我们所说的"亲近母语"，指的就是亲近汉语普通话及与汉语普通话有源流关系的民族文化。这样的母语，是中华民族的文化基石，是中华民族的精神家园，是中华民族的价值体现。在义务教育阶段，有计划、有目的地开展形式多样、生动活泼的亲近母语活动，探索以儿童为本位的母语教育教学理念和教育教学方式，让语文教育教学更多地突出母语特征、更好地提高质量水平，这是在为使我们的学生成为充盈着中国文化基因的世界公民而奠基。

联合国的一项研究清楚地说明：用母语和一种官方使用的民族语言进行教学，有助于中小学生获得更好的学习成绩，有助于中小学生的观察能力和认识能力发展。马克思曾指出，母语是一个民族中最稳定的因素。作为文化的载体和组成部分，一个民族的语言一旦消失，整个民族也就难以摆脱被灭亡的命运。因为语言连接和维系的是这个民族的历史与记忆，关乎这个民族的存在与发展。而守护母语，也就是捍卫一个民族的尊严，传递民族文化基因。历史上犹太人曾备受歧视和排斥，颠沛流离长达几十世纪，只因为顽强地保留了自己的语言和文化，从而有了一脉薪火相继的现代辉煌。为了推进世界各国的母语教

---

[*] 本文系作者于2015年9月21日在"亲近母语：儿童的文学教育与语言发展"研讨活动上的演讲。

育,联合国教科文组织在1999年11月宣布:从2000年起,每年的2月21日为国际母语日,开展一系列以母语为主题的活动。我国从2006年开始举办纪念国际母语日的活动,每年都确定一个活动主题,如2006年的"推广母语教育,弘扬多元文化"、2007年的"弘扬多元文化,共建和谐世界"等等。2004年,联合国还在《保护非物质文化遗产公约》中明确语言是非物质文化遗产,各国人民应该以自己的方式为保护自己的语言作出应有的贡献。

我们还知道一个历史事实:灭绝一个民族,常常从剥夺他们的母语使用权开始。过去有一个历史时期,日本侵占我国台湾地区、东北地区后,禁止汉语教育,强制实施日语教育;英国人在所有殖民地推行英语教育,德国人也在占领区推行德语教育,都德的《最后的一课》就具体描述过这种历史。

我们应该重建母语价值观:热爱母语,应该被视为每一个人天生的责任。我们语文教研员、语文教师首先要像19世纪俄国现实主义艺术大师屠格涅夫那样对待自己的母语。屠格涅夫曾深有感触地说过:"在疑惑不安的日子里,在痛苦地思念着我的祖国的命运的日子里,给我鼓舞和支持的,只有你啊,伟大的、有力的、真实的、自由的俄罗斯语言!"

亲近母语、热爱母语和提高母语教育教学水平,是中小学语文教研员、语文教师的神圣职责。这几年,我省越来越多的中小学强调经典相伴、书香致远,开展各种亲近母语的活动,如每天诵读体现中华优秀传统文化的经典诗词歌赋、开展汉字软硬笔书法活动、组织古诗文知识竞赛、实施汉语文字大赛等,这是非常好的。但仅如此还不够,仅停留在儿童身上也不行。因为,在国家推动"一带一路"倡议和实现中华民族伟大复兴中国梦征程中,我们需要更有广度深度、更有人文内涵、更有质量水平的母语教育,需要各级各类学校、社会各界、千家万户共同努力。只有这样,我们才能培养既具有中华民族文化底蕴及人生观、价值观、荣辱观,又具有世界视野、国际胸襟、人类情怀的优秀人才,才能在世界上拥有更加美好的未来。

我们期待一切有识之士尤其是所有教育工作者具体感受亲近母语和开展母语教育教学的重要性,更广泛、更深入地了解祖国优秀传统文化,带着敬意和热情,带着信念和执着,持之以恒地支持和参加内容丰富、形式多样的亲近母语教育活动,传承好中华优秀文化,融汇人类先进文明,引导全体儿童向往和浸润富有诗意与智慧的精彩人生。

让小学语文教学为学生健康成长成才奠基[*]

这次来自全国14个省（区、市）的小学语文界同仁在我省河源市举办小学语文教学研讨活动，给我省小学语文界传经送宝，这是大家在小学语文课程教材教学改革发展上互相学习、互相借鉴、互相促进的极好机会。

语文教育，是母语教育。母语，是最有情感温度且浸润着思想智慧的声音与文字，是优秀传统文化、先进思想理念和正确价值观的重要载体。每一个人，都是在母语的呼唤、吟唱和诵读中，张开眼睛看到万物、感悟世界、理解生活、认识人生和社会的。

基于上述认识，我认为，我们的语文，是中华民族的文化传承，是中华民族的精神家园，是中华民族的价值体现。举办小学语文教学研讨活动，分享母语教育教学成果，探索以儿童为本位的母语教育教学理念和教育教学方式，于国家有益，于民族有利，于儿童健康成长成才具有奠基意义。

"千教万教教人求真，千学万学学做真人。"我们希望语文课程教材教学真正以学生健康成长成才为根本，着力深入研究1—6年级学生的身心发展规律和认知成长规律，依据小学生的生活体验、情感态度和学习发展状况，遵循语言习得规律、语文教育教学规律，循序渐进地引发小学生的语文禀赋，科学有效地在小学生中植入中华民族优秀文化基因，潜移默化地培育小学生具有牢固的诚信、友善、爱国、敬业的价值追求，充分体现开设小学语文课程的意义并使小学语文教学效果得到充分彰显。

这几年，我省开展各种各样的语文教研活动，在1—9年义务教育中强化语文听说的教学与评价，部分地市的考试评价保持着20—30分的听力评价内容；上个月，我们还专门举办"亲近母语：儿童的文学教育与语言发展"研讨活动。这些努力，对我省的义务教育语文教学质量提高起到积极促进作用。今后，我们愿意与全国小学语文界同仁携手

---

[*] 本文系作者于2015年10月22日在小学语文教学研讨活动上的致辞，后发表于2015年10月30日《语言文字报》第1版。

合作,通过"真语文"的具体课例、理论讲座、点评与互动研讨等,持之以恒地扎实开展内容丰富、形式多样的小学语文教研活动,使小学语文课程教材教学改革发展取得更大成就,更好地为小学生健康成长成才奠定坚实的基础。

加强中学语文课程研究　为中学生健康成长成才筑梯*

为了深化"广东特色基础教育语文课程教材体系建设"项目研究，推进我省语文教育科研与中学考试评价工作，我们在百年名校佛山第一中学召开广东特色基础教育语文课程教材体系建设研讨暨中学语文课堂教学观摩与考试评价研讨会。我谨代表广东省教育研究院向远道而来的北京、上海、河北等省（市）的专家及优秀教师表示热烈的欢迎和衷心的感谢！

佛山是岭南文化的重要发祥地。广东先后出现过10位文状元，佛山占了5位。这里文豪辈出，如清朝末期的著名小说家吴趼人，他的被称为晚清"四大谴责小说"之一的《二十年目睹之怪现状》，还有《恨海》等文学作品，应是大家耳熟能详的。佛山第一中学，具有深厚的历史文化底蕴和优异的教育教学成就，创造了和创造着鲜活的教育教学经验。这次会议期间，佛山第一中学和其他有关学校将展示一系列教育教学改革成果及学生的实践探究过程，相信会给与会者们许多新的启迪。

在两天的会议时间里，我们将全面分析中学语文教育教学改革发展形势，传达国家和省考试评价改革工作会议精神，分享北京、上海、河北、广东等省（市）语文评价新成果；进行上海、河北、广东中学语文课堂教学观摩研讨，提出深化广东特色基础教育语文课程教材体系建设的理论与实践构想。特别是北京、上海、河北的专家及优秀教师给我省语文界传经送宝，这是大家在语文课程、教材、教学与评价改革发展上互相学习、互相借鉴、互相促进的极好机会。希望大家珍惜这样的极好机会，认真聆听，深入思考，并将会议成果转化到中学语文课程、教材、教学、评价改革和教研实践当中去，共同提高我省中学语文课程建设及教学质量水平。

语文教育，是母语教育，是中华民族的文化传承，是中华民族的精神家园，是中华民族的价值体现。我们希望中学语文课程、教材、教学、评价真正以学生健康成长成才

---

* 本文系作者于2015年12月20日在广东特色基础教育语文课程教材体系建设研讨暨中学语文课堂教学观摩与考试评价研讨会上的致辞，标题为收入本书时添加。

为根本，深入研究7—12年级学生的身心发展规律和认知成长规律，依据中学生的生活体验、情感态度和学习发展状况，遵循语言习得规律、语文教育教学规律，循序渐进地引发中学生的语文禀赋，科学有效地在中学生中植入中华民族优秀文化基因，潜移默化地培育中学生具有牢固的诚信、友善、爱国、敬业的价值追求，充分体现开设中学语文课程的意义并使中学语文教学效果得到充分彰显。

这几年，我省开展各种各样的语文课题研究及教研活动，取得了省和国家级的教育教学成果奖，对我省的语文课程建设及教学质量提高起到积极促进作用。今后，我们要坚持与全国中学语文界同仁携手合作，继续进行课程、教材、教学与评价的科研实验，持之以恒地扎实开展内容丰富、形式多样的中学语文教研活动，使中学语文课程、教材、教学与评价的改革发展取得更大成就，更好地为中学生健康成长成才筑梯。

中学语文教研的规范与创新*

为了深化广东语文课程、教材、教学、评价特色研究,推进我省语文教育科研跃上新台阶,我想就中学语文教研的规范与创新谈几点意见。

一、对语文教育的重要性有高度认识

语文是世界课程中最基础最核心的学科。语文课程有丰富的内容、庞大的教师队伍。王土荣老师特别统计过,语文教师的总数超过物理、化学、生物教师的总和,也超过政治、历史、地理教师的总和。这种状况在世界各国都差不多。因为世界各国都认识到:语文教育是母语教育。母语,是最有情感温度且浸润着思想智慧的声音与文字,是优秀传统文化、先进思想理念和正确价值观的重要载体。每一个人,都是在母语的呼唤、吟唱和诵读中,张开眼睛看到万物、感悟世界、理解生活、认识人生、融入社会的。

对今天的中国而言,语文教育还是"一带一路"倡议的重要内容。这是一个许多人还没有意识到的重要问题。"一带一路"倡议不仅仅是经济问题,也是文化问题、教育问题。盛唐时期的文化软实力,曾使中国成为世界的强国和文化的高地。今天,中国梦、世界梦,同样需要文化同行。刚结束的世界孔子学院会议明确强调,世界文化交流,需要更多精通中国文化的语文大师,应该通过文化如通过中国的儒道文化与"一带一路"各国文化的融合发展,形成新的文化,促进各国友好往来、和谐相处。

二、对语文教研的重要性有理性思考

新中国66年的教学研究发展,形成了省、地级以上市、县(市、区)、校教研网络

---

* 本文系作者于2015年12月20日在广东特色基础教育语文课程教材体系建设研讨暨中学语文课堂教学观摩与考试评价研讨会上所作的讲座,收入本书时稍有删减。

和教研体系。各级教研组织已经成为中小学最熟悉和信赖的教学指导机构,全国专门从事教学研究工作的10万名教研员已成为中小学一线教师最熟悉和信赖的教学及教研指引人。教研机构及教研员在新中国教育教学改革发展历史进程中,发挥了独特的不可替代的作用;未来,应当发挥更大的作用。

中国教研发展史告诉我们:教研曾经并且仍然支撑着中国的基础教育。它怎样支撑中国基础教育的过去、现在和未来,需要我们从形而上的高度进行思考、研究和创新。教研的核心,就是"对一切教育教学,都思考可不可以更好;如何做得更好;为了更好,该做些什么"。从这个意义上说,教研员在教研领域始终是灵魂。

教研仍然是发展中的科学,它具有自己的规律和特点,但许多规律需要我们去发现,许多特点需要我们去彰显,如怎样促进教研员和一线教师按照学生的身心发展规律去开展教育教学和教学研究,就是我们必须继续探索的重要课题。而要探索这些重要课题,必须对教研实践进行全面的审视和深层次的分析研究,既从理论上探讨它的价值,也在现实中提高它的效用,并将具体的教研提升到理性的高度,促进面上课程、教材、教学、评价改革发展和质量水平提升。

三、对包括语文教研在内的教研问题与具体行为有必要规范

经过30多年改革开放,尤其是随着社会信息化推进特别是信息技术与教学、教研相融合,目前一线教师的教研水平与占有的教研资源已基本与教研员相当,专业事务中教研员与教师拥有的威权与信息不对称将逐渐消失。教师置身于教育教学实践,处于教育教学信息化大环境,具有天然的教研实验与探索条件,拥有教研员所没有的实践优势,如果教研员的思维方式、工作方式和目标任务跳不出应试的藩篱,不经常深入教育教学一线,他的人生和专业就难以有更大发展空间。如果教研员的品行和学养难以超越教师,就无法真正发挥在教学、教研上的引领和指导作用,满足不了一线师生更加多元与更具个性的需求。长此以往,教研员将不可能成为教学、教研的引领者、指导者。我们必须高度重视存在的问题,切实建立健全教研规范,着力营造科学的、健康的、充满创新活力的教研生态,全面履职尽责,坚决杜绝教研不正之风,充分发挥教研机构及教研

员应有的功能和作用，在所有学校、全体教师中树立正确、良好形象。省教育研究院教研员要切实贯彻《广东省教育研究院学术道德规范（试行）》《广东省教育研究院教学教材研究室教研工作规范（试行）》，在全省教研机构、教研员队伍中发挥示范作用。

四、对新形势下包括语文在内的教研大胆创新

教育是实践性的行为。没有实践，就没有教育；没有创新，就难以有实质性的发展。我们不能只抱住书本知识和一些过时的理论而不求创新、不求进取，以为自己是高学历、高职称、大博士，就怡然自得。中国文化教育发展史告诉我们：书本知识与理论不同实践相结合，事业将一无所成。古代的孔子、孟子，现代的鲁迅、叶圣陶，当代的于漪、魏书生、钱梦龙、丁有宽的人生成就说明，我们必须不懈探索，切实做到学思结合、知行合一，将理论体现为具体的行为，并使教育变得更好，助力学生全面而有个性地成长成才，这样的人生和事业才真正有价值。屠呦呦获得诺贝尔奖进一步说明，只有中国的，才是世界的。我们要立足自己的民族文化和自己的岗位职责，把握风清气正、干事创业和提升教研的大好机遇，大胆探索、积极创新，不断产出具有广东特色、广东风格、广东气派的优秀教育科研成果及教学成果，从而充分彰显我们教研人的人生价值和专业能力水平。为此，我提四点建议。

一要充分学习理解国家、省关于教育改革发展的一系列决策部署和政策文件，结合实际创造性地贯彻落实，把坚持以人为本、全面实施素质教育作为教育改革发展的战略主题，把立德树人作为教育的根本任务，充分体现到教研机构及教研员各方面各环节工作之中，以创新思维和科学方法切实解决基础教育教学研究中的假研究、浅研究、回避重点热点难点问题的空研究等问题。

二要对我国基础教育教学发展史进行全面考察和深层次研究分析，把握规律性、科学性，提炼出具有中国特色和普世价值的基础教育教学研究成果，为丰富发展中国特色社会主义教育理论体系作出应有贡献。

三要大量汲取东西方母语教育成果，站在学生发展的角度，从学生终身发展和个性发展对语文能力的需求，明确以语言文字运用为核心，兼顾文学与文化；以真正语文

能力发展为重点，兼顾求真、思维、说理、审美及文化，以教带学，以读促写，以写促读。同时，强调个性化阅读和言为心声的写作，为每个学生提供共同基础及适合个性特质的语文教育，以创建科学的课程、教材、教学与评价体系，打造出广东语文教育高地里程碑式的成果。

四要突出教研员、教师与学生在教研中的价值，同时重视教研文化因素在教研者发展中的重要价值，以及教研对教育改革发展及学生培养的重要作用。充分发展教研者的个性，让教研遵循人的自然本性，促进教研员、教师与学生科学地、健康地发展；教研的过程，是教研员和师生个体经验的持续不断增长的过程；教研的中心，是教研者的独立发现、体验与需求，包括改变以传承为主的教学传统，推动教研多元发展，强调探究与创新；教研机构是创造和保存人类教育文明成果的场所，是培养教育家的地方，是人类教育精神传递、教育资源开发和教研创新的殿堂，是一个充满创造和创新的具有独立品格的思想熔炉、学术天堂，更是拒绝平庸、鼓励个性、奋力前行、与时俱进的文化高地和精神家园。

我想，这些规范与创新问题，对所有学科教研员来说都是一样的，但我希望首先引起语文教研员理性思考，深入开展以教研自身为对象的研究，以教研的存在为前提，总结教研经验，分析教研问题，探索教研新布局、新路径、新方法，实现教研新跨越、新升华、新成就。

让文学带着中小学生远走高飞*

首届"小作家杯"广东省中小学生写作大赛在今天圆满结束，即将落下帷幕。我要向在本次大赛中取得优异成绩的同学表示热烈的祝贺，向本次大赛组委会及各位专家评委表示诚挚的谢意，向为本次大赛默默奉献的每一位老师和工作人员表示衷心的感谢！

文学教育，春风化雨。在经济与科技快速发展、市场经济和实用主义弥漫的现代社会，文学具有特殊的育人功能。

文学赏析、文学创作是充满魅力的创造性思维活动。这种活动，具有开放性、兼容性的联想和丰富、独特的想象。而联想和想象是在过去认知与经验的基础上，构成没有经过的或是崭新的事物和形象。这种无限的联想与想象比单纯获得知识更重要，因为它具有很强的创新性和创造力，这是人类社会发展进步所必需的品质。

我们的教育，应该顺应中小学生身心发展关键期的规律和特点，强化创造性思维的培育和促进。处在中小学时代的学生，对事物的认识虽然缺乏成年人的成熟与深刻，但思想最活跃、最纯真，不伪装、不保守，富有想法、想象、好奇甚至幻想，具有冒险精神，充满创新内驱力。"少年情怀总是诗"，全凭真情流露而绽放出活生生的年轮气息，具有独特的魅力，这是成长着的刘绍棠式的"青枝绿叶"，新嫩可爱。如果练就必要的文学赏析能力和文学创作方法，就可以创造出中小学生这个年轮特有的新奇作品，也可以更好地培养中小学生这个年轮的社会责任感、创新精神和实践能力。

2015年5月23日李克强总理在中国—拉丁美洲人文交流研讨会上说：文学有特殊魅力，充满想象力。全球现代化进程需要创新，而创新不仅来自人类文明知识积累，更来自人类丰富的想象力，它可以激发社会创造力，最终会使理想变成现实。小作家的文学赏析、文学创作等文学实践活动，就是把自己的所学所悟、所见所感、所思所想变成有自己特征的文学作品，这就像将同学的形象固定在画布上，或变成一块石膏或一座铜

---

* 本文系作者于2016年1月10日在首届"小作家杯"广东省中小学生写作大赛颁奖典礼上的演讲。

像，这种代表小作家心灵的同学形象，不再仅仅是一种物质，而是有了超乎物质的意义与价值。更重要的是，同学们进行这样的校园文学实践，可以描画最美好的神奇的教育与生活图景，可以在"幻想"的自由王国里体验各种教学生活、社会生活，还可以超越具体的教学、生活而将创造性思维提升到一个新的高度。

由广东省小作家协会主办的这场比赛，我相信对参与的每一位同学来说，其影响将会是深远的。也许一批少年作家将从这次大赛逐渐走向文坛，也许一批少年会因为参加文学实践活动而生发对人文社会科学领域的创新追求，也许一批少年会因为有文学创作灵感培养而将来在自然科学领域不断创造奇迹……所以，我想对参加写作大赛的同学们说，当我们的生命插上了文学的翅膀，我们会飞得更高；当我们的理想注入了文学的血液，我们会走得更远；当我们的追求充满了文学的本义，我们会变得更强。因为文学，我们的视野更加宽广；因为文学，我们的思想更加深邃；因为文学，我们的精神更加高尚；因为文学，我们的情感更加丰富；因为文学，我们的生活更加精彩。每一天，当我们拥着文学的梦静静入睡，等待我们的一定是又一个崭新的、满载着文学的清晨，走向更美好的明天。让我们将文学的种子深藏于心底，悉心浇灌，使其生根、发芽、开花、结果。

习近平总书记说过，青年最富有朝气、最富有梦想。中国的未来属于年轻一代，世界的未来属于年轻一代。今天，看到洋溢着青春正能量的你们，可以期待：中国未来的文学事业和其他各项事业属于你们，只要你们每一天悉心浇灌自己的文学梦，有朝一日，它定会变成浩渺无边的大海、广阔无垠的宇宙。

深化语文教育教学改革　丰富提高中小学生语文核心素养[*]

在阳春三月的美好时光里，中国语文现代化学会、广东省教育研究院、广州市越秀区教育局与教育部语文出版社、语文报刊社，在中共三大会址所在地及百年名校培正中学共同举办中小学"真语文"课堂教学成果展示与研讨观摩活动，有全国各地语文专家、语文教师光临，共话语文教育教学改革，给我省传经送宝，是大好事！

语文是母语同仁的精神家园，"真语文"是实现语文教育理想的有效途径。全国40多场"真语文"的理论探索与实践引领，使越来越多的人对语文教育教学的现实与发展趋势有了越来越深刻的认识和思考，大家体会到让语文教学活动切合中小学生的身心发展和认知过程，通过语言、思维、审美与文化的听说读写实践，可以也应该能够使学生的语文核心素养切实得到丰富和提高。我们还深切感受到，"真语文"活动秉持"为普通老师助力，给普通老师舞台"的思想，发现和培养了一批批坚守一线课堂、认同"真语文"理念的优秀老师，促进了语文教育质量和教学水平提升。

我也是语文人，对语文有一种天然的情结。我大学毕业后没有从事过语文教育工作，但我一直认为，从事语文教育的事业是最富于历史性与人民性的事业。因为语文教育是最能培育学生中华情结、家国情怀、世界胸襟的事业，是最能奠定学生人文素养、诗意人生、全面发展基础的事业。因此，我们汇聚羊城，共同研究语文教育教学，是非常有意义的事情。我们还认识到，语文教师是一支非常重要的教育教学力量。在我省，语文教师占中小学教师总数的23.5%，大家在语文教育教学中为全体学生健康成长成才奉献了聪明才智，取得了优异成绩。我省2014年获得的基础教育国家级教学成果奖，语文学科就占了获奖总数的22.6%。现在，语文学科又在师生发展资源与语文教育教学有机结合上进行着新的研究，语文教育教学正在发生新的更加积极的变化。

为了更好提高语文课堂教学质量，开展更高效的语文教育教学研究，我们十分关注

---

[*] 本文系作者于2017年3月29日在中小学"真语文"课堂教学成果展示与研讨观摩活动上的讲话，标题为收入本书时添加。

北京的引领性探索和居PISA测试世界前列的上海基础教育的成就，在这次中小学"真语文"课堂教学成果展示与研讨观摩活动上，广东特别是广州市越秀区与北京、上海、江苏等先进省市的课堂教学互动，将是一次有益的新的探索。广州市越秀区是我省著名的教育"强区"和教育现代化"先进区"，这几年与我院共同开展了多项具有开创性意义的实践研究和学术研讨活动。这次研讨观摩活动在越秀区培正中学举行，大家一定可以切身感受到这所有128年历史的名校的深厚底蕴，也可以分享到他们自强不息、再创辉煌的做法与经验。同时，请来自先进省市的专家、老师对广东提升基础教育教学质量和办学水平提出宝贵意见和建议，传授先进做法和成功经验。

  我相信，来自全国及省内各地的与会老师，通过分享"真语文"课堂教学经验，立于语言、思维、审美与文化的高度，领略名师风采，将会在语文教育思想、教学理念、教学方式上创造出更多优秀成果，使语文教育教学跃上新台阶，让广大中小学生更好地拥有语文真知识、真情怀、真思想、真能力，更好地在人生道路上全面而有个性地持续健康发展。

加强网络教研平台建设　推动学科教研工作转型[*]
——广东省部编初中语文教材名著阅读专题网络研讨活动感悟

我们在深圳市宝安区举行广东省部编初中语文教材名著阅读专题网络研讨活动，不仅有在现场的语文老师聆听讲座、观摩课堂教学，还有全省各地的语文老师通过网络同步收看我们的现场直播。这是省教育研究院第一次举办这种网络教研活动，目的是探索把网络教研活动作为一项常规工作来开展，运用信息技术变革教研方式，使广大教师能够通过网络教研平台获取先进的教学经验和优质的教学资源，进行更为快捷而广泛的互动交流。

"互联网＋教育""互联网＋教研"时代已经向我们走来，这向传统教育模式、传统教研方式提出了挑战，也给我们提供了更多发展机遇和创造更多新成果的可能。我省正在推进信息技术与教育教学深度融合，全面提升教育信息化支撑力。我省的教学、教研活动应抓住这一时代机遇，逐步向网络化信息化发展，通过线上线下深度融合，开展多样化分层次的网络教研活动，不断扩大优质教育资源覆盖面，从而更好加强教研针对性和实效性，实现优质教学资源有效整合和广泛传播。

本次初中语文学科网络教研活动，将授课教室、网络教研平台和观摩点评研讨终端有效连接，参与教研的所有老师只要登录我们的网络教学平台，就能学习已经上传的优质教学视频等内容，并且通过网络留言点评，实现互动交流。这类新型网络教研活动，使身处不同地区不同学校的教师共同开展教研活动，扩大了交流范围，有利于相互学习、资源共享和教育公平。面向未来，我们将加强省级网络教研平台建设，推动我省学科教研工作转型，力求更贴近学校教学工作实际，紧扣各学科教学的重点、热点、难点，有针对性地解决教学中共性的典型问题，以促进我省城乡区域教育教学均衡发展。

---

[*] 本文系作者于2017年5月11日在2017年广东省部编初中语文教材名著阅读专题网络研讨活动开幕式上的讲话，标题为收入本书时添加。

并通过网络扩大我省教学、教研优秀成果在全国的影响力。

　　当然，要保证网络教研活动的针对性、有效性，需要更精心筹划教研活动内容。本次广东省部编初中语文教材名著阅读专题网络研讨活动的主题和内容的选择，是经过仔细考量而形成的。2016年秋季开始投入使用的部编初中语文教材，名著阅读的地位得到提升，而且是明确纳入了语文课程教学体系的。教材中这一部分的内容有很多新变化，比如明确提出了专题研究的要求。教师在落实名著阅读的教学实践中遇到很多问题和困惑，这正是我们初中语文教学工作的重点、热点、难点之一。据了解，深圳市宝安区从2011年开始就对全区初中语文教师进行多次大型培训，以专家讲座、课例呈现、经验分享等形式大力推介读书会，并连续组织开展20多场区级读书交流活动，重视课外阅读的观念逐渐深入人心，大部分学校积极开展课外阅读活动。宝安区已初步形成区域性大范围积极推进课外阅读的良好局面。本次教研活动，我们利用录播、直播系统最大程度地记录和呈现深圳市宝安实验学校开展《骆驼祥子》名著阅读教学活动的全过程，展示宝安区名著阅读教学的具体策略和成果，相信对一线老师有很好的实践指导意义，有助于教师掌握推进课外阅读的具体方法，切实落实课标、教材的要求。

　　新课程理念强调教师专业成长，提倡教师不仅要争当学习型教师、研究型教师，还要当反思型教师。希望各位老师在本次活动中，合理运用教研网络平台，积极参与，全身心投入，进行有效学习、研究和反思，促进自身专业成长。也希望全省各地、各校从本次活动得到有益启发，积极促进教研方式方法转型提升。

重视校园文学活动　培养学生人文核心素养*

第二届"小作家杯"广东省中小学生写作大赛在今天圆满结束，即将落下帷幕。我要向在本次大赛中取得优异成绩的同学表示热烈的祝贺，向本次大赛组委会及各位专家评委表示诚挚的谢意，向为本次大赛默默奉献的每一位老师和工作人员表示衷心的感谢。

文学情怀说到底是一种人文情怀。一个有文学情怀的人，往往是一个纯粹的人、崇德笃学的人、有益于人民的人。培养学生的文学情怀，是立德树人的重要途径之一。

校园文学是一种独特的文学活动，也是一种有效的教育行为，在培养学生的人文核心素养方面具有无可替代的作用，尤其在提高学生的语言文字运用能力、审美体验能力、思维想象能力乃至组织活动能力等方面都起着直接的促进作用。

近几年，媒体有很多习近平总书记谈文学、引经典、讲感悟的报道，如与《平凡的世界》的作者路遥住过一个窑洞，他一直引以为豪；用车尔尼雪夫斯基的名言阐述自己的历史观，还说《钢铁是怎样炼成的》的启示，讲孟德斯鸠、伏尔泰、卢梭等人的著作对人类社会进步的作用。在联合国教科文组织总部演讲，习近平总书记也借用法国作家雨果的话来总结，"对待不同文明，我们需要比天空更宽阔的胸怀"。话里话外、字里行间流淌着他浓浓的文学情缘，让人深深感受到文学情怀体现着一个大国领导人的涵养与自信。

文学教育的根本，就是叶圣陶先生所讲的，作文和做人，人、文是一体的。

当前，在高校招生与人才评价制度改革背景下，文学特长生也被作为拔尖创新人才的一种类型，在高校自主招生等方面受到青睐，这为开展校园文学活动提供了有利的环境，可以使具有文学才华的青少年得到更好的培养和发展，对于未来的文学人才培养也将起到极大的推动作用。

---

* 本文系作者于2017年7月9日在第二届"小作家杯"广东省中小学生写作大赛颁奖典礼上的演讲，标题为收入本书时添加。

2017年是新文学诞生100周年，新文学是从校园里诞生的，一批教师如胡适、钱玄同、刘半农、陈独秀、鲁迅等，用自己的智慧创建了新文学。教师应当找到教育的灵魂，引导学生去阅读、去感悟、去创作。北京这几年通过对课程进行改革，强化文学教育，在教育过程中，引导学生去拥抱文学，进入自己精神世界的内部。我们可以做更多的开创性工作，如开展"校园文学与语文校本课程开发""教师文学修养与专业成长研究"等科研项目，组织、指导各地学校教师开展校园文学的相关研究与实践工作，探讨文学教育的实施途径与文学课堂的评价标准，主办全国校园文学高峰论坛和语文教师"文学课堂"展评观摩交流活动，建立"文学特长生培养基地"，承办一些全国中学生新作文大赛，为文学教育及语文教育的发展起到积极的引领作用。

我省现在的语文教学还比较注重知识传授，这没有错，但仅仅停留在知识传授层面，而且知识传授只是服务于考试的，就没有了对学生的创造性和自主性的培养。因此，我主张多给学生留一点时间，多解放他们的创造性和自主性，让教师、学生能够从自己的本心出发，从兴趣和自己个性出发，用各种形式的活动激发写作兴趣，不拘一格地释放自己的创造性，最后达到文学育人的目的。

加强语文教育教学探索　促进师生语文能力发展[*]

在辞旧迎新的美好时刻，广东省教育研究院、广东省江门市教育局及新会区教育局与中国现代化学会"真语文"教学专业委员会，在人杰地灵的江门市新会区共同举办"真语文"五周年理论与实践成果展示活动。欢迎全国各地的语文专家、教师光临广东，传经送宝。

语文是最有情感温度且浸润着思想智慧的声音与文字，"真语文"活动是实现语文教育理想和情怀的必然要求。五年来，全国40多场"真语文"的理论探索与实践引领，使越来越多的人对语文教育教学改革发展有了越来越深刻的认识和思考，包括对中小学现在的课程、教材、教学、评价进行"求真"思考，提炼了"依课标、持教材，重学情、可检测"的基本原则。我相信，举办"真语文"五周年理论与实践成果展示活动，将使"真语文"活动具有更多的理性色彩及形而上的哲学内涵。

五年来，广东举办的"真语文"活动有三次，每次人数都超过1000，"真语文"的教学思想，"真语文"活动同仁的母语情怀与教学魅力，王旭明会长和贾志敏、周宏、张赛琴等老师的示范课，都在广东产生了良好反响。广东"真语文"课堂教学探索也日渐深入，如将"真语文"活动与新课程新教材实践有机统一起来，在体现国家意志、民族文化和价值取向等方面开展了培养目标、具体内容、实施方法与评价制度的大胆探索。"真语文"活动顺应并引导着中小学生身心健康发展和语言文字能力提升，遵循着语言学习规律和语文教育规律，定可在促进师生语文能力发展、提高学生语文素养中产生重要作用。

我们认识到，现在社会上的语文问题很多，对于培育高素质的现代公民是不利的。语文是母语，我们应该重建母语价值观，就是热爱母语、娴熟运用母语应该被视为每一个人天生的责任。中小学语文教研员、语文教师在重建母语价值观中首先要充分发挥积

---

* 本文系作者于2017年12月28日在"真语文"五周年理论与实践成果展示活动上的致辞，标题为收入本书时添加。

极性、主动性、创造性,更广泛更深入地了解祖国优秀传统文化,带着敬意和热情、信念和执着,持之以恒地促进语文教育改革发展,充分履行丰富语文课程、提高语文教学水平的神圣职责,传承好中华优秀文化,汇入人类先进文明,让语文教育为浸润出中小学生富有诗意与智慧的人生、使其成长为充盈着中华文化基因的世界公民奠基,这是永固中华民族文化基石的需要,是守望中华民族精神家园的需要,是彰显中华民族文化自信的需要。

语文教研员、语文教师是一支非常重要的教育教学力量,也是一支非常重要的立德树人力量。在广东,语文教师占中小学教师总数的23.5%,大家在语文教育教学理论研究与实践探索中为教育教学改革发展和中小学生健康成长奉献了聪明才智,取得了优异的成绩。"真语文"五周年理论与实践成果展示活动,以及江门市及新会区与北京、上海、浙江、河北等先进省市的语文教学基本功竞赛及课堂教学观摩,将有助于大家同堂互相学习、互相借鉴,更有利于广东及江门市语文教研员、语文教师专业发展,更好形成语文教育教学优秀成果。我坚信这个目的一定能够实现。

人杰地灵、英才辈出的江门市是广东著名侨乡,得西学东渐及改革风气之先,曾在文化、教育等方面独具风骚。据康熙二十九年《新会县志》卷五记载,明代大儒、著名理学家和书法家陈白沙就出生于今天我们开会的圭峰山下的都会村,现在圭峰山玉台寺就设有富有纪念意义的陈白沙讲学亭。陈白沙曾在家乡从事教育事业30多年,育人3000,培养了将广东书院提升为全国第一的大教育家、历任明代三部尚书的湛若水等先贤。陈白沙的心学体系早王阳明38年,他的学术成就在岭南至今无人超越。新会更是广东乃至我国教育史上的强区,是中华民族近代思想启蒙者梁启超的故乡,也是被毛泽东主席称为"国宝"的陈垣的故乡,新会籍的两院院士就有12位。江门市及新会区进入新世纪以来的教育教学质量和办学水平又有大幅度提升,教育现代化走在全省前列,赢得越来越好的社会声誉。这次活动在江门市新会区举行,相信大家置身其中,一定可以真切感受到江门市及新会区深厚的文化底蕴,也可以分享他们的教育励精图治、再创辉煌的成功与经验。

预祝活动圆满成功!

探索建立语文教育生态系统　高效培养学生语文素养*

在秋风送爽的美好时光里，第二届生态语文教育创新发展论坛在深圳市举办，大家一起总结改革开放40年来语文教育改革发展积累的宝贵经验，展示40年来语文教育创新发展的理念、政策和研究、实践成果，分析新时代语文教育改革发展面临的机遇和挑战，探讨新时代语文教育创新发展之路，具有重要意义。

语文是母语同仁的精神家园，生态语文是实现语文教育理想的重要探索。2017年首届生态语文博鳌论坛以来，广东和全国许多地方一样，语文教研员、语文教师结合学习贯彻国家语文课程方案和课程标准，加快了理论思考与实践总结，加强了推进新时代语文教育教学改革发展的探索，正在形成语文教育教学新局面。

世界著名的思想家和教育家卢梭在18世纪就主张教育应该以自然教育为基础，尤其要通过个人经验来学习，因为每个人都是由自然的教育、事物的教育、人为的教育三者培养起来的。新修订的义务教育和普通高中语文课程标准也反复强调教育教学必须遵循学生的身心发展规律，注意学习环境创设和学习成效检验。生态语文教人求真、向善、唯美，强调以生态文明的理念与方法为指导，着力构建语文教育教学生态课堂、生态阅读、生态写作、生态评价，高效培养学生语文素养，促进学生创新发展、全面发展、协调发展、持续发展，切实改变中小学语文教学知识化、形式化、应试化的片面倾向，引导语文教学回归语文本真的整体教学，促进学生知识、情感、态度、能力、价值有规律地持续地健康发展。对此，值得高度赞赏。

我觉得，语文应该是属于学生的语文，语文教师要遵循语言学习规律、语文教育教学规律，顺应和引导学生身心和谐发展，让语文使学生终身受益。我还认为，语文应该是以师生发展为本的语文，语文教研员、语文教师要坚持走专业发展道路，不断丰富和提升自己的语文素养，更好地充分关注并发掘学生的语文潜能，引导学生不断探求、体验、感悟

---

* 本文系作者于2018年10月27日在第二届生态语文教育创新发展论坛上的致辞，标题为收入本书时添加。

语文的功能作用，丰富知识、增长见识、提高能力，为全面而有个性发展打下扎实的基础。

我省语文教研员、语文教师占全省中小学教师总数的23.5%，是一支非常重要的教育教学及其研究力量。这支力量，应当在全省推进基础教育现代化和教育教学及其研究中发挥更重要作用，探索建立富有创新意义的科学的基础理论和实践范式，走既体现深厚的文化底蕴和先进的学术理念，又符合教育教学规律和人健康成长成才规律的路子，为落实立德树人根本任务作出应有贡献，不要总在"皮""实"之间进行花样翻新和无效折腾。富有创新意义的科学的基础理论和实践范式要基于学生身心发展，侧重于对学生身心和谐发展的研究与把握，侧重于引导学生知识、情感、态度、能力、价值循序渐进地丰盈起来，侧重于有效解决语文教育教学的实际问题，促进学生德智体美劳全面发展。

事实上，我省的语文教育教学创新发展探索也日渐深入，如从人生发展的高度，依据学生身心发展规律、教育教学规律来构建最佳的教育教学模式，呈现可操作的教育教学体系。又如，将语文活动与语文新课程、新教材有机统一起来，在体现国家意志、民族文化和价值取向等方面进行培养目标、具体内容、实施方法与评价制度改革的大胆创新，特别是在构建广东特色语文课程、教材、教学、评价体系方面开展了许多理论与实践探索。经过不懈努力，我省的语文教育教学具有了越来越丰富的理性色彩和形而上的哲学内涵，在实践的基础上有了更多理性升华和理论创新。在2017年全省基础教育教学成果奖评审中，语文类一等奖15项、二等奖18项，占获奖总数的15.1%；在2018年全国基础教育教学成果奖评审中，我省获得语文类一等奖1项、二等奖4项，占我省获奖总数的14.3%。这是值得充分肯定的。

深圳是我省乃至全国教育现代化先进区，教育教学成果和教育教学研究成果不断丰富发展。这次全国各地选派单位展示的语文听力、口语、阅读、写作、思维、研学等优秀课例，一定可以让包括广东在内的全国同仁们更好地互相交流、互相学习、互相借鉴、共同提高。我相信，通过这次论坛活动，集聚全国语文教科研资源，有助于探索建立语文教育从理论到课程、教材、教学、评价的生态系统，有助于回归语文教育本真，促进语文教研员、语文教师专业提升和学生语文素养培育。

预祝论坛圆满成功！

崇尚中文写作　　涵养家国情怀[*]

在广东省教育厅、香港特别行政区教育局、澳门特别行政区教育暨青年局、香港中联办和社会各界热心人士的支持下，2019互联互通大中华青少年中文写作比赛颁奖典礼在香港举行。我谨代表广东省教育研究院对典礼举办和获奖同学表示热烈的祝贺！

"语言是人类存在的本质"，中文是海峡两岸暨香港、澳门人民乃至全球华人的精神家园。我们遵循青少年的身心发展规律和语言学习规律，充分关注并发掘青少年的语言潜能，以"互联互通大中华青少年中文写作比赛"的形式，让青少年表达和分享中文写作的魅力，引导青少年通过中文写作，不断地探求、体验、感受、认识中华优秀传统文化，不断地参与、了解、体认、张扬中华民族繁荣进步，为把自己培养成为担当民族复兴大任的时代新人打下扎实的基础。这是非常有意义的事情！

7000万华人分布在世界各地，中华文化自然也流布世界。现在，信息技术为中文的全球化提供了良好的物质技术条件，不同国度、不同地区的读者可以在这样的物质技术基础上分享到我们的优秀中文作品。我们相信，在推进粤港澳大湾区建设、拓展"一带一路"国际合作、打造人类命运共同体的过程中，不同的人文环境、生存状态和表现形态可以共生、多元、互动，中文写作应该也必定会走向开阔、宏大、多样。海峡两岸暨香港、澳门的青少年用一双文化的眼睛，定能充分感受到21世纪中华民族在全球化时代充满生机与活力。

我们也相信，随着中国持续繁荣发展，中文一定会在人类文明进步中散发出无穷魅力。我们要积极引导青少年崇尚中文写作、涵养家国情怀，帮助青少年增强中文写作能力、提高中文写作水平，让青少年更好植入中华文化基因，并树立世界眼光、形成跨文化沟通能力，长大后为实现中华民族伟大复兴和构建人类命运共同体增光添彩。

预祝典礼圆满成功！

---

[*] 本文系作者2019年7月17日于香港在2019互联互通大中华青少年中文写作比赛颁奖典礼上的致辞，标题为收入本书时添加。

增强广东文化自信 提升广东文化影响力*
——《改革开放与广东文艺40年》出版感言

非常高兴与文艺界的名家们相聚在这里，就《改革开放与广东文艺40年》出版展开交流。我首先要感谢省文史研究馆的信任和支持，感谢陈剑晖教授一如既往的精诚合作。广东高等教育出版社能够承担如此高水平著作的出版工作，离不开大家的支持和指导。

《改革开放与广东文艺40年》是一部全面总结和升华改革开放40年广东文艺理论与实践成就的专著，也是一部深情回顾和浓缩改革开放40年广东文艺界风起云涌历程的史书。我认为，它的编撰和出版，承担着两个重大使命。

第一个使命，是向我国改革开放40周年献礼。岭南文化向海而生、融汇东西，孕育了广东人务实开放、兼容并包、敢为人先的精神特质。在中国共产党领导下，广东人的精神特质与改革开放的时代要求水乳交融，迸发出强大的能量。在波澜壮阔的40年里，广东人屡开风气之先，取得了一个又一个令世界瞩目的成就。这些成就不仅仅是经济领域的，更有精神文明领域的。而广东的文艺界，一直承担着繁荣发展中国特色社会主义文艺和为改革开放提供方向引导、思想保证和精神动力的重任。《改革开放与广东文艺40年》一书，展现了广东文艺界立德铸魂、崇文重教、凝心聚力的不懈努力。可以说，这本书是广东文艺界改革开放40年的功劳簿，是向我国改革开放40周年的诚挚献礼。

第二个使命，是为广东的文艺家们立传正名。在相当长的时间里，广东文艺被严重低估乃至忽视，甚至有人称广东为"文化沙漠"。在很大程度上，这是广东人过于务实、过于低调所致。广东高等教育出版社认为有责任梳理、升华并传扬改革开放40年广东文艺灿烂辉煌的业绩，让社会各界全面领略广东文艺工作者乘风破浪的卓越风姿，充

---

* 本文系作者于2020年5月20日在《改革开放与广东文艺40年》出版座谈会上的发言，标题为收入本书时添加。

分看到广东文艺界为传承创新中华优秀传统文化、繁荣发展中国特色社会主义文艺作出的重大贡献。追溯改革开放40年广东文艺创作，不难发现我们在很多方面走在全国前列，文学界打造出"粤派批评"文化名片，影视、音乐界成为国内同类创作的风向标，戏剧、美术界不断推陈出新，佳作连连。广东文艺工作者这种"独领风骚，敢为天下先"的追求，展现了岭南文化的厚重底蕴、鲜明个性、务实取向和博大胸怀，使广东成为促进改革开放向纵深发展的文化沃土，值得我们浓墨重彩去书写。而《改革开放与广东文艺40年》正是这样一部为广东文艺工作者撰写的鲜活"史记"。

省文史研究馆策划本书，体现了文史馆的开放意识、当代视野和责任担当。《改革开放与广东文艺40年》的编写者们深切地把握住广东作为发展中国特色社会主义的排头兵、深化改革开放的先行地、探索科学发展的试验区这种特殊地位和作用，倾力书写改革开放40年广东文艺繁荣发展的历史轨迹和辉煌成就，并总结经验、探索规律，对于增强广东文化自信、提升广东文化影响力、促进广东担负起新时代党中央和习近平总书记赋予的重大使命，无疑具有重要意义，并将发挥重要作用。

可以相信，《改革开放与广东文艺40年》一书将长久地流传下去，成为新时代广东人奋力前行的精神激励，成为后人研究我们这个伟大时代的必读书目，使人们从这本书里充分感受到在改革开放中广东人逢山开路、遇水架桥，向着现代化阔步前行的意气风发。我也衷心期待，广东各级各类学校的师生们关心、关注、学习、研究《改革开放与广东文艺40年》，厚植解放思想、实事求是、与时俱进的基因，提升传承文化、繁荣文艺、善于表达的能力，立足广东，致力中华民族伟大复兴，参与构建人类命运共同体。

第七章

重视提高学前教育和特殊教育质量

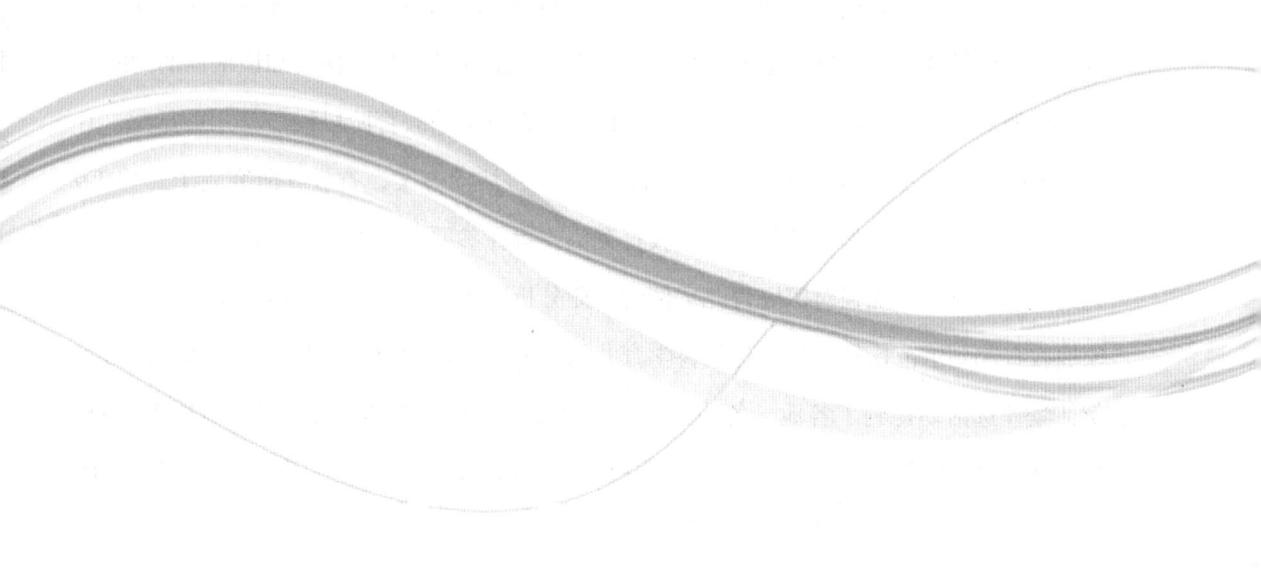

加强家庭科学育儿指导　实现家园有效共育[*]

为了落实教育部、省教育厅的有关工作部署，我们齐聚一堂，对去年全省"科学育儿"家庭教育优秀案例征集工作作总结，并对取得优秀成果的组织及个人给予表彰，同时研讨有效实施《3—6岁儿童学习与发展指南》（以下简称《指南》）的策略与途径，共谋学前教育科学发展、优质发展、特色发展。

2012年10月，教育部印发《指南》，从健康、语言、社会、科学、艺术五个领域描述了幼儿学习与发展的特点以及学习与发展的目标要求，对幼儿园教师和幼儿家长开展相应领域保教工作提出了建议。这是对幼儿教师和家长科学认识幼儿身心发展规律，实施科学有效的保教方法，促进幼儿健康快乐成长的重要指导。

为全面提高科学保教水平，教育部2012年部署一年一度的学前教育宣传月活动，其目的是利用各种方式、多种渠道，向全社会宣传《指南》，营造科学保教的良好氛围，形成家、园、社会共同辅助幼儿健康快乐成长的合力。2014年学前教育宣传月活动的主题是"让科学育儿知识进入千家万户"，在强化对幼儿教师科学保教知识培训的同时，重点加强对社会及家长科学育儿知识的宣传，提高对学前教育阶段科学育儿重要性、专业性的认识。根据省教育厅2014年学前教育宣传月活动方案，省教育研究院于2014年9月在全省征集评选科学育儿优秀家庭教育案例，旨在参照《指南》全面宣传家庭科学育儿的观念和方法，加强对家庭育儿案例的专业分析，为家庭提供《指南》实践指导，对家庭教育起到示范榜样作用，达到科学育儿的目的。本次"科学育儿"家庭教育优秀案例征集评选活动得到了各地、各幼儿园的大力支持，共收到18个地级以上市选送的941篇稿件，经专家评审，共选出200篇优秀稿件；有106所幼儿园参加了团体优秀组织奖评选，其中50所幼儿园获奖；82人申报了个人优秀组织奖，其中30人胜出。今天我谨代表省教育研究院对获奖的作品、团体和个人表示衷心的祝贺，同时也感谢大家对学前教育

---

[*] 本文系作者于2015年5月25日在"科学育儿"家庭教育优秀案例征集工作总结暨学前儿童家庭贯彻《3—6岁儿童学习与发展指南》策略研讨会上的讲话，标题为收入本书时添加，内容稍有删减。

科学发展的关心以及对我院工作的支持。

作为教育工作的重要组成部分、基础教育的基础，学前教育的发展关系广大儿童的终身幸福。自2010年11月国务院印发《关于当前发展学前教育的若干意见》以来，在第一期学前教育三年行动计划的推动下，全省学前教育发展都取得了长足进步。截至2014年年底，全省学前教育毛入园率达到95.67%，比2010年提高了13.1个百分点，学前教育资源得到有效扩大，保障了学前儿童基本的入园机会和权利；乡镇和村级幼儿园覆盖率大幅度提升，公办园、规范性幼儿园比例明显提高，政府主导、覆盖城乡、布局合理的学前教育公共服务体系基本建立。但是，学前教育科学保教方法仍有待大力提倡，科学保教水平仍有待着力提升，这既有赖于加强保教队伍建设，提高全体保教人员的综合素质和专业水平，同时也要大力营造科学育儿的社会环境和氛围，彻底摒弃"不要输在起跑线上"的错误观念，尊重科学、遵循规律，立足保护幼儿的自然天性，充分保障幼儿幸福快乐、生动活泼地健康成长，而这与幼儿的家庭教育有着重要关系。因为学龄前阶段，家庭教育对儿童发展有着极其重要的影响作用，幼儿园保教阶段是儿童从家庭生活逐渐融入集体生活、从家庭教育为主向学校教育为主转化的过渡阶段，在保证幼儿园保教质量和水平的同时，要切实做好家庭科学育儿指导，最大限度发挥家园共育的合力，促进儿童身心全面健康发展。为此，我认为要着重从以下三方面下功夫。

一、加大《指南》的家庭宣传，提高家长科学育儿认识

《指南》是教育部组织国内知名学前教育专家根据幼儿身心发展特征和学前教育保教规律编制的保教活动指南，借助教育学、生理学、心理学等相关知识，充分分析学龄前儿童发展基本特征和成长规律，分领域、分年龄制定儿童发展目标，并提出合适中肯的教育建议。从2013年学前教育宣传月活动开始，作为《指南》的配套材料，教育部每年向全国各省（区、市）赠送《指南》家长宣传册，向广大家长宣传基本的、科学的学前教育观念和方法，帮助家长正确认识儿童成长特点，掌握家庭科学育儿方法，有效促进儿童健康发展。我认为，全省各界特别是教育系统有责任加大对《指南》的家庭宣传力度，通过电视、网络、报纸、宣传册等媒介和研讨交流、咨询讲座、征文活动、家长

培训等方式扩大《指南》家庭宣传覆盖面，充分提高家长对《指南》的认识和理解，形成科学的育儿观念，实施科学的育儿方法。

二、强化教研力度，提高《指南》的实践操作性

《指南》是建立在先进的教育学、生理学、心理学理论基础上的学前教育指导文本，与传统的单纯追求儿童智力发展和认知水平提高的教育观念有较大的冲突，如何将《指南》有效运用到幼儿园保教和家庭教育实践，发挥学前教育的正向功能，需要各级教研机构和所有幼儿园强化教研力度，充分发挥教研的影响力。一是要建立健全学前教育教研队伍，建立省、地级以上市、县（市、区）、园四级教研网络和沟通机制，提供良好的教研平台。二是要充分发挥教研队伍力量，加强对《指南》的科学解读与宣传，帮助幼儿园保教人员、家长正确理解《指南》的思想内容，形成科学的教育理念和保教方法。三是要完善配套《指南》资源包，实现《指南》理念转化为有效的保教行为，给幼儿园保教人员和家长提供操作《指南》的实践指导，最大限度落实《指南》。四是要鼓励《指南》实验和教研活动，积极支持各地、各幼儿园开展《指南》实践创新，采取"引进来""走出去"的方式开展《指南》培训，推广学前教育的科学理念和先进经验，促进幼儿园和家长用好《指南》，保障儿童健康发展、快乐成长。

三、充分发挥家长学校作用，实现家园有效共育

家园共育是学前教育的重要途径和手段，要充分发挥家园共育的功能，就要做到家长和保教人员持有一致的学前教育观念和方法，形成和谐统一的学前教育文化。幼儿园作为学前教育的主阵地，幼儿教师作为学前教育的专业人才，掌握了较为先进的学前教育理念和方法，幼儿园及教师在严格遵循儿童发展特点和保教规律施教的同时，要加强与家长沟通，积极引导家长参与幼儿园保教活动，充分理解幼儿园保教活动的开展形式和保教方法。要充分发挥家长学校的作用，加强与家长的交流并对家长进行培训，详细解读《指南》的教育思想和科学理念，帮助家长正确运用《指南》开展家庭教育，保证

儿童在家庭和幼儿园所受到的教育保持一致，形成相向而行的合力。

家庭教育是儿童终身教育的开端，家长的教育理念、教育方式和自身的榜样示范作用影响儿童一生的发展。今天我们在这里除了要对获奖的作品、团体和个人表示祝贺，更重要的是借助这样的机会，再次向社会大力宣传《指南》的科学精神以及家园共育的重要性，研讨学前儿童家庭贯彻《指南》的有效策略与途径，交流先进经验，为在家庭中全面落实《指南》做好充分的准备。这次会议期间，华南师范大学、广东第二师范学院、广州大学等的教授，各幼儿园园长、教师，幼儿家长代表将就家庭教育及家庭贯彻《指南》的相关议题一同研讨交流。我们相信这次会议能够形成更多有益成果。省教育研究院作为省级教育研究团队，将在省教育厅领导下，恪尽职守，认真履职，做好全省科学保教指导工作，并团结全省学前教育教研力量，加强贯彻《指南》策略研究，多出贯彻《指南》理论和实践策略成果，与所有幼儿园、家庭共同推进《指南》落实。

希望大家同心协力，积极研讨贯彻《指南》的有效策略，形成家园共育的优良环境和浓厚氛围，给学前儿童健康发展提供更加优质的服务，为我省实施学前教育第二期三年行动计划作出重要贡献。

团结全省学前教育力量　提升全省学前教育质量*

2010年年底以来,我省认真贯彻落实国务院《关于当前发展学前教育的若干意见》精神,在第一期学前教育三年行动计划推动下,全省学前教育改革发展取得显著成效。学前教育资源快速扩大,财政投入显著增加,教师队伍建设逐步加强,"入园难"问题得到缓解。目前,我省学前教育发展存在的困难和问题,主要表现为公益普惠性学前教育资源不足;学前教育成本分担机制有待进一步完善;城镇住宅小区配套幼儿园规划建设工作机制不健全;幼儿园教师工资和福利待遇偏低,师资队伍素质有待提高;幼儿园保育教育指导工作和教科研工作有待加强。2015年2月,省教育厅、省发展改革委、省财政厅联合印发《广东省发展学前教育第二期三年行动计划(2014—2016年)》,提出了第二期三年行动计划的总体目标是:到2016年,学前教育资源满足适龄儿童入园需求,初步建成以公办幼儿园和普惠性民办幼儿园为主体的学前教育服务网络。学前教育财政投入力度加大,逐步建立以公共财政投入为主的农村学前教育成本分担机制。学前教育监管体系进一步完善,幼儿园教师队伍进一步稳定和优化,幼儿园办园水平和保教质量显著提高。具体目标包括普及学前教育、提高规范化幼儿园比例、扩大公益普惠性学前教育资源覆盖面、提升农村学前教育发展水平、提高学前教育保教队伍素质、提升保教质量和科学育儿水平。其中的关键词是"质量提升"。"质量提升"与每一位学前教育工作者息息相关,离不开全省学前教育工作者的共同努力。我建议广东教育学会学前教育专业委员会在今后的工作中进一步团结全省学前教育力量,充分发挥民间组织优势,在加强行业自律的基础上,引领全省学前教育工作者认真贯彻落实《3—6岁儿童学习与发展指南》(以下简称《指南》)精神,围绕"质量提升"展开深入的理论与实践研究,积极配合、主动支持我省学前教育第二期三年行动计划得到全面落实。请大家注意从以下四方面共同努力。

---

* 本文系作者于2015年12月10日在广东教育学会学前教育专业委员会2015年会暨岭南幼儿园园长论坛上的讲话,标题为收入本书时添加。

一、指导家和园全面贯彻落实《指南》，形成良好的科学保教社会氛围

《指南》自2012年颁布以来，全省幼儿园认真学习贯彻，开展了丰富而卓有成效的探索，积累了初步的实践经验。部分幼儿园尝试面向社会与家庭宣传《指南》，并指导家庭实践，也取得一定成绩。但总体而言，《指南》的影响依然是在学前教育机构内部，对外宣传较为欠缺，社会影响力不够，导致《指南》没有对更为广泛的学前儿童家庭发挥应有的指导作用。

事实上，《指南》是为深入贯彻《国家中长期教育改革和发展规划纲要（2010—2020年）》和"国十条"，指导幼儿园和家庭实施科学保育和教育，促进幼儿身心全面和谐发展而制定的。其说明指出：通过提出3—6岁各年龄段儿童学习与发展目标和相应的教育建议，帮助幼儿园教师和家长了解3—6岁幼儿学习与发展的基本规律和特点，建立对幼儿发展的合理期望，实施科学的保育和教育，让幼儿度过快乐而有意义的童年。由此可见，《指南》是面向全体幼儿园及学前儿童家庭开展科学保教的指导性文件。研究表明，学前儿童的健康成长主要取决于家庭。家庭在贯彻《指南》上的缺位必然导致《指南》的落实不到位、不全面，"让幼儿度过快乐而有意义的童年"的预期很可能落空，达成提升学前教育质量的目标也会受到制约。因此，学前教育工作者不但要探讨幼儿园如何贯彻落实《指南》，还要研究如何以幼儿园为基地，指导社区学前儿童家庭（包括在园幼儿家庭）贯彻落实《指南》。后者显然任重而道远，因为家长是不断更新的，需要持续地指导和培训。

我省二期行动计划提出：到2016年，各地市建立1个以上贯彻落实《指南》实验区，全省建成1000所贯彻落实《指南》实验幼儿园。建议专委会以实际行动支持各地市《指南》实验区开展贯彻落实《指南》的教研和教师培训工作，指导各地创建科学保教幼儿园；总结推广运用《指南》实验区、实验园经验，引导各类幼儿园科学保教。专委会更要组织专家团队研发学前儿童家庭贯彻《指南》的策略，并协助政府部门加大对《指南》的宣传力度，扩大《指南》的影响力，为家、园深度合作营造良好的社会生态，为幼儿的健康成长创造和谐的环境。

二、开展保教人员有效培训，夯实学前教育质量提升的人才基础

自第一期三年行动计划启动以来，各级教育行政部门高度重视幼儿园师资队伍建设，在幼儿教师的继续教育方面投入了前所未有的经费。各种培训不胜枚举，从国培到省培，从卓越园长到骨干教师再到全员培训，让一些幼儿园在继续教育过程中疲于应付，却收效甚微。建议专委会充分用好自己的优势资源，弥补现有培训机制的不足，建立满足不同层次和需求的保教人员培训体系，提高幼儿园园长、教师、卫生保健人员、保育员的思想专业素质和实践能力。继续鼓励和支持各地优秀学前教育工作者到资源短缺的农村地区巡回支教，特别是要向粤东西北地区农村倾斜，以各岗位人员喜闻乐见的方式，开展形式多样、内容新颖、理论联系实际的培训，不断提高幼儿园工作人员整体素质，为提升保教质量夯实人才基础。

三、加强教科研指导，确保幼儿园保教工作的专业性

多年来，尽管有国家层面和省级的课程指引性文件，但很多幼儿园在实际操作中仍然偏离专业轨道，出现"小学化"倾向。为此，省将出台"幼儿园一日生活指南"，指导幼儿园科学合理安排幼儿生活，从日常生活的点点滴滴做到"去小学化"。这需要专业的教科研人员系统指导幼儿园深入开展相关的教科研工作，将科学理念落实到幼儿全天生活的每一个环节中。而现实困难是目前我省各级专业专职的幼教教研员较为匮乏，难以在短时间内实现以教科研带动区域性学前教育专业发展。这就需要充分发挥民间组织的作用，特别是拥有雄厚专家团队的民间组织。建议专委会用好现有的组织机构和良好的机制，创设条件鼓励和支持专家团队以点带面地指导幼儿园开展园本教科研，及时解决保教人员实践中发现的问题和遇到的困难，提高幼儿园保教工作水平。有目的、有计划地开展实效性强的省级研讨会；分片区有针对性地组织好区域性教研活动；严谨设计科研课题，按专题组织、指导幼儿园和各级教研员开展有效的课题研究，确保幼儿园保教工作的专业性。

四、提炼和宣传先进成果，提升我省学前教育专业形象

改革开放以来，我省学前教育工作者大胆创新，锐意进取，积累了丰富的、有创意的专业成果，特别是以珠三角地区为代表的学前教育一度走在全国前列。但近年来，我省学前教育在全国的积极影响力明显下降。建议专委会充分利用自身的人力资源，帮助、指导幼儿园和教科研机构整理有推广价值的研究与实践成果，紧密联系中国学前教育研究会，加强与其他省（区、市）同类组织的联系，将我省学前教育系统的先进成果推向全国。

学前教育是根的事业，是基础教育中的基础。每一位学前教育工作者都肩负重任。在我省学前教育系统享有盛誉的专委会，也同样被寄予厚望。我们期待在今后的日子里，专委会一如既往地充分发挥民间组织优势，带领全省学前教育工作者创造性地开展富有实效的工作，促进我省学前教育事业蓬勃发展。

促进学前教育评估 推动学前教育科学发展 *

本次培训会规模大、层次高，有广东省督学、省一级幼儿园园长、保健医生、学前教育教研员、教育行政部门幼教管理人员、高校学前教育专业教师共300余人参加，可谓高朋满座。培训会内容丰富，有学前教育领域的资深专家分别给大家做专题报告；培训结束后，还有开卷考试；之后将对考核合格的参训人员颁发学前教育评估专家聘书。在此基础上，协会对受聘的评估专家进行动态管理，根据评估工作需要组建评估专家组，参与协会组织的各类学前教育评估、评审工作。我相信，举办本次培训会，必将推进我省学前教育评估专家队伍专业化、规范化建设，为进一步做好省一级幼儿园评估工作奠定坚实基础。

借此机会，我就推进我省学前教育事业发展和协会建设谈两方面意见。

一、正确认识我省学前教育评估的形势和要求

我省幼儿园等级评估是根据《广东省幼儿园督导评估方案》，通过系统收集幼儿园各方面信息，全面了解保教活动实际情况，对幼儿园办园水平和保教质量进行的综合性整体评价，目的是促进幼儿园改善条件、改进工作、科学保教，并为教育行政部门改善宏观管理提供依据。目前，我省幼儿园等级评估分为省一级、市一级、县（市、区）一级幼儿园三个级别。不同于中小学、高校有着诸如考试、升学率、就业率等多样化评价内容，在幼儿园来说，衡量保教质量和办园水平的仅有综合性评估这一种。因此，幼儿园等级评估成为我省学前教育事业科学发展、优化发展的重要推动力。我们认识到，我省幼儿园评估工作历经近20年的实践、探索，积累了一定经验，开始走向制度化、规范化，但仍需不断改进。

---

* 本文系作者于2016年6月14日在广东省教育评估协会学前教育评估专家候选人培训与考核遴选会上的讲话，标题为收入本书时添加。

(一)加强学前教育评估的理论建设与实践应用,确保评估工作的科学性

随着广东省发展学前教育三年行动计划第二期的深入推进,我省目前具有学前教育本科生培养资质的院校有10余所,其中2所院校有学前教育或教育评价方向研究生培养资质,还有多个地市教育科学研究机构。在打造南方教育高地的大背景下,省教育评估协会可以联合有关高校和教科研机构,开展广东特色学前教育评估理论研究,丰富和发展学前教育理论,用以指导学前教育评估工作科学有效地开展。

(二)建立完整的评估反馈机制,确保学前教育评估工作规范、权威、有效

学前教育评估工作不是走过场。目前有些人认为评估就是打完分、挂个牌就完成任务了,评估结果基本只用于政府奖励、幼儿园提高社会声誉和收费标准。我们认为,学前教育评估应该是学前教育改革发展决策的基础,学前教育改革发展决策必须以评估结果为重要依据,因而对评估结果的分析和使用是评估反馈的最高价值所在。这对教育行政部门是如此,对幼儿园也是如此。因此,要建立完整的评估反馈机制,充分发挥评估对决策的影响力,上至政府决策,中至社会监督,下至被评幼儿园改进工作,都要牢固树立这样的工作要求。这就要求各级政府相关职能部门重视基于幼儿园评估结果的分析,重视做好区域学前教育改革发展科学决策;被评幼儿园要科学、系统使用评估意见以改进工作,全面提高保教质量和办园水平;未被评幼儿园要积极主动学习借鉴学前教育评估工作经验和学前教育科学研究成果。

(三)注重评估形式的适宜性,确保学前教育可持续发展

迎接评估是幼儿园的一个中长期计划,不是一蹴而就的短期行为,而是需要若干年的准备;所有幼儿园应把准备接受评估融入办园行为和日常工作中,形成常态。也只有这样,评估才能真正促进幼儿园持续健康发展。评估的目的是促进所有幼儿园在原有的基础上得到更好发展和提高,而不是用一个模式去衡量所有幼儿园;评估手段更强调定性而不是定量,评估意见更尊重被评幼儿园的自我评价;评估过程要求通过多种科学方法、技术手段深入幼儿园获得相关信息,并根据地区发展差异,既看到被评幼儿园客观

条件所具备的程度，更看到通过主观努力所提高的幅度；对不同地区、不同办园类型、不同收费标准的幼儿园，做到纵比看自身进步，横比看各园差距，分层次、分类型给予评价，提出对被评幼儿园后续发展有指导意义的评估意见，而不是确认排名与等次、是否通过检查；等等。同时，幼儿园要建立自我评估机制，形成自我管理、自我评价、自主发展的模式。

二、充分彰显省教育评估协会在学前教育评估领域的地位和作用

随着我省教育评估事业不断发展，如何处理好政府、评估机构、学校和其他办学机构三者之间的关系，如何解决教育评估法理依据不足的问题等，已成为教育评估事业健康发展需要解决的突出问题，迫切需要一个行业自律组织来切实维护评估机构的合法权益，规范和约束从业机构及执业人员，创新评估理论和方法，提高评估业务水平。省教育评估协会作为承接政府职能转移，适应"推进教育管办评分离，提升教育治理体系和治理能力现代化"的产物，是我省教育评估领域唯一的省级协会，要致力于教育评估专业化、规范化、科学化建设，应为加强教育评估研究和协调评估机构与政府、学校关系搭建重要平台，应在日常业务中致力于加快促进我省教育评估事业健康发展，提升教育评估专业化水平和公信力，力争在省内乃至国内业界产生重要影响力，在打造南方教育高地中为教育评估事业科学发展作出重要贡献。

（一）充分发挥省一级社会组织的作用

协会应充分依靠各级各类教育评估专家资源、教育评估研究人员和各级各类教育评估专家委员会，积极开展包括学前教育在内的教育评估科学研究、实践服务、业务培训和学术交流，繁荣发展教育评估理论，改进教育评估实践，培养教育评估人才，内强素质、外塑形象，为推进教育"创强争先建高地"不断作出新贡献。

（二）注重培育评估专家队伍

2015年，协会通过竞争性遴选，被省教育厅确定为"广东省一级幼儿园评估""高

中省一级学校等级评估""国家级示范性普通高级中学评估""省级重点中等职业学校等级评估"4个项目的承接单位。评估的权威性、公正性，将主要由专家组的工作来体现。我们要以相关文件为指导，建立一支高效、精干、廉洁的评估专家队伍，为即将开展的大规模评估工作做好专家储备。对学前教育评估项目来讲，专家组成员不仅要熟悉学前教育规律和特点，具有丰富的学前教育管理经验，还应在学前教育评估理论与实践方法上有一定造诣。同时，要有勤奋扎实的工作态度和清正廉洁的工作作风，能够公正、客观地开展工作。要做到这一点，协会组织评估专家认真学习研究是重要前提之一，要加强业务培训，加强业务研究，加强业务管理。只有这样，才能使各位专家正确理解评估工作，真心支持评估工作，科学开展评估工作，使评估工作得到各级各类学校（幼儿园）和社会各界赞扬和认可。

（三）明确学前教育评估专家职责

学前教育评估专家队伍由在学前教育机构任职的广东省督学、广东省一级幼儿园园长和资深保健医生、地市或县（市、区）主管幼儿园保健卫生工作的医生、学前教育教研员、教育行政部门幼教管理人员、高校和教育研究机构具有副高以上职称的学前教育专业人员组成。作为评估专家，大家肩负着神圣的职责，受省教育评估协会的委托开展工作，代表着协会在行使职能，并不代表所在地区和所在学校（幼儿园）的利益。不管在何类幼儿园、什么岗位、从事什么工作，要当好评估专家，做好评估工作，都面临着一个对学前教育改革发展形势、新目标、新任务、新要求的认识和学习的任务。我们要学习的东西很多，关键是学习有关法律法规，学习学前教育方针政策，把握学前教育的基本规律和特点，掌握学前教育评估指标体系的本质和内涵，熟悉学前教育评估工作的原则和程序。

我省学前教育机构的评估形式以幼儿园等级评估为代表，历经近20年的艰难探索，形成了一系列工作规范，为学前教育评估发展提供了有价值的经验。现在，我省正在向率先基本实现教育现代化的目标迈进，这对学前教育改革发展提出了新的更高的要求。学前教育评估工作任重而道远，需要不断加强研究和实践。希望大家充分把握本次培训会的要义，进一步提升思想认识和专业能力水平，为促进学前教育评估工作制度化、规范化、科学化贡献聪明才智。

普及科学育儿知识　分享科学育儿经验[*]

我们举行广东省学前儿童家庭贯彻《3—6岁儿童学习与发展指南》策略研究成果发布暨研讨交流会，是富有意义的。每当举办类似的会议或活动，清朝末年梁启超先生所作的散文《少年中国说》总是充盈着我的脏腑。那是戊戌变法失败后的1900年，八国联军入侵，民族危机空前严重，为了唤起人民爱国热情，激起民族自尊心和自信心，梁先生在文中极力歌颂少年的朝气蓬勃，热切盼望出现"少年中国"。文中"少年智则国智，少年富则国富，少年强则国强，少年独立则国独立，少年自由则国自由，少年进步则国进步""少年雄于地球则国雄于地球""美哉，我少年中国，与天不老！壮哉！我中国少年，与国无疆"等话语至今仍令我们荡气回肠。

少年由儿童成长起来，儿童是国家和民族发展的基础，学前教育是基础教育的基础，认识儿童的成长规律和特点，保证儿童健康、快乐成长是国家、幼儿园、家庭的共同责任。2010年11月，国务院印发《关于当前发展学前教育的若干意见》，将发展学前教育提高到与其他教育同等重要的地位。2011—2016年，各级政府相继组织实施两期学前教育三年行动计划，学前教育事业取得了长足进步，适龄儿童入园得到了强有力的保障。2012年10月，教育部印发《3—6岁儿童学习与发展指南》（以下简称《指南》），为纠正学前教育"小学化"倾向，促进科学保教、科学育儿提供理论和实践指导。为推进《指南》精神在学前教育领域全面贯彻落实，教育部规定每年5—6月为学前教育宣传月，要求把握学前儿童教育核心因素，确定相应宣传主题，营造浓厚的科学育儿社会氛围。如此长期坚持下去，加上各级各类教育科学发展，我认为梁启超先生的愿望必定能够充分实现。

我省这几年认真贯彻落实国家政策，幼儿园和家庭、教师和家长两手抓，全方位加强《指南》宣传贯彻力度。为认清家庭在学前儿童教育中的重要性、提高家庭参与学前

---

[*] 本文系作者于2016年10月10日在广东省学前儿童家庭贯彻《3—6岁儿童学习与发展指南》策略研究成果发布暨研讨交流会上的讲话，标题为收入本书时添加。

教育的程度，2014年我省学前教育宣传月活动以"让科学育儿知识进入千家万户"为主题，着力向家长宣传科学育儿知识，并在全省开展家庭教育案例征集活动。2015年，为加大《指南》在学前儿童家庭教育中的影响力，省教育厅将"学前儿童家庭贯彻《3—6岁儿童学习与发展指南》策略研究"纳入基础教育课程改革专项资金支持项目，希望建立可操作的策略，帮助家长深刻理解《指南》理念，科学运用《指南》育儿。该项目由华南师范大学牵头，联合省教育研究院等相关单位共同研究。经过将近一年半的不懈努力，今天我们齐聚一堂共享研究成果《写给爸爸妈妈的教育丛书》，深入研讨成果转化为实践的措施方法途径。我先提出四点意见与大家交流。

一、加强宣传，认清学前儿童家庭教育重要性

家庭是儿童接触的第一个社会环境，父母是孩子的第一任教师，也是终身教师，言传身教影响儿童的终身发展。当前我们的教育存在一个认识误区，就是很多家长认为儿童进入幼儿园接受教育之后，教育的责任就应完全转移到教师身上。我认为这种认识是大错特错的。因为，任何一个人健康成长成才，都有赖于学校教育、家庭教育、社会教育紧密协同，绝大多数人一辈子的大部分时间是与家庭成员生活在一起的，家长的教育责任十分重要，就学年龄越小，家庭对他的影响就越大。可是很多家长、社会人士甚至是幼儿园老师也没有清醒认识到这一点，把应该由家长分担的教育责任与义务几乎都转嫁到幼儿园来，这不仅加重了幼儿园的负担，也导致了家长卸包袱、弃责任的情况出现。

基于家庭在儿童教育中的缺失，2012年2月，教育部印发《关于建立中小学幼儿园家长委员会的指导意见》，提出"中小学生和幼儿园儿童健康成长是学校教育和家庭教育的共同目标"，家长委员会要充分参与到学校和幼儿园管理及教育工作中。2015年10月，教育部印发《关于加强家庭教育工作的指导意见》，指出了家庭教育在儿童教育和发展中的重要作用，要求家长履行家庭教育责任，严格遵循儿童身心发展规律，更新教育观念，掌握科学教育方法，为儿童提供合适、和谐的成长环境，提高家庭教育水平。对照有关要求，我认为，我们对已取得的研究和实践成果不能估计过高，对存在的困难

问题不能估计过低，要继续加大科学教育理念和方法的宣传力度，让《指南》和有关政策文件精神充分融入每个家庭的教育，提高家长科学育儿的能力和水平。

二、深度研究，提供家庭贯彻《指南》策略支持

家庭对儿童的教育大多表现出经验化的特征，缺乏理性化、体系化、科学化；家庭的经济水平和所处的社会环境，以及家长的知识层面、社会地位、职业选择千差万别，而且绝大多数家长并未接受过系统化的教育学、心理学专业知识教育，对《指南》理念的理解和实践转化存在一定困难，甚至出现严重偏差。这就需要各级教育研究机构的有关专家、师范院校的有关学者和幼儿园的老师深入研究、探索途径、开发工具，将《指南》理念与教育建议转化为科学的家庭教育行为，帮助家长充分掌握科学育儿的精髓和方法。今天我们要发布的《写给爸爸妈妈的教育丛书》就是促进《指南》和家庭教育深度融合的有效工具之一，是向家长宣传《指南》的重要辅助手段。本套丛书的案例来源于真实的家庭教育故事，立足于对《指南》理念的科学领会，将晦涩的教育理论和概念化的教育方法生活化、趣味化、具体化，降低了家长解读和贯彻《指南》的难度，符合提升家庭教育经验科学化水平的要求。我认为这套丛书起码有两个显著特点。

一是素材源自真实的家庭教育故事。本套丛书在全省范围内征集真实的家庭教育案例，依据代表性、典型性和科学性原则，最终选取200多个家庭教育案例，按领域由权威学前教育专家根据《指南》精神对案例作经典式的分析和解读，并提出教育问题与建议，给予家长进一步反思和改进的空间。生活中稀松平常的家庭教育故事对家长读者来说容易产生共鸣，专家的科学分析对家长群体的影响辐射范围较广，起到的效果将会更明显。

二是案例分析源自学前教育专家。丛书按照健康、语言、科学、艺术、社会五个领域进行编辑，每个领域都有"故事分析"栏目，由该领域的权威专家组织团队进行编写，分析专业、科学，力图从教育学、心理学、家庭学等多学科角度揭示案例所蕴含的教育原理、存在的教育误区、值得推崇的教育经验等，以便更多的家长能看出其中的教育"门道"。因为专家团队的理论分析和点评紧密结合《指南》，深入浅出，能帮助更

多家长"知其然",更"知其所以然",进而更好树立正确的儿童观、发展观和教育观,采取科学的教育方式方法。

三、家园合作,营造科学共育和谐环境

前面我提到儿童教育是家庭、幼儿园(学校)、国家共同的责任。其实,任何一个阶段的教育都不能脱离这种观念。科学的学前教育有赖于充分发挥家园共育的功能,做到家长和教师持有一致的学前教育观念,形成和谐统一的学前教育文化,借助有效的平台密切联系,形成良好的合作关系,从而更好促进儿童身心健康发展。幼儿教师是学前教育的专业人士,掌握较为先进的教育理念和方法,幼儿园在严格遵循儿童身心发展特点和保教规律施教的同时,应要求教师加强与家长沟通,鼓励家长参与到幼儿园的教育事业发展和保教活动中来,充分认识和理解幼儿园保教活动方式。同时,幼儿园园长和教师也要加强学习,扩大知识面,提升专业水平,用科学先进的教育理论武装自己并转化为科学的教育行为,在家长学校培训中充分发挥作用,帮助家长正确认识、理解和运用《指南》,使儿童在家庭和幼儿园所受到的教育保持一致,家园形成相向而行的合力,确保儿童保教质量和水平。

四、专业指导,促进科学理论、理念全面转化为实践

理论、理念源自实践并指导实践,只有科学的理论、理念才能推动实践科学发展。《指南》建立在尊重科学、遵循儿童发展规律的基础之上,强调注重儿童的个体差异,重视培养儿童的学习与发展品质,无疑对幼儿园保教活动及家庭教育行为起到科学的指导作用。科学理论、理念要转化为实践,首先需要实践者将其内化为自己的教育信念并转化为行为。自2012年教育部决定开展学前教育宣传月活动以来,围绕《指南》的宣传面面俱到,电视、网络、报纸、宣传册、培训、专家咨询等方式一应俱全,收到了良好效果,但是要完全达到内化于心、外化于行的效果则需要继续加大宣传和指导力度。参加本次会议的有学前教育领域的专家、幼儿园园长代表、幼教工作管理者和教研员代

表，在学前教育领域都有一定的权威性和专业性。同时，我们也要清醒认识到幼儿教师和儿童家长的素质状况，切实加强学前教育同行协同和家园合作，充分开发利用今天发布的这套丛书中的"故事分析"和"教育建议"，加强与幼儿教师和家长的沟通交流，将指导送到实践者身边，促进科学的儿童教育实践随处可见。

教育是民族振兴、社会进步的基石，是提高国民素质、促进人的全面发展的根本途径，寄托着亿万家庭对美好生活的期盼。正如前面所说，学前教育是基础教育的基础，是儿童性格养成、习惯培养、身心健康的关键阶段。学前教育阶段也是儿童从家庭教育向学校教育迈进的过渡环节，家庭与幼儿园对儿童个体的健康成长都负有重要责任。我们在此发布的"给爸爸妈妈的教育丛书"，是家庭贯彻落实《指南》策略研究的重大成果，体现着我省宣传贯彻《指南》的重要成就。希望这套丛书能够充分发挥实践效益，成为家庭贯彻落实《指南》的有力帮手。这次会议，除了发布这一成果外，还将深入研讨交流家庭贯彻《指南》及幼儿园指导家庭教育的有效策略。会议有幸邀请到丛书的主编及相关的学前教育专家和幼儿园代表与大家一起分享、探讨家庭运用《指南》的方法和经验。希望各位专家不遗余力地分享你们的智慧，希望所有参会人员能够收获满满，回去后更广泛地宣传和转化会议成果。

期望所有学前教育同行和所有学前儿童家庭能因应学前教育发展趋势，齐心协力，推动学前教育有更加美好的未来，以成就无数"中国少年"和一个"少年中国"，为建设富强民主文明和谐的社会主义现代化国家、实现中华民族伟大复兴的中国梦而奉献智慧力量。

深入贯彻《3—6岁儿童学习与发展指南》
推动儿童发展科学评价[*]

《3—6岁儿童学习与发展指南》(以下简称《指南》)自2012年颁布以来,已经走过近五个年头,可以说完成了《指南》第一个五年规划。五年期间,在各级政府及教育行政部门大力推动,幼教教研员全力指导,幼儿园园长、教师努力探索和实践下,学前教育改革发展取得了骄人的成绩。一是幼儿园条件逐渐完善,环境更加优美,设施设备更加完备,教玩具更加丰富,规范化幼儿园比例逐年攀升。截至2016年年底,全省规范化幼儿园比例已达70.86%。二是幼儿园教职工队伍逐渐配备齐全,教师队伍素质不断提高,园长持证上岗率、专任教师学历达标率逐年攀升。三是幼儿园保教质量大幅提高,《指南》和《广东省幼儿园一日活动指引(试行)》得到较好贯彻落实,家园共育取得明显成效,学前教育观念渐趋科学,游戏成为保教活动重要组织形式,儿童的主体性得到较充分体现。取得这样的成绩,是一个良好开端。在看到成绩的同时,要正视依然存在的问题和不足,比如只有"教师讲、儿童听";识字、算数等传统活动组织方式和教学还留有余温,"小学化"倾向未全面消除;保教活动仍以集体活动为主,儿童的个体发展差异被忽视;部分教师墨守成规,儿童的自主游戏得不到有效保障;等等。其中,最需要继续解决的问题是部分园长、教师、家长对儿童发展评价的观念和方式陈旧、落后,没有深刻领会《指南》的精神要义,没有充分展开《指南》的普及运用。

作为学前教育的专家、教研员、一线工作者,我们有责任和义务从评价入手深化《指南》学习,总结推广《指南》实践经验,深刻反思儿童发展评价存在的问题,强化《指南》贯彻落实。正是基于这样的目的,我们以"《指南》背景下的儿童发展评价"为主题开展研讨,邀请国内、省内的知名专家、教研员、园长介绍和分享国内外先进的儿童发展评价理论与实践,碰撞思想,交流经验,寻找科学、多样、适应儿童健康发展

---

* 本文系作者于2017年6月13日在《3—6岁儿童学习与发展指南》背景下儿童发展评价研讨会上的讲话,标题为收入本书时添加。

的评价观念和评价方式。我先谈三点意见。

一、端正认识，充分理解评价对儿童发展的重要性

儿童发展评价是依据一定理念、规范和手段对儿童身心发展状况作出价值判断的过程。对儿童发展评价内容、方式、工具的选择取决于评价主体秉持的教育理念，会对儿童的终身发展产生持久影响力。园长、教师、家长持有的教育理念决定其如何看待儿童及其发展需要，继而决定如何组织课程活动、提供活动材料、指导儿童操作。过去我们对儿童发展的评价着重于知识积累和技能获得，这是结果性评价，不是发展性评价，忽略了儿童的幼小身心、个体差异等特征。这样的评价理念往往导致保教活动过早注重知识传授，轻视游戏和生活对儿童一生的奠基作用。

《指南》是幼儿园课程活动的应用指南，传达了科学的学前教育理念。它要求关注儿童的身心特点，突出儿童发展的整体性，尊重儿童的个体差异，重视儿童的学习品质，重点关注儿童在活动过程中表现出来的积极态度和良好行为倾向。这就要求我们用发展的眼光看待儿童的成长过程，从发展的视角评价儿童的成长状态，强调儿童发展的全面性、活动的过程性、评价方式的多样性，促进园长、教师和家长在活动过程中关注儿童表现出来的优秀学习品质，为儿童发展调整课程形式，激发儿童参与活动的兴趣，为儿童一生健康发展奠定良好素质基础。

二、深入学习，科学掌握儿童发展评价理念与方式

随着学前教育科学发展，对儿童发展的评价逐渐理性化、体系化、多样化，评价与课程一样成为影响儿童发展的重要内容。当下的学前教育领域，关于儿童的评价种类较多，评价的范围、主体、功能、手段等不同，可以做出不同维度的划分。但是，不管哪种评价都有其理论渊源和价值作用，我们要深入学习，从根本上了解评价的理论基础、作用和操作方法，择其最合适的评价类别为我所用。比如，今天我们将借鉴一种国外先进的儿童发展评价——"学习故事"进行研讨。"学习故事"是新西兰学前教育国家课

程下生发的一种儿童发展评价方式。新西兰学前教育国家课程与我国的《指南》具有异曲同工之妙，关注的是儿童学习品质的培养，充分尊重和保护儿童的好奇心和学习兴趣。采用"学习故事"的叙述方式对儿童的活动表现进行记录和评价，要求教师放低主导者身份，认真倾听儿童的心声、观察儿童的行为，真正参与到儿童的活动中去，体会儿童的活动场景和感受，发现儿童给予成人的惊喜时刻。"学习故事"是新西兰学前教育多年实践总结得来的成功经验，其中蕴含的先进教育理念、坚守的操作原则、丰富的实践技巧都是我们需要深入学习和领会的。希望大家认真聆听，带着问题、带着感悟，全面接触这种新的儿童发展评价方式。

三、刻苦钻研，全面实现儿童发展评价理论与实践完美结合

任何一种实践的成功都不是一朝一夕就能取得的，"十年磨一剑"，需要不断尝试、调整、纠正、完善才能最终走向科学和成功。前面我提到对儿童发展的评价种类繁多，任何一种评价都有其特定功能和意义，幼儿园在实践中要根据儿童的发展特征、评价的目的和幼儿园的条件选择适宜的方式。这需要锻炼一定的甄别能力，选择科学合理的评价方法加以运用。同时，对每一种选择都不能浅尝辄止，要思考、探索、实践、总结、反思、改进，准确分析评价的形成背景、理论基础、功能指向、操作要领等，在实践过程中肯花时间、愿花精力加以试验，加强各有关方面协同，实现促进儿童全面发展的终极目标。另外，任何外来的评价方式都有其孕育形成的土壤，我们不能生搬硬套，需要有一个筛选和本土化的过程，这同样需要我们具有极强的钻研精神，通过长期的实践将其转化为符合我们的时代背景和适合本幼儿园操作的最佳方式。

教育是一个动态发展的过程，《指南》是学前教育发展过程中的一个重要里程碑，引导学前教育向更科学的方向前行。而今天我们要讨论的"儿童发展评价"主题则是对当前学前教育发展道路上存在的瓶颈问题的深刻反思，是推动学前教育科学发展富有意义的活动。从理念转变到实践兑现需要经历一个很长的过程，需要依靠多方力量联动。因此，希望大家积极学习，多方比较，反复思考，汲取各位专家的演讲精髓和先进幼儿园的宝贵经验，以便在深化儿童发展评价改革过程中，教研员更好担负起指导的责任，

更好宣扬儿童发展评价的科学理论与方法，更好指导幼儿园的评价实践；学前教育专业教师要履行研究和育人的职责，加强国内外先进教育评价理论与实践研究，将科学和真理传达给未来的幼儿教师，为他们的职业发展奠定良好的专业基础；幼儿园园长要负起规划和设计的责任，提升科学办园领导能力，做好本园科学发展规划，做好家园沟通合作工作，与家长共同形成相向而行的育人合力，推进科学的儿童发展评价；幼儿园教师要时刻清醒认识到科学的评价方式对儿童发展的重要性，积极学习领会先进的教育评价理念，摈弃传统陈旧观念，在教育实践中注重家园共育，积极尝试，敢于创新，做好科学评价儿童发展的具体工作。

推动保教质量评价　促进幼儿园优质发展[*]

学前教育对儿童终身发展的重要性决定了它在国民教育体系的重要地位，得到社会各界高度重视。基于"入园难""入园贵""入园不放心"的社会现实，2010年11月以来，全国上下连续实施三期学前教育三年行动计划，其中第三期三年行动计划仍在实施中，目的在于致力解决人民群众所关心的入园问题，补齐基础教育短板。经过第一、第二期行动计划实施，至2017年，全国学前教育三年毛入园率达到79.6%，比2010年提高了23个百分点；广东省2017年学前教育毛入园率高达109.08%，相比2010年提高了26.5个百分点。尤其是第二期学前教育三年行动计划确定了学前教育公益、普惠发展思路和方向，公办幼儿园和普惠性民办园为主体的办园模式将是学前教育发展的基本定位。这将在很大程度上保障适龄儿童"入得了园、入得起园"。

从2017年以来的第三期学前教育三年行动计划，明确将提高质量作为学前教育工作的重中之重来抓，要求建立健全幼儿园保教质量评估体系，推进幼儿园质量评估工作，努力回应人民群众对接受良好学前教育的期盼。今天，我们聚集在这里共同研讨幼儿园保教质量评价问题，就是对国家和省学前教育工作重点很好的回应，是在为国家及省推进幼儿园保教质量评价工作出谋献策。为此，我谈三点意见，与大家交流。

一、高度重视保教质量评价工作，促进幼儿园优质发展

质量是幼儿园发展的生命线，只有好的质量才能发挥好学前教育的正向影响作用，促进儿童健康快乐成长。第三期学前教育三年行动计划强调幼儿园保教质量的重要性，将保教质量评价和监管工作作为学前教育工作的核心，是相当明智和富有远见的。学前教育要做大做强，迈向现代化，实现与国际接轨，必须摆脱"低水平运作"的办园现

---

[*] 本文系作者于2018年6月27日在幼儿园保教质量评价研讨会上的讲话，标题为收入本书时添加，内容稍有删减。

状，确保并不断提高保教质量。我们应高度重视幼儿园保教质量评价工作，充分认识保教质量评价的重要价值，积极研究和实践。教育部将在国家层面制定幼儿园保教质量评估指南，我们要认真贯彻落实，积极研究和制定适合我省的幼儿园保教质量评价办法，建立健全幼儿园保教质量评价体系。幼儿园要充分发挥积极性、主动性，对照《3—6岁儿童学习与发展指南》，逐一检查，自我客观评价，形成对本幼儿园保教水平的正确认识和清醒分析，以评促建、以评促改、以评促管、以评促发展，全面推进幼儿园优质特色发展。

二、积极学习先进理念和方法，促进保教质量评价科学化

保教质量评价是对幼儿园保教工作、课程质量作出价值判断的过程，能够反映幼儿园的办园理念和成效，与儿童的成长和发展直接相关。幼儿园保教质量评价是一项专业性极强的工作，评价体系的建构、指标的建立、内容和方法的制定、评价工作的实施等全过程都要建立在先进的评价理念和方法基础之上。但是，保教质量的好坏如何界定？质量评价的目的为何？保教质量评价应该包含哪些内容，各个内容的权重如何分配？评价工具如何选择？评价主体怎么确定？评价工作如何实施？评价结果怎么运用？这些都需要我们广泛讨论和深入研究。今天我们研讨会的目的之一就是学习借鉴先进的评价理念、工具和经验，选取科学的、有价值的、合适的评价模式为我们所用，促进幼儿园保教质量评价科学化并加快前行。

三、勇于探索与实践，建立科学的具有本土特色的保教质量评价体系

任何一种评价模式都植根于它所在区域的经济社会文化背景，生搬硬套将会降低其科学性和可信度。我们在学习借鉴已有质量评价模式的时候，要深入分析其产生和建立的背景与理论基础，认真评估"拿来即用"的可行度和可信度。在建立和完善保教质量评价体系上，一要不断尝试，在运用已有评价模式的时候反复琢磨，根据本区域的教育

各相关因素加以恰当的修改和实验，最终实现本土化。二要着重领悟、参透各种评价模式所依据的教育理念和方法，结合实际，反复思考、探索、实践、总结、反思、改进，真正建立起科学可行的具有本土特色的保教质量评价体系。三要多方协同与配合，幼教管理者要给予一线幼教工作者充分的自由，提供保障条件，鼓励多出成果；教科研人员要发挥专业特长，实现专业引领，为保教质量评价体系建立贡献专业智慧，指导幼儿园科学开展评价工作；幼儿园要多学习、勤思考、真实践，上懂教育大政方针，下知政策落实措施，为完善科学可行的、具有本土特色的保教质量评价体系贡献智慧力量和实践经验。

高质量、多样化的幼儿园是发展学前教育所追求的重要目标，具备先进的教育观、质量观、评价观是推进学前教育优质发展的重要前提，研制运用科学的评价工具和方法是推进学前教育优质发展的重要手段。作为幼教工作者，我们是推动学前教育健康、优质、特色发展的重要成员，应深入贯彻落实国家及省对学前教育的工作要求，在教育部幼儿园保教质量指南的指导下，积极立足广东实情，突出广东特色，在建立健全保教质量评价体系上力争走在全国前列。因此，希望大家各司其职，根据自己的岗位和职业特点，协同配合推动广东幼儿园保教质量评价工作顺利开展。

提高幼儿园保教质量　推进幼儿园特色建设*

党的十九大把建设教育强国作为中华民族伟大复兴的基础工程，明确提出要"办好学前教育"，实现幼有所育。2018年全国学前教育毛入园率达到81.7%，广东省毛入园率超过100%，全面普及学前教育，"入园难"问题得到解决。学前教育发展从"有园上"开始，最终要走向"入好园"，"好园"的终极追求是办符合儿童健康发展需要的特色园。通过近年来的幼儿园保教质量评估，我们发现不少幼儿园已呈现出一定的办园特色。省教育研究院在2018年6月面向全省开展幼儿园特色建设方案征集活动，收到方案313份，经专家评审，遴选出优秀方案174份。幼儿园的积极参与体现了对高质量的追求和对特色建设的渴望，优秀作品也充分展现了幼儿园在质量提高、特色发展路上的努力和付出。一是形成科学的教育理念，以《3—6岁儿童学习与发展指南》为指导，根据儿童特点布置幼儿园环境，遵循儿童身心发展规律组织保教活动，课程发展逐渐从"教师本位"转向"儿童本位"。二是凸显文化和地域特色，部分幼儿园引入中华优秀传统文化，实现地域优秀传统文化与幼儿园活动完美融合，展现了浓郁的地方特色。部分幼儿园从课程领域入手，结合幼儿园实际情况，充分利用地方资源，构建健康、语言、社会、艺术、科学特色课程体系。三是幼儿园的质量提高、特色建设建立在丰富的教育理论和多年的实践经验基础之上，最终的成果不断接受检验而得到完善，对其他幼儿园质量提升和特色建设具有较强的借鉴价值。

同时，面向全省，我们应该清醒地认识到，学前教育基础薄弱，历史遗留问题多，仍是教育体系中的短板和弱势环节，幼儿园质量提升和特色建设尚处于研究和探索阶段。一是理论水平有待提高，对国际先进学前教育理念的认知和理解程度还比较低，符合国情的具有创新意义的学前教育理论有待建立健全，理论与实践缺乏有力、有效的联结，实践层面出现生搬硬套的现象。二是为特色而特色的痕迹明显，部分幼儿园特色建

---

*本文系作者于2019年12月19日在广东省幼儿园保教质量评估暨特色建设研讨活动上的讲话，标题为收入本书时添加，内容稍有删减。

设以教育载体为主导,忽略了儿童在教育中的地位和价值,比如环境创设如何发挥育人效果、课程设计如何考虑不同年龄段儿童的身心发展基础、区域设置如何充分考虑儿童的兴趣和需要等,这是非常需要我们深思和解决的问题。针对幼儿园质量和特色问题,大家应注意把握三个努力方向。

一、幼儿园发展要把质量提升作为重大追求

学前教育是重要的社会公益事业,其使命是促进儿童健康快乐成长。国家和省的政策一直强调提高学前教育质量,出台的一系列文件为推进学前教育优质发展提供了政策保障。2018年11月印发的《中共中央 国务院关于学前教育深化改革规范发展的若干意见》,作为有史以来最高规格的学前教育政策文件,强调要推进学前教育普及普惠、安全优质发展,对幼儿园保教质量提升提出了明确要求。幼儿园要始终抓住质量发展这条生命线,秉着切实为儿童健康发展服务的宗旨,事业发展规划、课程建设、活动设计、队伍打造都要围绕"优质幼儿园创建"这个命题展开,做到硬件设施符合儿童年龄特征,充分发挥环境、材料、设备的育人价值,避免华而不实的、不符合环保要求的环境创设;软性条件具备专业水准,严格把好教师资质、文化产品输入关,加强师资队伍培训和课程资源开发,提高理论水平和实践操作能力,助推幼儿园保教质量与国内外先进水平接轨。

二、特色建设要始终以儿童健康发展为基础

"特色"是区别于其他同类而存在的独特性,但是特色不是一种随意的自我标榜,也不是乱贴的时尚标签。特色具有更典型、更稳定的特征,应该体现出一种独特的风格并产生相应的育人效应。特色不仅仅是幼儿园新颖的建筑、与众不同的环境布置、全新的课程内容和活动形式、新式的教育工具和材料等,更应强调它们的内在逻辑和科学规划,应该是内涵式发展,逐步地、自然地呈现出独特的办园模式和保教体系,这要求必须尊重教育规律,体现教育本质,以儿童健康发展为基础。第一,必须保证保教活动

符合儿童身心发展特点，符合国家基本要求，能保证儿童在幼儿园的一日活动正常、安全、健康地开展。第二，必须做到一切安排都与儿童的生活经验密切相关，环境规划、场室布置、课程和活动设置以儿童的兴趣为前提，突出儿童本位特征。第三，必须关注儿童个体发展，以"最近发展区"作为课程和活动设计的逻辑起点，使儿童德智体美劳全面得到培育。

三、以整体思维推进幼儿园特色建设

在学校特色建设研究上，有学者提出"特色学校"和"学校特色"的概念差异，"学校特色"强调的是单个的或部分的特色项目，缺乏"特色学校"彰显出来的整体性特征。幼儿园特色建设也应该是注重整体规划，不应该是从幼儿园整体中切分出来的小部分。首先要以整体的思维规划特色建设，从制度建设、资源配置到课程规划、队伍保障，做到无缝对接、相互配合，为特色建设开辟合适的路径。要积极构建儿童课程和评价体系，有丰富的材料和自主的活动时间及区域；形成成熟的社会参与式管理体制，促使家、园、社区形成一致的教育共识，办好家长学校，用好社区教育资源。其次要将特色渗透幼儿园全环境，整体推动幼儿园质量提升。包括渗透到幼儿园发展的各方面，渗透到幼儿园课程的各领域，综合发展儿童健康、语言、社会、艺术、科学等方面能力。

高质量、多样化的幼儿园是发展学前教育的未来路径，突出特色也是幼儿园长期发展的自然结果。但是特色并不完全等同于优质，特色是高质量的一种体现，高质量是特色的基础。适合于儿童健康快乐成长的才是有价值的、高质量的特色幼儿园。我们要不断加强理论学习、加强专业研究、加强交流合作，参透儿童发展特点，抓住儿童兴趣和成长路径，以儿童为本位规划幼儿园发展路线，提高保教质量，彰显特色优势。

我所谈的意见，有不当之处，请大家批评指正。

加强特殊教育学校课程建设*

特殊教育是教育事业的组成部分。发展特殊教育，提高特殊教育水平，是教育现代化和社会文明进步的重要标志，也是社会主义制度的本质要求和优越性的应有体现。随着经济社会发展水平和文明程度提高，让残疾人接受教育、融入社会，让每一个人都有尊严地成长和发展，已经成为社会共识。党的十九大明确提出要办好特殊教育。国家近年来相继出台《残疾人教育条例》和两期特殊教育提升计划，各级政府密集发布实施细则和相关政策，力度之大前所未有。这些，充分体现了党和政府对特殊教育的关心和支持。我们应该提高政治站位，强化责任担当，充满信心、满腔热情地为提高特殊教育发展水平贡献更多智慧和力量。

课程建设是提升学校教育质量和办学水平的软实力，更是落实立德树人根本任务、促进学生成长成才的着力点。教育部《盲校义务教育课程标准（2016年版）》《聋校义务教育课程标准（2016年版）》《培智学校义务教育课程标准（2016版）》（教基二〔2016〕5号）的落地，对全国特殊教育学校课程建设起到重要引领作用，为特殊教育学校的教育教学指明了目标和方向，为特殊教育学校的课程建设描绘了蓝图，要求我们将课程标准落实转化到特殊教育学校的课程建设和课堂教学中。本次盛会是2007年以来我省特殊教育学校课程建设成果的一次全面总结，也是各校课程建设、办学经验的一次交流和分享，更是深入推进课程标准落实和教学改革的一次新组织、新展开。借此机会，我讲三点意见。

一是全省各级教学研究室（教科院所、教研中心）要高度重视特殊教育课程建设，切实提升特殊教育课程建设与教学改革领导力。要落实新时代特殊教育课程开发与管理职能和工作机制，为特殊教育学校课程建设引领思想、把握方向，提供政策咨询和专业支撑，促进课程建设均衡多元发展。要与各特殊教育学校一起，通过课题研究、专题研

---

* 本文系作者于2018年12月13日在全省特殊教育学校课程建设优秀成果交流活动上的致辞，标题为收入本书时添加。

修、主题论坛等形式促进提升课程领导力和建设力，通过丰富多样的形式与载体领会和实施课程。

二是全省各级教学研究室（教科院所、教研中心）和特殊教育学校要进一步全面梳理特色课程建设成果。要建设特殊教育课程网络平台资源库，把已经形成的特殊教育优秀特色课程成果注入其中，同时完善相关配套资源，加大推广使用力度，让特色课程成果起到应有的辐射引领、示范带动作用，实现特殊教育优质课程资源共建共享，惠及所有特殊教育学校教师、学生及其家庭。

三是全省各级教学研究室（教科院所、教研中心）和特殊教育学校要确立和坚持内涵发展道路。要以生为本，把课程建设聚焦到学生身上，以学生发展为中心、以学生现状为起点、以学生生活为依托、以学生学有所获学有所成学有所用为指向，让特殊教育教学真正回归生活、回归社区、融入社会，促进学生个性、全面、和谐、适性发展。中山市特殊教育学校、深圳市元平特殊教育学校、佛山市启聪学校、顺德区启智学校、韶关市特殊教育学校、广州市番禺区培智学校、汕头市聋哑学校等在课程建设方面有深入的研究和实践，将在本次交流活动中介绍经验、展示成果，还有省内外特殊教育界的专家学者举办主题讲座，相信有助于启发大家在促进特殊教育内涵发展上更好形成新思路、新举措、新办法，也有助于大家更好探索和积累更为切实可行的课程建设新方案、新做法、新经验，凝心聚力促进特殊教育质量和办学水平更上新台阶。

课程建设离不开先进办学思想、科学教育理念的引领，离不开对教育对象的需求及学校内外条件的分析，离不开针对性的培养目标的确立，离不开课程方案的设计、课程标准的研制、教材资源的建设以及实施与评估等。这些，都需要特殊教育学校课程建设的领导者、参与者、实践者深入学习、潜心研究、积极创新、大胆实践，切实推动特殊教育实现由量变到质变的发展，更好造福特殊群体，更好助力建设富强民主文明和谐美丽的社会主义现代化强国。

加强特殊教育研究　促进残疾儿童少年充分发展[*]

广东教育学会特殊教育专业委员会第七届理事会第一次全体会议今天召开,值得庆贺。促进特殊教育改革发展,是推进教育公平、实现教育现代化的重要内容,是保障和改善民生、构建社会主义和谐社会的重要任务,是坚持以人为本理念、弘扬人道主义精神的重要举措。党的十九大提出要办好特殊教育。2018年1月,《广东省第二期特殊教育提升计划(2017—2020年)》印发实施。经过多年来的不懈努力,我省特殊教育事业已取得长足进步,政府投入明显增加,残疾儿童少年义务教育普及水平显著提高,非义务教育阶段特殊教育办学规模不断扩大。在新形势下,广东教育学会特教专委会组织这样一次活动,是深入贯彻第二期特殊教育提升计划,推进我省特殊教育改革发展的积极举措,是深化特殊教育学校课程与教学改革的实际行动。特教专委会能够坚持"为特殊教育改革和发展服务,为繁荣特殊教育科学服务,为第一线特殊教育教师和教育工作者服务"的宗旨,充分发挥群众性学术团体的优势,推动我省群众性特殊教育科研开展,值得肯定。

特教专委会作为省内特殊教育领域最大、最成规模的群众性学术团体,我认为应着重围绕第二期特教提升计划确定的总体目标、重点任务和政策措施,加强规划、主动衔接,整合资源、壮大力量、找准问题、精准研究,促进我省群众性特教科研深入开展,助力我省特教科研水平明显提高。要坚持目标导向与问题导向相结合,围绕特教师资队伍建设、课程教学改革、融合教育等重点、难点问题,联合攻关、协同创新。要牢固树立全纳教育理念,针对每一个残疾儿童少年的残疾状况和教育需求,选择适宜的特殊教育方式,改进特殊教育方法,提升特殊教育质量,不断提高残疾学生融入社会和终身发展的能力。

广东省教育研究院一直非常重视特殊教育研究,也非常关注特殊教育改革发展,

---

[*] 本文系作者于2019年6月5日在广东教育学会特殊教育专业委员会年会暨高中教学"立德树人,多元高效"课堂教学交流活动上的讲话,标题为收入本书时添加。

正在组织建设广东省特殊教育资源中心，把助推特殊教育改革发展作为助力深化教育领域综合改革、加快推进教育现代化的重要任务。我希望特教专委会团结全省特殊教育力量，与我们一道牢记崇高职责，努力为每一个残疾孩子提供良好教育和公平发展的机会，用满腔爱心温暖学生，做学生健康成长的指导者和引路人，促进全体残疾儿童少年在同一片蓝天下享受充分的爱、得到充分的发展。

加强特殊教育专业队伍建设
促进特殊教育科学发展高质量发展[*]

今天，很荣幸能和大家齐聚一堂，参加这个简单而隆重的广东省特殊教育专家指导委员会聘任仪式。我谨代表广东省教育研究院，对出席活动的各位专家、各位特教同仁致以诚挚的欢迎和衷心的感谢！

党的十九大报告明确要求办好特殊教育，国家相继出台《残疾人教育条例》和两期特殊教育提升计划，省也已组织实施两期特殊教育提升计划。可以说，特殊教育事业迎来了最好的发展机遇，相信各位特教同仁特别是长期从事特殊教育工作的同志对此感受更为深切。当前，我省第二期特殊教育提升计划的实施进入了关键期，健全特殊教育体制机制、完善办学体系、强化资源支持、提升质量水平等的要求日益迫切，亟需通过加强特殊教育专业队伍建设和科研工作支撑相关任务实现。令人高兴的是，经过一年多的谋划，我省特殊教育专家指导委员会终于成立了！相信指导委员会成立后，能加快开展各相关工作，有效发挥理论支撑和实践指导作用，促进我省特殊教育科学发展、高质量发展。

借此机会，我对指导委员会提两点希望：一是建章立制、做好内部建设，扎根向上。指导委员会这个新组织要充分履职尽责，首先要加强内部建设，规范组织管理，建立完善工作制度，确保站稳脚跟、有效运作、积极向上。二是主动作为、发挥职能作用，不辱使命。习近平总书记说："我们现在所处的，是一个船到中流浪更急、人到半山路更陡的时候，是一个愈进愈难、愈进愈险而又不进则退、非进不可的时候。"目前我省特殊教育工作也正处于这样一个时候，面临的最大挑战是如何提升科学发展、高质量发展水平。而这，也是指导委员会的最大使命，要围绕推动融合教育发展、促进特教课程建设、搭建特教科研平台三大核心主动作为，发挥应有作用，作出应有贡献。

---

[*] 本文系作者于2019年9月16日在广东省特殊教育专家指导委员会聘任仪式上的讲话，标题为收入本书时添加。

同时，对指导委员会各成员，我也想提两点希望。一是坚定政治立场，坚持以习近平新时代中国特色社会主义思想为指导，不忘初心、牢记使命，全面学习贯彻习近平总书记关于教育的重要论述，用爱心用智慧做好特殊教育指导工作。二是既要充分履行在省级层面的职责，又要对各地市、县（市、区）特殊教育工作和特殊教育学校建设发展发挥示范引领、辐射带动作用，围绕全省及各地特殊教育改革发展重点、热点、难点问题开展研究、规划、指导工作，为全省及各地特殊教育科学发展、高质量发展献计献策。

今天，我们有幸共同见证广东省特殊教育专家指导委员会的成立；今后，我们要在省教育厅的领导下，携手共进，为办好人民满意的特殊教育而共同奋斗。

新时代　特殊教育再出发 *

全党全国正在学习贯彻党的十九届五中全会精神，谋划开启全面建设社会主义现代化国家新征程。此时举办广东省第三届特殊教育学校校长论坛，可谓恰逢其时。

特殊教育是教育事业的重要组成部分，关乎满足人民日益增长的美好生活需要。党的十九大明确要求办好特殊教育，国家近年来相继出台《残疾人教育条例》和两期特殊教育提升计划，各级政府密集发布实施细则和相关政策，力度之大前所未有。这是贯彻以人民为中心的发展理念，发展特殊教育、提高特殊教育水平的必然要求。在省委、省政府的关心和支持下，我省特殊教育办学规模不断扩大，特殊教育体系不断完善，特殊教育质量不断提升，人民群众的获得感、幸福感不断增强。同时，我们也认识到，我省特殊教育专业化科学化水平还不够高，特殊教育资源建设还比较落后，特殊教育教研工作机制尚未健全，特殊教育区域发展水平还很不平衡。

面向"十四五"时期谋划特殊教育高质量发展，我建议着重在以下三个方面发力。

第一，立足课程建设，提高特殊教育的适切性。我认为，追求内涵发展、提升质量是"十四五"特殊教育发展的首要任务。课程建设是促进学生康复和成长成才、落实立德树人根本任务的着力点。教育部于2007年、2016年分别印发三类特殊教育学校义务教育课程设置实验方案和课程标准，为特殊教育学校课程建设和教育教学指明了目标和方向。特殊教育学校和特殊教育教师要将课程方案和课程标准转化落实到学校课程建设和课堂教学中，关键要增强校长的课程领导力和教师的课程转化力、开发力、执行力，遵循特殊教育学生的身心特点和发展规律，合理调整课程教学内容，丰富发展课程教学资源，采取科学管用的教学方式，不断提高特殊教育的适宜性和有效性。

第二，完善评价制度，建立符合特殊教育规律的评价体系。我认为，教育评价事关教育改革发展方向，事关教育理念和教育教学方式，事关学生成长成才和社会用人。今

---

* 本文系作者于2020年11月5日在广东省第三届特殊教育学校校长论坛开幕式上的致辞。

年10月，中共中央、国务院印发《深化新时代教育评价改革总体方案》，这是指导深化新时代教育评价改革的纲领性文件，同样适用于特殊教育，有待我们面向"十四五"结合实际充分领会、深入贯彻、全面落实。一要把握特殊教育规律和特殊教育学生特点，结合特殊教育学生障碍类别多、个体差异大、支持保障需求高的实际，科学研制评估与鉴定实施方案，做好科学合理的教育安置和不同教育阶段的有机衔接。二要丰富评估主体，构建教师、学生、家长、社会等多元参与的特殊教育学校、校长、教师、学生、课程教学评价体系。三要创新评价方式方法，积极利用人工智能、大数据、移动互联网等先进技术，探索开展特殊教育的综合评价、过程评价和增值评价，提高评价的效率和精准度。希望校长们在这方面积极探索、勇于改革、创造经验。

第三，重视协同推进，健全特殊教育专业支持保障体系。我认为，特殊教育是一项公益性、系统性事业，实现"十四五"特殊教育科学发展、高质量发展，需要各级政府有关部门、各级各类学校、各级教研机构支持。一要推动建立资源共享和信息交流平台，教育部门与残联、卫健、民政、公安等部门密切合作，建立从儿童出生开始的筛查、诊断及信息通报系统，为特殊教育体系的设点布局、资源配置及时提供科学依据和相关服务。二要推动加强特殊教育资源中心建设，指导特殊教育学校和有随班就读学生的普通学校开展教育教学工作，开发优质特殊教育课程教学资源，开展特殊教育师资培训和特殊教育教学研究。三要推动建立各级特殊教育校长联盟、教师联盟、家长联盟，加强特殊教育体系性协同创新、区域性协同创新和家校共育共教，更好更快丰富发展优质特殊教育资源。

期待大家以习近平新时代中国特色社会主义思想为指导，深入学习贯彻习近平总书记关于教育的重要论述和党的十九届五中全会精神，以不断满足人民对美好生活、公平优质教育的需要为使命，扎根特殊教育，为科学培养特殊学生成人成才不懈奋斗。

向为本届论坛辛勤付出的全体同仁表示衷心的感谢和深深的敬意，预祝论坛圆满成功！

第八章

协力开展职业教育标准研制和职业素养教育

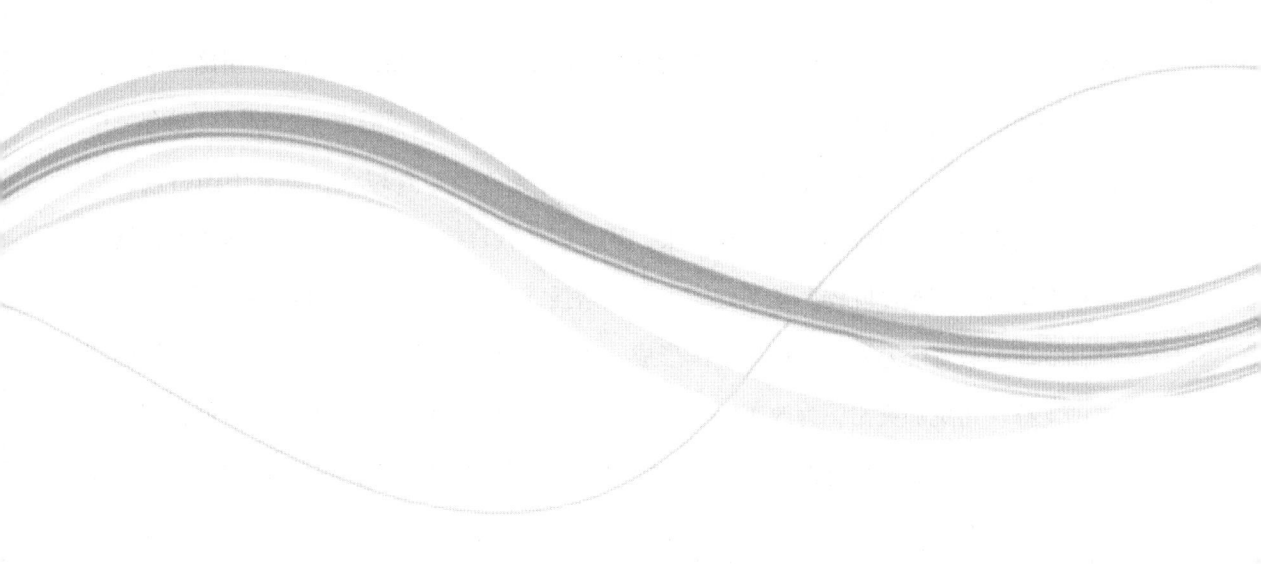

协力研制高水平中高职衔接专业教学标准和课程标准[*]

召开我省第二批33个中高职衔接专业教学标准和课程标准研制项目工作研讨会，标志着第二批标准研制工作正式启动。2013年6月，我省启动首批9个中高职衔接专业教学标准和课程标准研制项目工作，我们也是在这里举行启动会。在不到2年的时间里，我们共启动42个中高职衔接专业教学标准和课程标准研制工作，这充分说明我省职业教育标准建设工作正在加快速度、加大力度积极推进。建立科学而完善的职业教育标准体系，是建设广东特色、国家需要、世界先进水平现代职业教育体系的重要内容，是创建现代职业教育综合改革示范省的重要举措。标准研制工作必须统一认识、统一路径、统一要求，这样，才能又好又快地研制出高质量高水平的成果。为此，我讲三点意见。

一、高度重视中高职衔接专业教学标准和课程标准研制工作

《国务院关于加快发展现代职业教育的决定》（国发〔2014〕19号）明确要求"推进中等和高等职业教育紧密衔接""到2020年，形成适应发展需求、产教深度融合、中职高职衔接、职业教育与普通教育相互沟通，体现终身教育理念，具有中国特色、世界水平的现代职业教育体系"。近年来，我省职业教育持续快速发展，办学规模连续四年居全国第一，职业院校办学基础能力显著增强，产教融合、校企合作不断深入，中等和高等职业教育统筹发展的格局基本形成，职业教育对经济发展方式转变和产业结构调整的支撑作用更加突出，为改善民生、促进经济社会发展作出了重大贡献。但我们必须清醒地认识到，职业教育的内部衔接已成为现代职业教育体系建设的关键领域和重要环节，中高职在培养目标、专业设置、课程与教材、教学与评价等方面脱节、断层或重复等问题，已成为制约现代职业教育体系加快构建的重要因素和现代职业教育内涵提升的

---

[*] 本文系作者于2015年1月15日在广东省第二批中高职衔接专业教学标准和课程标准研制工作研讨会上的讲话，标题为收入本书时添加。

突出障碍，必须尽快加以解决。省教育厅站在构建现代职业教育体系和提高现代职业教育质量水平的高度，于2013年在全国率先开展中高职衔接专业教学标准和课程标准研制工作，标准研制也已成为近两年我省深化职业教育综合改革的重要工作。因此，我们必须站在加快发展广东现代职业教育、创建现代职业教育综合改革示范省的高度来认识标准研制工作的重要意义。现在的33个项目组，与首批9个项目组一样，都是从激烈竞争中脱颖而出的。对你们而言，承担项目任务，固然是一份殊荣，更是一份责任。各项目牵头单位、参与院校、行业企业及项目负责人必须高度重视，严格按照省教育厅的部署和省教研院的要求，以及在项目申报书中的承诺，全力以赴开展研究工作。

二、扎实推进中高职衔接专业教学标准和课程标准研制每一阶段工作

标准研制必须坚持科学的路径和方法，第一批中高职衔接专业教学标准和课程标准研制项目在这些方面做了有益探索，并取得成功经验。在这里，我们邀请了上批承担标准研制工作的专家、老师来介绍经验。通过学习借鉴英国、德国等职业教育发达国家的经验，结合国情、省情以及实践探索，我们认为，标准研制必须以"能力核心、系统培养"的思想为指导，扎实做好供需调研、职业能力分析、课程体系构建、标准编制四个阶段的工作。如何运用科学的方法开展各阶段工作，我们给大家提供了首批标准研制的四本成果供大家参考，分别是：《中高职衔接标准建设新视野：从需求到供给》《广东中高职衔接专业教学标准研制：调查与分析》《广东中高职衔接专业教学标准研制：职业能力分析》《能力核心系统培养的中高职衔接专业课程建设研究与实践》，这些专著是上一批研制项目组工作成果的体现，是很好的理论指导和实践案例，各项目组要认真学习领会，并结合实际，创造性地贯彻落实到研制工作全过程各方面。

研制中高职衔接专业教学标准和课程标准在国内属于创新性工作，属于填补空白的工作，难度大、任务重、时间紧。因此，越是难度大、任务重、时间紧，同志们越要严格按照统一的工作部署，有计划有节奏地扎实做好每一项、每一环节工作，按时、高质量高水平完成每一阶段的工作任务。

三、协同创新研制高水平的中高职衔接专业教学标准和课程标准

标准研制不是纸上谈兵，而是一项协同创新、理论与实践相结合的专业性工作。实行协同创新，应主要从三个方面着力，一是加强项目组内部的中职、高职、本科院校、行业企业人员的协同创新。这种组合具有鲜明的职业教育特征，必须充分发挥好各方力量的优势和特长，尤其要依托行业企业人员，同时加强统筹和相互协调，深入了解职业需求，研制出满足行业企业人才需求的专业教学标准和课程标准。二是加强项目组与省教育研究院职业教育研究室的协同创新。职业教育研究室的全体同志要与项目组加强交流和沟通，加强对各项目工作的指导，跟踪各项目的进展情况，及时协助解决各项目在研制过程中碰到的问题。三是加强各项目组之间的沟通交流。同时，要注意与首批9个项目组的沟通学习。由此，达到相互启发、分享经验、形成合力、协调推进各项工作的目的。

我相信，只要我们善于学习借鉴国内外先进经验，从我省现代产业体系建设需要和职业教育改革发展要求出发，凝聚各方力量，团结协作，扎实推进，就一定能研制出具有广东特色、符合国家需求、达到国际水准的中高职衔接专业教学标准和课程标准。

扎实推进职业教育专业教学标准研制工作*

召开职业教育专业教学标准研制工作会议，主要目的任务，一是总结首批中高职衔接专业教学标准和课程标准研制工作的成果及经验，二是启动2015年度高等职业教育专业教学标准研制工作。这次会议具有承前启后的重要意义。6月11日下午，省教育厅还将在东莞召开推进创建现代职业教育综合改革试点省工作部署会议。建立科学而完善的职业教育标准体系，是创建现代职业教育综合改革试点省的必然要求和重要举措，是建设广东特色、国家需要、世界先进水平现代职业教育体系的重要内容，对于我省加快发展现代职业教育具有重要作用。2013年6月，我省启动首批9个中高职衔接专业教学标准和课程标准的研制工作；2015年1月，启动第二批共33个专业教学标准研制工作。这样，我省已有42个专业开展了标准研制。今天，我们再启动32个专业教学标准研制项目，其中，既有针对中高职衔接的标准研制项目，又有从中职到高职再到应用型本科衔接的专业标准研制项目，还有现代学徒制专业教学标准研制项目，以及IHK（德国工商业联合会）证书本土化等专业教学标准项目，这表明我省职业教育标准建设工作正在加快速度、加大力度推进。

职业教育专业教学标准研制工作，时间紧、任务重、难度大、要求高，必须统一认识、统一路径、统一要求，注意从以下三个方面用功。

一、深入总结、积极推广已有的专业教学标准研制成果

经过一年多的努力，首批9个中高职衔接专业教学标准与课程标准研制项目已经完成，顺利通过专家组验收，这标志着相关专业的标准研制工作取得了阶段性成果。在此基础上，我们需要深入总结、积极推广已有的标准研制成果。一方面，要认真总结前一阶段专业教学标准研制经验，对已有成果加强凝练完善，务必精益求精。另一方面，要

---

* 本文系作者于2015年6月10日在职业教育专业教学标准研制工作会议上的讲话，标题为收入本书时添加。

积极推广已有的标准研制成果。首批9个专业标准研制项目组要在已有成果的基础上，围绕专业教学标准与课程标准的设定，积极进行课程内容开发、教材编写及课程教学实施，巩固、提升、扩展标准研制成果。

二、高度重视、稳步推进现有的专业教学标准研制工作

《国务院关于加快发展现代职业教育的决定》明确要求"推进中等和高等职业教育紧密衔接""到2020年，形成适应发展需求、产教深度融合、中职高职衔接、职业教育与普通教育相互沟通，体现终身教育理念，具有中国特色、世界水平的现代职业教育体系"。很显然，国务院的决策判断是：职业教育的内部衔接已成为现代职业教育体系建设的关键领域和重要环节。事实上，中高职在培养目标、专业设置、课程与教材、教学与评价等方面脱节、断层或重复等问题，确实是制约现代职业教育体系加快构建和现代职业教育内涵提升的突出障碍，必须加快破除。我们必须站在加快发展广东特色现代职业教育、创建现代职业教育综合改革试点省的高度来认识标准研制的重要意义。《教育部关于开展现代学徒制试点工作的意见》要求"职业院校与合作企业根据技术技能人才成长规律和工作岗位的实际需要，共同研制人才培养方案、开发课程和教材、设计实施教学、组织考核评价、开展教学研究等"。按照经济发展方式转变和产业结构升级对技术技能人才的需要，我省正在开展现代学徒制的相关研究和试点工作。2014年，省财政安排520万元专项资金投入高职教育现代学徒制试点，有3所高职院校12个专业开展现代学徒制试点工作，招生650人；2015年又有18所高职院校40多个专业参与现代学徒制试点，计划招生2290人。广东特色现代学徒制初步成形。但我省现代学徒制的研究与实践还很薄弱，特别是在如何实现专业设置与产业需求对接、课程内容与职业标准对接、教育教学与实操岗位对接等方面需要下大力气研究和探索。从这个角度看，现代学徒制专业教学标准的研制是关键而紧迫的。

职业教育专业教学标准研制，必须以"能力核心、系统培养"的思想为指导，扎扎实实地做好供需调研、职业能力分析、课程体系构建、标准编制四个阶段的工作；必须尊重科学、遵循规律，学习借鉴国内外先进的职业教育理念，在技术技能人才培养目标、职

业能力和职业素养标准、专业课程体系、教学方式方法、职业资格证书等方面体现广东特色、国家需要、国际水准；必须坚持正确的路径和方法，采取文献研究、调查研究、比较研究、实证研究、个案研究等方法，确立研制的正确思路，制定科学合理的技术路线，确保项目高质量高水平顺利完成。首批中高职衔接专业教学标准和课程标准研制项目在这些方面做了有益探索，取得宝贵经验，本次会议安排首批2个专业教学标准和课程标准的研制负责人发言，他们会就标准研制成果及经验与在座的各位交流和分享。同时，在国内颇具影响力的现代学徒制专家、清远职业技术学院院长赵鹏飞教授也会就"'广东模式'的现代学徒制标准研制实践"这个主题与各位交流。相信大家能从中受到启发。

三、统筹协调、切实加强专业教学标准研制工作的组织保障

标准研制是一项综合性专业工作，必须加强统筹协调，落实组织保障。一要依托"中高职衔接三二分段""四年制应用型本科人才培养""三二分段专升本应用型人才培养""现代学徒制"等试点项目，加强项目组内部的中职、高职、本科院校、行业企业、教学指导委员会等单位或组织的共同参与、协同创新、联合研制，边研制，边实践，边完善。二要加强项目组与省教育研究院职业教育研究室的协同创新，注重交流和沟通，及时共同研究解决各项目在研制过程中碰到的问题。三要加强各项目组内部的合作共事和项目组之间的沟通交流，同时注意与前两批42个项目组的互动，达到相互启发、分享经验、形成合力、协调推进的目的。

现代职业教育标准体系建设任重而道远，只要我们提高认识、高度重视、完善方案、积极实施、精诚团结、互相促进，善于学习借鉴国内外职业教育的先进理念、科学成果、正确方法，从我省现代产业体系建设需要和职业教育改革发展及技术技能人才培养要求出发，充分发挥各方优势、凝聚各方力量，扎实推进、稳步前行，就一定能研制出具有广东特色、符合国家需求、达到国际水准的职业教育专业教学标准。让我们为此而共同努力。

协力开展职业素养和创新创业教育
助力国家及区域经济社会繁荣发展 *

首先,我谨代表广东省教育研究院,对中国职业教育学会教学工作委员会职业素养和创新创业教育研究中心成立表示热烈祝贺!对研究中心在积极探索职业素养和创新创业教育并取得较好成绩的珠海城市职业学院举行成立大会并开展研讨活动表示衷心感谢!我相信,研究中心成立并凝聚大家展开研究工作,必将为全国职业院校的职业素养和创新创业教育研究与实践带来加速成长的力量。

当今中国,正在从"中国制造"向"中国创造"转变,而实现这一重大转变的依托是拥有领先的自主知识产权、强大的技术研发能力和科学的社会文明。国内外的历史与现实昭示我们,离开雄厚的高素质人才队伍和巨大的创造力,一切"领先的""强大的""科学的"东西都是表面的、暂时的现象,中国的繁荣发展离不开职业素养和创新创业教育。根据《国务院关于加快发展现代职业教育的决定》(国发〔2014〕19号)、《国务院关于进一步做好新形势下就业创业工作的意见》(国发〔2015〕23号)等文件精神,国家对着力弘扬工匠精神,落实立德树人根本任务,加强职业精神与职业技能高度融合的职业素养和创新创业教育教学工作提出了明确要求。经过研究与实践,全国各地逐步形成了比较科学可行的职业素养和创新创业类课程方案,显现了较为先进的做法和经验,为更好提高职业教育教学质量和技术技能型人才培养水平奠定了良好基础。这是我们拓展和深化相关研究与实践的信心所在。

职业素养是人类在社会生产活动中需要遵循的职业技术技能与行为规范的总和。职业素养是内涵,职业行为是表象。职业素养中专业应是第一位的,但除了专业,敬业乐业、追求创新、精益求精的职业道德也应是必备的。经济社会发展需要具有较高职业素养的技术技能型人才,职业院校就应该把培养输送具有较高职业素养的技术技能型人才

---

* 本文系作者于2016年12月3日在中国职业教育学会教学工作委员会职业素养和创新创业教育研究中心成立大会上的致辞,标题为收入本书时添加。

作为办学育人的目标任务。当然，培养学生职业素养不只是职业院校的必然职责，而且是社会各界尤其是行业企业的共同责任。事实上，只有各行各业与职业院校合作育人，共同培养学生具备较高的职业素养，才能充分适应经济社会发展和行业企业繁荣的要求。参加会议的代表，来自教育行政部门、人力资源社会保障行政部门、职业教育学术组织、职业院校、产业机构，这正是我们开展职业素养和创新创业教育研究与实践所乐意看到的。

当前，我国正处于产业结构调整优化、产业体系转型升级的攻坚阶段。世界各国经济增长乏力，为重振国内经济，各国纷纷出台政策措施。高度外向的广东省GDP总量虽然连续27年居全国各省（区、市）第1位，但也面临发达国家再工业化和发展中国家及地区利用低成本优势承接产业转移的"双向压力"。面对新形势、新变化，广东为了增创发展新优势，赢得发展主动权，全力实施创新驱动发展战略，把"大众创新，万众创业"作为创新驱动发展战略重要组成部分，出台系列政策措施鼓励创新，扶持创新创业。国务院和各省（区、市）政府也出台了一批鼓励支持创新创业的政策文件。我们相信，各职业院校能够充分认识到经济社会发展的新形势、新要求并将着力推进自身的改革发展，在这么良好的政策环境、产业环境、舆论环境下，切实更快推进职业素养和创新创业教育。

职业素养和创新创业教育研究中心成立，将有助于全国职业院校更好开展职业素养和创新创业学术研究，更好组织业务协作；有助于推动职业院校深入推进职业素养和创新创业教育，促进优秀研究成果宣传推广和转化应用，促进高素质技术技能型人才培养。当然，我们也清醒地认识到，此次举办研究中心成立大会和研讨活动仅仅是个开端，要走的路还很长，要做的工作非常多，希望大家集思广益、献计献策，积极学习借鉴国际职业素养和创新创业教育的科学理论、成功做法和先进经验，充分把握我国及各区域职业素养和创新创业教育需求，深入开展职业素养和创新创业教育的战略研究、政策研究、理论研究、实践研究，加强职业素养和创新创业教育师资队伍建设、课程体系建设、支撑条件建设，共同为研究中心健康发展、为职业素养和创新创业教育研究与实践贡献更多智慧力量。预祝大会圆满成功！

第九章

加快推进高等教育现代化

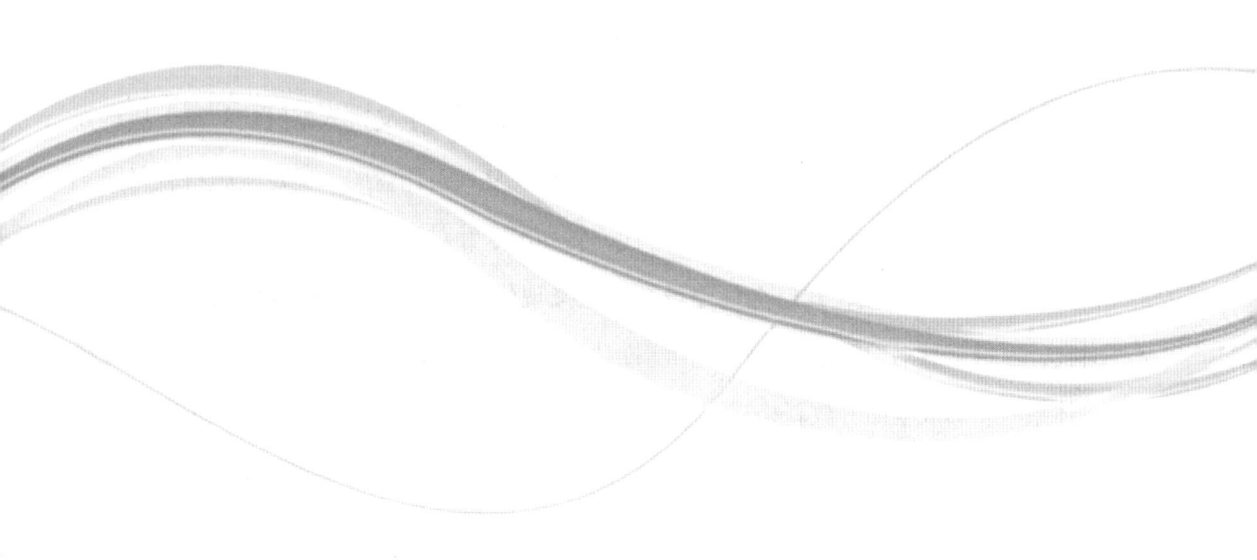

助推广东应用型本科院校创新融合优质发展 *

本次研讨会以"创新·融合·优质:广东普通本科院校转型发展与特色应用型院校建设"为主题,契合了党的十九大提出的"实现高等教育内涵式发展"的要求,又正值新时代全国高等学校本科教育工作会议刚刚落幕,具有强烈的时代性、针对性,对思考应用型本科院校改革发展具有重要启示意义。

百年大计,教育为本;教育大计,科研先行。教育科研在发展教育科学理论、服务教育科学决策、推进教育科学发展、提升教师教育理论素养、创新人才培养模式等方面具有基础性、先导性、全局性作用。推动应用型本科院校创新、融合、优质发展,必须做好教育科研工作。我想就这个问题与大家交流三点想法。

一、教育科研必须紧跟新时代新形势新任务和广东应用型本科院校改革发展新要求

具有划时代意义的党的十九大,作出了中国特色社会主义进入新时代的重大战略判断。进入新时代,党和国家围绕实现中华民族伟大复兴宏伟蓝图,坚定实施科教兴国、人才强国等一系列重大战略。进入新时代,党和国家针对我国社会主要矛盾已经发生关系全局的历史性转化,开启全面建设社会主义现代化国家新征程的战略安排。进入新时代,习近平总书记要求广东在"构建推动经济高质量发展体制机制""建设现代化经济体系""形成全面开放新格局""营造共建共治共享社会治理格局"上"走在全国前列"。进入新时代,党和国家强力支持粤港澳大湾区协同创新发展。这是教育科研必须深刻领会、充分把握的事业方向和工作前提。

"坚持以本为本,推进四个回归",写好教育"奋进之笔",建设中国特色世界一

---

* 本文系作者于2018年6月26日在广东省本科院校转型发展与特色应用型院校建设研讨会上的致辞,标题原为"以教育科研助推广东应用型本科院校创新融合优质发展"。

流本科教育，是落实新时代国家发展战略的必然要求。特别是，推动广东经济高质量发展，建设现代化经济体系，形成全面开放新格局，亟需发展现代应用型教育，深化产教融合、校企合作，充分发挥应用型本科院校培养人才、创新技术、服务经济社会、传承创新文化的功能作用。这对教育科研工作提出了新要求。应用型本科院校教育科研机构必须围绕转型发展大局，坚持解放思想、实事求是，与时俱进、开拓创新，充分发挥主观能动性，抓住发展的主要矛盾和矛盾的主要方面，找准关键工作定位，不断提高干事创业特别是服务决策、指导实践的能力和水平，以更高历史站位、更广国际视野、更远发展眼光、更优科研成果助力转型发展决策，指导转型发展实践，丰富转型发展理论，为广东普通本科院校科学转型与繁荣发展提供智力支持。

二、教育科研要着力研究破解制约广东应用型本科院校改革发展的重点和难点问题

随着经济社会快速发展，特别是我国社会主要矛盾转化，新时代应用型本科院校面对的需求日益丰富，实现内涵式发展的要求更加迫切，诸多新矛盾、新问题层出不穷，突出表现在中国特色世界一流应用型高等教育需要加快发展，地区之间、高校之间内涵式发展需要平衡与充分，应用型高等教育高端优质特色发展新格局需要形成，产教融合、校企合作应用型人才培养模式需要建立健全，应用型高校科技转化与应用能力需要大幅提升，粤港澳大湾区应用型本科院校协同创新发展的制约和束缚需要破除。解决这些矛盾问题，有赖于教育科研提供前瞻研判和智力支持。

习近平总书记强调："我国有独特的历史、独特的文化、独特的国情，决定了我国必须走自己的高等教育发展道路，扎实办好中国特色社会主义高校。"推进应用型本科院校改革发展研究，要围绕制约应用型本科院校改革发展的重点、难点问题，一方面立足中国大地，结合广东实际，深化研究和实践，着力提出在应用型本科院校改革发展上能够体现广东立场、广东智慧、广东价值的理念、主张、方案，助力形成中国特色世界一流应用型高等教育话语体系、方法体系和理论体系。另一方面加强教育科研机构协同创新，促进应用型高等教育研究资源共建共享，加强科研队伍建设，提高服务决策、指

导实践的能力和水平，助力普通本科院校科学转型和创新发展，构建广东应用型本科院校发展新格局。此外，还要加强与省外、国外同行交流，将国际化与本土化有机结合起来，为拓展深化应用型本科院校改革发展研究提供新方向、新办法、新路径。

三、教育科研成果要在广东应用型本科院校改革发展中充分发挥作用

教育科研的目的是将科研成果转化为教育改革发展的科学指引和鲜活实践。开展应用型本科院校改革发展研究，要围绕落实立德树人根本任务，在系统设计完整的应用型教育链条、调整优化应用型本科院校结构布局、打造高素质应用型本科人才培养培训高地、推动优质应用型本科院校和行业企业资源共建共享、推进应用型本科院校学科专业群建设、造就高素质专业化国际化创新型师资队伍、构建应用型本科院校治理体系、创新应用型本科院校国际交流与合作、健全应用型本科院校发展政策与机制保障等研究课题上狠下功夫。在此基础上，切实做好教育科研成果转化应用工作，包括把科研成果转化为政府决策和学校制度，转化为教师教案和舆论工具，转化为应用型本科院校发展新理念、新标准、新技术、新模式、新文化，通过具有战略性、前瞻性、创新性、针对性、实践性的科学研究，引领广东应用型本科教育与国家发展大局更加契合、与区域经济社会转型发展关联更加紧密、与人民群众需求关切更加呼应、与国际职业教育和高等教育改革发展潮流更加相融。同时，要加大优秀成果宣传推广力度，扩大优秀成果分享范围，充分发挥优秀成果示范、辐射、引领、带动作用，在中国特色世界一流应用型本科院校建设舞台上发出广东声音，展现广东影响。

当前，广东省教育研究院正在围绕教育改革发展的重点、热点和难点问题，扎实开展广东省教育现代化2035、粤港澳大湾区中国特色世界一流教育体系等系列重大研究工作，在应用型本科院校改革发展方面重点推进应用型高等教育融会贯通"立交桥"、应用型本科院校建设标准、应用型本科院校转型发展路径等若干研究工作。我们真诚欢迎各位领导、专家学者就以上工作向我们提出真知灼见，共同以教育科研力量助推包括应用型本科院校在内的各级各类教育创新融合优质发展，助推加快教育现代化。

讲述广东高等教育故事　助力广东高等教育现代化[*]

今天，我们在南方报业传媒集团举办"厉害了我的校"——2018广东高校形象微视频大赛颁奖活动，表彰一批优秀作品，点赞充满活力的大学校园文化。在此，我谨向获奖的高校、老师和同学表示热烈祝贺！

2018年9月10日，习近平总书记在全国教育大会上强调，坚持中国特色社会主义教育发展道路，培养德智体美劳全面发展的社会主义建设者和接班人。南方日报、南方网和"南方+"客户端随即迅速推出多篇重磅稿件，持续报道广东教育系统掀起学习贯彻习近平总书记重要讲话精神的热潮，展示广东教育系统奋发有为的精神状态、勤勉务实的工作作风。

南方报业传媒集团是我们的战略合作伙伴，长期以来坚持与广东教育同频共振，坚持讲述广东教育好故事、传播广东教育好声音、传递广东教育正能量，为广东教育改革发展和现代化营造良好舆论氛围。

2019年以来，我们的战略合作更上一层楼：1月，我们联合推出"新时代新征程——广东省推进教育现代化"全媒体报道，深入8个地市采访，对话市长、教育局局长，关注各地推进教育现代化的经验做法；4月，我们强强联合，邀请中山大学、华南理工大学等50多家广东教育系统代表单位集体入驻"南方+"客户端"南方号"新媒体平台，组建广东教育新媒体矩阵，占领广东移动主流媒体制高点；6月，我们联手推出"走在前列大学支撑"全媒体报道，深入走访22所高校，推出11个报纸版面、44条新媒体消息和44个微视频，展示广东高校"冲一流、补短板、强特色"新一轮发展的最强音。

如果说，南方报业的教育全媒体报道是一首首主旋律"主打歌"，那么，这次广东高校形象微视频大赛则是一次全省高校的"大合唱"。据我们了解，这次大赛在广东

---

[*] 本文系作者于2019年9月29日代表广东省教育厅在2018广东高校形象微视频大赛颁奖活动上的讲话，标题为收入本书时添加。

教育"和各大高校新媒体平台发布征集消息后，短短一个多月时间里，受到广泛关注，吸引全省40多所高校的师生投送了333个参赛作品，作品在"南方+"客户端的播放点击量超过1000万人次、投票量超过200万人次，可谓声势浩大、精彩纷呈，集中展示了广东高校的精气神。这是利用新媒体平台，创新讲述广东教育好故事的生动实践，也是主流媒体与各大高校深度合作，加强思想政治教育和网络舆论引导的有益探索。

不忘初心、牢记使命。在学习贯彻全国教育大会精神、迎来改革开放40周年之际，广东教育系统必将以习近平总书记重要讲话为指南，牢牢把握社会主义办学方向，用"立德树人"为教育打上厚重的底色，致力于培养德智体美劳全面发展的社会主义建设者和接班人。也期望南方报业传媒集团继续创新传播方式方法，一如既往地讲述广东教育好故事，支持广东教育改革发展，助力广东加快教育现代化进程。

最后，再次祝贺获奖的高校、老师和同学！衷心感谢南方报业传媒集团为树立广东高校良好形象所付出的一切努力！

加强高校学科建设　加快高等教育高质量发展[*]

来自省内外学科建设规划领域的专家学者和省内高校主管学科建设的校领导，以及高校发展规划处、科研处、学科建设办公室、研究生院等相关部门的负责人200多人，一同出席2020年广东省高校学科建设研讨会。研讨会的主题是"学科建设的现实考察与探索实践"，主要议题有大数据驱动下的学科服务创新、学科建设与人才培养、学科交叉与交叉学科、学科评估与大学发展、学科建设实践案例、"十四五"规划下的学科建设。这既符合各高校学科建设与评估现实需要，也有助于各高校面向未来加快高质量发展。习近平总书记高度重视研究生教育和学科建设工作，2020年7月就研究生教育工作作出重要指示，要求坚持"四为"方针，瞄准科技前沿和关键领域，深入推进学科专业调整，完善人才培养体系，加快培养国家急需的高层次人才，为坚持和发展中国特色社会主义、实现中华民族伟大复兴的中国梦作出贡献。党的十九届五中全会明确要求，提高高等教育质量，分类建设一流大学和一流学科，加快培养理工农医类专业紧缺人才。这为我们深入做好高校学科建设工作指明了方向。在此背景下，举办本次高校学科建设研讨会，其意义不言而喻。

研讨高校学科建设，离不开我国高等教育改革发展在"十三五"取得显著成就这个宏大背景。"十三五"期间，以习近平同志为核心的党中央把教育作为国之大计、党之大计，加强党对教育工作的全面领导，召开全国教育大会，对加快推进教育现代化、建设教育强国、办好人民满意的教育作出重大部署，统筹推进教育领域综合改革和教育治理现代化，高等教育面貌正在发生格局性变化，2019年全国高等教育毛入学率达到51.6%，新增劳动力平均受教育年限超过13.7年。在全面建成小康社会决胜阶段，高等教育事业为社会主义现代化建设开发了人力资源，为国民素质提高提供了重要支持，为如期打赢脱贫攻坚战提供了有力支撑，为增强综合国力和国际竞争力贡献了积极力量，

---

[*] 本文系作者于2020年12月23日在2020年广东省高校学科建设研讨会上的致辞，标题为收入本书时添加。

人民群众对高等教育的获得感和满意度持续提升。

　　研讨高校学科建设，需要充分认识我省高等教育在"十三五"取得长足进步。"十三五"以来，在各级党委、政府的领导和推动下，通过一系列精准化的政策安排、强有力的战略举措和积极前行的创新实践，我省高等教育事业实现跨越发展，公平日益彰显、质量明显改善、结构逐步优化、效益有效提升，2019年高等教育毛入学率达到48.8%，预计今年将由大众化阶段进入普及化阶段。在学科建设方面，我省积极实施重大工程项目，稳步推动高水平大学和重点特色学科建设，已实现高等教育局部高端突破。2017年，全省入选国家"一流大学"建设高校2所，排名全国第6位；入选国家"一流学科"建设学科18个，排名全国第6位。2019年，全省有国家重点培育学科12个，排名全国第6位；省部级重点学科271个，排名全国第5位。截至目前，全省高校共有105个学科入围ESI（基本科学指标数据库）排名前1%，其中2020年新增28个，增速居全国第1位。有2所高校入选国家"强基计划"，4所高校的数学学科获批成为国家应用数学中心。这为谋划和展开"十四五"乃至2035高校学科建设奠定了坚实基础。

　　研讨高校学科建设，上述成绩的取得固然令人高兴，但也要清醒地认识到我省高校学科建设还面临不少突出问题。一是高水平大学和学科偏少。目前我省入选"双一流"建设高校只有5所，排名全国第7位；在教育部第四轮学科评估中，A类学科仅31个，排名全国第6位；入围国际顶尖学科（ESI排名前1‰）仅8个，排名全国第7位，远少于北京（40个）、江苏（17个）、上海（15个）等先进省市。二是各高校学科建设力量缺乏有机整合。学科团队在学校内部相关领域之间、学校与学校之间、学校与科研院所之间、学校与行业企业之间尚未形成实质性融合，力量分散、重复建设，形不成强大学术合力，影响了学科水平加快提高，学科国际影响力深受制约。三是高层次学科建设比较欠缺。相关问题包括：如何在已有基础上加快建设一流学科、重点学科、特色学科？如何有力有效整合学科资源，加快学科转大为强？学科建设规划如何有所为有所不为、有所先为有所后为、争先进位？如何充分发挥学科建设在人才培养、科研创新、社会服务、文化传承创新、国际交流合作中的功能作用？……这些问题影响深远，值得我省各高校在"十四五"乃至面向2035重点关注、深入探讨、积极谋划、有效破解，加快提升学科核心竞争力，助推我省高等教育高质量发展。在这当中，要注意把握学科建设正确方向、总体思路、基本规律。

一要坚持以加强党的建设引领把握我省高校学科建设正确方向。加快推进高水平学科建设，人是决定性力量，要充分激发全体教学、科研人员的积极性、主动性和创造性。为此，要切实加强高校党的建设，坚持党管干部、党管人才原则，尊重劳动、尊重知识、尊重人才、尊重创造，加强高层次、创新型人才引进和培养，营造良好学科生态和"想干事、能干事、敢干事、干成事"的浓厚氛围，激发全体教学、科研人员不忘初心、牢记使命，为攀登学科高峰、助力中华民族伟大复兴而发挥一切聪明才智。要充分发挥高校各级党组织的政治核心作用，加强对教学、科研人员的政治教育和人文关怀，注重引领学科带头人、业务骨干坚定学科自信，坚持高水平发展、特色发展、协同发展、聚合发展，共同加快提升学科建设水平。

二要坚持以登高望远更好确立我省高校学科建设总体思路。加快推进高水平学科建设，必须紧扣世界和国家发展脉搏，把握学科发展前沿，厘清学科发展思路。为此，要深刻认识世界科技革命和产业变革、国家战略、粤港澳大湾区国际科技创新中心建设、构建"一核一带一区"区域发展格局对于学科建设的要求，充分依托和开发利用中央在粤的和粤港澳大湾区本身的一切学科创新资源，同时加强学科建设国际交流合作，大力发展交叉学科、新兴学科和前沿学科，在重点领域进行前瞻性布局，通过多元化协同发展、聚合发展以更好更快提升自身优势。要不断更新思想理念，以更高站位、更大格局、更宽视野推进学科发展，深化学科建设评价改革，遵循规律，鼓励创新、宽容失败，甘于寂寞、追求卓越，激励全体教学、科研人员以"功成不必在我"的精神境界和"功成必定有我"的责任担当投身学科建设。要以教育部第五轮学科评估为契机，深化高校学科建设管理体制机制改革，优化高校学科建设生态，创新高校学科发展模式，加强新文科、新工科、新农科、新医科、新师范建设，加快培养理工农医类专业紧缺人才，积极培养人文社科人才和教育人才，分类建设一流学科，占领学科建设高地，提升教育教学质量、科研创新能力和办学水平。

三要坚持以科学精神切实把握我省高校学科建设基本规律。加快推进高水平学科建设，要求充分认识不重视学科建设办不好大学，不研究学科建设则办不出一流学科。当前，一流大学和一流学科建设正变得空前复杂，需要切实加强理论研究与实践创新，深化学科建设新的规律性认识。为此，要切实把握顶层设计思路和具体实践推进，善于用事实和数据说话，科学做好高校"十四五"发展规划编制和"双一流"学科建设工作，切实明确学科方向、建设学科队伍、搭建学科平台，加快学科发展。要赋能学科建设与学科规划工作，善于开发利用"全球知识创新基础设施"和大数据挖掘技术，提供学科战略规划、学科信息管理、学科状态监测跟踪、学科评估等大数据分析服务，加强知识体系构建和学术方向凝练，打通知识生产、传播、扩散和利用全过程，加快学科成果形成和转化应用。要积极探索实施知识产权战略，突出高价值专利培育与保护，完善知识产权创造、运用、保护、管理、服务工作体系，构建良好学科生态。要坚持目标引领与问题导向，大力推进协同创新、聚合发展，既勇于破解人类社会关心的重大问题，为构建人类命运共同体作贡献，又牢固根植广东经济社会高质量发展和粤港澳大湾区建设，加强高校内部学科建设力量调整优化和学校外部学科建设力量集聚，推进政产学研结合、科教融合、产教融合、校企合作，促进知识体系渗透融合，面向现代化经济体系和法治社会建设需求，聚焦产业结构优化、科技创新、区域协调、绿色智慧、数字经济、特色城镇、生态文明等目标任务，着力构建高水平学科体系。

让我们面向"十四五"，切实把握高等教育高质量发展要求，坚持以习近平新时代中国特色社会主义思想为指导，以建设高水平学科体系为总目标，全面贯彻习近平总书记关于教育的重要论述，全面落实立德树人根本任务，切实增强学科建设的适应性，加快形成具有广东特色、世界水平的学科体系，为广东产业转型升级和成为全球科技创新高地、战略性支柱产业与战略性新兴产业重地提供强大的知识创新资源和高素质人才支撑。

推进新时代高等教育发展理论中国化的若干思考*

一、卢晓中教授等著述的《高等教育现代化：理论发展与实践探索》，在推进新时代高等教育发展理论中国化中具有重要参考和借鉴意义

一是该书对高等教育发展理论的基本理论问题、主要理论流派及其现代发展加以系统梳理和深入探讨。

二是该书对高等教育发展理论与高等教育现代化的关系、高等教育现代化的目标和模式作了系统阐述。

三是该书对若干典型国家高等教育现代化的模式、特征和发展趋势加以剖析。

四是该书对高等教育现代化的"中国基因"、基本路向和内涵式发展作了系统研究。

这让我们深切感受到该书为系统深入探讨新时代高等教育发展理论中国化问题提供了不少有益启示，也深切感受到新时代高等教育发展理论中国化在理论创新与实践探索上的精彩与魅力。

二、推进新时代高等教育发展理论中国化，需要深深植入推进高等教育高质量发展的"中国基因"

一是坚持传承创新中华优秀传统教育文化，深刻领悟和践行中国传统教育哲学本体论之"天"与"人"、价值论之"道"与"器"、认识论之"知"与"行"、方法论之"教"与"学"，更自觉把握高等教育战略取向——为国家富强、民族振兴、人民幸福

---

* 本文系作者于2021年4月9日在《高等教育现代化：理论发展与实践探索》新书发布会上的发言提纲。

提供支撑，回归高等教育本质初心——为受教育者全面协调可持续发展夯实基础，推进高等教育优质发展——转变发展方式、提升内涵水平，探索高等教育转型创新——推动基于学习共同体的高校组织文化变革，坚定高等教育基础性战略性投入——持续加大以财政性投入为主体的多元高等教育投入并优化投入支出结构，确立高等教育科学评价体系——引领体现破"五唯"和发展素质教育的高等教育质量和办学水平提升，融入高等教育世界潮流——提升高等教育国际化水平。

二是坚持走中国特色社会主义高等教育发展道路，深刻领悟和践行建设教育强国是中华民族伟大复兴的基础工程，充分发挥高等教育培养人才、创新科技、服务社会、传承文化、国际交流合作的功能作用，坚持为人民服务、为中国共产党治国理政服务、为巩固和发展中国特色社会主义制度服务、为改革开放和社会主义现代化建设服务，扎根中国大地办世界水平的现代高等教育，不断培养能够担当民族复兴大任的时代新人，持续产出能够富民强国和引领世界进步的科学技术成果。

三是坚持以人民为中心推进高等教育高质量发展，深刻领悟和践行"为党育人、为国育才"，健全有中国特色、与世界接轨的高等教育标准体系，分类建设一流大学和一流学科，推进高水平高职院校和专业建设，创新学科专业体系、课程教材体系、教学实践体系、考核评价体系，落实思政课程和课程思政，完善专科生、本科生、研究生资助制度和奖励制度，使全体人民享有更加公平、更高质量的高等教育；健全人才成长立交桥，促进职业性资格与学术性资格互认和衔接，树立科学合理的人才观、成才观、用人观、就业观、分配观，有效引导学生选择适合自己的教育，更好适应经济发展、社会变革和科技进步；加快健全中国特色哲学社会科学学科体系，全面加强高校创新体系建设，深化产学研结合、科教融合、产教融合、校企合作，构建高效完善的开放合作与协同创新格局；着力锻造高素质专业化创新型高校管理队伍、教师队伍、科研队伍、辅助队伍，特别是教师要有理想信念、有道德情操、有扎实学识、有仁爱之心，做学生锤炼品格的引路人、学习知识的引路人、创新思维的引路人、奉献祖国的引路人，坚持教书和育人相统一、言传和身教相统一、潜心问道和关注社会相统一、学术自由和学术规范相统一。

三、推进新时代高等教育发展理论中国化,需要实现目标导向、问题导向、动力导向相结合

一要充分把握当前推进高等教育高质量发展面临的基本形势。推进高等教育高质量发展,目标指向培养能够担当民族复兴大任的时代新人,为建设富强民主文明和谐美丽的社会主义现代化强国提供战略支撑。目前,从总体态势来看,我国正经历从高等教育大国向高等教育强国迈进的转变期(我国高等教育毛入学率2002年突破15%,2019年达到51.6%,是全球第65个实现高等教育普及化的国家,正在从规模增长为主进入高质量发展阶段,需要实现从以量求大向以质图强的战略转变),面临大力提升高等教育质量水平(教育教学水平、科研创新能力、人才培养质量等)的机遇和挑战;从深化高等教育领域综合改革的视角来看,我国高等教育正处在各领域、各方面、各阶段、各环节相互衔接、协调发展的调整期,面临健全现代高等教育体系、全方位立德树人的机遇与挑战;从高等教育内部与外部的关系来看,我国高等教育正走向与经济社会发展密切相融、更彰显国家软实力的跨越期,面临高等教育价值、功能作用升华和建设世界高等教育中心、科学中心的机遇与挑战;从现实突出问题来看,我国高等教育正体验从片面应试教育、"严进宽出"向发展素质教育、确保培养质量深度转变的阵痛期,面临人才培养价值引领的机遇与挑战;从未来发展来看,我国高等教育正居于从传统教育模式向以信息化为特征的现代教育转变的探索期,面临教育思想、内容、途径、技术、手段、方法系统变革的机遇与挑战。

二要充分把握推进高等教育高质量发展需要着力解决的问题。一是高等教育战略取向与功能作用亟需辩证统一;二是推进高等教育规模、结构、质量、特色、效益协同发展亟需健全全国及区域顶层设计;三是现代职业教育标准体系、本科教育标准体系、学术型与专业型研究生培养标准体系等亟需建立健全;四是高等教育分类分层发展政策框架亟需搭建形成;五是技术驱动高等教育系统性、深层次变革亟需科学掌控;六是扩大高等教育对外开放合作政策亟需着力创新(提升高等教育对外开放水平和国际影响力,要深度参与国际教育规则、标准、评价体系构建与重大议题研究,推行双向、多向合作办学,是中国高等教育为构建人类命运共同体作出贡献的重要途径);七是建设全

民学习、终身学习的学习型社会和终身教育体系亟需更多制度规则标准保障;八是高等教育分类分层的高素质专业化创新型教师队伍培养培训体系和考核聘用政策体系亟待明确建立;九是推进高等教育集群发展、产学研结合、科教融合、产教融合、校企合作和形成区域高等教育协作发展体制机制障碍亟需破除消解;十是科学化专业化高等教育质量水平监测评估亟待改造重塑;十一是高等教育治理体系与治理能力现代化亟需切实推进(着力改善政府宏观管理、完善高校领导体制、优化高校组织结构、保障高校民主管理、平衡高校学术权力与行政权力、深化高校运行机制改革、涵养高校优良校园文化);十二是中国特色高校新型智库建设亟待强化重视。

三要充分把握推进高等教育高质量发展所需要的科研主体力量和主要方法。高等教育高质量发展的动力,来源于推进中华民族伟大复兴、满足人民日益增长的美好生活需要和区域经济社会高质量发展布局,以及以构建人类命运共同体推动世界多极化深入发展。这需要不断加强高等教育科学研究。在研究力量上,各级党委、政府及其职能部门理所当然地要关心高等教育、研究高等教育、熟悉高等教育,但真正的高等教育科研主体力量是国家和省级教育行政部门、各级各类高等教育研究机构、各类型各层次高等学校。教育行政部门要更加重视把高等教育科研成果转化为高等教育决策成果和高等教育治理成果,更加重视高等教育规划、政策和治理绩效问题。高等教育研究机构要着力研究高等教育改革发展战略问题、政策问题、理论问题、实践问题、舆论问题,注重决策层的需求和实践层的期盼,为党委、政府服务,为各类型各层次高校服务,为行业企业服务。各类型各层次高校要在关注大势、研判形势的基础上,从实际出发,深入思考和研究校内管理体制机制问题、学科专业建设问题、课程教材教学评价问题、人才培养模式问题、教育教学质量和办学水平问题、校内校外开放合作与国际化问题。各方面都要高度重视高等教育宣传出版工作,又好又快产出具中国特色、中国风格、中国气派的高等教育理论创新与实践探索成果,助推中国高等教育综合实力、战略支撑力、国际影响力不断增强。

在研究方法上,一要高度重视调查研究。调查研究不仅是一种研究方法、工作方法,更是谋事之基、成事之道,没有调查就没有发言权,更没有决策权。调查研究,要坚持从实践中来到实践中去、从群众中来到群众中去,发现问题、找准原因、把握规律、形成对策,将实践经验上升到理性高度,将研究成果运用到实践中去,尊重首创精神,总结首创经验,推广成功做法,实现理论创新与实践探索相融合。二要高度重视数据统计分析。这是一个科技革命、产业变革、资源整合不断行进的时代,也是一个技术压制、"数据为王"、抢占先机屡试不爽的时代。用事实和数据说话,就要有大数据思维和大数据基础设施,善于以数据挖掘、人工智能、移动互联网等技术手段,充分开发利用经济社会发展数据和教育基础数据,通过数据看历史、认现状、判未来;通过数据总结成绩、认清问题、发现规律、分析趋势、寻求对策、提出建议。三要高度重视实证研究。只有坚持对研究对象长时间大量观察、调查和实验,既提倡数理实证研究,又倡导案例实证研究,注重前后、上下、左右、内外关联,从个别到一般、从表象到内在,才能更好精准把握事物之间的因果关系,才能在参与国际高等教育规则制定和重大议题研究上更有话语权,使归纳出的事物、现象、过程的本质属性、发展规律和方案建议即其结论是科学的、经得起考验的、具有复制推广意义的。

第十章

切实加强民办教育研究能力建设

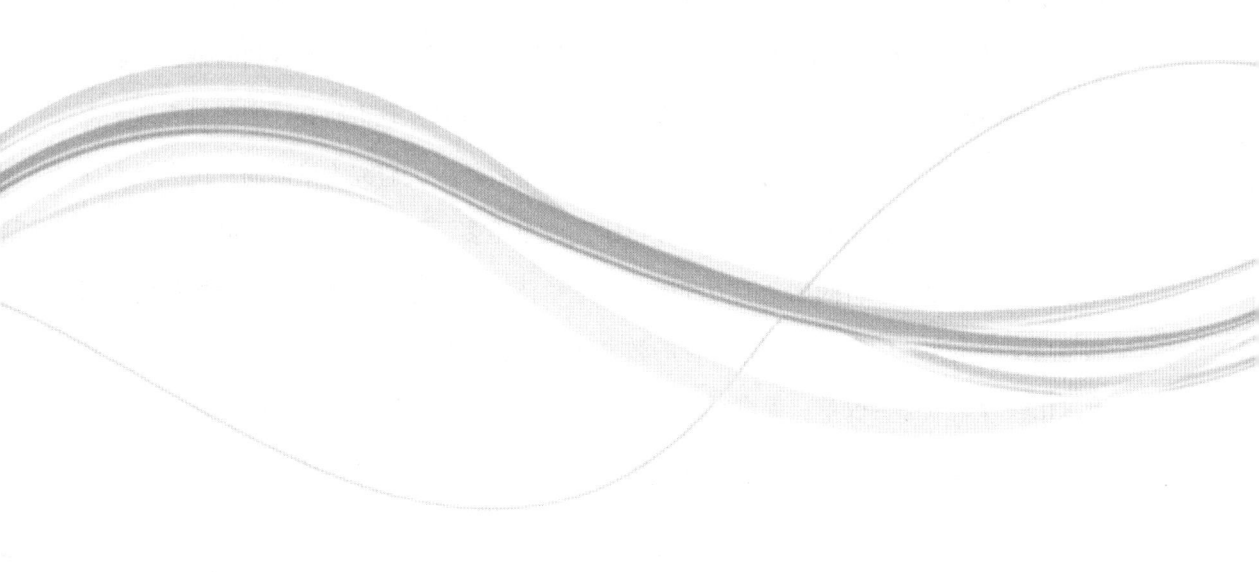

加强民办教育研究基地建设
为民办教育持续健康发展提供智力支持 *

省教育研究院分别与各民办教育研究基地代表签订《广东省教育研究院民办教育研究基地共建合作协议》，向各基地授予了牌匾，这标志着第一批民办教育研究基地正式设立。借此机会，我就基地建设的来龙去脉、未来运作等谈三点意见。

一、充分认识设立民办教育研究基地的重要意义

自改革开放以来，特别是2002年《民办教育促进法》颁布以来，在各级政府的大力支持和规范引导下，我省民办教育快速发展。截至2015年底，全省有各级各类民办学校（幼儿园）1.35万所，占全省学校（幼儿园）总数的42.8%；在校生（在园幼儿）621.5万人，占全省在校生（在园幼儿）总数的28.5%，约占全国民办学校在校生（在园幼儿）总数的13.6%，我省已是名副其实的民办教育大省。需要清醒看到的是，与我省庞大的民办教育规模相比，民办教育理论研究、战略研究、政策研究、实践研究较为滞后：专门从事民办教育研究的机构或组织和专家学者不多，研究力量薄弱；民办教育研究历史短、积淀少，重大创新性民办教育研究成果不多，影响力有限；民办教育研究资源较为零碎、分散，协同创新能力和服务水平亟待提高；等等。理念是行动的指南，研究的高度决定实践的高度，有什么样的教育认识就将有什么样的教育改革发展形态。随着深化教育领域综合改革、促进教育转型发展显现的矛盾、困难、问题越来越多，各级政府纷纷加强教育智库建设，整合教育研究资源，加强协同创新。加强民办教育研究应是题中之义。

我省作为全国民办教育第一大省，一直以来，省委教育工委、省教育厅高度重视

---

* 本文系作者于2016年11月22日在广东省教育研究院民办教育研究基地共建合作协议签订暨授牌仪式上的讲话，标题为收入本书时添加。

民办教育改革发展及其研究工作。2016年年初，将"探索建立民办教育研究基地"列入《中共广东省委教育工委广东省教育厅2016年工作要点》，作为建设新型教育智库的一项重要内容。为贯彻落实这一部署，2016年4月，我院制定《建立广东省教育研究院民办教育研究基地实施方案》；9月，向有关学校、教育研究机构印发《关于申报设立广东省教育研究院民办教育研究基地的函》；9月27日，组织民办教育专家评审《广东省教育研究院民办教育研究基地申报书》及其有关材料。综合考虑本次申报单位及评审情况，经院务会议研究，确定首批10个教育机构为我院民办教育研究基地。

说明上面这些情况，是希望大家对设立民办教育研究基地的背景、原因、意义、过程有充分认识和理解。

二、正确把握民办教育研究基地建设的方向与主要任务

设立民办教育研究基地，其根本目标是培育壮大民办教育研究队伍，发掘民办教育研究优势资源，丰富民办教育研究内容、途径和方法，更好更快更多产出高质量、高水准、高影响力的民办教育理论成果、政策成果、实践成果和舆论成果，为民办教育持续健康发展提供智力支持。我们必须坚持学习贯彻国家和省的有关法律法规和教育改革发展及人才培养政策，把握基地建设的正确方向和主要任务，有的放矢，找准研究的突破口和切入点，选好民办教育改革发展的重点、热点、难点问题，集中兵力、加强协同，展开有效研究，加快产出成果。第一，要大力增强民办教育研究协同攻关能力。推动完善民办教育研究管理制度，增强民办教育研究资源投入，建立民办教育研究激励长效机制，鼓励和支持基地研究人员联合申报或承接国家、省、市以及其他有关方面关于民办教育改革发展的研究课题或项目，加强协同攻关，在民办教育改革发展理论研究、战略研究、政策研究和舆论引导上不断作出新贡献。第二，要大力增强服务提升民办教育教学质量和办学水平能力。紧紧围绕民办教育特色规范发展及人才培养，有针对性地开展民办教育培养模式、办学体制、管理体制和保障机制研究，为民办学校特色发展、规范发展、内涵发展和可持续发展提供战略思维、正确方向和可行路径。第三，要大力构建民办教育研究交流与合作平台，切实加强民办教育研究资源互联互通、共建共享，以校

本研修、专题研讨、学术沙龙、论坛讲座等为载体，丰富民办教育研究交流与合作的内容、途径和方法。

三、认真履行民办教育研究基地建设的责任与义务

民办教育研究基地挂牌设立，只是基地建设的第一步。要真正达成既定目标，从严要求，实现预期愿景，需要脚踏实地地行动和不折不扣地落实。对于基地及其所在单位来说，希望各责任方切实将基地建设作为本单位发展规划重要内容，充实民办教育研究资源，保障基本条件，规范基地运作行为；支持基地与省教育研究院民办教育研究室或其他基地联合申报或承接各级各类教育研究课题或项目，加快产出优质成果；完善基地研究工作激励机制，确保按时高质量完成有关课题研究或项目工作，并支持形成和转化有关研究成果；主动承担或配合支持省教育研究院有关教育调研和学术活动，充分发挥基地典型示范作用，为民办教育决策和民办学校改革发展提供智力咨询和经验参考，为全省民办学校改革发展树立标杆。

省教育研究院作为省级新型教育智库，将充分发挥平台优势，为基地建设提供相应资源，创设交流合作条件；积极组织基地参加本院主办的中国南方教育高峰年会、南方教育大讲坛等重大学术活动，充分利用院办《教育决策参考》《情况通报》《国内外教育改革发展动态》、"南方教育在线"微信公众号等媒介和广东教育杂志社、广东高等教育出版社、广东音像教材出版社，展示宣传和出版基地的改革发展成果、研究成果和教材、教辅材料、教学指导用书、学术专著等；有计划地接受基地派员到民办教育研究室或其他有关内设机构跟岗学习锻炼。

设立广东省教育研究院民办教育研究基地是适应和助力我省民办教育改革发展的需要，具有现实意义和长远作用。民办教育丰富多样的发展形态为我们提供了丰厚的研究资源。让我们倍加珍惜这样的良好机遇，同心协力、集聚智慧、攻坚克难、积极进取，携手推动我省民办教育研究水平迈上新台阶，为我省民办教育事业改革发展贡献智慧力量。

新时代民办教育发展的机遇和挑战[*]

非常高兴与诸位相聚一堂,共同回顾改革开放40年民办教育发展历程,共同探讨新时代民办教育改革发展走向。在改革开放40周年之际,习近平总书记于10月22日至25日视察广东,发表重要讲话;全国上下深入贯彻落实党的十九大精神和全国教育大会精神,大家来到广东珠海参加全国民办教育协作创新联盟第五届年会暨改革开放40年民办教育研讨会,我认为具有特别重要意义。

广东是我国最早展开改革开放的地区,第一批四个经济特区的三个——深圳、汕头、珠海位于广东。得益于浓厚的开放风气和灵活的开放思维,广东民办教育发展一直敢为天下先,在全国民办教育格局中占有重要分量,发挥着探索性、引领性作用。例如,1992年,广东设立第一所冠以"私立"名号的民办高校——私立华联学院;1993年,广东成立第一所以收取教育储备金举办的民办基础教育学校——英豪学校,这种办学模式随后引发全国举办高收费民办学校的热潮。积极的创新精神、大胆的办学探索、有力的政策支持,支撑了广东民办教育快速发展,成就了广东民办教育发展壮大。截至2017年底,广东省有各级民办学校(含幼儿园,不含培训机构)1.52万所,占全省学校(幼儿园)总数的44.95%,占全国各级民办学校(含幼儿园)的8.56%;有在校(园)生692.84万人,占全省在校(园)生总数的29.25%,约占全国民办教育在校(园)生的七分之一。可以说,广东是名副其实的民办教育第一大省。

实践证明,民办教育已成为中国特色社会主义教育事业的有机组成部分,是教育事业创新发展的重要增长点和深化教育领域综合改革的重要试验田,是加快推进教育现代化不可或缺的重要力量,为保障和改善民生、服务经济社会发展作出了重要贡献。

在充分肯定民办教育改革发展成就和贡献的同时,广东民办教育同全国民办教育一样,面临着不少挑战。主要表现在:民办学校党的建设工作不平衡,有的还很薄弱;

---

[*] 本文系作者于2018年11月18日在全国民办教育协作创新联盟第五届年会暨改革开放40年民办教育研讨会上的致辞,收入2018年第6期《新教育》(内部资料)(中国教育科学研究院主办)。

部分地方对发展民办教育的重要性认识不足，统筹规划和监督管理不到位；有些民办学校法人属性、产权归属界定不清晰，法律平等地位、税收优惠、财政扶持等落实不够全面、不够充分，社会力量投入教育预期不太明朗；部分民办学校办学行为还不够规范，质量还不够突显，特色还不够鲜明，社会贡献还不够出众。这些问题，需要我们继续高度重视，认真研究，拿出对策方案。

当前，民办教育正处于深入调整、深度变革的转型阶段。国家层面，随着新《民促法》实施，《国务院关于鼓励社会力量兴办教育促进民办教育健康发展的若干意见》《民办学校分类登记实施细则》《营利性民办学校监督管理实施细则》等陆续出台，以分类管理为核心的民办教育制度框架顶层设计基本完成。地方层面，各地政府认真围绕贯彻落实民办教育新法新政，积极做好有关配套政策制定和实施工作，推进民办教育分类管理改革已进入全面施工、攻坚克难关键期。尽管有些地方政策还需要根据经济社会发展和区域民办教育实际不断调适和创新，但贯彻落实党的十九大、全国教育大会精神和国家民办教育新法新政，各界各方面对民办教育应当坚守的基本原则和需要改变的重大领域要达成共识。一是坚守正确办学方向和目标，就是要坚持中国特色社会主义教育发展道路、培养德智体美劳全面发展的社会主义建设者和接班人，坚持民办教育公益属性，加强党对民办学校的领导，落实立德树人根本任务。二是坚守民办教育地位作用，就是要坚定民办教育是中国特色社会主义教育事业的有机组成部分，是教育创新发展的重要增长点和深化教育领域综合改革的重要力量，使民办学校更好更多地向人民群众提供多层次、多样化、可选择的优质教育资源。三是坚守国家发展民办教育的基本方针，就是对民办教育要"积极鼓励、大力支持、正确引导、依法管理"，民办学校无论选择哪种办学类型、采取哪种经费筹措方式，都要依法依规办教育，都要满足人民群众多层次、多样化的优质教育需求，都要为经济社会发展培养人才、创新科技、传承文化。

习近平总书记最近视察广东，要求深化改革开放，推动高质量发展，提高发展平衡性和协调性，加强党的领导和党的建设。我认为，总书记提出的要求，于民办教育改革发展来说也是完全契合的，必须全面贯彻落实。审视当下，展望未来，新时代为民办教育改革发展提供了难得的机遇和空间，民办教育改革发展也面临新的挑战和抉择。让我们携起手来，全面贯彻落实习近平新时代中国特色社会主义思想和党的十九大、全国教育大会精神，加强民办教育研究创新和实践探索，更好地服务决策、创新理论、指导实践、引导舆论，为民办教育规范发展、提升实力、凝练特色、铸造品牌贡献更多智慧力量。

汇聚民办教育新智慧　开创民办教育新格局*

在庆祝改革开放40周年的历史节点上，全国上下深入贯彻落实党的十九大和全国教育大会精神，认真学习贯彻习近平总书记在庆祝改革开放40周年大会上的重要讲话精神，我们在白云山下举办以"新时代、新征程、新举措——广东民办教育40年再出发"为主题的论坛，总结改革开放40年广东民办教育改革发展成就和经验，探讨新时代广东民办教育改革发展前景、思路和举措办法，是很有意义的。

改革开放40年来，广东一直是全国经济社会发展与改革创新的弄潮儿，走在改革开放的最前沿。今年10月22日至25日，习近平总书记再次踏足广东这片改革开放热土，要求深化改革开放、推动高质量发展、提高发展平衡性和协调性、加强党的领导和党的建设，这再次充分彰显了广东在全国经济社会发展中的重要地位和改革开放的先锋角色。得益于广东浓厚的开放风气和灵活的开放思维，广东民办教育一直敢为天下先，在全国民办教育格局中占有重要分量，发挥着探索性、引领性作用。例如，1992年，广东设立第一所冠以"私立"名号的民办高校——私立华联学院；1993年，广东成立第一所以收取教育储备金举办的民办基础教育学校——英豪学校，这种办学模式随后引发全国举办高收费民办学校的热潮。积极的创新精神、大胆的实践探索、有力的政策支持，支撑了广东民办教育快速成长，成就了广东民办教育繁荣发展局面。

40年前，发展民办教育不敢想象；40年后，民办教育成就辉煌。截至2017年底，广东省有各级民办学校（含幼儿园，不含培训机构）1.52万所，占全省学校（幼儿园）总数的44.95%，占全国民办学校（含幼儿园）总数的8.56%；有在校（园）生692.84万人，占全省在校（园）生总数的29.25%，约占全国民办教育在校（园）生的七分之一。可以说，广东是名副其实的民办教育第一大省。实践证明，民办教育已经成为中国特色社会主义教育事业的有机组成部分，是教育事业创新发展的重要增长点和深化教育领域

---

* 本文系作者于2018年12月22日在2018民办教育广东论坛上的致辞，收入本书时稍有删减。

综合改革的重要试验田,是加快推进和支撑教育现代化不可或缺的重要力量,为保障和改善民生、服务经济建设和社会发展作出了重要贡献。

在充分肯定民办教育改革发展成就和贡献的同时,广东民办教育同全国民办教育一样,面临着不少挑战。主要表现在:民办学校党的建设工作不平衡,有的还很薄弱;部分地方对发展民办教育的重要性认识不足,统筹规划和监督管理不到位;民办学校法人属性、产权归属界定不清晰,法律平等地位、税收优惠、财政扶持等落实不够全面、不够充分,社会力量投入教育预期不太明朗;部分民办学校办学行为还不够规范,质量还不够突显,特色还不够鲜明,社会贡献还不够出众。这些问题,需要我们高度重视、认真探讨,深入研究、拿出方案。

当前,民办教育正处于深入调整、深度变革的转型阶段。国家层面,随着新《民办教育促进法》实施,《国务院关于鼓励社会力量兴办教育促进民办教育健康发展的若干意见》《民办学校分类登记实施细则》《营利性民办学校监督管理实施细则》等陆续出台,以分类管理为核心的民办教育制度框架顶层设计基本完成。地方层面,各地政府认真围绕贯彻落实民办教育新法新政,积极做好有关配套政策制定和实施工作,推进民办教育分类管理改革已进入全面施工、攻坚克难关键期。习近平总书记强调:"越是环境复杂,我们越是要以更坚定的信心、更有力的措施把改革开放不断推向深入。"这也完全适用当前民办教育状况。因为,随着进入新时代,民办教育改革发展也进入了攻坚期、深水区,面临难啃的"硬骨头"。唯有不忘初心、追求理想,坚定信念、明确方向,才能更好焕发民办教育的明天,才能更好造福人民、贡献国家。在这当中,地方政策还需要根据经济社会发展和区域民办教育实际不断调适和创新,各方面贯彻落实党的十九大、全国教育大会精神和国家民办教育新法新政,都应当对需要坚守的基本原则和展开的基本思路有正确的判断。我认为,要在牢牢把握好三个基本面的基础上展开深入研讨,集思广益,形成更多具建设性的方案或意见、建议。

一是要坚守教育的正确办学方向。方向决定道路,道路决定命运。中国民办教育,必须扎根中国大地,坚持中国特色社会主义教育发展道路,坚持社会主义办学方向,坚持党对民办教育事业的领导,坚持深化教育改革开放,培养德智体美劳全面发展的社会主义建设者和接班人。

二是要坚守教育的基本公共属性。公益性是现代教育的基本属性。中国民办教育，必须坚持以人民为中心的发展思想，坚持立德为根、树人为本，遵循教育规律，加强理想信念教育，引导广大师生做社会主义核心价值观的坚定信仰者、积极传播者、模范实践者，把社会效益放在首位，实现育人质量、社会效益与事业发展有机统一。

三是要坚守教育的社会服务功能。服务经济社会发展是教育发展价值根本所在。中国民办学校及其举办者，无论选择哪种办学类型、采取哪种经费筹措方式，都要依法依规办教育，都要在改善办学条件、推进科学育人上下力气，在提高教育质量、提升水平上下功夫，走内涵发展道路，满足人民群众优质特色多样化的教育需求，落实到为经济社会发展和中华民族伟大复兴培养人才、创新科技、传承创新文化上。

审视当下、展望未来，新时代为民办教育改革发展提供了难得的机遇和空间，民办教育改革发展也面临新的挑战和取向。我们要携起手来，全面贯彻落实党的十九大、全国教育大会精神，深入贯彻落实习近平总书记在庆祝改革开放40周年大会和视察广东重要讲话精神，加强民办教育研究创新和实践探索，更好地服务民办教育决策、创新民办教育理论、指导民办教育实践、引导民办教育舆论，为民办教育规范发展、提升实力，凝练特色、铸造品牌贡献更多智慧力量。

本次论坛得到了国家、省教育管理部门，广东培正学院，有关教育研究机构和有关民办高校的专家，省教育研究院民办教育研究基地和其他民办学校（幼儿园）、新闻媒体同仁关心和支持。在此，一并表示衷心感谢，预祝论坛圆满成功。

面向 2035 开启民办教育现代化新征程*

非常高兴再次在这美丽的白云山下,与各位新老朋友一同参加2019民办教育广东论坛。

2019年2月,中共中央、国务院印发《中国教育现代化2035》。这一重大规划,定位于全局性、战略性、指导性,回眸过去、立足当下、展望未来,勾画了我国教育现代化的战略愿景,明确了我国教育现代化的战略目标、战略任务和实施路径,具有里程碑意义。教育现代化2035,不只是公办教育现代化的2035,而是包括民办教育在内的所有类型所有层次教育现代化的2035。2035,是我国现代化的重要时间节点,也是我国教育事业发展的重要时间刻度。在新中国成立70周年,开启教育现代化2035的背景下,广东省教育研究院、广东省民办教育协会联合主办2019民办教育广东论坛,以"面向2035的民办教育现代化"为主题,意义重大。因为,民办教育作为我国社会主义教育事业的重要组成部分,同样需要加快走向现代化;没有民办教育的现代化,就不可能有整个中国教育的现代化;民办教育不加快实现现代化,也不可能在未来经济社会发展中赢得更大生存与发展空间。

面向2035,民办教育的功能与角色如何再定位、发展方式与路径如何再创新、监督管理与政策如何再设计等诸多问题有待深入思考、研究和实践。借此机会,我谈几点基本认识,抛砖引玉,与大家交流。

一是要把握民办教育现代化的根基:中国大地。中国国情的复杂性、地域发展的不平衡性、历史文化的独特性,决定了办好中国民办教育不能单靠外来经验的输入,不能简单照搬西方国家的办学模式。中国民办教育,要深深扎根中国大地,在国际化的进程中始终坚持中国本位,坚持党的领导,坚持服务区域经济社会发展,按照"中国特色、世界水平"的要求,坚定道路自信、理论自信、制度自信、文化自信,充分彰显中华民

---

* 本文系作者于2019年11月30日在2019民办教育广东论坛上的致辞。

族的鲜明特质，构建中国特色民办教育理论范式、实践方案与创新成果，为世界私立教育改革发展贡献我们独特的智慧。

二是要把握民办教育现代化的动力：制度创新。没有自改革开放以来的制度突破与创新，就没有今天的民办教育繁荣发展局面。制度、体制、机制是民办教育改革发展的重要保障与生机活力所在。目前，我国民办教育发展总体已进入内涵提升、高质量发展的关键阶段，一些深层次的老问题和棘手的新问题相互叠加交织。解决这些问题，必须依靠解放思想、深化改革，勇于突破常规思维，充分用好改革开放这个关键一招，并作为加快推进民办教育现代化的根本动力，以新理念、新体制、新机制、新模式、新技术激发民办教育发展新动能。这既需要各级政府积极作为，也需要各级各类民办学校大胆探索，还需要所有民办教育研究机构和民办教育研究工作者积极建言献策。

三是要把握民办教育现代化的归属：服务人民。教育是民族振兴、社会进步的基石，是提高国民素质、促进人的全面发展的根本途径，是国之大计、党之大计。民办教育现代化，必须依靠人民、为了人民，成果由人民共享。要坚持社会主义办学方向，树立以人民为中心的发展思想，办好人民满意的民办教育。为此，民办教育改革发展要充分反映人民的新期盼，着力解决人民群众最关心、最直接、最现实的教育利益问题，始终坚持立校为公，坚持以学习者为中心，为不同背景、不同偏好的求学者提供个性化、多样化、高质量的教育服务，办好每一所学校、上好每一堂课、教好每一位学生，全面落实立德树人根本任务，努力满足人民对美好生活的向往。

伟大事业需要伟大智慧，伟大智慧需要众智群力。参会的代表来自全国各地，跨越多个行业领域，大家一定会有不同的思想观点相互交流、相互碰撞，期待大家深入研讨、积极对话，为更好确立面向2035的民办教育改革发展新方向、新任务、新道路提供理论指引和行动方案。

第十一章

持续推动粤港澳台教育合作发展

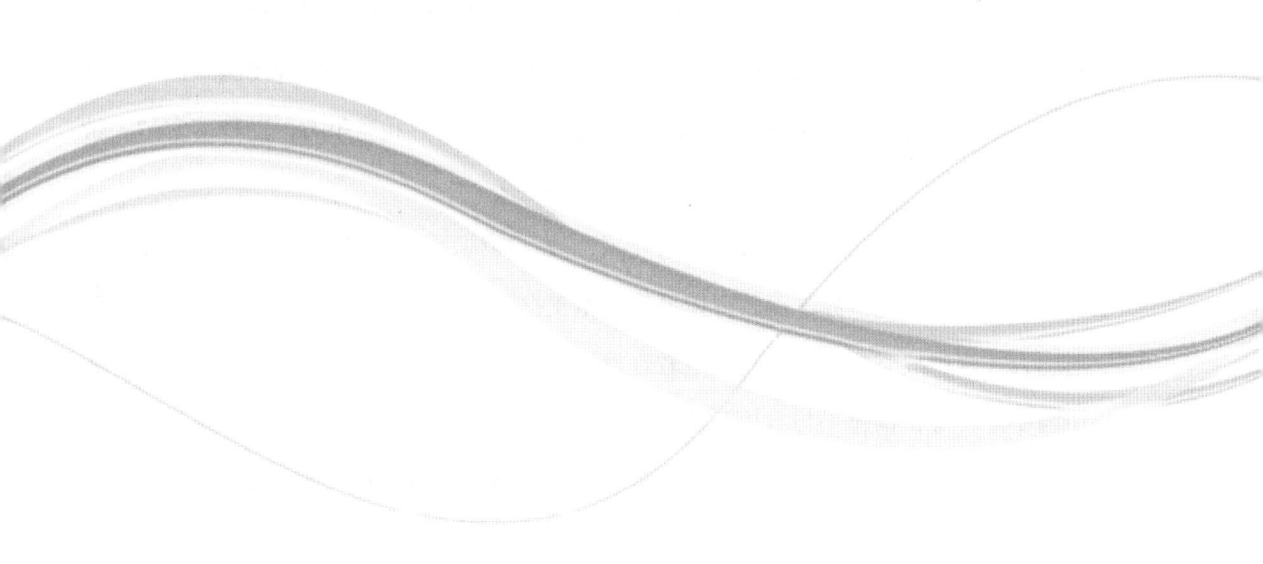

共建粤港澳大湾区中国特色世界一流教育体系的思考*

深入贯彻落实在粤港澳建设国际一流湾区、打造世界级城市群的战略决策，融入"一带一路"国际合作，充分发挥教育培养人才、创新科技、服务社会、传承创新文化的战略支撑作用，必须以共建粤港澳大湾区中国特色世界一流教育体系为重要基础。就此，我谈一些想法，以期对大家今后开展有关工作或参与有关工作有所启发。

一、共建的背景与基础

当今世界正处在大发展大变革大调整时期，全球及区域经济社会相互依存、相互渗透程度不断加深，人才、知识、科技等要素必定高度集聚和深度融合。粤港澳区域相邻、文化相通、发展相依，是我国向世界展示改革开放伟大成就和国际社会观察我国改革开放状况的重要窗口。推动粤港澳建设国际一流湾区、打造世界级城市群，是国家立足国际产业调整和科技革命发展新趋势作出的重大战略布局，对于把港澳融入国家发展大局，拓展粤港澳合作广度和深度，增强粤港澳国际影响力和竞争力，助推落实"一带一路"国际合作，具有重大现实作用和深远战略意义。

百年大计，教育为本；教育兴则诸业兴，教育强则百般强。加快推动湾区建设和发展，必须以中国特色世界一流教育体系作根本支撑。自新世纪以来，广东大力实施科教兴粤、人才强省战略，走出广东特色教育发展路子。香港和澳门依靠祖国强大后盾、凭借中西交汇优势，构建了与本地经济形态、产业结构、人口规模等相适应且颇具水平的教育体系。三地教育交流合作的体制和机制不断完善、空间和领域不断拓展、层次和水平不断提升，初步形成沟通有序、协作有效的发展共同体。面对新时代新形势新要求，必须清醒地认识到，由于受不同制度、不同法律等因素制约，三地教育交流合作的广度

---

* 本文系作者2018年、2019年就推进粤港澳大湾区教育合作发展在广东省教育研究院内外所作的讲座。

深度和层次水平仍需拓展提升，协同发展的体制机制和共建共享平台仍需建立健全，支撑湾区建设发展的能力和水平亟需强化提高。必须在中央政府支持和指导下，以更高历史站位、更广国际视野、更远战略眼光、更实行动举措，推动湾区教育不断朝着更高质量、更加公平、更有效率、更可持续的方向前进，加快建成中国特色世界一流教育体系，支撑国际一流湾区发展和世界级城市群建设。

二、共建的思路与原则

（一）共建思路

1. 坚持高端引领，整体设计。在"一国两制"框架下，以《粤港澳大湾区发展规划纲要》《推动共建丝绸之路经济带和21世纪海上丝绸之路的愿景与行动》为引领，把握教育与经济社会发展以及教育内部各主体的相互关系，科学谋划，不断提升湾区教育综合实力和水平。

2. 坚持重点突破，统筹推进。以破除制约湾区教育协同创新发展的体制机制性障碍与基础条件约束为重点，建立健全法律法规规章制度体系。综观现代国民教育体系和终身教育体系全过程各领域各环节，统筹推进湾区基础教育、职业教育、高等教育发展和学习型社会建设，实现湾区教育全面协调可持续提升。

3. 坚持凝练特色，铸就一流。面向国家及湾区重大战略需求和经济社会主战场，着力提升教育发展的质量特色效益、社会贡献度和国际影响力，突出与产业发展、社会需求、科技前沿紧密衔接，铸就卓越的人才培养、科学研究、社会服务、文化传承创新和国际交流合作能力，在全球教育治理中充分彰显湾区作用。

（二）共建原则

1. 综合改革，创新驱动。以需求为牵引、以问题为导向，深化教育领域综合改革，在制度设计、政策保障、环境营造上下功夫，在畅通渠道、搭建平台、配置资源等方面持续用力，以创新思维和创新举措推进各类要素深度参与教育活动，切实提升湾区教育体系整体效能。

2. 优势互补，互利共赢。充分调动粤港澳各方面积极性、主动性和创造性，强化教育交流合作体系建设，不断拓展教育交流合作空间和领域，全面提升教育交流合作层次和水平，促进各级各类教育优势互补、办学经验互学互鉴，形成合力、共同进步，奋力开拓湾区教育协同创新发展新格局、新境界。

3. 融合互通，开放共享。充分发挥现代信息技术和资源要素作用，创建智能泛在的教育生态环境，促进湾区内部和湾区与全国、世界优质教育资源融合互通、协同发展、共建共享，实现优质教育资源在湾区自由流动，确保教育与湾区现代化经济体系建设、全面开放新格局构建相匹配相融合。

三、共建的目标

（一）总体目标

立足湾区经济社会长远发展需要，扎根中国、融通国际，构建理念先进、制度科学、资源充分、水平卓越、优质公平、权责清晰、人民满意的中国特色世界一流教育体系，推动湾区成为中国南方教育高地和国际先进教育示范区，为国际一流湾区发展和世界级城市群建设提供强大的人才、智力、科技支撑。

（二）主要目标

——夯实湾区基础教育根基，打造优质基本公共教育服务供给基地。在湾区全面普及15年基础教育。建成科学的学前教育保教体系，丰富发展先进的学前教育保教资源和教研资源，促进儿童健康快乐成长。办好特殊教育。形成湾区基础教育内涵发展联动机制，推动优质教育教学资源共建共享，全面发展素质教育，提供公平而有质量的高水准教育服务，保障学生身心和谐发展。

——做强做优湾区职业教育，打造产业升级和先进制造业人才供给高地。调整优化中等职业教育结构，建设产教融合应用技术大学、高水平高职院校，畅通应用型、技术技能型人才培养立交桥，完善适应湾区转型发展需求、产教深度融合的现代职业教育体系。培养规模宏大、素质优良、技术精湛、适应需要的应用型、技术技能型人才，职业教育服务产业发展能力显著增强。

——建设湾区世界一流大学群，打造知识创造和创新人才培养制高点。健全湾区中国特色世界一流大学群生态系统，形成中国最具活力和强大国际影响力、吸引力、竞争力的高等教育创新发展体系，建成立于世界创新发展潮头的高等教育集群。加快推动各创新要素良性互动，促进产学研深度融合，培养高素质人才，成为未来世界知识社会发展、创新型经济增长的重要高地。

——构建湾区全民终身学习服务体系，打造学习型社会新模式。实现各级各类教育相互衔接、相互贯通、相互支撑，形成方式灵活、渠道通畅的终身教育体系。建成以人工智能、信息技术、数据挖掘为媒介的现代公共教育服务平台。构成全景式、智能化、数字化、个性化智慧学习图景，实现湾区人人皆学、处处能学、时时可学、人人乐学。

——增强湾区教育服务社会能力，打造开放型区域创新体系重要窗口。充分发挥人才、智力、科技作用，有效构建以企业为主体、以市场为导向、产学研结合的开放型创新体系，形成科研成果在湾区无障碍转化体制机制。高校、科研院所、行业企业共建重点学科、实验室、工程（技术）研究中心和产学研结合基地，以及新型教育智库体系，实现大批科研成果充分转化。

——提升湾区教育治理能力，打造共建共治共享现代教育治理体系典范。教育法律、法规、规章体系更加完善，政府、学校、社会间教育权责更加清晰，各方教育治理动力、潜能充分激活，多元主体参与的教育治理渠道与网络畅通有序。湾区教育对外吸引力和优质教育资源辐射力、输出力明显增强，参与全球教育治理创新、促进世界教育改革发展的贡献度明显提高。

四、共建的主要内容

（一）基础教育

1. 促进湾区学校德育协同创新发展。以爱国主义为核心和纽带，提升湾区中小学爱国主义教育水平。构建湾区学校德育协同创新发展机制，加强德育理论创新和实践探索，充分利用湾区丰富的教育、人文、科技资源搭建湾区德育协同创新中心、德育研究实验基地等平台。建立湾区学校德育常态交流机制，创建若干个爱国主义教育姊妹学校示范校或示范区，建设湾区学校德育成果汇集与展示交流平台。丰富湾区中小学生喜闻乐见、生动活泼的德育形式，建设中小学特色德育课程体系，培养富有民族情怀、爱国爱乡、好学乐群、守望相助、面向全球的高素质公民。

2. 加强湾区中华优秀传统文化和国际理解教育。传承创新中华优秀传统文化，学习借鉴人类社会先进文明，引领湾区中小学生树立为中国人民谋幸福、为中华民族谋复兴的远大志向。推进中华优秀传统文化进教材、进校园、进课堂，引导湾区中小学生把个人成长与祖国未来发展联系在一起，从中华优秀传统文化中汲取营养和智慧。加强湾区国际理解教育课程开发、设计与实施，开展丰富多彩的国际理解教育主题活动，引导中小学生踊跃参加有利于加强多元文化交流和对话的社团活动、艺术和体育活动、科技创新活动，以及参观考察、研学旅行、社会调查等实践活动。积极打造"粤港澳姊妹学校经典美文诵读比赛"等品牌项目，让学生有更多机会参与交流，培养学生既对中华优秀传统文化富有认同感、自豪感，又有宽广国际视野和浓厚国际意识。

3. 推进湾区信息技术与基础教育教学融合创新。共建湾区基础教育优质数字教育资源，推进优质教育教学资源人人用、科科用、堂堂用。探索基于信息技术的教育教学模式创新，深入推进学校育人模式、教学模式流程再造，促进教学结构变革。探索建设数字化云课程，推进"互联网＋"课程建设与实施，促进课程结构变革。建立湾区教研协同创新机制，开展"粤港澳同一堂课"网络教研系列活动。推进信息化中心学校建设和信息技术与课程教学融合创新示范项目培育，建设湾区教育信息化协同创新中心，打造高水平教育信息化研究智库，集中多方力量开展教育信息化基础性、前瞻性研究，推进教育信息化产学研融合发展。研制适应新时代要求的教师信息化教学能力标准，建构培训课程教材体系与评价体系。建设信息化教学名师工作室，发挥专家和名师资源汇聚与示范效应，打造教师信息化教学能力发展共同体。以湾区师生信息化应用推广活动为依托，加强湾区学校、教师、学生交流合作，促进基础教育信息化理论与实践融合发展。

4. 加强湾区中小学（幼儿园）校（园）长、教师专业发展交流合作。优化湾区中小学（幼儿园）教师交流合作机制。完善湾区教师交流配套服务制度体系，探索建立三地中小学教师互聘机制，实行湾区开放融通的中小学管理团队、教学团队、教研团队政策，加强校长、教师专业发展统筹指导与交流合作。深入实施"香港英文教师内地交流协作项目""粤港语言（普通话、英语）教师培训项目"。建设湾区教师实践基地，实施教师访学制度和教育专家讲席制度，分学科、分专业遴选首席教师在湾区巡回举办高水平讲座，输送教师到湾区办学水平一流的中小学、幼儿园跟岗学习，或到湾区名校和国内外知名学校访学研修。实施湾区卓越校（园）长培养工程，遴选年轻有为、富有教育情怀的教育工作者作为培养对象。举办湾区中小学（幼儿园）校（园）长、教师高端论坛和高端研修，开展高水平师资教育科研协同创新，向粤东西北地区、泛珠江三角洲区域师资科研交流合作扩展，切实发挥高端人才集聚效应，开发建设具有湾区特色、国内一流和世界领先的基础教育资源库。

5. 扩大湾区优质基础教育资源辐射面。全面构建湾区优质教育资源向粤东西北地区辐射运行机制，建设湾区与粤东西北示范姊妹学校和示范结对子幼儿园区域。促进学习资源优势互补、主题带动，通过信息化手段让粤东西北中小学生共享湾区优质学习资源，通过主题实践合作课程和主题探究交流活动让湾区中小学生共享粤东西北自然与人文学习资源，共建湾区基础教育网络图书馆并向粤东西北开放，共建湾区与粤东西北"双师"异地同步示范课堂和示范教研组。促进教研资源学科合作、创新引领，设立湾区与粤东西北教研交流合作专项，实施教研人员短期跟岗锻炼和置换培养计划，树立辐射引领先进典型。

6. 深化湾区基础教育国际评价交流与合作。建立湾区基础教育教学质量监测协作平台及监测结果应用机制。以教育大数据粤港澳联合实验室为基础，联合高校、中小学、幼儿园、教研机构、行业组织成立湾区基础教育评价研究中心，在教育国际交流合作全球化背景下，通过参与、比较、反思和借鉴，确立前瞻性、发展性、战略性价值导向，从观念、制度、技术、方法、实施等多个层面推进决策性评价、认定性评价、服务性评价研究与实践，为湾区提高基础教育质量和办学水平提供科学参考和正确指引。积极参与国际学生评估项目（PISA）、国际学生阅读素养进展研究（PIRLS）、国际数学与科学趋势研究（TIMSS）等大规模基础教育国际评价项目，在教育国际坐标中审视湾区基础教育状况，调整优化基础教育政策和学生培养策略，不断提升育人内涵和质量。

（二）职业教育

1. 推进湾区高素质应用型、技术技能型人才培养体系建设。支持整合湾区产业高端企业和优质高职院校资源，以新机制建立若干所应用技术大学，建设服务城市集群发展的职业院校集群、服务产业发展的职业院校专业集群，打造充满生机活力的高素质应用型、技术技能型人才培养高地。支持湾区应用型本科学校、职业院校引进国际优质职业教育资源。配合湾区企业、产能、产品"走出去"，加快职业教育"走出去"步伐，打造国际职业教育优质品牌。推动湾区各层次职业教育有效沟通，实现中高等职业教育纵向衔接、职业学历教育与职业培训横向贯通、职业教育学历和职业资格三地互认。

2. 建设对接国际标准和行业标准的湾区职业教育标准体系。积极参与职业教育国际标准与规则的研究制定，输出职业教育标准和模式，提升国际话语权。推进建设与国际水平接轨的职业资格认证体系，在湾区内实施职业资格互评互认制度。研制发布和推广应用职业教育专业教学标准和课程标准等系列标准，指导职业教育教学活动，开发职业教育教学资源，推动湾区中职学校、高职院校和应用型本科学校在培养目标、专业设置、教学过程等方面有效衔接，深化一体化人才培养模式改革。推进湾区职业院校教学内容与行业企业标准对接，及时吸纳最新产业技术成果，优先引进行业企业对接新技术、新标准、新工艺开发的课程资源，有效开展人才培养。

3. 全面实施职业教育现代学徒制。将传统学徒培训与现代学校教育相结合，大力推进职业教育现代学徒制。促进现代学徒制人才培养模式融入湾区世界级城市群发展战略中，围绕粤港澳产业发展新要求，以及广州、深圳、珠海、东莞、中山、佛山等地产业转型升级新需求，布局现代学徒制试点项目。鼓励和支持湾区内有条件的行业企业提供学徒岗位，与湾区职业院校联合开展现代学徒制或企业新型学徒制培养。建设湾区现代学徒制服务平台，统一发布岗位需求、提供课程资源、落实过程监管。

4. 推进湾区职业教育校企精准对接、精准育人。构建湾区职业教育产教融合、校企合作长效机制。充分发挥湾区产教联盟优势，调动行业企业参与职业教育办学的积极性、主动性，深化职业教育体制机制和人才培养模式改革，培养适应和支撑湾区产业转型升级需要的高素质应用型、技术技能型人才。鼓励湾区校企共建"工匠之师"队伍，支持职业院校优先引进行业企业的专业技术人员担任专业教师，鼓励行业企业积极参与人才培养全过程。推进湾区职业教育专业精准对接产业发展，包括对接新一代信息技术、生物技术、高端装备、新材料、节能环保、新能源汽车等战略性新兴产业集群，建设一批产教深度融合、综合实力强、社会认可度和人才培养质量高的职业院校"双精准"示范专业。建立湾区职业教育专业预警退出机制，定期发布专业结构分析报告，推动职业院校围绕办学定位和产业需求调整优化专业结构。

（三）高等教育

1. 建设具有中国特色的世界一流大学群。深入推进国家"双一流"、广东高水平大学和高水平理工科大学建设，依托中山大学、华南理工大学、香港大学、香港中文大学、香港科技大学、澳门大学等带动湾区涌现更多心系全球、具有时代担当、富有造福人类使命感的高水平研究型大学。探索港澳知名高校到广东独立办学体制机制。探索构建国际高水平大学合作办学新体制，引进世界知名大学和特色学院到湾区合作办学，支持国内一流大学在湾区办校区、研究生院、科研创新机构，积极开展基础研究、应用基础研究领域国际合作，助推一流研究型大学、优势学科建设和高层次创新型人才培养。

根据湾区地理分布，构建珠三角、粤东、粤西、粤北、香港、澳门高水平大学集群，推进大学集群发展，增强湾区优质高等教育资源集聚力和辐射力，实现各大学集群分类化、差异化、国际化发展，充分发挥各集群高水平大学的集聚效应、辐射效应和示范效应，着力在广州、深圳、香港、澳门发展世界一流高等教育，在珠海、佛山、东莞发展国内一流高等教育。大力推动在湾区适当地方以新理念、新体制、新机制、新模式高起点设立开放式、国际化一流研究型湾区大学或湾区联合大学，面向全球遴选校长、招聘教师、招收学生、承接科研攻关项目，有序举办本科生教育、硕士生教育、博士生教育。

2. 打造充满生机活力的高层次人才培养高地。完善湾区高校人才培养体系，深化高校人才培养模式改革，推进高校人才精准培养和精准供给。探索更加开放、多元的高考招生制度，逐步全面放开港澳学生参加内地高考和湾区内地、澳门学生参加香港会考，扩大港澳高校招收内地学生规模，提高湾区高校在校国际生比例。支持粤港澳高校实施灵活的交换生安排。建立湾区合作办学、专业认证、学分互认、学位互授、课程资源和学术资源共用、科研成果分享转化流通系统。

注重依托湾区高校、科研院所、行业企业建立开放型人才市场，促进高层次人才自由流动，吸引造就一大批国际水平战略科技人才、科技领军人才、青年科技人才和创新团队，打造高端人才聚集高地。推进湾区高校、科研院所、行业企业共建优势学科、重点实验室和工程（技术）研究中心，以及新型教育智库体系，构建"一小时学术圈"。建立健全湾区人才引育配套服务体系，提高外籍高层次人才社会保障水平并给予税收优惠政策，形成一支国际化水平高、综合素质优、攻坚克难能力强的科技创新队伍。

3. 构建高素质国际化专业化创新型师资团队。建立健全开放融通的湾区高校管治团队、教学团队、科研团队政策，加强高层次人才引进培养前瞻谋划和布局，更多面向全球招聘高素质国际化专业化创新型人才。依托中山大学、香港大学、澳门大学建立湾区高校教师发展中心，加强高校师资力量专业发展统筹指导和高端培训。支持交叉学科群和科技攻关团队建设，培养造就一大批具有国际水平的科研创新人才和创新队伍。深化湾区高校人事制度改革，加强师资力量共建共享，鼓励高校探索多种形式师资聘任制度和科学合理考核评价制度，探索以岗位为基础的协议工资制、项目工资制等多元收入分配形式，通过差异化薪酬更好地体现各类型各层次人才价值。

4. 支撑国际科技创新中心建设。集聚湾区政府、高校和社会力量，以一定实体校园和运行机构为依托，建立跨区域、多校园、学科交叉、虚实结合的多层次重点科研合作枢纽与平台，以及相关高等教育、文化创意和其他配套设施，吸引国内外顶尖企业、研发机构和高校进驻。加强湾区高校科研成果转化与产业化，精准对接信息技术、智能制造、生物医药、新能源、新材料、航空航天、石油化工、海洋装备等行业企业，实现湾区科研资源共建共享，形成人、财、物、信息流通体系，做到创新人才往来畅通、科研设备通关便利、科研资金跨境使用、创新资源信息同步，允分开发利用高校科研成果，充分实现成果转化和产业化。

按照国家科技创新基地总体部署，大力推动设立集聚多方优势教育、科研资源的湾区高等研究院。增加在港澳的国家重点实验室伙伴实验室和国家工程技术研究中心港澳分中心的数目，并提供财政资助，提升其研发能力。推动粤港澳联合打造前沿科学中心、高水平基础研究与应用基础研究平台、重大协同创新平台，建成一批高精尖研究中心和产学研用一体化创新中心，打造一批优势学科集群，与一批"独角兽"级高成长性科技企业联合形成强大的研发优势，将其打造成为世界一流科技创新平台。整合深圳大亚湾中微子实验站、中国散裂中子源、华大基因、中科院广州生物医药与健康研究院、广州超算中心等处于国际前沿的重大科学装置、科研机构、科研创新平台，以及湾区高校的有关学科，共同组建湾区高等研究院，以科研创新、科技攻关项目带动为主要方式，加快培养高素质学术型创新型硕士研究生、博士研究生。

5. 推进高等教育治理体系和治理能力现代化。在坚持正确办学方向和规范办学的基础上，充分借鉴世界一流大学治理经验，赋予和落实高校更大办学自主权，加大高等教育质量和办学水平保障与监督。健全高校以学术委员会为核心的学术管理体系与组织架构，确立学术委员会独立行使学术事务的决策、审议、评定、咨询等职权的法律地位。深入推进大学内部"放管服"改革，赋予二级学院（系）办学主体地位，健全二级学院（系）的领导体制、治理结构和运行机制，建立新型校院（系）关系。完善高校理事会（董事会）的社会联系和合作机制，调动政府、科研院所、行业企业力量，构建现代大学治理体系。

6. 助力提升国家文化软实力。湾区各高校要携手传承创新中华优秀传统文化，升华中国人全球意识、国际责任和文明素质，促进港澳与内地和谐融洽、和衷共济，培养植根民族文化和面向现代化、面向世界、面向未来的公民。扩大湾区高校学生文化体育艺术交流，增强港澳学生对国家和民族的认同感，加深港澳青年对内地就业市场及发展机会的认识。同时，充分把握"一带一路"国际合作重大机遇，发挥香港、澳门优势，坚持中华文化主流、多元文化共存，促进湾区与国际人文交流合作，全面提升湾区国际影响力，为共同实现中华民族伟大复兴和构建人类命运共同体而贡献智慧力量。

（四）学习型社会

1. 建设湾区全民学习、终身学习的学习型社会。健全促进湾区全民学习、终身学习的制度环境，建设湾区终身学习资历框架及标准体系，完善学分银行，建立个人学习账号制度,探索学习成果认证、积累和转换。健全方便湾区全民学习、终身学习的服务体系,推动湾区学习型家庭、社区、乡村、机关、企事业单位、行业组织建设,引导全民树立终身学习理念,深入开展全民读书活动,形成好学崇教新风尚,提升思想道德素质、科学文化素质和身心健康素质。

2. 健全学分认证、积累、转换制度。推动广东终身教育资历框架与香港资历架构接轨。明确资历等级与普通教育、职业教育、培训和业绩的相互关系,以及各类学习成果认定标准、学分标准、学分积累和转换办法,允许学习者通过跨校学习、在线学习、自主学习等不同渠道获得学分,完善职业技能等级与学历教育相关课程等值及转换机制,实现学分积累、转换和认定。探索高中后教育全面实行学分制、弹性学制和学习者自主选课。

3. 充分开发湾区学习资源。引导普通高校、职业院校、行业企业和其他社会力量参与湾区社区教育,培育多元办学主体,构建多层次、多类型、可选择的课程体系,建设"课程超市",为不同年龄层次、不同文化程度、不同收入水平、不同需求的居民提供多样化教育服务。统筹开发湾区社区教育资源,深入开展社区教育实验区建设。大力推进公共文化设施建设与开放,充分发挥其教育功能,使湾区社区教育与社区治理更好地融合。大力发展现代远程教育,构建以信息技术为支撑、为湾区各类人员提供教育服务的网络平台,实现跨越时空的教育资源共享。

五、共建的关键保障

(一)法治保障

建立湾区教育协同创新发展法律法规框架。在"一国两制"下,粤港澳政府共同制定《粤港澳教育合作条例》,明确教育协同创新发展的指导思想、基本原则,规定协同创新发展的内容范围、条件程序和监管办法。

(二)政策保障

以完善而强有力的政策指导湾区教育共建共治共享。构建湾区教育政策制定、执行、评估体系。立足湾区发展实际，对标中国特色、世界一流，完善湾区重大教育决策和政府规范性文件出台程序。完善湾区教育政策执行体制，提高政策执行能力，优化政策执行环境，建立和完善第三方评价，强化政策执行监督制度，构建湾区教育投入政策保障体系、教育人才政策支撑体系、高校高层次人才培养和重大科研创新平台政策支持体系，确保湾区教育政策系统完备、科学规范、运行有效。

(三) 机制保障

建立湾区教育工作统筹规划协调机制。设立共建湾区中国特色世界一流教育体系工作领导小组，审议推动湾区教育改革发展的重大规划、重大政策、重大工程和重要工作安排，协调跨地区、跨部门重要事项，加强对重要事项落实情况的督促检查。编制湾区教育协同创新发展规划，推动粤港澳高校结构布局调整优化和跨境中小学（幼儿园）建设，并从人才政策、财政政策、投资政策、项目安排等方面形成具体举措。

完善湾区教育联盟系统和交流合作机制。充分发挥粤港澳教育联盟作用，深化基础教育和职业教育管理体制、办学体制、培养模式、教学管理、保障机制等领域创新交流合作。深化"粤港澳高校联盟""粤港澳高校创新创业联盟"建设，建立"湾区高等教育产学研联盟""湾区教育智库联盟"，促进高校、科研院所、行业企业协同共进。发挥"粤港澳大湾区音乐教育和艺术发展联盟""粤港澳大湾区美术教育发展联盟"等作用，定期举办湾区学校艺术节、音乐节、美术节，丰富发展以传承创新中华优秀传统文化为主题的文化艺术教育活动。定期举办粤港澳大湾区学生体育赛事交流、学校体育论坛、学校体育教学改革展示交流等活动。支持举办中国南方教育高峰年会、粤港澳教育合作论坛和粤港澳大中小学校长论坛，充分发挥教育智库作用。

建立湾区高等教育合作办学和学分学历互认联动机制。放开港澳高校在广东合作办学、开设分校（校区）相关限制，广东与港澳和国外高等教育合作项目、非独立法人二级学院设立由广东审批。对国家目录外专业的审批权下放给湾区高校或委托广东省审批，报教育部备案。遵循"国家指定范围、部委设定标准、授权当地协调、等质等效、分类分批试行"原则，在粤港澳实现高等教育学分学历互认。

支持粤港澳大湾区中国特色世界一流高等教育体系建设[*]

《粤港澳大湾区发展规划纲要》提出"建设国际科技创新中心""构建具有国际竞争力的现代产业体系""建设宜居宜业宜游的优质生活圈""紧密合作共同参与'一带一路'建设""打造教育和人才高地""建设国际教育示范区"等一系列战略性规划，迫切要求制定《粤港澳大湾区高等教育合作发展规划》，推动建成能支撑国际一流湾区和世界级城市群建设的中国特色、世界一流高等教育体系。为此，提出两点意见建议供参考。

一、粤港澳大湾区高等教育发展不平衡不充分问题

纵观全球，无论是纽约湾区、旧金山湾区，还是东京湾区，世界上每一个一流湾区都是全球科技创新中心，都拥有以世界一流大学为核心的高水平大学集群。

从规模来讲，美国和日本都是较早实现高等教育普及化的国家，作为高校集聚地的纽约湾区、旧金山湾区、东京湾区，其高等教育毛入学率更是在其国内处于领先地位，发挥引领作用。目前旧金山湾区、纽约湾区、东京湾区和粤港澳大湾区的高校数量分别为80所、95所、263所和156所，人口规模分别为760万人、2340万人、3800万人、近7000万人，校均对应9.5万人、24.63万人、14.45万人、44.87万人。可见，国外三大湾区高等教育规模占人口总体规模的比例远超粤港澳大湾区。

从水平来看，2018年《美国新闻和世界报道》（U.S. News & World Report）发布的世界大学排名，旧金山湾区有8所大学入围前100名，分别为斯坦福大学（3）、加州大学伯克利分校（4）、加州理工学院（6）、加州大学旧金山分校（15）、加州大学圣塔芭芭拉分校（28）、加州大学圣克鲁斯分校（47）、加州大学戴维斯分校（54）和加

---

[*] 本文系作者于2019年上半年在多个场合的粤港澳大湾区高等教育合作发展调研座谈会上的发言。

州大学欧文分校（75），有1所大学排在101—200名即加州大学里佛塞德分校（141）；纽约湾区有6所大学排名前100名，分别是哥伦比亚大学（8）、康奈尔大学（23）、纽约大学（28）、耶鲁大学（10）、普林斯顿大学（9）和洛克菲勒大学（52），有2所大学排在101—200名即西奈山伊坎医学院（115）和纽约州立大学石溪分校（156），5所大学排在201—500名即耶什华大学（257）、天普大学（385）、托马斯杰斐逊大学（389）、德雷塞尔大学（414）和伦斯勒理工学院（434）；东京湾区有2所大学入围前100名即东京大学（28）和东京工业大学（56），有1所大学排在101—200名即京都大学（114），有2所大学排在201—500名即早稻田大学（357）和筑波大学（363）；粤港澳大湾区没有大学进入前100名，排在101—200名的有4所即香港大学（109）、香港中文大学（148）、香港科技大学（152）和香港城市大学（186），排在201—500名的有2所即香港理工大学（234）和中山大学（237）。可见，国外三大湾区高水平大学也远超粤港澳大湾区。相对而言，香港高水平大学多于广东、澳门。

要充分实现国家建设国际一流湾区的战略意图，必须高度重视建设中国特色世界一流高等教育体系，解放思想、敢闯敢试，加快为建设国际一流湾区、打造世界级城市群提供高质量强有力的人才保证、智力支持和科技支撑。

二、推动粤港澳大湾区建设中国特色世界一流高等教育体系的建议

粤港澳大湾区高等教育类型丰富、层次多样、互补性强，现代产业发展潜力巨大，为在大湾区建设中国特色、世界一流大学群奠定了良好基础。但是，大湾区高校发展水平不仅与国际著名湾区相比存在较大差距，大湾区内的高校发展水平也很不平衡，不利于充分调动大湾区相关利益者积极推动高校全方位深度合作，不利于大湾区加快集聚国际一流高等教育资源，不利于充分体现高等教育对国际一流湾区、世界级城市群建设的战略支撑作用。为此，提出以下建议。

（一）强化规模支撑

2018年全国高等教育毛入学率达48.1%，广东为42.43%。全国（未包括香港特别行

政区、澳门特别行政区、台湾省）GDP 900309亿元，人口139538万人，高校2663所，校均对应GDP 338.08亿元、人口52.40万人，校均规模10631人（本科13633人，高职高专7995人）。广东GDP 97277.77亿元，常住人口11346万人，高校152所，校均对应GDP 639.99亿元、人口74.64万人，校均规模12916人（本科17708人，高职高专9430人）。这样的校均规模是排在全国前列的，是很不利于培养质量和办学水平快速提升的，是亟需拓展办学空间的。还要充分看到，广东肩负率先基本实现现代化、携手港澳建设国际一流湾区和世界级城市群这一历史重任，高等教育毛入学率必须到2035年达70%以上，高等教育在学总规模达442万人以上。广东高等教育既需填补历史旧债，又需追赶、超越以支撑大湾区加快发展先进制造业和现代服务业、培育壮大战略性新兴产业、大力发展海洋经济，构建具有国际竞争力的现代化经济体系，因而我们认为应新增一批以理工类、财经类和以海洋学科专业为主的高校，这一数字与最近珠三角九市主动提出的高校需求总量和类型是吻合的，目前不少项目已具备相当基础和条件。

（二）加强一流大学群建设

从科技支撑产业发展来看，目前大湾区缺少世界级研究型大学。广东2018年经济总量和人口占到全国的10.80%和8.13%，一流大学和一流学科建设高校仅占4.76%和3.16%，不仅与北京（31）、江苏（15）、上海（13）等相去甚远，而且与四川（8）、湖北（7）、陕西（7）等相比也有不小差距，而香港的大学排名也有逐年下降的趋势。因此，一方面要继续加大力度引进世界一流大学和特色学院落户广东，另一方面要积极推动珠三角新增5—6所高校进入国家"双一流"建设行列，还要推动香港、澳门国家重点实验室、工程（技术）研究中心等量增质优，为粤港澳高校拓宽发展空间，促进高端人才培养、科技创新、科研成果转化有更好产业基础和宽阔腹地。

（三）创新高等教育办学体制机制

习近平总书记对广东提出"三个定位、两个率先""四个坚持、三个支撑、两个走在前列"和"四个走在全国前列"重要要求，这迫切需要高质量高水平的高等教育发挥支撑作用。为此，必须敢于创新高等教育办学体制机制，既要在高校设置上打破全国整齐划一的程序和节奏,也要加快引进一批国内外尤其是欧美、港澳知名大学和特色学院来粤独立办学或合作办学。《粤港澳大湾区发展规划纲要》也提出"支持大湾区建设国际教育示范区""全面深化改革,推动重点领域和关键环节改革取得新突破"。同时,考虑到前面"强化规模支撑"所说的理由,建议设立本科以上高校由广东省人民政府审批、报教育部备案;设立本科以上中外合作办学机构(项目)、港澳高校到广东设立或合作设立本科以上层次办学机构(项目),由广东省人民政府审批、报教育部备案。这有利于加快建立健全与大湾区人口、经济、科技、产业需求相适应的高水平高等教育体系,有利于加快丰富和发展"建设国际教育示范区"条件。

(四)创新研究生管理统筹体制机制

《粤港澳大湾区发展规划纲要》提出"建设国际科技创新中心""打造教育和人才高地"等战略性目标。2018年全国在学博士生38.95万人、硕士生234.17万人,人均对应GDP分别为2.31亿元、0.38亿元。广东在学博硕生分别为1.70万人、9.79万人,人均对应GDP分别为5.72亿元、0.99亿元。广东若达到全国水平,博硕在校生需分别增加2.51万人、15.81万人。为此,建议支持广东作为扩大省级政府研究生管理统筹权改革试点省,硕士学位、博士学位授予权的确立,由广东省人民政府审批、报国务院学位委员会办公室备案。同时考虑到上述"强化规模支撑"所说的理由,建议支持广东自主核定本科、研究生招生计划,报教育部、国家发展改革委备案。这有利于加快为建设国际一流湾区和世界级城市群培养输送规模宏大的各层次高素质专业化创新型人才,有利于加快增强大湾区人才集群的综合实力、国际影响力和竞争力。

上述意见和建议,希望得到充分理解,从落实国家重大战略的高度予以重视。

附表　2018年不同区域高等教育发展情况一览表

指标	全国	广东	粤港澳大湾区	旧金山湾区	纽约湾区	东京湾区
GDP(亿元)	900309	97277.77	—	—	—	—
人口(万人)	139538	11346	7000 (2017年)	760 (2017年)	2340 (2017年)	3800 (2017年)

续表

指标		全国	广东	粤港澳大湾区	旧金山湾区	纽约湾区	东京湾区
高等教育毛入学率（%）		48.1	42.43	—	66.7（全美，2017年）	66.7（全美，2017年）	80.6（全日，2017年）
高校数量（所）		2663	152	156	80（2017年）	95（2017年）	263（2017年）
校均对应GDP（亿元）		338.08	639.99	—	—	—	—
校均对应人口（万人）		52.40	74.64	44.87	9.5	24.63	14.45
博士在校生（万人）		38.95	1.70	—	—	—	—
硕士在校生（万人）		234.17	9.79	—	—	—	—
本科在校生（万人）		1697.33	113.33	—	—	—	—
专科在校生（万人）		1133.70	82.99	—	—	—	—
本专科生校均规模（人）		10631（本科13633人，专科7995人）	12916（本科17708人，专科9430人）	—	—	—	—
博士生人均对应GDP（亿元）		2.31	5.72	—	—	—	—
硕士生人均对应GDP（亿元）		0.38	0.99	—	—	—	—
世界一流大学（所）	1—100名	2	0	0	8	6	2
	101—200名	5	0	4	1	2	1
	201—500名	21	1	2	0	5	2

备注：1. 全国各项数据均未包括香港特别行政区、澳门特别行政区和台湾省。
2. 世界一流大学数据来源于《美国新闻与世界报告》发布的世界大学排名。
3. 除特别标识外，表中有关数据为2018年数据。

粤港澳大湾区高等教育数据管理、开发和质量保障：
原则、作用与着力点[*]

在粤港澳建设国际一流湾区、打造世界级城市群，必须以高质量教育尤其是高等教育作为根本支撑。当前，数据已成为全球经济、文化、生产、生活的重要组成部分，"大数据"更是新时代技术创新的重要标志和提升治理能力的重要方式，对经济社会的方方面面产生深刻影响。如何加强数据管理、开发和质量保障，助力提升高等教育教学质量和办学水平，以及强化高校之间、高校与社会之间协同创新，是粤港澳大湾区教育尤其是高等教育面临的重大课题。

一、粤港澳大湾区高等教育数据管理、开发和质量保障的基本原则

（一）需求牵引、问题导向

要瞄准当前大湾区高等教育合作发展存在的主要矛盾和突出问题，在制度设计、政策保障、环境营造上下功夫，在高等教育数据管理、开发和质量保障上建立健全协同创新机制、现代信息技术采用机制、数据采集和成果共享机制、保密安全和产权保护机制，使数据管理、开发和质量保障更好适应各相关需求，更有助于破解主要矛盾和突出问题，以创新思维和创新举措推进各类要素深度参与大湾区高等教育活动。

（二）优势互补、互利共赢

要充分调动粤港澳各有关方面的积极性、主动性和创造性，在高等教育数据管理、开发和质量保障上实现人才、设备、技术、分析等的优势互补、互利共赢，为拓展高等

---

[*] 本文系作者于2019年5月26日在南方科技大学粤港澳大湾区高等教育大数据研究中心成立暨粤港澳大湾区高等教育数据管理和质量保障研讨会上的演讲。

教育交流合作空间和领域、提升高等教育交流合作层次和水平提供优质服务，推动大湾区各区域高等教育互学互鉴，促进大湾区各区域之间和大湾区与全国、全球之间优质高等教育资源共建共享。

（三）协调发展、融合互通

要充分理解促进大湾区高等教育与经济社会协同创新发展是实现高等教育功能作用的必然要求，在高等教育数据管理、开发和质量保障上注重促进高校之间、高校与科研院所之间、高校与行业企业之间协同创新，促进教育链、人才培养链与产业链、创新链有效衔接，助力提升大湾区高等教育服务国家、区域重大发展战略以及人才成长、产业发展、科技创新、社会进步的贡献度。

二、粤港澳大湾区高等教育数据管理、开发和质量保障的主要作用

（一）提高教育决策科学性

推进大湾区高等教育合作发展，提高大湾区高等教育合作发展水平，必然会经常面临决策问题。教育决策是一个庞大而复杂的系统工程，无论是研究问题、提出建议，还是形成规划、拟订方案，都必须依赖于翔实可靠的数据，依赖于对这些反映教育客观现实的数据的处理和分析。与传统数据时代相比，大数据时代下教育决策所依赖的信息，无论是在全面性、及时性，还是在精细化、精准度方面，都有了显著提升。大数据时代的教育政策制定和教育决策不再是简单的经验模仿或是凭经验决断，而是强调更精细、更精准地捕捉各个层面的数据变化，以及由数据展现的复杂的相互关系与因果逻辑，从而使教育决策更加科学和理性，使教育政策更加切实和可行。

（二）提升教育教学实效性

深化大湾区高等教育教学改革，提升大湾区高等教育对全球学习者的吸引力，将会越来越需要发挥数据管理、开发和质量保障的作用。要综合运用数学统计、机器学习和

数据挖掘的技术与方法，对大湾区教育教学大数据进行加工处理和研究分析，发现学习者学习结果与学习内容、学习资源、教学行为等变量的相关关系，预测学习者未来的学习趋势，及时有效改进教学方式方法；利用相关模型和方法找出影响学习者学习的重要问题，评估学习者的学习行为，并为学习者提供科学的个性化指引，从而更好地提升教育教学实效，更好地助力在大湾区高校深造的学习者成才和发展。

（三）增强教育质量管理灵动性

在大数据时代，用数据库可以实现实时、全面、动态的决策、教学、科研等的质量监控。继超大计算机和云计算技术之后，大数据技术的兴起，能为大湾区高等教育运行数据的汇聚、结构化、统计分析、指数计算等提供更为精良的工具。可以预期，高等教育决策、教学、科研等的质量指数可以作为云计算和大数据在大湾区高等教育领域充分应用的突破口。

（四）实现教育科学评价便捷性

大数据时代的思维方式为教育评价创新发展提供了崭新的思路：其一，构建基于学生发展的教育评价观，强调以学生的主体性发展为目的，重视学生的学习过程、学习体验和师生交流；其二，扩大教育评价范围，强调教育评价对象不只限于学生，还涵盖诸如课程、教师、学校、行业企业、政府等对教育活动有重大影响的组成部分；其三，反思对学生、教师、学校本身成绩的片面追求，在教育评价中不能仅凭简单的数字加以解读，而是要综合考虑各相关因素，助力学生、教师、学校往更可持续发展的方向努力；其四，高效开展大湾区各区域高等教育、各高校及其学科专业比较评价，以及与全国、国际比较评价，快速把握相关态势、自身特长优势和努力方向。数据管理、开发和质量保障，将为大湾区高等教育科学评价提供便捷、可靠的支撑。

三、粤港澳大湾区高等教育数据管理、开发和质量保障的关键着力点

一是大力推进大湾区高等教育信息化、国际化、现代化，为追赶、并跑乃至超越世

界著名湾区充分体现支撑作用。要充分利用数据资源，在推进粤港澳高校合作办学、促进大湾区集聚国内外优质高等教育资源、建设中国特色世界一流大学群、开展大湾区与国外著名湾区高等教育比较评价等方面加强研究与实践。

二是大力推进大湾区高素质创新型、应用型、技术技能型人才培养，打造充满生机活力的高素质人才培养高地。要充分利用数据资源，在人才培养对接机制和质量标准体系、调整优化学科专业结构、提升合作办学水平、构建一流大学群、构建大湾区资历框架体系、深化人才交流合作、打造世界一流师资队伍等方面加强研究与实践。

三是大力推进大湾区高校基础研究、应用基础研究和科技创新成果转化与产业化，助推国际科技创新中心建设。要充分利用数据资源，在开展高水平基础研究和应用基础研究、共建共享产业技术研发和转化平台、营造科研创新要素流动良好生态等方面加强研究与实践。

四是大力推进大湾区高等教育治理体系和治理能力现代化，在全球高等教育治理中贡献中国智慧。要充分利用数据资源，在落实和扩大高校办学自主权、加强高等教育质量保障和监测、推进高校内部"放管服"改革、完善高校理事会（董事会）的社会联系和合作机制、构建现代大学治理体系等方面加强研究与实践。

五是大力推进中华优秀传统文化传承创新，助力国家文化"软实力"提升。要充分利用数据资源，在促进大湾区师生人文相通相融、打造高等教育对外交流合作枢纽、服务"一带一路"国际合作、建设国际一流留学中心等方面加强研究与实践。

六是大力推进大湾区高等教育合作发展保障体系建设，为达成目标任务创造有利条件。要充分利用数据资源，在强化组织领导和统筹协调、加强经费投入和条件保证、丰富政策供给和机制创新等方面加强研究与实践。

这是一个"数据为王"的时代，数据的魅力和力量越来越得到充分彰显。相信只要我们持之以恒、久久为功，定能建立健全大湾区高等教育数据管理、开发和质量保障体系，并以此推动大湾区高等教育不断朝着更高质量、更加公平、更有效率、更可持续的方向前进，为建设国际一流湾区和打造世界级城市群提供强大支撑。

母语、文学、中华文化与人类教育共同体 *

2017大中华区中小学校长交流论坛以"培育世界公民与推动博雅教育"为主题，能够引起我们共鸣。借此机会，我简约表达四点感想。

一、让母语教育为浸润出中小学生富有诗意与智慧的精彩人生奠基

语文教育，在世界上通常叫母语教育。母语，是最有情感温度且浸润着思想智慧的声音与文字。每一个人，都是在母语的呼唤、吟唱和诵读中，张开眼睛看到万物、感悟世界、理解生活、认识人生和社会的。中国是一个多民族、多语言、历史悠久、文化资源极其丰富的国家。中国人民为了民族团结、国家富强、社会进步和文化繁荣，努力发展着一种可供各民族共同使用的语言，这就是汉语普通话。我们所说的母语教育，指的就是汉语普通话以及与汉语普通话有源流关系的民族文化教育，这是永固中华民族文化基石的需要，是守望中华民族精神家园的需要。

实现本届论坛主题，必须在中小学让语文教育更充分突出母语特征，更好提高质量水平，这是在为使我们的学生成为充盈着中国文化基因的世界公民而奠基。现在的语文教育问题很多，对于"培育世界公民与推动博雅教育"是不利的。我们应该重建母语价值观：热爱母语，娴熟运用母语，应该被视为每一个人天生的责任。中小学语文教师在重建母语价值观中首先要充分发挥积极性、主动性和创造性，充分履行开设语文课程、提高语文教育教学水平的神圣职责。

我们期待一切有识之士尤其是所有教育工作者充分认识语文教育对于一个人、一个民族、一个国家的极端重要性，更广泛更深入地了解祖国优秀传统文化，带着敬意和热情、信念和执着，持之以恒地促进语文教育改革和发展，传承好中华优秀文化，融汇人

---

* 本文系作者于2017年12月5日在2017大中华区中小学校长交流论坛上的演讲。

类先进文明，促进中小学生健康成长成才、和谐发展。

二、让文学与中小学生成长相伴而行

曹丕在《典论·论文》中说："盖文章，经国之大业，不朽之盛事。"研究表明，全世界中小学都以优秀的文学作品为范本，对中小学生进行人文的、情感的、历史的、哲理的熏陶和教育。世界上的有识之士也都认为，文学在中小学生情感激发与想象力发展上具有独特优势，可以培养学生的灵气，激发学生的悟性、创造性和审美能力，引导学生以审美的心态去发现和创造生活的美，去丰富人生体验。通过文学教育和文学创作，中小学生可以了解大千世界，获得宝贵的人生智慧，找到通向人类精神家园的路径。优秀的文学作品是作家生活经验、人生智慧和文学才能的结晶，体现了作者对事物、人生、社会的理解和表达，阅读它、赏析它，能够给中小学生带来心灵的震撼和精神的满足。中小学生创作文学作品，用手中的笔和文学语言表达自己的心声与喜怒忧乐，能够彰显他们对真善美的向往和追求与对假恶丑的憎恨和唾弃，更好形成立志、修身、博学、报国的情怀和崇尚科学、坚守真理、维护法度、追求文明的责任感。

"文章千古事，得失寸心知。"关心和重视中小学生文学教育与文学创作，丰富发展校园文学，促进中小学生的心灵经常浸润于文学的意境，进而将文学作品所包含的情感、人文、历史、地理、哲理等与自己的学习生活联系起来，与自己所认识的经济社会发展联系起来，与自己的人生向往和追求联系起来，这样的过程必然可以成为中小学生健全人格、提高审美能力、形成正确价值观的过程，必然可以促进中小学生厚植天下兴亡、匹夫有责的家国情怀，崇德弘毅、厚德载物的人文取向，仁爱共济、立己达人的博大胸怀，正心笃志、宁静致远的人格追求，从而更好地在人类优秀文学精神家园中安身立命、成长成才。

三、促进中华文化传承创新融入中小学教育

文化是根、是魂、是凝聚力、是竞争力、是持续力。我们的国家要屹立于世界优

秀民族之林，就不仅要成为经济、技术强国，更要成为文化、精神强国。这不仅要引导中小学生在学习中华优秀文化艺术中提高人文素养、艺术修养、审美水平，也不仅要培养他们热爱家乡、热爱祖国的情感，增强民族自信心和自豪感，更要教育和引导他们在这个现代化、多元化的时代保持清醒的自我意识和独特的民族品性，增强民族责任感，为构建中华民族共有精神家园奠定基础，为实现民族振兴、国家富强、人民幸福积蓄动力。这是弘扬中华优秀传统文化、推动中国传统文化现代化的奠基之作，是整体提升国民现代文明素质的必然之举，是充分发挥教育功能、建设文化强国和人力资源强国的伟大工程。只有这样坚持不懈，才能走出一条充盈着民族文化、时代精神、全球意识的文化传承创新之路，从而真正实现教育承担的文化传承、创新、发展的使命和国民人格教化、培育、完善的责任。

促进中华文化传承创新融入中小学教育，需要建立健全适应中小学生的文化传承创新体系，根据他们的身心发展规律和认知特点，充分开发利用中国物质文化遗产、非物质文化遗产和自然遗产，建设中华优秀传统文化教育基地，使之成为中小学生接受中华优秀传统文化熏陶和洗礼的重要资源；需要为文化传承注入新时代血液，努力培养中国现代公民，致力于培育中小学生的历史渊源感、根本归属感和前进方向感。

促进中华文化传承创新融入中小学教育，既是中小学本身的责任，也需要社会各界、千家万户、各级各类学校对中华文化怀有认同、温情和敬意，需要所有教育者将人的发展与优秀传统文化教育、社会变革有机统一起来，把保证学生享有自由创新的空间、开发学生全面而有个性发展的潜能作为自己的不懈追求，同时积极引导学生主动参与中华文化传承创新活动，形成多元参与、实践感悟、自省内化的中华文化传承创新格局。

四、推动海峡两岸暨港澳携手走向人类教育共同体

眼下的世界，信息技术日新月异，国际交流合作日益频繁，在全球化进程中各种文明相互交流、相互借鉴，有力助推人类文明进程。世界知识与技术大面积普及、深度共享、协同创新，需要我们系统探寻和研究世界知识、技术、文化的根本价值，需要世

界各国通过教育传承创新、发展繁荣富有特色的先进文明，深入推进教育国际交流与合作，培养具有世界意识、世界眼光、世界情怀、世界交流合作能力的公民，为建设人类命运共同体奠定坚实基础。

中华民族正在走近世界舞台中央，推动建设人类命运共同体，应当推动建设人类教育共同体，这是为适应经济全球化在人才培养、文化发展中融入国际元素的过程，是面向世界发展本国教育的过程，也是对世界教育改革发展有所影响、有所贡献的过程。

中国走向人类教育共同体，其中一个使命是通过教育，更好地融合中华优秀传统文化和世界先进文明成果，增强国民自信；更好地培养植根民族文化和面向现代化、面向世界、面向未来的公民，提高全体国民素质；更好地为提升全体中国人的全球意识、国际责任和文明素质奠基，打造人力资源强国。我们推进教育改革发展及人才培养，必须充分展现开放合作、兼容并包的博大胸怀，培育全体受教育者宽阔的国际视野和面向世界的情怀。

中国走向人类教育共同体，还必须加快提升自身教育改革发展国际竞争力和影响力，为人类教育改革发展发挥负责任大国作用，更好地为人类教育共同体建设贡献中国智慧。

勠力共建粤港澳大湾区中国特色世界一流中小学*

2017年12月,第9届大中华区中小学校长论坛在香港隆重举行。现在,各位嘉宾、各位校长齐聚广州,共襄2018粤港澳大湾区中小学校长论坛。本届论坛由广东省教育研究院、香港校长专业发展促进会联合主办,这是大中华区中小学校长论坛的重要延续,是为了响应在粤港澳建设国际一流湾区、打造世界级城市群的战略决策,是为了凝智聚力共建粤港澳大湾区中国特色世界一流中小学。

本届论坛在广州举办,由广州市越秀区教育局、香港新苗国际文化交流学院承办,广东教育杂志社、广东高等教育出版社、广东音像教材出版社、华南师范大学星耀阅读产学研基地、广州市越秀区教育发展中心、广州市第三中学、广州市华侨外国语学校、广州市朝天小学协办,有来自中国广东、香港、澳门、台湾、江苏、广西、甘肃和新加坡的中小学校长、教师代表出席研讨交流。在此,我要感谢香港校长专业发展促进会的信任与合作!感谢各承办、协办单位的积极参与和鼎力支持!感谢各位领导、各位嘉宾、各位校长和教师代表的光临与智慧贡献!

在港珠澳大桥建成开通、香港与内地高铁通达、粤港澳大湾区建设全面推进的背景下,召开以"共建粤港澳大湾区中国特色世界一流中小学"为主题的论坛,共谋湾区基础教育协同创新发展大计,交流分享各地中小学发展经验和教育教学成果,具有特殊意义。因为,教育是国家强大、民族振兴、经济繁荣、社会进步的根本支撑。建设国际一流湾区,本质上是建设世界一流教育。如何创新发展湾区基础教育,如何勠力共建湾区中国特色世界一流中小学,是需要我们郑重对待、深入思考、科学研究、实践解答的重大课题。借此机会,我提出一些想法,与大家研讨。

---

* 本文系作者于2018年11月23日在2018粤港澳大湾区中小学校长论坛上的欢迎词,收入《大湾区基础教育瞭望——2018粤港澳大湾区中小学校长论坛荟萃》,由广东高等教育出版社于2019年11月出版。

一、共同提升是共建粤港澳大湾区中小学的基本主旨

粤港澳区域相邻、血脉相通、发展相依,湾区作为一个发展共同体,应当实现各领域、各方面融合互通与协同发展。毫无疑义,共同提升应当是湾区中小学发展的基本主旨。共建湾区中国特色世界一流中小学,在顶层设计上首先要考虑整体性原则,在中央政府支持和"一国两制"框架下,立足长远、扎根中国,科学谋划、协同发展,破除思想观念束缚,建立健全协同创新体制机制和共建共享平台,实现基础教育优质资源在湾区充分有效流动,推动所有中小学内涵发展,从而促进湾区基础教育整体效能得到显著提升。

二、特色一流是共建粤港澳大湾区中小学的价值追求

在粤港澳建设国际一流湾区、打造世界级城市群,需要对标国际著名湾区水准,不断追赶乃至超越。作为湾区建设的重要战略支撑,湾区基础教育必须达到国际一流,为湾区长远发展奠定坚实的人才、智力、文化基础。共建湾区中国特色世界一流中小学,在砥砺前行中首先要考虑追求所向,就是要紧扣"中国特色""世界一流",实现以人为本、尊重科学、遵循规律的基础教育理念、制度、内容、方式方法、技术手段、途径的创新发展,建设高素质专业化国际化创新型校长团队和教师群体,积极参加大规模教育国际测评项目,开发优质教育资源,创设特色课程、特色学校,落实立德树人,促进中小学生全面而有个性地健康成长,充分发挥湾区中小学在国内外的影响力和辐射带动力。

三、融通共享是共建粤港澳大湾区中小学的有效途径

粤港澳三地的社会制度、教育体制、法律体系等存在较大差异,既各有特色优势,又互补性很强。共建湾区中国特色世界一流中小学,在具体实践里首先要考虑消除相关障碍,拓展和提升交流合作的广度、深度和层次、水平,实现优势互补、互利共赢。要

在学科体系、课程体系、教材体系、教学体系、评价体系、管理体系建设和校长办学治校、教师教书育人上加强研讨交流，扩大中小学缔结姊妹学校覆盖面，积极开展中华优秀文化教育、国际理解教育、财经素养教育、STEM教育、综合实践教育、研学旅行、体育艺术科技竞赛、网络教研等的交流与合作。在这当中，还要注重充分开发利用现代信息技术，搭建沟通交流和信息互换共享平台，加强湾区内部中小学和湾区中小学与全国、世界中小学紧密联系。

教育决定人类的今天，更决定人类的未来。对于粤港澳大湾区的建设和发展，我们满怀期待。基础教育作为湾区建设和发展的重要领域与战略支撑，考验着全体中小学校长的历史站位、思想境界、责任担当和开拓能力。我们应当携起手来，务实合作，积极探索湾区基础教育协同创新发展和中国特色世界一流中小学建设，为把湾区打造成为国际教育示范区作出应有的贡献。为了更好实现这样的愿景，香港校长专业发展促进会副主席唐皓先生提出一些设想，我觉得很有意义，在这里先提出两条建议供大家思考：一是建立粤港澳大湾区中小学校长论坛长效机制，这个论坛在湾区11个城市轮流举办，2019论坛在深圳由深圳市教育科学研究院和香港新苗国际教育集团承办；二是积极创造条件，建立粤港澳大湾区中小学校长专业发展联盟，加强办学治校各领域各方面交流合作。

本届论坛设有主论坛和小学、初中、高中三个分论坛，论坛邀请广东、香港、澳门、台湾等地和新加坡知名中小学校长做主题演讲、分享经验，还有学校文化参访，希望大家能有所收获、满载而归。论坛安排如果有不妥当的地方，敬请各位多多见谅，提出宝贵意见和建议。

预祝本届论坛取得圆满成功！

交流合作　协同创新
共担推进新时代教育现代化的使命与责任[*]

2018年11月，各位嘉宾、各位校长相聚广州举办2018粤港澳大湾区中小学校长论坛。时隔一年，我们齐聚深圳，共襄2019粤港澳大湾区中小学校长论坛。本届论坛由广东省教育研究院、香港校长专业发展促进会、澳门中华教育会主办，深圳市教育科学研究院、香港新苗国际文化交流学院承办，深圳市龙华区教育局、广东教育杂志社、广东高等教育出版社、广东音像教材出版社协办。有来自粤港澳大湾区各地的中小学校长代表和专家学者，以及江苏、福建的有关专家学者、中小学校长代表参加研讨交流。在此，我要对香港校长专业发展促进会、澳门中华教育会的信任与合作，对各承办、协办单位的积极参与和鼎力支持，对各位嘉宾、各位校长和教师代表的光临与智慧贡献表示衷心的感谢！

本届论坛以"新时代教育现代化与粤港澳大湾区中小学校长的使命与责任"为主题，研讨交流《中国教育现代化2035》与大湾区基础教育改革发展、《粤港澳大湾区发展规划纲要》与大湾区基础教育生态构建、大湾区中小学校长与落实立德树人根本任务等问题，具有重要意义。因为，国家富强、民族振兴、人民幸福离不开教育这个根本支撑，建设国际一流湾区、打造世界级城市群离不开教育这个基础工程。中小学作为教育体系中极为重要的组成部分，应当紧扣时代脉搏，牢牢把握国际国内发展大势，为实现中国特色世界一流不懈奋斗。在推进新时代教育现代化和建设粤港澳大湾区的背景下，大湾区中小学校长为何被赋予重大使命与责任、有哪些重大使命与责任、如何履行重大使命与责任，是需要我们郑重对待、深入思考、认真作答的重大课题。借此机会，我提出一些想法，与大家交流。

---

[*] 本文系作者于2019年11月23日在2019粤港澳大湾区中小学校长论坛的致辞，收入《大湾区基础教育瞭望——2019粤港澳大湾区中小学校长论坛荟萃》，由广东高等教育出版社于2020年11月出版。

一、"肩挑重任,勇担使命"是新时代教育现代化对大湾区中小学校长的必然要求

《中国教育现代化2035》提出,到2035年,总体实现教育现代化,迈入教育强国行列,推动我国成为学习大国、人力资源强国和人才强国,为到21世纪中叶建成富强民主文明和谐美丽的社会主义现代化强国奠定坚实基础。粤港澳大湾区作为一个发展共同体,拥有良好的区位优势与合作基础,既面临重大机遇,又面对许多挑战。如何充分发挥区位优势,并将优势转化为深化交流合作的行动,为实现学习大国、人力资源强国和人才强国战略目标作出大湾区应有的贡献,是大湾区所有中小学校长都必须面对的新课题。校长不仅是一所学校的领导者、管理者,更是一所学校的灵魂,其办学理念、管理方式、作用发挥直接决定着学校的发展方向和办学成效。在打造教育和人才高地、建设国际教育示范区的路上,我们没有先例可循。这也正是新时代教育现代化背景下大湾区基础教育改革发展对全体中小学校长的使命意识、思想境界、责任担当和开拓能力的考验。作为学校的领导者、管理者,校长应当起到举旗定向的作用,不忘初心、立德树人,牢记使命、为国育才,履职尽责、无愧人民,在深化大湾区基础教育改革、实现大湾区基础教育高质量发展、促进大湾区青少年儿童健康成长中充分体现应有的价值和作用。

二、"中国特色世界一流"是新时代教育现代化赋予大湾区中小学校长的使命与责任

新时代教育现代化背景下大湾区中小学校长的使命与责任,应当是扎根中国大地,秉承中华优秀传统文化,面向世界追求卓越,全面落实立德树人根本任务。要注重从三个方面去努力。

(一)共同构建大湾区基础教育新生态

大湾区中小学校长要深入学习领会《中国教育现代化2035》所提出的新理念、新

任务、新要求，结合大湾区基础教育实际，坚持以人为本、尊重科学、遵循规律，坚定改革发展正确方向。建立健全基础教育国家课程、地方课程、校本课程体系，注重课堂内外、校园内外和家庭教育、学校教育、社区教育相结合，健全德育、智育、体育、美育、劳动教育并举的培养体系，促进青少年儿童智力因素与非智力因素协调发展。同时，更加明晰家庭、学校、政府、社会在基础教育改革发展和青少年儿童培养上的责任，形成相向而行的合力；促进校长团队、教师团队专业发展，引领青少年儿童符合新时代发展要求；将移动互联网、人工智能、大数据等先进技术深度融入基础教育领域，赋能学校、赋能教师、赋能学生、赋能治理，构建"未来教育"和"未来学校"。

（二）共同强化课程领导力

大湾区中小学校长要深刻认识到，"培养什么人、怎样培养人、为谁培养人"始终是教育的根本问题，立德树人始终是教育的根本任务，课程体系、教材体系、教学体系、评价体系、管理体系都要聚焦于立德树人的落实。同时，要充分认识到，在全球化时代，世界各种文化交流、交融、交锋日益频繁，文化软实力越来越成为民族凝聚力和创造力的重要体现、越来越成为综合国力的重要标志、越来越成为经济社会高质量发展的重要支撑。为了适应新时代发展要求，使我们培养的学生在人生长河中能永葆中国人的底色、能坚守人的良知和理性、能在各种风险挑战中懂得正确选择，必须着力增强校长课程领导力，充分发挥课程育人核心作用，全面准确贯彻"一国两制"原则，全面生动开展爱国主义教育和国情教育，把全体学生培养成为植根民族文化和面向现代化、面向世界、面向未来的高素质公民，为全体学生终身幸福奠基。为此，校长在课程建设上要始终立足"中国特色"、放眼"世界一流"，将中华优秀传统文化和爱国主义元素融入课程方案、课程标准、教材和教育教学活动之中，创新课程设计形式，开发优质课程资源，实现人文教育与科技教育相协调，不断增强学生的社会责任感、法治意识、创新精神和实践能力。"越是民族的，就越是世界的"，只要我们不断强化课程领导力，把握方向、设定目标、加强布局、积极探索，就一定能让全体教师不断追求专业成长并充分发挥教书育人作用，就一定能让全体青少年儿童不断提升民族文化自信和民族自豪感，长大后致力于国家富强、民族振兴、人民幸福。

（三）共同建设中国特色世界一流中小学

大湾区中小学校长要立足当下、放眼未来，始终扎根中国、深耕大湾区，树立国际视野、前瞻眼光、创新思维，为培养能够满足建设国际一流湾区、打造世界级城市群需要的创新型、应用型、技术技能型人才打下可靠的基础。为此，要加强大湾区内部和大湾区与全国、全球的中小学全方位多层次交流合作，引导大湾区青少年儿童胸怀祖国、面向世界，培养参与国际交流合作和文明对话的能力。要拓宽教育维度，对标国际，创新课程设置，积极开展中华优秀传统文化教育、国际理解教育、财经素养教育、STEM教育、综合实践教育、研学旅行、体育艺术科技竞赛、网络教研等。要紧跟时代脚步，推进信息技术与教育教学、学校管理、家校共育深度融合，加强学校文化建设，推动"学校特色"向"特色学校"转型提高。要促进大湾区中小学校长加强治理学校的学术研究与经验分享，共同致力于增强大湾区基础教育国际影响力，建设中国特色世界一流中小学。

三、"交流合作，协同创新"是新时代教育现代化背景下大湾区中小学校长担当使命与责任不可或缺的举措

教育事业功在当下，利在千秋。在新时代教育现代化背景下，大湾区中小学校长担当起历史赋予的使命与责任，必须坚持交流合作、协同创新，在共建共治共享中实现共赢，在交流互鉴、优势互补中形成合力。推进新时代大湾区教育现代化，首先要求大湾区全体中小学校长站在发展共同体的高度上，努力消除粤港澳三地间因社会制度、教育体制、法律体系差异而形成的相关障碍，拓展交流合作的广度和深度，提升交流合作的层次和水平，为把大湾区打造成为教育和人才高地以及国际教育示范区做出应有的历史性贡献。其次要求大湾区全体中小学校长树立长远眼光，在不断的交流合作过程中集思广益，打破思维桎梏和陈旧模式，敢于创新发展，包括成立大湾区中小学校长联合会、扩大缔结姊妹学校覆盖面、建设畅通便捷的优质教育资源平台、加强学术交流和经验分享等。我相信，只要大湾区各中小学校长能够共担其责、共议其事、共尽其才、共谋其

利，就一定能实现大湾区基础教育繁荣发展，打造出新时代中国特色世界一流基础教育品牌。

本届论坛设有主论坛和小学、初中、高中三个分论坛，邀请大湾区中小学校长代表和专家学者，以及江苏、福建的有关专家学者、中小学校长代表作主题演讲，还将安排参访深圳市龙华区有关中小学。论坛安排如果有不妥当的地方，敬请各位多多谅解，提出宝贵意见和建议。

预祝本届论坛圆满成功！

第十五届海峡两岸（粤台）高等教育论坛感触*

第十五届海峡两岸（粤台）高等教育论坛即将落下帷幕。在这一天时间里，我们在广东的佛山科学技术学院、台湾的台中教育大学两个分会场以线上、线下相结合的方式举行本届论坛。有7位领导作了主旨讲话，18位高校负责人、专家学者、产业界代表作了主旨发言。论坛还收录了42篇论文。经过大家共同努力，论坛各项议程圆满完成。在此，我谨代表大陆主办方，向出席论坛的各位嘉宾、高校领导、专家学者、产业界代表、媒体人士，以及为论坛成功举办付出辛勤劳动的全体工作人员表示衷心感谢！同时，十分感谢财团法人东莞台商育苗教育基金会、台湾高等教育学会参加主办本届论坛！十分感谢台中教育大学、佛山科学技术学院承办本届论坛并为参会代表提供优质服务！十分感谢台湾教育大学系统、台湾私立科技大学校院协进会协办本届论坛！

论坛期间，与会代表围绕"人工智能时代下的高等教育变革与发展"这一主题，重点论述人工智能变革和发展给高等教育带来的机遇和挑战，以及知识生产、获取和传授方式的革命性变化，探讨的问题、凝练的思想、提出的建议，既有广度，也有深度，既富宏观，也具微观，充分延续并展现了历届论坛"百花齐放、百家争鸣"的良好风貌。根据研讨交流情况，我谈三点感触。

一、携手同行，合作应对人工智能带来的高等教育形态变革

当今世界发展格局深刻调整，信息技术、人工智能是促成"百年未有之大变局"的关键要素和重要动力，是引领新一轮科技革命和产业变革的重要驱动力，正深刻改变着人们生产、生活、学习和交往方式，推动人类社会迎来人机协同、跨界融合、共创分享的智能时代。人工智能也正在推动教育本身深刻变革，在应用辅助、场景构建、要素重

---

* 本文系作者于2020年12月11日在第十五届海峡两岸（粤台）高等教育论坛上的总结发言。

组、过程重构等方面引领着教育改革创新，是促进教育公平、创新教育模式、提高教育质量的重要支撑力量。

深化高等教育改革发展，加快推进高等教育现代化，需要我们对标新时代高等教育高质量发展的任务要求，以更高历史站位、更广国际视野、更远战略眼光、更实行动举措，积极推动人工智能与高等教育深度融合，促进高等教育变革创新。我们要与国际高等教育改革发展相向而行，深入探讨人工智能深刻变革背景下高等教育创新发展的理念、内容、举措和办法，促进高等教育教学质量和人才培养水平全面提升。我们要前瞻新时代人工智能发展态势，把握高等教育承担的新使命新责任，找准学科专业创新发展的突破口和科研创新成果转化与产业化的主方向，促进深度学习、跨领域机器学习，着力培养大批具有合作精神和创新创业创造能力的高素质人才，切实向产业界转移转化人工智能等科研创新成果。

二、蹄疾步稳，助力构建高层次开放型高等教育体系

共同应对人工智能时代新变化、新机遇和新挑战，实现经济社会高质量发展，关键在人才，核心在科技，根本在教育。当前粤台都在围绕经济社会转型发展而构建高层次开放型高等教育体系，打造更具综合实力、区域竞争力和辐射带动力的高等教育中心。根据《粤台教育合作联盟备忘录》，粤台围绕办出更包容、更开放、更优质高等教育而开展全方位、多层次合作，去年揭牌并投入运作的佛山科学技术学院粤台人工智能学院和已经建成并投入使用的东莞理工学院粤台产业科技学院，以及我们持续合办的粤台高等教育论坛、今天揭牌成立的佛山科学技术学院工业智能现代产业学院等，都是粤台在人才培养、人工智能、科技创新等领域深度交流合作的良好范例，已经并将继续对粤台强化高等教育发展对接和促进经济社会转型发展起到有力促进作用。

广东省高等教育学会历来重视与台湾高等教育界的交流合作，今后将继续切实发挥桥梁纽带作用，在巩固传统交流合作的基础上，充分运用信息技术、人工智能等促进粤台高校在人才培养、教师培训、学术研究、科技攻关、产教融合等方面深化合作、丰富成果。各高校也应充分发挥自身积极性、主动性、创造性，形成与台湾高校密切交流合

作的系统计划和重点领域,为共同构建高层次开放型高等教育体系不断作出新贡献。

三、深度交融,共同培养担当民族复兴大任的时代新人

当前,粤台高等教育交流合作空间广阔,也面临不少挑战,需要我们运用新理念、新方法、新途径多措并举推进交流合作持续向好。近年来,在粤高校台籍教师量增质优,他们敬业乐业,躬行教坛,对广东高等教育改革发展作出积极贡献;在粤高校台籍学生越来越多,他们对祖国大陆尤其是广东改革开放40余年的巨大变化和伟大成就有比较充分的了解和感受。我们将进一步为台湾青年来广东学习、实习、就业和创业积极创造有利条件,为包括高校教师在内的台湾人才来广东发挥聪明才智搭建更宽阔平台,共享粤港澳大湾区重大发展机遇。我们要积极开展中华优秀传统文化交流,通过文化交流更好塑造两岸青年共同价值观,推崇正确历史观、民族观、国家观和文化观,培养青年核心素养,促进两岸同胞情感趋融、价值趋近、认同趋合,建立两岸发展命运共同体并使之成为两岸青年普遍认同的精神支柱和共同的文化基础。

粤台高等教育论坛已成功举办15届,本届论坛的亮点在于以线上、线下相结合的方式举行,这正是运用信息技术和人工智能手段推进粤台高等教育合作发展的新体验、新探索和新模式。未来我们还将综合运用移动互联网、人工智能等,助推两岸在教育教学、教育科研、教育服务、教育治理等方面深度合作,使论坛的内容、形式与成果更加丰富、多样、充实。

论坛上的热烈讨论和交流探讨,为粤台高等教育交流合作提供了新的理论认识、展现了新的发展思维、贡献了新的精神动力。我们期待更多的教育理论与实践工作者投身两岸高等教育合作发展,为确保粤台高等教育交流合作行稳致远提供更坚实的人才保障和智力支持。

第十六届海峡两岸（粤台）高等教育论坛感想*

第十六届海峡两岸（粤台）高等教育论坛即将落下帷幕。在这一天时间里，我们在广东的广州大学、台湾的中华大学两个分会场以线上、线下相结合的方式举行本届论坛，有7位领导作主旨讲话，19位校长、专家学者、产业界代表发表主题演讲。论坛共收录专家学者论文25篇，其中10篇被评为优秀论文。论坛还举行了广州大学"两岸生态农业全循环经济链实践示范基地"揭牌仪式。在此，我谨代表广东主办方，向出席论坛的各位领导、专家学者、产业界代表、媒体人士，以及为论坛成功举办付出辛勤劳动的全体工作人员表示衷心感谢！同时，十分感谢教育部港澳台事务办公室、广东省教育厅指导和支持本届论坛！十分感谢广东省海峡两岸交流促进会、财团法人东莞台商育苗教育基金会、台湾高等教育学会与我会共同主办本届论坛！十分感谢中华大学、广州大学承办本届论坛并为参会代表提供优质服务！

刚才，中华大学校长刘维琪教授作了一个很好的总结发言，令人颇受启发。我要向大家谈的有三点感想。

一、普及化时代的海峡两岸高等教育的根本追求是人才培养质量的更大提升

保证人才培养质量是高等学校的永恒主题，把人才培养质量放在最优先、最核心的位置上，这既是高等教育普及化时代的必然使命，也是实现高等教育初心的必然之举。高质量的高等教育普及化需要重塑"精英教育"理念，需要构筑新时代高等教育质量底线，需要将高等教育大众化时代所形成的质量保障体系加以改革发展、凝练提升，更加追求优质、实现优质。

中国共产党第十九届中央委员会第五次全体会议要求建设包括高等教育在内的高

---

* 本文系作者于2021年11月26日在第十六届海峡两岸（粤台）高等教育论坛闭幕式上的总结发言。

质量教育体系，正是基于经济社会高质量发展要求、人民群众美好生活需要和高等教育发展态势作出的重要决策，推动高等教育高质量发展已成为高等教育面向"十四五"乃至2035的发展主题。台湾在高等教育普及化时代，大力实施高等教育品质提升计划，引导高校特色发展；实施奖励大学教学卓越计划，大力提升高等教育教学质量；建立高等教育服务品质保障体系，积极发展国际化评鉴；强化国际育人措施，助推国际化办学。广东近几年在高等教育规模不断扩大的同时，加快高校新校区规划建设，着力实施高等教育"冲一流、补短板、强特色"提升计划，重视师资队伍建设、学科建设和专业审核评估，推进新时代教育评价体系改革，深化教育教学改革，组织质量工程项目，落实立德树人根本任务，高等教育整体水平和人才培养质量明显提升。随着高等教育发展"十四五"规划深入实施，高等教育高质量发展新格局必定加快形成。

由此可见，粤台都高度重视高等教育普及化时代的人才培养质量提升。今天各位的主旨讲话、主题演讲和收录的论文，都认同提升高等教育普及化水平，需要立足新发展阶段、贯彻新发展理念、构建新发展格局，聚焦人才培养质量提高，树立"互联网＋高等教育"理念，破解规模发展与质量提升的矛盾；树立"以学生为中心"理念，增强学习者的获得感、成就感；树立"参与式治理"理念，构建多元共治的高等教育质量保障体系；树立"开放合作"理念，推进科教融合、产教融合、校企合作，丰富和发展优质高等教育资源，实现人才培养质量更大提升。

二、普及化时代的海峡两岸高等教育需要更加助力两岸一家亲和粤港澳大湾区建设

广东是粤港澳大湾区发展的核心引擎，是大陆科技产业、制造业、服务业的重要基地，拥有多层次、多形式的研究型、应用型、技术技能型、开放型高等学校体系，也拥有台资企业近8000家。广东与台湾具有共同的血缘、地缘、史缘、文缘，有许多相同的生活习俗和人情世故。粤台在中国从传统向现代转型的历史潮流和改革开放进程中都发挥了积极作用。改革开放后，广东是台商最早投资的地方，也是台湾学生最早来大陆就学的地方，他们在这片热土发展，既获得了改革开放的红利，也为广东产业升级、开

拓国际市场作出了贡献，进一步加强了共同的经济缘和生活缘。普及化时代的海峡两岸高等教育，正值国家推动建设粤港澳大湾区，粤台两地高校面临进一步促进两岸一家亲和助力粤港澳大湾区科教融合、产教融合、校企合作的历史性机遇，可以在学科专业建设、师资建设、人才培养、科研成果转移转化、高新技术产业发展等方面通力合作，充分利用好相关发展规划和优惠政策，更加助力两岸一家亲，在粤港澳建设国际一流湾区、打造世界级城市群中充分发挥粤台高校培养人才、创新科技、服务社会、传承创新文化、国际交流合作的功能作用，也使自身获得更大更好的发展空间。

三、普及化时代的海峡两岸高等教育应携手构建开放合作新格局

跨入普及化时代的海峡两岸高等教育，面对新冠肺炎疫情对高等教育对外交流合作带来的诸多影响，要坚定扩大和提升高等教育开放合作的决心和信心，推动高等教育开放合作更好地融入国内国际双循环发展新格局，实现内涵式高质量发展。建议一要整合优势资源，通过共建信息共享、资源共享、成果分享合作平台，与产业界密切互动，使两岸各高校可以在后疫情时代更好实现取长补短、互助合作、协同发展，多层次、多途径加强教学、科研、产业开放合作。二要积极探寻有效利用内生资源，将两岸高等教育开放合作深度融入区域经济社会高质量发展战略，同时充分发挥在地国际化的普惠性优势，把国际化教育理念和优质教育资源融入我们两岸的人才培养体系中，加强正确的国际理解教育，推动学生国际视野和中华文化意识双向提升。三要充分利用现代信息技术推动人才培养和学术交流，借助人工智能、大数据、5G等新技术促进两岸高校人才培养与科研协同创新，延伸和拓展各方面便捷化合作交流。四要着力开拓新的人文交流合作平台，助力两岸民心相通，打造人文交流合作品牌项目，创新人文交流合作方式，激发人文交流合作活力，深化人文交流合作内涵，同时共同向世界大力传播中国文化的独特魅力，讲好中国故事，传播好中国声音，增强不同文明的互学互鉴。

粤台高等教育论坛已成功举办16届，期待粤台高等教育界以及其他相关力量深入思考和把握历史、现在、未来，为普及化时代的海峡两岸高等教育交流合作提供新的认识、展现新的思维、贡献新的动力。

第十七届海峡两岸（粤台）高等教育论坛感悟*

第十七届海峡两岸（粤台）高等教育论坛即将落下帷幕。在这一天时间里，我们在广东、台湾两个分会场以线上、线下相结合的方式举办本届论坛，有6位领导作主旨致辞，有18位校长、专家学者、产业界代表发表主题演讲。论坛共收录在粤高校专家学者、青年教师、研究生论文39篇。经过大家共同努力，论坛各项议程已圆满完成。我谨代表广东主办方，向出席论坛的各位领导、专家学者、论文作者、产业界代表，以及为论坛成功举办付出辛勤劳动的全体工作人员表示衷心感谢！

主旨论坛期间，与会代表围绕"高等教育创新与高质量发展的策略和实践"这一主题展开相关议题的交流研讨，充分延续并展现了历届论坛"百花齐放、百家争鸣"的良好风貌。根据各位嘉宾的致辞、主题演讲和收录的论文，我有三点感悟。

一、促进海峡两岸（粤台）高等教育创新与高质量发展，立足点在于优势互补、深化合作

粤台高等教育的发展进程、办学规模、类型层次、服务面向等有所不同，在新时代促进粤台高等教育创新与高质量发展，应当把立足点放在优势互补、深化合作上。一是粤台可在促进高等教育改革发展上优势互补、深化合作。广东高等教育发展迅猛，类型、层次、模式多样；广东人口众多、人口红利巨大，高等教育规模发展、现代化产业体系建设大有可为；广东经济总量居全国第一位，高等教育发展有雄厚经济支撑、高等教育产出有广阔承载空间。台湾高等教育毛入学率在亚洲仅次于韩国，其中高等技术职业教育的创新能力比韩国还强，在教育政策、产业发展、创新育成、产学合作、人才培育、技术管理等方面拥有核心价值和成功经验。促进粤台高等教育改革发展交流合作，

---

* 本文系作者于2022年12月9日在第十七届海峡两岸（粤台）高等教育论坛上的总结发言。

将有利于深化两岸（粤台）经济、文化、人才、技术交流合作，实现共赢。二是粤台可在推进中华优秀传统文化传承创新领域优势互补、深化合作。广东、台湾都是中华民族大家庭的一员，都是中华优秀传统文化的受益者、传承者、创新者，粤台高校在中华优秀传统文化传承与创新领域如中医药、语言文字、绘画书法、音乐舞蹈、曲艺戏剧、体育武术、汉语国际推广等方面负有重要责任，也有加强交流合作的广阔空间，应当加强研究探讨和实践探索，更好地系紧两岸（粤台）民众和海外华人华侨维系民族情感的精神纽带，更好地共同提升中华民族的国际地位和国际舞台影响力。三是粤台可在提升高等教育学术研究水平方面优势互补、深化合作。两岸（粤台）高等教育论坛迄今已连续成功举办17届，成为粤台高等教育交流合作的品牌，为推动两岸高等教育学术发展，提高两岸高等教育理论研究、政策研究和实践研究水平作出了积极贡献。今后粤台应丰富发展高等教育学术研究交流合作的内容和形式，拓展广度和深度，提升质量和成效。

二、深化海峡两岸（粤台）高等教育创新与高质量发展，重要点在于互促教育系统数字化转型

推进教育数字化是建设数字中国的重要内容，教育部将实施教育数字化战略行动列为重点任务，提出"强化需求牵引、深化融合、创新赋能、应用驱动，积极发展'互联网＋教育'，加快推进教育数字化转型和智能升级"。1996年—2013年，台湾有19份教育主管部门施政报告提到促进资讯教育发展，并将资讯教育纳入台湾重点计划，启动"数位典藏与数位学习中国台湾地区科技计划"以及2003—2017年台湾"数字化学习计划"。这为粤台高校共同探索高等教育数字化转型之路提供了全新机遇和广阔空间。一是粤台高校可以通过联合研发，创建以人工智能、大数据、物联网为基础的未来教育与研究环境。 方面，在粤台高等教育领域应用和融合人工智能、大数据、物联网等教学方法与教学资源，加强数字化教科书联合开发，构建以数字化为基础的教学、学习、评价支持系统，加强教育信息共享服务。另一方面，通过在高等教育领域构建智能学术研究生态环境，打造学术研究信息共享合作体系，为粤台高校构建最佳的学术研究交流合作环境，促进学术信息交流互通。二是粤台高校可通过联合探索，实现全学段教育数字

化变革。这包括扩大可持续在线教育，构建高等教育线上支援体系，开设终身教育线上公开讲座，为终身教育的不同学习者提供数字化学习资源；尝试通过为公民提供终身教育履历管理、加强个性化定制化就业教育服务等举措，加强全民终身学习和就业信息管理，深化教育行政管理改革。三是粤台高校可通过联合，共同培养数字化人才特别是能够牵引半导体科技产业发展的高精尖数字化人才。双方可通过各种合作方式设立数字创新共享大学、开设新产业数字学院和人工智能重点大学、创设数字领域尖端大学，集聚产学研优势资源，加快培养大批新数字产业研究型、转化应用型人才。

三、携手实现海峡两岸（粤台）高等教育创新与高质量发展，根本点在于人才培养协同创新

近年来，大陆与台湾努力构建多领域、多层次、多形式的交流合作机制，这将为两岸（粤台）高等教育人才培养协同创新奠定很好的基础。同时要看到，粤台高等教育的人才培养协同创新是一个自适应过程，既涉及广东、台湾高等教育各自的发展阶段、发展特性和发展要求，需要选择不同的协作策略，采取可行举措。一是巩固拓展青少年交流平台。可探索实施"粤台高校师生交流计划"，广东不断拓宽对台招生渠道、扩大对台招生规模；台湾不断破除困难障碍，对粤提升接受教师访学、学生就读的层次和水平，共同建立健全粤台高校合作办学机制，推动粤台高校全方位务实合作。二是扩大校际校企合作。支持粤台高校建立粤台教育合作联盟，推动合作办学、联合育人、实验室共建、科研协同创新、科研创新成果转移转化与产业化等深入开展，还要鼓励广东高校与台资企业合作，协同培养创新型技术技能人才，实现多方共赢。三是加强创新课程体系合作开发。可以合办高级文凭课程，推行学生分流选择走向学术研究训练或专业实务应用路径；联合开展课程模块化、学程式制度创新，引导学生专精某一模块，同时积极培养"第二专长"；鼓励高校课程建设与产业专业能力要求相结合，共同建立课程学分、教学设备、实习场所等平台，向学生提供多元实习机会和与职业生涯相关的就业体验。四是持续推进教师交流培训。可以实施粤台师资联合培养计划，设立粤台教师发展中心、两岸职业教育教师培训基地，搭建粤台教师协同创新研究平台。一方面，粤台高

校通过互派优秀教师、专家学者开展业务交流协作与相关培训，推动协作教研、优化课堂教学，相互借鉴先进的教育理念和教学方法，让双方高校更多的学生有机会接触和体验到不同的教育思想与异地文化。另一方面，加强粤台高校教师间高层次学术交流，推动跨学科、跨领域科研合作，共建科技研发中心，共同申报和承担重大前沿性课题，特别是在高科技产业领域、战略性新兴产业领域加强科研合作，促进双方产学研深度结合，为服务和融入国家发展大局及相关区域经济社会高质量发展贡献力量。

粤台高等教育论坛已成功举办17届，我们期待粤台高等教育界以及其他相关力量立足现实、走向未来，为粤台高等教育创新与高质量发展提供更多新认识、展现更多新思维、贡献更多新动力、结出更多新成果。我们也期待更多的高等教育理论与实践工作者投身两岸高等教育高质量合作发展，并与香港、澳门的同行们携手共进，不断提升高等教育交流合作层次和水平。谢谢大家！

第十二章

高度重视教育理论与实践研究成果表达

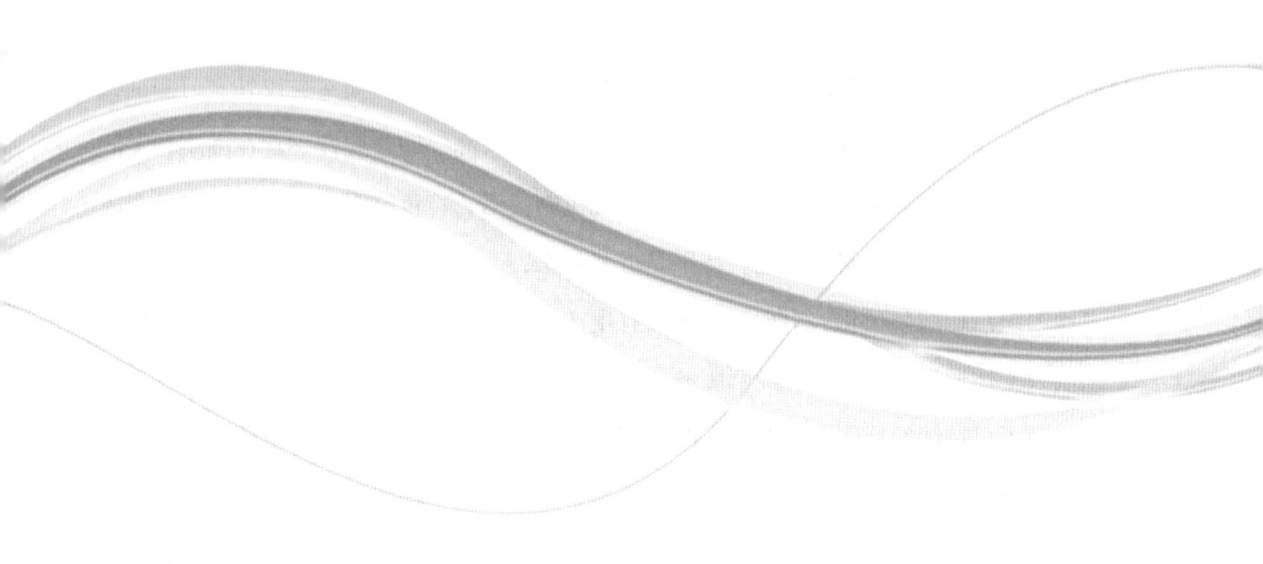

推进实践教学创新　培养学生职业素质[*]

——评《高职院校实践教学创新的理论与实践》

我国职业教育的改革和发展,以服务为宗旨,以能力为核心,以就业为导向,积极推进体制、机制和人才培养模式创新,优化资源配置,推动职业院校集团化、规模化、连锁化办学,着力培养学生的职业道德、职业技能和就业创业能力,努力形成适应经济发展方式转变和产业结构调整要求、体现终身教育理念、中等和高等职业教育协调发展的现代职业教育体系,满足经济社会发展对高素质劳动者和技术技能型人才的需求。

在体制、机制和人才培养模式创新上,一般认为,基于情境与工作的教学是我国高职院校实践教学的最佳范式。但是,为什么组织学生在校外顶岗实习常常困难重重,效果欠佳?为什么校外实习实训基地内企业参与人才培养的积极性不高、实践教学安排不够顺畅?为什么尽管仿真度高,校内模拟实训仍然难以给学生提供实际的职业体验与训练?产生上述这些问题的根源在于学校、企业两类组织价值取向的差异,这要求我们从体制机制创新的角度,突破实践教学的固有范式,在校内实验实训室、校外实习实训基地外开辟出高职院校实践教学的新道路。多年来,广东高等职业院校一直在围绕相关问题的解决进行理论和实践探索,建成了一大批机制灵活、特色鲜明、与区域经济社会改革发展联系密切的实习实训基地。特别是近几年来,一些高职院校完成了校内生产性实训基地组织结构的公司化,出现了一批具有生产、经营、服务、研发性质的法人实体,这些法人实体通过生产产品、经营服务、参与市场竞争,以及独立核算、自负盈亏,极大地提高了可持续发展能力,开拓了既有别于校外实习实训基地又不同于校内模拟实训的技术技能型人才培养新领域。当然,这不是学校原有教学功能的转向,而恰恰是高职院校结合自身人才培养目标与特点,创新人才培养模式,开展实践性教学的一种尝试与创新,在推进实践教学创新、培养学生职业素质的理论与实践探索上走出了一条新路。

---

[*] 本文原发表于2013年第3期《广东教育》(职教版)(广东教育杂志社主办)。

最具典型意义的是，早在2001年，广东农工商职业技术学院就构建了校内实习公司雏形——校内学生实习超市。在多年实践经验总结基础上，杨群祥教授和他的研究团队就校内实习公司的概念、功能、模式、技术技能型人才培养效度等方面作了深入探索。

由广东高等教育出版社出版的《高职院校实践教学创新的理论与实践——基于校内实习公司培养学生职业素质》，便是对上述问题的一一破解和新道路的系统建构。

该书认为，校内实习公司是公司化了的校内生产性实训基地，是校内生产性实训基地的特殊形式，它可以是公司形式，也可以是准公司形式的车间、中心等。以校内实习公司为平台，通过真实产品的生产经营、社会服务、技术研发等活动过程，既可以获得一定的经济效益，实现实践教学的可持续发展，又能在真实的工作环境中培养学生的职业素质，进而实现实践教学下的学生职业素质培养。

该书从校内实习公司实践教学的理论创新与个案分析两条逻辑路线出发，一方面从多学科视角对校内实习公司的构建进行理论基础分析，界定并阐述了校内实习公司的内涵、功能、类型、创建原则以及课程开发方法等一系列理论问题；另一方面对校内实习公司进行个案分析、模式归类与理论提升，丰富实践教学内涵。值得充分肯定的是，在自身主动实践探索的同时，杨群祥研究团队积极开展省内外特别是省内有关高职院校问卷调查和个案分析，使本课题研究建立在更加可靠的基础上。该书运用职业成熟度问卷、择业效能感问卷等教学效果评价工具对校内实习公司实践教学的实施效果进行科学评价，结果真实、有效。令人高兴的是，基于校内实习公司实践教学效果的分析，证实了这种类型的实践教学确实有利于学生职业成熟度、择业效能感和整体思维能力提高。

该书内容的创新性体现在，它阐明了一种职业教育新理念，该理念具有自身鲜明的目的性，蕴含了主动学习的教育思想，是建构主义哲学在教育领域的具体运用；它构建了一种实践育人新范式，通过创设"工学交替、学练一体"的技术技能型人才培养新模式，较好地解决了实践教学难题；它开辟了一条不同于校外实习基地和校内模拟实训的职业教育实践教学新通道，通过将高职院校的教育属性和公司的生产经营及服务属性有机融合，从而使人才培养方案的制定与实施主体合二为一，较好地解决了高素质技术技能型人才培养所需要的真实情境与按照人才培养方案组织教学间的矛盾。因而该书对我国高职院校实践教学改革与创新是具有重要参考和借鉴意义的。

伴随任何一项教育改革及其实践而来的是对相关问题认识的不断深化。特别是随着职业教育改革的深入和实践的深化，随着校内实习公司运行与实践教学的常态化、制度化，必然要求我们对校内实习公司运行的深层次问题如专业推广、市场准入、课程设计、运行规律、规范管理，以及校内外实习实训统筹、全面提高学生职业素质等方面有更为深入的研究和清晰的认识，而对这些问题的正确认识将对我国未来高职院校人才培养模式改革起着重要的促进作用。我们完全有理由相信杨群祥研究团队在职业教育体制机制改革特别是技术技能型人才培养模式创新上会形成更多理论与实践相结合的成果，发挥更好更大的作用。

祝贺《珠江论丛》出版*

在吉林大学珠海学院成立9周年之际，《珠江论丛》（第1辑）与读者见面了。这不但为学院师生发表和交流人文社科教学科研成果搭建了平台，而且为珠江三角洲地区乃至泛珠江三角洲区域从事人文社科教学科研的同仁提供了交流合作的渠道，可喜可贺！

我国民办高等教育兴起于20世纪90年代，这是20多年来中国高等教育办学体制改革的重要表现，也是中国高等教育办学体制改革的重要成果。20世纪90年代末以来，独立学院的萌芽、成长、壮大，为民办高等教育事业多样化发展和高等教育大众化水平提升作出了重要贡献。目前，全国有300余所独立学院，其中湖北26所、江苏25所、浙江22所、河北18所、辽宁18所、广东17所。独立学院具有强大的生命力，是由于其生存和发展符合国家吸引社会资金扩大优质高等教育资源、加快高等教育大众化进程、服务经济社会发展的大方向，自筹资金、自主办学、自我管理、自我约束的管理模式和区别于母体高校的应用型本科教育办学模式为其生存和发展提供了广阔空间。独立学院已经成为我国、我省高等教育的组成部分，已经为满足人们接受应用型本科教育需要、为经济社会发展提供人才和智力支持作出了积极贡献，且将随着经济社会及高等教育改革发展需要并结合自身发展战略而坚持相应定位或继续发生变革，也将会按照国家发展战略和高等教育政策升级而创新发展。作为一所积极奋进的独立学院，吉林大学珠海学院自设立以来，是一直坚持自己的办学定位，不断彰显自己的办学特色并提升办学水平的。

创新科学研究是高等学校的重要职能，是推进教育创新、改革培养模式、提高教育教学质量的强大动力，是服务经济社会发展战略的必然要求。吉林大学珠海学院一直重视科学研究，在认真服务经济建设特别是现代产业发展的同时，积极服务区域政治建设、文化建设、社会建设、生态文明建设，加强学科发展、专业建设和人才引进培养。近年来，吉林大学珠海学院的教师在广东省及珠海市的经济社会发展中承担着越来越多

---

* 本文系作者于2013年5月为吉林大学珠海学院（现珠海科技学院）主办的《珠江论丛》所致贺词。

的研究课题,包括有粤港关键领域重点突破项目、广东省科技进步基金项目、珠海市科技进步基金项目、珠海市哲学社会科学规划项目,为政府决策提供了科学依据,在珠海市、珠江三角洲地区乃至整个广东的人文社科研究和经济社会建设中发挥了积极作用。

  为了进一步加强教师队伍建设,更好地多出科研成果,更好地多培养高素质专门人才,更好地多作智力贡献,吉林大学珠海学院决定创办《珠江论丛》,这将是推进人文社科学术交流的平台,反映珠江三角洲地区乃至泛珠三角区域经济社会发展最新研究成果的载体,将是培养高素质专门人才的基地和开放合作办学的窗口。我们希望并且相信《珠江论丛》能够立足珠海市,面向珠江三角洲地区,辐射泛珠三角区域,带动一切致力于人文社科研究的力量,开展具有战略性、前瞻性、创新性、实践性的科学研究,在打造"理论粤军"和繁荣发展人文社会科学、增强文化软实力中作出独特贡献。我们希望并且相信,吉林大学珠海学院有信心、有能力不断创新发展,将《珠江论丛》办成集学术性、理论性、知识性和应用性于一体的高水平人文社科读物。我们希望广东省乃至泛珠三角区域教育研究力量和社会各界人士关注《珠江论丛》、支持《珠江论丛》、推广《珠江论丛》,使之在人文社科百花园中芳香流溢。

  衷心祝愿《珠江论丛》越办越好!

《广东省普通高中教学水平评估实践探索（2007—2013年）》序[*]

教育评估是进行教育质量监控、保障教育质量的重要手段。随着教育改革发展需求的日益多样和教育评估机制的日臻成熟，教育评估在推动教育改革发展中的作用日益突出。改革开放以来，教育评估在完善办学条件、促进规范办学、提高教育教学质量和办学水平等方面发挥了显著作用，为推进教育改革发展作出了突出贡献。

2004年秋季，广东、山东、海南、宁夏等四省（区）率先进行普通高中新课程实验。开展广东省普通高中教学水平评估正是贯彻国家普通高中课改精神、落实国家课程方案、为新课程实验保驾护航的重要举措。广东省教育厅在2004—2006年就普通高中教学水平评估问题进行深入调研，于2006年10月11日印发《广东省普通高中教学水平评估方案（试行）》及《广东省普通高中教学水平评估指标体系》（粤教督〔2006〕29号）；2007年选取4所普通高中进行教学水平评估试点，随后逐渐铺开评估工作；2008年3月印发《广东省普通高中教学水平评估实施细则》（粤教研〔2008〕7号），建立起与新课程实验相配套的教学水平评价模式和评估机制。自2007年1月至2013年12月，全省近500所普通高中学校接受了省级或市级的教学水平评估，共有369所普通高中学校获得了"广东省普通高中教学水平优秀学校"荣誉称号。

广东省普通高中教学水平评估实施7年来，不仅在贯彻落实普通高中新课程实验方案、规范普通高中教育教学管理、提升教育教学质量水平等方面发挥了正面导向和积极促进作用，还创新了教育教学质量水平评估思路和方法。首先，建立了符合素质教育理念的评估指标体系，从学校层面进行教学水平综合评估，从学科组层面开展教学水平分科组评估，综合评估与分科评估整合形成评估结论，这种评估方式充分体现学科教学评价在教学水平评估中的权重，凸显评估实质是对于学校教学工作的全面评价，从制度上

---

[*] 本文系作者于2013年12月23日为《广东省普通高中教学水平评估实践探索（2007—2013年）》作的序，该书由广东高等教育出版社于2014年6月出版。

保证了学校按照新课程的要求开齐、开足、开好课程。其次，研发了系统的评估工具，制定了详细的评估方法。在实施现场评估时，综合运用多种评价工具采集信息，以期全方位地体现学校的整体教学面貌；在形成结论时，既有定量评价，也有定性评价，增强教学水平评估的规范性和科学性。再次，建立了严谨规范的评估程序，具体包括学校建设与自评、学校申报、评前审查、实地考察、评后资料上报与审核、评估结果公示等六个步骤。最后，引导各方面正确认识普通高中教育教学质量水平。通过评估，学校整体面貌和社会口碑发生了显著变化，改善了办学条件，提高了教学保障水平，完善了规章制度，规范了教育教学管理行为，提升了教育教学水平，在社会上树立了良好的办学形象，从而促进政府重视保障普通高中教育教学质量水平提升，引导社会各界正确认识普通高中教育教学质量水平的相关因素、提升举措和实际效果。

开展广东省普通高中教学水平评估，不仅为我省培养锻炼了一支学科评估专家队伍，还引导学校、社会各界正确理解教育评估，充分挖掘、体现出教育评估应有的价值。一是明确教学水平评估具有多种功能，重点是促进学校科学发展、内涵提升，有效纠正了将教育教学水平评估仅仅视为教育教学检查活动的错误观念，引导学校把评估看成是教育教学实践的重要环节，是提升学校教育教学质量和办学水平的重要手段，体现出教育评估的真正价值。二是多层面、多角度运用多种方法开展教学水平评估，全方位地为学校教育教学工作把脉，不仅帮助学校归纳提炼优势和亮点，还能准确诊断出学校存在的问题和不足，分析原因并提出合理化建议，把评估当作促进学校可持续发展的重要途径。三是树立正确质量观，通过评估，引导政府、学校全面审视学校的办学理念和办学方向，重视学校的资源配置和办学条件建设，重视学科的综合平衡和学生的全面发展，纠正以高考成绩作为唯一衡量学校教育教学质量和办学水平标准的错误评价观。

经过多年努力，广东省普通高中教学水平评估不仅积累了丰富的评估经验，留下大量宝贵的原始材料，还形成了较为成熟的评估操作模式。总结反思广东省普通高中教学水平评估工作对进一步深化普通高中教育教学改革具有重要意义，在此基础上还需要进一步思考如何完善提升普通高中教育质量的保障措施。《广东省普通高中教学水平评估实践探索（2007—2013年）》的出版正当其时。该书不仅呈现了广东省普通高中教学水平评估的丰硕成果，展现了参评学校的宝贵经验，还将对深入探索普通高中教育质量标准体系建设发挥积极作用。希望教育行政工作者、教育研究工作者、教育教学工作者继续共同努力,为包括普通高中教学水平评估在内的广东省教育评估事业改革发展出谋献策,为创建教育强省、争当教育现代化先进区、打造南方教育高地贡献智慧力量!

《广东省志（1979—2000）教育卷》概述[*]

1978年12月中共十一届三中全会后，广东教育系统拨乱反正，清除"文化大革命"造成的恶果和流毒，贯彻教育部重新颁布的《学校暂行工作条例（草案）》，恢复和建立正常的教学秩序，收回被占的大部分校园校舍。1978年，广东省教育局决定全省办好重点中学154所、重点小学430所，其中同是地、市、县重点的中学26所、小学22所，同是省、地（市）、县重点的中学18所、小学2所、师范2所；重新成立广东省高等教育局。1978年3月，全省1977年高等、中等专业学校招生录取工作结束，被录取入本省高校的新生有8900多人，入外省高校的新生有1200多人，被录取的新生随即入学就读；中断10多年的研究生教育也在1978年恢复招生。经国务院批准，广东化工学院与华南工学院合并为华南工学院，恢复和增设广东机械学院、广东医药学院、广州师范学院等院校；各级各类教育质量问题受到重视。

一

1979—1982年，广东教育继续拨乱反正并恢复发展。从1979年开始，广东贯彻执行中央提出的"调整、改革、整顿、提高"的方针，同时，平反历次政治运动中的冤假错案，使全省约4万名教师的冤假错案得到平反昭雪，并评选特级教师，召开全省普通教育先进代表大会，在全社会开展尊师重教活动。据1979年年底统计，全省有普通高校26所、在校生3.79万人（含海南），同"文化大革命"前的1965年相比，剔除海南数据，平均增长36.8%。至1982年，广东教育系统的拨乱反正工作基本完成。在此期间，广东教育迅速恢复发展，复办、新办一大批小学、中学、中专学校和高等学校，办学条件、教育教学条件逐步改善，教师队伍建设得到加强，教育教学质量逐步提高。

---

[*] 本文作者汤贞敏、钟院生，本文系《广东省志（1979—2000）教育卷》的概述（相当于该卷的序或前言），收入本书时个别内容稍有斟酌，该书由方志出版社于2014年4月出版。

1983—1992年，广东教育稳步发展。1983年3月，中共广东省委、广东省人民政府根据中共十二大精神，制定《关于努力开创我省教育事业新局面的决定》。1985年10月，省委、省政府根据《中共中央关于教育体制改革的决定》，作出《贯彻〈中共中央关于教育体制改革的决定〉的意见》。1988年5月，国家教育委员会（以下简称"国家教委"）同意广东省将高等教育列入综合改革实验的范畴，并对广东省下放部分高等教育管理权；同时，省委、省政府作出《关于高等教育体制改革的决定》，提出高等教育要积极改革、加快发展的要求。这一时期，广东各级各类教育得到各级党委、政府和全社会的关心和支持，改革不断深入，发展不断加快，水平不断提高。经过1985年的教育思想讨论，1986年举办的市、县教育局局长学习班，以及1987年召开的以全面提高教育质量为主题的全省普通教育工作会议，各中小学都注意端正办学指导思想，努力克服片面追求升学率的倾向，全面贯彻教育方针。全省有80%的中小学开展勤工俭学活动。各地广泛开展教育质量评估工作，教育质量逐步提高。高等学校在努力培养合格的专门人才的同时，还发挥本身的科技优势，大力开展科学研究和科技开发工作。

1993—2000年，广东教育快速发展。1993年初，为贯彻中共中央、国务院印发的《中国教育改革和发展纲要》精神，省委、省政府作出《关于加快高等教育改革和发展步伐的决定》，把教育摆在优先发展的战略地位，每年增加4.5亿元左右的高等教育发展专项经费。1994年年底，省委、省政府作出《关于教育改革和发展的决定》，提出把建设教育强省作为基本实现现代化的重要目标。1998年，为贯彻中共十五大精神和中共中央总书记江泽民对广东提出"增创新优势，更上一层楼"的指示，省委在第八次党代会提出实施"科教兴粤"战略，力争进入教育强省行列。2000年8月，省委、省政府召开全省教育工作会议；10月，省委、省政府作出《贯彻〈中共中央、国务院关于深化教育改革全面推进素质教育的决定〉的意见》，提出全面推进素质教育，加快教育强省建设步伐，加快推进教育现代化。这一阶段，广东经济社会迅猛发展，人民群众对教育的需求日益迫切，广东各级各类教育也快速发展。1996年，基本普及九年义务教育，一大批民办中小学纷纷设立；普通高校合并、重组、联合办学，高等教育资源得到整合，中山大学、华南理工大学、中山医科大学、暨南大学、华南师范大学进入国家"211工程"建设行列，华南农业大学、广州中医药大学、汕头大学进入"211工程"省部共建行列。1999年起，高校快速扩大招生规模。

（一）1979—2000年的广东教育事业一直得到持续较快健康发展，特别是20世纪80年代后急起直追、步伐加快

基础教育方面，1985年年底，全省基本普及小学教育。1987年年底，有2个县、5个市区基本实现普及九年义务教育。1996年，广东省基本普及九年义务教育（以下简称"普九"），成为全国最早实现"两基"即基本普及九年义务教育、基本扫除青壮年文盲的两个省份之一。从1997年开始，实施"改造薄弱学校，建设规范化学校"工程，使"普九"水平不断巩固和提高。2000年，全省小学适龄儿童入学率达99.7%，小学在校生929.93万人；初中毛入学率达99.55%，初中在校生388.16万人。同时，加快了高中阶段教育的发展步伐，广州、深圳、东莞、中山、顺德、南海、新会等7个地级以上市和县级市基本普及高中阶段教育，全省初中毕业生升学率为60.51%，高中阶段教育在校生152.56万人（其中普通高中72.52万人），高中阶段教育毛入学率38.7%。

中等职业技术教育〔包括中等专业技术学校（以下简称"中专"，含普通中专和成人中专）、中等师范学校（以下简称"中师"）、职业高中、技工学校（由广东省劳动和社会保障厅主管）〕方面，从1980年开始恢复和发展，至1987年已办起职业中学464所（另有职业初中29所），在校学生18.4万人；中专、中师学校分别为174所和53所，学生分别为6.31万人和3.01万人。中等职业技术学校在校学生占高中阶段在校学生的42.7%。至2000年，全省有中等职业技术学校960所、技工学校186所，在校生分别为65.57万人、15.46万人；开设专业300多个，颁发职业资格证书100多种。1979—2000年，全省培养了中等职业技术教育毕业生400多万人，为生产、服务第一线培养了大量技能型、实用型人才，为广东经济社会发展作出了积极贡献。

高等教育方面，1983年，广东进行全省专门人才的调查和预测。从这年起，至1987年，全省复办、合办、新办了17所普通高等学校。1987年，全省有普通高等学校49所（本科28所，专科21所），在校学生9.2万多人。2000年，全省普通高等学校发展到52所，包括本科院校31所，其中招收研究生的院校20所；专科学校21所，其中职业技术学院13所、民办高校6所。有独立设置的成人高等学校41所。在学研究生13023人。普通高等学校和成人高等学校在校本专科生500885人（其中普通高等学校在校生299475人）①。自学考试在籍人数82万人。同龄人口高等教育毛入学率为11.35%②。普通高等学校校均本专科生规模为5759人。博士点157个（在全国居第五位），硕士点550个。高等学校获国家自然科学基金面上项目和资助金额在全国居第四位，专利申请量和授权量均居全国第二位。1979—2000年，全省共培养中专以上各类毕业生2773719人，其中博士生2169人、硕士生20061人、本科生281045人、专科生857482人、中专生1612962人。

（二）1979—2000年的广东教育体制改革全国领先

改革开放后，广东逐步深化各级各类教育办学体制改革。高等教育由中央、省两级办学转向中央、省、市三级办学，通过多层次、多形式、多规格办学，实现多渠道筹集教育经费，加快人才培养。随着广东经济社会蓬勃发展，一批经济实力雄厚的中心城市纷纷投资举办普通高等学校，从1983年至1987年，全省逐步复办、合办、新办17所普通高等学校和一批中专学校，特别是在9个中心城市创办了市属普通高等学校，形成了中央、省、市三级办学体制。1986—1987年，广东分别推广湛江市和罗定县改革教育管理体制的经验，使这项改革在全省全面铺开。改革根据基础教育由地方负责、分级管理的原则，适当下放办学权和管理权，改变过去国家"包得过多，统得过死"的状况，使基础教育办学体制和管理体制适应经济体制改革的需要，向多样化、灵活化的方向发展。1988年5月，省委、省政府作出《关于高等教育体制改革的决定》。根据经济改革和发展的要求，广东实行多层次、多形式办学，并在教育结构、教学、科研等方面逐步进行全面改革。1989—1992年，高等、中专教育进行充实提高，调整教育结构，深化教学改革，拓展教育功能，学校教育与经济社会发展紧密结合，提高了人才培养质量。

1993年起，在省政府积极统筹下，贯彻中共中央、国务院印发的《中国教育改革和发展纲要》精神，广东强化高等教育体制改革的力度，通过共建、划转、合并、联合办

---

① 学生总数按以下公式计算：研究生×2＋留学生×3＋本专科生×1＋函授生×0.2＋夜大生×0.5＋预科生×1＋进修生×1.5。

② 当年各类高等教育在校生数与18—22岁人口数之比。当年各类高等教育在校生总数按以下公式计算：研究生＋普通高等学校本专科生＋成人高等学校本专科生＋军事院校学生＋学历文凭考试学生＋电大注册视听生×0.3＋高等教育自学考试当年毕业生×5。

学、合作办学等形式，着力解决高等教育原有管理体制下形成的条块分割、封闭办学、专业设置雷同、师资力量分散等问题。省政府与国家有关部委对在粤高等学校实行共建体制，中山大学、华南理工大学、暨南大学、华南师范大学进入国家"211工程"建设行列，一批部委高等学校划转省政府管理。广东还对高等学校、中等专业学校实行布局结构调整，将20多所高等学校、中专学校进行合并，重组教育资源，提高办学质量、水平和综合效益；建设国家重点中专学校46所。

（三）1979—2000年的广东办学条件（校舍、设备和师资是教育的三项基本建设）明显改善

在基础教育方面，从1981年起，广东省每年拨出3200万元补助款，用于解决"校校无危房，班班有教室，学生人人有课桌凳"（以下简称"一无两有"）问题。同时，依靠县（市）、乡镇财政性拨款，大力发动群众集资办学和华侨、港澳同胞捐资办学。从1979年到1987年年底，全省用于中小学校舍建设和改造的投资总共为31.44亿元。全省106个县（市、区）中，经过验收已有97个县（市、区）实现了"一无两有"目标。在此基础上，1989年以后，实行"改危更新"，消灭危房，实行旧校舍整体更新，大大增加了全省中小学校舍的总面积，由1990年的4245.2万平方米增加到1999年的8700万平方米，为普及九年义务教育和发展高中阶段教育打下了良好的物质基础。实现"一无两有"目标后，按照部颁标准，用省给予的基建补助款和多渠道投资的办法，从常规设备到电教设备，全省中小学分期分批进行运动器材、运动场地、学科实验室及仪器设备、图书、电教设备的配备和建设，总投入达10多亿元。到2000年，全省大多数小学、初中、普通高中和职业中学基本解决教学设备建设问题，计算机拥有量占全国中小学的1/7；生均校舍面积，小学5.35平方米，普通中学7.94平方米；生均图书，小学13.56册，普通初中16.02册，普通高中36.49册，办学条件明显改善。

在高等教育方面，自1983年起，广东省决定全省高等教育事业经费每年递增8%以上，广东省属普通高等学校基建投资占省基建投资的4%以上，这为改善高等学校的办学条件提供了支持。1993年，省委、省政府决定，除困难地区外，全省经济好的地级市每年均按第二、第三产业国民收入总值的1%集资上缴省财政，主要用于发展广东教育

事业，从而大幅度增加了教育，尤其是高等教育的投入。1998年，全省普通高等学校校舍建筑总面积为816.6万平方米，是1978年的6.8倍，生均校舍面积由1978年的35.5平方米增加到47.2平方米。2000年，普通高校生均校舍面积40.32平方米，生均教学仪器设备值7757元，生均图书94.73册。

在师资队伍建设上，1978年以后，各市（地）复办或新办6所师范专科学校，除广东教育学院于1980年复办外，各市（地）也相继复办和新办教育学院14所，各县（市、区）复办教师进修学校共101所。通过师范院校培养和进修（教育）院校培训，1987年，教师学历合格率，小学达到73.15%（含高中毕业），初中达到41.53%，高中为37.86%，均比1980年有较大的提高。此外，广东省还创办了广东外语师范学校、广东艺术师范学校和小学教师培训研究中心。至2000年，全省教师学历达标率，小学为98.97%，初中为87.79%，普通高中为67.51%。高等学校也通过选留优秀毕业生、派出留学进修、培养学位研究生、以老带新等办法，充实教师队伍，提高教师队伍水平。2000年，全省幼儿专任教师83552人，小学专任教师364118人，普通中学（含普通初中、普通高中）专任教师228602人；中等职业技术学校（含技工学校）专任教师44013人；普通高校专任教师20433人，成人高校专任教师5472人。

二

改革开放后，广东教育改革与发展取得的成就，得益于中央的政策支持和广东经济建设的辉煌成就，以及包括海外华侨、港澳同胞在内的社会各界的关心和支持。同时，教育的发展又极大地推动经济建设和社会发展。

（一）推进素质教育

1998年11月，中共中央政治局常委、国务院副总理李岚清到广东考察。他指出，搞素质教育目的是兴国，对广东来说是兴粤，着眼点就是培养创新型的人才，不是培养书呆子。他还对广东提出了"配套改革，全面推进素质教育"的要求。2000年，省委、省政府制定《贯彻〈中共中央、国务院关于深化教育改革全面推进素质教育的决定〉的意见》。广东各级各类学校主要从以下三个方面推进素质教育。

第一，深化教育教学领域改革，为全面实施素质教育开辟途径。一是抓课程体系改革，尤其对九年义务教育教材改革进行积极探索。经过多年努力，广东省完成18门学科的九年义务教育沿海版教材，这些教材具有沿海开放地区的特色。丁有宽编写的语文教材经过国家教委审定在全国发行，高中综合课程教材文理科配套进入教学实验阶段，英语、计算机与地方教材呈多样化的趋势。二是抓教学内容和方法的改革。根据广东经济社会发展的需要，积极推进普及计算机教学，加强外语教学，大中城市和珠江三角洲部分小学从四年级开设英语课和计算机课。为提高课堂教学质量和效率，1995—2000年，广东省大力推进电化教育特别是多媒体技术教育，应用现代教育技术改革课堂教学，提高教学效率。在国家教委的指导下，广东省在一批实验县、学校开展多媒体教学，其中广州市天河区70%的中小学运用了多媒体教育技术和网络技术教学，取得明显成效。三是抓考试制度改革。20世纪90年代初，广东省开始取消小学升初中的招生考试，至2000年，已基本实现就近免试入学；从1996年起，初中毕业水平考试和高中阶段招生考试实行"二试合一"（两个考试合为一次考试）制度；1999年，国家教委批准广东省从2000年起进行"3+X"（"3"是指语文、数学、外语3门，为必考科目；"X"是指在物理、化学、生物、政治、历史、地理6门中，任选其中一门考试）高考科目改革实验，推动了高中阶段教学改革，学生在全面发展的同时，个性特长得到了发展。为保证"3+X"改革顺利实施，广东省采取了严格会考制度以及会考向社会开放的措施。在减轻学生负担方面，1999—2000年，采取的措施包括：取消小学1—4年级语文数学教辅资料；在实验县实施等级评分制等。四是抓德育、体育、卫生、艺术和国防教育改革，促进学生德智体美全面发展。

第二，突出抓好师资队伍建设，为全面实施素质教育提供保障。一是抓学历提高，至2000年，小学教师学历达标率为98.97%，其中大专毕业以上的达到26.08%；初中教师学历达标率为87.79%，其中本科毕业以上的达到17.16%；普通高中教师学历达标率为67.51%；普通高校教师中，研究生毕业以上的占40.85%。实施中小学"百千万"工程（即100位教育专家，1000位著名校长，10000位著名教师）和高等学校"千百十"工程（即1000位校级高层次人才，100位省级高层次人才，10位国家级高层次人才）。二是抓全员培训,提高教师适应素质教育的技术和能力。三是改革师范教育,逐步取消中等师范,逐步实现小学教师大专化、初中教师本科化;吸收非师范类毕业生,经过进修教育学、心理学等课程并在普通话水平测试合格后安排到中小学任教。

第三,抓科研促教改,为全面实施素质教育提供理论指导。1996年,广东省启动科研促教工程,凡是素质教育的重大改革实践,都经过科学论证和科学实验,逐年加强并取得初步成效。广东省要求在各市、县(市、区)学校成立教育教学科研机构,推动中小学开展教育科学实验。到2000年,主体教育、成功教育、愉快教育、创造教育、生本教育等多种素质教育的教学模式、方法的探索,已在中小学普遍开展起来。

(二)推进教育现代化

1994年,省委、省政府召开全省教育工作会议,提出建设教育强省的目标;同时,省委决定珠江三角洲地区要成为广东省率先实现现代化的一个大经济区。在省委、省政府主持下,按照梯度推进的方针,先后制定《珠江三角洲经济区现代化建设规划》《珠江三角洲教育现代化规划》。

珠江三角洲教育发展形成自身优势,在推进广东教育现代化中起到龙头作用。这些优势表现在:(1)改革开放促进了思想解放和观念更新,为教育的改革发展创造了良好的外部环境;(2)各级领导带头,教育被提上优先发展的战略地位,重教兴学的社会风气逐步形成;(3)已形成多渠道的办学和投入机制;(4)经济社会发展为教育提供了良好的物质基础;(5)华侨捐资办学的优良传统在新形势下进一步发展。现代化建设和人民群众对教育日益增长的需求,对教育的改革和发展也形成了巨大的推动力。

珠江三角洲教育现代化建设,在推进全省教育现代化中发挥着导向、示范作用。1999年1月,经省政府同意,省教育厅召开推进珠江三角洲教育现代化暨全省教育信息化工作会议。广东省确立一市(中山市)、二区(广州市天河区、深圳市南山区)及10个乡镇、100所学校作为教育现代化的试验点,以点带面推动全省的教育现代化。这次会议,标志着珠江三角洲教育现代化进入了有计划、有组织的全面推进阶段。

实施广东省教育信息化工程,是推动广东省教育信息化、网络化、现代化,抢占人才培养制高点的一项重要决策,是广东省教育现代化的重要组成部分和突破口。

广东省大中小学开展计算机教育和信息技术应用较早。20世纪80年代，广东省开展计算机与中小学教育教学结合的研究试验工作。进入90年代，广东省加快了教育信息化的步伐，先后制定《广东省普通教育管理系统规划纲要》《广东省中小学计算机课程纲要》《关于加强中小学计算机教育的意见》。1999年年初，省教育厅印发《广东省教育信息化工程规划（试行）》，规划提出到2010年广东中小学教育信息化的总目标，就是要在全省中小学的教育教学和教育行政管理实现全方位的教育信息化，全面提高教师和学生运用计算机和信息网络进行学习和工作的能力，全面推进信息技术与学科课程的整合，使现代教育技术从教育教学的辅助工具变成教育适应信息化时代要求的重要支撑，成为师生不可缺少的学习和发展手段，建立起适应新时代要求的教学模式、评价模式和管理模式。90年代，广东开展教育信息化的工作主要有：在全省大中小学逐步开设计算机课程，初步建立了一支教育管理信息队伍，培训了一批计算机教学和研究的骨干教师，提高了教育教学水平和质量。1999年，全省中小学计算机的拥有量为15.6万台，占全国中小学计算机总量的1/7，在全国各省（区、市）中居领先地位。至2000年，已有100所中小学建成计算机校园网络；在全国率先建立了县级教育管理信息系统，建立全省教育信息动态观测站，同时建立了全省教育事业发展、教育经费、基建情况数据库和校舍数据库、教师住房数据库。2000年，广东初步建立大中小学学生学籍管理信息系统，为教育管理和教育决策提供了及时、可靠、准确的信息服务；有计划地结合学科教学，配套开发和应用了一批教学软件，并逐步建立了教育教学资源库。

（三）发展民办教育

广东省民办教育历经1979—1992年的恢复阶段、1993—1997年的迅速发展阶段，以及1997年以后的依法规范阶段，逐渐从对公办教育的补充地位上升为社会主义教育事业的组成部分，初步形成了公办学校和民办学校共同发展的格局，比较好地满足了社会对教育的多样化需求，为整体教育事业注入了新的生机与活力。

1993年，中共中央、国务院印发《中国教育改革和发展纲要》，明确对社会力量办学要实行"积极鼓励，大力支持，正确引导，加强管理"的方针。1997年，国务院颁布《社会力量办学条例》。1999年，省政府颁布《广东省基础教育民办学校管理规定》。

省教育厅、省高等教育厅制发了一系列规范性文件，不断把民办教育推向依法办学、依法管理的轨道，保障了民办教育健康有序地发展。至2000年，广东省各级各类的社会力量办的教育机构有近万所，每年的在校生和培训人次在百万以上。其中民办幼儿园1555所，在园儿童13.78万人；民办中小学350所，在校学生16万人；民办职业中学15所，在校学生3107人；民办普通高等学校6所，在校生11361人；专修学院58所，在校生22339人。

广东省民办学校的发展呈现如下特点：一是以经济运作为基础。如收取教育储备金的学校通过运作教育储备金，使其保值增值来维持学校的正常开支，或是收取比公办学校标准高的学费，保证学校正常运转。二是以市场为导向。适应市场需求，打破政府办学千校一面、万人一书的局面，民办学校以寄宿、电脑、外语、艺术等方式和课程为特色，满足了部分家长的择校要求，开辟了教育市场的新天地。

广东省民办教育事业取得的成绩主要表现在：一是初具规模。在办学主体上，有企业办学、政府与企业合作办学、中外合作办学、内地（大陆）与港澳台合作办学、个人办学等多种办学形式；在教育对象上，有供内地（大陆）居民子弟选择的义务教育阶段学校，有非义务教育阶段学校，有专收港澳子弟、台商子弟入学的学校，有外籍人员子女学校，有外来务工子女学校；在收费标准上，有高收费学校、低收费学校；在公办学校转制的形式上，有国有民办、民办公助、公办民助等形式。二是吸纳资金成效显著。1993年、1994年，广东省兴起以教育储备金方式创办的民办学校，吸纳了大批民间资金。据统计，全省40多所高收费民办学校吸纳的社会资金有120亿元左右，建起了一批高标准、现代化的民办学校。为防范金融风险，1999年省政府决定，停止收取教育储备金，全部转为收取学杂费。三是开展建章立制工作。广东省民办学校逐步建立和完善学校的规章制度，包括人事制度、档案制度、财务制度、教学管理规程和学籍管理制度等，规范了办学者、校长、教师、学生之间的行为和法律关系。四是教育教学初见成效。广东省民办学校在积极改善办学条件，加强教师队伍建设的同时，创新教育理念，加强和改进德育、体育、卫生、艺术、信息技术、英语等教育教学，探索新的教育模式和管理方式。

（四）发展职业教育

职业教育是经济发展的基石。改革开放后，广东省地区生产总值以年均13%以上的速度增长。进入20世纪90年代，部分劳动密集型产业逐渐转移或被淘汰，而科技含量高和智能化、自动化水平高的新兴产业蓬勃兴起，经济发展进入转型升级和战略调整时期。为了适应产业结构调整和经济发展模式转型，广东的职业教育由20世纪80年代大量培养劳动密集型产业所需要的初级、中级技术工人转向培养技能型、复合型的应用人才，规模不断壮大，质量不断提高。至2000年，广东省中等职业技术学校（含普通中专、成人中专、职业高中和技工学校，下同）发展到1146所，招生数和在校生数分别达到26.93万人和80.03万人。广东省还建立起各类培训中心5000多个，初步形成了覆盖全省的职业培训网络，年培训量达100万人次；乡镇成人文化技术学校有1692所，参加成人学历教育、农业技术等学习培训的农民达到千万人次以上；高等职业技术教育也逐步发展，职业技术学院有21所，在校生14.9万人，初步形成了多层次、多门类的职业教育体系。

1991年，省委、省政府在江门市召开全省职业教育工作会议，提出《关于广东省职业教育若干问题的意见》。1995年12月，省政府在茂名市召开全省农村教育综合改革工作会议，提出要大力发展农村职业教育。1997年，省政府在顺德市召开全省职业教育工作会议，作出《关于大力发展职业教育的决定》。1999年10月，省有关部门在新会市召开全省农村教育综合改革工作经验交流会，省政府办公厅转发省教育厅、省政府农业办公室、省农业厅、省科学技术委员会（以下简称"省科委"）《关于大力发展农民文化科技教育的意见》，明确提出农村教育要为"三农"服务，为当地经济建设和广东率先实现现代化培养人才。为了加快中等职业教育的发展，广东省财政从1998年起，在原有职业教育专项经费的基础上，每年增拨3000万元，用于充实设备，改善办学条件。

广东的职业教育以服务当地经济发展为中心，围绕当地主导产业设置专业，充分体现地方特色。至2000年，广东省涉及第一、第二、第三产业的中等职业技术专业有300多个。20世纪90年代中后期，广东大力发展信息产业，电子技术、网络技术发展势头强劲，广东的职业技术学校适时开设计算机、电子信息、机电等专业，大量培养这类应用人才。广州电子中专、电子职中，深圳电子技术学校，东莞附城职中、威远职中，顺德梁銶琚中学、工业中专等学校适时调整专业，成为培养上述技术型人才的基地。各地各校还瞄准企业、市场，积极与当地企业联合办学，培养社会需要的技能型、实用型人才，如顺德市教育部门与科龙集团、美的集团、格兰仕集团联办科龙职中、美的职中、格兰仕职中；梅州市城西职中、清远市清城职中与当地或珠江三角洲的工厂、企业联合办学，工厂、企业为学生提供专业师资、实习场所，甚至实用教材，使学校培养的人才适销对路，规模越办越大。

广东的职业教育注重骨干学校和专业的现代化建设，积极走内涵发展道路。1999年，全省有省级以上重点职业技术学校192所（普通中专60所，成人中专25所，职中71所，技校36所），其中，按照新的国家级重点职业学校标准进行了复评和评估，被教育部认定为首批国家级重点职业学校的有46所（普通中专19所，成人中专2所，职中25所）。全省建立了职业高中的电子信息、机电、计算机、旅游、服装等5个理工类专业研究中心，以及现代农业种植、养殖、多种经营等3个农业类专业研究中心；普通中专对63个骨干专业进行了重点建设。在培养"双师型"的职教师资方面，从1986年开始，广东在华南理工大学培养理工类职教师资，在仲恺农业技术学院培养农业类职教师资。1998年，将广东民族学院改办为广东职业技术师范学院，大量培养职业学校所需的专业教师。同年，广东设立广东省职业与成人教育师资培训中心和广东省现代农业教育培训中心，面向全省职业学校、乡镇成人文化技术学校开展师资业务培训，并举办各类中、短期培训班和中等职业技术专业"双证书"班，提供现代农业科学技术业务咨询和技术指导，为有需要的职业学校提供学生实习基地和优良品种，先后共培训1000多人次。广东教育学院、职业高中5个理工类、3个农业类专业研究中心也承担了各类职教文化课和专业课师资的培训任务。在整个90年代，广东努力改善职业学校的办学条件和工作环境，大幅度提高教师的待遇，并与天津职业技术师范学院等有关院校建立了联系，积极引进专业课教师。此外，各地还积极选送职业学校的骨干教师出国进修；不少学校引进了研究生、高级工程师、教授等高层次人才，全省职教师资队伍整体素质和业务水平有了较大提高。在教育教学改革方面，广东提出对职业学校的教材实行"一年一小改，三年一大改"，并牵头组织广东省、北京市、广西壮族自治区的职教专家、学者、教授、职业学校教师，编写中等职业学校的专业教学大纲和教材。各地对职业教育教学内容、手段和方式方法的改革也进行了有益尝试，并且取得了阶段性成果。全省国家级重点职业学校大都建立了校园网，并与互联网相联，初步实现了教学、管理电脑化和学校办公无纸化，职业教育现代化建设迈出了可喜的步伐。

（五）加强教师队伍建设

广东省加强教师队伍建设，目标是形成一支合格稳定、数量充足、与广东教育事业发展相适应的教师队伍，为建设教育强省和教育现代化奠定坚实的人才基础。主要体现在以下四个方面。

第一，教师总量上基本满足教育事业发展的需要。2000年，全省中小学专任教师由1990年的45.9万人增长到63.67万人，其中小学36.41万人，初中18.47万人，普通高中4.39万人，中等职业学校（含技工学校）4.4万人；普通高等学校专任教师2.04万人，成人高校0.55万人，确保了全省教育事业的稳定发展。

第二，采取多种形式提高教师队伍素质。为全面实施素质教育，推进广东教育现代化和建设教育强省，针对教师队伍的实际情况，广东省采取脱产进修、业余函授、卫星电视教育等多种培训形式，培训了大批在职教师，使广东省教师的学历达标率逐年提高，教育教学能力不断增强，整体素质不断提升。

第三，提高教师的社会地位和经济待遇。"八五"期间，广东省政府规定了中小学教师工资收入的最低标准，省财政每年安排5000万元用于补助贫困山区中小学教师岗位津贴，提高中小学教师工资待遇的总体水平；全省共评出特级教师810名，南粤杰出教师82名，南粤优秀校长193名，南粤教书育人优秀教师和南粤教坛新秀6490名，全省优秀教师（含模范教师、先进教育工作者等）868名。1994年以后，全省共下达"民转公"指标15.7万个，至2000年，基本完成"民转公"工作，并逐步清退代课人员。教师住房建设进展显著，省政府先后四次召开全省教师住房建设工作会议，各县（市、区）逐步建立教师住房数据库和教师住房档案。到1998年年底，全省80%以上的县（市、区）基本解决了教师住房困难问题，全省城镇中小学教师家庭人均住房面积达到12.6平方米，住房成套率达到80%以上。全社会形成了尊师重教的风尚，教师职业逐步成为人们羡慕的职业。

第四，逐步改革和完善教师聘任管理制度。1989年开始，广东省推行学校内部管理体制改革，各地均进行了不同程度的教师聘任制改革，并逐步建立和完善中小学校长选拔和聘用制度。1999年开始，全省实施教师资格制度，严格把好教师队伍入口关。加强教师队伍管理的法治建设，全面实施《中华人民共和国教育法》《中华人民共和国教师法》《教师资格条例》，依法治教，理顺体制，明确职责，由县（市、区）以上教育部门负责当地教师的认定、考试、录用、调配、编制管理、职务评聘、工资晋升、培养培训、考核奖惩，依法保障教师的合法权益，依法管理教师队伍。

（六）加强教育督导评估

1988年，广东恢复重建教育督导评估制度，经过20世纪90年代的改革，取得了良好的效果，强化了各级政府发展和管理基础教育的责任。

第一，构建具有针对性、科学性、实效性的机制。至2000年，广东建立了5个督导评估机制，即中小学（含幼儿园、职业高中、成人文化技术学校）等级评估机制、"两基"年度复查机制、改造薄弱学校评估机制、教育现代化先进县和镇评估机制、学生个体素质教育评估机制。这些机制普遍具有两个突出的特点：一是针对性强，都是围绕教育工作中心、重点而建立的；二是力求科学性，坚持运用督导评估的理论、原则、方法，实行督导评估各个环节的有机结合。

由于广东省的教育督导评估机制具有针对性、科学性，因而对于提高学校的办学水平，推进素质教育，加快教育现代化步伐和建设教育强省进程，发挥了不可替代的促进作用。例如，建立时间最早（1992年）、经历时间最长（已有8年）的中小学等级评估机制，从论证其必要性、制订评估方案，到组织评估、处理评估结果等各个环节，都是经过精心设计、反复实践、不断完善的。至2000年，这个机制已帮助和促进1700多所中小学上等级、上水平，并带动了对幼儿园、职业高中、成人文化技术学校的办学水平的评估。广东先后两次（1994年、1999年）在全国中小学督导评估工作经验交流大会上和全国各省（区、市）教育督导室主任大会上介绍经验，并先后获得吴汉良科学管理奖一等奖、特等奖。

第二，建设具有督学、督政职能的机构。广东省各级教育督导机构，有两种模式：一是教育行政部门督导室，设在教育行政部门内，其级别相当于教育行政部门内设中层机构；二是政府督导室，设在教育行政部门内，其级别有的与同级教育行政部门同级，有的比同级教育行政部门低半级，有的低一级。因此，教育督导机构具有督政、督学的职能，设在教育行政部门内，有利于工作的相互协调、沟通。

第三，建设一支素质高、结构合理、专兼结合的督导队伍。2000年，广东省有督导人员1266人，其中专职督学346人，兼职督学920人。兼职督学多数从各级教育行政部门离退休局长中选聘，少数从离退休的重点中学校长中选聘，基本上是一支行政管理型和专家型结合的队伍。为了提高督导人员的素质，各级督导部门重视加强对他们的培训，组织他们学习理论，参加实践，不断提高其业务水平。

第四，从理论与实践的结合上提高督导评估工作水平。广东省各级督导部门和督导研究会在组织督导人员学习理论、推进教育现代化、评选优秀论文等方面做了大量工作，尤其是深圳市每年召开一次的研讨会，学习理论，研究实践，评选优秀论文，有效地促进督导评估工作水平的提高。1989年8月15日，省政府颁布《广东省普通教育督导工作暂行规定》，对督导机构的性质、任务、工作范围、人员配备等作出明确规定，对广东省督导评估工作的规范化起到很好的作用。

（七）华人华侨、港澳同胞捐资兴学

祖籍广东的海外华人华侨、港澳同胞素来有捐资兴学、造福桑梓的优良传统。改革开放后，广东省各级政府积极制定和落实维护侨胞、港澳同胞合法权益的政策，以及鼓励侨胞、港澳同胞捐资兴学的政策。1979—2000年，华人华侨、港澳同胞捐助教育事业具有数量多、资金额度大、参与者众、公布面广等特点。新建、扩建、修建各级各类学校2万多所、幼儿园近1100所；设立奖教奖学等各种教育资金组织1300多个；捐赠大批现代教学科研仪器设备、图书资料、交通工具，根据教育部门统计，金额共达200多亿元人民币，有力地促进了广东省各级各类教育发展。

三

1979—2000年，广东教育事业发展取得显著成绩，但教育事业的发展滞后于经济社会发展，教育的规模、结构、质量、效益与经济大省的地位不相适应，与广大人民群众对教育的迫切需求不相适应，与改革开放和现代化建设的形势不相适应，制约广东省教育发展的深层次矛盾和问题仍然不少，主要有六个方面。一是九年义务教育发展不均衡问题突出。经济欠发达地区明显落后于珠江三角洲地区，农村特别是欠发达地区的农村依然面临

办学条件差、教育质量低等突出问题。农村学校还有相当数量的危房，生活设施、教学设备简陋，教师队伍学历水平和整体素质明显偏低。二是高中阶段教育发展明显滞后。总体规模小，普通高中教育资源短缺，中等职业技术教育规模和质量远未能满足经济社会发展对技能型人才的需求。2000年，全省初中毕业生升学率只有60.15%，高中阶段教育毛入学率只有38.7%，每万人口普通高中在校生数、每万人口中等职业技术教育在校生数在全国均处于中下位置。三是高等教育发展水平不够高。办学规模偏小，每万单位人口在校生比例偏低；学科、专业结构不尽合理，教育教学质量有待进一步提高；科技创新能力偏弱，科研成果转化及产业化能力有待加强。2000年，全省高等教育毛入学率仅为11.35%，每万人口普通高校在校生41.19人，每万人口成人高校在校生27.7人，在全国处于中等偏下位置。四是师资队伍整体实力不够强。欠发达地区农村和偏远地区中小学骨干教师流失比较严重；初中、高中教师学历水平偏低；高校缺少高水平的中青年骨干教师和学科带头人。2000年，普通初中、普通高中教师学历达标率和普通高校教师高职称比例在全国处于中等位置。五是妨碍全面推进素质教育的藩篱根深蒂固，推进素质教育成效不能尽如人意。六是教育经费投入未能满足教育事业发展的需要。地区之间教育经费投入差异较大，农村义务教育投入水平较低；普通高中发展资金缺口较大；职业技术教育投入偏少，机制不够健全；高等教育经费不足，且使用效益有待提高。一些地方政府对教育的重要性认识不到位、投入不足，有些地方还出现了挪用、截留或克扣教育专项经费的现象。

广东教育发展的问题，最根本的是教育供给能力不足与人民群众对教育尤其是优质教育日益增长的需求之间的矛盾。这既有基础薄弱、历史欠账多的因素，也有思想上不重视、措施不落实的影响；既因投入总量不足所致，也因资源配置不合理所造成；既有体制机制的障碍，包括办学体制方面还没有形成一整套具体优惠政策以充分发挥社会力量开办教育特别是非义务教育的积极性和创造性，也有财税体制方面未做到财力与事权相匹配，有些法律法规和规章制度未得到各级政府及有关部门、各级各类学校及社会其他有关方面坚决贯彻执行的因素。

广东教育发展的经验表明，在经济社会发展中必须坚持把教育摆在优先发展的战略地位，教育发展必须坚持为经济社会发展提供强大人才保证、智力支持、科技支撑，统筹兼顾，协调发展。

《广东教育改革发展思索》前言[*]

本书是我继1998年9月出版《广东高校德育论丛》（合作编著）后至2011年年底的又一文稿集成。

1998—2011年，我先后在中共广东省委高校工委与广东省高等教育厅宣传教育处、广东高等教育出版社、广东省教育厅政策法规处、广东省语言文字工作委员会办公室和广东省教育厅办公室、广东省教育厅发展规划处工作，特别是2002年10月底在省教育厅政策法规处工作以来，始终以高昂的政治热情和强烈的时代责任感，努力树立战略思维和前瞻眼光，坚持解放思想、实事求是、与时俱进，围绕贯彻落实广东经济社会发展战略决策，紧扣"坚持以人为本、全面实施素质教育"这个教育改革发展战略主题，从不同的侧面和不同的角度思考广东教育改革发展及人才培养的新形势、新任务、新要求，参与了一系列教育改革发展及人才培养战略研究、政策研究和实践研究，与同事们一道把绝大部分时间、精力和成果用于协助省委、省政府及省教育厅的教育决策和教育管理工作，用于支持各级各类学校深化教育教学改革和提升办学水平。本书选辑的是我1998年至2011年形成的部分文稿，共计42篇。

本书涉及面广，既有对经济社会发展和现代化建设与教育改革发展及人才培养互动关系的追问，又有深化教育体制改革、推动教育科学发展的探讨；既有对教育改革发展及人才培养的宏观思考，又有对基础教育与高等教育、公办教育与民办教育、教师队伍与人才培养、教育与科研的条分缕析；既有对加强和改进高校德育工作与精神文明建设的思索，又有在出版工作和读书中对教育改革发展及人才培养的感悟；既有立足广东教育改革发展现实寻因问果，又有面向国内外教育改革发展过程借鉴求道，按教育改革发展规划思索、教育与经济社会发展思索、基础教育思索、高等教育思索、民办教育思索、素质教育思索、教育比较思索、出版读书与教育思索等8个部分并分别以撰写或发

---

[*] 本文系作者于2016年1月6日为自己所著《广东教育改革发展思索》写的前言，该书由广东高等教育出版社于2016年3月出版。

表时间为序编排，较好地勾勒了这一时期的主要思索领域、思索轨迹和思索结果。

书中关于一切教育问题的思考和研究，关于教育改革发展及人才培养方向的把握、目标的树立、任务的确定和举措的提出，总是放在经济全球化和区域经济一体化、世界科技革命和国际社会文化思潮相互激荡下加以审视，总是放在国家改革开放和发展社会主义市场经济进程中加以考察，总是放在广东改革开放先行一步、地理环境比较特殊、市场发育比较充分、经济对外依存度比较高及其对人才、智力、科技需求急迫的现实里加以分析，总是放在广东自身教育改革发展纵向比较和与先进国家、先进省（市）教育改革发展横向比较，以及经济发展方式转变、人民群众追求幸福生活对教育新期盼的坐标上加以定位，因而较具战略性。

注重思索和研究的战略性，前瞻性或预见性就容易表露出来。我参与完成的《跨向21世纪广东教育的思考与展望》，以我为主完成的《广东现代化进程与高校人才培养》《经济文化建设视角的广东教育改革与发展》，我独自开展的大学人才培养模式改革和大学教材出版趋势、加强广东高校高层次人才队伍建设的方向与路径、提升广东高校创新能力的主攻方向与路径选择等的思索，都较充分显示了基于综合因素所作判断的准确性，教育改革发展及人才培养模式创新的事实也印证了思索的预见性是较为可靠的。

由于工作关系，我的思索往往为了制定教育法规、规划、政策文件而进行，或是为了贯彻教育法规、规划、政策文件而展开。关于加强民办高校和成人高校依法治校工作的思考、关于民办教育发展与地方立法的探讨、关于粤西基础教育发展的建议、关于制定中长期教育改革发展规划纲要的思考等，分别是地方性法规《广东省实施〈中华人民共和国民办教育促进法〉办法》，省委、省政府《关于加快普及高中阶段教育的决定》《广东省中长期教育改革和发展规划纲要（2010—2020年）》等制定前的主要思索结果。关于充分发挥广州大学城综合效应的思考，关于韩国和日本教育政策考察及对广东推进教育现代化的启示、关于对优先发展教育提升人才资源开发和人才培养水平的理解、关于充分发挥教育在经济发展方式转变中的战略作用的认识等，分别是对省委省政府决策并建成广州大学城、省委省政府制定教育现代化建设纲要、贯彻国务院批准实施的《珠江三角洲地区改革发展规划纲要》等重大规划和政策文件背景的理解、内容的解读、贯彻的认识。书中对全面实施素质教育问题、非户籍常住人口子女教育问题、发展壮大职业教育问题、以提高质量为核心的高等教育内涵发展问题、推进基本公共教育服务均等化问题的思索也带有明显的政策思维烙印。

我不是教育理论工作者，这个时期主要是在省教育行政部门从事有关教育行政工作，因所在机构及承担的职责，总是把工作、学习、思考、研究融为一体，因而本书所呈现的内容始终充满实践性，坚持用科学理论指导实践并升华实践，同时在实践中形成并扩展理性成果。高校德育工作和精神文明建设、教育出版工作、依法治教和依法治校、普及高中阶段教育、发展壮大职业教育、提升高等教育发展水平、建设高素质专业化教师队伍、深化教育综合改革、打造南方教育高地等，都是我从事过的教育工作领域或是我思索的业务范围，这样的工作或是思索充满着实践性。

如上所述，这个时期我主要是在从事有关教育行政工作，思索及所形成的结果并不是体系性和纯学术性的，这或许是本书所欠缺的。受各种原因的影响或受有关条件限制，我对有些问题的分析较为浅显，有些思想观点不够凝练，有些预测数据并不准确。相信广大读者同样会抱着学习、思考、研究、探索的态度来阅读这本书，并本着客观、历史、发展、辩证的观点来评价这本书。

我将把本书的出版作为继续为深化教育领域综合改革、推动教育科学发展贡献力量的新起点，不断拓展教育改革发展及人才培养研究与实际业务工作的广度和深度。

《广东教育改革发展思索》后记*

1998年初,我与梅醒斌同志把1989年下半年至1997年下半年在省委高校工委、省高等教育厅思想教育处(宣传教育处)结合工作撰写的部分文稿选编成《广东高校德育论丛》(合作编著),于1998年9月由广东高等教育出版社出版。1998年以来,我经历了多个工作岗位、多方面工作领域的锻炼。《广东教育改革发展思索》,收录的是1998年年初至2011年年底我在工作、学习过程中撰写的部分文稿,分教育改革发展规划思索、教育与经济社会发展思索、基础教育思索、高等教育思索、民办教育思索、素质教育思索、教育比较思索、出版读书与教育思索等8个部分并都基本按撰写或发表时间顺序编排。这些文稿,有些是结合工作开展而形成的,有些是在工作之余或是在学习中撰写的,部分曾在书报刊发表,部分未曾公开。

为忠实反映当时条件下我对教育改革发展及人才培养问题的思考和理解,除了个别文稿个别地方略做内容补充、文字修改、数据删减、标点符号校正外,其余均保留原有面貌,希望可以为关心、支持、研究广东教育改革发展及人才培养的人们提供参考。为方便读者把握各文稿撰写或发表时的背景,更好地理解所要表达的意思,所有文稿的首页都加了题注,表明撰写或发表的时间等内容。梅醒斌、梁英、许怀升、陈日文、杨永信、陈承真、钟院生、邵允振、温海峰、张振超、张伟民、李丹仪等同志分别参与了有关文稿撰写或对有关文稿提出过宝贵意见和建议,有些文稿参考或引用了有关文献资料,在脚注中也做了交代。对他们付出辛勤劳动,致以由衷的敬意!对一直以来先后关心我、教导我、支持我工作和学习的陈绍奇、许学强、张泰岭、郑德涛、罗伟其、李学明、魏中林等领导致以衷心的感谢!对为本书出版给予大力支持的广东高等教育出版社及其有关员工,致以诚挚的谢意!

2011年8月后,我参与组建广东省教育研究院。这几年一直忙于省教育研究院的建

---

* 本文系作者于2016年2月23日为自己所著《广东教育改革发展思索》写的后记,该书由广东高等教育出版社于2016年3月出版。

章立制、队伍建设、事业发展等,本书迟至现在才选辑完成并得以出版。受思想能力水平、时间跨度长、原稿没保存好等因素影响,某些文稿的内容和观点可能存有谬误,某些文稿题注可能不够准确或内容有疏漏,敬请各方谅解并批评指正。

《写给爸爸妈妈的教育丛书》总序 *

百年大计，教育为本。学前教育是国民教育的基础，关系着千万幼儿的终身发展。2010年11月，国务院印发《关于当前发展学前教育的若干意见》，将发展学前教育摆在重要位置，立足解决"入园难、入园贵"问题，提出坚持公益性和普惠性，构建覆盖城乡、布局合理的学前教育公共服务体系，为适龄幼儿提供基本的、有质量的学前教育。经过2011—2013年第一期学前教育三年行动计划的实施，各地以多种形式扩大学前教育资源，学前教育学位大幅度增加，"入园难、入园贵"得到有效缓解。2014—2016年，各地积极实施第二期学前教育三年行动计划，绘制公益、普惠、优质的学前教育发展蓝图，重在优化学前教育布局结构，提升学前教育质量水平。2012年10月，教育部印发《3—6岁儿童学习与发展指南》（以下简称《指南》），为提高学前教育质量提供政策指导，并于2013年部署一年一度的学前教育宣传月活动，意在利用多种形式加大《指南》宣传贯彻力度，促进学前教育优质发展。这一系列政策保障和指引，无疑是政府对发展学前教育重视的体现，学前教育科学发展的"春天"可谓正当时。

《指南》不局限于为教师提供专业引领，同时也为家长育儿提供科学指引，旨在"指导幼儿园和家庭实施科学的保育和教育，促进幼儿身心全面和谐发展""帮助幼儿园教师和家长了解3—6岁幼儿学习与发展的基本规律和特点，建立对幼儿发展的合理期望，实施科学的保育和教育，让幼儿度过快乐而有意义的童年"，为学前教育发展营造科学、宽松、和谐的社会环境。与《指南》同步发行的除了教师读本以外，还有专为家庭设计的家长宣传册，分门别类、简明扼要地为家长总结科学育儿的教育理念精华和适切的教育建议。这说明学前教育的重心正从单纯的幼儿园全权负责向家园合力共育的合理方向转变，家庭教育对学前幼儿健康成长的重要性得到高度关注。

《指南》颁布以来，全国各地对《指南》深入解读并积极组织培训，将《指南》

---

* 本文系作者于2016年4月9日为《写给爸爸妈妈的教育丛书》写的总序，该丛书由广东高等教育出版社从2016年11月起陆续出版。

所倡导的理念和教育指导建议落实到具体的幼儿保教过程中，取得了显著效果。然而，我们也发现，围绕《指南》的解读和培训主要是面向幼儿园教师，面向家长的培训力度和取得的成效相对薄弱。而作为"幼儿的第一任教师"，家长具有幼儿园教师所不可替代的作用。部分家长的"高期望，低管教"，不仅直接制约幼儿的健康发展，也间接影响到幼儿园的保教活动。许多幼儿园反映，幼儿园保教之所以不能充分地、科学地实施《指南》，主要是受到家长观念和需求的影响。鉴于家长的重要影响力，2012年2月，教育部印发《关于建立中小学幼儿园家长委员会的指导意见》，提出"中小学生和幼儿园儿童健康成长是学校教育和家庭教育的共同目标"，家长委员会要充分参与到学校和幼儿园管理及教育工作中，做好家庭和学校、幼儿园共育的沟通工作。2015年10月，教育部印发《关于加强家庭教育工作的指导意见》，指出了家庭教育在儿童终身教育和发展中所起的重要作用，分析了当前家庭教育中存在的认识不到位、水平不高、重知轻能等一系列问题，要求家长履行家庭教育责任，严格遵循儿童身心发展规律，更新教育观念，掌握科学的教育方法，为儿童提供合适的成长环境，科学育儿，提高家庭教育水平。确实，家庭是儿童教育环境的重要组成部分，家庭教育的优化是教育科学发展的重要环节，儿童的教育是家庭和学校的共同责任。在教育部这两份"指导意见"的指导下，2016年1月，广东省教育厅印发《关于进一步加强中小学幼儿园家长委员会建设的通知》，凸显家长委员会在中小学、幼儿园教育中的重要作用，进一步明晰学校或幼儿园、家长委员会及家长学校的关系，要求规范家长委员会建设，充分发挥家长委员会参与教育的积极作用，学校、幼儿园作为家长学校要对家庭开展科学家教知识宣传工作，形成效益最大化的家校、家园教育合力。

近几年，从国家到地方，各级政府及教育行政部门充分认识到对幼儿实施科学保教需要家园共同努力和通力配合，以各种途径宣传科学育儿的正确理念和方法，为此也制定各项政策以规范幼儿园和家庭教育行为，为提高学前教育质量和水平提供了较为健全的保障。为促进学前教育各项政策措施得到充分贯彻落实，特别是促进《指南》与家庭教育有效融合，广东省教育厅于2015年设立"学前儿童家庭贯彻《3—6岁儿童学习与发展指南》的家长工作策略研究"项目，由广东省教育研究院和华南师范大学组织的学前教育和家庭教育领域专家团队牵头，共同研究《指南》指导家庭教育的有效策略，帮助家庭实现科学育儿。以教育源于生活的原则,研究团队发动全省幼儿园和幼儿家长参与课题研究,征集真实的家庭教育案例,加以专家点评,编辑成《写给爸爸妈妈的教育丛书》,以助广大家长正确理解《指南》精神,提高家庭科学育儿水平。

本套丛书案例来源于真实的家庭教育故事,立于《指南》观念的科学分析,将晦涩的教育理论和概念化的教育方法生活化、趣味化、具体化,降低了家长解读和贯彻《指南》的难度。不难发现,本套丛书呈现出以下三个基本特征。

首先,素材源自家长。家长是儿童成长中的第一任教师,家长的育儿观念和方法影响儿童一生的发展。提升家长科学育儿水平,基于家长真实教育行为的分析最具说服力,也最能引起大部分家长的共鸣。基于这一认识,在广东省教育厅支持下,研究团队在全省各地幼儿园发动家长结合自己的育儿经历撰写教育故事,最终收集到900多个真实的家庭教育案例。依据代表性、典型性和科学性原则,研究团队对所收集的教育故事细致地加以分析和梳理,从中选取出200多个典型家教案例。在此基础上,从家园共育的角度出发,对应于幼儿园中健康、语言、科学、艺术、社会这五个领域的教育内容,研究团队对这些教育故事进行分类,按领域组织权威专家编写成丛书。丛书的每一个篇章均以征集的实际家庭教育故事为素材,这些故事生动、具体、形象,真实体现了家长在家庭教育过程中的经验、遇到的问题和困惑,也展现了家长的方法和感受。这些来自家长的"原汁原味"的故事,更能引起广大家长的共鸣,是平常生活中家庭教育较为普遍存在的案例,对于大部分家庭来说也更具有借鉴意义。

其次,分析源自专家。丛书所选取的家庭教育故事,客观上说,每一个故事都只能体现一个家庭的经验,但所有的故事都不同程度地反映出亲子互动过程中某一方面的本质,对其他家庭有一定借鉴意义。研究团队对每一个故事中家长的经验感受都进行了"故事分析",力图从教育学、心理学和家庭学等多学科的角度,揭示其中所蕴含的教育原理、存在的教育误区等,以便更多的家长能看出其中的教育"门道"。丛书编撰专家为广东省学前教育、家庭教育领域知名专家,对学前教育的先进理念和实践、国内国际发展趋势及《指南》有透彻的理解和丰富的见解。他们的理论分析和点评紧密结合《指南》,深入浅出,能帮助更多的家长"知其然",更"知其所以然",进而树立正确的儿童观、发展观和教育观。这也是儿童家长提升素质和科学育儿的基础。

最后，感悟源自读者。每一位儿童都是独一无二的个体，每一位家长都有自己独到的理解和能力，每一个家庭都有自己独特的故事。任何一个家庭都不能简单复制或照搬其他家庭的经验和做法，但是，"他山之石，可以攻玉"，家庭教育有其自身规律，正如给幼儿多一次锻炼的机会，幼儿就会有多一点的发展一样，作为家长，多一分交流与学习，就会多一分成熟。为此，结合每一篇家庭教育故事及专家分析，丛书提出了与该故事主题相应的"教育建议"。这些"教育建议"，立足幼儿学习"生活化"和"游戏化"的基本特点，列举了一些能够有效帮助和促进幼儿学习与发展的教育途径与方法，为遇到相似情况的家庭提供教育参考和借鉴。但是，没有一种方法能够穷尽所有，没有一条建议能适用所有的家庭，这需要家长根据对孩子的了解做出科学的判断和合理的选择。"知子莫若父"，只有父母才最了解自己的孩子，也只有朝夕相处的家庭成员才能最好地彼此了解。只有"适合的才是最好的"，这对于家庭教育也同样适用。因此，读者要结合自己的实际，通过"自我反思"，通过与其他家长和专业人士的进一步交流探讨，逐渐感悟出最适合自己的教育途径和方法。

《写给爸爸妈妈的教育丛书》是对《指南》的深刻解读，站在家庭尤其是父母的角度做深入的专业分析，是学前教育相关政策得以落地的有力保障。我们寄希望于本套丛书可以最大限度地发挥指引功能，于家长有所裨益，轻松"消化"《指南》，营造同心协力、科学育儿的家园共育氛围。德国哲学家雅斯贝尔斯在《什么是教育》一书中写道："教育的本质意味着一棵树摇动另一棵树，一朵云推动另一朵云，一个灵魂唤醒另一个灵魂。"我们希望这套丛书，能用一个家长的教育故事启迪另一个家长的教育智慧，用一个家长的教育故事促进另一个家长的教育反思，用一个家长的教育故事提升另一个家长的教育素养。通过全体家长的育儿专业成长，使幼儿受益、家庭和谐、民族兴旺。

《政校行企协同　学产服用一体——东莞特色高等职业教育创新实践》序言[*]

当前，职业教育站在新的历史起点上。深化改革创新，到2020年建成中国特色、世界水平的现代职业教育体系，是职业教育系统当前和今后一个时期的重要中心任务。2010年以来，我国高等职业教育改革和发展取得了长足进步，主要表现在高职院校结构布局趋于合理、高职学生入学人数持续增加、中高职衔接和中高本一体化发展步伐加快、专业教学标准和课程标准研制受到重视、高水平规划教材建设稳步推进、产教融合和校企合作取得新进展、就业创业人数不断攀升等。可以说，当前我国高等职业教育与我国经济社会发展是比较协调的。究其原因，主要有以下三方面。

一是党和政府大力支持，推动高等职业教育快速发展。21世纪以来，我国面临经济社会发展转型的契机和技术技能型人才匮乏的局面，党中央、国务院多次部署职业教育改革和发展，特别是2010年7月召开全国教育工作会议并出台《国家中长期教育改革和发展规划纲要（2010—2020年）》，2014年召开全国职业教育工作会议并出台《国务院关于加快发展现代职业教育的决定》及《现代职业教育体系建设规划（2014—2020年）》，为高等职业教育快速发展创造了良好政策环境。

二是社会需求持续扩大，推动高等职业教育多样发展。我国经济建设、政治建设、文化建设、社会建设、生态文明建设全面推进，工业化、信息化、城镇化、市场化、国际化深入发展，创新驱动发展战略稳步实施。这需要数以千万计的专业性人才特别是先进制造业、现代农业、现代服务业高素质技术技能型人才予以支撑。随着经济社会改革发展和转型升级深入推进，各行各业对专业性特别是高素质技术技能型人才的需求将会继续增加。这为高等职业教育结构布局合理化水平提升和多样化、特色化、优质化发展提供了强劲动力。

三是人才观、成才观发生可喜变化，推动高等职业教育持续发展。经过38年改革开放特别是20世纪90年代以来的快速发展，一批又一批高等职业教育毕业生走向社会，在

---

[*] 本文系作者于2016年9月6日为《政校行企协同　学产服用一体——东莞特色高等职业教育创新实践》所作的序言，该书由广东高等教育出版社于2016年11月出版。

各行各业各个岗位上发挥了重要作用，成为推动经济建设、社会进步极其重要的力量，显著改变了人们传统的人才观、成才观。随着高等教育毛入学率持续提高，高等职业教育规模也迅速扩展，成为我国高等教育的"半壁江山"，高等职业教育的软件条件、硬件设施设备不断改善和毕业生良好的发展前景，使社会各界尤其是高中阶段毕业生对高等职业教育的信赖度不断提高，保证了高等职业教育持续发展。

与此同时，我们也要看到，我国职业教育仍然存在一些软肋。比如社会仍有部分民众对职业教育存有偏见、产教融合和校企合作体制机制性障碍仍需着力破除、技术技能型人才培养模式还要深入探索和实践，等等。要化解制约职业教育改革和发展的障碍，需要各级党委、政府进一步突破体制瓶颈，完善政策体系，鼓励和引导行业、企业承担职业教育责任；职业院校要充分把握改革和发展机遇，将学校各项事业改革发展主动融入国家及区域经济社会发展主流中来，走出一条国家需求、地方需要、具有行业特色的办学道路；各方面要齐心协力集聚、丰富和发展职业教育资源，不断提升职业教育与国家及区域经济社会发展战略的协调性。

贺定修教授等撰写的《政校行企协同　学产服用一体——东莞特色高等职业教育创新实践》，反映的是在不断思索自身发展与东莞经济社会发展的辩证关系中，探索出一条符合珠江三角洲地区特别是东莞经济社会转型升级需要、具有地域与自身特色的办学新路。该书依据东莞职业教育这些年来的改革和发展经验，结合我国高等职业教育改革和发展趋势，遵循高等职业教育发展规律，从理论研究和实践探索相结合上，充分表达推进高等职业教育与政府、行业和企业紧密对接，围绕工学结合、校企合作、产教融合，形成"政校行企协同，学产服用一体"办学模式。全书分内涵篇、实践篇、成效篇三个部分，详细阐述了东莞职业教育贯彻落实党中央、国务院有关决策部署精神，创新办学体制机制，改革人才培养模式，深化产教融合、强化校企合作，不断提高技术技能型人才培养质量和办学水平的创新性举措、成效和经验。

贺定修教授和他的团队所呈现的这部著作，是东莞乃至广东高等职业教育改革和发展，特别是特色发展、内涵发展的理论与实践研究领域的诚意之作。我相信，该书的出版，将对广东特别是珠江三角洲地区高等职业教育改革和发展具有重要借鉴意义和参考价值，将对广东建设一流高等职业院校产生积极促进作用。

《广东现代学徒制专业教学标准研制：调查与分析（一）》序*

当今世界，科技发展日新月异，技术创新层出不穷，标准化的作用越来越明显，已成为衡量各国、各地区核心竞争力的重要因素。标准对国民经济与社会发展具有重要推动作用，一个企业，乃至一个国家，要在激烈的国际竞争中立于不败之地，必须深刻认识到标准的重要意义。在职业教育领域，建立科学而完善的标准体系越来越成为内涵发展的驱动力，并最终决定职业教育的人才培养方向和规格。世界职业教育先进国家如英国、德国、澳大利亚等，就是通过开发国家职业资格框架体系，从"知识""技能""能力"3个维度对学习成果进行等级评定，进而实现职业教育与劳动力市场、终身教育体系的有机衔接，并为不同国家、不同院校之间的资格等级比较提供了可能。与西方发达国家相比，我国职业教育标准体系尚不健全，标准研制工作相对滞后，在建设现代职业教育体系的背景下，如何科学制定中国特色、国际水准的现代职业教育标准体系显得尤为重要。2014年6月，教育部等六部门印发《现代职业教育体系建设规划（2014—2020年）》（教发〔2014〕6号），明确要求"建立健全职业教育标准体系"；2015年8月，教育部印发《关于深化职业教育教学改革全面提高人才培养质量的若干意见》（教职成〔2015〕6号），明确提出"完善教学标准体系""积极开发与国际先进标准对接的专业教学标准和课程标准"。可见，在未来的中国职业教育中，"标准"将会成为一个重复率很高的关键词。

广东是中国改革开放的先行地，建立科学而完善的职业教育标准体系，是创建现代职业教育综合改革试点省的必然要求和重要举措，是建设广东特色、国家需要、世界先进的现代职业教育体系的重要内容，对于广东加快发展现代职业教育和全面实施创新驱动发展战略具有极其重要的作用。从2013年启动中高职衔接专业教学标准和课程标准研

---

* 本文系作者于2016年9月19日为《广东现代学徒制专业教学标准研制：调查与分析（一）》作的序，随后又作为《广东现代学徒制专业教学标准：职业能力分析（一）》的序，此二书由广东高等教育出版社于2016年11月出版。

制工作至今，广东已启动3批共74个专业的专业教学标准和课程标准研制工作，投入经费超过1000万元，在实践中形成了一套成熟、有效的标准研制思路、方法与路径。

受广东省教育厅高等教育处、高中与中职教育处委托，广东省教育研究院负责标准研制的组织、协调和指导工作。在"能力核心、系统培养"理念指导下，按照设计框架、构建标准、分级培养、衔接贯通的思路，通过供需调研、职业能力分析、课程体系构建、标准编制4个阶段有条不紊地开展工作。其中，第一批9个中高职衔接专业教学标准研制工作已顺利通过验收并付诸实施，围绕专业教学标准与课程标准进行的课程内容开发、教材编写及课程教学实施也已陆续完成；第二批33个中高职衔接、高职本科衔接标准研制项目已基本完成并陆续进入检查验收阶段；第三批项目研制工作正紧锣密鼓地进行。这里给大家展示的是第三批标准研制项目的供需调研成果，它既有针对中高职衔接的标准研制项目，又有从中职到高职再到应用型本科衔接贯通的专业标准研制项目，还有现代学徒制专业教学标准研制项目，以及国际化及IHK证书本土化等专业教学标准项目。项目组依托"四年制应用型本科人才培养""三二分段专升本应用型人才培养""现代学徒制试点"等项目，通过项目组内部的高职、本科院校、行业企业、教学指导委员会等单位或组织的共同参与、协同创新、联合研制，边研究、边实践、边完善，形成了各具特色的研究成果。供需调研是标准研制工作的起点，通过供需调研，可以找出经济社会发展特别是行业企业对技术技能型人才的需求，以及中高职院校学生的学习需求，进而可以通过供给与需求对比，寻求解决供求矛盾的对策。

现代职业教育标准体系建设任重而道远，只要我们明确目标、厘清思路、完善方案、系统推进，充分学习借鉴国内外职业教育的先进理念、科学成果、正确方法，从国家及广东现代产业体系建设需要和职业教育改革发展及技术技能人才培养要求出发，发挥各方优势，凝聚各方力量，扎实推进、稳步前行，就一定能研制出具有广东特色、符合国家需求、达到国际水准的现代职业教育专业教学标准。

有感而发，是为序。

《现代学徒制专业教学标准和课程标准开发指南》序二[*]

2015年以来，教育部分三批布局558个现代学徒制试点，覆盖1000多个专业点，每年惠及9万余名学生（学徒）。2019年，《教育部办公厅关于全面推进现代学徒制工作的通知》（教职成厅函〔2019〕12号）提出，总结现代学徒制试点经验，全面推广现代学徒制，重点落实好招生招工一体化、标准体系建设、双导师团队建设、教学资源建设、培养模式改革、管理机制建设等重点任务。现代学徒制已真正成为我国职业教育深化产教融合、校企合作，精准培养技术技能人才的重要抓手。广东是现代学徒制理论研究和实践探索的先行地，早在2009年，清远职业技术学院就选择计算机应用技术等3个专业开展现代学徒制探索。2012年，广东省教育厅正式批准清远职业技术学院以自主招生方式面向企业员工招收现代学徒制学生120人进行试点，现代学徒制"广东模式"的研究与实践由此拉开序幕。

整体上看，现代学徒制的"广东模式"具有四个特点。一是国家层面现代学徒制试点比例高。国家三批试点中，广东省有39项，占比7%。二是省级层面现代学徒制试点不断深化。截至2019年，广东已有54所高校194个专业点开展现代学徒制，规模以上企业参与育人超200家，受益学生（学徒）人数已突破1万人，形成了学校＋大型企业、学校与产业园区融合等广东特色现代学徒制实现路径。三是不断强化现代学徒制实践的各项保障。成立广东省现代学徒制工作指导委员会，为全省高职院校现代学徒制试点工作提供培训、指导、监督、管理与咨询；先后出台《关于大力开展职业教育现代学徒制试点工作的实施意见》《广东省职业教育条例》《广东省职业教育"扩容、提质、强服务"三年行动计划（2019—2021年）》等地方法规和政策文件，确立了现代学徒制法律地位，为建设高质量的现代学徒制提供了坚强保障。四是着力以标准引领现代学徒制健康高质量发展。2015年，广东省级财政立项建设医学美容技术等16个省级现代学徒制专

---

[*] 本文系作者于2020年3月为《现代学徒制专业教学标准和课程标准开发指南》作的序二，该书由广东高等教育出版社于2020年5月第2次印刷出版。

业教学标准研制项目，推动构建以专业教学标准为核心，涵盖课程标准、学徒考核评价标准、校企双导师标准等的标准体系，已形成一套可复制的现代学徒制专业教学标准建设理论与方法。

　　本书的出版，汲取了广东现代学徒制标准体系研制经验，我由衷地高兴能为国家全面推进现代学徒制贡献广东智慧，也特别为直接参与研制的全体工作人员点赞。我期望，各职业院校和各行各业能认真学习领会、积极实践并提出建设性意见和建议，为推动我国现代学徒制高质量发展作出积极贡献。

　　是为序。

《特色学校建设的南海范式》序言*

办好每一所学校，教好每一个学生，是办好让人民满意的教育的具体体现。新时代人民日益增长的优质教育需求与发展不平衡不充分的矛盾，成为每一个教育工作者必须面对的现实。提升教育公平程度，提高教育质量水平，让每一个孩子享受更加公平、更有质量的教育，是所有教育工作者的重要任务。

《国家中长期教育改革和发展规划纲要（2010—2020年）》提出："树立以提高质量为核心的教育发展观，注重教育内涵发展，鼓励学校办出特色、办出水平，出名师，育英才。"创建特色学校，是落实规划纲要，促进教育公平、提高教育质量的重要路径。

对于优质学校来说，创建特色学校是再攀高峰的好机会。要在原有的基础上，用新的理念寻找新的增长点，突破瓶颈，提升优势，实现超越。

对于后发学校来说，创建特色学校是变道超车的好机遇。要在新形势下，运用新理念、新方法，明确改革发展的目标任务，开辟新道路，获得新发展。

对于区域教育来说，创建特色学校是促进区域教育优质均衡发展的好方式。要鼓励所有学校，根据地域文化、办学传统、教师优势、生源特点等，确立适合自己的前进方向和具体道路，成长为各具特色的优质学校，助推区域教育优质均衡发展。

一般来说，特色学校具有以下四个基本特征。

一是"特"，独特，即独特性。特色学校区别于其他学校的，是具有独特的办学理念、课程、管理、文化等。

二是"色"，出色，即优质性。检验特色学校最重要的标准是办学质量，优质学校要有新突破，后发学校要有新提升。

三是"学"，学生，即全面性。不能以"特长发展"取代"全面发展"，而要促进

---

* 本文系作者于2019年10月23日为《特色学校建设的南海范式》作的序言，该书由广东高等教育出版社于2019年11月出版。

学生全面而有个性地发展，做到协调、可持续。

四是"校"，学校，即稳定性。成为特色学校是长期的发展过程，其独特性、优质性、全面性等特征要得到各方持续认可。

创建特色学校，要从理念、课程、管理、研究、设施设备、校长团队和教师队伍、文化等要素着手。理念是引领，课程是载体，管理和研究是抓手，校长团队、教师队伍和设施设备是支撑，形成可持续发展正向作用的学校文化。

广东省教育研究院高度重视特色学校创建工作，这几年组织了特色学校规划设计、课程建设、成果提炼等培训和交流活动，开展了创建方案、课程方案和创建成果征集评比，由广东高等教育出版社出版的《以特色彰显每一所学校——广东省中小学优秀特色学校创建方案30例》《用课程夯实每一所特色学校——广东省中小学优秀课程方案24例》等专著，推进了全省中小学特色学校创建工作，促进了区域教育优质均衡发展，为推进广东教育现代化、建设南方教育高地注入了新活力。

佛山市南海区是广东省教育综合改革示范区创建单位，是广东省首批推进教育现代化先进区，在创建特色学校等教育改革发展方面走在全省前列。2009年，南海区就有4所学校以科研课题的方式参与教育部的学校特色化建设工作；自2011年至今，区级财政持续投入近6000万元，以竞争性分配方式推动特色学校创建工作；广东教育杂志社主办的《广东教育》期刊开辟"提升品质　打造品牌——南海特色品牌学校建设系列报道"专栏，推广南海区38所特色学校的经验做法。

用特色彰显每一所学校，用教育照亮每一个孩子。南海区的特色学校建设经验，值得同行们借鉴。让我们共同努力，办好每一所学校，教好每一个孩子，为推进广东教育现代化、建设南方教育高地、办好让人民满意的教育不断作出新贡献。

聚焦课堂教学改革的有效探索[*]

——《小学语数英学科案例教学论》评介

广州市海珠区石溪劬劳小学党支部书记罗小平高级教师，长期致力于学校管理和课堂教学策略研究与实践，其课堂教学改革研究与实践成果——《小学语数英学科案例教学论》，于2020年9月由广东高等教育出版社出版发行。这部理论与实践紧密结合的成果，在出版前、出版后，我都认真学习，获益良多。

实现义务教育优质均衡发展，向课堂教学改革要效率、要质量、要水平，是相当长时间以来人们的普遍呼声和义务教育工作者的不懈追求。而课堂教学改革越来越关注教师的主导作用和学生的主体地位，要求教师朝高素质专业化创新型方向发展，转变教育观念，改革教学方式，发展素质教育，促进学生主动发展。《小学语数英学科案例教学论》就是在这样的背景下产生的。该著试图打破传统教学培养的学生重知识轻能力、重单向接受轻综合实践的弊端，强调学科教师要突出学生的主体地位，遵循学生的心智发展规律，通过在特定的教学情境中灵活设计教学案例，引导学生积极探索、主动发现、自主建构，获得新的学科知识和实践经验。该著期待通过学科课堂教学改革培养学生发展核心素养，希望学科教师根据学生的认知成长规律和心理发展需求与国家课程标准和实施要求，科学设计教学过程，特别是以案例教学为主要载体，有效激发学生的学习热情，引导学生通过积极连贯思维、自主学习、学思践悟来发展核心素养，实现德智体美劳全面发展，逐步形成适应新时代经济社会发展需要的个性品质和卓越能力。

该著是作者20余年对案例教学不断研究和探索之集大成者，共有三个部分。第一部分为基础理论研究，对相关文献开展追踪分析，系统梳理案例教学的内涵及国内外相关研究的现状，结合自己的心得体会，阐明案例的定义、案例的特点、案例开发的原则、

---

[*] 本文原系作者为《小学语数英学科案例教学论》作的序言，后改为书评，发表于2021年5月上半月《教育导刊》（广州市教育研究院主办）。

案例的分类和案例的撰写格式；同时，阐述案例教学的定义、实施案例教学的条件，特别是为了更好地把握案例教学的特点，深入澄清案例教学与举例说明、范例教学、传统教学的区别，并阐述案例教学与培养学生发展核心素养的关系。第二部分为实施策略研究，这是案例教学研究和实践的重点，具体包括案例教学应遵循的原则、案例教学应采取的步骤和案例教学应用的主要方法，同时提供以案例教学培养学生发展核心素养的路径。第三部分为效果评价研究，通过5W2H分析法、课堂观察法和测试成绩对比法开展案例教学过程评价，通过问卷调查法、访谈法对案例教学成效进行跟踪评价，充分验证了实施案例教学能使教师更好地更新培养理念、拓展课程资源、变革课堂教学方式，能有效激发学生的主体意识、培养学生主动探究习惯、训练学生良好思维品质。

该著探究的案例教学，具体指小学语文、数学、英语学科教学中，教师围绕新课程标准提出的单元或课文的训练重点、难点或某个知识点以及所涉及的教学内容，选择带有启发性的一个典型案例或一则材料作为主线，自始至终贯穿于整节课，通过师生之间、生生之间的多向互动、平等对话和积极研讨，引导学生阅读、思考、分析、讨论、表达和交流，培养学生认识问题、分析问题和解决问题的能力品质，自主完成对知识的认知理解和自主建构。案例选择必须围绕单元和课文的训练重点、难点或某个知识点，具备真实性、典型性、启发性、情境性，能给学生带来一定的启示和激发，帮助学生举一反三学习知识、认识问题、分析问题、解决问题。该著提醒教师，实施案例教学，教师本身要有较高素质，具有丰厚的知识储备和较强的课堂组织能力、引导能力，注重学生学习的过程，使学生养成主动学习的习惯、合作学习的习惯和独立思考的能力。该著系统推介小学语数英学科案例教学范式，为持续开展语数英案例教学奠定了较好的理论基础、积累了较丰富的经验，也为其他学校开展语数英学科案例教学提供有益参考和借鉴。

该著的作者将借鉴他人的研究成果、项目团队的探索和自身的思考与实践紧密结合在一起，为志同道合者留下了共同探索的空间。我想，此著提出的案例教学的相关原则、条件、步骤、方法等同样适用于其他学科，各学科教师都可以积极行动起来，共同深入探索案例教学，系统构建培养学生社会责任感、创新精神和实践能力的学科知识体系，为培养德智体美劳全面发展的社会主义建设者和接班人所应具有的人文底蕴、科学精神、学会学习、健康生活、责任担当、实践创新等核心素养打下坚实基础。带着这样的观点阅读该著、研究该著、借鉴该著，必会有更多收获。

该著作者教育理论基础扎实，教育实践经验丰富，多年来主持区级、市级、省级课题多项，公开发表学术论文多篇，集中体现在同样是在广东高等教育出版社出版的《做一名思考的教育行者》上。更难能可贵的是，作者带领课题组成员经过20多年的持续探索，先后经历生动、互动、主动的课堂教学模式实验研究和阅读教学中综合性学习教学模式实验研究，以及案例教学在课堂教学中的应用研究三个阶段，取得了丰硕的成果，公开发表论文40篇，获奖27项，充分凸显团队力量雄厚，研究与实践探索扎实、深入。我相信，会有更多中小学教师同该著作者及其团队成员一样，解放思想、积极探索，集聚力量、攻坚克难，在推进义务教育优质均衡发展、深化课堂教学改革中取得更丰硕的成果，为办好让人民满意的教育充分贡献聪明才智。

后 记
EPILOGUE

为了贯彻落实《国家中长期教育改革和发展规划纲要（2010—2020年）》《广东省中长期教育改革和发展规划纲要（2010—2020年）》的有关要求，广东省机构编制委员会于2011年5月印发广东省教育研究院机构编制方案。2011年8月，中共广东省委任命我为广东省教育研究院院长；2013年4月起，任广东省教育研究院党委书记、院长；2019年4月起，兼任广东省高等教育学会常务副会长；2020年8月后，任广东省教育研究院副厅级干部，继续兼任广东省高等教育学会常务副会长。

这12年，特别是党的十八大以来，是以习近平同志为核心的党中央团结带领全党全国各族人民开创中国特色社会主义新时代的重要历史时期，是我国、我省教育事业由大转强的重要历史阶段，也是广东省教育研究院由初创、全面发挥作用到在全国形成较高知名度、较强影响力的重要历史开端。

这12年，在中共广东省教育厅党组直接领导下，广东省教育研究院领导班子成员紧密团结、全院同事密切协同，坚持以马克思列宁主义、毛泽东思想、邓小平理论、"三个代表"重要思想、科学发展观、习近平新时代中国特色社会主义思想为指导，深入学习贯彻习近平总书记关于教育的重要论述和党的教育方针政策，积极落实组建广东省教育研究院实施方案，开展院内设机构设置、配置工作条件、选聘人才、建章立制、履职尽责、带动建立健全全省教育科研及教学研究体系等一系列工作，在教育战略研究、政策研究、理论研究、实践研究上取得一系列重要成果，发挥了服务教育决策、创新教育理论、指导教育实践、引导教育舆论的重要功能作用。

这12年，为着广东省教育研究院的建设、发展和创新，为着落实立德树人根本任务、履行"为党育人、为国育才"职责使命，为着建立健全新时代教育科研及教学研究体系，助力深化教育领域综合改革、建设高质量教育体系、办好人民满意的教育，在同事们的支持下，我发表了不少关于教育科研及教学研究工作和教育改革发展及人才培养工作的演讲，为院内外不少专家学者的教育理论与实践研究专著撰写序言与后记，这是广东省教育研究院建立与发展历程的一部分记录，是广东省教育研究院建设和发展成就的一部分展示，也反映着我职业生涯的一部分足迹。

基于上述认识，我筛选这12年所作演讲和所撰序、跋的大部分辑录成《教育的理想状态——对教育高质量发展的追寻（下册）》，由十二章构成，其中第一章是"注重谋划教育改革发展重大问题"，第二章是"建立健全新时代教育科学研究体系"，第三章是"聚力打造中国南方教育学术高地"，第四章是"着力发展素质教育"，第五章是"努力推进基础教育优质发展"，第六章是"不断提升中小学生语文核心素养"，第七章是"重视提高学前教育和特殊教育质量"，第八章是"协力开展职业教育标准研制和职业素养教育"，第九章是"加快推进高等教育现代化"，第十章是"切实加强民办教育研究能力建设"，第十一章是"持续推动粤港澳台教育合作发展"，第十二章是"高度重视教育理论与实践研究成果表达"，每一章文稿大体上按演讲、序、跋发表时间先后排序。

录入本书的演讲、序、跋等，是我与广东省教育研究院、广东省高等教育学会共同成长的产物，具有高度的工作性质，因而这些文稿的形成过程普遍凝结和体现着广东省教育研究院领导班子成员和院办公室、基础教育研究室、职业教育研究室、高等教育研究室、民办教育研究室、教学教材研究室、教育评估室、基础教育质量监测室，以及广东省高等教育学会秘书处同事们的智慧，我要对同事们表示衷心的感谢和美好的祝愿！我的老领导——中共广东省委教育工委原书记，广东省教育厅原党组书记、厅长罗伟其教授，以及广东省教育厅原党组副书记、副厅长魏中林教授，一直信任、指导、支持我开展工作。本书辑录完成后，魏中林教授还欣然作序，对我应该的付出给予充分肯定。对罗伟其、魏中林老领导长期给予信任、指导、支持和肯定，我表示诚挚的敬佩和衷心的感谢！对一切关心、信任、鼓励我前行的各级领导、教育系统同仁、各界朋友，我表示由衷的感激和真诚的谢意！

我还要非常感谢广东省出版集团党委副书记、南方出版传媒股份有限公司总经理叶河，南方出版传媒股份有限公司副总经理、广东人民出版社社长肖风华给予的关心和支持！非常感谢广东人民出版社综合出版分社社长王庆芳、责任编辑方楚君和装帧设计张贤良、李利，以及责任技编吴彦斌、周星奎等在本书编辑、装帧、印制上付出大量辛勤劳动和为本书顺利出版所做的一切！

受个人站位、眼界、知识、能力、经验等因素制约，我的演讲和所作的序、跋难免有局限性，存在不足甚至谬误，敬请读者批评指正。

2023年8月26日